ein Ullstein Buch

ÜBER DAS BUCH:

In den turbulenten Jahren zwischen 1210 und 1230 ist Deutschland innerlich zerrissen, das Faustrecht herrscht zwischen Fürsten und Bischöfen, Rittern und Äbten. In dieses Chaos wird Anselm von Kahlenberg hineingeboren, die fiktive Hauptfigur des Romans. Durch geheimnisvolle Fäden führt ihn das Schicksal von der Kahlenburg in Westfalen nach Köln und Aachen, wo er Friedrich II. bei seiner Krönung zum deutschen Kaiser begegnet. Sofort bildet sich ein festes Band zwischen dem jungen König und dem jungen Ritter, das auch bei allen Wechselfällen der politischen Laufbahn Friedrichs II. nicht zerreißt. Gespiegelt in den Handlungen und Reflexionen des treuen und kühnen Anselm erhebt sich die Gestalt des janusgesichtigen Friedrich II. Roger zu imponierender Größe, und es entsteht ein ungewöhnlich farbiges Zeitbild als Hintergrund für eine der interessantesten Persönlichkeiten europäischer Geschichte.

DER AUTOR:

Karl F. Kohlenberg, geboren 1915, ist Ethnologe, Jugendbuchautor, Romancier und Sachbuchautor. Zu seinen Werken zählen: *Enträtselte Vorzeit*, *Enträtselte Zukunft*, *Apokalypse*. Der Autor lebt bei Aachen.

Meiner Heimat und meinen Kindern Oliver und Melanie

Karl F. Kohlenberg

Drei Rosen für den Ritter

Roman der Stauferzeit

ein Ullstein Buch

ein Ullstein Buch
Nr. 22487
im Verlag Ullstein GmbH,
Frankfurt/M – Berlin

Ungekürzte Ausgabe

Umschlagentwurf:
Elżbieta Woźniewska-Krüger
unter Verwendung des Gemäldes
von Franz Pforr *Der Einzug Rudolfs von Habsburg in Basel 1273*
Archiv für Kunst und Geschichte, Berlin

Taschenbuchausgabe mit Genehmigung
der Albert Langen – Georg Müller Verlag GmbH

Printed in Germany 1991
Druck und Verarbeitung:
Clausen & Bosse, Leck
ISBN 3 548 22487 3

Mai 1991

CIP-Titelaufnahme der Deutschen Bibliothek

Kohlenberg, Karl F.:
Drei Rosen für den Ritter: Roman aus der Stauferzeit/
Karl F. Kohlenberg. – Ungekürzte Ausg. – Frankfurt/M;
Berlin: Ullstein, 1991
(Ullstein-Buch; Nr. 22487)
ISBN 3-548-22487-3
NE: GT

Europa
z. Zt. Friedrichs II.
(1212 – 50)
Reichsgut und Staufisches Hausgut
Französisches Krongut 1241
Staatengrenzen um 1240
Maßstab 1: 20 000 000
0 100 200 300 km
II
Atlant. Ozean
Nordsee
Ostsee
Schwarzes Meer
Mittelmeer
Kgr. England
Irland
Kgr. Schottld.
Kgr. Norwegen
Kgr. Dänemark
Kgr. Schweden
Kgr. Frankreich
Röm.-Deutsches Kaiserreich
Kgr. Polen
Kgr. Böhmen
Kgr. Ungarn
Russische Fürstentümer
Litauer
Kgr. Bulgarien
Kgr. Serbien
Kgr. Sizilien
Kirchenstaat
Kgr. Portugal
Kgr. Leon
Kgr. Kastilien
Kgr. Aragon
Kgr. Granada
Reich der Almohaden
Kaiserr. Nikaia
Sultanat Ikonion
Lateinisches Kaiserreich
Despotat Epirus
Kgr. Cypern
Kreta

Noch grüßt das Große hochverehrter Zeiten,
der heil'gen Ordnung Bild, in unsre Nacht;
wohl dem, der sich als Ritter aufgemacht,
das lang Vergangne gläubig zu erstreiten!

Er wird im Dunkel ohne Grenzen reiten,
und durch sein Herz, das weltverloren wacht,
gehn alle Schauer gnadenloser Schlacht
und alle Schwermut der durchmessnen Weiten.

Nie hat er Sieg und nie ein Glück erkoren;
er ward schon früh vom heilgen Ruf gefeit
vor dieser Erde Knechteslohn und Ruhm

und führt, dem Tode brüderlich verschworen,
da rings die Völker niederbeugt die Zeit,
erwählte Schar zum alten Heiligtum ...

Das Große bleibt, und was zur Form erhoben,
es wird das Ungestaltete besiegen;
auf unsern Stirnen, wenn wir unterliegen,
erscheint ein Licht, das uns geschenkt von oben.

Reinhold Schneider: Der Ritter!

Alterius non sit,
qui suus esse potest!

Wappenspruch
des Rainald von Dassel

1.

In der dritten Nacht nach meiner Flucht aus dem Zisterzienserstift Hardehusen erreichte ich die einsame Fischerhütte an der Twiste, die noch zur Herrschaft Kahlenberg gehört. Die dichten Wälder zu Füßen des Weldaer Berges ertranken nahezu in der Flut des Nebels, der aus den Flußauen aufstieg. Unlieb war mir das nicht, denn es mochte ja sein, daß die Klosterknechte, die mich wahrscheinlich verfolgten, nicht an der Warburger Brücke auf mich lauerten, sondern sich überlegt hatten, ich, der ich hier Weg und Steg kannte, könne verschwiegene Wildpfade benutzen – was ja auch in der Tat der Fall gewesen war. Vorsichtshalber verhielt ich unter den vor Nässe triefenden Buchenwipfeln, spähte auf das bemooste Schindeldach des Anwesens hinab, lauschte angestrengt, vernahm jedoch nur das Klatschen der Tropfen, die von den Blättern fielen, das Rascheln eines Tieres in den Farnen, den leisen Laut eines erwachenden Vogels, vor allem aber das dumpfe Pochen meines Herzens.

Freilich, erregt oder gar ängstlich war ich eigentlich nicht. Ich fühlte mich sicher, war mir doch jeder Baum, jeder Strauch, jeder Stein hier seit Kindheit vertraut, mein Vater Herr dieses Landes, und ich würde sein Erbe sein, gleich, welche Ränke von Fürsten, Klerikern oder neidischen Freiherren auch immer gesponnen wurden. Beglückende Ruhe wuchs mir aus den schweigenden Wäldern, der würzigen Lenzluft und dem murmelnd dahinfließenden Wasser zu.

Nachdem ich mich vergewissert hatte, daß keine Fremden sich bei der Hütte aufhielten, näherte ich mich ihr mit leisen Schritten. Der Hund hörte mich und begann zu bellen. Im Herd wurde die Glut angefacht; ihr Schein glomm düsterrot durch die Ritzen der Fensterläden. Die Tür öffnete sich einen Spalt breit unter Knirschen und Knarren.

»Gut Freund!« beruhigte ich den argwöhnisch ins Freie Spähenden. »Ich bin's, der Junker von Kahlenberg. Kannst du mich übersetzen, Emo?«

Der Mann schob sich zögernd aus dem Schatten. Mittelgroß, knorrig, nur Haut und Knochen, so stand er einen Augenblick lang wie der schwarze Schattenriß eines Waldschrats vor dem silbrigen Grau des Nebels, nickte dann wortlos, deutete zum Ufer hin, wo ich zwei roh gezimmerte Kähne auf der Böschung liegend fand. Er nahm die Riemen auf, um sie in die Dollen zu werfen, besann sich eines Besseren, schaute lauernd, horchend umher, legte sie dann behutsam, jegliches Geräusch vermeidend, zwischen die Pflöcke. Noch immer sprach er kein Wort. Mit dem Instinkt des von Gefahren stets bedrohten Einsiedlers mochte er gespürt haben, daß hier Vorsicht geboten sei. Ich wußte jedoch und empfand Dankbarkeit – er werde mich mit seinem Leben verteidigen, sollte dies erforderlich sein. Und so wie er wohl auch alle die Bauern, Freisassen, Kätner, Jäger, Hirten und Köhler in unserer Grafschaft.

Dank meinem Vater! Er war ihnen ein guter Herr, für nicht wenige Zuflucht und Trost in der Not – war es gewesen, gestand ich mir, wobei sich ein Ring um meine Brust zu legen schien. Bevor ich solchen Gedanken weiter nachhängen konnte, schälte sich vor uns der belaubte Berghang des jenseitigen Ufers aus den sich lichtenden Nebeln. Der Bug des Nachens schurrte knirschend über Geröll. Für eines Vogelrufes Dauer hockten wir wie erstarrt auf den Duchten, spitzten die Ohren. Nichts regte sich. Ich griff in meinen Beutel, suchte nach einer Münze, den Fährmann zu entlohnen. Der aber schüttelte abwehrend den Kopf, drückte meinen Arm, sagte, indem er mir an Land half, heiser flüsternd: »Geht mit Gott, Junker Anselm! Ich bete für Euch. Und so Ihr einmal Hilfe braucht...« Er ließ den Satz unvollendet. Ich wußte ja auch ohnedies, was er meinte. Mit einem Klumpen im Hals sah ich Mann und Boot, Charons Nachen gleich, in dahinziehende graue Schleier tauchen. Es tat gut, wieder daheim und unter Freunden zu sein.

Den von Söller und Bergfried her leicht zu übersehenden Aufgang zur Burg meidend, schlug ich den alten Pirschpfad ein, der durch den Habichtswald am Grunde eines Bachtales zum Burgweiler führt, wo die Häusler und Ackerknechte hausten. Dort wohnte auch der Vogt. Mit ihm wollte ich reden, bevor ich mich in die Burg begab.

Ermin, der Leutevogt, war der Vertraute meines Vaters, in früheren Tagen sein Schildknappe, später dann Schwertträger und Waffenbruder. Ein Mann, treu wie Gold! An Vaters Seite hatte er Kaiser Heinrichs verzweifelte Kämpfe in Italien mitgemacht, im Jahre des

Herrn 1191 an der Belagerung Neapels teilgenommen, hatte das große Sterben im Heer, als Hunger und Seuche die Krieger dahinrafften, überlebt und fünf Jahre später, als Heinrichs Truppen nach blutigem Kampf Beirut im Syrerland erstürmten, so schwere Wunden davongetragen, daß er seinen Herrn nicht länger zu begleiten vermochte. Bitterkeit erfüllte seither sein Herz. Mein Vater hatte ihn über alle Fronknechte, Häusler und andere Bedienstete gesetzt und damit den rechten Mann an die rechte Stelle. Als dann ich anno Domini 1200 im Erntemond geboren wurde und mutterlos heranwuchs, verwandte er einen guten Teil seiner Zeit darauf, mich körperlich und charakterlich zu ertüchtigen.

In mancher Hinsicht bedeutete Ermin mir mehr als selbst mein Vater, den ich nur selten zu sehen bekam – und wenn, dann meistens hoch zu Roß, in blinkender Rüstung. Obwohl Vater stets freundlich, ja geradezu liebevoll mit mir umging, mir jeden meiner Wünsche zu erfüllen trachtete, sah ich doch mit Furcht anfangs, später voll verhaltenen Trotzes zu ihm auf wie zu einem Gott. Ermin hingegen behandelte mich nicht eben sanft. Er grollte, brummte, stieß greuliche Flüche aus, tat ich ihm etwas nicht recht, aber seine grimmige Miene erheiterte sich, sobald ich ihm mit gleicher Münze heimzahlte.

»Merk' dir's, Junker!« hatte er mich einst angegrobst, als ich noch ein Dreikäsehoch war. »Höflichkeit sei die Tugend der Könige, sagt man zwar, aber Könige dürfen sich dergleichen erlauben, da sie ja Macht besitzen über Leben und Tod. Für uns gewöhnliche Erdenwürmer gilt: Wer sich zum Lamm macht, den fressen die Wölfe! Und der Wölfe gibt's in diesem Jammertal so viele wie Steine am Meeresstrand. Laß dir Zähne wachsen, Junkerlein, und zeige sie!«

Ein guter Rat! Daran hielt ich mich und es hat sich ausgezahlt. Er lehrte mich meinen ungebärdigen Berberhengst reiten. Er schnitzte mir den ersten Bogen, die erste Armbrust, und er ruhte nicht, bis mein Pfeil oder meine Marmorkugel mit untrüglicher Sicherheit ihr Ziel traf. Mit eigener Hand schmiedete er mir ein kleines Schwert und übte mich in der Fechtkunst, auf die er sich meisterlich verstand.

Wichtiger, freilich, erwiesen sich die Lehren, mit denen er solche Übungen begleitete: »Gottes Trost, Junker, die Welt, so lieblich sie dir auch erscheinen mag, sie ist eine Mördergrube. Zu vieles an Leid und Not, an Schmerz und Angst hab' ich erleben müssen, als daß ich glauben kann, das Treiben der Menschen sei Gott zum Wohlgefallen.

Bin ich nicht selbst ein Sünder? Sind meine Hände nicht von Blut befleckt? Hege ich nicht schwarze Gedanken gegen meine Widersacher? Nächtens, tat ich des Prassens und Saufens zu viel, suchen mich die Kerle, die ich ohne Not erschlug, in schweren Träumen heim. Dennoch – sei stark, sei rücksichtslos, wenn es um der Gerechtigkeit und des Friedens willen sein muß, aber töte nur, wenn es sich nicht vermeiden läßt. Zerstöre nicht, sondern erhalte! Schütze die Schwachen; hege Pflanze und Tier! Sie alle sind Gottes Geschöpfe, so wie du und ich. Das ist des Wehrhaften Pflicht und Ehre.«

Auf dem Pfad, der sich zwischen den Talauen des Fließbaches und dem Hang, dessen Kuppe die Burg wie ein ruppiger Adlerhorst krönte, durch den Buchenwald schlängelte, nahte gedämpfter Hufschlag. Ich verhielt Schritt und Atem, lauschte, ärgerte mich, weil mein Herz gar so vernehmlich schlug. Ob es streifende Klosterknechte waren? Zum ersten Mal während meiner Wanderung wurde mir bewußt, daß ich keine Waffe trug. Sie würden leichtes Spiel mit mir haben, wenn sie mich hier überrumpelten.

Ein Brombeergebüsch zur Rechten, einige Schritte am Hang hinab, bot mir Deckung. Im übrigen vertraute ich auf den Nebel, der hier so dicht war, daß die Stämme der Buchen wie schwarze Säulen ohne Fuß noch Haupt im grauen Dunst zu schweben schienen. Nach und nach traten die Konturen des Reiters deutlicher aus den Nebelschleiern hervor. Der Mann, seiner Haltung nach ein Jüngling, war mir unbekannt, um so vertrauter hingegen das Roß, mein geliebter Hengst Chaleel, mein Seelenbruder. Vater hatte ihn als Teil seiner schmalen Beute seinerzeit aus dem Morgenland mitgebracht und mir geschenkt. Zorn durchglühte mich. Mir fiel es schwer, in meinem Versteck auszuharren. Denn als ich damals den Zisterziensern der Abtei Hardehusen als Zögling überantwortet wurde, hatte mein Oheim und Vormund bestimmt, Vetter Adalbert solle fortan das Roß reiten – ausgerechnet Adalbert, dieser rohe Patron, für den ein Ziegenbock noch zu schade gewesen wäre! Und während der ganzen drei trostlosen Jahre im Stift war das Härteste für mich der Gedanke an Chaleel gewesen.

Gemächlich trabte der Reiter auf dem schmalen Pfade dahin. Schon war er fast vorüber, schon atmete ich auf, da stutzte das Pferd, schnaubte, wollte nicht von der Stelle. Der Reiter fluchte, gab ihm die Hacken – vergebens! Und jetzt erkannte ich ihn an der Stimme. Aus dem Gebüsch hervorspringend, rief ich begeistert: »Jörg! He, Jörg!«

Ja, Jörg, kein anderer – Jörg, der Gespiele in Kindheitstagen! Mit einem Satz war er aus dem Sattel. »Junker, Ihr seid's? Himmel, Herrgott, allen Heiligen Dank! Dacht' ich doch, ich würd' Euch verfehlen...«

»Für dich, Jörg, bin ich nicht der Junker von Kahlenberg – nein, beileibe nicht, das solltest du wissen! Was treibt dich vor Tau und Tag in den Wald, noch dazu mit Chaleel?«

Wir knufften und pufften uns wie in alten Zeiten. Der Hengst wieherte; liebevoll schmatzte er mir seine rauhe, schaumige Zunge über das Gesicht.

»Warum ich im Wald bin? Herrje, die Klostermänner, Anselm... Die sind doch hinter dir her wie der Teufel hinter der armen Seele – drei an der Zahl, dazu ein feister Hochwürdiger Herr mit rotem Gesicht, rot wie eine Erdbeere, sag' ich dir, und Ohren wie eine Fledermaus...«

»Bruder Ignatius... Nur er kann es sein, mein Erzieher! Die sind aber scharf geritten. Was tun sie jetzt?«

»Sie warten auf dich. Ha – als kämest du schnurstracks in die Burg gestolpert. Die Knechte saufen im Hof. Mit den Mägden schäkern sie. Der Dicke hockt beim Herrn drinnen; er jammert und flucht das Blaue vom Himmel, weil du ihm ausgerissen bist.«

»Die wollten mich zum Geschorenen machen!«

»Kann ich mir denken«, knurrte Jörg. »Und weißt du, was das Gesinde schwatzt? Die Leute sagen, ein abgekartetes Spiel sei's zwischen Herrn Hendrick und dem Abt. Den Grafen, deinen Vater, habe im Mohrenland der Sensenmann umgelegt; nun sei das Lehen vakant. Sie wollen dich um dein Erbe bringen.«

Mein Herzschlag setzte aus; mir wurde schwarz vor Augen. Indes, ich faßte mich sogleich, hatte ich doch bei den frommen Brüdern unter Schmerzen gelernt, jeder Art von Überraschung gegenüber Gleichmut zu bewahren oder doch wenigstens zur Schau zu tragen.

»Ich weiß, ich weiß, sie haben es auf die Grafschaft abgesehen. Desgleichen geschieht ja jetzt alle Tage«, knirschte ich voller Ingrimm. »Mein Vater tot? Daran glaub' ich nicht!«

Ich sah ihn noch vor mir, wie er auf seinem schwarzen Roß in Helm und blinkender Rüstung von uns Abschied nahm. Seine dröhnende Stimme klang mir noch im Ohr, diese Stimme, die Zuversicht ausstrahlte und Gehorsam erzwang. Nur ich, der ich kein Wort über die Lippen brachte vor Schmerz, aber alles hörte und mit den kritischen

Augen des Kindes sah, vernahm den Unterton von Ungewißheit in seiner Stimme, spürte einen Anflug von Trauer und Schicksalsergebenheit hinter dem forschen Blitzen seiner grauen Augen. Damals schon ahnte mir, daß er nur wider Willen und bessere Einsicht gegen die Heiden zog, nur weil der Papst im fernen Rom es verlangte.
Nicht umsonst hatte er mir von dem gewaltigen Herzog Heinrich erzählt, den sie den Löwen nennen; und der war fünf Jahre vor meiner Geburt gestorben. Ihm hatte Vater im Herzen angehangen, denn – so hatte er mir erklärt – Herr Heinrich sei ein Mann der Ordnung und des Aufbauens gewesen zu einer Zeit, da Mord und Zerstörung herrschten, die Dörfer brannten, die Äcker verwüstet wurden; um die Wohlfahrt des Volkes sei es Herzog Heinrich zu tun gewesen, um das Aufblühen von Handel und Gewerbe; für Fürsten und Zwingherren, die einander um Land oder Lehen bekriegten, friedliches Bauernland verheerten oder sich mit den Völkern im Süden, jenseits der eisbedeckten Berge, nutzlos herumschlugen, habe er wenig übrig gehabt.
»Nein«, wiederholte ich, nun schon sicherer, »mein Vater ist nicht tot! Wenigstens einer seiner Knappen wäre heimgekehrt, mir die Kunde zu bringen.«
»Ja, aber... Was wirst du jetzt tun, Anselm? Was kannst du tun? Noch bist du ja deines Oheims Mündel. Er hat Gewalt über dich. Man flüstert sich zu, dein Leben sei keinen Pfifferling wert, wenn der Herr Graf, dein Vater, nun wirklich...« Jörgs stupsnasiges, sommersprossiges Gesicht unter dem weizengelben Haarwust nahm einen sorgenschweren Ausdruck an, der es mir gänzlich fremd erscheinen ließ. »Jedenfalls darfst du dich auf der Burg nicht blicken lassen. Wenn dir ein Leid geschieht, ja, wenn man dich auch nur mit Gewalt nach Hardehusen zurückführen will – ich weiß nicht, was dann passiert. Die Freisassen, die freien Großbauern der ganzen Gegend und selbst unsere Hörigen, die schlagen Herrn Hendrick und deine Vettern ganz einfach tot und den Pfaffen dazu. Du glaubst ja gar nicht, wie wütend sie ohnedies schon sind. So meint denn auch Ermin, du solltest dich fortmachen, sonst gehe das ganze Land ringsum und auch Haus Kahlenberg in Flammen auf...«
»So –, sagt Ermin das?«
Ich glaubte es unbesehen. Ein für Vater bezeichnender Mißgriff war es gewesen, den Oheim mit der Sorge um mich und unseren Besitz zu betrauen. Diesen Mann, den Bruder meiner Mutter, die kurz nach

meiner Geburt verstorben war, kannten wir bis dahin ja gar nicht, wußten nur, er hause als bettelarmer Freiherr auf einer kleinen Klitsche im Münsterländischen, und im besten Ansehen stehe er dort eben nicht.

Vater war schon drei Tage fort, da kam Ohm Hendrick samt seinen Söhnen Adalbert und Johann auf die Burg geritten, begleitet von einem halben Dutzend Knappen, die wie Strauchdiebe aussahen und sich als solche betrugen. Der Anblick ihrer Klepper tat meinen Augen weh, so klapperig und verkommen, wie sie waren. Anfangs konnten wir ihn gar nicht recht verstehen. Sein Latein war miserabel; die Mundart unserer Gegend verstand er nicht, noch wußte er mit den Leuten umzugehen.

In der großen Güte seines Herzens, die er unter rauher Schale nur unzulänglich verbarg, hatte Vater gerade diesen entfernten Verwandten zu seinem Statthalter bestellt, um das Unumgängliche mit einer guten Tat zu verbinden. Damit hatte er den Bock zum Gärtner gemacht. Wie noch alle Parvenus vor und nach ihm, erwies Ohm Hendrick sich päpstlicher als der Papst. Nicht nur erpreßte er die Freisassen, verbreitete Angst und Schrecken unter den Hörigen, ohne ersichtlichen Grund brach er auch eine Fehde mit den Warburgern vom Zaun, mit denen Vater von jeher auf bestem Fuß gestanden hatte. Ich war damals noch viel zu jung, um dagegen Einspruch erheben zu können. Über Ermin, unseren getreuen Vogt, setzte er einen seiner eigenen Leute, einen schwarzhaarigen Schlagetot von grauslichem Aussehen. Der hatte von der Wirtschaft keinen Schimmer und stets hatte er eine Peitsche bei sich, die er die Knechte fühlen ließ, waren sie ihm nicht zu Willen. Als ich ihm dies einmal in kindlicher Empörung verwiesen, hatte er mir ein langes, blankes Messer vor die Nase gehalten und dabei ohne ein Wort unheilverkündend gegrinst.

Die Menschen unseres Waldlandes, in sich gekehrt, wortkarg, allem Fremden argwöhnisch abgeneigt, weil immer wieder bedrängt durch feindliche Völkerschaften aus den Steppen des Sonnenaufganges, durch römische Eroberer, durch die fränkischen Krieger Kaiser Karls und die auf jene folgenden Sendlinge des Christentums, hatten sich ein hohes Maß an Mannesstolz, Sittenreinheit und trotzigem Freiheitswillen zu bewahren gewußt. Grollend ertrugen sie in drohendem Schweigen die oftmals brutale Herrschaft fremdstämmiger Ritter oder Priester, obwohl – oder vielleicht gerade weil sie das Christentum angenommen und sich in seiner Gedankentiefe, die ihrer durch das Waldleben bedingten Neigung zur Verinnerlichung entsprach, zu eigen gemacht hatten. Anders jedoch als die meisten ihrer gegenwärtigen Landesherren entstammte das Geschlecht derer von Kahlenberg ihrem eigenen Blut. Meine Urahnen waren sogar Herzöge gewesen, freilich von anderer Art als die heutigen, von König oder Kaiser erhobenen, nämlich im Volksthing frei erwählte, rechtliche, kluge, überaus tapfere Männer, die dem Heer voranzogen und nur so lange Befehlsgewalt zugestanden erhielten wie die Gefahr dauerte.

Von solch altem Schlag war mein Vater noch. Er betrachtete sich als den Hüter der ihm anvertrauten Herde sowie des Bodens, der sie ernährte – dies ohne Hinblick auf eigenen Vorteil oder Nutzen. Oft genug hatte ihm das den Spott räuberischer Ritter oder den Unmut seiner Standesgenossen, ja, manches geistlichen Würdenträgers eingetragen, denen er damit in die Suppe spuckte. Die Folge war: Wir schwelgten nicht gerade in Wohlleben und Überfluß.

»Man will mich ins Kloster zurückbringen – mit Gewalt?« fuhr ich nach einer Weile schweigenden Dahinschreitens auf dem verwachsenen Jägerpfad fort. »Na, wohl bekomm's! Noch ein Jährlein, dann bin ich großjährig, dann bin ich hier Herr an meines Vaters Statt...«

»Eben drum... Deshalb fürchtet Ermin für dein Leben!«

Der Gedanke war nicht von der Hand zu weisen. Chaleel schnaubte, weil ein Reh in Fluchten durch das Unterholz brach. In solcher Zeit, da Recht und Gesetz in der Faust des Stärkeren lagen, man lästige Rivalen mit Dolch, Schwert oder Gift zu beseitigen pflegte, hätte ich wohl ins Mauseloch kriechen müssen, wären da nicht ein paar treue Freunde meines Vaters gewesen, vor allem aber das Volk, dem wir zugehörten, all diese zwar unterdrückten, im Innersten aber unbeugsamen Männer und Frauen, die in ihrer Väter Erde wurzelten.

Ich hielt an. Zur Linken gab ein Windbruch den Blick frei auf den sanft ansteigenden kahlen Berghang und das graue Gemäuer der Burg, die gleich Balders mythischem Riesenschiff über den auf dem Heidehang wogenden Nebeln zu schwimmen schien. Der Morgen dämmerte. Schon färbte der Himmel sich über uns zu lichtem Blau, in dem ein paar rosarote Wölkchen trieben, während die Nebelschwaden vor einem Windhauch gemächlich zu Tal rollten. Das erweckte den Eindruck, als bewegten nicht sie sich, sondern die Burg dort droben, als seien die Baumstämme um uns her besinnliche Wanderer. Eine traumhafte Welt. Ich fühlte mich in die graue Vorzeit zurückversetzt, meinte, jeden Augenblick müßten Widukinds Krieger, in Felle gekleidet, klobige Äxte auf den Schultern, aus dem Waldesdunkel hervorbrechen. Auch Jörg schien beunruhigt; beinahe ängstlich, ohne eine Spur seiner gewöhnlichen Keckheit, schaute er bald hierhin, bald dorthin und murmelte etwas von Nebelhexen.

Mit zwiespältigen Empfindungen betrachtete ich die Burg. Gewiß, sie war mein Heim, der Stammsitz meiner Ahnen. Ihre trotzigen Mauern hatten mir Schutz gewährt, wenn die bösen Buben des Ritters von Spiegel, der Vaters Freund und mit ihm gegen die Heiden ins Morgenland gezogen war, mir nachstellten. Nicht, daß ich sie sonderlich gefürchtet hätte, aber ihrer waren drei und ich nur einer, und sie waren, anders als ich, der ich Raufereien verabscheute, eine wilde Sippe – noch von jenem Ahnherren her, der zu Kaiser Karls Zeiten den Drachen erlegt hatte, zu Füßen des hohen Bergkegels, der heute ihre Burg trägt.

Wären sie daheim, ich würde jetzt sicherlich Schutz und Beistand bei ihnen gefunden haben. Aber sie hatten gleich ihrem Vater das Kreuz genommen, und so befand die Kahlenburg sich unangefochten in der Hand des Fremden, der mich um mein Erbteil bringen will. Freilich, das bedeutete nicht viel. Mir, der ich im Dämmerdunkel uriger Wälder herangewachsen war, sagte das freie Schweifen, der offene Kampf gegen Naturgewalten, wildes Getier oder räuberische Unholde eben doch mehr zu als ein lauerndes Verharren hinter Mauern, die nur gar zu leicht zur unentrinnbaren Falle werden können.

»Hör' mal, Jörg«, sagte ich so entschlossen, daß meine Stimme mir selbst fremd in den Ohren klang, »leih' mir den Hirschfänger, den ich dir damals geschenkt habe – für kurze Zeit nur! Nicht, daß ich ihn brauchen werde – nein, das glaub' ich nicht. Aber so gänzlich waffenlos mag ich denn doch nicht vor den Ohm hintreten. Wie die Menschen sind – nur den achten sie, der sich notfalls seiner Haut zu wehren weiß. Wer sich zum Schaf macht, den fressen die Wölfe! Und wie ein Dieb in der Nacht mich stillschweigend hinwegstehlen, das paßt mir nicht.«

Jörg sah mich erschreckt an und pfiff durch die Zähne, was einen Krähenschwarm aus den Baumwipfeln scheuchte. »Junker... Anselm – mein' ich! Du willst doch nicht gar in den Rachen des Löwen springen? Bist du erst in der Burg, verläßt du sie nur in Ketten oder im Totenschrein. Nein, Anselm, Bruderherz, das mach' ich nicht mit! Du mußt von Sinnen sein.«

Wir hatten uns in jenen vergangenen Tagen unserer gemeinsamen Streifzüge oftmals gezankt, ohne daß ich je den Herrn hervorgekehrt hätte. Um so bestürzter war der Junge jetzt, da ich ihn schroff anherrschte: »Gottes Donner – gehorche! Her mit dem Dolch! Was mir geschieht, schert es dich?«

Er zitterte...

»Wir stehen in Gottes Hand!« fügte ich versöhnlicher hinzu.

Murrend und brummend reichte er mir die Waffe. Und nun erklärte ich ihm mein Vorhaben, wobei seine finstere Miene sich zusehends erhellte. Zuletzt feixte er in altgewohnter Weise, so daß die Sommersprossen auf seinen Wangen nur so hüpften.

»Hei, Anselm, Bruderherz! Ein Abenteuer, wie sie's in der Spinnstube von Lanzelot, Erec oder König Richard erzählen...«

»Ich muß aber dessen gewiß sein, daß du alles genau so ausführst, wie ich dir aufgetragen. Meine Freiheit hängt daran, vielleicht gar mein Leben.«

»Ist gut, Anselm! Verlaß dich darauf. Ich tu', wie du's haben willst. Bei meinem Blut!« Er löste das Gehenk des Dolches von der Hüfte.

Nachdem ich die Waffe am Gürtel befestigt hatte, schlug ich ihm brüderlich auf die Schulter und schwang mich in den Sattel. Chaleel schnaubte freudig.

»Gott steh' dir bei!« rief Jörg mir atemlos nach.

2.

Der Hengst griff begeistert aus. Wogende Nebel verbargen mein Herannahen und der taufeuchte Heideboden dämpfte den Hufschlag. So galoppierte ich durch das offenstehende Tor, das unbewacht war, weil die Kahlenberger zur Zeit mit niemandem in Fehde lagen. Eine Magd, die mit Milch vom Kuhstall herüberkam, ließ vor Schreck beide Eimer fallen. Vor dem schlichten Portal im inneren Hof, über dem das in Sandstein gemeißelte Wappen meines Geschlechtes – drei rote Rosen auf goldenen Balken im schwarzen Feld – prangte, zügelte ich das Roß, glitt zur Erde, schritt, ohne sie eines Blickes zu würdigen, an den mit offenen Mäulern gaffenden Hardehusener Klosterknechten vorüber und die Freitreppe hinan. Außer dem Stampfen des Hengstes

auf den Kopfsteinen und entferntem Hahnenschrei ließ kein Laut sich in der Morgenstille vernehmen.
Das würfelförmige feste Haus, das den Kern der Anlage bildete, hatte nur schmale, schartenähnliche Fenster, die mit Blei verglast waren. Der Wipfel einer uralten Linde beschattete den größeren Teil des Innenhofes. Infolgedessen herrschte im Saal schummeriges Dämmerlicht, aus dem die Farben der an den unverputzten Bruchsteinwänden hängenden Wappenschilde, Waffen und Fahnen als blasse Flecken schimmerten. An der Längswand stand der schwere, altersdunkle Eichentisch mit zwei Bänken, an dem ich gesessen hatte, solange ich denken kann, am Kopfende, ein wenig erhöht, Vaters geschnitzter Stuhl. Der Estrich bestand aus roten Tonfliesen, in denen die Sporen vieler Ritter und Knappen tiefe Schrammen hinterlassen hatten.
Tausend Erinnerungen, die mich beim flüchtigen Umherschauen bedrängten! Das Balkenwerk der Decke war vom Rauch der Fackeln geschwärzt, die in eisernen, in das Mauerwerk eingelassenen Ringen staken. Jetzt, wie schon zu meiner Kindheit, wollte mir der Raum ungemein feierlich und prächtig erscheinen, weil er der größte war, den es in unserem engen Pallas gab. Seither habe ich dann freilich die strahlend hellen, hochgewölbten Marmorhallen südländischer Paläste gesehen und staunend bewundert.
Aus den Wirtschaftsräumen unter dem Saal klangen die munteren Stimmen der Mägde herauf, das lustige Gekläff eines Hundes, Klirren von Pfannen und Töpfen. Der Duft frisch gebackenen Brotes gemahnte mich daran, daß ich seit Tagen nichts Handfestes gegessen hatte. Mein Magen knurrte vor Hunger. Für Augenblicke überwältigte mich das Glücksgefühl, wieder daheim zu sein – allerdings nur, um im nächsten Moment der bitteren Erkenntnis zu weichen, daß meines Bleibens hier nicht sei, daß ich alles, was mir teuer ist, würde zurücklassen müssen. Erfüllt von verworrenen Gedanken, von brodelnden Empfindungen – Furcht, Trotz, grimmiger Rachsucht – eilte ich leise die geschnitzte Eichentreppe zum ersten Stock hinauf, wo Vaters Arbeitszimmer sich befand. Dort hoffte ich den Oheim zu überraschen.
Im nahezu lichtlosen Flur trat mir unser alter, fast erblindeter Kastellan entgegen. Der gebeugte Greis prallte zurück, da er mich erkannte. Er schnappte nach Luft; sein weißer Bart sträubte sich; seine Lippen zitterten. Er machte fahrige Bewegungen mit dem rechten

Arm, so als wolle er mich aufhalten. Warnend legte ich den Finger auf die Lippen, schlüpfte an ihm vorüber und verhielt vor dem Gemach, um Atem zu schöpfen. Dann stieß ich die Tür auf, trat mit raschem Schritt in den Raum, warf sie hinter mir ins Schloß und lehnte mich dagegen.

Durch zwei schmale, offenstehende Fenster, die auf den Innenhof hinausgingen, sickerte fahles Morgenlicht, aber das kupferne Kegeldach des Bergfrieds gegenüber erglänzte bereits unter dem ersten Sonnenstrahl. An dem mit Schriftstücken und Büchern bedeckten Tisch inmitten des Raumes saßen in Eichenstühlen jene beiden Männer, die mir vor allen anderen verhaßt waren – Ohm Hendrick zur Linken, an der rechten Stirnseite Pater Ignatius. Wie vom Donner gerührt, starrten sie mich an, faßten sich aber sogleich.

»Schau an, unser verlorener Sohn!« sagte der Mönch unter wohlwollendem Lächeln, von dem ich jedoch aus Erfahrung wußte, daß es nur die Bosheit seines Herzens verbarg. »Hat dich der kleine Ausflug nicht sehr ermüdet, mein Sohn? Nun, heim nach Hardehusen wirst du wohl reiten dürfen. Nicht wahr, Herr Hendrick, Ihr leiht ihm doch eines Eurer Pferde?«

Ohm Hendrick betrachtete mich abschätzend unter drohendem Stirnrunzeln. Die wächserne Farbe seines knochigen Gesichtes spielte ins Grünliche. Mit der Rechten am zinnernen Becher fingernd, durchbohrte er mich mit Blicken, so spitz wie Dolche. In seinen bläßlichen Fischaugen las ich Haß.

Eintretend, hatte ich rechts von mir das berühmte Schwert meines Urahnen, ein Familienheiligtum sozusagen, an der Wand hängen gesehen. Indem ich plötzlich zur Seite trat, die Klinge samt dem Gehenk vom Haken riß und um die Hüfte schnallte, kam ich der Antwort des Oheims zuvor und entgegnete schneidend, mit dem Anschein kalter Gelassenheit: »Ihr meint doch wohl, meine Pferde, Hochwürden? *Meine* – solange mein Herr Vater in der Fremde weilt.«

Die vorgeblich ruhige Entschlossenheit, die ich in Haltung und Miene legte, entsprach durchaus nicht dem Zustand meines Inneren. Mein Herz pochte zum Zerspringen. Kalter Schweiß trat mir auf die Stirn. Wenn Ohm Hendrick jetzt aufsprang, mich angriff, um Hilfe rief, sah ich mich gezwungen, ihn zu töten. Und ich war mir keineswegs sicher, daß ich dazu imstande sei. Obendrein würde es mir dann kaum noch möglich sein, zu entrinnen. Welche Folgen sich daraus ergeben moch-

ten, war nicht abzusehen. Kleinmut befiel mich. Schon begriff ich nicht mehr, woher ich den Mut zu meinem Handeln genommen hatte. Indem ich den feisten Pater so selbstzufrieden dort sitzen sah und mich seiner kleinlichen Bosheiten entsann, unter denen ich im Konvent hatte leiden müssen, ergriff mich heftiger Zorn. Zugleich aber hemmte mich auch die mir durch das Klosterleben anerzogene Scheu, diese abergläubische Hochachtung für die Geweihten des Herrn, die sie in Wahrheit durchaus nicht immer verdienten. Hätte Ohm Hendrick den Moment meiner Schwäche erkannt und zu nutzen gewußt – wer weiß, mein Leben würde sich wahrscheinlich ganz anders gestaltet haben. Glücklicherweise aber erwies er sich nun auch hier und jetzt als der windbeutelige, obschon tückische Versager, der er seit jeher gewesen.
Unversehens schlug er mit der flachen Hand auf den Tisch. Es klang wie das Klatschen eines nassen Fischschwanzes. »Häng' die Waffe an ihren Ort und scher' dich raus! Wir, dein Lehrer und ich, werden beraten, was mit dir geschehen soll...« Seine krächzende Stimme verriet Unsicherheit, wenn nicht gar Furcht. Was immer man von ihm halten mochte, von seinem Geiz, seiner Engstirnigkeit, seiner Zanksucht und Feigheit, an Dreistigkeit jedenfalls fehlte es ihm nicht. Sein kraftloses Gezeter belustigte mich. Meine Unentschlossenheit schwand wie Morgennebel vor dem Frühlingswind. Ich sah die Gefahr: Hier ging es ja nicht allein um mein und meines Vaters Herrenrecht, sondern wahrscheinlich sogar um mein Leben. Auch nahm ich wahr, daß mein Schweigen die beiden Ehrenmänner zu verunsichern schien, daß sie offenbar etwas zu verbergen und ein sehr schlechtes Gewissen hatten.
Mein suchender Blick fiel auf die Tischplatte, wo ein Pergament mit Siegel und Unterschrift mein Augenmerk auf sich zog. Da es ein Zurückweichen für mich nicht mehr gab, entschloß ich mich für den Angriff, trat näher und nahm das Schriftstück an mich, bevor Ohm Hendrick mich daran zu hindern vermochte. Eine Schenkungsurkunde – sah ich beim hastigen Überfliegen. Um ein Forstareal im Eichholz handelte es sich, das seit Urzeiten im Besitz meiner Familie gewesen war. Mir wurde schier schwarz vor den Augen, so sehr erzürnte mich, was ich las. Bedenkenlos riß ich die Urkunde entzwei, ließ die Fetzen zu Boden fallen.
»Gott straf' mich!« Ich schlug mit der Faust auf den Tisch. »Wie kommt Ihr dazu, über meines Vaters Eigentum, mein Erbe, solcherart

zu verfügen? Sind nicht die weißen Väter von Hardehusen vermögend genug, nachdem sie mit List und Gewalt so viele Freisassenhöfe an sich gebracht haben? Und hattet Ihr nicht zuvor um mein Einverständnis nachzusuchen? Zwar trifft es zu, daß Ihr mein Vormund und Vaters Stellvertreter seid – dies jedoch nur mehr für wenige Monde. Zu Wintersanfang werde ich mündig sein; dann heißt's für Euch und die Vettern die Koffer packen.«

Pater Ignatius hob beschwichtigend die Hand. Seine rosigen Bäckchen waren um einen Schein blasser geworden. »Mein lieber Sohn, du verkennst die Sachlage! Unser Herr im Himmel – gelobt sei Sein Name – erleuchte dich; Er schenke dir Einsicht und demutsvolle Ergebenheit in seinen unerforschlichen Willen. Wir haben nämlich den Verlust eines treuen Freundes der Kirche, eines edlen, gerechten Mannes zu beklagen... Fasse dich, Anselm! Graf Rainold, dein Vater, ist tot!«

Mir stockte der Atem. »Ihr lügt!« brachte ich mühsam über die Lippen. »Und ich weiß auch warum...« Dennoch überwältigte mich für einen Augenblick der Gedanke, etwas Wahres könne daran sein. Der Raum um mich her verdunkelte sich, begann sich um mich zu drehen. Ich sah Vater vor mir, wie er auf seinem Rapphengst in Harnisch und flatternder Helmzier, gefolgt von seinen Reisigen, durch das Tor hinaus und den Berg hinab ins Diemeltal gezogen war, um das Heilige Grab den Heiden zu entreißen. Ich hörte sein unbeschwertes Lachen; der wohlgemute Klang seiner Stimme, seine aufmunternden Abschiedsworte lagen mir noch im Ohr: »Sei brav, Söhnchen! Sei fleißig, sei tapfer, sei gerecht, allzeit ein Mann von Ehre, Feind der Bösen, den Guten ein Freund, den Armen, den Bedrängten Schirm und Halt! Das ist Ritterart. Dereinst, wenn die Schwäche des Alters mich hindert, sollst du an meiner Statt als frommer Christ, als treuer Ritter unserem Herrgott und dem Kaiser dienen...«

Nein, nein, es konnte, es durfte nicht sein, daß jenes leuchtende Auge erloschen, die starke, zuversichtliche Stimme verstummt, daß unser Land verwaist war, denn – auch das wurde mir zwischen zwei stürmischen Herzschlägen klar – ich würde aus Mangel an Jahren, an Wissen und Kraft nicht fähig sein, sogleich in seine Stiefel zu treten. Aufatmend herrschte ich den Pater an: »Jawohl, eine Lüge! Ich glaube Euch nicht. Wär' er, und sei es mit den meisten seiner Knap-

pen, umgekommen, der eine oder andere hätte ja doch den Weg heimgefunden. Was hätte ihn daran hindern können, *mir* – nicht Euch oder wem immer sonst – die Unheilsbotschaft zu überbringen?«
»Gottes Diener reisen schneller«, murmelte der Bruder mit sanftem Vorwurf. »Dir ziemt nicht, meine Worte in Zweifel zu ziehen.«
Oh, wie ich doch diesen schmalzigen Tonfall verabscheute! Jahrelang hatte ich duldend mit anhören müssen, wie Pater Ignatius und andere seinesgleichen salbadernd Gottes Wort im Munde führten, sich auf den Willen des Höchsten und Christi Lehre beriefen, obwohl es ihnen in Wahrheit um Pfründen, um Zuwachs an Macht und Besitz zu tun war. Ob sie nun heuchelten oder ob sie tatsächlich glaubten, im Sinne Gottes zu handeln, dessen, freilich, war ich nicht so gewiß, hatte ich doch an mir selbst erfahren müssen, wie leicht die kindlich gläubige Seele durch ein fortwährendes Wiederholen von Lehrmeinungen oder Glaubenssätzen beeindruckt und verbogen werden kann.
Ich straffte mich. »Vergebt, Ehrwürdiger Vater! Ihr selbst mögt ja einer Lüge aufgesessen sein. Aber – hab' ich Euch, als meinen Lehrer, nicht oft genug Meinungen oder gar Behauptungen äußern hören, die sich hernach als irrig erwiesen? Und träfe auch zu, was Ihr mich glauben machen wollt und Euch zum Nutzen dienen soll, so habt doch nicht Ihr, Hochwürden, noch mein Oheim, Herr Hendrick, ja, nicht einmal Seine Eminenz, der Fürstbischof zu Paderborn über mein Geschick und die künftige Botmäßigkeit der Herrschaft Kahlenberg zu bestimmen, sondern das Thing und letzten Endes Seine Majestät der Kaiser. Seiner Gnade werde ich mich anbefehlen.«
»Dazu wird es nie kommen«, unterbrach Ohm Hendrick mich mit vor Haß bebender Stimme. »Ich hab' mich Seiner Heiligkeit, dem Fürstbischof, unterstellt – somit auch das Land Kahlenberg samt Volk und Vieh und auch dich, mein Mündel. Seine Heiligkeit hat dich, nach reiflicher Überlegung, für den geistlichen Beruf bestimmt, wie ich zur Ehre Gottes angeregt. Schon seit Jahresfrist giltst du nicht mehr als Scholar sondern als Novize des Heiligen Zisterzienser Ordens. Bald wirst du die Gelübde ablegen und dann ...«
Ich lachte. Mir selbst kam es seltsam vor, daß ich zu lachen vermochte. Die beiden Spießgesellen starrten mich verblüfft an.
»Vergeßt nicht das Thing«, wiederholte ich, »und nicht den Kaiser!«
Mir war nicht entgangen, daß mein Erwähnen des Kaisers den Pater hatte zusammenzucken lassen. Jetzt seufzte er, sagte salbungsvoll:

»Wir haben nur dein Bestes im Sinn, lieber Bruder in Christo. Für jedes Menschenkind ist im Schoße unserer Mutter Kirche Platz. Du kannst dich dem Studium der großen Glaubenslehrer widmen, wenn dir der Sinn danach steht. Du kannst als Sekretär, Gesandter, Unterhändler den hochgestellten Dienern Gottes bei deinen Gaben von Nutzen sein und dabei zu Ruhm und Ehren gelangen. Und sagt dir all das nicht zu, so magst du das Kreuz nehmen, wie dein Herr Vater, und dir als tapferer Streiter des Herrn die ewige Seligkeit gewinnen.«
Abermals lachte ich. Mir standen die kahle Zelle vor Augen, die harte Pritsche, das karge Essen und die schwere Arbeit im Feld, nicht zuletzt die fortwährenden Bußübungen und Gebete, das Aufstehen in kalter Morgenfrühe, die tadelnden, demütigenden Reden der Oberen, die Intrigen und Querelen unter den frommen Brüdern, ihre geheimen Lüste und Ränke – und all das zur Ehre Gottes, zum Heil der Seele, zur Vergebung der Sünden?
Sünden? Welcher Sünden? Ich war mir keiner Sünde bewußt. Mit einiger Klarheit entsann ich mich dessen, womit der Klausner einst mein Kindergemüt beeindruckt hatte. »Gott!« hatte er gesagt. »Wer von uns Sterblichen weiß, wer oder was Gott ist? Wer darf sich vermessen, Gottes Willen zu erkennen? Wir sehen ja nur seine erhabenen Werke – die Schönheit dieser Welt, die weise Ordnung in allen Dingen ...« Und was nun die Sünde betrifft, da hatte der Alte zögernd geäußert, wir Menschen seien ja geschaffen nach Gottes Bild, mit allen Vorzügen, mit allen Fehlern; kein Mensch sei sündig von Geburt; das Böse, das wir wider besseres Wissen tun, indem wir die leise, mahnende Stimme in unserem Herzen überhören, das sei Sünde ... Nun, mir war bislang keine Gelegenheit geboten worden, in diesem Sinne zu sündigen.
Miteins kamen mir die beiden Männer recht klein vor, armselig, unwert meines Zornes. Warum sie fürchten? Nein, ich stand ja hier auf der Erde meiner Väter. Und war ich auch jung, unerfahren, meiner selbst nicht sicher, so fühlte ich mich ihnen doch auf Grund meines guten Rechtes weit überlegen. Ob sie es wagen würden, Gewalt gegen mich anzuwenden?
Ich sagte mit einer Gelassenheit, die mich selbst verwunderte: »Ihr werdet das Feld räumen müssen, Ohm Hendrick! Der Fürstbischof von Paderborn hat keine Rechte in diesem Land. Ich rufe das Volk zu Hilfe, notfalls die Herren von Büren, die den Pfaffen nicht grün sind,

und andere Lehnsträger des Kaisers, die Herren von der Lippe, die von Padberg, die Bürger von Warburg... Damit müßt Ihr rechnen.«

Ohm Hendrick tauschte mit dem Pater einen Blick. Der Mönch nickte aufmunternd. Ohm Hendrick erhob sich so unvermittelt, daß ich dadurch überrumpelt wurde. Er trat an das Fenster und rief den Klosterknechten zu, sie sollten das Portal sowie auch den Eingang zu den Wirtschaftsräumen bewachen; keiner, wer immer es sei, dürfe ihnen entschlüpfen. Damit – so glaubte er wohl – sei ich ihm auf Gnade oder Ungnade ausgeliefert.

Auch ich trat nun, das Schwert aus der Scheide ziehend, an das andere Fenster und beugte mich heraus. Da unten im engen Hof, in den jetzt ein erster Abglanz des Sonnenlichtes fiel, standen sie dicht gedrängt, Schulter an Schulter, alle die Hofmannen, die Knechte, die Mägde, die Hörigen mit ihren geschorenen Köpfen. Sie verhielten sich still; jedoch schien eine Drohung von dieser Ansammlung auszugehen. Die Klosterknechte mit ihren leeren, dummen Gesichtern nahmen zaudernd die ihnen angewiesenen Plätze ein. Offenbar fühlten sie sich in ihrer Haut nicht wohl.

»Fort mit der Waffe!« gebot Ohm Hendrick. »Du entwischst uns nicht. Mit einem Buben wie dir machen wir wenig Federlesens.«

Ich preßte die Lippen zusammen. Dank Ermin war ich im Waffenwerk wohlgeübt. Mein Oheim indes trug nur einen kurzen Dolch; der Pater war unbewehrt. Die würden mir kaum gefährlich werden. Vor allem aber wußten sie nicht, was ich wußte, der ich in diesem Hause herangewachsen war. Während wir uns noch so drohend wie bissige Hunde gegenüber standen, wurde die Tür krachend aufgestoßen. Meine Vettern, Adalbert und Johann, stürmten polternd über die Schwelle. Adalbert, der Ältere, den ich am wenigsten ausstehen konnte, weil er sich meinen Hengst Chaleel angeeignet, verspürte – so schien es – nicht übel Lust, mir an die Gurgel zu springen. Obzwar einen halben Kopf größer als ich, war er strohdumm und schwer von Begriff; deshalb glaubte ich mich ihm trotz seines gezückten Dolches überlegen. Nicht umsonst hatte Ermin mich belehrt, daß Umsicht und Entschlossenheit allemal stärker sind als nur rohe Kraft. Allerdings scheute ich mich, unnütz Blut zu vergießen. Der Klausner hatte das als eine der sieben Todsünden verurteilt. »Denn«, so hatte er bekümmert gesagt, »was sind die läppischen

Fehden eurer Ritter anderes als verschleierter Brudermord? Und was schaut schon am Ende dabei heraus? Neues Unheil; Unrecht, das sich auf Unrecht häuft.«

So zog ich mich denn langsam, die blanke Klinge zur Abwehr vor mich haltend, bis an die Tür der Kemenate zurück, in der mein Vater Geld sowie auch wichtige Dokumente aufbewahrte. Als ich die Tür, ohne den Blick von meinen Bedrängern zu wenden, öffnete und rückwärts in das Gelaß eintrat, entspannten sich die Mienen meines Oheims wie auch des Paters. In Ohm Hendricks blasse Fischaugen trat ein Ausdruck höhnischen Triumphes. Wahrscheinlich bildete er sich ein, ich sei nun rettungslos in seine Hand gegeben, weil es – so wähnte er – in der Kammer einen zweiten Ausgang nicht gab.

Aufatmend warf ich die Tür ins Schloß, schob die schweren eisernen Riegel vor. Gefangen–? Niemandem, weder Ohm Hendrick noch irgendeinem der Bediensteten, war jemals aufgefallen, daß diese Riegel an der Innenseite der Tür völlig sinnlos erscheinen mußten. Durch das schartenartige Fenster, so schmal, daß eine Katze sich kaum hätte hindurchzwängen können, sickerte Tageslicht spärlich und grau, nicht hinreichend, die Balkendecke und die Winkel zu erhellen. Ein mit staubigen Folianten und vergilbten Schriftrollen bedeckter Tisch unter dem Fensterschlitz, auf dem ein verspakter Silberleuchter mit einem Kerzenstumpf stand, ein mit Leder bezogener Eichenstuhl, der Tür gegenüber eine eisenbeschlagene Truhe, in deren Schloß ein rostiger Schlüssel stak, sowie gleich daneben, in die Wand eingelassen, ein mannshoher, halb erblindeter Spiegel in fleckigem Goldrahmen machten den düsteren Raum nicht eben wohnlicher.

Ich zuckte zusammen. Im Spiegelglas stand mir, mit dem Hintergrund verschmelzend, ein junger Mann gegenüber, in dem ich mich selbst nur mit Mühe erkannte. Bisher hatte ich mich ja noch immer als den Knaben empfunden, der ich gewesen war, als mein Vater davonritt nach dem Morgenland. Und die frommen Väter im Kloster hatten nichts getan, mich eines Besseren zu belehren. Hier nun sah ich einen hellhaarigen, bleichstirnigen, hageren Jüngling in schmucklosem schwarzen Wams, das – vom Wehrgehenk um die Hüften zusammengerafft – über graue Strumpfhosen bis auf die Knie fiel, vor mir. Die blanke, zweischneidige Klinge in der Rechten blitzte bedrohlich. Vor allem aber der Ausdruck des hohlwangigen Gesichtes, dessen Kinn bereits blonder Flaum zierte, war mir völlig fremd, erschreckte mich

durch seine kalte Entschlossenheit, den bohrenden Blick der grauen Augen unter buschigen, über der Nase zusammengewachsenen Brauen. Nichts erinnerte in diesen Zügen an das lebensfrohe, leutselige Antlitz meines Vaters. Das sollte ich sein – ich, der ich im Grunde offenen und heiteren Gemütes war? Für Augenblicke überließ ich mich einer Empfindung heftigen, wiewohl unbestimmten Schmerzes. Dann streckte ich mir selbst die Zunge heraus. Darüber kam mich ein Lachen an und so fand ich zu mir selbst zurück.
Aus dem benachbarten Raum drang ebenfalls Gelächter, ein mehrstimmiges hohnvoll triumphierendes Lachen. Na, das würde den Herren gar bald vergehen! Ich öffnete die Truhe, fand in ihr Dokumente, die mich betrafen und mir vielleicht in Zukunft würden nützen können, sowie – und jetzt tat mein Herz ein paar schnellere Schläge – ein gutes Dutzend Beutel voller Goldgulden und hessischen Brakteaten. Ich zögerte, einen oder zwei dieser Beutel an mich zu nehmen. Aber dann sagte ich mir, es sei ja mein Erbteil, sollte Vater nicht wiederkehren – was zu glauben mir freilich schwerfiel –, keinesfalls jedoch Eigentum des räuberischen Oheims. Vermutlich hatte er längst ein gut Teil unseres Vermögens auf die Seite gebracht.
Abermals hörte ich Stimmenlärm und Hohngelächter hinter der verriegelten Tür. Spöttisch schüttelte ich die Schwertfaust gegen die allzu Hoffnungsfrohen.
Suchend schaute ich mich in der düsteren Kammer um, nahm die Kerze in ihrem silbernen Halter vom Tisch, entzündete sie, wandte mich dann dem Spiegel zu und drückte auf eine bestimmte Rosette im Rahmen. Unter Knirschen und Knarren schwang die Spiegelfläche zur Seite und gab die Öffnung eines schmalen, dunklen Ganges frei, in dem vor Feuchtigkeit glitschige Stufen in die Tiefe führten. Nachdem ich das Schwert in die Scheide gestoßen, die geheime Tür sorgsam hinter mir verschlossen hatte, folgte ich dem Gang, der so eng war, daß ich mit den Schultern oftmals die moderigen Mauern streifte, über Treppen und verschlungene Windungen. Die dumpfe, abgestandene Luft drohte mir den Atem zu benehmen. Das Herz klopfte mir hoch im Hals. Unter Rascheln und Pfeifen flüchtende Ratten machten mich schaudern. Alle möglichen Geistergeschichten, wie meine Amme sie mir einst erzählt hatte, gingen mir durch den Sinn. Auch fiel mir ein, ich hatte Flint und Zunderschwamm auf dem Tisch in der Kammer liegen lassen. Der Gedanke, was ich ohne das tröstende Kerzenflämm-

chen, falls das Licht erlosch, in solcher Finsternis anfangen solle, jagte mir eine Gänsehaut über den Rücken.
Am Tage vor seiner Abreise hatte Vater mir zwar das Geheimnis des Fluchtweges enthüllt und den Zugang gezeigt; indes, was ich am Ausgang vorfinden würde, wußte ich nicht genau. Unwillkürlich kamen mir eingelernte Gebete auf die Lippen, bis ich mich der Worte des heiligen Augustinus entsann: »Du, Herr mein Gott, bist das wahre Licht, das allen leuchtet, die in diese Welt kommen!« Und wie es so geht mit manch gutem Gedanken, ich fühlte mich getröstet, gleichsam im Einklang mit Gott und der Welt. Heitere Ruhe, ein Gefühl von Kraft und Kühnheit erfüllten mich. Ich lachte laut auf bei der Vorstellung, was für Gesichter Ohm Hendrick und Bruder Ignatius wohl schneiden würden, sobald sie gewahrten, daß der Vogel ausgeflogen war.
Nach und nach besserte die Luft sich. Stellenweise bedeckten jetzt Wasserpfützen den Boden des Ganges. Aus den Mauerritzen hingen bleiche, schleimige Flechten herab. Und nun wich auch die Dunkelheit allmählich dämmerndem Tageslicht. Der Gang öffnete sich auf das Rund des Brunnenschachtes, dessen turmartiger Überbau im äußeren Burghof dicht neben den Viehställen stand. Vom Rost zerfressene Steigeisen führten nach oben. Die offenstehende Pforte des Turmes ließ flimmernde Sonnenstrahlen in den Schacht fallen.
Jörg hielt mit zwei gesattelten Pferden im Schatten neben dem Brunnenturm, wie ich ihm aufgetragen. Die Armbrust über der Schulter, in der Rechten den eschenen Speer, spähte er angestrengt nach dem Herrenhaus hinüber. Die Rosse stampften und schüttelten, ungeduldig der Fliegen wegen, ihre Mähnen. In Jörgs Haltung verriet sich ängstliche Gespanntheit, denn vom inneren Burghof her ließ sich ein Wirrwarr zornig erregter Stimmen vernehmen. Die Leute dort verlangten offenbar, mich zu sehen. Ohm Hendrick lehnte sich neben dem Mönch aus dem Fenster und rief ihnen Worte zu, die ich infolge der Entfernung nicht verstand. Jörg zerknirschte unflätige Verwünschungen zwischen den Zähnen, nicht weniger ungeduldig als die Tiere. Für seine nächste Umgebung hatte er weder Auge noch Ohr. Chaleel, freilich, erblickte mich sogleich. Er wieherte hell auf, trachtete sich loszureißen. Jörg fuhr herum.
»Herr!« schnappte er. »Dacht' doch wahrhaftig, die Schurken hätten dich umgebracht!«

»Ja, wär' nur der Wunsch auch gleich die Tat... Aber wenn du mich noch ein einziges Mal Herr nennst, sind wir geschiedene Leut'!« Lachend verstaute ich die Geldbeutel in den Satteltaschen, zog die Untergurte nach und schwang mich auf Chaleels Rücken, indem ich Jörg lobte: »Gut gemacht, Bruderherz! Die Klosterknechte und Ohm Hendricks Banditen kommen ja im Leben nicht durch das Tor. Wir können uns Zeit lassen. Nur hätt' ich gar zu gern noch ein Wort oder zwei mit Ermin gesprochen. Warum ist er nicht hier?«

»Mensch, Mann, Anselm! Bei allen Heiligen, wie kommst du ins Brunnenloch, wo man dich ja doch hat ins Haus gehen sehen?« Seine Stimme klang noch ganz atemlos, so sehr hatte ihn mein unvermutetes Erscheinen außer Fassung gebracht. »Ermin erwartet dich bei der Klausnerhütte am Rabenstein. Dorthin wagt sich kein Kuttenträger. Auch haben wir ihre Klepper auf die Talweiden gebracht, wo sie so bald nicht zu finden sind...« Er grinste hämisch.

Wir trabten an. Kaum vermochte ich den sich bäumenden Hengst im Zaum zu halten. Ohm Hendrick erblickte uns. Für Augenblicke verschlug es ihm schier die Sprache. Dann brüllte er wie ein gereizter Stier und fuchtelte wutentbrannt mit den Armen.

»Er wird noch aus dem Fenster fallen. Gott gebe es!« Höhnte Jörg.

Das geschah leider nicht, obwohl es nur gerecht und für uns alle das Beste gewesen wäre. Vielmehr bölkte er den Klosterknechten und seinen Knappen mit heiser quäkenden Stimme Befehle zu, die auszuführen ihnen unmöglich war. Die Hofleute nämlich, von Jörg zuvor unterwiesen, rannten wie kopflose Hühner durcheinander, blockierten das Tor zum inneren Hof unter lautem Geschrei, während wir uns lachend, Ohm Hendrick und Hochwürden ein übermütiges Lebewohl zuwinkend, durch das äußere Tor aus dem Staub machten.

3.

Niemals werde ich jenen strahlenden Frühlingsmorgen vergessen, an dem Gottes Schöpfung sich in ihrer ganzen Herrlichkeit darbot. Die nun schon hoch stehende Sonne ergoß ihr Licht in goldenen Bahnen durch das smaragden schimmernde Blätterdach, unter dem wir auf verwachsenem Wildpfad dahinritten. Obwohl ich recht müde war –

oder vielleicht auch eben deshalb –, nahmen meine überreizten Sinne jede Einzelheit unverlierbar auf, indes die Gedanken sich träumend an Vergangenes verloren.

Wo die säulenartigen Buchenstämme einem Windbruch wichen oder einem Kahlschlag, leuchteten frühe Blüten des Besenginsters. Schneeglöckchen, Buschwindröschen, Hundsveilchen und andere wild wachsende Blumen wechselten mit den weiß besternten Polstern des Waldmeisters ab, umsummt von Bienen, Hummeln und Wespen. Dicht bei dicht deckten stolze Adlerfarne die Wegränder zu. Ein Kuckuck schrie in der Ferne und Jörg schlug hoffnungsvoll auf seine Jagdtasche.

Alle Burgleute von Kahlenberg hätten wir mit Wildbret versorgen können. Immer wieder ging vor uns ein Sprung Rehe in polternden Fluchten ab. Ein Füchslein mit rostrotem Pelz schnürte, uns argwöhnisch beäugend, über den Weg, denn selten genug mochte es hier einem Menschen begegnen. Die grunzenden Schwarzröcke hatten sich längst in schirmende Dickungen verzogen. Dafür zwitscherten und jubilierten unzählige Vögel in den Wipfeln – Buchfinken, Meisen, Drosseln, Hänflinge. Das Hämmern fleißiger Spechte klang hallend aus dem Waldesdunkel. Und vor den violetten Schatten zwischen den Stämmen gaukelten wie farbenfrohe Blütenblätter Zitronenfalter, Baumweißlinge, Schillerfalter und Pfauenaugen.

All das war mir von Kindheit vertraut, war Teil meines Lebens. Den Weg zur Klausnerhütte hätte ich mit verbundenen Augen finden können, obwohl wir nach einer Weile den Pfad verlassen, absteigen und die Tiere durch die Wolfsschlucht führen mußten. Der Rabenstein, ein Felsblock auf dem höchsten Punkt der Erhebung, unweit der Hünenburg, war seit dem Hinscheiden des Klausners so völlig von Bäumen, Heckenrosen und Brombeerdickichten umwuchert worden, daß nicht einmal streifende Jäger versucht haben würden, in den dornigen Verhau einzudringen.

Die Erinnerung an Herrn Roger schmerzte mich wie ein Stich ins Herz. Es mochte in meinem fünften Jahr gewesen sein, daß ich ihn von Warburg her den Burgweg heraufkommen sah. An jenem diesigen Herbstmorgen war ich auf den Bergfried geklettert. Und da erblickte ich den Wanderer, einen betagten, hageren Mann mit langem weißen Spitzbart. Eine dunkelbraune Mönchskutte, die bis auf die Fußknöchel hinabwallte, hüllte ihn ein. Die Kapuze hatte er zurückgeschla-

gen, so daß seine silbrige Mähne bis auf die Schultern fiel. Vor ihm her trottete ein dürrer Esel, beladen mit sperrigen Ledersäcken, die, wie ich später sah, vorwiegend Bücher und Schriftrollen enthielten. Von Zeit zu Zeit blieb das Langohr stehen, um von den welken Gräsern am Wegrain zu rupfen. Anstatt ihm mit dem eichenen Knotenstock, auf den er sich stützte, tüchtig eins überzubraten, redete sein Herr ihm liebreich zu.
So wie er gewohnt um diese Stunde, erfrischte unser Torwächter sich gerade mit wohlverdientem Morgenschlummer. Und so gelangte der Wanderer unangefochten in den inneren Hof und vor das Portal. Ich dachte, vielleicht sei es einer der zahlreichen Ablaßkrämer, wie sie durch das Land zogen, um dem einfältigen Bauernvolk die Vergebung seiner Sünden zu versprechen – gegen klingende Münze, versteht sich. Vater und so auch Ermin pflegten darüber zu lachen. Ermin schimpfte, aber Vater meinte: »Warum denn nicht? Wenn einer seine Seelenruhe mit ein paar Groschen erkaufen kann und will? Bei uns ist jedenfalls nichts zu holen.«
Daher staunte ich nicht wenig, als nun Vater aus dem Portal hervorstürzte und den mit Staub bedeckten Fremdling in die Arme schloß. »Herr Roger!« rief er voll herzlicher Freude. »Da seid Ihr nun doch ... Lange hab' ich auf Euch warten müssen.«
»Ich dank' Euch, Herr Rainold! Und auch Gott dem Herrn dank' ich, weil er Männer wie Euch erschaffen hat – Männer mit Verstand und Herz auf dem rechten Fleck ... Das läßt sich, Gott sei's geklagt, nicht von allen Menschen sagen. Geben sich doch nur allzu viele christlicher als Christus selbst; sie sehen den Splitter in des Nächsten Auge, nicht aber den Balken im eigenen. Wer nicht denkt wie sie, muß – so meinen sie – um des Heiles seiner unsterblichen Seele willen vom Leben zum Tod gebracht werden. Um Haaresbreite wär's auch mir an den Kragen gegangen, obwohl ich, gleich allen anderen meines Glaubens, ein rechtschaffenes Leben nach Christi Lehre geführt.«
»Das eben ist's! Der Unwürdige pflegt zu hassen, was er bewundern muß«, brummte Vater, an seinem Bart kauend.
Ich hörte verwundert den mir unverständlichen Reden zu.
Vater führte seinen Gast in den Saal. Dort wurde ein für unsere Verhältnisse üppiges Mahl aufgetragen. Herr Roger jedoch nahm nur wenig von den leckeren Speisen. In Gedanken versunken, blickte er trübsinnig vor sich hin. Schließlich sagte er: »Gottes Wille ist uner-

forschlich! Wer kennt schon die Wahrheit? Wer gibt uns das Recht, unsere Meinung für die einzig gültige zu halten, da ja doch ein jeder seine eigenen Erfahrungen macht, die von denen anderer gänzlich verschieden sind? Wer weiß denn, was Gottes oder was des Satans ist? Ich fürchte, der Böse hat sich dieser Erde bemächtigt, hat die Seelen mancher Engel, indem er sie zu Menschen werden ließ, verderbt. So sind wir denn alle befangen im Bösen; und nur durch Einsicht und festen Willen läßt es sich überwinden, indem wir verzichten auf die Güter der Welt, auf Reichtum, Hoffahrt, Ehrsucht und Macht. Soll ich bei Euch, Herr Rainold, mein Leben beschließen, so bitt' ich, trachtet nicht, mich zu verführen ...«
Er schob den Weinbecher von sich, an dem er nicht einmal genippt hatte. »Ein Stück trocken Brot, ein Trunk aus dem Brunnen, ein Strohlager unter Eurem Dach, das genügt. Und schützt mich vor jenen Götzendienern, die das Kreuz anbeten und Jesus von Nazareth, diesen guten, frommen Mann, zum Sohne Gottes erhoben haben, um sich selbst zu erhöhen ... Rein will ich meine Seele halten vor den Verlokkungen der Welt, denn – wie der heilige Johannes lehrt – wer überwindet, der wird alles ererben.«
»Es geschehe nach Eurem Willen«, nickte Vater und kratzte sich hinter dem Ohr. Theologische Dispute waren nicht seine Sache. »Ihr habt also Eure Güter im Languedoc aufgegeben?«
»Unter die Ärmsten der Armen habe ich sie verteilt. Mein Heimatland zu verlassen, fiel mir gewiß nicht leicht. Als aber dann im vergangenen Jahr der Abt Amalrich von Cîteaux, ein wahres Geschöpf der Hölle, mit allen Vollmachten des römischen Antichrist versehen, über die Reinen von Languedoc herfiel mit Feuer und Schwert und selbst der Weiber, Kinder und Greise nicht schonte, da war meines Bleibens dort nicht länger.«
»Ich weiß«, nickte Vater grimmig, »wir hörten davon! Mir will's ganz einfach nicht in den Schädel, wie doch die Menschen immer neue Gründe finden, einander umzubringen ...«
Er unterbrach sich, weil Ermin, ganz entgegen seinem sonstigen ehrerbietigen Betragen, wie ein Bauerntölpel in den Saal gestürmt kam und sich vor dem Gast auf die Knie warf. Der hob ihn liebevoll auf, umarmte und küßte ihn, sagte: »Wie gut, dich wiederzusehen, Bruder Ermin! Danken wir dem Herrn der Himmel, der es so gefügt hat, daß wir als gute Menschen und wahre Brüder nun in Frieden beieinander

sein dürfen. Das ist schon viel, mehr jedenfalls als den meisten Menschen in dieser Welt des Hasses und Truges zugemessen ist.«

Danach redeten sie französisch miteinander – eine Sprache, die ich damals noch nicht verstand. Erst im Laufe der Jahre erlernte ich sie von Herrn Roger, der mein Lehrer wurde, nachdem unser Burgkaplan gestorben war.

So, wie ich mit der Einfühlsamkeit des Kindes auf den ersten Blick erfaßt hatte, daß Herr Roger, ungeachtet seines schlichten Äußeren, ein Edelmann sei, ein guter Mensch von seltener Reinheit des Herzens, hingen ihm auch die Hofleute gar bald mit Ehrfurcht und Liebe an. Vaters Knappen, sonst ohne jeden Respekt vor Rang und Namen, stets zum Spotten geneigt, auf Gott und Teufel weniger vertrauend als auf ihr Schwert, begegneten dem Alten mit scheuer, ihn auszeichnender Höflichkeit. Die Knechte enthielten sich in seiner Gegenwart ihrer rohen, blasphemischen Reden. Die jungen Mägde aus Stall und Küche, die Vater schnippische Antworten zu geben pflegten, da sie herausgefunden hatten, daß er sie ihrer Dreistigkeit wegen niemals auspeitschen lassen würde, wie es die Herren auf den benachbarten Burgen taten, sahen ihm jeden Wunsch an den Augen ab.

Und so geschah es, daß der als Ketzer Verfolgte bei uns nach und nach in den Geruch eines Heiligen geriet. Sein Ruf drang über die Grenzen der Grafschaft hinaus und bald erreichte er auch das Ohr Seiner Heiligkeit, des Fürstbischofs zu Paderborn, dessen Argwohn in nicht geringem Maße erregend. Bisher – so ließ der Kirchenfürst verlauten – habe es in seinem Bistum nur einen einzigen Heiligen gegeben, und das sei er selbst. Was Wunder, wenn ihm nun dieser hergelaufene Fremde äußerst verdächtig erschien? Jedenfalls kündigte er seinen Besuch auf Burg Kahlenberg für das kommende Frühjahr an. Und das war dann der Grund gewesen, warum Herr Roger seine Kammer im Palas mit der Klause am Rabenstein vertauschte.

Seit meiner letzten Begegnung mit ihm war das Dorngestrüpp um den Rabenstein zu einem schier undurchdringlichen Wall herangewachsen. Selbst ich hätte den Zugang wohl kaum gefunden. Aber Ermins braune Stute, die er im Hochwald an einen Baum gebunden hatte, witterte Chaleel und wies uns mit schrillem Freudengewieher den Weg.

Erinnerungen an glückliche Kindheitstage und an den Mann, dem ich sie verdanke, wurden in mir wach, als wir durch das blühende Ranken-

werk krochen. Zuletzt traten wir auf den freien Wiesenplan hinaus, der einer Insel gleich inmitten des Wipfelmeeres lag. Mehrere mannshohe, bemooste Felsblöcke schlossen sich im Halbkreis an die hier senkrecht abfallende Flanke des Hügels, den der Rabenstein krönt. Die Hütte, aus geteerten Balken gezimmert, zur Gänze von weiß und rosarot blühenden Winden umrankt, lehnte sich im Schatten einer uralten Eiche an die Felsenwand. Dicht daneben sprudelte ein glasklarer Quell aus dem Gestein und fiel plätschernd in ein natürliches Becken, das er im Laufe von Jahrtausenden aus dem Stein gewaschen hatte.
Ein Hauch heiligen Friedens wehte um diesen Ort, eine zeitlose Stille wie am ersten Schöpfungstag, da der Mensch noch nicht den Garten Gottes mit seinem Lärm entweiht hatte. Kaum wagte ich Atem zu holen. Unvermittelt wurde die Hüttentür aufgestoßen. Der fuchsrote Milan, der wie ein Standbild auf dem Rabenstein gebaumt hatte, erhob sich jäh mit klatschendem Flügelschlag. Ich sah eine schmächtige Gestalt in flatterndem Hemdchen über das Gras auf mich zu huschen. Bevor ich noch wußte, wie mir geschah, sprang das kleine Ding an mir hoch, schlang seine dünnen, von der Sonne gebräunten Ärmchen um meinen Hals und küßte mich unter Schluchzen und Lachen.
Niemals zuvor war mir dergleichen zugestoßen. Schließlich gelang es mir, mich von der Umklammerung zu befreien. »Himmel, Lieschen, was fällt dir bloß ein!« keuchte ich, erschreckt und verwirrt durch widerstreitende Gefühle.
Unser Gänseliesel, ein paar Jahre jünger als ich, war ein Findelkind. Ermins Frau, meine Amme Kathrin, hatte es eines Morgens vor der Tür gefunden und um Gotteslohn aufgezogen, so als sei es ihr eigenes. Wir waren wie Bruder und Schwester gewesen, mit Jörg als Drittem im Bunde. Nun aber, nach den Jahren im Kloster, mangelte es mir an Unbefangenheit dem Frauenvolk gegenüber. Liesel war zwar noch immer ein Kind, ich aber war seither herangewachsen, war ein Mann, obschon ein recht junger. Nun fühlte ich mich erröten und ärgerte mich darüber sehr.
»Vergebt, Junker Anselm!« rief Ermin, indem er schmunzelnd zu uns trat. »Wahrhaftig, ich konnt' das Wicht nicht zurückhalten, nicht um die Welt! Als wir von deiner Heimkehr hörten, da gab's ein schlimmes Geschrei. Im Fließbach ertränken wollt' das Liesel sich, wenn es dich nicht zu sehen bekomme. Unsinn, nichts als Unsinn! Im Fließbach ist nicht Wasser genug für einen Aal. Ach, ja, die Weiber, ob groß oder

klein… Ärger gibt's allemal mit ihnen!« Sein Seufzer kam aus tiefster Brust. Wahrscheinlich trauerte er der weniger aufreibenden Männerkumpanei in den Feldlagern nach.
Auch er umarmte mich. Wir setzten uns auf die Moosbank vor der Hütte. Wie es mir ergangen sei, im Kloster und nun auch heute mit dem Herrn Hendrick? begehrte Ermin zu wissen. Kaum, daß er durch Jörg von meiner Ankunft und meinem Vorhaben erfahren, hatte er sich nach der Klausnerhütte aufgemacht. Ich berichtete und er hörte mir schweigend zu. Als ich geendet hatte, nickte er sorgenvoll. Sein dunkel verbranntes, zerfurchtes Brigantengesicht mit der langen, weißen Narbe, die sich von der rechten Schläfe hinunter bis zum grauen Kinnbart zog – so wie ihn hatte ich mir noch stets den göttlichen Dulder Odysseus vorgestellt –, verlor den gewohnten Ausdruck fröhlicher Verschmitztheit. Er blickte mich grimmig an, wobei er die geballten Fäuste gegeneinander schlug. »Was nun, Junker Anselm? Was wirst du tun?«
Es geschah zum ersten Mal, daß er von mir einen Entschluß verlangte. Bisher war ich es gewesen, der seinen Rat erbat und danach handelte. Ich zuckte die Achseln, sagte unschlüssig: »Wenn ich nun hier bliebe? Hier stöbert Ohm Hendrick mich nicht so bald auf. Du könntest mich heimlich mit allem Nötigen versorgen. Und wenn ich dann vollmündig bin…«
Heftig schüttelte Ermin den Kopf: »Das kommt gar nicht in Frage! Du wärest nicht sicher hier. Es gibt Augen und Ohren. Und wenn die Hofleute auch zu dir stehen, ein Judas findet sich ganz bestimmt. Auch wäre wenig gewonnen damit. Wir sind nicht allein auf der Welt; wir haben mit Fürsten, Königen und Kaisern zu tun. Nicht länger entscheidet das Schwert; nicht Kraft gilt, noch Mut. Nein, lieber Junge, die Zeit der freien Männer ist seit Herzog Widukinds Tagen dahin. Du mußt dich an einen der großen Herren halten.«
»Leicht gesagt! An wen denn wohl?«
»Der Fürstbischof von Paderborn hat alle Macht in diesem Land…«
»O nein!« begehrte ich entrüstet auf. »Glaub' ja nicht, ich werde zu Kreuze kriechen. Was es mit den Pfaffen auf sich hat, weiß ich nun. Wen ich mir zum Herrn wählen könnte in deutschen Landen, das, freilich, weiß ich nicht. Ja, lebte Herzog Heinrich noch…

Aber, Gott sei's geklagt, der Löwe ist tot. Welf und Staufer halten sich bei der Gurgel. Nein, wahrhaftig, ich weiß es nicht! Was meinst du zu König Otto, Heinrichs Sohn?«
»Und zögest dir damit den Haß der Pfaffen zu?« Abermals seufzte Ermin, offenbar nicht weniger ratlos als ich.
Der leuchtende Tag um uns her schien unversehens in Schatten getaucht. Wir hier in unseren Wäldern wußten nicht allzu viel von der Welt dort draußen, wo Könige und Fürsten um Landbesitz oder gar um die Kaiserwürde rangen, wo der Kaiser mit dem Papst um die Macht im Heiligen Römischen Reich stritt, gleichzeitig aber ein jeder von beiden seine besten Männer in das ferne Mohrenland schickte, wo sie im Kampf um das Heilige Grab starben und verdarben. Noch ahnte mir ja nichts von dem, was ich später erleben und erleiden sollte. Im Kloster war nur immer erzählt worden, ein Feind der Heiligen Mutter Kirche sei Herzog Heinrich gewesen, ein Abtrünniger, ein machtsüchtiger Ehrgeizling. Aber der Heilige Vater habe ihn nicht nur in Acht und Bann getan, er habe ihn zuletzt auch mit Gottes und Kaiser Friedrichs Hilfe aus seinen Ländern vertrieben, so daß der stolze Löwe in England das bittere Brot des Verbannten hätte essen müssen.
Je mehr die Hardehusener Mönche von Papst Innozenz hermachten, der sich nun selbst den Statthalter Christi auf Erden nannte, je lauter sie ihm Loblieder sangen, desto unheimlicher erschien er mir. Hatte Herr Roger, der fromme Klausner, ihn nicht als den Antichrist in Person bezeichnet? Ja, hatte er nicht sogar behauptet, Jesus von Nazareth sei auch nur ein sterblicher Mensch gewesen, obschon ein sehr guter, und wir alle ausnahmslos, Christen wie Heiden, seien gleich jenem Gottes Kinder? Kraft welchen Rechtes durften dann die selbsternannten Nachfolger Christi sich weltliche Macht anmaßen, da Jesus ja doch unmißverständlich bekundet hatte, sein Reich sei nicht von dieser Welt? Derlei Gedanken waren bei mir, der ich noch um die alten Götter meines Stammes wußte, auf fruchtbaren Boden gefallen.
Auch Otto von Braunschweig, des Löwen Sohn, war in den Gesprächen der Mönche nicht eben glimpflich weggekommen. Sie schalten ihn hochmütig, anmaßend, einen Bauerntölpel, der am Hofe seines englischen Oheims Richard Löwenherz zum verkappten Ketzer herangewachsen sei. Warum der Heilige Vater ihn dann zum deutschen König gekrönt habe, hatte ich wissen wollen. Da hatten die frommen Brüder sich hinter den Ohren gekratzt, hatten gewispert, so als

verrieten sie ein tiefes Geheimnis, obschon die Spatzen es ja doch längst von allen Dächern pfiffen, dies eben sei Politik, hohe Staatskunst, sei die von Gott gekommene Weisheit des Heiligen Vaters! Ein jegliches Mittel sei recht, der Heiligen Mutter Kirche alle Macht über Reiche und Völker zu gewinnen. Zu diesem Ende dürfe man sich sogar der Sendlinge Satans bedienen.

Nun, dessen war ich durchaus nicht so sicher gewesen. Meinem kindlichen Verstand wollte bedünken, nur darum gehe es dem Papst, der Kurie die Oberhoheit über das normannische Königreich Sizilien – Gott weiß, wo es liegen mochte – zu sichern und ihren Einfluß auf die deutschen Fürstentümer zu verstärken, indem er sich zum Schiedsrichter zwischen Staufern und Welfen aufwarf im Streit um die Kaiserkrone. All das war ziemlich verwirrend für einen Knaben von beschränkter Erfahrung – ein Reigen bunter Bilder und Begebenheiten, deren Zusammenhang mir vorerst undurchschaubar blieb.

Nachdem nun Otto insgeheim – aus purer Ehrsucht, vermute ich – auf die Wünsche des Heiligen Vaters eingegangen war, ihn im Besitz jenes fernen Märchenlandes Italien bestätigt hatte und Innozenz daraufhin in einem Sendschreiben die deutschen Landesfürsten beschworen, den Welfen zu wählen, wurde das geheime Abkommen ruchbar. Ob solchen Kuhhandels gerieten die Fürsten in großen Zorn. Selbst die welfisch Gesinnten fielen von Otto ab, weil er im voraus schon der Kurie hart erkämpftes Reichsgebiet preisgegeben hatte. Die meisten von ihnen wählten deshalb den Herzog Philipp von Schwaben, Kaiser Friedrichs jüngsten Sohn, einen »jungen, süßen Mann« – so hatte Herr Walther von der Vogelweide ihn in einem Lied besungen –, während nur der Erzbischof von Köln auch weiterhin an Herzog Otto festhielt.

Ach, wären die Fürsten sich doch einig geworden, hätten sie um der gemeinsamen Sache willen ihre eigensüchtigen Wünsche hintangestellt; besser hätte es um den Frieden im Reich, um unser aller Wohlergehen gestanden. Ich ahnte dies dunkel. Otto indes, eingedenk der hochfliegenden Pläne seines Vaters, durchschaute wahrscheinlich nicht nur das arge Spiel des divide et impera, in das Innozenz ihn verstrickt hatte, sondern mochte von Anbeginn entschlossen gewesen sein, sein Wort zu brechen. Nicht anders der Papst! Warum sonst hätte Erzbischof Adolf von Köln, nachdem er doch zuvor Herzog Otto dem Papst so warm empfohlen, seinen Sinn geändert

und dem Schwaben Philipp zu Aachen die Krone aufs Haupt gesetzt? Diese Frage hatte mir schwer zu schaffen gemacht.
»Na, klar«, Ermin mochte meine Gedanken erraten haben, »er fürchtete eben für sein westfälisches Herzogtum, das einstige Erbgut der Welfen. Allemal geht's um Geld oder Land, wenn die hohen Herren auch vorgeben, der himmlischen Gerechtigkeit zu dienen. Acht Jahre ist's her, da schlugen Adolfs und Philipps Truppen das kleine Heer des Welfen bei Wasenberg, nicht weit von Köln ...«
»Und er ist doch Kaiser geworden!«
»Von der Pfaffen Gnaden, Junker!« Mein guter Ermin erblaßte vor ungebändigtem Zorn. »Wer Augen hat, zu sehen, Ohren, zu hören, der muß ja doch wohl erkennen, wie dieser Antichrist in Rom das Reich in Verwirrung stürzt, in dem er die Fürsten widereinander hetzt – und zu welchem Ende? Doch nur, um selbst herrschen zu können. Ein Gottesurteil war's, als Otto von Wittelsbach zwei Jahre danach den Herzog Philipp erschlug. Ja, ja, ich weiß, auch da steckte wieder einmal ein Weib dahinter. So mußte denn Papst Innozenz auf Ersatz sinnen. Jemanden zu finden galt es, der sich gegen Herrn Otto ausspielen läßt.«
»Lug und Trug«, murrte ich verstört, »wem soll man glauben, an wen sich halten?«
Das Reich, von dem ich so wenig wußte, erschien mir wie ein schönes Traumgespinst, die Kaiserkrone als ein leuchtendes Sinnbild für Gerechtigkeit, Ordnung und Frieden. Unter den Scholaren des Klosters waren verbotene Schriften heimlich von Hand zu Hand gegangen, vor allem die Gedichte des Herrn Walther von der Vogelweide, die mich innerlich aufrührten. Der Papst – so hatte Herr Walther geklagt – sei der Verderber der Christenheit, der junge Judas; die ganze Christenheit bringe er zu Fall; Wahnsinn herrsche beim päpstlichen Stuhl, weil Gott ihm feind geworden. »Zum Himmel weisen sie uns und fahren doch selbst zur Hölle!«
Ähnlich hatte Herr Roger, der Klausner, sich seinerzeit geäußert: »Gold und Macht, das sind die Werkzeuge des Teufels; glücklich, wer sich bescheiden kann, denn sein ist der Himmel.«
»Mein guter Herr – dein Vater, Anselm – war des Löwen Freund. Vergiß das nicht! Stets hat er zu den Welfen gestanden, auch dann noch, als Otto seine Eide brach, als ihn der Bannfluch traf, als auf des fränkischen Königs Rat der kleine Staufer aus Palermo zum Kaiser

erkoren wurde. Ach, Anselm, so ging es fort und fort wider Treu und Glauben; die Zeche mußten wir, das gemeine Volk, bezahlen – mit Blut und Gut, mit Leid und Not. Wer dem Papst ein Dorn im Fleische ist, wer seinen Absichten im Wege steht, den schickt er mit Gottes Segen und leeren Versprechungen gegen die Heiden – so auch deinen Vater, Anselm ...«
»Und doch mag ich mich an Herrn Otto nicht binden«, sann ich. Das Bild, das ich mir nach allem von dem Braunschweiger hatte machen können, erschien mir nicht eben einnehmend. Nicht nur deswegen, weil das Volk ihn für hartherzig, rauh, und engstirnig hielt – nein, das allein hätte mich wenig gekümmert; hingegen stieß es mir übel auf, daß er oftmals sein Wort gebrochen, daß er Vater, als ihn die Pfaffen zwangen, abermals das Kreuz zu nehmen, treulos im Stich gelassen hat. Treulosigkeit dünkte mich derzeit die schmählichste aller Sünden. Sehr viel später erst sollten die Umstände mich belehren, daß ohne Sünde zu leben unmöglich ist.
Während mir so mancherlei widerstreitende Gedanken, eine Fülle verwirrender Bilder durch den Kopf gingen, sah ich traumhaft in einem sonnig hellen Saal, durch dessen hohe Bogenfenster ein tiefblauer Himmel leuchtete, einen in weiße Seide gekleideten, blassen Knaben von anmutig edler Haltung unter geharnischten Kriegern und schwarzröckigen Klerikern gleichsam verloren stehen. Sie zankten sich um ihn, bald ihm schmeichelnd, bald ihm drohend, ihn umringend wie Falken und Krähen ein Häslein. Und mein Herz erhob sich zu ihm in dem heißen Verlangen, an die Seite des bedrängten Jünglings zu treten, ihm Arm und Schwert zu seinem Schutz bieten zu dürfen, da ich anderes nicht besaß.
Mit einem Ruck fuhr ich von der Moosbank auf, blickte Ermin starr, ja beinahe drohend an: »Ist's wahr? Wird der junge Friedrich, Kaiser Heinrichs Sohn, dies Jahr zu Aachen gekrönt?«
Ermin verstand, was die Frage bedeutete. Abermals seufzte er tief, dann raffte er sich auf: »Ein jeder ist seines Glückes Schmied. Du mußt es wissen, Anselm! Mag ja sein, daß dein Entschluß das Rechte trifft, auch wenn es deinen Vater schmerzen wird. Man soll ja nicht am Althergebrachten hängen ...« Er warf den Arm um meine Schultern: »Ich wollt', ich wär' zwanzig Jahr jünger; dann könnte ich dir zur Seite stehen!« Sich mit dem Handrücken über die Augen wischend, ging er, ohne sich umzuschauen.

4.

»Wie sollte das wohl Sünde sein? Was schuf er sie so schön und rein?« summten die vielversprechenden Scholaren im Kloster heimlich ein verpöntes Minnelied. Bis dahin hatte ich den Töchtern Evas nicht einen Gedanken gegönnt. Die Gestalt meiner Mutter geisterte zwar bisweilen, aber nur als ein ätherisches Engelsbild durch meine Träume, blaß und fern, ein Gefühl sanfter Wehmut in mir hinterlassend. Kathrin, Ermins deftiges Weib, meine Amme, hingegen erregte in mir etwa ebendieselben zärtlichen Empfindungen wie eine sanftäugige Kuh oder unsere freundliche Hofhündin, wenn sie mir die Hand leckte. Liesel hatte ich niemals für etwas anderes angesehen als ein gutherziges, fröhliches, obschon gelegentlich recht lästiges Gespiel.

Nun aber, während der Tage, die ich beim Rabenstein verweilte, brachte dies Geschöpf mich einigermaßen aus dem Gleichgewicht. Ungeachtet ihrer schwarzen Füße, ihrer mit Schlamm bespritzten, zerkratzten Beine, ihres von Dornen zerrissenen und keineswegs reinen Hemdchens, das sie als einziges Kleidungsstück trug, sah ich, daß Liesel dereinst zu einer Schönheit heranwachsen werde. Nie zuvor war mir die Feinheit ihrer Züge aufgefallen, die Zartheit der von Wind und Sonne gebräunten Haut, die edle Form der Stirn unter dem zotteligen, seidigen Blondhaar, die schmale, gerade Nase, der blütenrote Mund und das liebliche, jedoch feste Kinn – ein Köpfchen, das dem jenes Engels glich, den ich auf einem Schnitzwerk zu Hardehusen bewundert hatte – oder war es ein Bildnis der Frau Holle gewesen? Man weiß das ja nie so genau. Die frommen Väter pflegten ja oftmals die wilden Frauen der Vorzeit, je nach Gunst und Laune, bald in Hexen, bald in Engel umzudeuten. Als das Schönste an Liesel erschienen mir die Augen – groß, fragend und so blau wie ein Bergsee im Sommer. All das aber erklärte noch längst nicht, weshalb ich jetzt fortwährend an sie denken mußte. Sie hatte nämlich ihre ganz besondere Art, sich in Erinnerung zu bringen.

Kaum war Ermin fort und hatte Jörg mit sich genommen, hörte ich Chaleel draußen im Wald schrill aufwiehern. Dann gab es ein Schnauben, Brechen und Knacken im Gestrüpp, einen spitzen, anfeuernden Schrei, und mit gewaltigem Sprung setzte der Hengst über die hohen Rosenbüsche am inneren Rand, auf seinem Rücken das Dirnlein. Mir stockte der Atem, wie ich ihn mit den Vorderhufen aufkommen sah, in

die Knie brechen; wie er, durch einen neuen Schrei hochgerissen, wieder auf die Beine gelangte, vorwärts schoß und zuletzt zitternd, blank von Schweiß, dicht vor mir anhielt.
»Ha!« rief Liesel. Sie ließ sich zu Boden gleiten. »Gut gemacht, alter Ziegenbock!« Und klopfte ihm den nassen Hals. Ihr Hemd war nur mehr ein Fetzen. Bluttröpfchen aus Rissen und Schürfungen rieselten über die goldbraune Haut. Auch war sie ein wenig blasser um Stirn und Nase als sonst. Ich weiß nicht, worüber ich mich mehr erboste – über den Schrecken, den sie mir eingejagt, oder darüber, daß sie Chaleel und sich selbst in Gefahr gebracht hatte, oder weil sie das gute Pferd einen alten Ziegenbock genannt.
»Was soll denn das heißen?« fuhr ich sie zornig an. »Wie kommst du dazu, den Gaul durchs Gestrüpp zu jagen? Er hätt' sich den Hals brechen können. Und wie siehst du aus? Wie eine Holle ...«
»Bin ich vielleicht«, erwiderte sie ungerührt.
Blut rann ihr von Schultern und Schenkeln. Ich ergriff sie beim Handgelenk, zerrte sie zur Quelle, riß ihr den Fetzen vom Leib, tauchte ihn in das kühle, klare Wasser und begann unter ärgerlichem Brummen, ihr das Blut und den Schmutz vom Körper zu tupfen. »Du ungezogene Göre!« knurrte ich.
Da traf mich ein Blick aus ihren bislang so unschuldsvollen Kinderaugen, der ging mir durch und durch, so daß ich ihren Arm wie ein glühendes Eisen von mir schleuderte und zurückwich.
»Puh!« sagte sie geziert. Gott weiß, wo sie Ton und Rede aufgeschnappt hatte. »Sind das minnigliche Worte, mein Herr Gemahl? Du hättest Chaleel ja doch nicht draußen im Wald lassen können.«
»Dein Herr Gemahl?« schrie ich. »Du dumme Gans! Du bist wohl vom Satan verhext? Ich – dein Gemahl? Wie stehst du denn da? Nackt wie ein ... Na, wie ein ...« – Elf, hatte ich sagen wollen, biß mir aber noch rechtzeitig auf die Lippen, denn in den alten Sagen unseres Sachsenlandes wird erzählt, wie die reizenden Waldelflein junge Jäger in ihre Schlingen zu locken pflegten.
»Und wer hat mir mein schönes Kleid ausgezogen? Wer hat mich unzüchtig berührt an Stellen, wo es Freude macht?« Sie glitt unter zärtlichem Lächeln auf mich zu.
Ich floh wie vom Teufel gejagt in die Hütte, fand dort in der Truhe des Klausners einen weißen Linnenkittel mit gold- und purpurbesticktem Saum sowie einen maurischen Ledergürtel, der mit Silber beschlagen

war. Als Liesel das sah, klatschte sie in die Hände und meinte, solch ein Kleid hätt' sie sich schon immer gewünscht; ich müsse es ihr überstreifen, damit es im feuchten Gras nicht beschmutzt werde; auch fehlten ihr noch Schühlein aus rotem Samt und ein güldener Stirnreif, dann sähe ein jeder, daß sie eine Prinzessin sei... Hat man Worte?

Dabei hob sie die Arme und sah so lieblich aus wie kaum je ein Elfenkind ausgeschaut haben mag. Mir klopfte das Blut in den Schläfen. Bevor ich noch das Kleid seiner Bestimmung hatte zuführen können, lag sie an meiner Brust, verschränkte die Hände hinter meinem Nacken und küßte mich – durchaus nicht kindhaft – auf den Mund. Es gab kein Entrinnen. Für eines Herzschlages Dauer überließ ich mich einer Empfindung von unbeschreiblicher Süße. Zuletzt sagte ich, ziemlich barsch: »Schluß mit dem Unfug! Du bist noch ein Kind. Solches ziemt dir nicht.«

»Mir–?« hauchte sie. »Aber Liebster, du warst es doch, der mich mit Gewalt entkleidet, mich mit deinen starken Armen umfangen und meine Brüste gestreichelt hat. Ich will deine Gemahlin sein, dir für immer angehören... Dahin will ich gehen, wohin du gehst.«

Der Schrecken fuhr mir ganz tüchtig in die Glieder. Sie war imstande, nicht nur vor Ermin und Jörg dergleichen Reden zu führen, sondern sich auch wie eine Klette an mich zu hängen. Was sollte der Vogt dann von mir denken? Was Jörg dazu sagen würde, wagte ich mir gar nicht erst auszumalen. Freilich, Bauernkinder waren ja von der Wiege an mit der fleischlichen Liebe vertraut, die von den Patres zwar als Fallstrick des Satans verdammt, aber – soweit es sie selbst betraf – keineswegs von ihnen verachtet wurde.

Indem ich mich ein wenig beruhigte, wurde mir klar, daß Liesel mir wirklich von Herzen gut war und dies schon von Kindheit an. Wir hatten Prinz und Prinzessin gespielt und ich war der Prinz gewesen, der Aschenbrödel erlöste und als seine geliebte Braut in sein Schloß führte. Das hatte sie sich in den Kopf gesetzt. Rührung ergriff mich, neben blankem Entsetzen. Hatte Ermin nicht auch erwähnt, sie wolle ins Wasser gehen, wenn sie mich nicht zu sehen bekomme? Ihn traf die volle Verantwortung. Er hätte sie mir vom Leib halten müssen.

In der folgenden Nacht blieb der Schlaf mir lange fern. Liesel hatte sich im äußersten Winkel des engen Gemaches ein Lager bereitet. Sie tat so, als schlafe sie. Nach einer Weile aber – der Mond warf silbrigen Schein durch die offene Tür und Käuze begannen im Wald zu schreien –

wisperte sie: »Anselm, Liebster...« Und als ich nicht antwortete, huschte sie zu mir herüber, kuschelte sich an mich unter der rauhen Wolldecke und fing an, mit ihrer kühlen, harten Hand meinen Leib zu erforschen. Ich regte mich nicht, lag nur so da, gespannt wie ein Bogen, mit allen Sinnen mich ihrer Nähe erfreuend, ohne jedoch ihre Liebkosungen zu erwidern. Das kostete mich einige Überwindung. Wie sehr mochte dieses elternlose Geschöpf in all den Jahren der Liebe entbehrt haben, die ihr auch Frau Kathrin nicht hatte angedeihen lassen können. Aber zu tief saßen die Tugendlehren, die mir die frommen Väter im Kloster eingetrichtert hatten. Auch sagte ich mir, sie sei ja in Wahrheit noch blutjung, etwas Zartes, Verletztliches, das man behüten und umsorgen müsse.
Zuletzt mochte ich doch wohl eingeschlafen sein, denn in grauer Morgenfrühe weckte mich Liesels schrille Kinderstimme, die von draußen hereinklang wie ein Hahnenschrei. Sie sang eines der im Schwange befindlichen volkstümlichen Minnelieder, gefühlvoll zwar, jedoch so völlig falsch, daß ich trotz meines schlechten Gewissens aus vollem Hals lachen mußte.
»Lachst du mich etwa aus?« rief sie entrüstet. »Das ist nicht lieb von dir. Hab' ich dir doch schon einen heißen Kräutertee gebraut, obwohl es so heimelig warm an deiner Brust war und mich nach deinen Zärtlichkeiten verlangte. Aber – du schliefst wie ein Bär!« setzte sie vorwurfsvoll hinzu. »Das ist so die Art der Männer!«
Mir standen nachgerade die Haare zu Berge. Zum Aberglauben neige ich nicht, aber es mußte ja wohl des Teufels sein, unser Gänseliesel.
»Herr im Himmel!« machte ich meiner Verblüffung Luft. »Möchte doch wissen, woher dir solch Wissen kommt. Das geht doch nicht mit rechten Dingen zu? All diese Worte, wie sie nur Leute von Stand und Bildung im Munde führen, die hast du doch nicht von den Hofleuten – he? Die reden ganz anders, soviel ich weiß...«
»O nein, ganz bestimmt nicht, Liebster! Nicht von den Hofleuten... Da hast du recht. Die grunzen und stöhnen, und manchmal schimpfen sie ganz abscheulich, wenn sie sich lieben. Aber vom Herrn Hendrick hört' ich's, lag er der hohen Frau von Spiegel bei, die ihn des Nachts besuchte, einen Rat von ihm zu erbitten, wo sie doch so allein und ihr Mann im Morgenland ist. Ich stand hinter der Tür und lauschte. Nein, was hab' ich gelacht! Und gemerkt hab' ich mir alles...«

»Was–?« schrie ich. »Die Frau von Spiegel? Und ihr Gemahl schlägt sich in der Ferne mit den Heiden herum... Schämst du dich nicht?«
»Nein! Warum denn wohl?« Liesels Stimme klang völlig unbefangen. »Und da war ja auch eine Frau Adelheid, und eine Frau Adelgunde, und eine...«
»Hör' auf! Hör' auf!«
»Und Ehrwürden Ignatius mit einer Gräfin von...«
»Insolentia! Favete lingua!« rief ich in heller Empörung und warf die Decke von mir. Doch nun fand ich meine Kleider nicht. Wütend rannte ich ins Freie. Da hingen Hemd, Wams und Hose frisch gewaschen zum Trocknen am Eichenast. Zwischen Zorn und Gerührtheit schwankend, stand ich fröstelnd in der Morgenkühle. Ein Eichhörnchen fuhr keckernd am Baumstamm hinauf. Eine Drossel pfiff fröhlich. Wasser tropfte aus den Hosenbeinen.
»Was fällt dir ein, Liesel!« schalt ich unter Zähneschnattern. »Jeden Augenblick können Ermin und Jörg hier auftauchen. Was werden sie denken?«
»Und so, als habe er nur auf das Stichwort gewartet, drängte der Vogt sich durch das Gesträuch. Selten habe ich ein erstaunteres Gesicht gesehen. Er blickte befremdet von meiner mageren, gänsehäutigen Gestalt zu Liesel in ihrer weißen Robe. Sie hatte sich einen Kranz aus Frühlingsblumen um die Stirn gewunden und sah nun in ihrer ungewohnten Reinlichkeit wahrhaftig wie ein Prinzeßlein aus. Auch hatte sie sich eine würdevolle Haltung zugelegt, die mich lachen machte.
Sie maß ihren Ziehvater mit strengem Blick. »Mein Gemahl kann nicht wie ein Strauchdieb herumlaufen. Das seht Ihr doch ein?«
Ermin holte tief Atem. Seine Stirnader schwoll.
»Dein – was?«
»Mein Herr Gemahl... Anselm und ich, wir werden Hochzeit halten.«
»Ei, der Daus!« röhrte der Vogt. »Bei allen Heiligen, ist denn das möglich?«
»Er hat mich verführt«, fügte Liesel erklärend hinzu.
Ermin versetzte ihr einen Schlag in den Nacken. »Du Balg!« johlte er aufgebracht. »Ein Herr gebietet seiner Magd; er verführt sie nicht!«
»Davon kann keine Rede sein; nein, wirklich nicht!« beschwichtigte ich ihn, wobei ich zu meinem Ärger errötete. »Sie hat sich ja nur etwas in den Kopf gesetzt. Sie ist noch ein Kind.«

»Kind...« grollte Ermin. »Das merk' dir mal, Anselm – Mädchen werden als Weiber geboren, mit allen Nücken und Tücken. Ein Mann tut gut, sich so wenig wie möglich mit ihnen einzulassen. Wenn's irgendwo auf Erden Unruhe und Verwirrung gibt, sei gewiß, ein Weib steckt dahinter... Wo, zum Henker, hat sie das Linnenhemd her?«

»Ich fand es in der Truhe des Klausners.« Und ich berichtete, wie Liesel den Hengst durch die Dornen geritten hatte.

»Eine Hexe, das ist sie, fürwahr!« murmelte er, indem er ein Kreuz schlug und sich verstohlen nach ihr umblickte.

Sie war jedoch außer Hörweite an der Feuerstelle damit beschäftigt, den Kräutertrank aufzuwärmen.

»Ich will dir was sagen, Junker – die ist nicht von gemeinem Schlag; den Teufel hat sie im Leib! So denkt auch Kathrin. Was ich noch keinem verraten hab' bisher: Wir fanden ein Medaillon bei ihr, als sie eines Morgens vor unserer Tür lag – aus Gold, Anselm, zum Aufklappen, darinnen zwei Emailbilder – Vater und Mutter, denk' ich. Morgen bring' ich's dir... Mag ja sein, du triffst Leute, denen sie zugehört...«

Mir war, als ob eine kalte Hand nach meinem Herzen greife. Während ich mich in die frischen Kleider warf, die der Vogt mir mit Hilfe seiner Frau aus der Burg beschafft hatte, gingen mir vielerlei höchst verworrene Gedanken durch den Sinn. Wenn unser Gänseliesel nun wirklich von edler Geburt wäre? Das würde so manches Rätselhafte in ihrem Wesen erklären, würde auch manches als möglich erscheinen lassen, woran sich gegenwärtig nicht denken ließ. Merkwürdigerweise empfand ich darüber weder Freude, noch irgendeine Art von Erwartung, sondern eher ein Gefühl herben Verlustes.

Jörg kam aus dem Wald, wo er die Rosse versorgt hatte. Und sogleich überschüttete er unser Gespiel mit beißendem Spott. »He!« rief er lachend. »Mit welch bunten Federn hat sich das häßliche Entlein geschmückt? Man wird dich noch für die Herrin auf Kahlenberg halten...«

»Und das ganz zu Recht, du Lümmel!«

Jörg schüttelte den Kopf, tippte sich an die Stirn.

Um von dem brenzligen Thema abzulenken, erkundigte Ermin sich bei mir: »Wann wirst du reiten?«

»So bald wie möglich. Am besten morgen schon. Der Weg ins Frankenland ist weit. Und sagtest du nicht, Friedrichs Krönung solle bereits im Heumond sein?«

»Gut, mir ist's recht!« bemerkte Jörg gleichmütig.

Ermin faßte ihn verwundert ins Auge: »Dir ? Wieso ist es dir recht?«

»Na, weil ich mitreiten werde!«

»Und mir mußt du ein gutes Roß aus Anselms Ställen geben, die falbe Stute mit der weißen Mähne, denk' ich. Die paßt am besten zu mir. Auch ist sie nach Chaleel das schnellste unter allen...« Liesels Stimme klang so ruhig und bestimmt, als seien Einwände ausgeschlossen.

Der Vogt ließ den Becher fallen, sprang auf die Füße. Die Fäuste ballend, den funkelnden Blick vom einen zum anderen wendend, dunkelrot bis in die Stirn, schrie er: »Gottes Trost! Ist der Böse in euch gefahren? Herr Rainold seit Jahr und Tag fort, obendrein mit den besten Männern... Junker Anselm landflüchtig... Die Rüstigsten unter den Hofleuten wollen mit dir ziehen, Anselm. Die halbe Nacht lagen sie mir damit in den Ohren. Harte Mühe, ihnen das auszureden. Und nun auch du, Jörg, der einzige, auf den ich mich noch verlassen kann...«

»Und ich, natürlich!« erinnerte ihn Liesel.

»Du –? Du dumme Dirn! Geh', hüt' die Gänse! Das ist deines Amtes. Und wenn du nicht schleunigst...« Drohend trat er auf das Mägdelein zu.

Liesel vergaß ihre würdevolle Haltung, indem sie mit einem quietschenden Aufschrei seiner zugreifenden Hand auswich und sich hinter meinem Rücken versteckte. Dabei zeterte sie erbost: »Schütz' mich, mein Herr Gemahl! Schütz' mich vor diesem schmierigen alten Landstreicher, der unser Knecht ist. Ich will ihn auspeitschen lassen, wenn er mich anrührt.«

Mir sprangen vor Lachen die Tränen aus den Augen. Immerhin gelang es mir, den erzürnten Ermin zu beschwichtigen.

»Jörg hat so unrecht nicht«, gab ich zu bedenken. »Das Geld sollte wohl für uns beide reichen. Und sind nicht zwei Mann besser als einer, wenn es hart auf hart geht? Die Liesel aber...« Ich sah sie an, wie sie so dastand, ein wenig blaß, ein wenig zerzaust, mit geweiteten, angsterfüllten Augen, und eine Woge von Zärtlichkeit durchflutete mich. Ein Prinzeßlein war sie in der Tat, zu schade für Gänsestall oder Küche. Und der Teufel ritt mich, so daß ich sagte, ohne zu bedenken, was ich damit anrichtete: »Liebes, sei ruhig, denk' einmal nach! Die Welt ist ein Sündenpfuhl, eine Mördergrube – so sagte Herr Roger jedenfalls. Ob ich's schaffe, mich in ihr zu behaupten, steht bei Gott. Ein Stein am Bein würdest du für mich sein, obendrein schutz- und hilflos, stieße mir Übles zu. Auch bist du zu jung an Jahren, als daß ich dich für mein Weib ausgeben könnte. Deine Herkunft ist dunkel. Das alles mußt du verstehen. Ja, wenn ich reich wäre und mächtig, dann ...«

Sie hörte mich wortlos an. Dicke Tränen glitzerten in einem Sonnenstrahl, der sich durch das Blätterdach der Eiche stahl, und kullerten ihr über die Wangen. Mir fiel ein, daß ich sie nie zuvor hatte weinen sehen. Ich trat auf sie zu, nahm sie in die Arme wie ein Kind, das sie ja in der Tat noch war; und in dem heißen Bemühen, sie zu trösten, überlegte ich: »Eines könnten wir tun, wenn Ermin uns hilft...«

Ich wandte den Kopf nach ihm, der mich ungläubig, so als sei ich nicht ganz bei Trost, anstarrte. »Du kennst meine alte Tante Rosamunde, Freiin von Falkenhorst? Sie ist ein Drache – ich weiß! Aber seinerzeit hat sie zu Braunschweig am Hofe des Löwen nicht wenig Einfluß gehabt. Jetzt trauert sie auf ihrem Landsitz im Altenautal den vergangenen glorreichen Zeiten nach. Ihr führe das Dirnlein zu. Vermutlich langweilt sie sich zu Tode und nimmt sich Liesels an. Besonders, wenn du ihr mit einiger Behutsamkeit andeutest, was du mir über Liesels Abkunft verraten hast. Laß ferner durchblicken, dem Kind sei durch mich schweres Unrecht geschehen. Dies, wenn nichts anderes sonst, wird sie für Liesel einnehmen. Ich kenn' ja die alte Spinatwachtel, kenne sie durch und durch. Wenn sie nur denkt, sie könne uns Kahlenbergern etwas am Zeuge flicken, ist sie Feuer und Flamme. Sie wird nichts unversucht lassen, aus Liesel eine Dame von Rang zu machen; weder Mühen noch Kosten wird sie scheuen, wird dir, Liesel, womöglich einiges vererben aus ihrem Besitz, auf dem sie geizig wie der Drache Niedhögg hockt. Das alles erscheint mir durchaus möglich, sofern du dir ihre Gunst gewinnst. Leicht wird's dir freilich nicht werden, Liesel, aber... Na ja, du tust mir jetzt schon leid.«

»Na, und ich mir erst«, brummte Ermin. Seine Augen blinzelten listig wie die einer Eule, die ins Helle schaut. »An mir wird Frau Rosamunde sich schadlos halten, da sie dich nicht fassen kann. Und wenn der Herr Hendrick erst Wind von der Sache bekommt...«

Ja, mein Oheim würde glatt aus der Haut fahren, sobald er den Braten roch, keine Frage! »Bringe mir morgen Papier und Schreibzeug mit. Ich stell' dir eine Vollmacht aus, Ermin! Du sollst das volle Verfü-

gungsrecht über den Besitz der Kahlenberger haben, vom Tag meiner Mündigkeit an. Vertrete die Sache vor dem Thing. Bespreche dich aber zuvor mit meines Vaters Freunden, versichere dich ihres Beistandes.«
Der Vogt nickte stumm, offenbar wie vor den Kopf geschlagen durch das Vertrauen, das ich in ihn setzte, und nicht wenig bestürzt durch die Last der Verantwortung, die ihm aufgebürdet wurde. Er rieb sich die Augen, wischte sich die Nase am schwarz behaarten Unterarm ab, knurrte dann: »Schon gut, schon gut, Anselm! Ich tu', was ich kann, bei meinem Leben! Gott gebe mir Kraft und Verstand. Jetzt muß ich aber zurück zum Hof, damit man mich dort nicht vermißt.«
Dem nicht weniger verdattert dreinschauenden Jörg winkend, blickte er sich suchend nach Liesel um, die jedoch hatte sich inzwischen davongestohlen. Er fluchte gröblich, rief sie bei Namen. Antwort erhielt er nicht.
»Sie will bei dir bleiben, die Dirn!«
»Laß sie mir für den Tag«, bat ich. »Du weißt, sie ist mir mehr als ein Schwesterlein. Auch mir fällt es schwer aufs Herz, mich von ihr zu trennen.«
»Sie ist nur ein Findelkind, keinen Goldfuchs wert. Gott steh' dir bei, Anselm! Mir bangt mehr um dich als um sie...« Damit tauchte er zwischen die Büsche.

5.

Wieviele Länder habe ich seither gesehen; zahllosen Menschen verschiedenster Art bin ich begegnet, aber weder die zauberhafte, besonnte Schönheit des Südens, noch die erhabene Düsternis himmelstürmender Berge, noch gar die beklemmende, einförmige Weite der baumlosen, vom Wind überwehten Marschen am Meeresstrand oder die gluterfüllten Wüsten im Heidenland haben mich so sehr in der Tiefe meines Gemütes angerührt wie die sanften Hügel, die lieblichen stillen Täler, die rauschenden Wälder am Weserstrom. Weder Fürsten noch Ritter, Prälaten oder Sultane, ob nun Franken, Latiner oder Mohren, wen auch immer, vermag ich höher zu schätzen als die rauhkehligen, redlichen, auf ihr karges Dasein beschränkten Bauern meiner Heimat, jenes Volk, dem mein Geschlecht entstammt.
Als wir – Jörg und ich – auf verschwiegenen Pfaden, Städte und größere Siedlungen meidend, durch Wald und Flur gen Westen ritten,

schien mir über allen Dingen ein Schatten zu liegen, der das Sonnenlicht verdunkelte. Ist es recht, fragte ich mich, daß ich alles, was mir teuer, hinter mir lasse? Müßte ich nicht ausharren, sollte es auch zu meinem Unglück sein, ausharren auf der Erde meiner Väter? Und gewänne ich mir nun wirklich in des Kaisers Diensten ein Königreich – was mir ganz unmöglich erschien, obwohl man dergleichen schon vernommen hat – es wäre mir doch nur halb so viel wert wie der geringste Acker daheim.

Unwillkürlich faßte ich an meine Brust, wo im Ausschnitt des Wamses eine knospende rote Rose stak. Liesel hatte sie mir am Morgen des Abschiedes gebracht und mir beim letzten Kuß ins Ohr geflüstert: »Hüte sie, als sei's ein Schatz! Denk' dir, Anselm, Liebster, es sei mein Herz! Eines Tages, gleich ob du dann ein großer Herr bist oder noch immer nur der Bettelgraf, soll sie dich an mich erinnern. Ich sagte, ich will deine Gemahlin sein vor Gott und den Menschen und du hattest nichts dawider, nicht wahr? Darum will ich beten, jeden Tag, jede Stunde ...« Sie drückte mir den Finger auf die Lippen: »Still! Ich weiß ja, jetzt bin ich noch dumm, einfältig, ein Bauerntrampel, aber ich will ja lernen, deiner wert zu sein. Vergiß es nicht, Anselm, Liebster! Das Herz, wiegt es nicht schwerer als alles Gold, als Ruhm und Ehren?«

Mir schnürte es die Kehle zu, als ich jener Worte gedachte, an die Liebe in ihren Augen. Sie war kein Kind mehr in dieser Stunde, kein Bauerndirnlein. Man vergaß ihre jungen Jahre, ihr Unwissen, übersah das Kindhafte, Unerschlossene ihres schmächtigen Körpers. Nur der leise bebende Klang ihrer Stimme, die auf wundersame Weise an Tiefe und Festigkeit gewonnen hatte, nur die Bedeutung ihrer Worte wogen. Woher sie ihr wohl gekommen waren? So sprach man ja nicht in Ermins Stube, auch nicht im Schlafgemach Ohm Hendricks. Mit einem Mal war mir, als glühe das Medaillon, das ich an einem Kettlein auf der Brust trug. Ich gelobte mir, nicht zu ruhen, bis ich herausgefunden habe, wer jener Herr und die Dame sind, deren Bildnisse die goldene Kapsel enthielt. Ich gelobte mir ferner, Liesel solle mein Weib werden, wer immer sie sein mochte oder welche Hindernisse uns in den Weg gelegt werden würden.

Allein, was sind Schwüre! Nach und nach fand ich mich aus meinen Jünglingsträumen in die Wirklichkeit zurück.

»Wie Buttermilch und Kuhpisse schaust du aus«, hänselte mich Jörg. »Du mußt dir den Magen verdorben haben, wenngleich ich mir nicht denken kann, woran. Ob es Liesels Kräutertrank war? Ich wette, sie ist eine Hex!« Er bekreuzigte sich, obschon es mit seiner Frömmigkeit nicht allzu weit her war.

Mitunter kehrten wir in einem einsamen Gehöft ein oder in einer Köhlerhütte, jedesmal aufgenommen wie Brüder. So abgelegen die Anwesen auch sein mochten, stets waren die Häuser oder Hütten wetterfest gebaut, sorgsam mit Stroh oder Schindeln gedeckt. Die Balken des Fachwerkes glänzten schwarz zwischen gekalkten Lehmmauern. Der Hofplatz war sauber gefegt, das Vieh blank und drall. Vor den Fenstern blühten Frühlingsblumen. Nicht weniger anheimelnd bot sich das Innere. Kupferpfannen und Tiegel blinkten über dem Herd. Und mochten die Leute auch arm sein, ihre Nahrung kärglich, ihre Kleider grobfädig, am eigenen Spinnrocken und Webstuhl gefertigt, so dachte ich doch, um wieviel gemütlicher es bei ihnen zugehe als bei uns daheim in der zugigen, düsteren Burg. Kleine Könige waren sie allzumal, Zaunkönige, aber tapfer, ehrlich, freiheitsliebend, von bescheidenem Stolz, indem sie sich begnügten mit dem, was Gottes Erde ihnen bot. Oftmals hätte ich gerne ein wenig länger in solch schlichter Hütte verweilt.

Aber wir näherten uns nun dem Strom des Lebens, der auf den großen Straßen dahinfloß von einem Ende der Welt bis zum anderen. Eines Abends – wir waren den ganzen Tag durch tiefe Buchenwälder geritten und kein gastliches Dach hatten wir gefunden – hielt Jörg seinen Gaul mit jähem Ruck am Rande eines lichteren Talgrundes an.

Gleich einem schwarzen Wall säumte der Wald den von einem Bach durchflossenen Wiesenplan, der bereits im Schatten der nahenden Nacht lag, während noch ein flammend roter Widerschein der hinter den Wipfeln versunkenen Sonne den Himmel im Westen erhellte.

»Was ist?« fragte ich, aus meinen Gedanken aufgeschreckt.

Laute Stimmen ließen sich vernehmen, Flüche. Eine Frau kreischte plötzlich gellend auf. Rosse wieherten. Auch klirrte Eisen auf Eisen. Im Dämmerlicht nahm ich jenseits des Bachlaufes unbestimmt dunkle Gegenstände wahr sowie Pferde und menschliche Gestalten, die sich heftig durcheinander tummelten. Ein Kampf? Ich riß mein Schwert aus der Scheide.

»Halt!« mahnte Jörg, Chaleel beim Zaum packend. »Was ficht dich an? Das sind Ritter... Sie plündern einen Krämer aus, wenn mich nicht alles täuscht. Man soll sich nicht in anderer Leute Händel mischen, wenn einem das eigene Fell was gilt.«

»Ach was! Da sind Menschen in Not. Eilen wir, ihnen beizustehen – Ritterpflicht!«

Ich gab Chaleel die Sporen. Aufwiehernd setzte der Hengst über den Bach, flog pfeilgeschwind auf den Kampfplatz zu. Abermals ertönte das schrille Angstgeschrei aus weiblicher Kehle.

Was danach geschah, weiß ich nicht mehr so genau. Ein Mann in Lederkoller und Eisenhaube trat mir entgegen. Ich schlug seinen Speer zur Seite, ritt ihn nieder. Einen zweiten durchbohrte ich mit meiner Klinge, sah dann, wie zwei der Eisenhauben mit ihren Schwertern einen alten Mann bedrängten, der sich, an einem ungefügen Planwagen lehnend, tapfer, jedoch mit sichtlich erlahmender Kraft ihrer erwehrte. Im Vorüberjagen zerschlug ich einem der beiden den Schädel. Da waren noch drei oder vier, unter Geschrei beschäftigt, die vom Wagen abgeschirrten Gäule einzufangen. Auf diese Kerle gab ich nicht acht, denn dicht vor mir erblickte ich auf sich bäumendem Roß einen Ritter in Helm und eiserner Brünne. Er hielt eine weibliche Gestalt im Griff, die sich verzweifelt ihm zu entwinden trachtete.

Als der Ritter mich nahen sah, ließ er seine Beute fahren und griff nach dem Schwert – nicht rasch genug! Ich schlug mit aller Kraft zu. Funken sprühten aus seinem Helm. Er wankte im Sattel. Undeutlich wurde mir bewußt, daß ich die ganze Zeit über lauthals gebetet oder Flüche zwischen den Zähnen zerknirscht hatte. Auch hörte ich nun Jörg hinter mir mit starker Stimme Befehle brüllen, so als kommandiere er eine ganze Reiterschar, die drauf und dran zu sein schien, die Buschklepper zu umzingeln. Ich entsinne mich eines flüchtigen Verwunderns. Der Ritter, augenscheinlich benommen durch meinen Hieb, schrie seinen Spießgesellen ein erschrecktes »fort, fort, fort!« zu; dann sprengte er talabwärts davon. Die Eisenhauben rannten zu ihren Tieren, warfen sich in die Sättel und machten sich ebenfalls aus dem Staub.

Insgesamt waren ihrer acht gewesen. Zwei hatte ich erledigt, zwei waren von dem Kaufmann getötet worden, der seinerseits seine beiden Knechte zu beklagen hatte. Glücklicherweise nur leicht verwundet, lag er ohnmächtig zwischen den Wagenrädern. Wir banden unsere Pferde an die Deichsel. Ich holte einen Eimer Wasser aus

dem Bach und mühte mich um den Bewußtlosen, während Jörg am Waldrand Holz für ein Feuer zusammenraffte.
Als endlich die Flammen emporloderten und die Umgebung beleuchteten, war mir, als erwache ich aus einem Fiebertraum. Meine Hand glänzte rot vom Blut der Erschlagenen. Zum ersten Mal im Leben hatte ich Menschen getötet und ich kann nicht sagen, daß es mir gefiel. Ganz unglaublich kam es mir vor, daß ich es gewesen war, der sich hier wie ein Berserker aufgeführt hatte. Mir wurde übel. Ich ging taumelnd beiseite und erbrach mich. Jörg hingegen schien in keiner Weise durch die Geschehnisse außer Fassung gebracht.
»Gar übel hätte das für uns ablaufen können«, griente er selbstgefällig. »Während du dich, blind und taub für meinen Rat, wie der rasende Roland auf die Kerle stürztest – sie hätten dir gewiß den Garaus gemacht –, da hab' ich eben meinen Kopf gebraucht. Du behauptest zwar immer, da sei nicht viel drin, aber bist etwa du darauf verfallen, dich mit Hilfe deiner Stimme in ein ganzes Heer zu verwandeln? Gib es zu, ich bin's gewesen, der diesen glorreichen Sieg errungen hat! Na, für die Nacht werden die Hundesöhne ja wohl Ruhe geben und ihre Wunden lecken ...«
Er hob den Kopf und starrte offenen Mundes nach der Rückwand des Wagens, die im Dunkeln lag. Unter der Plane hervor kroch die Frau, die ich dem Räuber entrissen, dann aber über der Sorge um den Alten völlig vergessen hatte. Ein Mädchen war es. Was Jörg staunen machte, war das lichtblaue, mit goldenen Sternchen bestickte Kleid, das ihr in anmutigen Falten bis auf die Füße niederfiel, die in spitzen, burgunderroten Samtschuhen staken. Um die Hüften wurde dies kostbare, weitärmelige Gewand – am Halse so tief ausgeschnitten, daß man die Ansätze der knospenden weißen Brüstchen bewundern konnte – durch einen breiten, in vielerlei Farben bestickten Seidenschal zusammengerafft. Auf dem Kopf trug die Jungfer ein weißes Haubchen, wie es unverheirateten Frauen ansteht; darunter quoll schwarzes Gelock hervor, ein liebliches, blasses Gesicht umrahmend, ein Gesicht von fremdartigem Schnitt, desgleichen ich bis dahin niemals gesehen.
Schwebenden Schrittes kam sie auf mich zu, wobei ihre nachtdunklen Augen im Widerschein des Feuers funkelten. Sie kniete vor mir nieder, ergriff den Saum meines staubigen, mit Blut befleckten Wamses und drückte ihn an die Lippen, flüsternd: »Edler Herr, mein Ritter, wie danke ich Euch! Die liebe Gottesmutter hat Euch in unserer großen

Not gesandt. Das Leben schulde ich Euch, meine Freiheit, meine Ehre. Fordert von mir, was Ihr wollt. Ich gebe Euch – alles!« Das letztere Wort betonte sie und öffnete ihre verführerischen Lippen, deren Rot nicht ganz echt war, wie ich später herausfand. Aus ihren Augen sprühte eine Leidenschaft, die mich befremdete und nicht wenig erschreckte.
Jörg räusperte sich mißfällig. Er schlug einen weiten Bogen um sie, als er ging, die Pferde zu tränken.
»Danket Gott, aber nicht mir, Jungfer!« wehrte ich ihr in kindischer Verlegenheit. »Ich bin ja nur ein armer Junker aus dem Warburger Hinterwald – Anselm von Kahlenberg! Darf ich Euren Namen wissen?«
Sie sprang mit staunenswerter Behendigkeit auf, faßte mich mit ihren schlanken weißen Fingern, deren Nägel rot gefärbt waren, bei beiden Armen und trat so dicht an mich heran, daß ich die Wärme ihres jungen Leibes spürte. Ströme von Feuer rauschten mir – dünkte mich – durch die Adern, aufrührend, ja, jedoch keineswegs beglückend. Am liebsten hätte ich sie stehenlassen und wäre fortgerannt.
»Clarissa!« Der alte Mann – soeben, unbemerkt von uns, erwacht – hauchte es mit schwacher Stimme. Er fügte noch mehrere Wörter in einer Sprache hinzu, die ich damals noch nicht verstand, aber für dem Lateinischen ähnlich befand. Das Mädchen senkte züchtig die langen, lackschwarzen Wimpern, gab meine Arme mit einem letzten bedeutungsvollen Händedruck frei und sagte: »Mein Herr Vater ist wieder bei sich, der Heiligen Gottesmutter sei Dank!«
Ich beugte mich zu ihm nieder, half ihm, sich aufzusetzen. Seine ebenfalls fremdartigen Züge, die gelbliche Gesichtsfarbe sowie auch der listig lauernde Ausdruck in seinen Augen berührten mich nicht gerade angenehm, obwohl seine für gewöhnlich ernste und strenge Miene sich nun zu freundlichem Lächeln erhellte und ihm die Stimme vor dankbarer Bewegtheit bebte.
Beim Abendessen – von Clarissa geschickt bereitet – erfuhren wir, was sich zugetragen hatte. Herr Leonardo, Teilhaber eines reichen Genueser Handelshauses, das Niederlassungen in den bedeutendsten Städten des Abendlandes sowie auch im Orient unterhielt, hatte Lübeck mit kostbarer Fracht verlassen, um in Aachen anläßlich der Krönung des jungen Staufers seine Waren an den Mann zu bringen.
»Das ist ja das Gute an Fürsten und großen Herren«, in seiner Stimme

schwang verhaltener Spott mit – »sie sorgen in ihrer Verschwendungssucht, in ihrer mangelnden Kenntnis vom wahren Wert der Dinge dafür, daß unsereins zu Gewinn und Einfluß gelangt. Was sie mit der Schwerthand erobern, das teilen sie leichten Sinnes mit unglaublicher Dummheit mit der anderen aus. So müssen sie denn bei uns Kaufleuten, die sie in ihrem Dünkel verachten, immer wieder borgen. Wir geben ihnen Gold für ihre sinnlosen Kriege; dafür erhalten wir von dem, was sie mit Gewalt an sich bringen, mehr als das Doppelte vom Wert des Geliehenen, und dies, ohne daß wir unsere Haut zu Markte tragen.«

»Wie das?« erkundigte sich der praktisch veranlagte Jörg. »Wär' ich ein Fürst und Euer Schuldner, Herr, ich würd' mir ganz einfach nehmen, was in Euren Truhen ist, und Euch den Kopf abschlagen lassen.«

Mir entging das gehässige Aufblitzen in den Augen des Alten nicht.

Clarissa heftete ihren schmeichelnden Blick auf mich: »Das wäre nicht edel, noch wäre es klug getan. Wer wollte hernach wohl den Herren noch borgen? Und sind sie mit solchem Handel nicht durchaus einverstanden?« Mit einem Augenaufschlag, der mir den Puls stocken ließ, beschwichtigte sie: »Reden wir Lateinisch, wenn's Euch genehm ist, lieber Herr Anselm! Vater pflegt sich in Eurer schönen Sprache gar unbeholfen auszudrücken, was oft zu Mißverständnissen führt. Er meinte ja nur, es sei ein Leichtes, aus der Dummheit der Herrschenden Nutzen zu ziehen. Indem wir ihre Raublust anstacheln, indem wir ihnen zeigen, wie und wo sie diese befriedigen können, ihnen obendrein die nötigen Mittel für Kriegsvolk und Rüstung vorstrecken, zwingen wir sie, den höchsten Zinssatz zu zahlen. Unser Reichtum wächst unaufhaltsam, während sie verarmen. Pecunia non olet, lieber Herr Anselm! Ein altes Spiel... Wohl dem, der's durchschaut und zu spielen weiß.«

Wiederum traf mich ein Blick, der mich erschütterte, ohne daß ich seine Bedeutung erfaßte. Jörg brummte mürrisch vor sich hin, weil er des Lateinischen nicht mächtig war und sich ausgeschlossen fühlte.

In holperigem Deutsch sprach der Kaufherr von Lübeck, der kaiserlichen Stadt, die in des Dänenkönigs Gewalt geraten war. Schiffe aus allen Ländern des Nordens – so sagte er – ankern dort, beladen mit den kostbarsten Gütern, dicht bei dicht im Travefluß. Immerhin seien – räumte er ein – die von Herzog Heinrich dem Löwen der Stadt verliehenen Privilegien und Rechte durch König Waldemar nur geringfügig beschnitten worden. Nach wie vor seien die Bürger wohlhabend, nicht wenige sogar reich, ungeachtet hoher Zollgebühren und Steuern. Das ersehe man an den aus rotem Backstein kunstvoll erbauten stolzen Giebelhäusern, vor allem auch an dem mächtigen Dom, dessen Grundstein noch Herzog Heinrich gelegt habe. Eben jetzt mauere man eifrig an den Türmen der Marienkirche. Ein erstaunliches Meisterwerk dortiger Baukunst sei auch das hohe, von zwei überaus schlanken Säulen getragene Sterngewölbe in der Briefkapelle, gleich hinter Sankt Marien. Die Wälle und Stadtmauern würden fortwährend verstärkt. All diese Betriebsamkeit sei dem wachsenden Handel zuzuschreiben. Eine neue Zeit ziehe herauf.

»In den Speichern stapeln sich Bernstein aus Samland, Rentierhäute und -geweihe aus Lappland, sibirisches Pelzwerk, ganz zu schweigen von den ungezählten Fässern voller Heringe und den Stockfischen, die hier von den Schonenfahrern angelandet werden, oder von den Mengen Bauholz, mit denen die norwegischen Galeassen beladen sind.«

Der Aufstieg der Stadt sei nicht aufzuhalten, behauptete Herr Leonardo. Er habe dort im Burgkloster der Dominikaner Quartier genommen und in der Schildergasse eine Niederlassung seines Hauses eingerichtet. Man müsse als Handelsmann nicht nur mit der Zeit gehen, sondern ihr vielmehr stets einen Schritt vorauseilen. Sei es doch abzusehen, daß die Städter, je mehr sich ihre Truhen füllten, desto eifriger nach den Schätzen des Südens verlangen würden.

Selbstzufrieden rieb Herr Leonardo sich die langen, knochigen Finger. Natürlich war mir die Geschichte Lübecks wohlbekannt. Oft genug hatte Vater von den Stadtgründungen Herzog Heinrichs erzählt und wie der Löwe allemal Kaufmannssinn und Gewerbefleiß über Krieg und Eroberung gestellt habe. Frieden ernährt, Unfrieden verzehrt! Trotzdem hinterließ des Kaufherrn Bemerkung über die neue Zeit mir einen bitteren Geschmack im Mund.

»Wie geschah es denn«, fragte ich, »daß die Stadt Waldemar dem Siegreichen in die Hände fallen konnte? Sie ist doch volkreich und wohlbewehrt; und durch Belagerung wurde sie ja nicht genommen.«

Der Alte lächelte hämisch: »Weil ihre Bürger mehr auf ihr Gold als auf das Schwert vertrauten; weil sie von ihren wehrhaften Beschützern im Stich gelassen wurde, so wie einst Karthago in den Punischen Kriegen gegen Rom. Freiheit und Besitz müssen jeden Tag aufs neue verteidigt werden. Aber so ist es nun mal mit euch Deutschen... Vergebt ein

offenes Wort, Herr Anselm! Eure Fürsten schlagen eher einander tot, als daß sie sich vereint gegen gemeinsame Feinde wenden. Lübeck hat dem Löwen die Treue gehalten, selbst dann noch, als er machtlos und geächtet war. Kaum aber lag Herzog Heinrich im Grab, da gelüstete es auch schon den Grafen von Holstein nach dieser Perle des Sachsenlandes. Ohne Schwertstreich besetzte er die Stadt, vorgebend, sie schützen zu wollen. Aber auch König Waldemar nutzte die Uneinigkeit unter den deutschen Fürsten, da keine Königsmacht ihm Halt gebot. Nachdem er Pommern und Mecklenburg unter seine Herrschaft gebracht, wandte er sich gegen den Holsteiner. Seine Dänen belagerten Lübeck ohne Erfolg. Und erst, nachdem sie die lübschen Schonenfahrer fast restlos aufgebracht oder versenkt hatten, ergab sich die Stadt. Und wo war der Kaiser, der ihr Reichsfreiheit zugestanden hatte? Ja, wo war er? Im fernen Armenien weilte er, auf dem Zug nach Jerusalem! Und dort ist der Rotbart dann auch gestorben, elend ertrunken im kalten Wasser des Saleph. Ich weiß...« Abwehrend hob Herr Leonardo die Hand. »Für euch junges Blut ist Friedrich Barbarossa ein Held! Ich aber, der ich bei Jahren bin und einiges vom Lauf der Welt kenne – was nicht bedeutet, daß es mir gefällt –, ich also meine, er hätte klüger getan, sich um seine Lande zu kümmern anstatt um das Heilige Grab. Schaut Euch doch um, wie sieht es aus? Zwei Kaiser, die einander befehden bis aufs Blut; Fürsten und Bischöfe in beständigem Streit widereinander; eine außer Rand und Band geratene, zu Räubern entartete Ritterschaft, die der festen Zügelhand entbehrt. Und wer, zum Teufel, muß die Zeche zahlen? Das Volk! Wir Kaufleute allzumal, hielten wir uns nicht schadlos an den Mächtigen, die fleißigen Handwerker, die Bürger, die Bauern, die Fischer... Was Wunder, Herr Anselm, wenn ihrer mehr und mehr Hofstatt und Acker verlassen und sich hinter Stadtmauern bergen, um der Bedrückung und Beraubung durch ihre Herren zu entrinnen? Stadtluft macht frei, heißt es.«
Ich mußte zugeben, er hatte recht; gerade so und nicht anders verhielt es sich, obwohl mir solche Erkenntnis arg gegen den Strich ging. Bevor ich jedoch zu antworten vermochte, fuhr Jörg zornig auf:
»Was Ihr da sagt, stimmt ja nur zum Teil! Meinen Herrn Rainold, den Grafen von Kahlenberg, nehmt gefälligst aus, und auch die Herren von Spiegel auf dem Desenberg, und noch manch andere... Die haben noch stets für Recht und Ordnung im Lande gesorgt; geschützt haben sie uns arme Leute, die Hungernden genährt... sie haben unsereinen

nicht gezwungen, bei einem Gewerbe auszuharren, wie's zu Warburg Gebot ist. Was wir glauben oder nicht glauben, wann hätte unser Herr Graf je danach gefragt? Ob Kloster oder Verlies oder Zunfthaus, für mich ist das Hose wie Jacke. Im Dienst eines gerechten Herrn, den ich selbst mir erwählt, find' ich einige Freiheit und bin vor den Wölfen sicher. Unser Graf...«

»Aber – wo ist er denn jetzt, der Herr Graf?« unterbrach der Kaufmann ihn spottend.

Da senkte der gute Jörg den Blick. Auch ich wandte mich ab, beschämt und trotzig, denn abermals hatte Herr Leonardo den Finger auf die Wunde gelegt, obschon er nicht wußte, daß meinem Vater ja keine andere Wahl geblieben war, als dem Ruf des Kaisers zu folgen. Um von dem leidigen Thema abzulenken, sagte ich: »Ihr wißt also, wie es zugeht. Warum seid Ihr da vom Hellweg abgewichen? Es ist nicht geheuer an den Heerstraßen bei Nacht und erst recht nicht im offenen Land, seit der Kaiserfriede zum Gespött geworden.«

»Die Umstände erforderten es. Ein zerbrochenes Wagenrad hielt uns auf. Vor Sonnenuntergang hätten wir den nächsten der Rasthöfe, die Kaiser Karl einst gestiftet, nicht mehr erreicht. Da kam mir ein Kerl eben recht, der uns begegnete. Er warnte mich vor den ritterlichen Schnapphähnen, die hier herum ihr Unwesen treiben sollen, riet, ihm zum Hofe seines Herrn zu folgen, der liege nicht weit ab vom Weg und wir würden dort gastlich aufgenommen, wie es im Sachsenlande Brauch...«

»Und Ihr habt ihm geglaubt?«

»Was blieb mir übrig? Ein Bote vom Himmel – so dachte ich. Mir stieß es zwar auf, daß der Waldpfad, auf den er uns führte, nur wenig befahren erschien. Indes, er zerstreute lachend meine Bedenken: eine Abkürzung sei es. Und dann verließ er uns plötzlich an einem Ort, wo die Bäume so nahe beieinander standen, daß man nicht hätte kehrt machen können. So gelangten wir hierher. Das übrige wißt Ihr... Sie fielen uns an wie ein Rudel reißender Wölfe. Beide Knechte erschlugen sie mir. Hätte Gott nicht Euch des Weges geführt, ich läge hier neben ihnen im Gras, Fraß für die Tiere! Mein armes, unschuldiges Kind...«

Clarissa warf mir einen ihrer koketten Blicke zu. Leonardo bemerkte es nicht, weil sie den Kopf von ihm abgewandt hielt. »Wir schulden Herrn Anselm Dank – tausendfachen Dank! Mich schaudert, denk' ich daran, was die Schufte mir hätten antun können.»

»Davon später«, schnitt ihr der Alte das Wort ab. »Taten sind besser als Worte! Das versteht sich ja ganz von selbst. Überleg' dir also, auf welche Weise du unserem Retter danken willst.« Dabei ließ er verschmitzte Blicke zwischen uns hin und her gehen.

Obwohl ich so arg ermattet war durch den Tagesritt und vom Kampf, daß ich Menschen und Dinge nur mehr wie durch Schleier wahrnahm, ließ mich doch die sonderbare Betonung seiner Worte aufhorchen. Mir ahnte eine Gefahr, von der ich nicht zu sagen wußte, worin sie bestand. Aber nun bat Clarissa mich, ihr in den Wagen zu helfen. Beim Ringen mit dem Räuber habe sie Schaden genommen. Ihr Vater traf ebenfalls Anstalten, sich unter die Plane zurückzuziehen, blieb aber bei Jörg stehen, um die Versorgung der Tiere mit ihm zu besprechen – in voller Absicht, wie ich dann später Grund fand, zu argwöhnen.

Clarissa, die ich doch vor kurzem erst geschmeidig wie eine Katze hatte vom Wagen herabhüpfen sehen, tat so, als sei sie nun völlig auf meine Hilfe angewiesen. Ich mußte sie auf die Arme nehmen und in den Wagen heben. Dort, im Dunkeln unter der Plane, entledigte sie sich im Handumdrehen ihres Kleides, schlang einen Arm um meinen Nacken, führte mit der Rechten meine Hand an ihren Leib, der sich wie Samt und Seide anfühlte, indem sie wisperte: »Hier, Anselm, hier schmerzt es mich.«

Glut durchpulste meinen Körper und raubte mir jegliche Besinnung – eine bisher nie erlebte Leidenschaft, die mir Tränen in die Augen trieb, mich wirre Worte stammeln ließ. Entsinne ich mich recht, so war meinem jäh auflodernden Verlangen ein gut Teil Angst beigemischt, während meine Finger über die sanften Rundungen ihrer Brüste und ihrer Lenden tasteten. Mir war zumute wie einem gefangenen Wild, das der Falle entfliehen möchte und dazu doch nicht imstande ist. Unsere Lippen preßten sich aufeinander. Meine Beseligung wich jedoch blankem Entsetzen, als Clarissens spitzes Zünglein sich zwischen meine Zähne bohrte, ihre wissende Hand meinen Leib zu erkunden begann. Vor Scham hätte ich in den Boden sinken mögen. Nie, nie wieder würde ich wagen dürfen, ihr ins Gesicht zu sehen. Hatte ich nicht die Dankbarkeit des Jüngferleins, ihre gegenwärtige Hilflosigkeit auf das Schmählichste mißbraucht? Welcher Beichtiger würde mir Absolution erteilen? Während noch ein Abgrund von Reue, schwärzer als das Dunkel unter der Plane, mich zu verschlingen drohte, lachte Clarissa unvermittelt – ein liebliches, ein wenig spötti-

sches, triumphierendes, jeglicher Einfältigkeit entbehrendes Lachen. Es erkältete mich bis ins Herz hinein.
»Oh, Anselm, du Unschuldslamm, du süßer Mann!« hauchte sie mir ins Ohr, unbekümmerter, als ich für schicklich hielt. »Ich glaub' gar, Liebster, du hast noch niemals einem Weibe beigelegen? So stark und doch so schämig! Weißt du denn gar nicht, was rechte Minne ist?«
Zu meiner grenzenlosen Erleichterung näherten Herr Leonardo und Jörg sich eben jetzt gemächlichen Schrittes dem Wagen. Ich hörte Jörg in mürrischem Ton auf eine Frage des Alten erwidern: »Ja, da habt Ihr wohl recht. Indes, das Geschlecht meines Herrn ist wenig begütert, noch hat es viel Ansehen bei Fürsten und Königen. Allein, was bedeutet das? Mag doch ein redlicher, frommer Kerl auf dergleichen pfeifen, sofern er sein Schwert recht zu brauchen weiß...«
Damit schien Herr Leonardo durchaus nicht einverstanden: »Falsch, ganz und gar falsch! In dieser Welt muß mit den Wölfen heulen, wer nicht zerrissen werden will. Deinem Geschwätz entnehm' ich, er will in Kaisers Dienste treten? Nun, dazu braucht's Geld, viel Geld, und – Fürsprache, das rechte Wort zur rechten Stunde von einem, auf den der Kaiser hört. Wahrhaftig, ich glaube, der Himmel hat uns zusammengeführt...«
Hastig entwand ich mich Clarissas Armen. Sie suchte im Finstern nach der Lampe, fand sie endlich und entzündete sie. Und – o Wunder – sie trug Kleid und Häubchen, ganz wie vordem. Auch sah sie so adrett und schicklich aus, daß ich geneigt war, am Erlebten zu zweifeln. Aber nein, noch zitterten mir ja alle Glieder, noch fühlte ich kalten Schweiß auf Stirn und Rücken.
Herr Leonardo faßte mich scharf ins Auge. Ich vermeinte, ihn unter seinem grauen Bart durchtrieben schmunzeln zu sehen, mochte mich aber wohl täuschen beim schwachen, flackernden Schein des Lämpleins. Er umfaßte meinen Unterarm, drückte ihn: »Ich höre, Herr Anselm, auch Euch führt Euer Weg nach Aachen? Ich schulde Euch einiges, wie gesagt; noch tiefer würd' ich bei Euch in der Kreide stehen, wenn Ihr Euch bereitfändet, mich dorthin zu geleiten. Freilich, Ihr würdet gemächlicher reisen müssen als bisher, doch soll's Euer Schade nicht sein.«
»Nein, nein, nein!« wollte ich mich dagegen verwehren. Allein, ein Lächeln des Jüngferleins verschloß mir den Mund. So nickte ich stumm. Man entgeht seinem Schicksal nicht.

Als wir draußen das Feuer löschten, schaute Jörg mich plötzlich spitzbübisch an: »Du blutest am Munde, Anselm!« Er befeuchtete einen Finger, der ziemlich schmutzig war, und wischte mir damit über die Lippen. »Kein Blut, nur Farbe! Woher wohl?«
»Ach, laß das Gerede!« herrschte ich ihn an. Da mußten wir beide lachen, und das tat mir wohl.

6.

Noch immer trug ich Liesels Rose auf der Brust. Clarissa, die neben Jörg auf dem Kutschbock saß, winkte mich an die Seite des Wagens. Herr Leonardo ritt, der Sicherheit wegen, ein paar Pferdelängen voraus. Die überzähligen Gäule hatten wir hinten an die Rungen gebunden.
»Liebster Herr Anselm«, begann die Jungfer unter anmutigem Augenaufschlag, »das Röslein an Eurem Wams, es welkt ja schon. Ihr habt es von Eurer Liebsten, nicht wahr? Gewiß wollt Ihr's Euch bewahren? Hier, dies Kästlein, wär' das nicht gut für einen solchen Schatz?« Sie reichte mir eine kleine, flache Kapsel aus poliertem Rosenholz. Ich beugte mich aus dem Sattel zu ihr hinüber. Unsere Hände berührten sich. Bei Tage erschien Clarissa mir noch begehrenswerter als in der Nacht, um vieles schöner, obwohl sie nicht eigentlich dem Schönheitsideal entsprach, wie ich es in den kunstvollen Miniaturen der Stundenbücher bewundert hatte. Vor dem Funkeln ihrer kohlschwarzen Augen, unter deren Lidern hingehaucht, bläuliche Schatten lagen, was ihnen einen geheimnisvollen Ausdruck verlieh, übersah man völlig, daß ihr Kinn zurückwich und der breite, vollippige Mund sich, tiefrot geschminkt, gleich einer Blüte unter der leicht gebogenen, ein wenig groben Nase vorwölbte. Dann und wann wehte ein Windhauch die schwarzen, wie gelackt glänzenden Locken beiseite, wobei ihre kleinen, abstehenden Mauseohren, deren Läppchen angewachsen waren, zum Vorschein kamen. Solcherlei Mängel wurden jedoch durch den Liebreiz ihrer ausdrucksvollen, lebhaften Miene aufgewogen. Das Herz schlug mir hoch im Hals, als ich das Kästchen entgegennahm.
»Ihr irrt, Jungfer«, ereiferte ich mich. »Eine Liebste? Ach nein, die hab' ich nicht. Ein Kind schenkte es mir, unser Gänseliesel daheim ... Dem bin ich freilich von Herzen gut.«
»Ihr braucht nicht zu erröten, Herr Anselm! Ich weiß ja nun, daß Ihr

wie ein frischgeborenes Lämmchen seid, so un...« Sie biß sich auf die Lippen, wobei ihre niedlichen, perlweißen Zähnchen sichtbar wurden.
Jörg grinste bübisch, knallte aufreizend mit der Peitsche, während er Clarissa aus den Augenwinkeln anschielte, als sei sie ein fremdartiges, höchst bedrohliches Ungeheuer. Unwillkürlich rückte er ein wenig von ihr ab. Und auch ich setzte Chaleel mit einem Schenkeldruck in Trab, um weiteren Gesprächen dieser Art auszuweichen.
Wir erreichten den Hellweg einige Meilen westlich von Paderborn, nämlich dort, wo die bewaldeten Berge in offenes Heideland übergehen. Ich hatte mir Gott weiß was unter der uralten berühmten Heerstraße vorgestellt, aber – als was erwies sie sich? Nichts anderes war sie, als ein breiter, tief ausgefahrener Feldweg, allerdings dicht belebt mit Fuhrwerken von mancherlei Art, mit Reitern auf Eseln oder Pferden und mit bestaubten Wanderern.
Da rollten vier- oder gar sechsspännige Wagen, hochbeladen mit Weizen- und Roggensäcken aus den Elbegauen, mit Salz aus der Lüneburger Heide, wo es große Salinen gibt, mit Weinfässern von den Ufern des Rheines oder aus dem Elsaß, mit Häuten und Pelzwerk aus den Wäldern Sibiriens, polternd über Stock und Stein, ein jeder begleitet von bewaffneten Knechten. Reisige, hoch zu Roß, trabten lachend oder scheltend vorüber. In Nähe der Dörfer hatte man Buden mit allerlei Erfrischungen für die Reisenden aufgeschlagen. Hier gab es auch Tand zu kaufen, Spielzeug, Geschmeide, wie man ihn seinen Lieben daheim von der Reise mitzubringen pflegt. Mönche, fromme Pilger, schritten einzeln oder in Gruppen schweigend fürbaß. An den Wegrainen lagerten ermüdete Landfahrer, nicht wenige verlottert, Vogelscheuchen ähnelnd, mit grimmigen, zerfurchten Galgenvogelvisagen. Wie Falken ihre Beute, so verfolgten sie scharfen Blickes die Kaleschen oder Sänften begüterter Herren, die sich ihren Weg durch das Getümmel bahnten. Ein breiter Strom, der hierhin wie dorthin floß.
Gerade eben hatten wir im Schatten einer alten Eiche haltgemacht, um den Rossen ein wenig Rast zu gönnen, da hielt ein Trupp staubbedeckter Reiter bei uns an. Ein graubärtiger Kerl in blinkender Brünne musterte den Wagen und die Pferde. Sein Blick fiel auf Chaleel, für den ich Wasser aus einem nahen Bächlein schöpfte. »Woher habt Ihr den Gaul?« wandte er sich barsch an Herrn Leonardo.

Der Kaufmann entgegnete nicht weniger grob: »Was kümmert's Euch? Macht Euch fort! Mit Euch hab' ich nichts zu schaffen.«
»O-ho!« brüllte der Grobian. »Nichts zu schaffen... Sind wir nicht Knechte des Erzbischofs von Paderborn? Ihr befindet Euch auf seinem Grund. Einen Gaul wie den dort suchen wir – oder vielmehr den Reiter, der dazugehört.«
Herr Leonardo schaute sich suchend um. Ich hatte mich, kaum daß die Worte gefallen waren, hinter einen Weidenbusch geduckt. Auch Jörg – im Augenblick zuvor hatte er noch auf der Deichsel gehockt – war wie vom Erdboden verschluckt. Dem Kaufmann schien eine Ahnung aufzudämmern.
»Na – und... Wer wäre das?«
»Ein entlaufener Klosterzögling, der Junker Anselm von Kahlenberg; mit ihm ein Höriger, Jörg geheißen...«
»Fürwahr, das müssen Leute von Bedeutung sein, wenn Seine Eminenz ihretwegen gleich eine Schar Bewaffneter ausschickt. Der Hengst dort gehört mir. Ich kaufte ihn, nicht weit von Paderborn, einem jungen Ritter ab; der hatte einen Knappen gleichen Alters bei sich.«
»Ritter – !« knirschte der Bärtige. »Sagtet Ihr – Ritter? Eine Waise ist's, nicht vollmündig. Das Roß stahl er seinem Vormund. Mir ward aufgetragen, den Junker nach Hardehusen zurückzuführen.«
»Dann sucht ihn dort, wo er zu finden ist, jedoch nicht bei mir. Halt – !« Er faßte das Pferd des Bärtigen beim Zaum. »Da Ihr zu den Mannen des Erzbischofs gehört, dem ich Zoll- und Geleitgebühren redlich gezahlt... Ich wurde gestern von Strauchrittern im Walde angefallen, keine acht Wagenstunden von hier. Zwei meiner Knechte blieben tot im Gras...« Er berichtete, vor Wut bebend, was ihm zugestoßen war, und schloß: »Sagt Eurem Herrn, anstatt Waisen und Unmündige zu verfolgen, täte Seine Heiligkeit gut, sich um Recht und Sicherheit in seinen Landen zu bemühen.«
Unterdessen hatten Neugierige sich um Reiter und Wagen angesammelt – des Weges ziehende Pilger, Vaganten, Strolche, Kuttenträger, Knechte von den nahebei lagernden Wagenzügen, Mägde und Arbeitsmänner. Sie alle drängten sich um die Streitenden. Ihre Ausrufe, gelegentlich auch hohnvolles Gelächter, übertönten bisweilen das Gezänk. Ich lauschte so angespannt, daß ich einen Reitertrupp, der von Westen her angetrabt kam, erst bemerkte, als er sich inmitten einer Wolke wirbelnden Staubes durch das Gedränge Bahn brach.

Soweit ich dem Geschrei und den zornigen Reden entnehmen konnte, handelte es sich um Reisige der Stadt Soest. Ihr Anführer behauptete, meine Verfolger befänden sich auf dem Gebiet des Erzbischofs von Köln; da hätten sie nichts zu suchen und schon gar nicht stünde es ihnen an, ehrbare Kaufleute zu belästigen oder gar des Pferdediebstahls zu verdächtigen. Herr Leonardo wies einen vom Kölner Erzbischof eigenhändig unterzeichneten Geleitbrief vor. Abermals gab es Reden und Widerreden, gespickt mit Flüchen und Beleidigungen.
Ich dachte, die Gefahr sei für mich vorüber. Leichtfertig mischte ich mich mit meinen zwei gefüllten Wassereimern unter die Gaffer. Im Begriff, abzuziehen, erblickte der Befehlshaber der Paderborner mich, der ich durch Haltung und Kleidung ja doch ein wenig aus der Volksmenge hervorstach. Er spornte sein Roß, so daß es sich auf der Hinterhand bäumte, die Leute beiseite fegte und nach einem Satz vor mir hielt.
»Wer seid Ihr?« schrie der Kerl.
Die Eimer fallen lassend, griff ich zum Schwert. Mancherlei Unbill und Scherereien wären mir erspart geblieben, hätte ich irgendeinen beliebigen Namen genannt. Aber das ließ mein Stolz nicht zu. Ich erachtete es eines Ritters nicht würdig, sich zu verstecken. Überdies waren mir infolge meines siegreichen Kampfes mit den Wegelagerern Schnabel und Krallen gewachsen. So herrschte ich denn den Kriegsmann zornig an:
»Bube, wie sprichst du mit mir! Ein freches Wort mehr und du spürst meine Klinge. Der Junker von Kahlenberg bin ich – ja! Was du hier geschwatzt hast, sind Lügen, nichts als Lügen. Melde das deinem Gebieter. Und nun packe dich!«
Der Bursche war zu sehr verblüfft, als daß er mich hätte unterbrechen können. Für den Augenblick herrschte völlige Stille, in der meine Worte nachzuhallen schienen. Dann brach das versammelte Volk in lauten Beifall aus, weil Keckheit den meisten Leuten gefällt. Der Paderborner riß sich zusammen, wandte sich nach seinen Gesellen um und befahl: »Im Namen Seiner Eminenz, nehmt ihn fest!«
Gesagt war das leicht. Doch jetzt schoben die Soester sich durch das Gewimmel. Sie schlossen einen Ring um mich. Ihr Anführer sprang aus dem Sattel, grüßte höflich und fragte: »Ist's wahr, Ihr seid des Grafen Rainold Sohn? Könnt Ihr's beweisen?«
Ich kramte einige der Dokumente hervor, die ich zu Kahlenberg an

mich genommen, und zeigte sie ihm. Nun trat auch Herr Leonardo zu uns, Staunen und Verwirrung im Blick, da er den Vorgang nicht durchschaute. Offenbar erschien ihm die Lage bedenklich. Deshalb sagte er mit Entschiedenheit: »Herr, dieser Jüngling ist mein Eidam, meiner Tochter anverlobt. Ich bürge für ihn!«
Das hatte mir gerade noch gefehlt. Im selben Moment kletterte Clarissa, die sich bislang unter der Plane verborgen gehalten hatte, vom Wagen herab, rannte zwischen Menschen und Pferden auf mich zu und warf sich aufschluchzend an meine Brust. Wir müssen einen rührenden Anblick geboten haben. Die Zuschauer klatschten Beifall, wobei sie mit unflätigen Ratschlägen nicht geizten. Ich kochte vor Zorn, vergeblich trachtend, mich aus den Armen der Jungfer zu befreien.
Der Soester lachte so sehr, daß sein dicker Bauch unter dem Kettenhemd wabbelte: »Ha-ha, dessen bedarf es nicht! Ich bin seinerzeit mit Herrn Rainold, dem Vater des Junkers, wider die Mohren gezogen. Und – hol' mich der Teufel, laß ich sein Söhnchen hier im Stich! Ihr aber...« Er drehte sich wütend nach den Paderbornern um. »Ihr Hurenböcke, macht euch fort, sonst komme ich über euch wie Josua über die Amalekiter.«
Was anderes konnten sie tun? Unter Schimpf- und Drohreden zogen sie ab. Der Soester versprach, uns sicher nach seiner Stadt geleiten zu wollen.
»Damit ist die Sache noch längst nicht abgetan«, brummte Herr Leonardo besorgt. »Lehr' mich einer die hohen Herrschaften kennen. Ihr wißt's ja, Herr Anselm – wie Katz und Hund stehen Ihre Heiligkeiten sich gegenüber. Leicht mag Euer Fall zu einer Machtprobe werden zwischen den Bischofsstühlen von Paderborn und Köln. Wie ein Korn zwischen Mahlsteinen seid Ihr dann.«
Die Gaffer verliefen sich. Jörg kroch grinsend unter einem Haufen von Futtersäcken hervor. »Gott straf' deinen Stolz, Bruderherz! Hättest du doch getan wie ich, der ich nur Stroh im Kopf hab', wie du immer behauptest. Ein bißchen feige zur rechten Zeit, das schändet den Helden nicht!«
Gern hätt' ich ihm eins hinter die Ohren versetzt, aber noch hielt Clarissa mich umfangen, preßte sich an mich, so daß ich ihren Leib durch das dünne Gewand fühlte und mein Blut abermals in Wallung geriet. Obendrein küßte sie mich nun minniglich vor aller Augen auf den Mund, was mir zwar peinlich war, keineswegs jedoch unange-

nehm. »Das darf ich jetzt ohne Scheu, liebster Anselm, wo doch alle vernommen haben, daß du mein Bräutigam bist.«

»Geh, richte das Essen!« beendete ihr Vater ziemlich unwirsch das Getändel. »Und uns, Herr Anselm, laßt ein Wort miteinander reden.«

Wir gingen ein paar Schritte beiseite und setzten uns auf einen der bemoosten Steine, die am Bachesrand verstreut lagen. Mir war nicht ganz wohl zumute; im Herzen mißtraute ich ihm. Kaufleute, mochten sie noch so reich und angesehen sein, standen beim Volke im üblen Geruch. Er selbst hatte durchblicken lassen, es sei ein Ding der Unmöglichkeit, Gewinn zu machen ohne Lug und Trug. Wie aber – so fragte ich mich – wird ein solcher Mann mit seinen Freunden umspringen?

»Hättet Ihr mir nur gleich reinen Wein über Euch eingeschenkt«, fuhr er fort, aus Gewohnheit trachtend, mich von Anbeginn ins Unrecht zu setzen. »Ihr seid noch nicht mündig.«

»Werde es aber in ein paar Monden sein!«

»Ihr seid noch kein Ritter und tragt doch ein Schwert, was Euch durch ein kaiserliches Dekret verboten ist.«

»Welches Kaisers? Den ich mir erwähle, der wird mich zum Ritter schlagen.«

»So leicht geht das nicht!« Der Alte schüttelte zweifelnd den Kopf. »Und wenn schon ... Herr Anselm, wie sieht's mit dem Erbe Eures Vaters aus? Was ein Bischof erst in den Fingern hat, das entwindet ihm keiner.«

»Wer sagt denn, Graf Rainold sei tot? Wer beweist es? Wäre dem so, mein Kaiser würd' mich aufs neue mit der Herrschaft Kahlenberg belehnen.«

»Dein Kaiser ...« murmelte Herr Leonardo verächtlich. »Wenn Ihr das Kind aus Palermo meint ... Vorläufig ist König Friedrich ja nur ein Kaiser ohne Land. Wie könnte er Lehen vergeben? Nichts für ungut, Junker! Ich erwähnte es nur, um Euch die Tatsachen vor Augen zu führen. Die Jugend ... Ach ja, die Jugend! Alles sieht sie im rosigen Licht der Morgenröte; wir Alten hingegen kennen nur allzu wohl den schreckenden Donner, den tödlichen Blitz aus der Wetterwolke. Worauf ich hinaus will – Ihr braucht mächtige Freunde, die Euch den Rücken decken; Ihr braucht Geld, das Ihr nicht besitzt. Geld regiert die Welt, lieber Junge!«

»Mein Schwert ist mehr wert als alles Gold der Welt!«

»Ihr meint der Mann, der es zu führen weiß! Das stimmte fruher einmal. Indes, die Welt ändert sich. Insgeheim regieren ja längst schon Griffel und Rechenbrett. Das werdet Ihr einsehen lernen. In mir habt Ihr Euch solch einen Freund gewonnen. Ich bin gewillt, mit jeder Summe für Euch einzustehen, Euch den Weg zu ebnen bis vor die Stufen des Thrones.«
Zunächst einmal atmete ich auf. Die große weite Welt öffnete sich vor mir. Nicht mehr unerreichbar dünkte mich der Kaiser nun. Schon sah ich mich in glänzendem Harnisch an der Spitze eines stolzen Heeres reiten, erlebte im Geist das Getümmel der Schlacht, den Sieg, den Rausch der Macht. Die schönsten Frauen des Reiches würden mir minniglich zulächeln. Von goldenen Tellern würde ich speisen, in seidenen Betten ruhen ...
Jedoch vernahm ich unvermittelt tief aus meinem Inneren eine leise, mahnende Stimme: »All das will ich dir geben, so du niederfällst und mich anbetest!« Die Erinnerung an das altehrwürdige Bibelwort erkältete mich jäh. Die traumhaften Zukunftsbilder verblaßten. Statt ihrer erstanden vor mir die bemoosten, mit Efeu berankten Mauern von meiner Väter Burg, ebenso Ermins vom Leben gezeichnetes Gesicht, Vaters Gestalt in ihrer Manneskraft; nie hatte er seinen Stolz, seine Redlichkeit der Versuchung erliegen lassen. Und da war auch Liesel, nicht mehr ein Kind – nein, eine Jungfrau, hold und rein, im schlichten weißen Gewand, einen Kranz roter Röslein im strohblonden Haar.
Herr Leonardo berührte sacht meinen Arm: »Ihr träumt, Junker Anselm!«
»Ach, nein, ich dacht' nur, was mag der Preis sein für das, was Ihr mir bietet? Hörte ich Euch doch sagen, alles und jedes im Leben habe seinen Preis. Und da Ihr ein Kaufmann seid, wie könntet Ihr das Gebot: ›Deine Rede sei ja-ja, nein-nein!‹ befolgen? Wie anders könntet Ihr Geschäfte machen als im Namen Gottes zu lügen und zu betrügen? Zu dergleichen tauge ich nicht.«
Herr Leonardo wollte auffahren, schluckte aber den in ihm sich regenden Zorn hinunter; so war er es bei seinen Handelsgeschäften gewohnt. »Ihr verkennt mich durchaus, Junker Anselm. Ihr rechnet nicht, was ich Euch schulde. Ich jedenfalls vergeß' es Euch nie. Ja, ich bewundere Euch, bewundere Euren Mut, die Redlichkeit Eures Herzens, so wie mein Kind es tut. Ich bin überzeugt, Ihr seid, auf die rechte Bahn gebracht, zu großen Taten fähig. Clarissa ist in Liebe zu

Euch entbrannt. Mein einziges Kind, für das ich lebe und arbeite... Ein Wort von Euch und sie ist Euer.«
Ich kam mir vor wie ein Ochs', den man vor die Stirn geschlagen hat.
»Clarissa...« stammelte ich. Mehr brachte ich nicht über die Lippen.
»Clarissa und ihr Vermögen; es geht in die Tausende! Vergebt, wenn ich verachteter Krämer solch eine Nebensächlichkeit erwähne. Da es Euch aber um Wahrheit zu tun ist und weil ich nun mal ein Handelsmann bin, will ich bekennen, worin ich bei diesem Handel meinen Vorteil sehe...«
Nachdenklich starrte er vor sich hin, die Arme auf die Knie gestützt. Seine mageren, gelbhäutigen Hände, zwischen den Beinen baumelnd, öffneten und schlossen sich. Das erinnerte mich an die Fänge eines Geiers, den Ermin einst erlegt und an die Stalltür genagelt hatte.
»Ja, ja, so ganz ohne Nutzen für mich wäre der Handel nicht. Zwar besitze ich Reichtum und einigen Einfluß, aber in den Augen der Edlen bin und bleibe ich der Krämer von niederer Geburt. Das kränkt mich um meines Kindes willen. Ihr versteht–?«
Ich nickte. Die Versuchung war groß – in zweifacher Hinsicht. Clarissens liebliches Lachen klang von der Feuerstelle herüber, wo sie sich mit dem armen Jörg neckte. Und der kindliche Traum von Macht und Ruhm hielt mich gefangen.
»Laßt mir Zeit, Herr Leonardo«, bat ich.
Seufzend erhob er sich, umfaßte meine Schulter mit hartem Griff und ging dann zum Wagen hinüber.

7.

Die wärmende Junisonne senkte sich gegen Westen, als wir endlich der Türme Colonias ansichtig wurden. Düfte von Heu und Blüten schwebten mit einem warmen Hauch das Rheintal hinab. In den Weilern am Wege lärmten Kinderscharen fröhlich mit kläffenden Hunden und zwitschernden Vogelschwärmen um die Wette. Kuhherden wanderten gemächlich ihren Ställen zu, um gemolken zu werden. Auf dem majestätischen Strom zogen hinter dem Grün hoher Pappeln und Uferweiden die Segel zahlreicher Schiffe gleich bunten Schmetterlingsflügeln zu Berg oder zu Tal. Glockenklang wehte über das weite Land.
Für mich war der erste Blick auf den Rhein, als wir ihn bei der alten

fränkischen Königsstadt Dispargum erreichten, die jetzt Duisburg heißt, einigermaßen erschreckend gewesen. Ich hatte mir den Strom etwa so wie die Weser beim Hochstift Corvey vorgestellt, das ich als Begleiter meines Lehrers Pater Ignatius im Vorjahr besucht hatte – als einen stillen, dunklen Fluß zwischen anmutig bewaldeten Höhen. Indes, was ich hier erblickte, war ein weites, im Sonnenschein glitzerndes Meer, dessen jenseitiges Ufer mir nur als ein schmaler Strich mit ihm wie Drachenzähne aufgesetzten Pappelreihen erschien.
Die Erklärung Herrn Leonardos, wir müßten das Gewässer auf einem Fährpram überqueren, weil der Hellweg hier ende und die Straße drüben am linken Rheinufer besser und sicherer sei, verursachte mir eine Gänsehaut. Auch Jörg kratzte sich bedenklich hinter dem Ohr.
»Willst du wirklich zulassen, Anselm, daß man uns in diesem Entenpfuhl ertränkt? Du weißt ganz genau, wie wenig ich für eine nasse Haut übrig hab'. Auch kann ich nicht schwimmen wie du, der du ohne Not ins Wasser zu springen pflegst, was ich niemals begriffen habe.«
Schon wollte ich mich erkundigen, ob es denn nirgends eine gute, feste Brücke gäbe. Die Gelassenheit jedoch, mit der Leonardo, Clarissa sowie unsere neuen Knechte Jos und Onnen der Überfahrt entgegensahen, ließ mich den Mund halten. Daß wir, vor allem aber ich, überhaupt so weit ohne Schaden gelangt waren, hatten wir nicht zuletzt diesen beiden Männern zu danken.
In Soest hatten wir auf dem Platz zwischen Rathaus und St. Patrokli Dom haltgemacht, zwischen Buden und Karren, umdrängt von Scharen Neugieriger – herumwimmelnder Händler, Bettler und Strolche verschiedenster Art, die der Stadtbüttel uns nur mit Mühe fernzuhalten vermochte. Wir durften froh sein, hier noch Platz gefunden zu haben, denn alle Gassen innerhalb der hohen Wälle und nicht anders der Stadtanger waren dicht belegt mit Fuhrwerken, Zelten und Krämerbuden, denn hier trafen sich die bedeutendsten Handelswege zwischen Nord und Süd, Ost und West.
Herr Leonardo, als er sich anschickte, den Führer der Soester Reisigen ins Rathaus zu begleiten, wo er seine Sache vertreten wollte, ersuchte mich, in seinem Namen zwei Knechte anstelle der Erschlagenen in Lohn zu nehmen. Erst später ging mir auf, daß dieser Auftrag erteilt worden war, um meine Fähigkeiten zu prüfen.
Männer fanden sich in Menge, die willens gewesen wären, bei Herrn Leonardo in Dienst zu treten. Allein, ein Blick in die zerkerbten,

bärtigen Visagen, in die lauernd verkniffenen Augen genügte mir, sie als Galgenvögel, Spitzbuben, Armesünder, faule Tagediebe oder sonstige Tunichtgute zu erkennen. Manchen wässerte sichtlich das Maul, sobald sie sich die köstlichen Dinge vorstellten, die sie in unserem Gefährt vermuteten. Ein paar gar zu Dreiste warfen sogar begehrliche Blicke auf Clarissa, so daß Jörg sich mit einer Wagenrunge in der Faust vor dem Fuhrwerk aufstellte.

Ich ging und ging durch die Gassen, ohne auf Leute zu treffen, die ich mit gutem Gewissen hätte anwerben mögen. Die Hitze zwischen den engen Mauern trieb mir Schweiß aus allen Poren; das Stimmengewirr betäubte mein Ohr. Zuletzt langte ich erschöpft und entmutigt wieder vor dem Portal des Domes an. Der mächtig hohe, mit Ecktürmchen gezierte Turm aus graugrünem Sandstein warf nur noch kurzen Schatten über die Stufen, die zum Portal hinanführten. Hier nun hockten zwei Kerle. Sie erregten alsbald meine Aufmerksamkeit. Nicht nur weil sie reinlicher aussahen als das übrige Gesindel, obwohl auch sie der Staub langen Wanderns bedeckte; vor allem lag es am Ausdruck ihrer Gesichter, am stolzen, freien Blick ihrer hellen Augen, was mich bei ihnen anhalten ließ.

»Wer seid ihr? Woher kommt ihr?« fragte ich freundlich.

Sie erhoben sich, nicht zu langsam, nicht zu schnell, standen aufrecht da, weder anmaßend, noch kriecherisch.

»Ich heiße Jos«, sagte der Große, Magere mit der fuchsroten Haartolle. »Der hier, der Fettsack, das ist Onnen!«

Der Kleine, Dicke verwahrte sich zornig: Ein Fettsack sei er nun gerade nicht – alles Muskeln und Sehnen, in Kriegs- und Herrendienst redlich erworben.

»Woher wir kommen, das möchten wir nicht gerne... Nein, ausgefressen haben wir nichts. Aber Ihr wisset wohl, Junker Anselm, daß der heutzutag ein armes Häslein ist, wer nicht mit den Wölfen im Schafspelz heult. Wenn Ihr uns trotzdem in Lohn und Brot nehmen wollt...« Er schaute mich fragend, mit verhaltener Bitte an.

Wer hätte besser gewußt als ich, wie wahr er gesprochen hatte? Ich war erstaunt. »Wie kommt es, daß ihr mich bei Namen kennt?«

»Oh, wir halten schon lange Ausschau nach einem guten Herrn. Und als wir nun von den Soester Krummbeinen hörten, die Euch hierhergebracht haben, daß Ihr der Sohn Graf Rainolds von Kahlenberg seid, da dachten wir – wünschten wir, bei Euch, Herr, Dienst zu nehmen.«

»Bei Euch...« bekräftigte Onnen mit Entschiedenheit, wobei sein rundliches, mit wenigen dünnen Barthaaren verziertes Gesicht schrumpelte wie ein Bratapfel in der Ofenröhre.

»Bei Herrn Leonardo – meint ihr! Ich selbst bin ärmer als eine Kirchenmaus...«

»Das wissen wir – aber...«

»Ihr seid Graf Rainolds Sohn...«

»Wir können uns selbst erhalten...«

»Und Euch dazu...«

Die Reden folgten einander Schlag auf Schlag. Mir wurde so richtig warm ums Herz. Mein Erstaunen wuchs. Was veranlaßte Menschen eigentlich, mir Vertrauen zu schenken, mir beizustehen? Was hatte ich an mir, das sie anzog wie ein Magnet? Flüchtig empfand ich ein unbestimmtes Grauen, wie ein Ahnen um ungreifbare Kräfte, die über uns und in uns walten. Aber das verging; ich vergaß es sogleich.

»Nun wohl«, entschied ich mich und streckte ihnen die Rechte hin, »schlagt ein!«

Sie taten es, sichtlich erfreut, jedoch keineswegs überschwenglich. Dann sagte ich ihnen noch, wieviel Herr Leonardo zu zahlen gedenke. Eben viel war es nicht. Sie zuckten die Achseln, zeigten sich zufrieden. Auch der Kaufherr, nachdem er zurückgekehrt war und die neuen Knechte eingehend begutachtet hatte, lobte mich sehr, meinte aber, so ganz geheuer kämen die ihm nicht vor; sie hielten mit wesentlichen Auskünften über sich selbst verdachterregend zurück; es könnten ebensowohl ehrliche Burschen sein wie verkappte Raubgesellen. Der Magistrat, so sagte er, habe mir eine Freistatt angeboten; im Bereich der Stadt könne man mich einigermaßen schützen. Da es jedoch um mein Erbe gehe, um nicht unbeträchtliche Werte also, sei auch hier mein Leben bedroht; dessen möge ich eingedenk sein.

Abermals schien sich ein Schatten über die sonnenhelle Mittagswelt zu breiten. Furcht befiel mich, eine unbestimmte Angst vor dem Unvorstellbaren, und sie wandelte sich zu nagendem Grimm.

»Was ist das für eine Welt«, rief ich zornig aus, »in der ein Mensch fortwährend, an allen Ecken und Enden, bedroht wird? Wer sind die Hundsfötter, die einem Besitz und Leben nicht gönnen – all jene fettbäuchigen Bestien in Menschengestalt, die Kriege um anderer Leute Land anzetteln, die stehlen, rauben, morden, Wehrlose quälen, den Ärmsten der Armen noch das Brot vom Munde stoßen? Obendrein berufen sie sich auch noch auf den Willen Gottes und auf die Heilige Schrift...«

Herr Leonardo ergötzte sich an meiner Entrüstung.

»Sachte, sachte, lieber Junker! Die Dinge sind nun mal so; wir ändern sie nicht. Was nutzt es, über vergossene Milch zu jammern? Mit gleicher Münze heimzahlen sollte man ihnen. Um großen Herren die Stirn bieten zu können, muß man selbst erst ein großer Herr sein, nicht wahr? Und das ist's, was ich mit Euch im Sinn hab'.«

In der folgenden Nacht, in der mich der Schlaf floh, entschloß ich mich, Clarissa zu ehelichen. Freilich, ganz wohl war mir bei dieser Entscheidung nicht. In meinen Mantel und in eines von Leonardos sibirischen Bärenfellen gewickelt, ruhte ich unter dem Wagen. Über mir vernahm ich des Kaufherrn grollendes Brummen und Clarissas unbekümmertes Lachen. Zwischen den Speichen des Rades hindurch konnte ich Jörg und die beiden Knechte am Feuer hocken sehen. Sie unterhielten sich trefflich. Jörg kehrte mir den Rücken zu; Jos und Onnen hielten ihre Blicke auf den Wagen gerichtet. Nach und nach fiel das Feuer in sich zusammen. Ich wunderte mich ein wenig darüber, wie bald der pfiffige, bei aller Offenheit mißtrauische Jörg mit den beiden Freundschaft geschlossen hatte. Augenscheinlich mochten auch sie ihn, obwohl er um einiges jünger als sie und noch unerfahren war. Darüber mußte ich wohl eingeschlafen sein.

Ein gellender Schrei ließ mich hochfahren. »Schlag ihn tot! Schlag ihn tot!« – Jörgs Stimme. Im selben Moment wälzten zwei Leiber sich über mich hin, so als sei ich unter eine Sauherde geraten. Ich wurde geknufft, geschlagen, getreten, hörte Keuchen, Flüche, Stöhnen, Zähneknirschen, trachtete, mich in dem beengten Raum zwischen Wagenboden und Erde von der Last der Raufenden zu befreien. Eine stinkende Hand fuhr mir ins Gesicht. Unwillkürlich biß ich zu, hatte den Mund voller Blut und Haar, Schmerz- und Wutgeheul im Ohr...

Irgendwer fachte die Glut aufs neue an. Und nun wurde ein Bursche, der wie ein Irrer um sich schlug, von Jos und Onnen ins Freie gezerrt. Flammenschein blinkte auf der Klinge eines langen Messers, das neben mir auf dem Bärenfell liegengeblieben war. Jörg brüllte wieder und wieder: »Habt ihr ihn? Schlagt ihr ihn endlich tot?«

Der Lärm hatte nicht nur Herrn Leonardo und Clarissa aus dem Wagen, sondern auch allerlei Leute herbeigelockt. Die Scharwache ließ nicht lange auf sich warten. Der Mordbube gebunden. Jos bekundete, im Dunkeln habe er eine Gestalt um das Fuhrwerk schleichen gesehen; die Rosse hätten geschnaubt. Er habe Unrat gewittert und sich dem Wagen von der anderen, der im Finstern liegenden Seite her genähert. Der Mann, den man jetzt fest hatte, sei eben im Begriff gewesen, mit einem blanken Messer in der Faust unter den Wagen zu kriechen. Offenbar hätte der Lumpenhund es auf den Junker abgesehen gehabt, und so habe er sich auf ihn geworfen. Den Rest wüßten wir...

»Ja, aber – um Himmelswillen – warum?« rief ich bestürzt. »Bei mir ist doch wahrlich nichts zu holen?«

Der Anführer der Scharwächter sagte: »Das werden wir gleich haben!« Ohne den Gefangenen zu befragen oder ihm Zeit für Ausflüchte zu lassen, riß er ihm das Hemd vom Leib. Auf der behaarten Brust fand sich ein Silberkreuz mit der rings eingravierten Inschrift: »GLORIA IN EXCELSIS DEO! GEWEIHT VON SEINER EMINENZ, DEM ERZBISCHOF VON PADERBORN!«

Dieser Entdeckung folgte betretenes Schweigen.

»Das ist eine Sache für den Magistrat«, entschied sich schließlich der Scharwächter. »Führt ihn ab!«

Ich hatte mich noch nicht so ganz von dem Schrecken erholt. »Warum nur – warum wollte der mich umbringen?«

»Hab' ich Euch das nicht schon zuvor erklärt?« antwortete Herr Leonardo unwirsch. »Es wird nicht der letzte Versuch gewesen sein.«

»Und was geschieht mit dem Mann?«

»Sie werden ihn peinlich befragen, vielleicht auf die Folterbank spannen, bis er alles gestanden hat. Dann werden sie ihn laufenlassen. Halten doch gegenwärtig, da zwei Könige um die Kaiserwürde streiten und alles im Reiche drunter und drüber geht, die hohen Herren gewiß mehr vom Leisetreten als von der Gerechtigkeit. Was gilt's? Der eigene Nutzen geht über alles.«

Ich hatte zu Hardehusen so viel über christliche Ethik und Moral vernommen, daß es mir schwerfiel, die hohen Ideale nun mit der platten Wirklichkeit überein zu bringen. Ich wollte ganz einfach nicht wahrhaben, daß ein Kirchenfürst imstande sei, aus purer Gewinnsucht feile Mörder zu dingen. Die Tatsachen indes redeten ihre eigene Sprache.

Im weiteren Verlauf der Reise geschah nichts Bemerkenswertes. Als wir uns von Duisburg her den Wällen und Mauern Düsseldorfs, des alten Tremonia, näherten und im Abenddämmern einen frisch belaubten Eichenhain durchzogen, erwies sich, wie wenig man mich zu Paderborn vergessen hatte. Ich ritt neben dem Fuhrwerk, wobei ich mich angeregt mit Clarissa unterhielt und auf die Umgebung kaum acht gab. Plötzlich surrte aus dem Waldesdunkel, so dicht an meinem Kopf vorüber, daß ich den Lufthauch auf der Stirn fühlte, ein Pfeil und durchschlug die Lederplane. Ein zweiter folgte, ein dritter, der Chaleels Rist streifte. Augenblicke vergingen, bevor ich den erschreckten Hengst gebändigt hatte. aber es hatte ja wenig Sinn, zu Pferde in den finsteren Wald einzudringen, was Jos und Jörg ohne Erfolg versuchten.

Von da an, bis wir an die Ufer des Rheines gelangten, blieben wir unausgesetzt auf heimtückische Angriffe gefaßt. Obschon ich so tat, als kümmere mich die Bedrohung nur wenig, war ich im Innersten doch bekümmert und verstört – nicht so sehr aus Furcht um mein Leben, nein, vielmehr verabscheute ich, was unter dem Schein christlicher Nächstenliebe an Unrecht und Verworfenheit in deutschen Landen geschah.

Wir waren jetzt unser sechs. In der alten Reichsstadt Duisburg, in die wir letzthin durch das Osttor eingezogen waren, wurde Jos aus der unser Fuhrwerk umwimmelnden Menge von einem Mann angerufen, dem ein Ohr sowie mehrere Zähne fehlten. Unter dem zerdrückten Schlapphut hervor quoll ihm fettiges, graues Haar bis auf die Schultern und seine gelben Katzenaugen spähten mißtrauisch aus tief umschatteten Höhlen in die Welt. Seine Kleidung war sehr abgeschabt, jedoch säuberlich geflickt. Im Gürtel trug er eine Axt. Seiner Jahre ungeachtet, bewegte er sich straff, leichtfüßig und behende.

»Lude heißt er«, stellte Jos ihn dem Kaufherrn vor und bat für den Mann um einen Platz auf dem Wagen. »Alter Kampfgeselle von mir, Herr! Ich bürge für ihn.«

Herr Leonardo nickte Gewährung. Mir aber klang das Wort »Kampfgesell« im Ohr nach. Also waren auch Jos und Onnen Kriegsleute gewesen?

Abends, beim Feuer, brachte ich die Rede darauf. Jos nagte vor Verlegenheit an seinem Bart. Onnen setzte das dümmste seiner Gesichter auf. Jörg, wie stets auf Neuigkeiten erpicht, verlor die Geduld. »Ihr Schleimer«, fuhr er die Knechte an, »habt ihr das noch nicht spitz

gekriegt? Alles kann man dem Junker sagen, einfach alles! Nie wird er euch in die Pfanne hauen...«
»Schon gut, schon gut«, gab der Rotschopf zu, »aber wir dachten... Was dachten wir, Onnen? Was einer nicht weiß, das macht ihn nicht heiß! Wir wußten ja doch, die Kahlenberger halten's mit den Welfen – Herr Rainold jedenfalls – oder nicht?« Er sah mich fragend an. »Und weil wir nach der Schlacht von Bouvines ausgerissen sind wie Schafleder, weil wir Otto den Eid nicht gehalten haben, da...« Er brach mitten im Satz ab. Seine Stimme war immer leiser, immer heiserer geworden. Bekümmert stierte er vor sich hin.
Irgendwie war ich gerührt. »Nun«, seufzte ich, meiner eigenen Abtrünnigkeit eingedenk, »der Mensch ist schwach, ein schwankendes Rohr im Wind. Und die Zeiten ändern sich. Wer sich ihnen nicht anpaßt, wird auf den Kehricht geweht. Wie kam es denn, daß ihr Ottos Fahnen verlassen habt?«
Stockend erst, dann von der Erinnerung gepackt, begannen sie zu erzählen, oftmals alle drei durcheinander. Dem wirren Gerede entnahm ich, daß sie in der verworrenen, von Fehden, Raubzügen und allgemeiner Rechtlosigkeit geprägten Zeit nach der Ermordung Philipps von Schwaben durch den Pfalzgrafen Otto von Wittelsbach auf der Altenburger Brücke bei König Otto Kriegsdienst genommen hatten. Mit ihm waren sie über die Alpen nach Mailand gezogen. Sechs Jahre lag das zurück.
»Warum?« fragte ich.
»Damit endlich mal wieder ein König herrsche und Friede in deutschen Landen!«
Nun, daraus war nichts geworden, ganz im Gegenteil.
Sie hatten König Ottos Krönung zum Kaiser im Petersdom miterlebt und schilderten Rom in glühenden Farben, vor allem die Kneipen im Quartier der roten Lämplein und die blutigen Raufhändel mit den aufgebrachten Römern. Der Hungerwinter in der Toskana war hart gewesen. Ihnen schien nicht recht klar zu sein, weshalb das kaiserliche Heer nach Apulien hatte ziehen müssen, noch was zum Streit zwischen Papst Innozenz und Kaiser Otto geführt.
Ich wußte es und ebenso auch, weswegen Otto anno 1210 mit dem Bann belegt worden war. Zu Hardehusen hatte ich von den Mönchen mehr als genug darüber vernommen. Sie verwünschten den Kaiser als Eidbrüchigen und Kirchenfeind in die tiefste Hölle. Ermin hingegen

hatte ihn gelobt, hatte seine Härte und Strenge gegen Ritter, Grafen und Fürsten für heilsam erklärt, als segensreich für das gemeine Volk. Danach war der Teufelstanz erst so richtig losgegangen. Die Erzbischöfe Siegfried von Mainz und Albert von Magdeburg, der König Ottokar von Böhmen sowie auch Landgraf Hermann von Thüringen erhoben sich gegen ihn, unterstützt und angestachelt von dem französischen König Philipp August, der in dem Welfen die englischen Usurpatoren in Nordfrankreich zu treffen gedachte. Allüberall zwischen Donau und Rhein waren heftige Fehden zwischen den jeweiligen Parteigängern aufgeflammt. »Hie Welf! Hie Stauf!« Höfe brannten. Äcker wurden verwüstet, so daß der Hunger die Menschen würgte; Städte wurden berannt, gänzlich Unbeteiligte auf bloßen Verdacht hin erschlagen oder an den nächsten Ast geknüpft.
»Glaubt es oder nicht, Junker Anselm! Wir fingen einen Wolf im Wald. Und weil wir gehört, der Papst habe nach dem Staufer Friedrich geschickt, auf daß der Kaiser werde an Ottos Statt, fragten wir einen jeden, der uns begegnete, und so auch den Wolf: ›Welf oder Stauf?‹ – ›Wauff!‹ machte der Wolf. Da knüpften wir ihm einen Strick ums Genick und henkten ihn.« Onnen lachte scheppernd.
Mir war nicht nach Lachen zumute. Ermin hatte die Dinge klar gesehen, wie schon Herr Roger vor ihm: Der Papst war der Antichrist; das Blut Schuldloser klebte an seinen Händen. Nicht um das Wohl der Menschen war es ihm zu tun – nein, einzig um Macht und Gewinn, um die Alleinherrschaft auf Erden. Empört, Zweifel im Herzen, vernahm ich, wie Ottos Heer in Eilmärschen nach Deutschland zurückgekehrt war, um Friedrich zuvorzukommen, wie Lehnsmann um Lehnsmann sich während des Marsches in die Büsche geschlagen.
»Ach ja«, seufzte der Hohläugige betrübt, »hätte unser Herr Otto sich doch auf Deutschland beschränkt! Hätte er die Fürsten und Herren um sich versammelt, die ihm noch anhingen, er würde Friedrich glatt aus dem Felde geschlagen haben. Aber nein, der Himmel verblendete ihn – anders kann ich's mir nicht deuten, Herr! Mit diesen meinen Ohren hört' ich ihn sagen, als ich zu Gent vor seinem Zelt Wache stand: ›Der König von Frankreich, das ist der Erzfeind. Nur er steht all unseren Plänen entgegen; nur ihm vertrauend, wagt es der Papst, den Staufer Friedrich gegen mich zu erheben und alle Weltlichen zu verhöhnen. Deshalb muß Philipp August sterben. Ist

er besiegt, sind es auch alle übrigen. Dann dürfen die Geistlichen froh sein, wenn wir ihnen ihre Güter nehmen und ihnen nur den Zehnten lassen ...‹«

Diese Äußerung war auch zu Hardehusen bekannt geworden und hatte dort Gift und Galle unter den frommen Brüdern erregt; mich vor allen anderen hatten sie auf mancherlei Weise gekränkt, weil man wußte, mein Vater hänge dem Welfen an.

Jos nahm nun abermals das Wort:

»Heilige Jungfrau, was waren wir müd', ausgelaugt, nur mehr Haut und Knochen, die Gäule kaum noch des Schlachtens wert. Als wir vor Gent im Flandrischen lagen, voriges Jahr im Lenz, da hieß es, König Johann von England, Ottos Verbündeter, stehe mit seinen Truppen in Anjou und Poitou, irgendwo im Westen am Flusse Loire. Das war zu weit weg, um uns von Nutzen zu sein. Und dann wurd' gemeldet, Philipp August rücke mit großer Heeresmacht von Valenciennes her auf Mortagne zu. Otto raffte in Eile seine paar Ritter und Knappen zusammen. Dort, wo Schelde und Scarpe ineinander fließen bei einem Lausenest – Bouvines schimpft es sich –, trafen wir auf den Feind... Herr, es war aussichtslos von Anbeginn! Der rechte Flügel der Franzosen, alles gepanzerte Ritter, brach mühelos durch. Das Mitteltreffen, in dem ich stand, wurde im ersten Ansturm überrollt. Der Kaiser mit wenigen Getreuen floh; sie hatten noch die besten Rosse. Wer nicht gefangen werden wollte, der mußte laufen, laufen... Und wie wir liefen – was Onnen?«

»Ja, zum Henker, wie Katzen mit Feuerbrand unterm Schweif, hol mich der Böse! Eine Schande war's...«

»Und ist es noch!«

»Als wir gen Aachen kamen, da war da kein Kaiser. Otto fort, über alle Berge, ohne sich umzusehen, ohne an uns zu denken. Der Staufer belagerte die Stadt. Seine Leute machten Jagd auf uns, so als wären wir Hasen. Da dachten wir... Was dachten wir, Lude?«

Der Hohläugige antwortete mit einer höchst unanständigen Gebärde und die drei Gesellen brachen in grölendes Gelächter aus, um Schmerz und Beschämung zu verhehlen. Jedenfalls hatten sie die Schnauze gestrichen voll gehabt von Krieg und Fürstendienst. Ich verstand sie gut.

»Ihr seid eben Hasenfüße«, sagte Jörg mitfühlend.

Ich fauchte ihn an: »Na und? Was hättest du gemacht?«

»Ich – ? Bin ich nicht auch ein Hasenfuß, Anselm? Außerdem hab' ich Stroh im Kopf, wie du immer behauptest. Ich hätte dasselbe getan wie du, weil ich dein Knappe bin. Und das wär' mir wahrscheinlich schlecht bekommen. Du, der du so gelehrt und weise bist – einen Roßhuf freß ich –, du hättest dich für den Welfen in Stücke hacken lassen, wie?«

»Hätte ich – keine Frage... Ritterpflicht!«

Herr Leonardo hatte alles, Wort für Wort, mit angehört. Jetzt kam er vom Wagen herüber, rieb sich die knochigen Hände. Das tat er stets, wenn er besorgt oder erregt war.

»Ritterpflicht, Herr Anselm? Wie meint Ihr das? Schon wahr, dem Löwen mögt ihr Kahlenberger verpflichtet gewesen sein... Aber – Otto? Was hat Otto für Euch getan? Ihr wißt doch genau, wie grausam er den Grafen und Edelingen die Flügel beschnitten hat. Was könnt' Euch da besser zupaß kommen als der Ausgang der Schlacht von Bouvines? Ist doch jetzt der Weg für Friedrich frei, den Ihr Euch zum Herrn erwählt habt – klugerweise... Heuchelt nicht! Ich bewundere Eure Voraussicht, Junker! König Philipp August wird Johann, den englischen Ketzer, aus seinen französischen Lehen vertreiben, Otto sich in seine Erblande zurückziehen müssen, hat er doch weder ein Heer noch Freunde unter den Fürsten. Kein Hund wird künftig auch nur ein Stück Brot von ihm nehmen. So hat denn Papst Innozenz auf der ganzen Linie über Eure deutschen Fürsten gesiegt...« Verachtung klang aus des Genuesers Worten. »Er wird ihnen das ungebärdige Kind aus Palermo auf den Nacken setzen. Das ist Eure Gelegenheit, Herr Anselm! Wir werden sie nutzen.«

Betroffen gestand ich mir, daß er wahr gesprochen hatte. Ich fühlte mich uneins mit mir selbst. Was mich mein Vater gelehrt, erschien mir nunmehr in ganz anderem Licht. War er mit seiner Geradheit und Treue, mit seinem frommen Gottvertrauen, seiner selbstlosen Fürsorge für die ihm Untertänigen ein Tor? Mein Kinderglaube an Gottes Gerechtigkeit und die Redlichkeit Seiner Diener – in Hardehusen hatte er schon einige Stöße erlitten – schwand dahin wie das Eis auf den Flüssen im Frühlingswind. Hatte ich doch im Kloster erfahren müssen, wie wenig sich so manche unter den geistlichen Herren scheuten, zur höheren Ehre Gottes zu lügen, zu trügen, zu stehlen, zu rauben, ja, zu morden und die Ehe zu brechen, sofern sich dies nur einigermaßen vertuschen oder bemänteln ließ.

Die reine Minne, wie Herr Walther sie in seinen Liedern preist, schien sich mir nun nur als holder Traum zu erweisen. Flüchtig trat mir das Gesichtchen unseres Gänseliesels vor Augen und Schmerz befiel mich. Auch sie mochte wohl kaum anders sein als alle übrigen, sobald sie zu Jahren kam. Das Röslein im Kasten war längst verdorrt. Und was das Rittertum anbelangte, die Ehre, die Treue... Wer sich an solche Ideale hielt, war – so wie die Dinge lagen – ganz offenkundig ein Narr. Allzu viele Edelinge und Ritter entpuppten sich als Räuber, Unterdrücker, Schandbuben; sie taten es eben den großen Herren nach. Die wiederum, wahre Blödlinge, zappelten gleich gefangenen Fischlein in den goldenen Netzen hartgesottener Wucherer. Was ich durchaus nicht begriff – über aller menschlichen Verworfenheit lachte ein lichter Himmel; Auen grünten, auf den Feldern reifte das Korn. Gottes Sonne schien über Gerechte und Ungerechte. Ich kam mir vor wie beschmutzt durch mein neues Wissen.

In Hardehusen hatte ich die »Chronica sive Historia de duabus civitatibus« des Bischofs Otto von Freising studiert. Er war ein Enkel Kaiser Heinrichs IV. gewesen, ein Zisterzienser. Unser Bruder Arnulf hatte das Buch mehrere Male abgeschrieben. Er teilte die Ansicht des Bischofs, das Ende der Welt stehe nahe bevor, obwohl Otto seine Prophezeiung später widerrufen hatte. Damals stimmte ich Bruder Arnulf keineswegs zu, schon gar nicht seiner Auffassung, der Kampf zwischen Gut und Böse werde zwischen Papst und Kaiser ausgetragen. Nun aber entsann ich mich mit Schrecken mancher Dinge, die ich in Bischof Ottos Werk gelesen, jedoch schon zuvor aus dem Munde Herrn Rogers, des Klausners, vernommen hatte.

Clarissa nahm meine Niedergeschlagenheit wahr und schmollte. »Liebster Anselm«, flüsterte sie mir ins Ohr, als wir beieinander auf dem hohen Rheinufer standen und über die gleißende Wasserfläche schauten, »du bist so schweigsam in letzter Zeit. Auch scheint es dir nicht mehr so viel Freude zu machen, heimlich meinen Leib zu berühren, wie du anfangs zu tun pflegtest. Ich hoffe, du läßt dich nicht von den beiden Strolchen beeinflussen, die mich so ingrimmig anstarren, als ob sie mir ein Leid antun möchten. Auch dein Knappe ist mir wenig hold, wie du bemerkt haben wirst, obwohl ich ihm schöne Augen mache und fortwährend freundliche Dinge sage, was er gar nicht verdient hat. Na, bald sind wir ja daheim, der Heiligen

Jungfrau sei Dank! Dann brauchst du diese Kerle nicht mehr und du kannst sie fortjagen ...«
»Fortjagen!« erwiderte ich ungehalten. »Wie käme ich dazu? Sie haben sich ja als willig und treu erwiesen. Ohne sie lebte ich nicht mehr. Außerdem brauche ich verläßliche Männer, wenn ich meinem Herrn zu Dienst sein will.«
Sie sah mich mit gespieltem Erstaunen an: »Zu Dienst – wem denn, diesem sizilianischen Knäblein, das sich Kaiser nennt? Wem schuldest du was? Doch wohl vor allem deiner lieben Gemahlin und deinen Anverwandten. Was gehen denn uns die Fürsten, Könige und Kaiser an? Gehören wir zu den Schwachköpfen, die sich für Kaiser, Volk und Reich totschlagen lassen?«
»Ich ... Ja, ich vielleicht!« entgegnete ich trocken.
Sie wandte sich mit einer unduldsamen Bewegung ab. Mir war richtig elend zumute, so berückt, wie ich von ihrer Anmut war und mich nach ihr verlangte. Auch geschah es zum ersten Mal, daß wir uns stritten. Dennoch, ich war nicht gesonnen, ihren kindischen Launen nachzugeben, selbst dann nicht, wenn unsere Zuneigung darunter litt. Indes, nach kurzem Überlegen kam sie wieder mit ihrem bezaubernden Lächeln auf mich zu. »Verzeih, Liebster, ich vergaß ganz und gar, wie jung du noch bist und wie wenig du in deinem sächsischen Hinterwald vom Lauf der Welt erfahren hast.«
Das besänftigte mich für den Augenblick. Jedoch, tief im Innersten blieb mir ein Stachel.

8.

Tief sog ich die würzige Lenzluft ein, als ich auf der Kuppe einer Bodenwelle den Hengst verhielt und die Stadt vor mir liegen sah. Im Süden der Kölner Bucht stand eine blaugraue Gewitterwand, aus deren Dunst der Strom hervorbrach wie eine breite, silbern glitzernde Straße. Die Sonne hing rotglühend schon tief über den westlichen Randhöhen. Ihr blutiger Schein hob die ihr zugekehrten Seiten zahlreicher Türme und Bastionen vor dem düsteren Hintergrund ab, während die anderen schwarz umschattet waren. Die Büsche und Bäume am jenseitigen Rheinufer hingegen leuchteten in giftigem Grün, die Segel vorüberziehender Schiffe nußbraun, ockergelb oder rosig wie Flamingofedern. Alles in allem machte der Anblick mich doch ein wenig beklommen. Bisher hatte ich ja nur Städte wie Paderborn, Warburg, Soest, Duisburg und Düsseldorf kennengelernt. Keine von ihnen ließ sich mit Köln vergleichen.

Die Straße zu meinen Füßen, auf der unser Wagen inmitten einer langen Reihe anderer Fuhrwerke zwischen Reitern, Wanderern und hoch bepackten Eseln einherrknarrte, bot ebenfalls ein höchst ungewohntes Bild. Hohe, breitwipflige Bäume – Eichen, Linden oder auch Ulmen – beschatteten sie auf weite Strecken hin. Mit Stroh gedeckte Bauernhäuser lagen am Weg, Schänken, vor deren Türen Pferde angebunden standen und sich mit wedelnden Schweifen oder Mähnenschütteln der Mückenschwärme erwehrten, die, zu dichten Wolken vereinigt, im Abendsonnenschein tanzten. Schwalben strichen dicht über die Weißdornhecken hin, was auf baldigen Regen deutete. Ein Storch stand klappernd in seinem Nest auf dem Dachfirst einer Wassermühle.

Von der Höhe des Erdwalles, Landwehr geheißen, der, überwuchert von Dornendickichten, aus denen vereinzelt Bäume und da oder dort Wachttürme ragten, die Gemarkung der Stadt in weitem Umkreis einhegte, glich das wimmelnde Hin und Her auf dem Heerweg einem Ameisenzug. Er schlängelte sich durch das Ödland bis hin zu Wall und Graben, um sich unter den neuen, mächtigen Mauern zu stauen wie ein Bachlauf vor dem Mühlenwehr. Ein jeder wollte die Stadt noch erreichen, bevor ihre Tore geschlossen wurden. Mit Hüh und Hott ging es über Stock und Stein. Bürger trieben ihr Vieh, das sie tagsüber auf der Stadtflur hatten weiden lassen, zwischen Fuhrwerken, Reitern und Fußgängern eilends den schirmenden Mauern zu.

Vor dem Eigelstein-Tor war kein Durchkommen mehr. Herr Leonardo ritt voraus und nach einer Weile kehrte er mit gewappneten Stadtknechten zurück. Die machten uns, des wütenden Protestgeschreies der Menge nicht achtend, den Weg mit Stockhieben frei – ein Vorrecht, das nur den Mitgliedern der Richerzeche, den reichsten Kaufherren der Stadt, zustand. Ich atmete erst dann erleichtert auf, als der Wagen unter dem drohenden Fallgatter hindurch in die dunkle Torwölbung rollte.

Von nun an dünkte mich, was ich sah und erlebte, ein verworrener Traum. Enge, gekrümmte Gassen zwischen schmalbrüstigen, verräucherten Häusern, deren Giebel so weit vorgebaut waren, daß sie über unseren Köpfen beinahe zusammenstießen. Ein Gebrodel von Köpfen und Schultern... Chaleel, nicht weniger verwirrt als ich, brach sich durch das Getümmel Bahn, indem er furchterregend wieherte und stieg. Das babylonische Tohuwabohu von Stimmen und Lauten betäubte mein Ohr. Rinder brüllten verängstigt. Grunzend, quiekend, galoppierten Schweine zwischen Füßen, Hufen und Rädern hindurch. Gänse flüchteten unter Kreischen und Schnattern. Bisweilen verstopften Schafherden oder Ziegenrudel oder ein wackeliger Eselkarren die schmalen Durchlässe zwischen den vor den Hausfronten errichteten Buden. Das Rauschen und Klatschen der Fittiche unzähliger Tauben erfüllte die Luft.

Wir kamen an Buden oder offenen Ständen vorüber, deren Besitzer mit aller Lungenkraft ihre Ware ausschrien, in einer Sprache, die ich – obschon sie deutsch war – durchaus nicht verstand. Bettler reckten mir schmutzige, krallenähnliche Hände entgegen, wobei durchaus nicht klar war, ob es eine bittende oder eine drohende Gebärde sei. Obschon die Gassen mit Kopfsteinen gepflastert waren, pflügten die Hufe unserer Rosse durch Schmutz und Unrat, der sich auf dem Pflaster häufte, und rührten Wolken mephitischer Düfte auf, die sich beklemmend auf die Brust legten.

Indem ich benommen den Kopf hierhin und dorthin wandte, bemerkte ich zu meiner höchsten Verwunderung, wie Clarissa gleich einem Fischlein in dieser uns umwirbelnden Menschenflut schwamm. Sie rief, lachte, winkte diesem oder jenem zu. Jünglinge, hoch zu Roß, drängten sich an den Wagen heran, um mit ihr Begrüßungs- oder Scherzworte auszutauschen. Alle Welt schien sie zu kennen. Ihr fröhliches Kichern hatte einen seltsam lüsternen Unterton, der mir gar nicht gefiel – Herrn Leonardo übrigens auch nicht, wie ich an seiner verdrossenen Miene sah. Es gab einen kurzen Aufruhr, weil Jörg, der die Zügel führte, einem dieser Herren die Peitschenschnur über den Rücken gezogen hatte – ganz aus Versehen, beteuerte er. Aber dessen war ich keineswegs sicher.

Auf dem Marktplatz machten wir vor der Ratswaage halt. Handwerker und Stadtbauern, Krämer, Kaufherren, Mägde, Knechte, Kinder – sie alle drängelten sich neugierig herzu. Fragen flogen von Mund zu Mund, unflätige Redensarten. Der Steuereinnehmer, ein gewichtiger Mann in lichtblauem, goldknöpfigem Amtsrock, begrüßte Herrn Leonardo, den Federhut lüpfend, mit Handschlag und Schulterklopfen, wobei sein dickes, rosiges Gesicht vor eitel Wohlwollen strahlte.

Seine Schreiber verglichen inzwischen die Fracht mit der langen Liste, die ihnen von Clarissa ausgehändigt worden war.
Jos, Onnen und Lude wachten wie Schießhunde darüber, daß keiner von den Gaffern lange Finger machte. Unterdes tränkte Jörg unsere mit Schweiß und Staub überkrusteten Pferde aus dem Marktbrunnen. Die Wirte der am Marktplatz liegenden Schänken, deren Zahl mich staunen machte, und ihre Mägde oder Gehilfen brachten Krüge voll Wein oder schäumendem Bier, das wir gleich Verdurstenden durch die Gurgel jagten. Vielleicht war es der Stärke des Trankes zuzuschreiben, wenn mich das ungehemmte Lachen Clarissas, die dreiste Zudringlichkeit ihrer Bekannten oder Verehrer so sehr aufbrachte, daß ich mehrmals nach dem Griff meiner Waffe tastete. Glücklicherweise währte der Aufenthalt nicht allzu lange.
Abermals wanden und würgten wir uns mit dem ungefügen Gefährt durch enge Häuserschluchten, zuletzt durch eine Gasse, in deren Handwerksstuben mancherlei Arten von Schildern kunstreich geschnitzt, geschmiedet oder gemalt wurden. Und so gelangten wir auf einen weiträumigen Platz, den an seinem anderen Ende eine schöne Basilika, die Apostelkirche, abschloß. Das war der Neumarkt. Hier lagen die Häuser und Höfe der reichsten und angesehensten Kaufherren. Neben dem Anwesen des Herrn Tyboldo de Novo Foro öffnete sich ein solides, mit Eisen kunstvoll beschlagenes Tor, in das unser Wagen einbog. Knechte, Diener und Mägde umringten jubelnd, gleich Gänsen durcheinander schnatternd, den heimkehrenden Herrn.
»Schau' dich um, Anselm, Liebster! Wie gefällt es dir? All das wird von nun an unser Heim sein und einmal mir gehören, wenn Vater... Nun, Gott schenke ihm noch das eine oder andere Jahr!« Leicht wie ein Vogel schwang Clarissa sich vom Kutschbock, während ich schwerfällig, mit steifen, schmerzenden Gliedern aus dem Sattel kletterte. Clarissas Anmut bezauberte mich, wie noch stets; trotzdem ärgerte ich mich insgeheim über ihr Gerede, das mich unpassend und herzlos dünkte.
Ein Knecht schickte sich an, Chaleel in den Stall zu führen. Dem Hengst kam die neue Umgebung wohl kaum weniger befremdlich vor als mir. Er schnaubte, bäumte sich auf. Ich mußte ihm gute Worte geben.
In der Tat, Leonardos Besitz übertraf alle Wohnstätten, die ich bislang gesehen hatte. Der Hofplatz mit dem Radbrunnen in der Mitte war

geräumiger als der in Vaters Burg und mit Kopfsteinen gepflastert. Zwei Seiten, rechts und dem Torgebäude gegenüber, nahmen Speicher, Lagerhäuser und Stallungen ein. Zur Linken erhob sich das Wohnhaus, ein mehrstöckiger Fachwerkbau mit hohem, geschnitztem Giebel und vielen Fenstern, die mit Blei verglast waren. Zu der ebenfalls reich geschnitzten Eichentür führten breite Blausteinstufen hinan.

Nein, so bald konnte ich nicht sagen, ob mir all das gefiel! Der Platz zwischen den Mauern lag bereits unter bläulichen Schatten, während noch die letzten Strahlen der Abendsonne First und Giebel des Wohnhauses vergoldeten. Dem Pflaster entstieg ein feiner feuchter, nebelartiger Dunst, der mir die Brust beengte. Flüchtig dachte ich an die reine, belebende Luft und die Stille des Habichtswaldes daheim; die weiten Landschaften, die wir durchzogen hatten, glitten gleich Bildern einer Laterna magica an meinem inneren Auge vorüber. Da befiel mich jählings ein panikartiges Verlangen nach schleuniger Flucht.

Herrn Leonardos Stimme rief mich in die Gegenwart zurück. Er wies sein Gesinde an, das Fuhrwerk zu entladen. Clarissa faßte nach meiner Hand: »Da ist ja auch Tante Sarah... Komm!«

Unter die Tür war eine betagte, hagere Frau in lang herabwallendem, um die Leibesmitte von einer silbernen Kordel gerafftem, veilchenfarbenem Gewand getreten. Ihr graues, bis an die Ohren kurzgeschnittenes Haar umrahmte ein ledergelbes Gesicht, aus dem die Nase hervorsprang wie ein Geierschnabel. Stechend richtete sich der Blick ihrer dunklen Augen auf uns.

»Clarissa!« rief sie mit Schärfe. »Wer ist der Mann, den du so zuchtlos bei der Hand hältst? Wie oft habe ich dir gesagt, daß ich dergleichen Vertraulichkeiten nicht dulde!«

Clarissa ließ sich nicht einschüchtern: »Mein erwählter Gemahl, Mühmchen! Ein hochedler Ritter, Anselm mit Namen... Ihm danken wir Ehre, Gut und Leben!«

»Gott der Gerechte, nein!« Sie beäugte mich, als sei ich ein hergelaufener Strolch, im Begriff, ihr die Unschuld zu rauben. Als nun gar Jörg, wild aussehend und atemlos, mit meinem Mantelsack von den Ställen her kam, zog sie sich argwöhnisch, uns nicht aus dem Auge lassend, tiefer in das Dunkel hinter der Tür zurück. »Die Badstube...« krächzte sie. »Die Badstube findet Ihr gleich hinter dem

Kloster in der Pilgrimsgasse – sofern Euch überhaupt an Wasser gelegen ist«, setzte sie maliziös hinzu.
Jörg zeigte sich tief gekränkt: »Höre, Anselm! Wenn das Weib damit meint, daß wir dreckig sind, so mag sie sich an die eigene Nase fassen; die ist lang genug. Ich hoffe, du hältst dich nicht länger in diesem schmutzigen Schweinekoben auf, wo einem die Säue auf den Füßen herumtrampeln und alles nach Aas und heidnischen Gewürzen riecht. Teufel, Teufel, das stinkt! Die Pest kann man sich in diesem Gemäuer holen.«
»Sie meint es nur gut«, begütigte Clarissa. »Mein Mühmchen hat eine scharfe Zunge, aber ein Herz von Gold. Komm', Anselm, laß dir deine Kammer zeigen!« Sie zog mich am Arm die Stufen hinauf.
»Und Jörg?«
»Der mag unterm Dach ein Lager finden oder bei den Roßbuben im Stall.«
Es kostete mich einige Mühe, den entrüsteten Freund zu beruhigen. Ich machte deutlich, er sei kein Knecht, sondern mein Knappe, mein Herzbruder. Nach einigem Hin und Her wurde ihm ein Kämmerlein, nicht weit von der für mich bestimmten Kemenate, angewiesen, die eher ein großes Zimmer war mit einem gedrechselten Bett, Tisch, Stuhl und Teppich auf dem blank gescheuerten Dielenestrich. Eine kunstvoll aus Kupfer gefertigte Öllampe, dergleichen ich nur beim Abt von Hardehusen gesehen, fehlte nicht. Da nun alles im Lot war, ließen wir uns den Weg nach dem Badhaus beschreiben.
»Na, weißt du«, begann Jörg, kaum daß wir aus dem Tor getreten waren, »das hier behagt mir nicht! Nein, ganz und gar nicht! Du hast mir mal von der Kalypso erzählt, dem gräßlichen Frauenzimmer, das einen herumstrolchenden Seemann mit einem goldenen Zauberstab berührte und ihn damit in einen Eber verwandelte. Sieben Jahre mußte er auf ihrer Insel bleiben ... Ich hoffe zu Gott–«, er bekreuzigte sich, »die Jungfer hat nicht ebensolchen Stab im Schrank. Weder laß ich mich zum Schwein machen, noch halt' ich's hier sieben Jahre aus, ja, nicht mal sieben Tage ... Und wenn ich auch den Kopf voller Stroh hab', wie du immer sagst, was ich sehr ungerecht finde, so mein' ich doch, wir täten wohl daran, den Staub dieser Stadt, die nur von außen schön ist, schleunigst von unseren Schuhen zu schütteln.«
Die Erlebnisse in der Badstube, die wir als neue Menschen verließen, bestärkten ihn in seiner abfälligen Meinung noch: »So, wie du vorhin

noch warst, mit Staub bedeckt, mit Blut bekleckert, gefielst du mir besser, Anselm! Jetzt haben sie dir nicht nur die Haare vom Haupt gesäbelt, sondern auch die sieben oder acht deines Bartes, der gerade so schön zu sprießen begann und dir ein fast männliches Aussehen gab. Obendrein stinkst du nach heidnischen Wohlgerüchen wie die willigen Weiber aus dem Frauenhaus. Liesel würd' dich auslachen, säh' sie dich so. Und wie unser Hofhund daheim würd' sie heulen, müßte sie miterleben, wie du der Jungfer Leonardo um den Bart gehst...«

»Clarissa hat keinen Bart!«

»Sie hat einen! Du hast ihn nur noch nicht entdeckt.«

»Jetzt hältst du dein ungewaschenes Maul!« fuhr ich ihn unwirsch an. Insgeheim aber gestand ich mir, im Grunde habe er recht. Herr Leonardo – und so auch seine Schwägerin Sarah – schienen mich eher als einen Abhängigen zu betrachten, denn als vollgültiges Mitglied der Familie. Ihrer Meinung nach hatte ich mich dementsprechend zu verhalten, hatte ihre Interessen wahrzunehmen, wie ihnen denn auch meine künftige Braut nur eigensüchtigen Zwecken dienen sollte. Niemals zuvor hatte ich mich so unfrei, so unbehaglich fehl am Platz gefühlt, nicht einmal in der strengen Klosterzucht zu Hardehusen.

»Jörg«, lenkte ich deshalb ein, »glaube nur ja nicht, ich ärgere mich weniger als du oder wäre dem Liebreiz der Jungfer unrettbar verfallen, wie es schwachsinnigen Männern leicht ergeht. Erinnere dich aber, weshalb wir ausgeritten sind... Um unser Glück zu machen, nicht wahr? Um mir mein Erbe zu retten. Um unser Heimatland vor dem Zugriff fremder, räuberischer Fürsten, unsere Landsleute vor den Verheerungen durch Kriege oder Fehden, die sie nichts angehen, zu bewahren. In alten Zeiten genügten dazu Tapferkeit, Kraft, Verstand und ein scharfes Schwert, was alles der edle Widukind ja in höchstem Maße besaß. Aber schon bei ihm reichte das längst nicht mehr, wie du weißt. Um wieviel weniger bei uns und heute. Als Bettelgraf bin ich nur ein Spielball der Reichen und Mächtigen. Wonach ich ausschaue, ist ein mächtiger Gebieter, vor dessen Thron man sein Recht fordern kann und findet. Ach, geb's doch der Himmel, daß Friedrich zur Kaiserwürde gelangt. Unter allen ist er der einzige, dem ich dienen möchte. Verhilft Herr Leonardo mir dazu, will ich nicht fragen, ob er's aus Dankbarkeit tut oder aus eigennütziger Berechnung. Was wär' daran auszusetzen, daß auch das Jüngfer-

lein mit im Handel ist? Sie wird mir ein gutes Weib sein in Bett und Küche. An unserer Freundschaft, Jörg, ändert sich nichts.«
Jörg schnaubte verdrossen, zuckte die Achseln: »Du sagst es! Aber wo ein Weib die Finger in der Suppe hat, da verbrennt sich der Löffler die Zunge.«
So redend, erreichten wir Leonardos Haus, indessen die Abenddämmerung sich über die Dächer breitete und Finsternis aus allen Winkeln kroch. Hinter den Fenstern schimmerte Licht. Der Torhüter sagte respektvoll: »Man hat Euch bereits vermißt, gnädiger Herr! In der Stube sind Gäste.«
Ich bat Jörg, mit hinein zu kommen. Er lehnte ab: »Du würdest dich deines Roßbuben schämen müssen.«
Erschreckt nahm ich ihn beim Arm: »Jörg, Jörg, was denkst du von mir? Gehören wir nicht zusammen, unzertrennlich, wie... Na, ja, wie Haut und Haar? Mein Glück soll auch deines sein, lieber Jörg! Genügt dir mein Wort?«
»Ja, ja, schon, Anselm!« brummte er mürrisch, wobei sein sommersprossiges Bubengesicht sich in kummervolle Falten legte. »Alles wahr, goldrichtig! Nur – wenn du so gelehrt bist, wie ich immer geglaubt habe –, warum stolperst du da sehenden Auges in den Sumpf? Nichts anderes ist diese Stadt, mein' ich; sie macht mich ganz wirr im Kopf. Was hilft's, ich muß dir ja folgen! Freilich, heimkehren, das wäre mir mehr nach dem Herzen; mag Ermin mir auch die Ohren langziehen. Daheim... Ist da nicht alles so, wie man's sieht und hört und begreifen kann? Hier sind die Turmspitzen und Wetterfahnen vergoldet, aus den Gassen aber stinkt der Unrat zum Himmel...«
Brüsk wandte er sich um und schritt davon.
Insgeheim plagte mich mein Gewissen, weil ich ihn sich selbst überließ und mich dabei sogar noch erleichtert fühlte. Jörg unter all den feinen Stadtherren – eine Krähe zwischen Paradiesvögeln, ja! Mir galt er jedenfalls mehr als alle diese Leute, Clarissa nicht ausgenommen. Treue um Treue! Ehrgeiz kann eine Krankheit sein.
Ein Dutzend Männer saßen um den schweren, weißgescheuerten Eichentisch. Kerzen in mehrarmigen Silberleuchtern brannten flakkernd; ihr Schein hob die Gesichter aus dem Dunkel, sich spiegelnd im Wein, der in venetianischen Gläsern purpurn funkelte, und ließ die zinnernen Teller und Schüsseln erglänzen, auf denen gebratenes oder gesottenes Fleisch des Zugreifens harrte. Die Kleidung der Herren

erschien mir ungemein aufwendig. Einige trugen, obwohl es ja fast schon Sommer war, kostbare Pelzröcke und alle hatten sie sich mit goldenen Ringen oder Halsketten und edlen Steinen geschmückt. Solch aufdringlich zur Schau getragener Reichtum reizte mich zum Spott, indem ich unserer kargen Lebensweise auf Burg Kahlenberg gedachte. Allerdings war dem Spott gewiß auch ein wenig Neid mit beigemengt.

Als ich eintrat, verstummten Gelächter und Reden. Man starrte mich – glaubte ich wahrzunehmen – spöttisch oder herablassend voller Neugierde an wie einen rara avis, der ihrem Gastgeber ins Netz gegangen. Man machte mir Platz, indem sie auf der Bank zusammenrückten. In meinem Nebenmann erkannte ich jenen blondhaarigen Lümmel, der so unverschämt vertraulich mit Clarissa getan und Jörgs Peitschenschnur zu spüren bekommen hatte. Erik hieß er, Erik von Munkfors, Junior eines nicht unbedeutenden schwedischen Handelshauses – ebenso dumm wie dreist, urteilte ich unfreundlich. Sein Latein war schauderhaft, kaum zu verstehen, sein Deutsch nicht besser. Er versuchte mir zu erklären, was ihn hierhergeführt hatte. Verstand ich ihn recht, so ging es ihm um gewisse Privilegien, die Kaiser Otto ihm abgeschlagen, um die er nun aber beim Staufer nachsuchen wolle, sobald der Kaiser geworden.

Die zynische Art, mit der er sich über die königliche Majestät ausließ, mißfiel mir gründlich, wobei mir keineswegs entging, daß eben dies der Ton war, in dem hier allgemein über Fürsten und Herren gesprochen wurde. Noch mehr verdroß mich, daß er sich bei mir um Fürsprache bei König Friedrich mit schmeichelnden Worten bewarb, indem er so tat oder zu glauben vorgab, ich werde demnächst bei Hofe zu Einfluß gelangen. Lächerlich! Diesen Floh konnte ihm nur Herr Leonardo ins Ohr gesetzt haben, aber – zu welchem Zweck?

Bevor ich meinem Ärger Luft und damit vermutlich ein durchtriebenes Ränkespiel hätte zunichte machen können, trat Herr Leonardo an mich heran. Er bedeutete mir, ihm zu folgen. »Hört, Anselm«, raunte er mir unter dem nicht beleuchteten Portiko geheimtuerisch zu, »nehmt Schwert und Mantel! Drei Männer – sie warten im Hof auf Euch – werden Euch zu einer hochgestellten Persönlichkeit führen, die mit Euch reden, jedoch nicht genannt sein will. Welchen Eindruck Ihr macht, davon hängt viel für Eure Zukunft ab. Ich darf Euch nicht raten. Sprecht und verhaltet Euch, wie's der Verstand Euch eingibt.

Und verliert dabei ja nicht aus dem Auge, daß Ihr mein Eidam seid. Das, freilich, braucht der hohe Herr nicht zu wissen. Geht mit Gott; Glück auf den Weg!«

Die betroffenen Fragen, die mir auf den Lippen brannten, schnitt er ab, indem er mir auf die Schulter klopfte und mich hinaus auf die Freitreppe schob, wo drei Bewaffnete meiner harrten. Bestürzt, nicht ohne Bänglichkeit, schaute ich mich um, ob nicht Jörg irgendwo in der Nähe sei. Ihn hätte ich mir als Begleiter auf dem nächtlichen Gang gewünscht. Keine Spur von ihm! Einer der Kriegsknechte legte wortlos seine linke Hand auf meinen Arm; in der rechten hielt er ein Schwert. Ein anderer schritt uns, ebenfalls mit blanker Waffe, schweigend voraus, der dritte hinterdrein. So gingen wir, bald stolpernd, bald ausgleitend, durch stockfinstere Gassen, durch Schlüpfe zwischen Häusern, die hier stattlich aus Stein gebaut, dort aus Holz und Lehm, schiefwandig, verfallen, dem Zusammenbruch nahe waren. Man führte mich am Rande freier, mit Unkraut oder Gestrüpp bewachsener Plätze und Trümmerstätten hin, über wahre Gebirge von Dung, durch schillernde, pesthauchende Jauchelachen. Nirgends brannte Licht, auch nicht vor den Häusern der Reichen. Und noch war der Mond nicht aufgegangen.

Mein Begleiter antwortete auf Fragen nicht. Nur einmal brummte er, als ich zögerte, weiterzugehen: »Herr, Ihr braucht nichts zu befürchten! Wir schützen Euch vor dem Gesindel, das hier nächtens herumstreicht, obwohl so viele gehenkt oder in den Block geschlossen werden. Da Ihr hier fremd seid, hört meinen Rat: Geht niemals bei Dunkelheit und alleine aus; gar rasch ist eine Gurgel abgeschnitten.«

Zuletzt gelangten wir an eine hohe Mauer, durch die uns ein schmales, eisernes Pförtchen Einlaß gewährte. Ich hatte keine Ahnung, wo wir uns befanden. Ein kühlender Hauch indes, der durch die zu beiden Seiten durch Buden und Stände eingeengte Gasse heraufstrich, deutete auf die Nähe des Stromes.

Ein Zisterziensermönch nahm mich in Empfang. Das Herz klopfte mir hoch im Hals, besorgte ich doch, den frommen Brüdern am Ende nun doch noch ins Netz gegangen zu sein. Entschlossen, meine Freiheit bis aufs Blut zu verteidigen, zog ich das Schwert. Der Mönch, der mir mit seiner Kerze durch Gänge und über Stiegen voranleuchtete, lächelte nachsichtig: »Ihr wollt doch nicht gar mit blanker Waffe Seiner Eminenz aufwarten?«

Betroffen starrte ich ihn an: »Seiner Eminenz?«
Anstatt mir zu antworten, hielt mein Führer vor einer Tür, pochte leise und öffnete sie. Ich sah mich einem weißhaarigen Mann mit strengen Gesichtszügen gegenüber. Er saß, von einer arabischen Lampe beschienen, in einem hochlehnigen Gestühl. Ohne irgendwelchen Schmuck oder geistlichen Ornat zu tragen, verriet er in Blick und Miene eine so hoheitsvolle Überlegenheit, daß es des Bischofsringes am vierten Finger der rechten Hand nicht bedurft hätte, mich erkennen zu lassen, wem ich gegenüberstand.
Das Schwert hastig in die Scheide steckend, kniete ich vor ihm nieder und hauchte einen Kuß auf die beringte Hand – ziemlich ungeschickt, fürchte ich, nur eben so, wie ich es zu Hardehusen gelernt.
»Du scheinst mir ein streitbarer junger Mann zu sein, lieber Sohn!« begann Herr Diederich von Heinsberg unter verhaltenem Schmunzeln. »Wußtest du nicht, wer dich rufen ließ? Stehe auf und setze dich dorthin!« Er deutete auf den niedrigen Schemel, der unter einem schön geschnitzten Kruzifix an der sonst kahlen Wand stand. »Man sagte mir, du habest einige Aussicht auf Ansehen und Einfluß am Hofe König Friedrichs. Ist dir bekannt, daß ich...« Und seine Stimme gewann einen schärferen Klang, »daß ich von Seiner päpstlichen Heiligkeit zum Vitandus erklärt, mit dem Bann belegt worden bin, weil ich zum Welfen Otto gehalten habe? Indes, die Zeiten ändern sich. Innozenz wird nicht ewig leben. Wer klug ist, sollte seine Hoffnungen auf das heraufziehende Neue richten...« Er strich sich nachdenklich das Kinn. »Natürlich werde ich an den Krönungsfeierlichkeiten in Aachen nicht teilnehmen können. Da wäre es mir lieb, dort Mund und Ohr zu haben, einen Vertrauten, den niemand kennt, den niemand mit mir in Verbindung bringt. Du, mein Sohn, wirst unserem Orden noch immer im Herzen verbunden geblieben sein, hoff' ich, auch wenn es in Hardehusen zu Mißverständnissen zwischen deinen Oberen und dir gekommen ist?«
Ich senkte bejahend den Kopf, zu sehr überrumpelt, als daß ich sogleich hätte Worte finden können. Er hob ein Pergament an die Augen, las jedoch nicht darin. »Man berichtete mir, im Grunde seiest du fromm, gottesfürchtig, redlichen Herzens, tugendhaft, soweit dies ein Weltkind sein kann, nur eben ein wenig obstinat und allzu sehr von dir eingenommen. Auch seiest du sehr belesen, für fremde Sprachen begabt. All das würde einen hervorragenden Gelehrten aus dir ma-

chen. Allein, so erfahre ich, dir steht der Sinn mehr nach der Weltlichkeit. Nun wohl...« seufzte er bedauernd, »Gott der Herr formt den Menschen nach Seinem Willen, der uns Sterblichen unerforschlich ist. Als ein Vitandus darf ich dein Beichtiger nicht sein, aber, vertrautest du mir, so wünschte ich sehr, alles von dir zu wissen – alles!«

Nun, ich erzählte ihm über mich und meine Verhältnisse so viel, wie ich für gut befand – nicht mehr, denn allzu weit her war es nicht mit meinem Vertrauen, wie ich gestehen muß. Natürlich war es ihm ein Leichtes, die Lücken in meinem Bericht zu ergänzen. Die Spitzen seiner langen, bleichen Finger aneinanderlegend, hörte er mir zu, ohne mich zu unterbrechen. Und er schwieg noch lange, nachdem ich geendet hatte. Schließlich lächelte er milde, nicht ganz ohne Spott und Betrübnis, wie mich dünkte.

»Mein Sohn, ich weiß dir zweierlei Rat–, der eine, wider meine eigenen Wünsche: Bescheide dich! Wähle den stillen Frieden einer Klosterzelle, führe ein reines, gottgefälliges Leben, so entgehst du den Anfechtungen der Welt, den verruchten Fallstricken Satans! – Der andere: Stürze dich in das Getümmel, lerne das Erhabene und das Niedrige im menschlichen Herzen kennen, spiele dein Spiel auf Erden, so wirst du am Ende um Sünde wie um Gnade wissen. Beginne damit, indem du unserer Heiligen Mutter Kirche dienst! Stets aber sei dessen eingedenk, dereinst wird über dein Tun und Lassen gerichtet werden; du wirst Rede und Antwort stehen müssen vor Gottes Thron. Du wirst Freuden erfahren und du wirst leiden müssen. Keine Tat, mein Sohn, geschieht ohne Sünde...« Abermals hob sich seine Brust unter einem Seufzer: »Du könntest mir sehr von Nutzen sein!«

»Ich sehe nicht – wie, Hochwürdigster!«

»Das wird sich finden. Wer kennt Gottes Wege? Unsere Heilige Mutter Kirche trachtet, Seinen Willen zu erkennen und ihm gemäß zu handeln. Doch wer von uns Sterblichen wäre ohne Irrtum und Fehl? Vertraue also; tue das Gute, wo es dir möglich ist!« Er neigte sich vor, legte mir die Linke segnend aufs Haupt und mit der Rechten machte er über mir das Zeichen des Kreuzes. Ich war entlassen.

Auf dem Heimweg durch die leeren, finsteren Gassen, die mir, ungeachtet meiner bewaffneten Eskorte, außerordentlich unheimlich, einer stygischen Unterwelt voll unbekannter Gefahren gleich, erscheinen wollten, beunruhigten mich mancherlei Gedanken und Empfindungen. Was mochte diese mitternächtliche Audienz bei einem vom

Bannfluch getroffenen hohen Würdenträger der Kirche zu bedeuten haben? Welche Folgen ergaben sich daraus für mich? Über die Vorgänge und Verhältnisse innerhalb der Kurie wußte ich ja nur, was zu Hardehusen unter den Mönchen geschwatzt worden war. Und was ich da vernommen, hatte recht wenig mit Gott und Jesus Christus zu tun. Ärger begann in mir aufzusteigen. Was mir in meinem Kinderglauben einstens klar, völlig einleuchtend erschienen war, verwirrte sich mehr und mehr, wurde zu einem undurchdringlichen Geschlinge, durch das ich, der reine Tor, mir nun mühselig einen Pfad würde bahnen müssen. War ich ein Hund, der für die Jagd abgerichtet werden soll? So kam ich mir jedenfalls vor. Alles in mir empörte sich gegen eine solche Zumutung. Wer war ich denn? Wer oder was wollte ich sein? Welche Absichten verfolgte dieser Leonardo mit mir? In welche Abhängigkeiten mich zu verstricken trachtete er? Jörg in seiner Einfalt hatte das Rechte getroffen: Fort, nur fort, und rette dein Selbst! Aber da war Clarissa, nach der mein Körper verlangte; da war meine Armut; da waren die Träume von Ruhm und Macht, der nagende Ehrgeiz, die Lust an der Buntheit und Gefahr des Lebens, nicht zuletzt ein gewisser Trotz: Laß kommen, was will!«

Einmal, während wir so dahintrotteten, klang mir wie von ferne her das Rauschen der heimatlichen Wälder im Ohr. Ich wähnte Liesels Kinderaugen auf mich gerichtet zu sehen, traurig, mit leisem Vorwurf. Unwillkürlich tastete ich nach dem Rosenholzkästchen auf meiner Brust. Das warnende Zischen meines Begleiters ließ mich zusammenzucken. Wir verhielten, lauschten, spähten. Schattenhafte Gestalten drückten sich scheu um eine Ecke, verschmolzen mit der Dunkelheit. Ach ja, wir waren in Köln, im germanischen Babylon! Ich würde ein Krämerkind ehelichen, würde einem König dienen und der Heiligen Mutter Kirche – vielleicht. Ich würde dem Wappenschild meines Geschlechtes neuen Glanz verleihen. Ich würde ...

Wir langten vor dem Hoftor Herrn Leonardos an. Es wurde mir von einem verschlafen blinzelnden Pförtner aufgetan, knarrend, eine dunkle Höhle. Ich holte tief Atem und schritt hindurch, in eine unbekannte Zukunft. Die Gewappneten entfernten sich ohne Gruß.

9.

Während der drei Wochen seit unserer Ankunft in Köln hatte ich kaum etwas anderes getan, als mich mit Kontobüchern, Frakturen, Rechnungen und Schuldeinforderungen zu beschäftigen. An sich fiel mir diese Art Tätigkeit nicht besonders schwer, denn ich war ja in Hardehusen dem Bruder Rentmeister gelegentlich zur Hand gegangen. Hier kam jedoch hinzu, daß Herrn Leonardos Handelsverbindungen sich über das ganze Abendland erstreckten, ja, zum Teil über dessen Grenzgebiete hinaus bis weit nach Rußland hinein, nach dem Orient sowie auch bis ins Innere Afrikas.

In seiner Schreibkammer, die ich mit ihm teilte, hing eine große, kunstvoll gezeichnete Wegekarte. Sie vermittelte mir einen atemberaubenden Eindruck von der Weite der Welt und von den sonderbaren Pflanzen, Tieren und Menschen, die es in anderen Erdteilen gibt. Da waren in Nord- und Ostsee und auch im Mittelmeer greuliche Ungeheuer dargestellt – vielarmige Riesenkraken, die Schiffe umschlangen, zerdrückten, in die Tiefe zogen –, der schreckenerregende Behemoth, wie er im Flusse Nilos ägyptische Fischer zerreißt und verzehrt – die entsetzliche Seeschlange – der Vogel Rokh über den Pyramiden – in den Schluchten der Alpen der schauerliche Tatzelwurm – ganz abgesehen von den einbeinigen Menschen, den Kopffüßlern, den Zwergen, den Kannibalen und von den zahllosen wundersamen Geschöpfen – Einhörnern, Wölfen, Bären, Löwen, Elefanten und Kamelen – nicht zuletzt auch von den Drachen, Geistern, Ghulen und Dämonen, welche da und dort ihr Unwesen treiben, indem sie ehrbare, gottesfürchtige Kaufleute vom Wege locken, ihre Wagen in Abgründe stürzen, ausplündern, Unachtsame im Dunkel der Nacht anfallen und erwürgen.

Herr im Himmel! Nichts davon würde ich geglaubt haben, hätte es damals auch nur für möglich gehalten, wäre da nicht die an zwanzig Ellen messende Haut einer Riesenschlange gewesen, die im Speicher von den Deckenbalken herabhing, oder der beinerne Schädel eines Seeungeheuers, höher als unsere Stube, oder der Fußknochen eines Riesen, so lang wie ich groß bin, oder die vielen verschiedenartigen Gewürze – Muskatnüsse und Nägelein, Cardamom, Weihrauch, Myrrhen, schwarzer und weißer Pfeffer –, nach denen das Haus bis in den letzten Winkel atembeklemmend roch – oder die morgenländischen Gewänder, die mit Silber beschlagenen arabischen Sättel, Zaumzeuge und Waffen, seltsame Toninstrumente nebst vielen anderen Kuriositäten, deren Herkunft und Bestimmung ich nicht kannte.

Durch das geöffnete Fenster konnte ich hinunter in den Hof blicken. Dort trafen Fuhrwerke ein und wurden unter Geschrei, Fluchen und Lachen entladen. Andere rollten durch das Tor hinaus in unermeßliche Fernen, begleitet von den Ermahnungen des Kaufherrn, von den Glück- und Segenswünschen der Zurückbleibenden. Auch ich begleitete sie in Gedanken auf ihren Reisen ins Ungewisse. Und das war die Kehrseite meiner gegenwärtigen Existenz. Ich fühlte mich eingesperrt. Was war ich denn anderes als ein Gefangener, obschon aus freiem Entschluß? Das Schreiben und Rechnen behagte mir wenig, auch wenn ich so glücklich gewesen war, Fehler in der Buchführung zu entdecken, gewisse Mängel zu beheben und mir damit Herrn Leonardos Lob und Achtung zuzuziehen. Wie groß wäre sein Erstaunen, sein Ärger, seine Enttäuschung gewesen, hätte er meine Gedanken zu erraten vermocht.

Tatsächlich hatte ich mehr als nur ein Haar in der Suppe gefunden. Meine Hochzeit mit Clarissa war nur im engsten Kreise begangen worden, einigermaßen unauffällig, ohne viel Aufwand. Ein mir bis dahin unbekannter Kaplan hatte uns am Sonntag vor vierzehn Tagen in der Apostelkirche zusammengegeben. Jörg und Onnen waren meine Zeugen gewesen, Clarissas Brautführer jener unleidliche Erik von Munkfors sowie ein mit Herrn Leonardo befreundeter Faktor des florentinischen Handelshauses Peruzzi, das hier eine Niederlassung unterhielt. Der Hochzeitsschmaus wurde im Elternhaus Clarissas eingenommen.

Nur auf mein entschiedenes Drängen hin hatte auch Jörg daran teilnehmen dürfen. Aber es stellte sich heraus, daß wir – er und ich – völlig fehl am Ort waren. Die Gäste, allesamt Kaufleute mit Ausnahme des Priesters, der uns getraut hatte, und zweier städtischer Amtspersonen unterhielten sich ungeniert, oftmals in rüdem Ton, unter unpassenden Scherzreden. Über Wollpreise in Flandern sprachen sie, über Absatzmöglichkeiten bei Rhein- und Moselweinen oder über die Qualität toskanischer Waffen. Jörg und ich saßen stumm dabei, nahezu unbeachtet, gräßlich gelangweilt und sicherlich auch die anderen langweilend, wenn nicht gar durch unsere Gegenwart störend.

Innerlich grollend, beobachtete ich, wie mein Ehgespons mit diesem Erik, der ihr zur Seite saß, schön tat, kokette Blicke mit ihm tauschte, bei seinen geflüsterten Bemerkungen schamhaft errötete, ihn zärtlich auf den Arm klapste, so als sei ich gar nicht vorhanden. Als sie gar mit dem Schweden die Tafel verließ, um ihm – wie sie vorgab – irgendeine morgenländische Rarität zu zeigen, reichte es mir. Ich kam Jörg zuvor, der sich ebenfalls erheben wollte, und folgte ihnen, wobei mir recht beschämt und elend zumute war.

In dem halbdunklen Speicherraum, zu dem mich Clarissas girrendes Lachen hinzog, fand ich sie, hochrot im Gesicht und mit zerstrubbelter Frisur. Herr Erik trat hastig von ihr zurück, grinste mich halb höhnisch, halb verlegen an, sagte, indem er den Rückzug antrat: »Also, der Handel ist abgemacht, meine Schöne; die Urkunde erhaltet Ihr morgen!« Und zu mir, mit einer mokanten Verneigung: »Mein Kompliment, Herr Anselm, zu Eurer liebreizenden Frau Gemahlin! Wahrlich, Ihr seid mir ein rechter Hans im Glück...«

Ob das ein Kompliment sein sollte? Für den, der das Märchen kennt, wohl kaum! Zweifel regten sich in mir, Zweifel, die ich vergebens zu verdrängen trachtete. Hatte ich womöglich mein Erstgeburtsrecht für ein Linsengericht hergegeben? Mit vor Zorn bebender Stimme sagte ich: »Clarissa, was fällt dir ein? Wie führst du dich auf? Wenn ich diesen stinkenden schwedischen Stockfisch noch ein einziges Mal in deiner Nähe...«

»Mach' dich nicht lächerlich!« unterbrach sie mich und sah gar nicht mehr so lieblich aus wie vordem. Auch stampfte sie wie ein Marktweib mit dem Fuß auf. »Da wir Kaufleute sind, müssen wir mit den Kunden schöntun. Nur so lassen sich günstige Geschäfte machen.«

Mir schwoll der Kamm: »Ich pfeif' auf eure Geschäfte! Ich bin kein Krämer, noch bin ich einer von den Cawerschen aus der Lombardei, die Geld zu Wucherzinsen herleihen... Merk' dir das!«

Damit hatte ich sie getroffen. Ihr Gesicht verzerrte sich; sie ballte die Hände zu Fäusten. Einer Wildkatze gleich fuhr sie auf mich los: »So – und wer wärest denn du? Ein elender Bettelgraf ohne Land, ohne einen Gulden in der Tasche... Im Straßenstaub aufgelesen haben wir dich – dich und deinen unverschämten Bauernlümmel. Wessen Rock trägst du denn? Wessen Brot ißt du?«

»Hau dem Weib eins aufs Maul und dann laß uns gehen«, sagte Jörg von der Tür her. »Auch wenn ich nur Stroh im Kopf hab', das seh' ich ja doch, was hier gespielt wird. Wach auf, Anselm, wach auf!«

Inzwischen hatte ich mich einigermaßen gefaßt. So sehr Clarissas

Worte mich verletzten, so gut meines Gesellen Rat auch gemeint sein mochte, ich liebte sie ja doch; vor Gott hatte ich ihr mein Wort gegeben. Mit der Zeit würde ich es ja wohl lernen, ihr Temperament im Zaum zu halten, vielleicht sogar ihren Sinn zu wandeln. Die Liebe – tröstete ich mich – vermag vieles; sie kann Berge versetzen, das härteste Herz erweichen. Auch werde das Krämerkind bald genug wieder zu Verstand kommen, seinen Vorteil erkennen – dachte ich. Damals kannte ich die Frauen noch nicht.

In der Tat mochte Clarissa sich inzwischen einiges überlegt haben. Sie brach in Tränen aus, die mich rührten, obschon sie ebenso falsch sein mochten wie die honigsüß vorgebrachten Worte der Entschuldigung, mit denen sie mich nun zu besänftigen versuchte: »Anselm, Liebster, zieh' deine schöne Stirn nicht in so grausame Falten, sonst wird mir angst; ich hab' das ja nicht so gemeint«, schluchzte sie. »Aber – nimm' doch Vernunft an, ist Erik nicht mein Brautführer, mein Trauzeuge? Gehört er nicht beinahe schon zur Familie? Durft' ich ihm da einen schwesterlichen Kuß verwehren? Zumal du dich beim Bankett nicht die Bohne um mich gekümmmert hast. Nur so dagesessen hast du und die ehrbaren Herren angestarrt als seien sie Beutelschneider und Galgenstricke... Das gehört sich doch nicht, Anselm, Liebster! Wie hab' ich mich für dich geschämt. Und hätte der edle Herr Erik mich nicht getröstet wie ein Bruder und mir den Kauf von hundert Oxhoft Moselwein zugesagt, der weiß Gott schwer genug abzusetzen ist, ich weiß nicht, was heut' noch, an meinem Hochzeitstag, Übles geschehen wäre...«

Mit solchen Reden also, indem sie die Tatsachen auf den Kopf stellte, brachte sie es dahin, daß ich mich schuldig fühlte, mir selber höchst albern vorkam wegen meiner kindischen Eifersucht. Ich gelobte mir, mein Fehlverhalten in der Brautnacht durch um so größere Zärtlichkeit und einsichtsvolle Zurückhaltung wiedergutzumachen.

Natürlich – aber das vermochte ich in meiner Einfalt damals nicht vorauszusehen – kam dann alles ganz anders als ich es mir vorgenommen. Als uns die Stunde schlug, miteinander ins Bett zu gehen, gab es ein großes Hallo unter den Gästen. Die ganze betrunkene Bande geleitete uns hinauf ins Schlafgemach. Sie alle wollten zusehen, wie der Beischlaf vollzogen wurde. Ich schämte mich, ihnen meine Nacktheit zu zeigen. Clarissa hingegen ließ ohne Umstände ihre Hüllen fallen, so als hätte sie dies schon Hunderte Male getan. Unter Jubelgeschrei, ah

und oh, und unflätigem Grölen wurde ich meiner Kleidung entledigt und auf das Lager gestoßen.
Indes, die gedunsenen, schweißtriefenden, von Trunkenheit und lüsterner Gier entstellten Gesichter rundum erzeugten eine solche Kälte in mir, daß der Anblick des jugendlichen Leibes meiner Braut mich so wenig zu erregen vermochte, als sei es eine hölzerne Puppe. Schwankend, einander eng umschlungen haltend, standen der alte Leonardo und Erik am Bett; sie zerflossen förmlich in Tränen – ob der Rührung oder des Neides, blieb mir ungewiß. Andere erteilten mir handgreifliche Ratschläge, mit Hohn und Spott gewürzt, denn nun zeigte sich, wie völlig unerfahren ich in der Herstellung menschlichen Nachwuchses war. Schließlich brachen Leonardo und Erik vor dem Bett zusammen. Hier blieben sie liegen, weil keiner sich die Mühe nahm, sie fortzuschaffen, Leonardos graubärtiger Geierkopf auf dem Bauch des Schweden, schnarchend und rülpsend wie Kesselflicker.
In mir kochte es vor Wut und Beschämung. Clarissa schluchzte, zutiefst enttäuscht: »Ich wußte doch, daß du ein Windei bist, Anselm! Nicht der kraftvolle Hengst, für den du dich ausgegeben hast, um mich unschuldige Jungfer, die so viel erben wird, zu betören. Gib dir nur ja keine Mühe! Heute schaffst du es nicht, deinen ehelichen Pflichten zu genügen. Oh, ich Unglückliche! Sarah, mein Mühmchen, soll dir stärkende Tränke aus Safran, Ingwer, Zimt und Vanille brauen, damit ich wenigstens das eine oder andere Mal auf meine Kosten komme.«
Vergebens suchte ich sie mit zärtlichen Worten und sanftem Streicheln über ihre Enttäuschung hinwegzutrösten. Sie wandte sich zornig von mir ab, nicht ohne, schon halb im Schlaf, wie ein fieberndes Kind vor sich hin zu murmeln: »Ach, Erik, Erik... Ach, Carduk...« Und abermals mit einem Seufzer: »Erik, Erik...«
Das gab mir zu denken. Ich lag die Nacht über wach, grübelnd, hin und her gerissen zwischen mörderischen Wunschträumen und Selbstmitleid, denn was könnte einen Mann wohl mehr demütigen als eine Frau, die in seinen Armen an einen anderen denkt? Überdies brachte mich auch das unaufhörliche Gegurgel und Geschnarche der beiden Trunkenen um den Schlaf.
An diese Erfahrung, die seither nichts an Bitterkeit verloren hatte, mußte ich denken, als ich so über den Papieren hockte und, auf dem Gänsekiel kauend, nachdenklich aus dem Fenster sah. Zwar hatte sich in den darauf folgenden Tagen alles ein wenig eingerenkt, nicht zuletzt

auch, weil die alte Sarah, wohlerfahren in dergleichen Dingen, mich mit stärkenden Mixturen und kräftigender Nahrung fütterte – dies, freilich, ohne dabei mit boshaften Anzüglichkeiten zu sparen. So bemerkte sie einmal in ihrer hämischen Art, die Herren Ritter und Grafen seien entweder durch Nichtstun oder infolge von Ausschweifungen so sehr von Kräften gekommen, daß sie weder in der Schlacht noch im Bett das mindeste taugten; leere Worte, das sei alles, was man von ihnen erwarten könne... Und das mir, der ich so wenig ein Faulpelz bin wie ein Hasenfuß!

»Laß dich durch die Unholdin ja nichts in Bockshorn jagen«, ermutigte Jörg mich, nachdem ich ihm davon erzählt hatte. »Die hat es ja von Anbeginn darauf abgesehen, die Männer unter ihren Daumen zu bringen. Dein Klärchen schlägt ihr augenscheinlich nach. Ich seh' da sehr schwarz für dich. Ein paar Jährchen weiter und du wirst vor ihr ebenso kuschen wie Leonardo. Die Knechte, selbst Jos, Onnen und Lude, geben Fersengeld, sobald sie Wind von dem alten Drachen kriegen. Wer verargt es ihnen? Und auch ich muß mich schwer beherrrschen, nicht ein Kreuz zu schlagen, sobald sie mir in die Nähe kommt.«

Jos... Onnen... Lude... Mir fiel schwer aufs Herz, wie wenig ich mich bisher um die drei Burschen gekümmert hatte. »Was tun die eigentlich? Sind sie gut aufgehoben?«

»Aufgehoben–? So gut sind sie aufgehoben wie Lazarus in seinem Grab zu Bethanien...«

»Man wird sie also bald wieder auferwecken. Aber nein, im Ernst, ich hoffe, es fehlt ihnen an nichts?«

Jörgs Gesicht rötete sich; seine Lippen wurden so schmal wie die des Herrn Leonardo, und wie bei jenem bogen seine Mundwinkel sich nach unten. »An nichts, nein!« höhnte er. »Sie schwelgen und prassen, daß es eine Art hat. Mag das Brot immer aus stockigem Mehl und aus Sägespänen gebacken sein. An Fleisch leiden sie durchaus keinen Mangel; all die Abfälle, die selbst Hunde nicht fressen mögen, dürfen sie sich in den Bauch schlagen. Ja, auch Wein bekommen sie, nämlich den sauren, der sich nicht an den Mann bringen läßt. Und was ihr Lager betrifft, warm und mollig ist's wie Abrahams Schoß, das Stroh in den Pferdeställen, obschon ein bißchen feucht und stinkerig...«

Mir standen, während ich dies anhörte, die reinlichen Leutestuben daheim auf Burg Kahlenberg vor Augen. Ungeachtet der Enge und

unserer Armut hatten Knechte, Mägde und Hörige es bei uns recht behaglich. Darauf hatte Vater stets mit Strenge gesehen. Und in der Tat aß und schlief das Gesinde bei uns nicht schlechter als die Herrschaft im Palas.
Hier jedoch... Schon bei der Durchsicht der Konten war mir aufgefallen, mit welcher Härte, wie bis auf den letzten Pfennig genau Herr Leonardo seine Forderungen einzutreiben pflegte, ohne jede Rücksicht auf die Lebensverhältnisse des jeweiligen Schuldners. Seine Knechte erhielten zwar Brot und Lohn, aber – was für Brot und welch' einen Lohn! Von Sägespänen wird man nicht satt und der Lohn reichte nicht für die geringsten Bedürfnisse. Daraufhin von mir angesprochen, war er zunächst in heiligen Zorn geraten, hatte sich dann eines Besseren besonnen, hatte mir beleidigend nachsichtig, wie einem Kinde, erklärt: »Ja, wißt Ihr denn nicht, mein guter Anselm, daß Pfennig um Pfennig aufeinander gelegt, die Bausteine unserer Macht sind? Reichtum bedeutet Macht; und Macht mehrt den Reichtum...«
»Durch den Schweiß und die Not der Armen!«
»Ja, so ist's, denn so will es Gott! Wisset, Anselm«, und dabei blickte er mich so aufmerksam liebevoll an wie die Kreuzotter eine Maus, »wer den Pfennig nicht ehrt, ist des Guldens nicht wert! Wir Kaufleute schaffen und raffen, um dereinst große Herren zu sein und imstande, die Welt nach unserem Willen zu formen. Viele von jenen, die heute noch hohe Gebieter sind, nehmen Pfennig für Pfennig von dem, was sie von ihren Vätern ererbt. Ihre Ländereien schwinden dahin wie das Gold aus ihren Truhen; die Mauern ihrer Burgen zerbröckeln. Das Ende ist abzusehen.«
Dessen entsann ich mich, als ich jetzt, beschämt errötend, Jörg in die Augen blickte und in ihnen trotzigen Vorwurf las. Der Unterschied zwischen den Denk- und Lebensweisen meines Vaters und Herrn Leonardos bestand darin – erkannte ich –, daß Vater sich verantwortlich fühlte für Land und Volk: »Erst das Vieh, dann der Mensch; erst das Gesinde, dann die Herrschaft!« Wie oft hatte er mir diesen Grundsatz auf die Seele gebunden. Herr Leonardo hingegen dachte und handelte ausnahmslos zum eigenen Nutzen: »Ein jeder ist seines Glückes Schmied!« Es brauche ja keiner bei ihm und zu seinen Bedingungen Dienst zu nehmen – meinte er. Gott der Herr habe Verstand und Gaben nach Seinem unerforschlichen Ratschluß unter

die Sterblichen verteilt. Ein jeder müsse mit seinen Pfunden wuchern, so wie es im Buch der Bücher geschrieben steht. Mitleid und Wohltätigkeit zu eigenen Lasten sei eine unverzeihliche Schwäche...
Und weiterhin überlegte ich, in welchen Zustand die Welt wohl geraten müsse, wenn Leute von solcher Denkart in ihr die Oberhand gewönnen, was allem Anschein nach bereits nahe bevorstand. Die Reichen würden noch reicher, die Armen immer ärmer werden. Am Ende würden die Zukurzgekommenen, die Enterbten, aus ihrer verzweifelten Hoffnungslosigkeit sich blutdürstend erheben. Mord und Totschlag, Lug und Trug, Übel jeglicher Art, wie wir sie ja schon tagtäglich erlebten, mußten dann wahrhaft apokalyptische Ausmaße annehmen.
»Gut, Jörg! Hab Dank, weil du mir ein Licht aufgesteckt«, sagte ich mit so belegter Stimme, daß ich meinte, sie gehöre einem anderen. »Ich werde mich darum kümmern!«
Was ich sonst noch hatte hinzufügen wollen, unterblieb, denn im selben Augenblick gab es drunten im Hof Lärm und Getümmel. Eine Kavalkade von Reitern trabte unter Hallo und Hussa durch das Tor. Ihre Rosse, obwohl abgemagert und grau von Staub, glichen meinem Chaleel aufs Haar, waren also wohl Berberblut. Voran ritt ein stattlicher, dunkelhaariger Mann in fremdländischer Gewandung. Seine bronzebraune Haut, das Kraftvolle und Geschmeidige seiner Bewegungen, alles deutete auf seine Herkunft aus den Ländern des Südens. Der vielstimmige Jubelruf: »Carduk, Carduk, Carduk!« ließ mich zusammenzucken. Wo hatte ich doch den Namen schon gehört? Gleich darauf fiel es mir ein: Clarissa hatte ihn im Schlaf gemurmelt und der zärtliche Klang ihrer Stimme hatte mir gar nicht gefallen. Ich spürte eine Leere im Magen, wie die Vorahnung nahenden Ungemachs.
Wenig später traten Herr Leonardo und der Fremde in die Schreibkammer. Ihnen auf dem Fuße folgte Clarissa, die Wangen hochrot, das Haar aufgelöst. Sie warf sich diesem Carduk in die Arme, umschlang ihn mit unziemlichem Überschwang, küßte ihn auf Mund, Stirn und Backen, wobei sie jauchzende Laute vernehmen ließ.
»Clarissa!« wies Herr Leonardo sie scharf zurecht. »Was soll dein Gemahl davon denken?«
Im Augenblick dachte ich gar nichts, so überrascht, wie ich war.
»Gemahl –?« sagte der Südländer gedehnt, wobei er mich so drohend

ins Auge faßte wie ein Wolf das Lamm, das er zum Frühstück verzehren will. »Gemahl? Du scherzt, Leonardo!«
Der Kaufherr nahm mich beim Arm: »Mein Eidam, amico! Junker Anselm, der künftige Graf von Kahlenberg!« Das klang ein wenig benaut. Auch schaute er bald hierhin, bald dorthin wie eine Maus, die nach einem Schlupfloch sucht.
Ich schüttelte seine Hand ab. Seltsamerweise brachte der Umstand, daß er mich als ersten vorgestellt, anstatt umgekehrt, mich mehr in Harnisch als das unschickliche Betragen meiner Frau. Ich betrachtete mir das Gesicht des Fremden genau: Augen, groß, dunkel wie Bitterkirschen, verschleiert unter schweren Lidern; eine niedrige, jedoch breite Stirn über der fleischigen, leicht gekrümmten Nase; kräftige Kiefer, von schwarzem Bartgekräusel eingefaßt; volle, tiefrote, sinnliche Lippen. In den Ohren, deren Läppchen angewachsen waren, baumelten große goldene Ringe ... Ein gefährlicher Kerl! Gewalttätig offenbar, skrupellos. Ein Mann, der sich seiner Macht über andere bewußt war. Obwohl untersetzt, einen halben Kopf kleiner als Leonardo oder ich, kam er mir wie ein Riese unter Zwergen vor.
»Ich werd' doch wohl noch meinen lieben Ohm Carduk begrüßen dürfen, nachdem wir einander so lange haben entbehren müssen?« maulte Clarissa, wobei sie ihn mit verliebten Blicken förmlich verschlang.
Mit ersichtlicher Mühe hielt ihr Vater an sich. Seine Entgegnung klang gepreßt, nahezu flüsternd: »Carduk ist nicht dein Oheim, wie du am ehesten weißt! Und nun verlasse uns. Wir haben Geschäfte miteinander.«
Mir entging die Unsicherheit hinter seinen so entschieden vorgebrachten Worten nicht. Nachdem mein Weib die Tür hinter sich geschlossen hatte, wandte er sich zu mir und erklärte: »Signor Carduk, unser Faktor in Palermo! Ich hoffe, Ihr, Anselm, und er werdet noch Freunde werden. Seit seiner Kindheit gehört Carduk sozusagen zur Familie, auch wenn wir nicht blutsverwandt miteinander sind. Ihr könnt Euch denken, wie sehr Clarissa sich darüber freut, ihn wiederzusehen.«
Der Sizilianer musterte mich verächtlich, so als sei ich irgendein Klepper, der ihm aufgeschwatzt werden soll.
»Wie, in drei Teufels Namen, kommst du zu diesem milchbärtigen Eidam, Leonardo? Mich dünkt, der Grünschnabel ist noch längst

nicht trocken hinter den Ohren. Red' mir nicht ein, daß Clarissa ihn mag!«

»Sie liebt ihn«, verwahrte der Kaufherr sich lahm. »Im übrigen, ist das deine Sache, amico mio?«

»Ist sie das nicht? Wirklich nicht? Unsere Absprachen sind also null und nichtig, he? Fürwahr, Leonardo, fast möchte ich glauben, du hättest Bienen im Kopf, kennte ich deine Schliche nicht. Also heraus mit der Sprache! Zu was soll dir das Gräflein dienen?«

Das Gräflein hätte ihm am liebsten sein Hirscheisen durchs Gedärm gerannt. Carduk trug jedoch unter der reich bestickten Weste ein – wie ich bemerkte – sarazenisches Kettenhemd. So erbebte ich denn nur in ohnmächtigem Grimm, ohne mir tätlich Genugtuung verschaffen zu können. Ich liebte mein junges Weib, wähnte mich von ihm geliebt. Was konnte Clarissa dafür, daß ihr Vater ganz offenkundig ein Schurke war? Mir gelang, obschon mit einiger Selbstverleugnung, mich im Zaum zu halten. Wollten wir alle unseren Gefühlen ungehemmt freien Lauf lassen, die Welt würde gar bald in einem Meer von Blut und Tränen versinken.

Herr Leonardo beschwichtigte uns, indem er Wein und einen Imbiß bringen ließ. Mit kräftigerer Stimme forderte er uns auf, Platz zu nehmen. »Von dir, Carduk, amico, wünsche ich als erstes zu vernehmen, wie die Dinge in Palermo stehen, was du von dem jungen Staufer hältst; welche Aussichten bieten sich, wenn wir uns auf seine Seite schlagen? Sei bitte genau! Gar vieles hängt daran, daß wir die rechte Entscheidung treffen, möglicherweise Glück und Fortbestand unseres Hauses.«

10.

Carduk lehnte sich im Gestühl zurück. Seine Augen verengten sich zu schmalen Schlitzen. Er ließ sich Zeit mit der Antwort. Ich wurde mir des beklemmenden Fluidums bewußt, das von ihm ausging. Ja, ich begann ihn zu hassen – nicht seines Betragens wegen oder dessen, was er geäußert hatte, sondern weil er war, der er war.

Schließlich sagte er schleppend: »Ja, ich bin dir eine Erklärung schuldig, Leonardo! Weder einem Brief noch einem Boten durfte ich anvertrauen, was mich bewogen hat, um die Überschreibung deiner sizilianischen Liegenschaften an mich nachzusuchen.«

»Ich dachte, du sorgst für den Fall meines Ablebens vor«, lächelte der Kaufherr spottend. »Das wäre nicht nötig gewesen. Du bist in meinem Testament dementsprechend bedacht.«
Der Sizilianer schüttelte heftig den Kopf: »Das ist's nicht; nein, das ist es nicht! Du weißt ja, mit welchen Schwierigkeiten wir kämpfen mußten, nachdem Kaiser Heinrich gestorben war und seine Gemahlin Konstanze, die Normannentochter das Regiment in Italien für Friedrich Roger übernahm. Drei Jahre alt war der Prinz, als ihn sein Vater von den deutschen Fürsten hat zum König wählen lassen. Welch eine Posse! Wir haben damals darüber gelacht. Und dann kam es, wie es hat kommen müssen ... Kaum war Heinrich eingesargt, da erhoben sich nicht nur Oberitaliens Städte gegen die verhaßte Herrschaft der Deutschen, auch eine Vielzahl deutscher Fürsten pfiffen nun auf Friedrich Rogers Erwählung; statt seiner machten sie Philipp von Schwaben zum König. Na, ja, mit der deutschen Herrlichkeit war's danach aus bei uns. Konstanze haßte alles, was deutsch war; Volk und Adel Siziliens haßten die Deutschen nicht minder. Allzusehr hatten wir unter Heinrichs Schergen leiden müssen. So wurden die Deutschen denn aus dem Lande gejagt, ihre Güter eingezogen, selbst du hast ja deine Faktoreien dort schließen müssen ...«
»Und du hast sie unter deinem Namen weitergeführt. Gott segne dich dafür, auch wenn dabei manches für dich abgefallen ist. Hast du nicht Äcker und Mühlen an dich gebracht – mit meinem Geld? Du giltst zu Palermo als einer der Reichsten.«
»Machst du mir einen Vorwurf daraus, Leonardo? Die Schuldscheine und Kontrakte, liegen sie nicht in deiner Truhe? Aber darum geht es nicht! Nach all den Jahren der Verwirrung und Gefährdung ist mein wie auch dein Besitz nunmehr ernstlich bedroht – und zwar durch die deutschen Herren, die – abermals in Sizilien obenauf – unsere Güter beschlagnahmen wollen, vorgebend, ich als Sizilianer habe sie mir mit unlauteren Mitteln angeeignet; mit den Sarazenen der Berge stecke ich unter einer Decke. Nicht genug damit, sind auch die Päpstlichen auf mein ... auf unser Vermögen aus. Sie behaupten, christliches Gut gegen den Zugriff durch Heiden sichern zu müssen ... Drunter und drüber geht's im normannischen Königreich, seit die Regentschaft des Heiligen Vaters geendet. Was also versprichst du dir von dem Kind?«
Abermals entstand eine Pause. Ich entsann mich des Traumgesichtes, jenes feinen, stolzen Knaben im kühlen Marmorpalast, und wie ihn

grobe Männer in eisernen Harnischen, bleichgesichtige Kuttenträger, ein Schwarm heimtückischer Schranzen umringten, bedrängten, ängstigten; und wie er demutsvoll, dennoch mit königlicher Würde ihnen die Stirn geboten. Herr Leonardo schien ähnlichen Gedanken nachgehangen zu haben.

»Viel, sehr viel, amico!« antwortete er versonnen. »Ich weiß ja, du hältst keine großen Stücke auf ihn. Du verachtest die Schwäche, auch dort, wo sie unverschuldet ist. Aber... Kommt es denn darauf an, was ein Mensch zur Stunde ist? Gewichtiger dünkt mich, ist, was in ihm steckt, was aus ihm zu werden verspricht. Du kaufst ein Fohlen, das dir im Augenblick keinerlei Nutzen bringt, und warum? Weil du hoffst, einst werde es dir deine Rennen gewinnen, nicht wahr? Bedenke, vater- und mutterlos wie er war, ohne verläßliche Freunde, von Abenteurern und Feinden umgarnt, hat Friedrich Roger sich nicht nur am Leben erhalten, er hat sich sogar zu behaupten gewußt.

Erinnere dich, was in seinem siebenten Jahre geschah: wie sie – all jene gottverdammten sizilianischen Sarazenen, Genuesen, Pisaner, apulischen Barone miteinander und mit den päpstlichen Legaten um die Macht kämpften, das hilflose Kind als Faustpfand mißbrauchend. Zudem bedrohten die deutschen Ritter von ihren Burgen herab das Land. Vergebens trachtete Herr Walther von Palearia, des Reiches Kanzler, den der Papst zum Vormund Friedrich Rogers bestellt, Ruhe und Ordnung aufrechtzuerhalten. Als dann die Deutschen anno 1201 im November unter Truchseß Markward von Anweiler Stadt und Burg Palermo eroberten – wobei denn auch beträchtliche Mengen meiner Waren verbrannt sind –, da sah der kleine König sich von seinen Leibwächtern schnöde im Stich gelassen. Flucht war ihm unmöglich; Verteidigung mit der Waffe wär' reiner Selbstmord gewesen... Was tat er? Anstatt sich ergreifen zu lassen wie ein Huhn vom Habicht, trat er den vor Blutdurst geifernden Mordbuben mutig entgegen, warf seinen Königsmantel zur Erde, zerriß sich die Kleider, hielt, durch seinen Schmerz die steinernen Herzen der Meuchler erweichend, ihnen das Gottlose ihres Tuns vor.

Sein Leben rettete Friedrich Roger, nicht seine Freiheit. In seinem Namen regierten die neuen Herren; er selbst war der elendste aller Gefangenen. Ich habe den Brief gelesen, den er damals an alle Fürsten des Reiches richtete. ›Bald plagt mich der Deutsche‹, schrieb er, ›bald kränkt mich der Toskaner, bald quält mich der Sizilianer, oder der

Gallier, oder der Barbar, oder wer immer noch. Die tägliche Nahrung wird mir nach Gewicht, der Trank becherweise, die Freiheit kärglich zugemessen. Indem sie den Namen des Königs mißbrauchen, werde ich mehr regiert als daß ich regiere, wird mir mehr befohlen als daß ich befehle, muß ich mehr erbitten als ich erhalte ...«

Den Tränen nahe, hatte ich zugehört. Ich stellte mir vor, wie der verlassene Knabe, durch die leeren Hallen und Gänge des Palazzo Reale irrend, in jeder Nische, hinter jeder Säule seinen Mörder vermutet haben mag, wie der Widerhall eisenklirrender Schritte ihn nächtens aus dem Schlaf geschreckt, wie er das Mitleid königstreuer Bürger, wenn sie den Darbenden heimlich mit Speise und Trank versorgten, seinen Stolz verleugnend, in Demut hatte hinnehmen müssen, wie er in der wundersamen Cappella Palatina, die sein Großvater, der zweite König Roger, hatte erbauen lassen, auf den kalten Marmorfliesen vor dem Altar gekniet und Gott um Erlösung aus solch schandbarer Lage angefleht.

Carduk indes grollte ungerührt: »In euren Ohren klingt all das recht gut. Für mich sieht die Sache sich anders an. In Wahrheit hat unser Bambino es faustdick hinter den Ohren. Ganz so übel, wie er's darstellt, wurde ihm wahrlich nicht mitgespielt. Er durfte Reiten und Fechten lernen; darin hat er's schon früh bis zur Vollendung gebracht. Auch eignete er sich Kenntnisse in vielen Sprachen an. Man sah ihn, der sich als einen Gefangenen ausgab, oftmals in den verrufensten Gassen mit allem nur möglichen Gesindel – sarazenischen Halsabschneidern, fränkischen Matrosen, betrunkenen Vagabunden, griechischen Schmugglern und liederlichen Bänkelsängern – Würfel spielen, trinken, mit schlampigen Buhldirnen Scherze treiben. Jüdische Krämer, arabische Späher, Kuppler, Wahrsager, Zauberer, Astrologen zählten zu seinen Kumpanen. Und wenn ihr ihn reden hört, ihr meint fürwahr, einen mit allen Wassern gewaschenen Strolch vor euch zu haben, nicht aber ein Königskind.«

Jedes Wort, das der verfluchte Sizilianer aussprach, traf mich wie ein Pfeil ins Herz. Leonardo grinste.

»Deinen Scharfblick in Ehren, amico mio, aber... Was ist er jetzt? Wo steht er jetzt? Kaum einer – mich ausgenommen – hat vorausgesehen, was er gewagt, noch daß er Erfolg haben werde. Wer hätte ihm solche Kühnheit zugetraut? Als er im März vor drei Jahren Palermo bei Nacht und Nebel verließ, mittellos, machtlos, nur von wenigen entschlosse-

nen Getreuen begleitet, als er dann, alle Hinterhalte umgehend, tatsächlich in Rom einritt, wie jubelte dort die Menge ihm zu, wie pries ihn der Senat... Papst Innozenz belehnte ihn aufs neue mit der Krone Siziliens – nicht gerade begeistert über einen solchen Wandel der Dinge, gewiß aber notgedrungen, hatte doch Seine Heiligkeit erst kurz zuvor von dem Welfen Otto gesagt: ›Das Schwert, das wir uns geschaffen haben, schlägt Uns schwere Wunden!‹ Nun wohl, ich meine, mit Friedrich Roger wird er sein blaues Wunder erleben, wenn mich nicht alles täuscht. Darauf hab' ich mich eingestellt...« Er warf mir einen vielsagenden Blick zu. »Wenn unser Dreimalkönig erst fest im Sattel sitzt, wenn er Kaiser geworden ist, dann kehren Gesetz und Recht wieder ein im Römischen Reich. Du wirst mir also unsere sizilianischen Liegenschaften formell zurückerstatten, womit uns der Besitz gesichert wäre.«
Carduk zuckte zusammen wie unter einem Peitschenhieb. Es tat mir von Herzen wohl, ihn so betroffen und verärgert zu sehen. Nach längerem Schweigen brummte er mit belegter Stimme: »Und wenn nicht? Wenn ich mich dessen weigere?«
Leonardos gelbliche Gesichtsfarbe spielte ins Graue. Er rieb sich die knochigen Hände, die sich wie Geierkrallen krümmten. In Gedanken verloren, schob er den Becher auf der Tischplatte hin und her.
»Noch ist Friedrich Roger nicht Kaiser«, setzte der Sizilianer hämisch hinzu: »Auch erscheint es mir durchaus ungewiß, ob's dir glücken wird, seine Gunst zu erlangen – was immer du im Schild führen magst...« Abschätzend, mit unverhohlener Abneigung, starrte er mich dabei an. »Davon abgesehen, du schneidest dich ins eigene Fleisch, wenn du mich der Früchte meiner Mühen berauben willst. Das ist dir doch klar? Wir wissen zu viel voneinander – nicht?«
Ich erfaßte nicht ganz, um was es eigentlich ging; nur so viel glaubte ich zu begreifen: Ein jeder von ihnen trachtete den anderen übers Ohr zu hauen. Die Luft in der Schreibkammer knisterte förmlich vor Spannung, wie vor einem Gewittersturm, der jeden Augenblick mit Blitz, Donner und Hagel losbrechen kann. Ich atmete auf, als Frau Sarah uns zum Essen rufen ließ.
Sie, Clarissa und auch Jörg nahmen ebenfalls an der Mahlzeit teil. Eine leckere Kerbelsuppe dampfte in irdenen Schüsseln. Danach wurde gesottenes Kalbsfleisch mit nach griechischer Art scharf gewürztem Reis aufgetragen. Dazu tranken wir je nach Geschmack herben Weiß-

wein von der Mosel oder den berühmten zu Aachen gebrauten Met. Mir fiel auf, daß Herr Leonardo mir nicht nur die besten Bratenstücke vorlegte, sondern mich auch mit besonderer Liebenswürdigkeit ins Gespräch zu ziehen versuchte, während er nur selten das Wort an Carduk richtete. Der Faktor zeigte sich äußerst schweigsam. Jörg indes, dem der Trotz aus den Augen funkelte, tat, als bemerke er die gespannte Stimmung nicht. Er scherzte respektlos mit Frau Sarah, neckte Clarissa. Munter schwatzte er drauflos. Alles, was er am Morgen auf Markt und Gassen vernommen hatte, erzählte er mit Behagen: Dem Ratswirt sei ein Kalb mit sechs Beinen geboren worden: Gaukler und Fiedler hätten ihre Künste auf dem Markt gezeigt; dem Herrn Stadtrentmeister habe man am hellen Vormittag die Börse vom Gürtel geschnitten; König Friedrich habe – doch das wußten wir schon – die Stadt Werden eingenommen und die dort gefangengehaltenen Aachener befreit; aus der von den Reichsfürsten geplanten Belagerung Kölns und Aachens werde nun wohl nichts, weil die Aachener dem Staufer ihre Tore öffnen wollen... »Eines versteh' ich nicht«, meinte er, an einem Kalbsknochen nagend, wobei ihm das Fett von den Lippen troff, »warum eigentlich hat König Friedrich die Krone Siziliens an seinen Sprößling Heinrich abgetreten, der ja erst vier Jahre alt ist? War das nötig? Er sollte es doch fürwahr besser wissen! Konstanze von Aragon – das ist Heinrichs Mutter, nicht wahr? Sie führe, sagt man, ein recht strenges Regiment. Aber das tut ja unsere Kathrin daheim, Ermins Weib und deine Amme, Anselm, schließlich auch, ohne daß sich irgendwer darum schert. Auf das Geschwätz der Leute geb' ich nichts. Niemand kann mir weismachen, es gehe dabei nicht holterdipolter durcheinander. Mag ich auch Stroh im Kopf haben – mein lieber Herr Anselm behauptet das jedenfalls, was ich gar nicht recht finde –, so weiß ich doch, daß Weiberwirtschaft nicht taugt. Nur ein Mann, der Haare auf den Zähnen und einen Knüppel in der Faust hat, kann mit solch einer Bande von Mehlwurmfressern und argen Heiden, wie's die Sizilianer ja nun mal sind, einigermaßen zu Rande kommen...«
Das mißfiel dem Faktor offenkundig, was Jörg mit seinen Ausfällen ja auch wohl bezweckt haben mochte. Er maß meinen Gefährten mit drohenden Blicken, wobei seine Zähne auf dem Kalbsbein knirschten. Herr Leonardo freilich schmunzelte voller Behagen über Carduks Zorn. »Nicht alle Sizilianer sind Heiden, mein junger Freund!« meinte

er salbungsvoll. »Das erkennst du daran, daß Signor Carduk ein goldenes Kreuz auf der Brust trägt, obwohl er kaum je eine Kirche von innen gesehen hat. Auch, daß sie Mehlwürmer essen, wie man dir aufgebunden, stimmt nicht ganz; das tun sie nur in äußerster Not, wenn es Frösche und Eidechsen nicht mehr gibt. Einige unter ihnen sind rechtschaffen, durchaus vertrauenswürdig, treue Diener ihres Herrn, die ihre Schuld auf Heller und Pfennig ihren Gläubigern zurückerstatten. Nicht wahr, so ist es doch, Carduk, amico? Zwar rühmt man uns Kaufleuten nach, in bezug auf Redlichkeit bisweilen recht weitherzig zu sein; das gilt jedoch nur für unseren Umgang mit Fremden. Untereinander sind wir die Redlichsten der Redlichen. Signor Carduk wird das bestätigen.«

»Ja«, sagte Jörg ungerührt, »ich weiß! Eine Krähe hackt der anderen kein Auge aus.«

II.

Beim ersten Hahnenschrei hatte das westliche Stadttor sich vor uns geöffnet und wir – Jörg, Jos, Onnen, Lude und ich, allesamt gut gekleidet in grünen Loden, wohlbewaffnet und beritten auf Herrn Leonardos Kosten – trabten munter im frühen Morgenrot über das Ödland der Stadtgemarkung, dann zwischen Äckern, golden leuchtenden Weizenfeldern und saftigen Wiesen hin, auf denen Bauern ihre Sensen schwangen, solange das Gras vom Nachttau noch feucht war. Als der Talgrund gegen Westen anstieg, sah man Rebstöcke in langen, sich hinschwingenden Reihen zu beiden Seiten der Heerstraße sowie stattliche Gehöfte, die Häuser aus Fachwerk und gekalktem Lehm, mit Stroh gedeckt. Lerchen zwitscherten hoch im lichtblauen Himmel. Die Rosse schnaubten; munter drängten sie vorwärts, voller Übermut nach der langen Stallhaft. Lude pfiff mißtönend ein allbekanntes Reiterlied, was uns zum Lachen reizte.

Vor uns lag die Welt mit ihren lockenden Abenteuern in all ihrer morgenfrischen Schönheit. Dennoch, so recht von Herzen wohl war mir nicht – nein! Herr Leonardo – noch immer vermochte ich ihn mir nicht als meinen Schwiegervater vorzustellen – hatte beim Abschied gesagt: »Ich hoffe, Ihr habt alles richtig verstanden, Anselm? Sobald Ihr aus dem Wald dort drüben auf der Höhe nach der Hochebene jenseits des Flusses Erft gelangt, wird ein Reisiger zu Euch stoßen, der

die Farben des Staufers auf seinem Schilde trägt. Über mich und daß Ihr mein Eidam seid, redet nicht mit ihm. Es braucht nicht so bald bekannt zu werden, daß Ihr zu meiner Familie gehört. In allem anderen aber folgt seinem Rat. Er wird Euch in der Stadt Aachen zu einer Herberge führen, wo Ihr gut untergebracht und versorgt sein werdet. Auch wird er Euch den Ort zeigen, an dem Ihr euch aufstellen sollt, wenn König Friedrich seinen Einzug hält. Was dort geschehen wird, vermag ich jetzt nicht vorherzusagen; nur so viel: Haltet Augen und Ohren offen, Euer Schwert bereit! Der König hat viele Feinde. So Gott will, ergibt sich für Euch eine Gelegenheit, ihm von Nutzen zu sein und sein Augenmerk auf Euch zu lenken. Der Herr gebe Euch Glück dazu . . .« Dabei hatte er seine stockigen Zähne gebleckt wie ein Fuchs, der mit der Gans auf die Jagd gehen will.
Nein, mir war nicht wohl in meiner Haut! Anders, ganz anders hatte ich mir eine Begegnung mit dem jungen König vorgestellt. Offen und freimütig hatte ich vor ihn hintreten wollen und ihm mein Schwert, mein Herz, meine Treue zu Füßen legen, als der Sohn eines tapferen Vaters, als der Sproß eines alten achtbaren Geschlechts. Hier nun fühlte ich, etwas sei nicht im Lot; da sollte sich etwas ereignen, was meiner vielleicht nicht würdig war. Ja, aber – was?
Obendrein hatte mir gar nicht gefallen, wie Clarissa unsere Trennung aufnahm. »Werde ich dir sehr fehlen, Anselm, Liebster?« hatte sie ziemlich gleichgültig gefragt und dabei über meine Schulter hinweg kokette Blicke mit diesem schwarzäugigen Mehlwurmfresser Carduk getauscht. Was mich daran am meisten verdroß, war die Unbefangenheit, mit der sie annahm, ich bemerkte dergleichen nicht. Für wie dumm hielt sie mich eigentlich?
Ihr Vater hatte bereits Knechte, Mägde sowie Fuhrwerk mit Zelten und Hausrat nach Aachen vorausgeschickt. Für die Tausende von Fürsten, Klerikern, Edelingen, Kriegsleuten, Händlern oder auch nur Schaulustigen, die dort aus Anlaß der Krönungsfeierlichkeiten zusammenströmen würden, fand sich gewiß kein Platz innerhalb der Stadtmauern. Ich würde Clarissa also bald schon wiedersehen und diesen vermaledeiten Sizilianer dazu. Weshalb hatte Herr Leonardo mir da ein Quartier in der Stadt verschafft? Aus welchen Gründen trachtete er meine Ehe mit Clarissa zu verheimlichen? Und welches Geheimnis verbarg sich hinter dem Mann, der mich nach Aachen geleiten sollte?
Das Grübeln über all diese Fragen machte mich mürrisch und wort-

karg, so daß der unverwüstliche Jörg, von Zeit zu Zeit sein Roß an meine Seite drängend, sich immer mal wieder erkundigte, ob mit mir alles in Ordnung sei. So ritten wir durch die tiefen, schattigen Waldungen, welche die Höhen des Talrandes bedeckten. Bei einem Weiler, wo noch ein alter römischer Wachtturm stand, hielten wir an. Durch einen Einschlag zwischen den Bäumen vermochte ich einen letzten Blick auf das liebliche Rheintal und die stolzen Türme der Stadt Köln zu werfen, deren in der Morgensonne funkelnde Spitzen sich aus grauen Nebeldünsten erhoben.

Indem ich noch voller Bewunderung in die Talebene hinabschaute, das Wispern der vom Morgenwind gestreichelten Blätter im Ohr, wollte mir das graue Gemäuer der Stadt wie ein unheimliches, gefährliches Tier erscheinen, als eine riesige Spinne, die alles grünende Land ringsher wie mit langen Armen an sich zog und erdrückte. Und das Bild verschleierte sich, nicht nur infolge der Dünste, die den Triften entstiegen; vielmehr sah ich statt dessen den heimatlichen Habichtswald vor mir, meiner Väter Burg mit ihrem Bergfried, das Brunnenhaus im äußeren Hof, bemoost wie es war, das von dunklem Efeu geheimnisvoll umrankte Portal des Palas, die dampfenden Leiber der Rosse in ihren Ställen, die verschattete Halle mit den Wappenschilden der Ahnen. Gesichter... Gesichter... Ermins lederne Züge, Kathrins mütterliches Lächeln, Herrn Rogers silberhaariges Haupt. Vater, wie er seinen Blick über Hof und Gesinde schweifen läßt, streng, jedoch voller Wohlwollen; und... Es gab mir einen Stich ins Herz, so deutlich sah ich Liesel vor mir. Meine Augen brannten. Ich tastete nach dem Kästchen mit der Rose unter meinem Koller... Das währte nur einen Augenblick. Jörg, der mich beobachtet hatte, berührte meinen Arm, sagte ungehörig barsch: »Auf, Anselm! Ich will nun endlich mein Lehen haben. Der König wartet nicht!« Und alles war mit einem Schlage dahin.

Eben dort, wo die Heerstraße den Erftwald verließ und sich gegen Westen in weiten, mit Sträuchern und einzelnen Baumgruppen bestandenen Heideflächen verlor, holte uns ein Mann ein, dessen Roß mit einer Satteldecke in den Farben des Staufers geschmückt war, ein kleiner Kerl in Lederkappe und zerbeultem Harnisch, bewaffnet mit einem kurzen Schwert und einem Spieß. Sein Pferd war von der gleichen Rasse wie mein Chaleel, nur eben um vieles magerer und augenscheinlich stark mitgenommen. »Gott zum Gruß, Herr Anselm!« sagte er mit solcher Vertraulichkeit, als wären wir seit Jahren miteinander bekannt. »Wenn ich mir einen Rat erlauben darf, lasset uns eilen. Der Weg ist noch weit; und zu Aachen schließt man pünktlich die Tore; besonders jetzt, wo die Königlichen dort Einlaß begehren.«

Obwohl er die listig verkniffenen, bernsteingelben Augen geradeaus auf den Weg gerichtet hielt, der sich mehr und mehr mit mancherlei Volk belebte, nahm ich wahr, wie er aus den Augenwinkeln zu mir herüberblinzelte. Das vollwangige, von kastanienbraunem Bartgekräusel umfranste Gesicht, bestaubt und von der Sonne verbrannt, erschien mir frei und offen, wenngleich seine Züge eine gewisse Ermattung zeigten. Es verriet Gutherzigkeit und Friedfertigkeit, wozu freilich ein tiefer, kaum vernarbter Schnitt über dem linken Ohr kaum passen wollte. Ich fragte ihn, wer er sei, woher des Weges, wohin und wieso er mich beim Namen kenne?

»Nun, Herr – viele Fragen auf einmal! Wie ich wirklich heiße, weiß ich nicht. In einem Feldlager Kaiser Heinrichs bin ich zur Welt gekommen, in eben dem Augenblick, da meine Frau Mutter sie verließ. Bei Kriegsknechten und Marketenderinnen bin ich aufgewachsen, gleich den Spatzen unter Gottes Himmel, Herr! Man nannte mich Fips; dabei ist's geblieben. Sogar mein König und Herr – Gott segne ihn – ruft mich immer nur Fips. Und... Wenn du so blöde feixt«, bellte er Jörg urplötzlich an, »dann brat' ich dir eins über, daß du die Englein im Himmel singen hörst!«

Erschreckt zügelte Jörg seinen Gaul, denn die Stimme des kleinen Dicken schwirrte wie eine Bogensehne. Der aber fuhr im bisherigen freundlich sanften Ton zu mir gewandt fort: »Manche Leut' bilden sich ein, wenn einer nicht so hochgewachsen ist wie sie, wenn er höflich mit ihnen spricht, sie wie Menschenbrüder behandelt, dann sei er bange vor ihnen, und sie lassen ihre Launen an ihm aus. Da hab' ich's nicht leicht gehabt, Herr!«

»Und nun...« sagte ich, »Meister Fips, was begehrt Ihr von mir?«

»Ich –? Nichts! Da sei Gott vor. Ein Freund – hm! Ein Mann, den Ihr kennt, bat mich, Euch sicher nach Aachen und in Euer Quartier zu geleiten...«

»Meint Ihr nicht, ich sei Manns genug, selbst für mich einzustehen?«

»Oder ich für meinen Junker, wenn er auch immer behauptet, ich hätte Stroh im Kopf?« rief Jörg erzürnt, indem er seinen Gaul an meine Seite drängte.

»Gewiß, gewiß«, beeilte Fips sich, uns zu beschwichtigen. »Ich weiß ja auch gar nicht, was ihr vorhabt, noch was man von euch erwartet. Ich soll Euch, Herr, nur eine bestimmte Stelle in der Stadt zeigen, wo Ihr euch aufstellen mögt, um den Einzug Seiner Majestät mitanzusehen. Teufel, Teufel, gar viele Feinde hat unser Gebieter, wie wohl noch jeder aufrechte, redliche Mann. Und mir ahnt... Nun, es frommt nicht, sich das Maul zu verbrennen. Jedenfalls werd' ich mich in Eurer Nähe halten, Herr Anselm!«

»Ihr sagtet, Ihr hättet schon unter Kaiser Heinrichs Fahnen gefochten?«

»Gefochten? Na ja... Als Pferdejunge und Trommlerbub! Später als Laufbursche im Palazzo Reale zu Palermo, hol' der Böse das Rattennest! War nur wenig älter als unser armer Prinz. Das Herz tat mir weh um seinetwillen, vater- und mutterlos wie er war. Immer nur unter Fremden – stellt Euch das vor! Die gaben sich vor ihm als Freunde, Vertraute; in ihren Schlangenherzen aber sannen sie doch nur, wie die hilflose Waise sich zu ihrem Vorteil gebrauchen lasse. König – pah! Sie sannen Verrat, stifteten Unheil – alles in seinem Namen. Konstanze – seine Mutter mein' ich –, die verzichtete leichtfertig auf seinen Anspruch, König der Deutschen zu sein; sie hielt's mit den Pfaffen. Und Walter von Palearia, sein Vormund... Was anderes ließ sich von dem erwarten als daß er in die Truhen der Kurie wirtschaftete? Alles – versteht sich – in Friedrich Rogers Namen. Der konnte sich dagegen ja gar nicht wehren. Einmal sagte er zu mir: »Fips, du Schlitzohr und Tunichtgut, wir beide stecken im selben Sack; nur ist meiner aus Goldbrokat, deiner aus Hanf! Was ist da zu tun? Unter Wölfen muß man heulen und beißen lernen, unter Lügnern lügen, unter Dieben stehlen... das weißt du so gut wie ich. In all solchen Künsten sollte unsereins Meister sein, denn in dieser Welt des Trügens und Mordens ist's den Lämmern noch stets ans Fell gegangen.

Ich erschrak nicht wenig, Herr Anselm, als ich derlei Reden von den Lippen unseres lieben jungen Königs vernahm – das könnt Ihr euch denken! Ist doch die Herrschermacht von Gott... Aber dann fuhr Friedrich Roger fort – er war damals in seinem elften Jahr, wenig jünger als ich: ›Merk' dir's, Fips! Was immer ein König tut, ob er tötet, Verrat übt, lügt, trügt, stiehlt – alles muß auf ein gutes Ende gerichtet sein, muß dem Wohl der Menschen, der Gerechtigkeit Gottes dienen. Nur solche Sünden werden vergeben werden, die reinen Wollens begangen wurden ...‹ Was sagt Ihr dazu, Herr Anselm? Ich hab' mir's hinter die Ohren geschrieben. Es hat meiner Seele gutgetan, denn das Leben ist nun mal – ich mußt' es erfahren – ein dorniger Pfad voller Tücken, Fallgruben, satanischer Verlockungen; schwerlich läßt sich ihnen entgehen, es sei denn, man ist von Geburt ein Heiliger.«

Sprachlos sah ich ihn an. Dieser einfache Krieger rührte an alle die Zweifel und unbestimmten Ängste, die mich, seit ich mich an Leonardo gebunden, fortwährend beunruhigten, so als wisse er um meine innersten Regungen. Ja, wenn schon ein König nicht frei von Verstrikkungen ist? Wenn es jeglichem Erdenbürger – mehr oder minder, freilich – nicht besser erging als mir?

»Ihr seid sein Vertrauter gewesen, Meister Fips?«

Mein Begleiter lachte über das ganze pausbäckige Gesicht: »Oh, nein, nein, nein! Wie käm' ich dazu – ich, der ich so ungelehrt bin wie eine Kuh, der ich nichts anderes weiß als Schliche, die man unter Buhldirnen und Kriegern erlernt? Nein, nein, Friedrich Roger war mir in allem über. Da gibt es wenig, was er nicht kennt, überdacht hat und am rechten Ort, zur rechten Stunde anzuwenden weiß. Die vielen Sprachen in Palermos Gassen – er spricht sie, als sei er mit ihnen geboren. Auch weiß er alles, was sich vor unserer Zeit ereignet hat. Er kann Euch jeden Stern am Himmel nennen und sagen, was die Gestirne über einen Menschen lehren. Ein Blick zum Himmel genügt ihm und er sagt Euch, ob morgen die Sonne scheinen oder ob's regnen wird. Und wie er Krieg zu führen weiß, das haben seine Gegner zu ihrem Schaden erfahren. Ich hingegen, Herr Anselm, muß zu meiner Schande eingestehen, ich bin so dumm wie dick, obendrein faul wie die Sünde. Nur selten, und nur dort, wo's um Dinge ging, die mir vertraut sind, suchte er meinen Rat ...«

»Aber Ihr habt ihn auf seiner Flucht begleitet?«

»Na, klar«, griente Fips, »für dergleichen bin ich zu brauchen. Ein Schlag in den Karpfenteich war's, das kann ich Euch sagen. Wer hätt's für möglich gehalten? Die glaubten ja, sie hätten ihn sich gefügig gemacht mit listigen Ränken oder Gewaltandrohung. Im dritten Jahr, nachdem er mündig geworden, wählten die deutschen Fürsten ihn zum König, so wie es sein Vater, der alte Kaiser, vorgesehen. Papst Innozenz mußte in den sauren Apfel beißen; er hatte ja keinen anderen, nachdem Herr Otto, der Welfe, sich mit Waffengewalt gegen ihn und die Sizilianer gewandt. Da war keiner im ganzen Palazzo Reale, der ihm nicht abgeredet hätte, die Wahl anzunehmen. Sogar die sizilianischen Barone warnten ihn; sie zitterten vor den Deutschen. Sein Weib, die zweite Konstanze, die von Aragon – er hatte sie im Vorjahr als Gemahlin heimgeführt, um den Papst sich geneigt zu machen, wie ich glaube –, auch sie sparte nicht mit Bitten und Tränen. Wie schon die Kaiserin, haßte auch sie uns, mißtraute allem, was deutsch ist – nicht ganz ohne Grund, wie ich zugeben muß. Doch wann hätte Friedrich Roger je auf einen Rat gehört?

Er hielt's mit jenem arabischen Weisen, der zu Tyrus lebte. Ihr kennt die Geschichte? Nicht? Nun wohl, als der Achämenide Darius jene Stadt belagerte, ersahen deren Bürger den Gelehrten dazu aus, den persischen Großkönig um Schonung zu bitten. Was aber dem grausamen Eroberer schenken? Tyrus war ausgehungert, völlig verarmt. ›Wir haben nur grüne Feigen und ein paar Melonen, nichts anderes‹, sagte der Gelehrte zu seinem Weib. ›Wozu rätst du?‹ – ›Selbstverständlich Melonen‹, rief seine Frau, ›die sind ja viel größer und bedeutend ansehnlicher als Feigen!‹ Der Gelehrte indes machte sich mit einem Korb voller Feigen auf den Bittgang.

Als er vor dem Großkönig kniete, der mißgelaunt auf den Feigen kaute und ihm die Stengel ins Gesicht warf, rief er jedesmal inbrünstig: ›Den Göttern sei Dank!‹

›Was soll das!‹ fuhr Darius ihn an. ›Warum bedankst du dich bei den Unsterblichen, wenn ich dir Feigenstengel in deine häßliche Fratze werfe?‹

›Großmächtiger‹, antwortete der Gelehrte, ›ich bedanke mich bei den Göttern, weil sie mir hinreichend Verstand gegeben haben, nicht auf den Rat meines Weibes zu hören. Sie wollte, ich solle dir, o erhabener Darius, die Melonen darbringen, die riesengroß und steinhart sind.‹

Da lachte der Großkönig so sehr, daß die Sklaven ihn mit Pfauenfedern unter der Nase kitzeln mußten, damit er wieder zu Atem gelange. ›In der Tat‹, keuchte Darius, ›du bist ein so großer Weiser, wie man mir gesagt! Was, denkst du, soll ich mit deiner Stadt tun?‹ Und so blieb Tyrus vor der Vernichtung bewahrt.«

»Und ich...«, rief Jörg, indem er seinem Roß vor Begeisterung die Sporen gab, so daß es sich aufbäumte, »ich sage, laß dir das zur Lehre dienen, Anselm! Denn wenn ich auch nicht so gelehrt bin wie du und

Stroh ... Na, ja, du weißt ja! Soweit kenn' ich mich jedenfalls aus, daß es mir sauer aufstößt, wenn du dich von den Weibsleuten um den Finger wickeln läßt. Die denken ja nicht mit dem Kopf wie unsereiner; sie denken vielmehr mit ...«
Ich unterbrach ihn schleunigst, indem ich mich an Fips wandte: »König Friedrich entschloß sich also, die Wahl anzunehmen. Ein verteufeltes Wagnis, zweifellos! Und dann wollten seine Bewacher ihn nicht ziehen lassen?«
»Nein, nicht um die Welt, Herr Anselm! Er war ja ein Gefangener in seinem eigenen Palast. Aber wer hält schon den Adler, wenn ihm die Schwingen gewachsen sind? Heimlich versammelte unser Gebieter seine Getreuesten. Einzeln oder zu zweien oder zu dreien machten wir uns fort aus Palast und Stadt, schafften Rosse und Proviant hinaus vor die Mauern. Zuletzt schlüpfte Herr Friedrich, als Bettler verkleidet, eines Abends durchs Tor, bevor es geschlossen wurde. Na, und dann ritten wir; bei Nacht und Sturm ritten wir – ja, meistens bei Nacht, was die Rosse hergeben wollten. Der König allen voran ... Ich, der ich doch weiß Gott hart gesotten bin, im Sattel aufgewachsen sozusagen, ich meinte, ich müsse umkommen vor Erschöpfung, bevor die Reise zu Ende sei. Aber der König ritt ...
Nein, Herr, nicht an der Küste hin. Dort saßen die deutschen Herren in ihren Burgen. Ihnen wären wir wohl kaum entronnen. Mitten durchs Land, über die Berge von Madonie, Nebrodie, Pelaritan ritten wir ... Sonnendurchglühte Tage, stürmische Nächte. Unser Bett war oftmals der harte Stein zwischen Disteln und Euphorbien. Im Schatten wild wachsender Oleanderbüsche hielten wir zur Mittagsstunde an dürftigen, mit Geröll übersäten Rinnsalen Rast. Sarazenen waren es, die uns mit Nahrung versorgten. Ihre Feuerzeichen kündigten von Berg zu Berg unser Nahen an. Schmuggler aus Canzirri setzten uns bei Nacht und Sturm nach Kalabrien über. Sie verlangten kein Geld, nein! Sie fielen auf die Knie nieder und flehten die Mutter Gottes um Glück und Segen für den jungen König an. Und was wäre uns nötiger gewesen als Glück, Herr Anselm?«
Die Heerstraße senkte sich über flache Bodenwellen zur Rur hinab. Zur Linken begrenzten die blau umdunsteten Höhen des Eifelberglandes den südlichen Horizont. Von einem Heerweg, wie ich ihn bisher gekannt, konnte schon längst nicht mehr die Rede sein. Denn kaum hatte die Straße den dichten Urwald an der Erft, über die eine

Bohlenbrücke führt, verlassen, da strebten die Rad- und Hufspuren auch schon breit gefächert auseinander. Ein jeder suchte sich den seiner Meinung nach bequemsten Weg über die Heiden.
Oftmals hielt ich Chaleel an, wenn ich näher oder ferner große Heerlager mit weißen, bewimpelten Zelten, übende Reitertrupps in blinkenden Harnischen, den Rauch zahlloser Kochfeuer, den ein leichter, lauer Südwestwind vor sich her trieb, erblickte. Im blaßblauen Sommerhimmel jubilierten Lerchen. Tausende von Kriegern mußten in diesen Feldlagern versammelt sein, gar nicht gerechnet die Menge fahrenden Volkes, der Marketender und Krämer, der Tatern, Bettler und Weibsen, feiler Dirnen zumeist, wie sie jeden Heerbann gleich einem beutegierigen Krähenschwarm zu begleiten pflegen. Auch fehlte die Geistlichkeit nicht – Mönche der verschiedensten Orden, ranghohe Kleriker auf geschmückten Rossen sowie ärmliche Pfaffen, die ihre mageren Esel von einem Lager zum anderen lenkten, um Ablaßbriefe zu verhökern.
Aufs höchste entzückt, schaute Jörg sich um: »Mensch, Anselm, das nenn' ich Krieg! Ganz was anderes als die läppischen Fehden unserer mickrigen Strauchritter daheim!« Er richtete sich stolz im Sattel auf und grüßte einen jeden Gewappneten, der uns begegnete oder überholte.
Obwohl drei breite Balkenbrücken die hier seichte, schmale Rur überspannten, stauten sich vor ihnen doch Roß und Troß. Fuhrknechte schimpften mörderlich, fluchten, schlugen mit umgedrehten Peitschenstielen aufeinander ein. Gepanzerte Ritter brachen sich eisenklirrend durch das Getümmel Bahn. Die Zelte und Buden, von gewitzten Händlern und Schankwirten hier eiligst aufgeschlagen, wurden von Neugierigen oder Erquickung Suchenden dicht umlagert; die einen ließen Krüge voll Wein oder Bier von Mund zu Mund gehen; andere würfelten; wieder andere sangen unzüchtige Lieder oder versorgten ihre Tiere mit Wasser aus dem Fluß, während sie auf die Freigabe des Überganges warteten.
Fips führte uns um dieses wimmelnde Ameisenheer im Bogen herum nach einer Furt oberhalb der Brücken, die nur von wenigen Kundigen benutzt wurde. »Wer Grütze im Kopf hat, hält sich dem großen Haufen fern«, brummte er. »Wär's nicht um König Friedrich, meinen guten Herrn, keine zehn Pferde brächten mich nach der Kaiserstadt!«
»Heiß wird's dort hergehen!« Onnen kratzte sich hinter dem Ohr. »Es

sei gar nicht so sicher, sagt man, daß die Aachener dem König Einlaß gewähren werden. Von jeher haben sie den Welfen angehangen.«
Fips lachte spöttisch auf: »Immerhin wissen sie das Mäntelchen nach dem Wind zu hängen...«
»Sie haben viel Gunst von Herrn Otto erfahren!«
»Viel Gunst? Pah–! Wem hätten sie mehr zu danken als dem Großvater wie dem Vater Friedrich Rogers, das frag' ich euch?«
»Wie vergeßlich die Menschen doch sind, wenn es ihnen nur in den Kram paßt! Wer ihnen Gutes tut, den verachten sie; wer sie drangsaliert, ihre Fluren verheert, ihre Häuser niederbrennt, dem errichten sie Denkmäler«, sagte ich. »Glaubt Ihr wirklich, Meister Fips, daß es zu einer Belagerung kommen wird? Sollte dem so sein, will ich lieber unter den Fahnen des Königs kämpfen als mich in jenem Rattenloch verkriechen.«
Der Dicke lachte nun schallend: »Sorgt Euch nicht, Herr Anselm! Die Aachener wußten noch stets, was gut für sie ist. Sie werden dem König ihre Tore öffnen und dabei so tun, als geschähe es unter Zwang. Was Euch betrifft, haltet Euch – ich sagte es schon – der Menge fern. Eure Stunde kommt; sie kommt ganz gewiß! Ihr werdet für den König kämpfen, aber – allein!«
Den Rest des Weges legten wir schweigend zurück, indem wir auf der alten Römerstraße am Rande der Höhen hin die Tiere tüchtig ausgreifen ließen. Hinter dem Lousberg, der den tiefen Talkessel von Aquis Granum – so hieß die Stadt in alter Zeit – gegen Norden begrenzt, sank schon die Sonne, ein riesiger glutroter Ball von unheilvollem Aussehen. Die Stadtgemarkung wurde von Aachener Wehrmännern durchstreift; sie hielten jeden Reisenden an, fragten ihn aus nach dem Woher und Wohin und durchwühlten sein Gepäck. Auch wir mußten ihnen Rede und Antwort stehen, vor allen Meister Fips, dessen in den Farben des Staufers prangende Satteldecke ihren Argwohn erregte. Rings um die Burg Frankenberg lagerte ein Ritterheer, ohne Zelte, die Rosse gesattelt, alle Männer gewappnet, so als wollten sie jeden Augenblick in den Kampf ziehen.
Das Coeller Tor war, nicht anders als die Barbarossamauer und die neuen Wälle, mit Stadtknechten und Männern der Bürgerwehr dicht besetzt. Voller Mißtrauen musterten sie uns, als wir einzogen. Schon glaubte ich, hoffte es insgeheim, man werde uns zurückweisen, aber da stand im Schatten der Torwölbung ein hochmögender Herr des Rates,

kenntlich an seinem prunkvollen, mit Pelzwerk besetzten Mantel, den er, ungeachtet der Wärme an diesem Juliabend, über die Schulter geworfen trug. Fips tauschte mit ihm einen Blick, vielleicht auch ein geheimes Zeichen, das meinem unerfahrenen Auge entging. Er winkte den Wächtern. Wir durften passieren.
Und schon umwogte uns das Getümmel befremdender Laute, Gerüche, schwitzender Leiber. Wie in einem Traum – ermüdet, wie ich war – erschien mir die gigantische Kuppel des Marienmünsters, das Gewirr enger, gekrümmter Gassen, das scheunenartige Rathaus mit dem Durcheinander der Buden und quirlenden Menschenmassen auf dem Platz davor als etwas Unwirkliches, bedrohlich und bezaubernd in einem. Zuletzt spülte der Menschenstrom uns in eine düstere Gasse, wo ein junger Bursche von orientalischem Aussehen uns offenbar erwartet hatte und in einen Torweg winkte, den er hinter uns verschloß. Im Hofe Ibrahims stiegen wir aus den Sätteln.

12.

Die Stadt glich einem Hexenkessel, brodelnd vor Erregung, vor untergründigem Groll. »Hie Welf! Hie Stauf!« Obendrein die verschiedensten religiösen Fanatiker, die Schnapphähne und Beutelschneider, die Buhldirnen und Kurtisanen, die Anhänger der miteinander verfeindeten Ratsherren sowie zahllose Fremde, die sich mit anmaßender Dreistigkeit in die inneren Angelegenheiten des Gemeinwesens mengten. Vor den Tavernen und Schänken, die es zu Aachen in erstaunlicher Menge gab, kam es zu wüsten Schlägereien. Gruppen Betrunkener zogen grölend durch die Gassen, kreischende Weiber untergehakt. Ohne ersichtlichen Grund fielen sie über friedliche Bürger her, zerschlugen Türen, Fensterläden oder Krämerbuden, ließen mitgehen, was nicht niet- und nagelfest war. Von Zeit zu Zeit erklang das Feuerhorn und der Qualm eines vorsätzlich entfachten Brandes wälzte sich zwischen den schmalbrüstigen, spitzgiebligen Häusern hin.
»Ihr habt die Wahl, Ihr Herren, entweder von Scharwächtern festgenommen oder vom Gesindel erschlagen zu werden, sofern Ihr euch nach Anbruch der Dunkelheit noch aus dem Hause wagt«, warnte Herr Ibrahim.
Als wir in seinen Hof einritten, ein lichtloses Loch, eingeengt von

grauen, bröckelnden Feldsteinmauern, in dem ein welkender Holunderstrauch und ein wenig Gras in den Ritzen des Katzenkopfpflasters als einziges Grün dahinkümmerten, trat der Greis auf die Schwelle, breitete die Arme, so daß die Ärmel seines schwarzen, fleckigen, ziemlich fadenscheinigen Kaftans wie Rabenfittiche flatterten, und krächzte: »Gott der Gerechte, da seid Ihr schon! Und mein Keller ist ganz und gar leer; drum kann ich Euch wohl kaum so herrenmäßig bewirten, wie Ihr's gewohnt seid. Auch fürcht' ich, sie brennen mir das Haus nieder, sobald sich herumspricht, daß ich Leute des Staufers beherberge...«

Obschon hochgewachsen und mager, hatte sein Körper sich unter der Last des Alters so sehr gekrümmt, daß ich beim ersten Blick dachte, er sei mit einem Buckel geschlagen. Seine Züge, zum Teil hinter eisgrauen, fettigen Haarsträhnen und einem langen, dünnfädigen Bart von gleicher Farbe verborgen, hatten wenig Ansprechendes. Der Blick seiner blaßgrünen Augen glitt unstet vom einen zum anderen. Niemals sah er einem gerade ins Gesicht.

»Unsinn!« entgegnete Fips. »Wer wird Euch die alte Bruchbude anzünden? Niemand sonst kennt uns hier. Und wenn man uns kennengelernt haben wird, wagt es keiner mehr, unserem Gastfreund auch nur ein Haar zu krümmen.« Wiederum schwang der bedrohlich schwirrende Ton in des Dicken Stimme mit, der verriet, er sei alles andere, nur eben kein lammfrommer Tölpel.

Ibrahims Anwesen lag in der Klappergasse, die vom Poulbach herab zum Radermarkt führt. Ihren Namen trug sie seit Kaiser Karls Zeiten her. Damals, so berichtete Ibrahim, sollte die Marienkapelle eingeweiht werden. Alle Großen des Reiches waren vom Kaiser zu der Feier entboten worden. Und sie alle kamen, sogar Papst Leo; nur die beiden Bischöfe Gondulf und Mondulf aus Maastricht erschienen nicht. Kaiser Karl sandte reitende Boten nach ihnen aus. Dicht gedrängt harrte das Volk in den Straßen. Da endlich nahte sich ein Dröhnen, ein Klappern, so als ob Knochen wider Knochen schlügen. Von Grausen gepackt, wichen die Gaffer zurück, denn nun ritten, sich in ihre Kutten hüllend, die beiden heiligen Männer ein, bleiche Gerippe, Totenschädel mit leeren Augenhöhlen unter den schwarzen Kapuzen. Schon vor Monaten waren sie gestorben, ohne daß der Kaiser davon erfahren hatte. Ein Engel habe sie aus der Gruft erweckt, damit sie dem Ruf des Herrschers hätten Folge leisten können – so werde es in Spinnstuben und Schänken erzählt... Ibrahim brachte all das mit schiefem Lächeln vor. Aber wenn wir auch herzlich darüber lachten, die Geschichte war nicht dazu angetan, mir Haus und Gasse heimlicher zu machen.

Die zwei schmalen Fenster des Erdgeschosses neben dem schluchtartigen Torweg waren durch wurmstichige, mit rostigen Eisen beschlagene Läden verschlossen. In den unteren Räumen bewahrte der Alte unbezahlbare Schätze auf – Truhen, bis an den Rand gefüllt mit seltenen Schmuckstücken; kleine Kostbarkeiten aus Ägypten, Persien, Griechenland; Bildwerke, Bücher, Papyrosrollen, sarazenische Waffen, Statuetten, aus Elfenbein geschnitzt, chinesische Jadeskulpturen – Dinge also, von denen man hierzulande kaum je gehört hatte. Einiges davon wies er mir, verschwörerisch raunend, wenn ich einen reichen Käufer wisse und an ihn wiese, mein Schade solle es nicht sein.

Hierzu schwieg ich mit der Höflichkeit des Gastes, innerlich beschämt und ergrimmt. Irgendwie kam ich mir erniedrigt vor, in den Dreck gezogen durch ein solches Ansinnen. Das freilich konnte der greise Schacherer weder nachempfinden, noch wissen; meine Auffassung von Ritterehre mußte ihm ja höchst abwegig erscheinen. In seinen Augen war ich nichts anderes als ein grünschnäbliger Goi, der jetzt dringend Geld benötigte, aber möglicherweise wohl späterhin bei Hofe zu Einfluß gelangen mochte – ein Mann, den man sich klugerweise warmhielt.

Ich hörte Chaleel wiehern und begab mich in den Stall. Hier standen Jörg und die drei Knechte tuschelnd beieinander. Jos kühlte eine blutende Schramme auf seiner Stirn.

»Was ist denn das?« fragte ich streng. »Du hast dich doch etwa nicht in Händel eingelassen? Gebot ich euch nicht, Gassen und Schankhäuser vorerst zu meiden?«

Jos senkte den Kopf, verharrte in mürrischem Schweigen. Lude ließ ein meckerndes Lachen hören, indem er sich mit den Futtersäcken zu schaffen machte. Nur Onnen schaute mich freimütig an: »Herr, Ihr verlangt zu viel! Von der Buchweizengrütze mit Preiselbeeren, die man uns hier vorsetzt, will ich ja nichts sagen, obwohl mir eine deftige Kalbshaxe lieber wär'. Wir haben schon schlechter gegessen... Aber – der Durst, Herr! Der Durst... Kräutertee, wie ihn die Jungfer des Herrn Ibrahim braut, ist nicht jedermanns Sache. So sind wir denn in die Schänke ZUM HEILIGEN JAKOB gezogen, drei Schritt um die Ecke, nicht weiter. Konnten wir wissen, daß dies ein Ort voller Verrückter ist?«

»Verrückter – wieso?«

»Kaum erblickten sie uns, da johlten sie auch schon los, grölten, höhnten, was in drei Teufels Namen wir bei ihnen verloren hätten? ›Fremdlinge raus!‹ schrien sie und schwangen die Fäuste. Da sagte Jos ganz freundlich zu ihnen – denn Ihr habt uns ja aufgetragen, recht freundlich und höflich mit den Leuten hier umzugehen. Jos sagte also: ›Brüder, die Zähne schlag' ich euch in den Schlund, gebt ihr nicht Frieden!‹ War das nicht gut und artig gesprochen, he?« Anerkennung heischend, blickte er von seinen Kumpanen zu mir. Alle nickten beifällig.

Jörg brummte: »Ihr seid viel zu manierlich mit ihnen umgesprungen.«

»Ja, das ist's, was ich sage! Ein langer Schlagetot bekam's in den falschen Hals. Er packte Jos bei der Gurgel... Na, und da haben wir ihn halt ein wenig besänftigt – ganz zart, Herr! Ganz zart...«

»Die Stadtbüttel haben ihn für tot weggetragen«, bemerkte Jörg sachlich.

Ich war unterdes zu Chaleel getreten. Der Hengst schnaubte freudig. Er fuhr mir mit seinen weichen Lippen zärtlich über die Wange und legte den Kopf auf meine Schulter, wobei seine großen, guten Augen einen entrückten Blick bekamen. So verharrten wir ein Weilchen. Ich wagte nicht, mich zu rühren. Chaleel rief in mir sehnsüchtige Erinnerungen an die Heimat wach.

»Überhaupt – wer sind wir, daß wir uns wie Mäuse in diesem Loch verkriechen?« Jörgs Stimme klang so aufsässig wie in alten Tagen. Erst jetzt fiel mir auf, wie er doch in letzter Zeit immer stiller, immer fügsamer geworden war, was so gar nicht zu ihm paßte und mir wenig gefiel.

»Recht hast du, alter Junge!« pflichtete ich ihm bei. »Wer sind wir! Mein Schwert ist so gut wie Herrn Leonardos Gulden, wenn nicht besser. Und was den Geist anbelangt... Nun, wir sind Ritter, keine Krämer. Los, gehen wir!«

Die Männer richteten sich aus ihrer geduckten Haltung auf. Ihre verdrossenen Mienen erhellten sich. Die Augen blitzten. Unter dem Tor, als wir gerade ins Freie treten wollten, versuchte es der alte Ibrahim noch, uns von unserem Vorhaben abzubringen:

»Gebt nur ja acht, Ihr Herren! Heut' ist der Teufel los in der Stadt. Blut wird vergossen werden; die Menschen sind schlimmer als Tiere, wenn sie sich irgendwelchen Unsinn in den Kopf gesetzt haben. Ob Otto, ob Friedrich, im Grunde ist's ihnen völlig gleich, so sie nur einen Vorwand finden, aufeinander loszudreschen. Gott der Gerechte erleuchte die Narren!«

Am Vortage von Sankt Jakob war es – am Samstag, dem 24. Juli anno 1225, die Luft drückend schwül, durchwogt von mephitischen Dämpfen, die den heißen Schwefelquellen entströmten. Wir drängelten uns durch das Menschengewühl der St. Jakobstraße, gelangten auf den Markt, der mit seiner als Rathaus dienenden Königshalle und den Tuchhäusern und Weinschänken ringsum inmitten der Stadt auf einem Hügel liegt. Vor lauter Lärm und Geschrei war das eigene Wort nicht zu verstehen. Ich blickte in gerötete, schweißnasse, verzerrte oder verstörte Gesichter, sah klaffende Mäuler, gebleckte Zähne, höhnisches Grinsen oder ungezügelte Wut, ohne recht zu begreifen, um was es bei all dem Aufruhr eigentlich ging.

Eingekeilt in der Menge, wurde ich mir der Einsamkeit des Menschenherzens erst voll bewußt. Sind wir nicht Fremdlinge unter unseresgleichen? Die allgemeine Erregtheit ließ auch meine Nerven erzittern. Ich wäre mir hoffnungslos verloren vorgekommen in dieser Masse von augenscheinlich Irren, die ich zu verabscheuen begann, hätte ich meine Gefährten nicht dicht hinter mir gewußt, vor allen anderen den unerschütterlichen, robusten Jörg; dessen gesunde Natur schien unempfindlich gegen alle Einflüsse des Massenwahnes zu sein. Als ich mich nach ihm umwandte, grinste er mir ermutigend zu, während er gerade einem der ihn Bedrängenden die Hand unter das Kinn schob und ihn beiseite fegte.

Wir ließen uns vom Strom der Leiber an der Königshalle vorbei durch ein Gewirr schmaler Gassen voller Wein- und Bierstuben zur Marienkirche und zum Radermarkt treiben. Hier gerieten wir in eine Rauferei, die alsbald in ein wüstes Handgemenge jedes gegen jeden ausartete. Ich verzichtete darauf, blank zu ziehen; Blut zu vergießen widerstrebte mir. Um so herzhafter brauchte ich die Fäuste. Jörg und die Knechte freilich kannten dergleichen Rücksichten nicht. Sie hieben und stachen mit ihren Messern tapfer um sich und schufen uns so ein wenig Raum. Nur ein Mann blieb vor unseren Füßen auf den Knien liegen. Er stöhnte, ächzte; rot quoll es ihm aus einer tiefen Schulterwunde. Mich

zu ihm niederbeugend, erkannte ich zu meinem Schrecken in ihm unseren Gefährten Fips. Wir hoben ihn auf, schafften ihn in eine der nächsten Gaststätten, wo ihn die Frau des Wirtes verband.
»Dank dem Himmel und Euch, Herr Anselm!« keuchte er, nachdem er einen Krug herben Moselweines auf einen Zug geleert und sein mehlfarbenes Gesicht sich wieder gerötet hatte. »Ihr kamt zur rechten Zeit. Um Haaresbreite wär's mit mir Matthäi am Letzten gewesen. Diese Wahnsinnigen bringen einen aus purem Blutdurst um.«
»Wie denn? Ich begreife nicht...«
»Nun ja, da war einer der Welfischen, der erkannte mich – ein Mann des Schultheißen Arnulf von Gimmenich... Ihr habt von dem Kerl gehört? Er verwehrte dem Rat, König Friedrich einzulassen. Nicht wenige denken hier so wie er. Eben jetzt wird um die Tore erbittert gestritten. Aber ich denk', wer noch Verstand genug hat in diesem Narrenhaus, der hält zu Friedrich...«
»O-ho!« grollten einige der Umstehenden.
»Ich hab' ja nicht behauptet, daß ihr Verstand besitzt«, fauchte der Dicke. Die gespannte Stimmung löste sich in Gelächter.
Ein Stadtbüttel durchbrach den Haufen Zankender vor der Tür und rief: »Alles entschieden; gebt Frieden, ihr Leute! Die Tore sind offen. Herr Arnulf wurde in Ketten abgeführt. Der neue Rat hat Boten an Seine Majestät entsandt.«
Wie durch ein Zauberwort legte die Erregung sich. Flüche und Drohreden verstummten. Die Leute bemerkten erst jetzt, wie durstig sie waren. Fips stand, obschon ein wenig taumelnd, auf. Seine Wunde, so schmerzhaft sie sein mochte, schien er vergessen zu haben. »Kommt, folgt mir, Herr Anselm, so Ihr nicht allzu marode seid! Ich will Euch auf der Groß Coller Straß die Stelle zeigen, an der Ihr den Einzug des Königs erwarten sollt.«
Durch den Blutverlust sichtlich geschwächt, ging er uns doch mit eilenden Schritten voran durch die Esels- und Mistgaß bis hin zu dem Ort, wo die Mindersbrodersgassen in die Groß Coller Straß mündet. Vor dem Eckhaus befand sich ein Steigstein, der dazu dient, betagten Reitern in den Sattel zu helfen.
»Ihr drei«, gebot Fips meinen Knechten, »werdet den Stein morgen früh, vom ersten Hahnenschrei an, für euren Herrn Anselm bewachen und ihn auch später, wenn das Volk herzudrängt, für ihn freihalten, verstanden! Bedenkt, das ist wichtig, mögt ihr auch jetzt noch nicht

begreifen – warum! Wie ihr's anpackt, daran hängt vieles, vielleicht gar des Reiches Geschick.«
Sie starrten ihn dümmlich an, zuckten die Achseln. Auch ich dachte flüchtig, der Dicke habe den Mund wohl ein wenig zu voll genommen. Des Reiches Geschick – was hätte dies wohl mit diesem Stein oder mit mir zu tun? Andererseits fühlte ich mich von der allgemeinen Hochstimmung wie von einem Fieber ergriffen; nichts erschien mir noch verwunderlich. Das Herz schlug mir hoch im Hals vor gespannter Erwartung, obschon ein Widerstreben sich in mir regte, mein geistiges Ich gleichsam wie eine andere, unbeteiligte Person mir zur Seite stand und mich ironisch lächelnd beobachtete.
Die vielen fremdartigen und befremdenden Eindrücke hatten mich in eine Art Rausch versetzt, so als bewegte ich mich in einem verzauberten Land. Und während der Nacht träumte ich nicht von Clarissa, die aus meinen Gedanken völlig verschwunden war, noch von Liesel, noch von der Kahlenburg – nein, ich irrte zwischen krummen, schmalbrüstigen, im Dunst verschwimmenden Häusern durch enge, gewundene Gassen, die nirgends ins Freie führten, floh in schwebenden Sprüngen vor einer Meute lautlos johlender, Stöcke, Äxte, Feuerbrände schwingender Spukgestalten, die schemenhaft, mit ihren verzerrten Tier- oder Teufelsfratzen nichts Menschliches hatten. In Schweiß gebadet, erwachte ich, als der Hahn zum ersten Mal krähte.
Herr Ibrahim war schon auf. Seine Magd versorgte uns mit dem hier üblichen Frühmahl aus Buchweizenfladen und Honig, indes vom Domhof her ein Glöcklein zur Messe rief. Ich empfand nach den wüsten Traumerlebnissen der Nacht auf Reinigung bedacht, das Bedürfnis, zu beichten und das Abendmahl zu nehmen. Obwohl ich zu Hardehusen über das Wesen der Eucharistie bis zum Überdruß belehrt worden war und bisweilen sogar an Wunder, ganz gewiß aber an die Allmacht und Allgegenwart Gottes glaubte, hatte ich das Abendmahl doch immer nur als symbolisches Opfer, nicht als wirkliche Speisung mit Christi Fleisch und Blut aufzufassen vermocht. Auch kannte ich meine frommen Ordensbrüder viel zu gut, als daß ich ihnen das Vorrecht zugestanden hätte, allein des Kelches teilhaftig zu werden, während der gemeine Mann laut Beschluß der vierten Lateransynode mit einem Gemisch aus Mehl und Wein – sub una specie – vorliebnehmen soll. Herr Roger, der Klausner hatte das als verabscheuenswürdigen Aberglauben abgetan. Die Mönche hatten sich über das Für und

Wider ereifert. Ich hingegen dachte mir die Gottesmacht als so allgewaltig, allgegenwärtig, als so völlig unfaßbar dem begrenzten Menschensinn, daß dergleichen klerikale Querelen mich lächerlich absurd dünkten. Und dennoch verlangte mich dann und wann, vor allem in Augenblicken des Zweifelns, nach der Nähe einer führenden, tröstenden Geistesmacht. So auch an diesem Morgen.
Herr Ibrahim schien mir die Gedanken von der Stirn zu lesen. Ich bat um ein Glas Wasser anstelle des bei ihm üblichen Kräutertees oder sauren Weines. Er sagte: »Ich weiß Euch Besseres, Herr Anselm, denn ich seh's ja, Ihr seid bedrückt. Ein Stärkungsmittel tut Euch am heutigen Tage not; Ihr braucht einen klaren Kopf!«
Er ließ eine Metallkugel in ein Messingbecken fallen. Der helle, klirrende Klang rief die Magd herbei und er richtete ein paar Worte an sie in einer Sprache, die ich nicht verstand. Sie hörte ihn offenen Mundes an, ging kopfschüttelnd fort. Wenig später kehrte sie mit einer irdenen Schale zurück, in der eine dunkelbraune, nahezu schwarze Flüssigkeit aromatisch dampfte.
Der Alte schnupperte daran wie ein Hase am Kohlblatt und nickte mir zu: »Dieser Trank, coffea aethiopica, ist unbezahlbar und so schwer zu erlangen, daß ihn hier im Abendland nur wenige Leute je gekostet oder auch nur davon gehört haben. Mir wurde er von einem arabischen Freunde zum Geschenk gemacht. Genießt ihn, Junker! Ein Lebenselixier ist's, das Eure Kräfte verdoppeln wird, ob zum Guten oder zum Bösen, das steht bei Euch.« Er hob die Schultern, breitete mir die flachen Hände entgegen: »Dem Menschen – sagt man – sei der Hang zum Bösen eingeboren. Aber hat Gott der Allmächtige ihn nicht gelehrt, was gut und was böse ist? Ein jeder kann wählen ... Den rechten Weg zu finden, dazu braucht's nicht eucharistischer Rituale, wie ihr Christen sie auszuüben pflegt, sondern allein nur der inneren Einkehr. Warum ich dies Euch sage, werdet Ihr später verstehen.«
Zögernd nahm ich das Gefäß aus seinen Händen entgegen und setzte es an die Lippen. In der Tat, gleich der erste Schluck rann mir herzerwärmend durch die Kehle und die Hitze verbreitete sich im Nu durch den ganzen Leib. Der bitter herbe Geschmack erschien mir nicht unangenehm. Die Traumgespinste zerstoben. Mir war, als erwachte ich zu einer neuen Wirklichkeit. Klarer blickte das Auge; die Gedanken ordneten sich mühelos. Die Glieder verloren ihre schlaf-

trunkene Schwere, gehorchten zuverlässig dem Willen. Ein Gefühl von Zuversichtlichkeit, Kraft und Tatenlust ließ mich von der Bank aufschnellen. Nein, ich würde nicht zur Messe gehen, jetzt nicht, heute nicht! Die Gefährten warteten wohl schon in der Groß Coller Straß. Und was gibt es denn auf der Welt – dachte ich –, vor dem ich zurückschrecken müßte?

Der Alte begleitete mich bis vor die Tür. Meinen Dank tat er mit hintergründigem Lächeln ab: »Mag sein, daß ich es bin, der Euch am Ende dieses Tages zu danken hat – ich, und mit mir Tausende meiner Glaubensbrüder, die bisher unter der Tyrannis hirnloser Herrscher duldeten. Gott der Gerechte steh' Euch bei!«

Ungeachtet der frühen Stunde – die Kuppel des Marienmünsters erglänzte soeben im ersten Morgenlicht – rannte bereits viel Volk durch die Straßen. Der Weg, den der Königszug nehmen sollte, wurde von Stadtknechten mit einiger Mühe freigehalten. Die Hausfronten waren mit bunten Tüchern und Fahnen geschmückt, die aus dicht mit Zuschauern besetzten Fenstern und Erkern herabwallten, oder mit Blumen und Birkengrün – farbenfrohen Blütenketten, die sich von Haus zu Haus über die Straße spannten. Noch war das Coller Tor geschlossen. Es sollte in einer feierlichen Zeremonie dem König geöffnet und der Schlüssel Seiner Majestät übergeben werden.

Gar zu gerne hätte ich von der Mauer herab einen Blick auf die Stadtgemarkung getan. Sicherlich bot das weite Gelände mit seinen Tausenden von Reitern, marschierenden Kolonnen und den Massen von Nah und Fern herbeigeeilter Schaulustiger ein unvergeßliches Bild. Jedoch, hierfür war es ja längst zu spät. Ich hätte jetzt keinen Platz mehr gefunden, wären meine Gefährten nicht schon in nebliger Morgenfrühe beim Sattelstein auf Posten gewesen.

Die längs der Häuser sich drängende Menschenmenge um mehr als Haupteslänge überragend, konnte ich vom Stein herab ungehindert nach allen Richtungen Ausschau halten. Von Zeit zu Zeit schwoll das Summen der vielen Stimmen zu ohrenbetäubendem Brausen an, unterbrochen von Pfiffen und schrillen Schreien, die sowohl Freude als auch Protest ausdrücken mochten. Diesmal betäubte der Lärm mich nicht, noch verwirrten die einzelnen Wahrnehmungen sich vor meinen Augen. Vielmehr erkannte ich jedes Gesicht, jede Gestalt, jede Bewegung mit erstaunlicher Klarheit; vermutlich war es die Wirkung des aethiopischen Zaubertrankes. Wenn mich in den Stunden geduldigen Har-

rens irgend etwas beunruhigte, so nur die Ungewißheit darüber, was man von mir erwartete.
Jörg, der zu meinen Füßen die Herandrängenden mit Schelten und Püffen vom Stein abwehrte, schwitzte bereits, obwohl es noch kühl im Schatten der Häuser war. »Hundert Könige ...« murrte er verdrossen, »hundert Könige und tausend Prälaten brächten mich nicht dazu, mich hier mit diesen Holzköpfen herumzubalgen, wär's nicht um dich, Anselm; nur damit du dich ungestört am Anblick des jungen Herrschers erfreuen kannst und der vielen reizenden Jungfern, mit denen er sich ohne Zweifel nächtens vergnügt ...«
Irgendwer schrie, ein gottloses Lästermaul sei er und habe Stroh im Kopf.
»Stroh – ja!« röhrte Jörg. »Das sagt mein Herr und Herzbruder auch, aber immer noch besser als den Dunst eurer stinkenden Quellen, du hirnlose Küchenschabe!«
Um ihn zu beschwichtigen, sagte ich: »Also bin ich dir mehr wert als tausend Könige und Prälaten, Bruderherz?«
Er lachte meckernd: »Na, klar, deren gibt es so viele wie Laub auf den Bäumen; dich aber gibt's nur ein einziges Mal! Ganz recht, Anselm, ich glaub' wirklich, ich hab' Stroh im Kopf, denn mir will's nun mal nicht in den Schädel, was wir unter dieser Bande von Irren zu suchen haben ...«
Auch die längste Wartezeit nimmt ein Ende. Um die zehnte Stunde begann es von allen Türmen zu bimmeln und zu dröhnen. Der Glockenklang hüllte uns in eine Flut schwingender Töne, verschlang den Stimmenlärm, ließ die Mauern erbeben. Das Meer der Schultern und Köpfe geriet in Bewegung. Was am Coller Tor geschah, vermochte ich nicht zu erkennen. Später erzählte man mir, wie das durch Schultheiß Arnulf verschlossen gehaltene Tor von Stadträten gewaltsam geöffnet worden und wie es selbst dann noch zu Raufhändeln mit Anhängern des Welfen Otto gekommen sei.
Jedenfalls schwoll das Geschrei zu donnerndem, von Trompetenstößen durchgelltem Getöse an. Und dann sah ich drei Reiter, der eine schwarz, der andere gelb, der dritte blau gar festlich gekleidet und auf edlen Pferden, wie sie im Schritt die Straße herangezogen kamen, Ledersäcke vor sich auf den Sätteln, aus denen sie blinkende Silbermünzen unter das hoch aufjauchzende Volk streuten. Gewirbel ... Gedränge ... Ich freilich hatte nur flüchtige Blicke für alle die glänzen-

den Ritter, Freiherren, Grafen und Barone, die ihnen mit einigem Abstand unter flatternden Bannern und Wimpeln folgten. Auch die Trompeter und Herolde, die danach dem Zug der Prälaten, Bischöfe und Reichsfürsten vorausritten, interessierten mich trotz ihres prächtigen Aufzuges wenig, zumal ich keinen von ihnen kannte.
Hinter ihnen kam der Erzbischof von Mainz, Herr Siegfried, geritten, dann ein Herzog mit dem blanken Schwert des Königs, ihm zur Rechten ein Pfalzgraf mit dem goldenen Apfel, zur Linken ein Markgraf, der das Szepter trug. Die Namen der Herren rauschten wie Mühlwasser an meinen Ohren vorüber, ohne daß ich sie mir hätte merken können. Ich hatte nur Augen für den einzelnen jugendlichen Reiter, der anmutig auf einem schneeweißen Zelter saß. Um ihn – so empfand ich es – war ein Hauch von Einsamkeit.
Dieser Eindruck entstand nicht zuletzt auch dadurch, daß sich seine in ein langes, lichtblaues Gewand gekleidete, ranke Gestalt vor dem Schwarz, Braun und Weiß der Mönchskutten abhob, die sich als kompakte Masse, überragt von einem schwankenden Kreuz, hinter ihm drein wälzte.
Obwohl der junge König unbewegt geradeaus zu sehen schien, vermeinte ich, sein ernster Blick senke sich für eines Herzschlages Dauer fragend in meine Augen. Die kindhaft reinen Züge überschattete ein Ausdruck verhaltener Schwermut, gepaart mit einer kaum merkbaren Andeutung von Skepsis und mitleidigem Spott, der in den Winkeln des fein geschnittenen, nicht zu großen Mundes nistete. Das über der Stirn kurz gehaltene, rötlich blonde Lockenhaar, umspannt von einem schmalen goldenen Kronreif, in dem Saphire und Brillanten blitzten, ließ ihn mir nur noch knabenhafter erscheinen. Der Anblick rührte nicht nur mich. Vor allem die Frauen unter der Menge – junge wie alte – fühlten sich offenbar mächtig zu dem Jüngling hingezogen. Sie verstummten. Mit andachtsvollen Mienen hoben sie wie betend ihre Hände. Auch die hierdurch betroffenen Männer schwiegen nun. Nicht wenige in den vorderen Reihen sanken in die Knie.
In der schier atemlosen Stille nahm ich mit halbem Ohr zu meiner Rechten ein leises Klirren wahr, einen ächzenden Laut, und aus den Augenwinkeln eine jähe Bewegung. Alles geschah so rasch; ich vermochte mich später der Einzelheiten nicht zu entsinnen. Ein Kerl – von riesigem Wuchs, dünkte mich –, schwarzbraun und narbig im Gesicht, mit langen, zottigen Haaren, stieß die vor ihm Stehenden zur

Seite, sprang vor das Roß des Königs, bog sich federnd zurück und holte mit seinem kurzen Jagdspeer zum Wurfe aus.
»Anselm!« gellte Jörgs Schrei. Aber schon hatte ich, völlig unbewußt handelnd, mich vom Stein herab auf den Mordbuben geworfen, wobei mir die Spitze seiner Waffe in die Schulter drang. Er brach unter meinem Gewicht zusammen. Umwirbelt von Staub, mit Blut über und über besudelt, wälzten wir uns zwischen trampelnden Füßen und Pferdehufen im Schmutz. Ich hielt den Kerl bei der Gurgel gepackt. Er brüllte, keuchte, spuckte, versuchte sich meinem Griff zu entwinden. Schleim und Schaum quollen ihm über die Lippen. Sein Gesicht färbte sich dunkler. Die Adern an seinen Schläfen traten wie Schnüre hervor. Obwohl er um vieles stärker war als ich, spürte ich, wie seine Kräfte nach und nach erlahmten, gewahrte auch den Ausdruck verzweifelter Furcht in seinen dunklen Augen – einer Furcht, wie ich selbst sie empfand; und ich sah miteins, daß er ein Mensch war, ein Mensch wie ich.
Mein Haß schwand dahin; mein Zorn legte sich. Ein Fingerdruck mehr hätte hingereicht, ihn zu töten. Ich aber lockerte den Griff. So lagen wir eine Weile Auge in Auge, nach Atem ringend. Ich spürte und sah es mit Verwundern, wie das Blut mir von der Schulter herab über den Arm rann, während das Getümmel und Getöse ringsum, das verworrene Brüllen, Kreischen, Johlen – Ewigkeiten schien es gewährt zu haben – immer ferner klang, so als würde ich durch die Lüfte davongetragen. Das Gesicht unter mir, nunmehr vertraut, als kennte ich es schon lange mit all seinen Narben und Furchen, verschwamm wie im Nebel. Schatten senkten sich über Menschen und Dinge. Durch das zunehmende Dunkel klang, allmählich erlöschend, Jörgs Gejammer: »Anselm, Anselm, liebster Herr, Bruderherz...« Ich mußte lächeln, wollte ihn beruhigen; meine Zunge aber gehorchte mir nicht mehr. Und so sank ich lächelnd in tiefe Nacht, das Bild des jungen Königs als Traumgesicht mit mir nehmend.

13.

»Heilige Maria, Mutter Gottes, du Gnadenreiche... Seht nur, das Fieber hat nachgelassen... Wollt ihr wohl Ruhe geben...« Das Gemurmel, in verschiedenen Tonlagen an mein Ohr dringend, belästigte mich. Etwas Weiches, Kühles berührte meine Stirn. Und dann lauter, beinahe schrill: »Das ist mein Gemahl! Wie dürft Ihr mich von ihm fernhalten, Contessa?« Das war Clarissa, kein Zweifel. Eine tiefere, ruhige Frauenstimme antwortete: »Laßt ihn schlafen... Um so schneller gesundet er...« Rascheln von Kleidern. Schritte entfernten sich. Ich atmete erleichtert auf. Darüber nachgrübelnd, was mit mir geschehen sei, wo ich mich befand, mühte ich mich, die Augen zu öffnen.

Eine Weile verging damit, weil die Helligkeit, die unter den Lidern auf mich eindrang, mir zu schaffen machte. Nach und nach erkannte ich rings um mich her weiß getünchte Wände, gesprenkelt mit goldenen Sonnenflecken, die durch ein schmales Bogenfenster hereinfielen. Auch hörte ich draußen eine Amsel flöten. Düfte von Jasmin und Rosen fluteten ins Gemach. Dann nahm ich wahr, daß ich unter weißem Linnen auf einem weichen Lager ruhte. Dem Fußende der Bettstatt gegenüber hing ein Kruzifix an der Wand. Es berührte mich um so stärker, je länger ich es betrachtete – Kreuz und Gekreuzigter aus einem mir unbekannten goldgelben Holz mit wundersamer Kunstfertigkeit geschnitzt. Die Züge des Heilands ähnelten – vermeinte ich – denen Friedrichs; zumindest im Ausdruck. Aber das mochte ich mir ja auch nur einbilden. Lange Zeit sah ich es voller Andacht an.

Darüber mag ich abermals entschlummert sein, denn die fremde, gelassene Frauenstimme, die ich zuvor schon vernommen hatte, mahnte mich, in mein Bewußtsein dringend: »Trinkt, Herr Anselm, damit Ihr wieder zu Kräften kommt!«

Dicht vor meinen Augen erschienen lange, dünne, sehr zarthäutige Finger mit blankpolierten Nägeln. Sie hielten mir ein Porzellangefäß, wie es die Chinesen kunstvoll herzustellen wissen, an die Lippen. Ich gehorchte und schlürfte heißhungrig die würzige Brühe.

Danach stammelte ich: »Wer seid Ihr?« und blickte erstaunt in das längliche, schmale, von schlichtem Blondhaar eingerahmte Gesicht, das sich über mich neigte. »Wo bin ich? Wo sind meine Kleider? Ich muß wohl aufstehen, sonst versäum' ich die Krönungsfeier...«

Sie drückte mich sanft, Widerspruch überhörend, in die Kissen zurück. »Krönungsfeier? Herr Anselm, die ist fast schon vergessen. Wißt Ihr, wie lange Ihr hier im Fieber liegt? Sechs Tage, sechs Nächte... Seine Majestät fragt jede Stunde nach Euch.«

»Und Ihr, liebe Frau, wie heißt Ihr? Habt Ihr mich etwa die ganze Zeit gepflegt?«

»So gebot es der König! Ihr mögt mich Julia nennen; meine Freunde rufen mich so...« Der Blick ihrer graugrünen Augen ruhte ernst und so eindringlich auf meinem Gesicht; ich begann mich fast ein wenig unbehaglich zu fühlen. Auch entsann ich mich, Clarissas Stimme gehört zu haben. Dieser offenbar vornehmen Frau gegenüber, die ein so reines, klangvolles Latein sprach und hoheitsvolle Zurückhaltung an den Tag legte, fühlte ich mich beschämt meines Weibes wegen. Clarissa hatte mit ihr gestritten, was ich nun unschicklich fand. Aber kaum weniger schämte ich mich solcher Gedanken.

»Meine Gemahlin...« hob ich beklommen an.

Frau Julia brachte mich mit einer Handbewegung zum Schweigen. »Keine Sorge, Herr Anselm! Eure Eheliebste plätschert munter wie ein Fischlein im Karpfenteich; nichts anderes ist dieser Hof. Sie findet Kurzweil genug; auch Euch wird es an Zerstreuungen kaum mangeln.« Sie sagte das mit einem mokanten Unterton, dessen Bedeutung mir dunkel blieb.

»Meine Gesellen...«

»Die lassen sich's wohlsein bei Braten und Bier, wie man hört. Freilich, der, den sie Jörg nennen – Euer Knappe, das ist ein zudringlicher Kerl. Nicht abweisen ließ er sich. Und Achtung für Rang und Namen scheint nicht seine Stärke. Nachdem Seine Majestät ihn verhört und beschenkt, ist er vollends unleidlich geworden, grob wie ein Fuhrknecht und eitler als ein Pfauhahn. Alle Jungfern verdrehen die Augen nach ihm.«

Ich mußte lachen. Nicht ohne Besorgnis dachte ich, was der gute Jörg wohl beim König zum besten gegeben haben mochte. Sein Mundwerk hatte mich ja schon des öfteren in Verlegenheit gebracht. Und nun, so als hätten meine Gedanken ihn herbeigerufen, trat er großspurig ins Gemach.

Fast hätte ich ihn nicht wiedererkannt. Sein Haar war gebürstet und modisch zurechtgestutzt; wie ein Bronzehelm glänzte es. Sein pfiffiges, sommersprossiges Bubengesicht zeigte würdevollen Ernst. Die Kleidung, ein karmesinrotes Seidenhemd unter dem brandneuen Hirschlederkoller sowie grasgrüne Pluderhosen und kniehohe, gelbe Reitstiefel, benahm mir mit ihrer Pracht nahezu den Atem; das erinnerte mich an die Fabel von dem Fuchs, der sich ein Löwenfell umhing. Die Stimme freilich klang nicht anders als sonst, bald hoch, bald tief, jedoch so unbekümmert wie je, als er, an mein Lager tretend, ausrief:

»Auf, Anselm! Nicht länger auf der faulen Haut gelegen... Unser Herr Friedrich wünscht ein Wort mit dir zu reden.«
»Unser Herr Friedrich –?«
»Ja, unser... Seine Majestät hat geruht, uns allesamt in Dienst zu nehmen.«
»Davon weiß ich aber nichts!«
»Wie könntest du auch? Pflegtest du doch des süßen Nichtstuns, während ich unsere Sache ins reine bringen mußte. Alles steht gut; das Heu ist im Schober!« Sein Selbstbewußtsein hatte schwindelnde Höhen erreicht.
Donna Julia verließ uns mit einem sprechenden Blick.
»Höre, Anselm, Bruderherz«, sagte Jörg, nachdem sie die Tür hinter sich geschlossen hatte, »wenn ich auch nicht der Klügste bin, wie du wenig freundlich zu behaupten pflegst, hier hab ich nun doch gute Weide gefunden. Die gebratenen Gänse fliegen einem nur so ins Maul, wenn man was hermacht von sich und sich an die holden Frauen hält. Minnedienst, Anselm! Wein, Weib, Gesang – nur immer zugegriffen...
Über den König kann ich nicht klagen – munter und leutselig; er kann fluchen wie unsereiner, und lachen kann er wie die alten griechischen Helden, von denen du manchmal erzählst. Und freigebig ist er auch. Als ich ihm sagte, um ein Lehen sei's mir zu tun, um eine Grafschaft oder dergleichen, was er gerade zur Hand habe, da lachte er schallend, rief: ›Warum nicht gar, liebwerter Herr Jörg? Warum denn nicht gleich ein Königreich im Mohrenland? Die sollen dort ja zu Dutzenden am Wege liegen, wie man so hört. Das wäre ein Aufwaschen...‹ Lach nicht, Anselm! Die Sache hat Hand und Fuß. Wir ziehen nämlich wider die Heiden – bald! Gleich nach der Krönung hat Herr Friedrich das Kreuz genommen. Wie konnten wir anderen davon abstehen, wir alle, Ritter von Rang und Namen und Verdienst?«
Der Schreck fuhr mir tüchtig in die Glieder.
»Mein guter, tapferer Ritter Jörg«, unterbrach ich sarkastisch den Fluß seiner Rede, »bei dir piept's; du hast Wespen im Schädel! Ich jedenfalls denk' nicht im Traum daran, mich auf derartiges einzulassen. Auch der König sollte es, verflucht noch mal, besser wissen. Sind nicht die deutschen Lande verwaist? Stehen nicht Burgen verlassen und fallen in Trümmer? Liegen nicht Äcker wüst, und Räuber

und Mordbrenner treiben ihr Unwesen in den Wäldern? Die Blüte der Ritterschaft ließ Blut und Leben im fernen Wüstensand. Die Besten unseres Volkes verdarben und starben dort. Aber... Natürlich will ich deinem Glück nicht im Wege stehen.«

Jörg scharrte mit der Stiefelspitze auf den Fliesen.

»Ich... Ich dachte ja nur, wenn wir dorthin ziehen unter des Königs Banner, vielleicht finden wir ihn, deinen Vater, unseren Grafen Herrn Rainold... Das wär' mir ein Königreich wert.«

Heiß fiel es mir auf die Seele; an meinen Vater hatte ich seit langem nicht mehr so recht gedacht. Gar zu vieles war auf mich eingestürmt. Nun stellten mir Jörgs schlichte Worte gräßliche Bilder vor Augen. Ich sah ihn vor mir, den hochgemuten Recken, wie er im Verlies grausamer Sarazenen schmachtete, Hunger, Durst, infamen Demütigungen ausgesetzt, noch immer vergebens auf Rettung durch seinen König hoffend, oder durch den Papst, oder – vielleicht – durch seinen Sohn? Mich überlief es kalt. Mit einem Ruck richtete ich mich in den Kissen auf.

Jörg, von Natur nicht gerade feinfühlig, hatte mich nicht aus den Augen gelassen. Er nickte befriedigt. »Komm' schon, Anselm! Erhebe dich. Lassen wir unseren Gebieter nicht warten.«

Auch ich fand neue Kleider vor, so kostbar, so elegant geschneidert, wie ich noch keine je besessen hatte. Ich zögerte, sie anzulegen, wußte ich doch nicht, wie die Begegnung mit dem König ausgehen werde. Mein Schwert – eigentlich durfte ich es ja noch gar nicht tragen – fand ich blank geputzt und haarscharf geschliffen samt einem neuen prächtigen Gehenk auf einem Schemel liegend. Jörg zog einen aus Elfenbein geschnitzten Kamm aus der Tasche – ein Ding, wie wir es bisher nur vom Hörensagen gekannt.

»Von der Contessa, Anselm... Von dieser hochmütigen Donna Julia, die an dir einen Narren gefressen zu haben scheint«, bemerkte er beiläufig, indem er mein Haar zu striegeln begann.

Vor der Tür stand ein Gewappneter. Er salutierte, den Spieß auf die Fliesen stoßend. Jörg grüßte ihn herablassend. Mir pochte das Herz wie ein Schmiedehammer, während wir durch die gewundenen Gänge der alten Königspfalz schritten. Und dann stiegen wir eine dem eckigen Grundriß angepaßte Treppe hinan, die auf die Höhe des Granusturmes führt. Ziemlich hoch waren die Stufen, von den Füßen vieler Generationen ausgetreten. Aus den Mauerfugen bröckelte rosa-

roter Mörtel. Das Gebälk, wurmstichig, altersschwarz und morsch, stammte noch aus den Zeiten des großen Karl.
Auf dem vierten Absatz machte Jörg vor einer mit rostendem Eisen beschlagenen Bohlentür halt. Schwer atmend, lehnte ich mich an die Mauer. Blutverlust und Wundfieber hatten mich doch sehr geschwächt; meine Schulter schmerzte. Aber das war es nicht, was mich zaudern ließ. Nein, eine meinem Wesen sonst fremde Befangenheit lähmte mir Geist und Willen. Am liebsten wäre ich fortgerannt. Doch schon klopfte Jörg an die Pforte, öffnete sie und schob mich in das Gemach.
Friedrich Roger saß in einer der Fensternischen, die in jeder der vier Wände atemberaubende Ausblicke auf die Stadt und das schöne, kesselartige Tal der Quellen gewährten. Seine Füße staken in spitzen, aus Silberfäden gewirkten Schuhen. Er hatte eines der lichtblau bestrumpften Beine über das andere geschlagen. Brust und Leib umhüllte ein etwas dunkler getönter blauer Rock, den ein silberner Gürtel um die Hüften zusammenhielt. Sein helles, kupfergoldenes Haar schimmerte unter einem Sonnenstrahl, der durch das geöffnete Fenster fiel. Bei dieser Gelegenheit trug er keine Krone. Vielmehr wirkte er durchaus alltäglich auf mich – ein junger Mann, nicht anders als Jörg oder ich, schlicht, lebhaft, aufgeweckt. So, wie er dort hockte, ein Schriftstück lässig in der Rechten, hatte er nur wenig mit der hoheitsvollen, nahezu ätherisch anmutenden Erscheinung auf dem weißen Hengst gemein, die mir in der Groß Coller Straß Ehrfurcht abgenötigt hatte.
Ich beugte das Knie. Er aber sagte sogleich, indem er Jörg mit einer Geste bedeutete, uns alleinzulassen: »Erhebt Euch, Anselm von Kahlenberg! Wir sind unter uns; dergleichen Schaustücke sind für das Volk. Ihr habt mich vor Schaden bewahrt. Ob ich *Euch* dafür zu danken habe, weiß ich noch nicht.«
Er betonte das »Euch« in besonderer Weise, wobei ein mokantes Lächeln um seine jugendfrischen Lippen spielte.
»Ich wüßte gern, wie es dazu gekommen ist. Warum hieltet Ihr Euch gerade an jener Stelle auf? Weshalb habt Ihr den Mann – Ibn Dawud heißt er – nicht getötet, da es in Eurer Macht lag?«
Mir stieg das Blut in die Stirn. Was ich von Anbeginn geargwöhnt, der König sprach es gelassen aus. Leonardo hatte von dem Anschlag gewußt, kein Zweifel, hatte ihn womöglich selbst in Szene gesetzt – mit Hilfe Ibrahims? Hatte man mich mißbraucht, um auf solche Art

Einfluß auf den Herrscher zu erlangen? Ja, man hatte sich meiner Einfalt, meiner kindlichen Vertrauensseligkeit hinterlistig bedient, hatte damit gerechnet, der junge König werde die Reinheit meines Herzens erkennen, werde mir deshalb das Vertrauen zuwenden, das er den meisten seiner Mitmenschen versagte, versagen mußte – aus triftigen Gründen. Über mich also, der ich durch mein Weib an Leonardo gebunden war, hoffte die elende Krämerseele zum eigenen Nutz und Frommen auf den König einwirken zu können. So war es doch wohl? Fast brachte die Scham mich um. Wie im Aufleuchten eines Blitzes durchschaute ich das Komplott. Was blieb mir übrig, als dem König die Wahrheit zu bekennen – die ganze Wahrheit; mochte daraus werden, was will!

Also berichtete ich rückhaltlos, mit kargen Worten, ohne mein eigenes Tun und Lassen zu beschönigen, was mir seit dem Fortzug meines Vaters begegnet war. Oftmals war ich, wenn mich die Erinnerungen überwältigten, den Tränen nahe. Nur einmal unterbrach Friedrich Roger mich, indem er, meine Schwäche bemerkend, auf den geschnitzten Eichenstuhl deutete, der neben dem Tische stand. Ansonsten aber hörte er wortlos, mit unbewegter Miene zu.

Die Stille, nachdem ich geendet, lastete gleich einem Alb auf meinem Gemüt. Konnte, durfte der König mir glauben? Mußte er mir, dem Sohn eines welfischen Lehnsmannes, nicht gründlich mißtrauen? Mußte er mich nicht für einen listigen, habsüchtigen, ehr- und gewissenlosen Glücksjäger halten, weil ich die Krämerstochter um ihres Reichtums willen geehelicht und mich für die lichtscheuen Umtriebe meines Schwiegervaters hergegeben hatte? Ja, ich kam mir wahrhaftig wie ein echter, rechter, hartgesottener Schurke vor, gefaßt darauf, in Schande davongejagt zu werden, wenn nicht Schlimmeres meiner harrte.

Um so betroffener machte es mich, als der König nach langem Schweigen in gütigem Ton zu mir sprach: »Sag', Anselm, warum hast du Ibn Dawud nicht getötet? Das zu erklären, bist du mir schuldig.«

Der Ton der Frage, mehr noch das vertrauliche »Du« erschütterten mich. Glaubte er mir? War mir verziehen?

»Von Euch, mein Herr und König, die Gefahr abzuwenden, ist mir mit Gottes Beistand geglückt. Als ich dann aber dem Mann in die Augen sah, seinen Haß, seine Verzweiflung, seine Trauer in ihnen las, da, Herr, kam mir in den Sinn, er könne vielleicht in ähnlicher Lage sein wie ich, ein armer Mensch, geschoben von namenlosen Mächten, hingeopfert Zwecken, die ihm unbekannt sind. Wir alle sind ja nur Steine auf dem Schachbrett des Lebens, der eine als König, der andere als Bauer. Da hatte ich nicht das Herz ...«

Abermals schwieg Friedrich Roger geraume Zeit. Zuletzt sagte er mit ganz flacher, beinahe flüsternder Stimme: »Lieber Anselm, du hast, was ich niemals besessen habe; du bist reicher als ich. Ich beneide dich. Ja, ich bange um dich; mögest du niemals verlieren, was Gott oder eine holde Fee dir in die Wiege gelegt.«

Hastig und nun in gewohnter Kühle fuhr er fort: »Was die Grafschaft, dein Erbteil, betrifft, da sind mir zur Stunde die Hände gebunden. Du weißt, noch bin ich auf das Wohlwollen Seiner Heiligkeit und der Geistlichen angewiesen. Aber aufgeschoben ist nicht aufgehoben. Eines Tages – nun ja... Zudem scheint mir möglich, daß dein Vater noch lebt. Erhalte ich sichere Kunde, so werd' ich ihn auslösen lassen...«

»Das würdet Ihr tun, Herr? Bedenkt, er ist ein Welfischer; unwandelbar in seiner Treue zum Welfenhaus!«

»Treue, Anselm – welch' köstliches Gut; ganz gleich, wem sie gilt! Tausende hab' ich Treue schwören hören mit klingenden Worten, gar wenige zu ihrem Wort stehen sehen. Von Graf Rainold weiß ich, sein Schwur ist nicht Schall und Rauch gewesen. Aber die Neunmalklugen – hörte ich – achten ihn für dumm...« setzte er mit bitterem Spott hinzu. »Was mehr zählt vor des Höchsten Thron, verräterische List oder beschränkte Redlichkeit – wer weiß?«

Er seufzte. Dann lachte er: »Ist dir Clarissa sehr lieb?«

Eine Antwort, die ich so bald nicht hätte geben können, wartete er nicht ab. »Ein jeder«, sagte er beiläufig, »trägt Wünsche im Herzen, die er sich nicht erfüllen kann. Wie steht's bei dir damit? Was in meiner Macht liegt, sei dir gewährt. Nicht, weil du dein Leben gewagt hast für mich – das war deine Pflicht; nein, deiner selbst wegen... Also sprich!«

Offenen Mundes starrte ich ihn an. Ein Wirbel von Gedanken verwirrte mich. Mein Vater–? Ach, nein, das hatte er ja schon selbst ins Auge gefaßt. Ein Lehen für Jörg–? Aber Jörg war ja noch viel zu jung; außerdem war er Manns genug, für sich selbst zu sorgen. Liesel–? Einen Herzschlag lang dachte ich, ein König müsse imstande sein, auch den verworrensten Knoten noch aufzulösen, diesen Knoten, den ich selbst mir geschürzt hatte, indem ich gegen mein innerstes Wissen die Ehe mit Clarissa eingegangen war. Stolz hielt mich jetzt davon ab, den König mit meinen kindischen Wunschträumen zu behelligen. Ich fühlte das Kästchen mit der Rose zum anderen Mal auf meiner Brust brennen. Und nun sah ich wiederum die verzweifelten Augen des Narbigen vor mir.

»Nun, Anselm?«

»Herr«, stammelte ich mit stockendem Atem, »Herr, mein Gebieter, schenkt jenem Ibn Dawud das Leben!«

Brüsk wandte der König sich ab, trat an das Fenster, blickte schweigend hinaus. Schließlich sprach er, nun ziemlich barsch: »Du wirst dich zu meiner Verfügung halten. Bevor ich die Stadt verlasse, wird hier zu Aachen ein großes Turnier stattfinden. Bei dieser Gelegenheit will ich junge Krieger, die sich's verdient haben, zu Rittern schlagen. Richte dich darauf ein ...«

Ein solcher Jubel erfüllte mich, daß ich kühner wurde und mir ein Herz faßte: »Ihr habt das Kreuz genommen, Herr! Ihr wollt gegen die Heiden ziehen?« Die Frage hatte mir von Anfang an auf der Zunge gebrannt.

Jetzt kehrte Friedrich Roger sich mir wieder zu, sah mich durchdringend an, so als suche er in meiner Seele zu lesen, sagte, verhaltenen Spott im Blick: »Ich will, Anselm! Ich will ... Allein – der Herr im Himmel lenkt unsere Schritte!«

14.

Im Laufe der wenigen Wochen, die ich bei Hofe zugebracht, hatte ich einiges an Einfalt eingebüßt. Menschen und Verhältnisse erwiesen sich als durchweg anders als der Anschein, den sie erweckten. Da waren die Großen des Reiches und der Kirche, deren prächtige Gewänder und großspuriges Auftreten nicht selten einen Schurken oder Feigherzigen verbargen. Da waren die zahlreichen Sekretäre, Rendanten, Dienstleute jeglichen Ranges, die, indem sie vorgaben, ihres Herren Wohl im Auge zu haben, schamlos in die eigene Tasche wirtschafteten. Da waren auch die geistlichen Würdenträger, die, miteinander und widereinander fortgesetzt intrigierend, den jungen König nach ihrem Willen zu formen und zu lenken trachteten. Die weltlichen Fürsten hingegen standen an Orten, wo man sie nicht vermutete und nicht belauschen

konnte, wispernd, tuschelnd, offenbar Ränke schmiedend, in Gruppen zu Dreien oder Vieren beieinander. Es blieb nicht aus, daß auch ich in das üble Treiben, das mich über die Maßen ekelte, mit einbezogen werden sollte.
Wer mit kindlich reinen Augen das so überaus glänzende Bild höfischen Lebens betrachtete, mochte sich glücklich schätzen, daran teilhaben zu dürfen, mochte die Lobreden der hohen Herren auf den König, ihre Treuegelöbnisse, ihre zur Schau getragene christliche Gesinnung, mochte die zuchtvoll gesenkten Blicke, das unschuldige Erröten der feinen Damen und hochgeborenen Jungfrauen, die untertänige Ergebenheit der Beamten wie der niederen Lakaien und Pagen – mochte all das für bare Münze nehmen. So auch ich in den ersten Tagen nach meiner Genesung. Nur allmählich lernte ich – und dies unter Schmerzen – Sein von Schein zu unterscheiden.
Jörg hatte mir, augenscheinlich nicht allzu tief beeindruckt, die Krönungsfeier in der Marienkapelle und das darauf folgende Festmahl im großen Saal des Palatiums geschildert, und hinter vorgehaltener Hand auch, wie ihm der Falernerwein so hohen Mut gemacht, daß er mit einer hochedlen Dame – züchtig und schüchtern wie ein Nönnlein, versicherte er – das Bett geteilt. Anderen Tages freilich habe sie nichts mehr von ihm wissen wollen, da sie einem Grafen aus Franken anverlobt sei. »Hol's der Teufel!« brummte er. »Ich hatt' meine liebe Not, Anselm, derweilen du auf der Bärenhaut die Augen wärmtest.«
Erschreckt starrte ich ihn an. War das noch der Jörg, mit dem ich im Habichtswald Hirschen und Schwarzröcken nachgestellt, den ich bis ins Letzte zu kennen glaubte? »Wie konntest du nur?« zürnte ich, atemlos. Er fuhr jedoch ungerührt fort: »Alles in Ordnung, Anselm! Ein jeder treibt's hier so, auf die eine oder andere Art. Sie hat mir sogar einen Beutel Goldes geschenkt, damit ich nur ja das Maul nicht aufreiße. Und fromm ist sie – sag' ich dir! Vorher und nachher betete sie unter Tränen.
Lieber Himmel, muß unser Herrgott eine Freude an all den frommen Seelen haben! Die wissen jedenfalls, wie man das Himmlische vom allzu Irdischen trennt. Da war ein gewisser Johann von Xanten, ein Scholastiker. Der begann gleich nach der Krönung den Kreuzzug zu predigen; jedermann wurden die Augen naß, als wir von den Leiden der armen christlichen Ritter im Jordanland vernahmen, wie sie gequält werden von den blutigen Heiden um des Heilands willen. Wenn

du mich fragst, das haben sie sich ja wohl selbst eingebrockt – oder nicht?
Als dann der König sich das Kreuz auf die Schulter heften ließ – der Teufel muß es ihm eingegeben haben –, da, glaub' es oder nicht, drängten sie sich allesamt, Hoch und Niedrig, wie Bienen um den Honigtopf zu dem Wäschekorb mit den Kreuzen, den man bereitgestellt – die Bischöfe von Lüttich, Bamberg, Straßburg, allen voran der Erzbischof Siegfried von Mainz, dann die Herzöge von Brabant, Limburg, Meran, der Markgraf von Baden, die Grafen von Loz, Jülich, Sayn, Berg, gar nicht gerechnet die Unzahl der Edlen und Ritter sowie der gemeinen Reisigen. Da mochte man doch wahrhaftig meinen, es gehe ihnen tatsächlich um ihr Seelenheil. Den Sohn des Herzogs von Brabant – Herr Friedrich hält ihn als Geisel bei sich –, den freilich hört' ich dem Grafen von Nancy hämisch zuflüstern: »Gut, gut, der sizilianische Giftzwerg ist uns damit aus dem Weg!«
Jörgs Bericht erlaubte keinerlei Zweifel; er hatte nur ausgesprochen, was ich mir selbst zu verhehlen trachtete. Und so stand ich nun vor dem Zelt, das Seine Majestät mir und den Meinen im Feldlager der Sörs hatte anweisen lassen, keine hundert Schritt vom Wagenpark meines Schwiegervaters entfernt.
Die grünende, von einem Bächlein durchflossene Aue unter dem Nordhang von Lous- und Salvatorberg war nicht unähnlich einem riesigen Kirmesplatz mit den Zelten der Krieger, mit Krämerbuden, Fuhrwerken, Pferderudeln, Schaf- und Rinderherden übersät. Eine ehrwürdige Blutbuche, unter der schon die Mannen vieler deutscher Kaiser und Könige gelagert haben mochten, beschattete den Platz, die Hitze des wolkenlosen Augusttages mildernd. Mir paßte es gar nicht so recht, daß Leonardo mich aufgesucht hatte, sollte doch in wenigen Tagen das Turnier stattfinden, dem wir alle mit Spannung entgegensahen.
Er saß auf einem Stein vor dem Zelteingang, rang und knetete seine geierklauigen Hände, so daß die Knochen knackten, schielte mich tückisch von unten herauf an und sagte in nörgelndem Ton: »Du wirst verstehen, Anselm, daß wir aus deiner hochherzigen Tat Nutzen zu ziehen gedenken, nicht wahr? Schließlich hab' ich dir nicht umsonst eine so beträchtliche Summe Geldes vorgestreckt und dir obendrein mein liebliches, tugendhaftes Töchterlein zur Frau gegeben. Seine Majestät wird dir nichts abschlagen, um was immer du bittest.«

Zorn lähmte mir im ersten Augenblick die Zunge. Nicht nur, weil er, der Krämer, den ich als unter mir stehend erachtete, mir auf so grobe Art zu verstehen gab, wie sehr ich ihm verpflichtet sei, geriet ich in Wut – nein, mehr noch reizte mich die Bemerkung über Clarissens Liebreiz und Tugend. Damit rührte er an eine Wunde, die mich von Tag zu Tag heftiger zu schmerzen begann.

Clarissa nämlich hatte sich, nun, da die Katze einmal aus dem Sack war, als mein Ehgespons, die künftige Gräfin Kahlenberg, auftretend, mit erstaunlicher Dreistigkeit Zugang bei Hofe zu erschleichen gewußt. Hier ließ sie all ihren Charme, ihre weiblichen Künste spielen, wobei sie – so blies man mir in die Ohren – oftmals recht weit ging, um Herrn Leonardos Geschäfte zu fördern. Ich sah sie während dieser mit Vorbereitungen hektisch ausgefüllten Tage nur gelegentlich, denn sie hielt sich – wenn nicht mit Carduk auf dunklen Wegen – zumeist bei den Buden ihres Vaters auf. Sie entzog sich mir unter belanglosen Reden und tat im übrigen so, als sei ich nur eine lästige Zugabe des neuen gesellschaftlichen Ranges, auf den sie lächerlicherweise ungemein stolz zu sein schien.

Wie arg mich das damals erbitterte, vermag ich heute kaum noch nachzufühlen. Mein Stolz indes hieß mich schweigen. Jörg hingegen, nicht beschwert mit standesgemäßen Vorurteilen, schüttelte mißbilligend den Kopf: »Anselm, Bruderherz! Ermin sagt: Halte dein Weib in Zucht, wenn du nicht ihr Narr sein willst!«

»Ich pfeife auf Ermin und seine Weisheiten«, fauchte ich ihn an. »Was ich zu tun habe, weiß ich selbst! Frauen haben ihre eigenen Wege.«

Jörg grinste rüpelhaft: »Du, Anselm, Ermin hat aber auch gesagt: Wer sein Roß nicht am Strick führen kann, soll das Reiten bleibenlassen!«

Daran dachte ich, indem ich auf Leonardo hinunterblickte. Es gelang mir, meine Gefühle, die an Haß grenzten, zu verbergen. Ich lächelte: »Natürlich steh' ich zu meinem Wort! Zweifelt Ihr etwa daran? Sagt mir, was Ihr wünscht, und ich werd' es bei guter Gelegenheit Seiner Majestät vortragen... Halt!« setzte ich rasch hinzu, als er aufatmen wollte. »Man hat mich gelehrt, mein Wort gleich einem Schwur zu achten. Könnt Ihr von Euch dasselbe sagen? Darf ich ein Gleiches nicht auch von Euch wie von Clarissa fordern? Wo, zum Henker, bringt sie ihre Nächte zu? Mit welchem Recht erlaubt Ihr diesem sizilianischen Schlitzohr, dauernd um sie zu sein? Nicht von der Seite weicht er ihr. Und...«

»Oh, was das betrifft«, fiel er mir in die Rede, »Carduk ist ein ehrenwerter Mann, mir fast wie ein Bruder. Du, lieber Junge, bist recht altbacken; den Geist der neuen Zeit hast du noch nicht begriffen. An Überkommenes dürfen wir uns nicht klammern.«
Ich zitterte innerlich vor Entrüstung, entgegnete ihm jedoch kalt: »Ich erwarte, daß Clarissa sich sittsam beträgt, daß sie ihren ehelichen Pflichten nachkommt, daß sie gehorsam und tugendhaft ist, wie es sich gehört, verstanden!«
Er biß sich auf die Lippen, schüttelte abwehrend den Kopf: »Was schert mich das? Dein Gaul... Reite ihn!«
Wir wurden unterbrochen – glücklicherweise, denn meine Empörung hatte ihren Gipfelpunkt fast erreicht. Ein hochgewachsener, hagerer, dunkelhäutiger Mann trat in stolzer Haltung zu uns. Zu meiner höchsten Verwunderung erkannte ich in ihm den Narbigen.
»Ibn Dawud!« rief ich, meinen Augen nicht trauend.
Er ließ sich auf ein Knie sinken: »Der König schickt mich! Ich bin dein Sklave, Herr!«
»Wie...« sagte ich ungläubig, »Seine Majestät hat dir Gnade erwiesen? Erhebe dich! Sklaven gibt es bei uns nicht.«
So etwas wie Dankbarkeit leuchtete in seinen sonst ausdruckslosen Augen auf. »Allahu akbar! Herr, mein Leben gehört dir. Du sollst kein Fehl an mir finden.«
Solcherart vermehrte sich meine Schar um einen Mann, den ich von Tag zu Tag höher schätzen lernte. Freilich, leicht hatte es der Sarazene anfangs nicht. Jörg brummte in seinen Bartflaum, der eben zu sprießen begann. Die Knechte begegnetem ihm mit unverhohlenem Argwohn; sie gaben ihm kein gutes Wort. Am Abend rief ich ihn zu mir ins Zelt, fragte, was in drei Teufels Namen ihn dazu gebracht habe, den König anzufallen?
Er schwieg geraume Zeit. Schon wollte ich die Geduld verlieren, da sagte er stockend: »Herr, ich bin dein! Dein Leben ist mein Leben, deine Gedanken sind meine Gedanken... So möge es sein! Aber – vergib, o Herr; der hohen Frau zu Palermo hab' ich bei Allah und seinen Engeln Verschwiegenheit gelobt, ein Gleiches dem König, der alles zu wissen scheint, was unter Allahs Sonne geschieht. Nun weiß ich wahrlich nicht, wem mein Wort zu halten ich schuldig bin.«
»Ein Schwur ist ein Schwur«, beruhigte ich ihn. Und er atmete freier, ledig einer Gewissenslast, die offenbar über seine Kräfte ging.

Mir aber gab das Gespräch zu denken. Die hohe Frau ... Wer anderes konnte damit gemeint sein als jene Konstanze von Aragon, die Friedrich Roger, elf Jahre jünger als sie, auf Betreiben des Papstes vor sechs Jahren geehelicht hatte? Dem Vernehmen nach war sie weder schön, noch gutherzig, noch als Witwe seinem Alter angemessen; hingegen sollte sie recht tatkräftig, ränkevoll, in Regierungsgeschäften wohlerfahren sein. Vor allem hing sie mit Herz und Seele der Kirche an. Und so hatte Papst Innozenz, der Listenreiche, in ihr eben das Werkzeug gefunden, das seinen hegemonistischen Bestrebungen dienen konnte. Ihm mußte daran gelegen sein, einen Zusammenschluß des sizilianischen Königreiches mit dem Deutschen Reich zu verhindern. Otto, der Welfe, hatte ihm mit seinem Abfall einen Strich durch die Rechnung gemacht. Und auch Friedrich Roger, sich von Gott berufen fühlend, das Reich seines Großvaters Friedrich Barbarossa neu erstehen zu lassen, würde sich nunmehr die von der Kurie einverleibten Lehen, jene süditalienischen Fürstentümer, wieder aneignen wollen, sobald die Gelegenheit ihm günstig erschien. Das mochte wohl Innozenz um den Schlaf bringen, da er es nicht verhindern konnte. Nur ein Druckmittel blieb ihm: dem jungen, ehrgeizigen König die Kaiserkrone zu verweigern, es sei denn, Friedrich Roger leiste für alle Zukunft Verzicht auf die süditalienischen Lehen und auf Sizilien. Krönte und salbte er jedoch den Staufer nach solchem Verzicht zum Kaiser, so war damit die Gefahr beileibe nicht aus der Welt. Zu undurchsichtig erschien der Jüngling, zu unberechenbar; er war und blieb eine Bedrohung für die Machtansprüche der Kurie.
Hielt ich mir dabei den Charakter Seiner Heiligkeit vor Augen und bedachte alles, was ich je über Papst Innozenz vernommen hatte, so bot sich für ihn nur eine einzige Lösung an. Mich schauderte. Hatte das aragonische Weib etwa die Hand zu dem Anschlag gereicht? Es war nicht auszuschließen. Aller Glanz des Königtums, der mich bisher geblendet, verblaßte. Ich begann hinter der prächtigen Fassade die Menschen mit der Bosheit ihrer Herzen, mit ihren kleinlichen, selbstsüchtigen Wünschen, ihrer Eitelkeit, ihrer Dummheit zu erkennen. Auch erfaßte ich nun, obschon nicht in vollem Ausmaß, was der König gemeint haben mochte, als er gesagt: »Du, Anselm, hast, was ich niemals besessen habe!«
Aus der kalten Leere solcher Erkenntnis flüchtete ich mich in die Erinnerungen an meine Kinderzeit, sah die einfältigen Gesichter unse-

res Gesindes vor mir und die der Bauern und Pächter in unserer Nachbarschaft, entsann mich der heiligen Stille in den Wäldern um Burg Kahlenberg, im Ohr noch Vaters dröhnendes, unbekümmertes Lachen, in dem kein Falsch je gewesen war. Solche Bilder erschienen mir nun so fern wie ein versunkenes Land, in das kein Weg zurückführt. Selbst die Zisterzienser von Hardehusen, selbst der habgierige Erzbischof von Paderborn, ja – selbst mein erbschleicherischer, schurkischer Oheim erschienen mir nun in freundlicherem Licht; jedenfalls konnte man schlecht und recht mit ihnen leben.

Drei Tage vor dem Turnier meldeten sich Knechte des Königs bei mir. Vor dem Zelt legten sie einen Haubert nieder, einen schlichten, aber vorzüglich geschmiedeten Helm mit einem Busch schwarzer, roter und gelber Federn, dazu ein Gambeson aus feinem Tuch, sorgfältig wattiert, eine sarazenische Kettenbrünne, eine Stechstange aus Eschenholz, blank poliert und so leicht und federnd, man meinte fast, eine Gerte in der Hand zu halten. Das Prunkstück war der goldschwarz quergestreifte Schild mit zwei roten Rosen im oberen goldenen Balken und einer dritten im unteren. Staunend standen wir vor solcher Pracht. Mir waren die Tränen nahe vor Rührung und Dankbarkeit; selbst für einen König war dies eine nicht geringe Gabe.

Leonardo kratzte sich hinter dem Ohr. Clarissa indes, die sich aus Neugier eingefunden, begleitet vom unvermeidlichen Carduk, verzog nur spöttisch den Mund, sagte mit vorgegebener Anteilnahme: »Wahrhaftig, mein lieber Gemahl, wie ein Pfauhahn wirst du ausschauen und die Herzen all der feinen Dirnlein entflammen, die dem Tjosten zusehen. Gib nur gut acht, damit du kein Rad schlägst und dir die schönen Federn knickst.« Damit klopfte sie mir gönnerhaft auf die Schulter und tänzelte mit dem Sizilianer davon.

Jörg blickte noch finsterer drein als ich, obschon aus anderem Grund. Es kränkte ihn nämlich, daß er kein Geschenk erhalten hatte. »Ermin sagt: Hoffart kommt vor dem Fall«, nörgelte er ungehalten. Ich schnitt ihm jedoch das Wort ab, indem ich ihm anbot, er möge die prächtige Rüstung doch statt meiner tragen.

Betrübt schüttelte er den Kopf: »Nein, Anselm! Ich zweifle zwar nicht daran, daß ich jeden dieser aufgeputzten Fürsten und Ritter mit Leichtigkeit ausstechen kann, denn ob ich gleich Stroh im Kopf hab', wie du immer sagst, was ich nicht liebreich finde, meine Kraft und Geschmeidigkeit sind jedenfalls allüberall bekannt. Und Ermin, der mich's gelehrt hat, sagt, ich brauche mich vor den besten Tjostern nicht zu verstecken. Mir macht's nichts aus, wenn du glänzt, Anselm, und Ruhm gewinnst. Ich bin dein Gesell, wie jedermann weiß; da fällt auch ein Abglanz auf mich.«

Ibn Dawud, ein Meister in allen ritterlichen Fertigkeiten, wie sich inzwischen herausgestellt hatte, half mir beim Anlegen der Rüstung. Mir war nicht entgangen, daß er den Sizilianer aus verkniffenen Augen zu belauern pflegte, wie ein Luchs, der sich zum Sprung duckt. Natürlich wußte er längst über Carduk Bescheid und daß ich durch ihn und Clarissa zum Gespött des Lagers geworden war. Jetzt, als wir uns endlich einmal miteinander allein fanden, raunte er mir auf Arabisch zu: »Nimm dich in acht, ya Sid! Der ungläubige Hund, der um dein Weib herumbalzt wie ein Auerhahn um die Henne, sinnt Arges gegen dich. Letzte Nacht ertappte ich ihn bei den Pferden...«

Leichtfertig schlug ich die Warnung in den Wind. Was hätte Carduk mir antun können? Chaleel war gut bewacht und in bester Form; auf die Ergebenheit und Zuverlässigkeit meiner Knechte konnte ich bauen. Es bekümmerte mich allerdings, daß ich mir ohne eigenes Zutun die Feindschaft eines solchen Burschen zugezogen hatte. Was war der Grund? Unbewußt nagte und bohrte die Frage in mir, obwohl ich sie aus meinen Gedanken zu verdrängen suchte. Ob Fürst, ob Knecht, wer ist schon vor böswilligen Neidern sicher? Holofernes lebt unter uns; und in manch einem Weib mag eine Judith stecken.

In der Frühe des Turniertages, lange vor Sonnenaufgang, kleidete ich mich sorgfältig an. Ein grüner Schimmer im Osten über dem Wurmtal und den Haarener Höhen verhieß einen sonnigen Tag. Über den Auen der Sörs lagerten Nebelbänke; weißliche Schwaden wanden sich um Zelte, Buden und Wagen; sie ließen alle Konturen verzerrt erscheinen. Während der Nacht hatten unzählige Schaulustige sich an den Hängen von Lous- und Salvatorberg niedergelassen. Jörg und Ibn Dawud hatten die Rosse vor das Zelt geführt. Sie striegelten Chaleel, putzten ihn, überprüften nochmals das Sattelzeug und schmückten ihn zuletzt mit bunten Bändern, Federn und Blumen.

Ich bebte vor Aufregung, gab mir jedoch den Anschein kühler Gelassenheit. Clarissa brachte eine Schale mit heißer Rinderbrühe. Sie lächelte mir auf ihre liebreizende Art zu und mein geheimer Groll schmolz im Nu dahin. Irgend jemand warf Holz auf das Feuer, das vor dem Zelteingang gloste. Hoch schlugen die Flammen empor, so daß unsere Gestalten hell beleuchtet wurden. Die Suppe verbrannte mir die Lippen; deshalb stellte ich den Napf auf einem Baumstumpf ab, wobei ich mich niederbeugte. Das rettete mich.

Ein Pfeil, aus dem Dunkel zwischen den Zelten gezielt, surrte dicht an meinem Ohr vorüber; ich spürte den Lufthauch auf der Wange. Hinter mir gellte ein Schrei. Lude wälzte sich an der Erde. Ich riß einen brennenden Ast aus dem Feuer und eilte zu der Gruppe von Leuten hin, die sich um den Getroffenen scharten. Der Pfeil stak ihm in der linken Schulter. Sehr ernst zu nehmen war die Verletzung augenscheinlich nicht.

Da sah ich Ibn Dawud durch den Lichtschein des Feuers springen und zwischen den Zelten verschwinden. Gleich darauf trat der Sizilianer zu uns. »Seid Ihr verwundet, Herr Anselm?« rief er. Und als er sah, es hatte einen anderen erwischt, brummte er mürrisch: »Dank dem Himmel und allen Heiligen!« Das klang so offenkundig enttäuscht, daß ich aller Bestürzung zum Trotz laut lachen mußte.

Wenig später kehrte Ibn Dawud zurück. Er wischte sein langes, sichelförmiges Dolchmesser am Rocksaum ab, mit dem Daumen über die Schulter deutend: »Dort liegt er! Ein Fremder; nie zuvor sah ich ihn.«

Niemand sonst kannte den Mordbuben. Seine Taschen waren leer bis auf vier oder fünf italienische Scudi, die das Bild des Papstes zeigten. Daraus ließ sich nichts schließen. Oder doch? Beklommen starrten wir auf den Toten. Ein böses Omen, mochte der eine oder andere denken. Ich hob den Kopf und sah Carduk gerade in die Augen – eine Ewigkeit, dünkte mich, bis er den Blick senkte und sich abwandte.

Als erste Sonnenstrahlen gleich Auroras rosigen Fingern den nun blaßblauen Himmel streichelten, riefen die Hornisten des königlichen Heroldes zum Turnier. Der kriegerische Ton mischte sich mit friedlichem Glockenklang und dem Krächzen der Krähen, die in Schwärmen über dem Lager kreisten. Ich ritt – nicht eben hochgestimmt, wie sich denken läßt – nach dem Paradefeld, wo die zum Tjosten bereiten Kämpfer sich aufstellten – je nach Rang und Ansehen, vorne die großen Herren mit ihren Knappen, dann die Grafen und Freiherren, hinter ihnen die jungen Edelinge, die sich heute Schwert und Sporen verdienen wollten. Ich verdrückte mich in die letzte Reihe.

Über blinkende Lanzenspitzen und Helme, über wallende Federbüsche, nickende Pferdeköpfe hinweg sah ich durch eine Lücke im Wall

der Leiber auf den Turnierplatz, der mit dicken Strohmatten ausgelegt war. Auf der Tribüne, mir gegenüber, thronte der König in seinem weißen Gewand, fremd und fern wie ein Götterbild. Um ihn her wallten Banner, flatterten Wimpel, glänzte, glitzerte, funkelte das Geschmeide der Höflinge und Damen. Der Anblick – wie lange hatten wir alle ihm entgegengebebt – ermüdete meine Augen, stieß mich ab, entbehrte irgendwie der Wirklichkeit, in der ich bisher gelebt hatte. Ich war überzeugt, daß ich eine demütigende Niederlage erleiden würde. Ein Gefühl in mir hieß mich fliehen; mein Verstand indes mahnte, hierzu sei es zu spät. In dieser Welt muß kämpfen und siegen, wer nicht unter die Füße getreten werden will.
Stunden verstrichen, bevor ich an die Reihe kam. Hunger und Durst plagten mich. Ich schwitzte unter Helm und Kettenhemd. Chaleel ließ die Ohren hängen. Ich sah, wie stattliche Ritter widereinander rannten, wie dieser oder jener aus dem Sattel geworfen, von seinen Knappen fortgetragen wurde, vernahm das Krachen splitternder Lanzenschäfte, das Klirren von Schwertern, Roßgewieher, aufrauschendes Beifallsgeschrei. Staub und Blutdunst stiegen mir in die Nase. Und über all das wie eine azurene Kuppel gespannt, der klare, seidig blau schimmernde Sommerhimmel.
Alles Gepränge, Trompetengeschmetter, der laute Jubel täuschten mich nicht über das Mörderische, das urzeitlich Primitive des geistigen Hintergrundes bei dieser Art von Festlichkeit hinweg. Man pries den Sieger, schmückte ihn, umschmeichelte ihn. Wer aber geworfen wurde, verlor außer dem Ansehen auch Rüstung und Roß, oft seine ganze Habe, sowie unter Umständen des Herrschers und dessen Schranzen Gunst.
Dergleichen Gedanken hätte ich freilich nicht in Worte zu fassen gewagt; es wäre das recht unklug gewesen, denn die jungen Krieger vor und neben mir rasten ja geradezu vor Begeisterung. Für und wider nahmen sie Partei. Und so sehr gerieten sie dabei in Harnisch, daß manche von ihnen sich gegenseitig Fehde ansagten oder gar auf der Stelle ihre Schwerter zückten.
Längst war ich nicht mehr so gänzlich Herr meiner Sinne, als der Herold, ein Markgraf, mich durch den Hornisten in die Schranken rief. Ich zuckte zusammen. Chaleel erwachte aus seinem Dahindösen, bäumte sich wiehernd auf. Die Lanze fester packend, sprengte ich in den Ring. Erstauntes Gemurmel begleitete meinen Einzug, waren

doch Wappen und Farben der Kahlenberger keineswegs unbekannt. Auch wußte man, daß mein Vater ein Lehnsmann der Welfen war.

Mir gegenüber, am jenseitigen Rande des Feldes, erblickte ich eine riesenhafte Gestalt auf einem schwarzen Roß, hoch wie ein Turm – Pferd und Mann vom Geschlechte Goliaths. Das Herz sank mir in die Stiefel. Das Visier geschlossen, führte er ein rotes Wappen mit einem weißen springenden Pferd auf seinem Schild. Auch die Satteldecke sowie die Federbüsche auf Kuppelhelm und Pferdekopf leuchteten in den gleichen Farben. Ein Welfe–? Und nun glaubte ich ein gutmütig spottendes Lächeln auf den Zügen des Königs wahrzunehmen. Wollte Friedrich Roger mich auf die Probe stellen? Hatte er mir mit Absicht diesen achtunggebietenden Enakssohn zum Gegner ausgewählt?

Mein Hengst kannte kein Zaudern. Mein Widerpart so wie auch ich senkten die Lanzen. Im Augenblick, da ein zweiter Hornstoß den Kampf freigab, sprang Chaleel an, nicht Zügels noch Schenkeldruckes bedürfend. Er wußte, um was es ging. Er wich dem großen Gaul, der schwerfällig, strotzend vor Kraft und Hochmut, auf uns zugepoltert kam, nur um die Breite einer Hand aus, so daß es mir glückte, die Lanze des Riesen abzuwehren. Unsere Knie prallten gegeneinander. Der Schmerz verscheuchte meine Benommenheit. Wir schossen, inmitten einer atemlosen Stille, aneinander vorbei, rissen die Rosse auf der Hinterhand herum.

Chaleel mochte erkannt haben, wie sehr ich mich, kleiner als mein Gegner, hier im Nachteil befand, denn beim zweiten Anlauf jagte er genau auf das Riesenvieh los, so daß es sich erschreckt aufbäumte, und er wich erst zur Seite, als meine Stechstange die Schulter des rotweißen Ritters traf. Der flog aus dem Sattel; unter Krachen und Klirren klatschte er auf die Matte. Das Pferd aber, jäh seiner Last entledigt, stolperte, brach in die Knie, überschlug sich infolge seiner zu hohen Geschwindigkeit und blieb, ein Dutzend Sprünge von seinem Reiter entfernt, auf dem Rücken liegen.

All das hatte sich so schnell zugetragen, dünkte mich so mühelos, daß ich erst wieder recht zu Bewußtsein kam, als frenetischer Jubel aufbrandete. Zittern befiel mich. Eiseskälte wehte um meine Schläfen. Mir schwindelte; ich mußte die Augen schließen, vor denen das weite Rund des Turnierplatzes samt der schreienden, gestikulierenden Volksmenge um mich kreisend, verschwamm. Glücklicherweise verhielt Chaleel im Stand, so als sei er aus Bronze gegossen. Als die

Beifallsstürme ihre größte Lautstärke erreichten, hob er den Kopf und schmetterte ein schrilles triumphierendes Wiehern gen Himmel. Besser als ich wußte er, was sich gehört und erntete lobendes Gelächter. Da hob auch ich salutierend Arm und Lanze, grüßte dankend. Dann trat ich den Rundritt an, indem ich den Helm abnahm, den Hengst zur Tribüne lenkte und das Haupt vor dem König neigte. Friedrich Roger lächelte mir huldvoll zu; in seinem Blick vermeinte ich so etwas wie Erleichterung, ja sogar Befriedigung zu erkennen. Unterdessen trugen Knappen und Knechte den rot-weißen Ritter sowie auch sein Roß vom Platz.

Während die Gefährten mich beim Zelt freudig erregt umringten, zeigte Herr Leonardo eine saure Miene. »Was fiel dir ein, Anselm, den Herrn Ritter aus dem Sattel zu stechen? Man hört, er sei schwer verletzt. Vielleicht muß er sterben. Gott verhüte es!«

Verwirrt, ja, geradezu bestürzt, starrte ich ihn an: »Wie meint Ihr das? Ist nicht ein Gegner dazu da, besiegt zu werden? Was anderes erwartet Ihr denn von mir als nach dem Sieg zu streben?«

»Ein Pyrrhussieg, bester Eidam! Das mag uns allen noch teuer zu stehen kommen. Ja, wußtest du denn nicht, wer jener Ritter ist? Laut genug rief der Herold seinen Namen...«

»Ich überhörte es!«

»Du hast dir gefährliche Feinde gemacht und mir großen Schaden.«

Jörg hatte mit offenem Munde unseren Reden gelauscht. Jetzt warf er grollend ein: »Ermin sagt, wer sich in Gefahr begibt, kommt darin um! Anselm, Bruderherz, du hast ganz recht getan. Der Kerl war ja viel größer und stärker als du. Mein Herz klapperte wie eine Wassermühle, als ich euch widereinander reiten sah. Und was der Herr Leonardo damit zu schaffen hat, das begreife, wer will. Aber ich hab' ja Stroh im Kopf, wie du immer...«

»Ich – zu schaffen...« unterbrach der Kaufherr ihn giftig. Immerhin ist der Baron von der Mark einer meiner besten Abnehmer im Braunschweigischen, zudem ein Lehnsmann der Welfen – wie dein Vater, Anselm! Schon deshalb hättest du ihm Rücksicht geschuldet.«

Jörg tippte sich an die Stirn. Ibn Dawud und die Knechte blickten drohend drein. Indes, bevor noch die Auseinandersetzung in offenen Streit ausarten konnte, trat ein Page zu uns. Er überreichte mir einen Strauß wundervoller, mir völlig unbekannter Blumen, an dem eine blonde Haarsträhne befestigt war.

»Von der Contessa de' Ricci«, sagte er, sich höfisch verneigend, »und daß Ihr beim Minnen ebenso tapfer sein möget wie beim Tjosten ...«
Ich ersuchte ihn, der Contessa meinen ergebensten Dank zu übermitteln: ich würde mir Mühe geben ... Zu meinem Ärger errötete ich.
Herr Leonardo zeigte sich noch verdrossener als zuvor. Er nagte schweigend an seinen Knöcheln. Clarissa brachte mir einen Becher Burgunderwein. »Puh«, stichelte sie, indem sie mit dem Finger nach den Blumen schnippte, »welch ein Gestrüpp, nur gerade recht zum Zeltausfegen. Ich würd' dir ja Rosen schenken, hätt' ich sie nur zur Hand. Eine Contessa – bah! Sie hat mir gleich nicht gefallen, so hochnäsig, wie die ist.«
In meiner Siegesfreude hatte ich Clarissa in die Arme schließen und küssen wollen. Die Freude erlosch jedoch wie eine Kerzenflamme im Zugwind. Ich wandte mich gekränkt, durch ihre Worte erkältet, von ihr ab. Auch in dieser Nacht schlief ich in meinem Zelt allein und meine Gedanken waren nicht bei meinem Weib.
Beim Turnier der Knappen am folgenden Morgen schnitt Jörg ebenfalls hervorragend ab. Er besiegte drei Gegner und zeigte atemberaubende Künste beim Reiten und Waffengebrauch. Nach dem Mittagsmahl fand die feierliche Verleihung der Ritterwürden statt.
Zu meiner Verwunderung sah ich mich an erster Stelle der langen Reihe von Auszuzeichnenden. Das war mir gar nicht recht, zumal Leonardo mir mit seinem Gerede einen Floh ins Ohr gesetzt hatte. Irgendwie fühlte ich mich mißbraucht, als Werkzeug finsterer Machenschaften. Um kein Aufsehen zu erregen, kleidete ich mich in das schlichte Gewand, das der Kaufmann für mich hatte schneidern lassen, hob mich daher kaum von der Schar simpler Landjunker ab, die heute ebenfalls mit Schwert und Ritterwürde beliehen wurden.
Inmitten des Turnierfeldes hatte der König seinen Thron, flankiert von Bannern und Wimpeln, zu ebener Erde aufstellen lassen. Eine Anzahl hoher kirchlicher Würdenträger und Reichsfürsten sowie lange Linien Gewappneter und hinter ihnen die Menge der Zuschauer umgaben ihn. Als ich durch die freigelassene Gasse in den Ring einritt, vor dem König anhielt, aus dem Sattel sprang und vor ihm niederkniete, verstummte die Musik der Tamburine, Flötisten und Pfeifer.
»Herr Anselm von Kahlenberg«, sprach der König mit erhobener Stimme, die weithin in die Stille klang, »das war eine rechte Tjost. Wie konntet Ihr wagen, den roten Ritter in direktem Anlauf anzugehen?

Herr Ernest ist um so vieles stärker und im Kampfe erfahrener als Ihr. Und dann die Volte im einzig richtigen Augenblick... Ein Meisterstück!«
Ich errötete, denn all das sei, meinte ich, ohne mein Zutun geschehen, obschon Ermin seinerzeit keine Gelegenheit versäumt hatte, mir seine Lehren einzuprägen.
»Herr, das Lob gebührt meinem Roß!«
»Du hast mich nicht enttäuscht«, murmelte Friedrich Roger hinter vorgehaltener Hand. Laut sagte er dann: »Gelobt Ihr, Herr Anselm, allezeit Gott und Eurem rechtmäßigen Gebieter in Treue zu dienen?«
»Ja, bei meiner Ehre, Herr!«
»Seid Ihr bereit, allezeit in allen Dingen Zucht und Maß zu halten, die Schwachen zu stützen, Witwen und Waisen zu schirmen, die Hungernden und Dürstenden zu laben, Freund der Guten zu sein, Feind den Bösen? Werdet Ihr das Recht wahren und verteidigen, das Unrecht meiden und es ahnden, wo immer Ihr es findet?«
»Ja, das will ich! Von ganzem Herzen...«
Friedrich Roger seufzte, wie aus einem Wissen, das mir verborgen war: »So Euch Gott der Herr dazu die Kraft verleiht! Das Böse – müßt Ihr wissen und Ihr werdet es erfahren –, die Sendboten Satans umdrängen uns in mancherlei Gestalt. Man kann sie nur schwer erkennen, am schwersten in sich selbst. Merkt Euch, Herr Anselm: Tapferkeit, Güte, redliches Tun und Frömmigkeit gehen Hand in Hand. Diese Tugenden erst machen den Ritter!«
Er streckte die rechte Hand aus und der Seneschall, der hinter ihm stand, legte den Griff eines Schwertes hinein, das Herr Siegfried von Mainz, der Erzbischof, zuvor gesegnet hatte. Mit der blanken Klinge berührte Friedrich Roger leicht meine Schulter. »Mögest du ein rechter Ritter sein, Anselm von Kahlenberg! Gottes Segen sei mit dir.«
Mit eigener Hand umgürtete er mich mit einem vornehm schlichten, jedoch sehr kostbaren Wehrgehänge, zog einen Goldring vom Finger, der – ich sah es mit Staunen – das Kahlenberger Wappen trug, und steckte ihn mir an. Wie im Traum erhob ich mich, verneigte mich, schritt, meinen Hengst am Zügel führend, wie auf Wolken aus dem Ring.
Dem guten Jörg, der als nächster mir folgte, wurden ähnliche Ehrungen zuteil. Nur nahm er die Dinge nüchterner: »Ein Ritter bin ich ja nun«, brummte er. »Aber – wo ist das Land, auf dem ich Herr sein

soll? Ob ich wohl je ein Lehen erhalte, sei es auch noch so klein? Bis dahin ... Wer kleidet, wer nährt mich? Ermin sagt: Schau' auf die Tat; Worte sind billig! Einen Ring bekam ich nicht. Auch ist mein Schwert nur halb so viel wert wie das deinige. Aber ich gönne es dir, Anselm; glaub' ja nicht, daß ich neidisch bin. Ich hab' nun mal mein Glück auf deinen Stern gesetzt.«

15.

Im Spätherbst des zweiten Jahres, das ich im Gefolge Friedrich Rogers zubrachte, ritt ich von Würzburg aus, wo der König Hoflager hielt. In meiner Begleitung befand sich nur Ibn Dawud, denn Jörg, den ich mir zum Gefährten gewünscht, war unabkömmlich. Er befehligte nämlich eine Abteilung berittener Reisiger, welche der König in Sold genommen.

Wir waren einfach, jedoch anständig gekleidet, etwa wie bürgerliche Gewerbetreibende, um feindlichen Späherblicken so wenig wie möglich aufzufallen. In unseren Geldkatzen freilich, die wir um den Leib geschlungen unter den Röcken trugen, klirrten verräterisch goldene und silberne Münzen.

Während wir schweigend über kahle Felder, bereifte, nebeldunstende Heiden und durch die im bunten Blätterschmuck prangenden Wälder zogen, wo im Abenddämmern brünstige Hirsche röhrten, bergauf, bergab, größere Ortschaften und dichter bewohnte Gegenden meidend, gingen mir mancherlei Gedanken und Erinnerungen durch den Sinn.

Ich entsann mich des freudigen Aufatmens in der Umgebung des Königs, als im Jahre nach der Krönung Papst Innozenz zu Perugia plötzlich verstarb und die Kardinäle den Kardinalkämmerer Cencius unter dem Namen Honorius III. zum Oberhaupt der Christenheit erwählten. Dem neuen Heiligen Vater ging der Ruf voraus, er sei friedlich gesonnen, auf Versöhnung und Ausgleich mit den weltlichen Machthabern bedacht, ein frommer Christ und von Herzen gut. Während so die Gutgläubigen, Einfältigen jubilierten, hoffend, des Streitens und Mordens sei nun ein Ende, lächelte Friedrich Roger dazu nur bitter. Mir gegenüber äußerte er sich dahin, dieser Honorius sei genau der Mann, der seiner Natur nach für den Heiligen Stuhl durchaus nicht tauge.

In der Tat, die Wirren im christlichen Abendland nahmen von Tag zu Tag schlimmere Formen an. Grollend, Rache brütend, lauerte Kaiser Otto zu Braunschweig auf den Moment, in dem seine Feinde sich eine Blöße geben würden. England, Frankreich und Spanien führten blutige Kriege gegeneinander oder gegen die Aufständischen in ihren eigenen Völkern. Nicht anders sah es in Italien aus, wo eine Stadt die andere, ein Fürst den anderen bekämpfte und die Kurie machtlos war. Hatte die noch von Innnozenz auf dem Laterankonzil zu Rom durchgesetzte Kreuzzugssteuer schon viel böses Blut beim niederen Klerus erregt, so führte der Erlaß zur Verfolgung der Ketzer, die Einführung von Inquisition und der Ketzergerichte in manchen Gegenden zu offener Rebellion. Viele der von dem französischen König Heinrich gnadenlos verfolgten Albigenser retteten sich auf deutsches Gebiet.
Das, freilich, nützte ihnen nicht viel, denn auch hier war die Hölle los. So, wie die Fürsten, ihres Königs Gebote wenig achtend, widereinander stritten, so auch die Barone, Grafen, Freiherren und edlen Ritter. Blutige Fehden, arglistige Intrigen, Klagen und Gegenklagen machten Friedrich Roger das Leben schwer. Sendboten aus den verschiedensten Gegenden, ja selbst aus Rom und aus Jerusalem, wo die Christen, verfolgt, bedrückt durch den Sultan Alaldil, vom deutschen König Beistand erwarteten, den er unmöglich zu leisten vermochte, Bittsteller jeglicher Art, trafen alltäglich am Hofe ein und belagerten hartnäckig die königliche Kanzlei. Ein Wirbel von undurchschaubaren, verwirrenden Vorgängen!
Gar vieles hatte ich während dieser Zeit gelernt, ohne mir dessen recht bewußt zu werden. Ich hatte am Feldzug gegen den unbotmäßigen Grafen von Nancy teilgenommen, hatte als geheimer Botschafter Friedrichs den Erzbischof von Bremen sowie auch den König von Dänemark aufgesucht, um sie in ihrem Kampf gegen Kaiser Otto zu bestärken. Aus dem Morgenland erreichten uns die widersprechendsten Nachrichten.
Das im Vorjahr dorthin aufgebrochene Kreuzheer unter Wilhelm von Holland und dem Ungarnkönig Andreas – der dann einer Revolte wegen auf halbem Wege hatte umkehren müssen – war, nachdem man es als vernichtet beklagt, glücklich bei Akko gelandet. Es belagerte nun, geführt von Johann von Brienne, die ägyptische Feste Damiette. Auf Alaldil, den grausamen Bruder Saladins, war Sultan Al-Kamil

gefolgt, dessen Sendlinge, vor kurzem erst eingetroffen, Friedrich Roger mit guten und klugen Worten beschworen hatten, sich für friedliche Unterhandlungen zwischen Moslims und Christen einzusetzen. Erfolge konnte eine solche Unternehmung jedoch erst dann zeitigen, wenn König Friedrich zum Kaiser des Römischen Reiches erhoben und damit im Besitz der notwendigen Machtbefugnisse war. Allein, noch galt ja Otto, wenn auch geächtet und gebannt, als der legitime Träger der Kaiserkrone. Kaum anzunehmen, er werde freiwillig auf seinen Anspruch verzichten.

Mit diesem Sachverhalt stand das vertrauliche Schreiben Friedrich Rogers in Zusammenhang, das ich in einem versiegelten Lederbeutel bei mir trug. Fiel es in unrechte Hände, so waren die Folgen gar nicht abzusehen. »Ich vertraue dir, Anselm!« hatte der König gesagt, indem er mir unter vier Augen das gefährliche Dokument übergab. »Niemand darf davon wissen als allein Herr Otto von Braunschweig. In deine Hände leg' ich das Geschick des Reiches. Versagst du, wird es dich Ehre und Leben kosten, und mich die Krone. Aber Gott ist bei denen, die reinen Herzens sind!«

Nein, Jörg wäre doch wohl nicht der rechte Begleiter für mich gewesen. Ibn Dawud indes, der schweigsame, finster dreinblickende Bekenner Mohammends, erwies sich vom Augenblick des Ausrittes an als ein wahrer Fels der Treue. Als wir im Dunkel der Nacht vom Marienberg herabgetrabt kamen, verhielt er plötzlich seinen Gaul, sprach mit heiserer, gedämpfter Stimme, die wie ein Flüstern im Winde klang: »Bei Allah, ya Sid, warum vertraust du mir? Ich, der ich unseren Gebieter, den König, habe töten wollen, könnte ich nicht noch immer ein verkappter Mörder sein?«

Bei diesen Worten – ich gestehe es – überlief es mich kalt.

»Das steht bei Gott!« entgegnete ich ernst. »Er allein kennt alle unsere Gedanken, die guten wie die bösen. Soll ich weniger großherzig sein als unser edler König, der dir verziehen hat? Und sagtest du nicht, dein Leben gehöre mir? Nun wohl, Bruder Dawud, ich lege meines in deine Hand!«

Ich glaubte eine Art Schluchzen zu hören; aber dann klang seine Stimme so fest und beherrscht wie bisher: »Ich danke dir, ya Sid! Deine Worte sind wie Balsam auf schmerzende Wunden. Nicht ohne Grund sprach ich so zu dir. Wisse, daß mir ein Knecht des Bischofs von Straßburg, der versippt mit den Habsburgern ist, zehntausend Scudi geboten hat für den Fall, daß der Brief, den du bei dir trägst, den Kaiser Otto nicht erreicht...«

Ich pfiff durch die Zähne. »Weht daher der Wind? Woher weißt denn du von dem Brief? Kein Mensch war zugegen, als der König ihn mir übergab. Kein Auge kann ihn erblickt haben, außer Seiner Majestät und mir.«

Ibn Dawuds Raubtierzähne blitzten durch das Dunkel. Er lachte lautlos in sich hinein. »Was glaubst du, ya Sid! Das alte Gemäuer auf dem Marienberg hat Augen, die alles sehen, Ohren, die alles hören. Welcher Herr wäre je sicher vor der Schnüffelei und der Klatschsucht der ihm Dienenden? Man schwatzte über den Brief in den Gesindestuben, mutmaßte sogar, was darin stehen mag. Wieviele Spitzel gibt es nicht unter Höflingen, Knechten und Mägden... Boten sind längst auf dem Weg. Das wird ein gefährlicher Ritt für uns, ya Sid!«

Damit behielt er recht. Den alten Heerweg nach Meiningen und an der Weser abwärts benutzten wir nicht, war doch viel vagabundierendes Volk auf den Straßen – verelendete Bauern, deren Höfe in Flammen aufgegangen, deren Äcker verwüstet waren, entlaufene Mönche und Nonnen, verfolgte Häretiker, Sektenprediger, verabschiedete Kriegsknechte, Spielleute, Galgenvögel jeglichen Gefieders. Aller Welt Feind, so zogen sie stehlend, raubend, sengend, mordend bald hierhin, bald dorthin. Und wenn wir des Nachts auf Seitenpfaden über die Berge ritten, sahen wir nicht selten Flammenschein über den Wipfeln, trafen auch wohl auf eine Hofstatt, zwischen deren noch rauchenden Trümmern die Leichen erschlagener Frauen und Kinder lagen, die Reste geschlachteten Viehs und fortgeworfenes Beutegut. Ein scheußlicher, die Brust beklemmender Verwesungsgestank hing dort noch tagelang in der Luft.

Klopften wir bei einem Gehöft um Nahrung oder Obdach an, so traten uns dessen Bewohner zumeist mit finsterer Miene, Messer, Sense oder Axt in der Faust, entgegen. Die Kinder – erblickten sie uns – flüchteten kreischend, in wilder Hast. Oft währte es lange und brauchte manch gutes Wort, bis wir Vertrauen bei den Geängstigten fanden. Und dann vernahmen wir Schreckliches aus ihren wutverzerrten Mündern. »Herr«, jammerte ein Einödbauer im Thüringischen, »wann wird das Unheil enden? Glaubt Ihr, Friedrich der Staufer kann uns den Frieden bringen?«

»Er kann und er wird!« entgegnete ich auf solche Fragen.
Mit dem Raubgesindel wären wir noch fertig geworden, denn solche Leute sind für gewöhnlich Feiglinge, nur mutig, wenn in der Überzahl. Ein gutes Schwert, kühnen Mut und die Autorität des Rechts fürchten sie mehr als Hölle und Teufel. Jedoch, schon in Meiningen, wo wir die Werra auf der alten Holzbrücke – der einzigen weit und breit – überqueren mußten, bemerkten wir, daß uns aufgelauert wurde. Ungeachtet des königlichen Geleitbriefes, den ich den Stadtwächtern vorwies, hielten sie uns mit dummen Ausflüchten eine Weile unter dem Tor fest. Ich sah einen jungen Reiter in vollem Lauf über die Brücke sprengen und zwischen den Bäumen am jenseitigen Ufer verschwinden. Ibn Dawuds Mundwinkel zuckten verächtlich; er äußerte sich nicht.
Jenseits, eine halbe Meile flußab von der Brücke, deutete er wortlos zum Hang hinauf, der mit Eichen, Buchen und Dorngestrüpp dicht bestanden war. Ich begriff... Wir stiegen ab, wanden uns, die Tiere am Zügel führend, durch das Unterholz, bis der Sarazene eine Stelle fand, von wo aus ein Teil der Straße und des Flusses sich übersehen ließ.
»Weit kann ihr Hinterhalt nicht sein«, brummte mein Gefährte, indem er gleich einem Falken hinabspähte. »Der Bube hatte es gar zu eilig. Kommen wir nicht, wie die sich's gedacht, so werden die Buschklepper meinen, wir hätten den Weg verfehlt. Sie werden nach uns schauen, denk' ich.«
Und wirklich, nicht lange währte es, da klapperte Hufschlag vom Ufer herauf. Eine Schar Bewaffneter trabte, in Staub gehüllt, die Straße entlang. Weder Wappen noch Farben führten sie. Ich sah einen von ihnen über die Brücke zum Stadttor reiten, wo er sich mit den Wächtern besprach.
Der Sarazene nahm sein Roß beim Zaum. Wir kehrten nach der Straße zurück, wo wir aufsaßen. Mir klopfte das Herz – nicht vor Furcht, ach nein, weil Kampfeslust sich in mir regte. Wer jung ist, lebt dem Augenblick, jederzeit auf das Unerhörte gefaßt.
»Sie werden Posten dagelassen haben«, überlegte Ibn Dawud. »Reite voraus, ya Sid! Ich deck' dir den Rücken.«
Anderthalb Meilen weiter trat der Berghang dicht an den Fluß. Ibn Dawud richtete sich im Sattel auf, hob das Kinn der Enge entgegen: »Jetzt gilt's!«

Ich gab dem Hengst die Sporen und Chaleel flog in gestrecktem Galopp auf die Felsnase zu. Einen Warnruf glaubte ich zu vernehmen... Ja, und da waren sie, zwei Lanzenreiter. Sie hielten hier mitten auf dem Weg; an keiner Seite blieb Raum für mich. Die Lanzen hatten sie noch nicht eingelegt; allzu plötzlich kam ihnen unser Angriff. Jeder andere Gaul würde vor dem Hindernis gescheut haben. Chaleel aber, mein braver Chaleel, begriff, was ich im Sinn hatte. Gleich einem Rammbock fuhr er zwischen die beiden Pferde, die sich schnaubend aufbäumten.
Ich duckte mich unter der sausenden Klinge des rechten Reiters hinweg, schmetterte ihm die Schneide meines Schwertes auf den eisernen Helm, so daß Funken stoben und der Klang in den Hügeln widerhallte. Der Reiter zur Linken wurde von dem Sarazenen aus dem Sattel geworfen. Über die Schulter blickend, sah ich, wie er sich überschlug und die Uferböschung hinab ins Wasser rollte, wo er wie ein Stein versank. Ich zügelte den Hengst, im ersten Augenblick gesonnen, dem Ertrinkenden beizuspringen. Mein Gefährte jedoch deutet im Vorbeijagen nach vorn: »Vorwärts, vorwärts, ya Sid! Noch sind wir nicht sicher...«
Sicher? Was scherte mich das? Mein Blut brodelte in den Adern. Ich traute mir zu, es mit sämtlichen Schwartenhälsen der Welt aufzunehmen. O Jugend!
Aus solcher Hochgestimmtheit heraus kam mich die Lust an, meines Vaters Burg aufzusuchen, obwohl dies mit einiger Gefahr für mich verbunden sein würde. Ibn Dawud, als ich ihm während der Mittagsrast meine Absicht kundtat, hörte mich stirnrunzelnd an. Nachdem er lange darüber gebrütet hatte, meinte er: »Was du da vorhast, dürfte sehr unklug sein! Bedenke, der Brief ist das Wichtigste. Um ihn geht's; um ihn allein. Aber – wär' ich an deiner Statt...« Er zuckte die Achseln. »Ja, ich dächte wie du.«
Mein Herz war so voll; ich hätte ihn umarmen mögen. Im übrigen, da wir uns abseits hielten, fanden wir keinen Menschen, der uns hätte sagen können, wo der Kaiser sich zur Stunde aufhielt – ob in Braunschweig oder in einer seiner Pfalzen.
Wir ritten also, jetzt meistens bei Nacht, querfeldein, über weite, menschenleere Heiden, wo Wacholderbüsche wie erstarrte Wächter im Nebel standen, durch Sumpf und Busch, Bäche und Flüsse querend. Die Rosse tränkten wir aus stillen, dunklen Quellteichen, in

denen sich das Himmelsblau mit weißen Wolken spiegelte. Einen Tag verschliefen wir in der Steinkammer eines Hünengrabes, das ein verschollenes Riesengeschlecht hier vor Zeiten erbaut hatte.
Und weiter polterten die Hufe unserer Pferde, talauf, talab, durch schattige Buchenwälder, lichte Eichenhaine, düstere Tannenforsten, wo das Wild, der Menschen ungewohnt, so zahm war, daß wir ohne Mühe ein Häslein oder ein Reh erlegen konnten, wenn die Vorräte zur Neige gingen. Fern war uns die Welt der Menschen; fern waren die lauten, schmutzigen Städte, die von Vaganten wimmelnden Heerstraßen. Nachts heulten Wölfe den Vollmond an. Dann und wann trottete ein brauner Bär bei unserem Nahen, verdrießlich brummend, in die Dickung. Die Zeit schien stillzustehen. Kassel mit seiner Burg, dem Sitz des Landgrafen von Thüringen, ließen wir zur Rechten liegen, sorgsam darauf bedacht, daß kein Menschenauge uns sah. Im Schutze der Dunkelheit setzte ein wortkarger Ferge uns über die Fulda, ohne Fragen zu stellen oder auf die unseren Antwort zu geben.
An einem der folgenden Abende, als die Sonne hinter den Föhrenwipfeln versank und Nebel aus den Wiesengründen wie Gespenster stiegen, wehte es mich aus den finsteren Forsten an, so daß ich den herben, harzigen Duft tief einatmete, erfüllt von namenloser Freude. Ich spürte es, das war der Habichtswald; ich war daheim, ohne doch recht zu wissen, wo genau wir uns befanden. Auch Chaleel blähte die Nüstern, schnaubte erregt, drängte vorwärts.
Am Rande eines Windbruches hielten wir an. Im selben Moment gellte ein Pfiff. Gestalten in dunklen Wämsern – auch Gesichter und Hände hatten sie sich mit Ruß geschwärzt – glitten aus der Finsternis zwischen den Stämmen hervor. Sie umringten uns. Blinkende Speerspitzen richteten sich gegen meine Brust. Ein knorriger Kerl gebot in der Sprache meiner Kindheit, die mir so lieb und vertraut ist wie keine andere: »Herunter vom Gaul! Laßt die Waffen fallen!« Und zu seinen Gesellen: »Bindet sie! Ein paar leckere Spatzen haben wir da im Netz!«
Die Überraschung hatte mich für den Augenblick gelähmt; an Gegenwehr dachte ich nicht, noch fand ich sogleich die rechten Worte. Ibn Dawud fügte sich aus Klugheit angesichts der Übermacht. Sechs Männer zählte ich. Einige ihrer Stimmen klangen mir bekannt.
»Eh–!« rief ich zornig. »Seid ihr toll? Spatzen... Wie könnt ihr Dösbattel Adler für Spatzen halten? Sagt erst mal, wer ihr seid, was ihr in meinem Walde treibt!«

»In deinem Walde... Du Hund! Der Wald gehört unserem Herrn, dem Grafen von Kahlenberg.«
Ich schüttelte die mich haltenden Hände ab, herrschte ihn an, mich wütender gebend als ich tatsächlich war: »Na – und! Wer bin ich? Bringt gefälligst Licht!«
Ein paar Herzschläge lang herrschte tiefes Schweigen, bis irgendwer mit Stein und Stahl Feuer geschlagen hatte. Als dann ein Kienspan aufflackerte und unsere Gesichter beleuchtete, schrien einige der Kerle laut auf: »Heilige Gottesmutter, der Junker! Herr Anselm ist wieder da!«
Sie streckten mir die Hände entgegen, beklopften mir Arme und Schultern, fragten wirr durcheinander, stießen Klagen und Drohungen aus; ich begriff zunächst gar nicht, über was oder gegen wen. Der Lärm pflanzte sich in den Waldestiefen fort, lockte noch andere Männer herbei. Einer, durchs Unterholz trappsend, schrie, vielmehr brüllte schon von weitem wie ein Ochs: »Anselm! Anselm!« Und diese Stimme erkannte ich sogleich.
Mit der Wucht eines Wirbelsturms fiel Ermin über mich her, umarmte mich in all seiner Schwärze und Haarigkeit, küßte mich, so daß mir der Kohlenstaub in die Nase stieg. Ich sah Tränen zwischen seinen Wimpern glitzern.
»Anselm, Anselm, Junge, woher wußtest du... Wie konntest du uns nur finden? Sieht man doch keine Hand vor Augen. Gerade recht kommst du uns...«
Nach und nach beruhigte er sich. Ich erklärte kurz, was mich hergeführt und daß ich nicht gesehen werden dürfe. Auch stellte ich ihm und seinen Gesellen den Sarazenen vor, dessen grimmiges, von Narben entstelltes Gesicht sie ehrfürchtig anstarrten. Ermin erfaßte die Lage; die Klausnerhütte am Rabenstein sei der rechte Ort für mich; dort sei ich sicher vor jedem Späherblick; auch liege sie nicht allzu fern von hier.
Wir erreichten den Rabenstein, als eben der Mond aufging. Das Rosengestrüpp war noch dichter geworden seither, die Bäume höher. Herrn Rogers Blockhütte erschien mir kleiner, gebrechlicher als ich sie in Erinnerung gehabt. Der Quell indes plätscherte so lieblich wie eh und je. Das hohe Gras zwischen Fels und Dorn schimmerte gleich einer Wasserfläche, betaut mit silbrigem Schaum. Etwas fehlte jedoch in dem vertrauten Bild... Ich spürte einen Stich im Herzen, ein

Brennen in der Kehle. Das Kästlein mit der Rose lag wie ein Stein auf meiner Brust.

Kaum loderte das Feuer und ein Braten brutzelte am Spieß, da mußte ich auch schon erzählen – anders ging es nicht, obschon ich darauf brannte, zu erfahren, was der Mummenschanz bezwecke. Fragen über Fragen. Als ich Clarissa erwähnte, blickte Ermin mir scharf ins Gesicht und runzelte die Stirn, behielt jedoch, was er dachte, für sich. Meine Schilderung der Stadt Köln – einer Stadt, wie sie keiner der Burschen je gesehen – und was ich mit König Friedrich und an dessen Hof erlebt, sowie auch vom Turnier zu Aachen und der Erteilung der Ritterwürde an Jörg und an mich, erregte unter den Waldbrüdern – so nannten sie sich – höchstes Verwundern.

»Herr«, unterbrach mich einer von ihnen ungestüm, »meint Ihr, daß der Staufer der rechte Mann ist, Gesetz und Ordnung im Reich wieder aufzurichten?«

Ach ja, die alte, die herzbedrängende Frage, Hunderte von Malen vernommen.

Ermin – die Jahre waren nicht spurlos an ihm vorübergegangen, ich sah es jetzt – schlug sich mit der zur Faust geballten rechten Hand in die flache linke: »Bei Gottes Herrlichkeit, es wird Zeit! Du glaubst nicht, Anselm, was hier inzwischen geschehen ist. Das ganze Land in Aufruhr... Drunter und drüber geht's. Edelmann gegen Edelmann. Ritter gegen Grafen und Pfaffen. Und wir, das Volk, zahlen die Zeche: Schlägst du meinen Esel, schlag' ich deinen Esel! So ist's. Ein jeder tut wie er mag. Edelinge schänden Bauerndirnen. Edelfrauen kriechen mit Mönchen ins Bett. Gehöfte werden in Brand gesteckt, friedliche Männer für nichts und wieder nichts von Haus und Hof gejagt oder meuchlings erschlagen, die Lehren Jesu Christi verhöhnt. Nein, nein, Anselm, ich lüge nicht, ich übertreibe nicht! Kein Bauer, der noch seinen Acker pflügt. Die Ernte verdarb auf den Halmen. Dein Oheim Hendrick – die Hölle verschlinge ihn! Seit Jahr und Tag liegt er in Fehde mit den Warburgern und mit einem der Ritter von Spieß; der ist aus dem Mohrenland heimgekehrt. Die belagern nun unsere Burg. Den Weiler haben sie niedergebrannt, unsere Weiber und Kinder verschleppt. Herr Hendrick indes läßt sich's wohlsein bei Braten und Wein und mit seiner feilen Buhlin. Unsereins hungert. Gleich gehetztem Wild bergen wir uns in den Wäldern. Der Fürstbischof sieht dem Unheil mit Vergnügen zu. Und weißt du – warum? Er hat uns Boten geschickt. Die sagen, er werde Ordnung schaffen, sobald wir ihn rufen, und dann werde er hier regieren; die Grafschaft sei seit Jahr und Tag verwaist, das Lehen verfallen, weil Kaiser Otto gebannt und geächtet ist...«

Solche Jeremiaden waren mir keineswegs neu. Am Hofe Friedrichs hörte man sie jeden Tag. Hier, freilich, berührten sie mich im Innersten, waren es doch Menschen meines Stammes, war es mein Erbland, das gottlos gequält, beraubt, verschandelt wurde. Mit geballten Fäusten hockte ich da, stierte grübelnd in die Flammen, erfüllt von ohnmächtigem Grimm, und wußte doch, im Augenblick vermochte ich nichts zu tun – nichts!

Heiser flüsterte ich: »Ermin, was ist mit Liesel?«

Wiederum der scharfe, durchdringende Blick, ein unmutiges Zusammenziehen der Brauen. Statt einer Antwort die Frage: »So bist du jetzt ein Ritter, Anselm?«

»Ja – und das dank' ich dir!«

»Ein Ritter hält unverbrüchlich sein Wort. Ist's nicht so?«

Ich senkte den Kopf. Abermals spürte ich würgenden Schmerz in der Kehle.

»Und wo ist sie jetzt?« fragte ich dumpf, ohne aufzuschauen. »Wie geht es ihr?«

»Mit der Freiin in Braunschweig – nunmehr eine Falkenhorst... Man sagt, Frau Rosamunde habe sie an Kindes Statt angenommen. Anselm, du bist ihr eine Erklärung schuldig!«

Das Herz drohte mir zu zerspringen vor Gram und Scham. Noch immer dachte ich an sie als an jenes schmächtige, schmuddelige Gänseliesel, die kecke Gespielin bei meinen Kinderstreichen. Anders vermochte ich sie mir gar nicht vorzustellen. Ich trachtete, ihr Bild aus meinem Bewußtsein zu verdrängen, gedachte – nicht ohne Mißmut – Clarissens. Und nun begann ich, um mich abzulenken, von meinen Reisen zu berichten.

»Das Meer...« Ermins Augen blickten versonnen ins Feuer. »Du hast das Meer gesehen? Um die Wahrheit zu sagen, ich hasse es. Man kommt sich so ausgesetzt vor, allen Stürmen preisgegeben.«

»Nicht nur gesehen, Ermin! Und ich stimm' dir nicht bei. Die graue Weite dort an der Elbe, der hohe Himmel, der scharfe Wind... Das macht mich im Herzen frei und kühn. Den Möwen fühlte ich mich verwandt, wenn sie kreischend, raublüstern, auf Kampf, auf Beute bedacht, dem Kielwasser unseres Schiffes folgten, als wir von Lübeck nach Fünen segelten, um mit dem Dänenkönig einen Frieden auszuhandeln. Friedrich Roger ließ Woldemar – dem Sieger, so wird er genannt – die Lande zugestehen, die nördlich der Elbe liegen. Woldemar freute sich wie ein Stint – das könnt ihr euch denken. Er bewirtete uns reichlich, beschenkte uns ebenso reichlich mit Gaben von geringem Wert, gelobte bei allen Heiligen, an die er gewiß nicht glaubt, dem Reiche fortan ein guter Nachbar, ein getreuer Verbündeter zu sein. Bei den deutschen Fürsten indes, die an den Küsten des Baltischen Meeres herrschen, hat dieser Vertrag helle Empörung erregt. An ihnen findet nun Kaiser Otto eine Stütze. Wenn ihr mich fragt, ich meine, klug und einsichtig sei König Friedrichs Verzicht gewesen. Er dient dem Frieden, und den brauchen wir...«

Ermin wiegte den Kopf, seines Urteils nicht sicher.

Indem ich vom Rhein sprach, die goldene Pracht der Bäume an seinen Ufern hin schilderte, die von Trauben schweren Rebenhänge, die reizenden Winzerorte und hoch darüber auf schroffen, düsteren Felsen stolze Burgen, deren Türme und Zinnen trotzig in den Himmel ragten, gewahrte ich zu meiner Verwunderung, wie gut Ibn Dawud und Ermin einander zu verstehen schienen. Mein Sarazene warf, was er sonst vermied, dann und wann ein Wort, eine Frage ein. Er wirkte gelöst, schien sich im Kreis der rauhen Wäldler wohlzufühlen.

»Solange Anselm nicht Graf, in seinem Lehen nicht bestätigt ist – und dies kann nur nach seines Vaters Tod geschehen –, gilt unser guter Herr Rainold hier als der rechtmäßige Gebieter«, sagte Ermin mit großer Entschiedenheit. »Nichts ändert sich, bevor dies nicht geregelt ist! Stürmen wir die Burg, was ein Leichtes wäre, kämen die Warburger über uns. Gleich, ob wir von ihnen überwunden werden oder ob wir uns zu behaupten vermögen, dem Paderborner wär' es ein Anlaß, sich des Landes zu bemächtigen. Dann dürfte es selbst dem Kaiser, wer immer es sein mag, ob Otto, ob Friedrich, schwerfallen, ihm den Raub wieder abzujagen. Also – was bleibt uns, Freunde?«

»Die Wälder... Die Wälder...« echote es im Chor.

»Die Wälder, ja!« Er wandte sich mir zu: »Eine Burg ohne Land und Volk ist ein unnützer Steinhaufen, Anselm, ein ärgerlicher Pfahl im Fleisch. Nun hat das Volk die angesehensten Männer der Grafschaft erwählt, ein heimliches Gericht zu bilden, ein Femegericht, und mich als den getreuen Diener meines Herrn Rainold zum Stuhlherrn. Seither räumen wir mit dem Raubgesindel auf, wo dies der von Gott eingesetzten Obrigkeit nicht gelingen will. Wer immer Gesetz und Recht bricht, wer die Gebote Jesu Christi mißachtet, sei es Fürst, Edelmann, Bürger oder Pfaff, den richten wir nach altem Brauch und hängen ihn. Eines Tages wird auch dein Ohm Hendrick an der heiligen Esche baumeln ...«

All das brachte er mit solchem Ernst, mit so unerbittlichem Nachdruck vor, daß mich ein Frösteln ankam. Hier zum ersten Mal wurde mir klar, wie sehr jede Macht, die des Kaisers wie die des geringsten Edelings oder auch nur Dorfschulzen, auf dem überkommenen Rechtsempfinden der breiten Bevölkerung beruht. Ich sah sie vor mir, die Tausende von Bauern, Fischern, Handwerkern und Knechten, die sich bei aller Gebundenheit ihren Freiheitswillen bewahrt haben. Nur so lange gehorchen sie, wie die Gebote und Gesetze ihrer Oberen mit ihrem eigenen Empfinden im Einklang stehen. Diese Erkenntnis prägte sich mir für alle Zukunft ein. Zugleich erfüllte mich tiefinnerliche Freude darüber, zwar ein Edeling, aber doch nach Blut und Herkunft einer der ihrigen zu sein, verantwortlich vor Gott und den Menschen für das gemeine Wohl.

Die Nacht verblich zum Morgen, der nebelnd über die Wipfel stieg. Noch einmal schaute ich mich bei der Klausnerhütte um. Mir war, als müsse Liesel wie einst aus den Büschen hervorschlüpfen. Selbst Chaleel, mit besserem Erinnerungsvermögen begabt als wir Menschen, blähte witternd die Nüstern, schnaubte enttäuscht, als nichts sich regte.

Ermin umarmte mich zum Abschied und dann auch – ich traute meinen Augen kaum – Ibn Dawud, der die Geste herzhaft erwiderte. Zwei der Wäldler führten uns auf verwachsenen Wildpfaden ungesehen an der Burg vorüber, die grauschwarz und düster auf Nebelfluten zu treiben schien.

An einer Kehre verhielt der Sarazene seinen Gaul: »Allah füge es, daß wir eines Tages hierher zurückkehren und in Frieden leben dürfen, ya Sid!«

Wer wünschte das sehnlicher als ich?

16.

Mit gemischten Gefühlen betrachtete ich die Mauern und Türme der Stadt, die sich, rostbraun hier, aschfarben dort, aus dem herbstlich bunten Laub verstreuter Baumgruppen erhoben, umgeben von saftig grünen Auen, frisch umbrochenen Äckern sowie da und dort von strohbedeckten Bauernhäusern, die zumeist abseits von der Heerstraße lagen. Von Horizont zu Horizont spannte sich bedrückend ein bleierner Novemberhimmel, der Regen oder gar Schnee verhieß, obwohl es noch sommerlich warm war.

Gleich uns strebten, vom echolos verhallenden Gebimmel der Vesperglocken gemahnt, Ackerbürger, Krämer, Kärrner, Geschäftsreisende sowie mancherlei fahrendes Volk eilends den Toren Braunschweigs zu. Bettler, Vaganten, Gaukler, Spielleute lagerten, einzeln oder in Gruppen, müßig am Wegesrand. Sie regten sich nur, wenn einer vorüberkam, der so aussah, als käme es ihm auf eine milde Gabe nicht an. Wir jedenfalls, bestaubt und abgerissen, erweckten diesen Eindruck ganz gewiß nicht. Und Ibn Dawuds grimmiges, durch Narben entstelltes Gesicht schreckte selbst die Dreistesten ab.

Um so mehr verwunderte es mich, als ein zerlumpter Kerl, der für sich allein unter einer Birke gehockt hatte, bei unserem Nahen hastig aufstand und mit bittend ausgestreckter Hand auf uns zu gehumpelt kam. Er hatte einen Klumpfuß, was seinen Bewegungen etwas Groteskes verlieh, ein totenkopfähnliches, hohläugiges, mit stark geröteter, wie von Feuer versehrter Haut bespanntes Gesicht und einen breiten, nahezu lippenlosen Mund, aus dem faulig schwarze Stockzähne bleckten.

»Ein Münzlein, Ihr Herren! Um Gotteslohn ... Um Gotteslohn ...« jammerte er, mit verblüffender Behendigkeit mit unseren Pferden Schritt haltend.

Ich fand ein Silberstück in der Tasche und warf es ihm zu. Er plapperte, Dankbarkeit heuchelnd, allerlei Ungereimtes. Und ich fragte ihn, wie es zu Braunschweig stehe, ob der Kaiser dort weile oder wo sonst, welche Handelsgeschäfte zur Zeit Gewinn abwürfen, wie das Verhalten der Bürger gegen Fremde sei, wo man, ohne zu große Kosten, absteigen könne, und dergleichen mehr.

Wo Kaiser Otto sich zur Stunde aufhalte, ob in der Stadtburg Dankwarderode oder in seiner Pfalz Harzburg, das wisse er nicht, doch

wolle er selbst in die Stadt; er werde uns beim Beschaffen eines Quartiers zur Hand gehen, antwortete er.
Der arme Teufel tat mir leid, wie er da neben uns keuchend einherhumpelte, wobei ihm dicke, staubgraue Schweißtropfen unter der zerfetzten Krempe seines Schlapphutes hervor über die Stirn perlten. Ich unterdrückte den Impuls, abzusteigen und ihn aufsitzen zu lassen, als ich das verächtliche Zucken auf Ibn Dawuds Zügen wahrnahm. Es wäre auch wirklich höchst unpassend gewesen.
Ich, für mich allein, hätte vielleicht bei den Zisterziensern im Kloster Riddagshausen Aufnahme gefunden. Allein, das Stift lag allzu weit außerhalb der Mauern; auch besorgte ich, von einem der dortigen Brüder, der mich zu Hardehusen gesehen haben mochte, erkannt zu werden. Und schließlich war da ja auch noch mein Gefährte, der heidnische Sarazene, den ich nicht in das Kloster hätte mitbringen dürfen. So ritten wir denn durch die Ockerauen auf der Wolfenbütteler Straße bis vor das Bruchtor. Hier wies ich meine Legitimation als Vertreter des Handelshauses Leonardo vor, und wir wurden, ungeachtet der strengen Kontrolle, wie sie die politische Lage erheischte, ohne Umstände eingelassen.
Der Bettler führte uns durch ein Labyrinth enger Gassen, am Dom Sankt Blasius vorüber auf den Burgplatz, wo der Löwe, den Herzog Heinrich einst als Zeichen seiner Herrschaft hatte aufrichten lassen, sich drohend vor der Herzogsburg Dankwarderode aufreckte, und dann in die Brüdergasse nach dem Gasthaus ZUM GOLDENEN LEU.
Bewundernd hatte mein Blick auf den schmucken Fachwerkhäusern geruht, die ihre Längsseiten der Straße zukehrten. Die Herzogspfalz war ein stolzer Bau, einstöckig, mit romanischen Bogenfenstern und einem ebensolchen Portal, vor dem Gewappnete Wache hielten. Die Menge fremden Volkes indes, die sich in den Straßen mit Pferden, Eselkarren und sperrigen Traglasten sowie auch zwischen den Buden auf dem Burgplatz durcheinanderschob, ließ mir wenig Hoffnung auf eine bequeme Unterkunft.
Vor dem Gasthaus drängten sich in der Tat so viele Leute, daß im Torweg zum Hof kein Durckommen war. Schon wollte ich weiterreiten – unser Führer hatte sich in der Menge verloren und ich blickte suchend umher –, da stürzte der Wirt mit flatternder Schürze aus der Tür, bahnte sich – ein großer, starker, rotgesichtiger Mann – unter

Schubsen und Puffen einen Weg zu uns, keuchte: »Herr Ritter, Herr Ritter, hierher! Ein Kämmerlein ist für Euch bereit!«
Überrascht folgten wir – ich nicht ganz ohne argwöhnische Verwunderung – ihm in den arg überfüllten Hof, wo die Pferde uns abgenommen und sogleich versorgt wurden. Das Kämmerlein erwies sich als ein Staatszimmer zu ebener Erde mit paneelierten Wänden, blank gescheuertem Dielenestrich. Ein auf gedrechselten Pfeilern ruhendes, mit Teppichen dick gepolstertes Bett, überdacht von einem hölzernen Baldachin, im Winkel sowie ein geschnitzter Eichentisch, auf dem ein silberner Kerzenleuchter stand, und zwei bequeme Stühle machten den Raum recht anheimelnd. Dem Bett gegenüber bemerkte ich auch noch eine Truhe mit versenkter Kupferschüssel, die als Waschgelegenheit diente. Das Fenster mit bleigefaßten Butzenscheiben ging auf den Hof hinaus.
»Euer Knappe, Herr Ritter«, schlug der Knecht, der uns ins Zimmer wies, vor, »mag im Stall bei den Rössern schlafen.«
»Knappe –?« herrschte ich ihn an. »Dieser Kriegsmann ist mein Gesell, ein vornehmer Herr, verstanden! Schaff' einen Strohsack für ihn herbei. Wir trennen uns nicht.«
Alles geschah nach Wunsch. Eine dralle, hellhaarige Magd brachte heißes Wasser und Tücher, so daß wir uns zu säubern vermochten. Als sie gegangen war, trat Ibn Dawud zum Fenster und untersuchte die Riegel. Dann klopfte er und fühlte die Wandbretter ab, leise vor sich hin grummelnd.
Ich unterdrückte ein Lachen. »Gefällt dir was nicht, ya Chuan?«
Er blieb mitten im Zimmer stehen, blickte ein Weilchen sinnend vor sich hin; schließlich meinte er bedächtig: »Ja, Herr, mir gefällt hier manches nicht! Dieser Klumpfuß zum Beispiel ... Entsinnst du dich? Er saß für sich allein unter der Birke. Vor uns fuhren und ritten Kaufleute, dem Aussehen nach vornehm, wohlhabend ... Wenn der Bursche ein Bettler ist, wie er vorgibt, warum hielt er sich nicht an die? Und wie aufdringlich pries er sich uns als Führer an ... Er hoffte auf Lohn, wirst du sagen. Aber warum drückte er sich dann, ohne ein Entgelt zu fordern? Und wie kommt der Krüger dazu, dich nicht nur Ritter zu nennen – nein, Herr, er gibt uns das beste Gelaß im Haus, obwohl wir eher Strauchdieben gleichen ...«
»Du denkst ...« begann ich. Das Lachen war mir mittlerweile vergangen.

»Ich denk', ein abgekartetes Spiel ist's, was hier mit uns getrieben wird. Man wußte zu Würzburg von dem Brief. Man wird zu verhindern trachten, daß er an den Kaiser gelangt. Friedrichs Feinde sind schneller gewesen als wir...«
Und wieder einmal staunte ich über den Scharfsinn des Sarazenen.
»Du brauchst dich nicht zu wundern, ya Sid!« brummte er, meine Gedanken erratend. »Wer am Hof zu Palermo gelebt hat, wie ich, und überlebt hat, dem kommen solche Umtriebe wie Kindereien vor. Schwören möcht' ich, unser König hat auch das in Betracht gezogen und vorgesorgt.«
Wenig später wurde sein Argwohn bestätigt. Die blonde Maid, als sie das Waschwasser abholte, schenkte mir einen zärtlichen Blick aus ihren blauen Kalbsaugen und wisperte, bevor sie die Tür hinter sich schloß: »Habt acht, Herr!«
In der Schankstube, wo wir mit Mühe Platz auf der Bank fanden, herrschte ohrenbetäubender Lärm. Alle schwatzten laut durcheinander. Einige, bereits ein wenig angesäuselt, grölten Kriegslieder. Andere beschimpften sich gegenseitig oder gar den Wirt, lästerten Gott, Kaiser, König und Edelmann. Zwischenhin kreischten Weiber, johlten Trunkene, knurrte oder jaulte einer der Köter, die unter den Tischen an Knochen nagten. Man brachte uns Schlackwurst und saftiges schwarzes Roggenbrot sowie einen Krug Mumme, jenes dicke, schwarze, eingekochte, sehr starke Weizenbier, für das die Stadt Braunschweig berühmt ist.
Von den uns zur Seite sitzenden Zechern – jungen Kaufmannsgehilfen, Bediensteten des Hofes, Krämern und zwischen ihnen auch, wie eine Krähe unter Spatzen, ein teiggesichtiger Kaplan – erfuhren wir, der Kaiser ohne Reich, jetzt nur mehr Herzog von Braunschweig, zudem geächtet und des Himmelreiches verlustig, befinde sich zur Zeit nicht in Dankwarderode. Vielmehr treibe er draußen in seinen Landen Gelder ein, sammle ein Heer; in Kürze werde er aufbrechen, wie ein Löwe aus seiner Höhle, werde den sizilianischen Glücksritter Friedrich aus dem Lande fegen, werde das vermaledeite Rom berennen, den Papst vom Heiligen Stuhl stoßen... Dergleichen Reden schwirrten uns wie Hornissenschwärme um die Ohren. Hie Welf! Hie Stauf! Aber die Welflinge waren hier in der Überzahl. Wo genau Herr Otto sich aufhielt, vermochte ich nicht herauszufinden. Es hieß auch, um seine Gesundheit stünde es nicht zum Besten. Und der Kaplan wagte die

Bemerkung, wer von Gott verworfen sei, der fände noch stets ein böses Ende. Dies verdroß mich so arg, daß ich mich höflichst erkundigte, ob Gott dem römischen Antichrist auf Petri Stuhl etwa gleich zu achten sei?
»Ketzer! Ketzer!« krähte der Schwarzrock in das ringsumher aufrauschende Hohngelächter.
»Na, und was seid denn ihr, ihr heuchlerischen Satansdiener, die ihr alltäglich unseren Heiland für weniger als dreißig Silberlinge verschachert? Hurer, Wucherer, Trunkenbolde, Spieler, Betrüger, Landräuber, Erpresser – all das seid ihr und noch anderes! Sagt einer die Wahrheit über euch und den Saukoben in Rom, flugs seid ihr mit Feuer und Galgen zur Hand. Aber hütet euch! Wir Sachsen hier dulden das nicht...« schrie ihn ein Bauernkerl wütend an.
Meine sanft vorgebrachte Frage hatte die beifällige Aufmerksamkeit der Umsitzenden erregt. Eben dies hatte ich vermeiden wollen. Und nun gesellte sich zu meinem Verdruß auch noch Schrecken, als eine nur zu wohlbekannte Stimme mir über die Köpfe der Zecher hinweg zurief: »He, da, Anselm! Ihr hier? Gottes Wunder!«
Durch den bläulichen Dunst, der den Raum vernebelte, schob sich die schlacksige Gestalt Eriks von Munkfors, geschniegelt wie je, obschon jetzt nicht mehr so ganz Herr seiner Sinne. Glücklicherweise wußte er nichts von den Geschehnissen in Aachen, hielt mich vielmehr nach wie vor für den bedeutungslosen Gehilfen und Eidam Herrn Leonardos. Vermutlich überlegte er, auf welche Weise unsere Bekanntschaft sich am besten nutzen lasse.
»Platz, Leute! Platz... Ich muß meinen guten alten Kumpan umarmen!« Ohne Umstände schob und puffte er die neben uns Sitzenden von der Bank, so sehr eingenommen von sich, daß seine Selbstherrlichkeit jeglichen Protest erstickte. Nein, welche Dummdreistigkeit! Man mußte ihn bewundern. »Ha–!« seufzte er, sich an unserem Krug Mumme gütlich tuend. »Mensch, was für'n Durst! Ich denk' wahrhaftig, ich seh' nicht recht – Ihr hier? Was führt Euch her? Gedenkt der alte Schuft Leonardo gar, mir hier Konkurrenz zu machen? Na, mit Euch hab' ich ja noch ein Hühnchen zu rupfen, alter Knabe...« Und mein verdrossenes Schweigen mißachtend, setzte er bedeutsam hinzu: »Ihr wißt ja – Clarissa!«
»Was ist mit Clarissa?«
»Tut ja nicht so, als ob Ihr's nicht wißt. Wäret Ihr uns nicht in den Weg

gestolpert, ich säße wohl hier als Teilhaber des alten Schacherers, war ich doch drauf und dran, das Jüngferlein heimzuführen, zumal ich schon Vorschuß genommen.«
»Was heißt das?« sagte ich eisig, innerlich kochend.
Ibn Dawud berührte mich mahnend am Arm. Der Schwede, wenn auch vom Weizenbier beduselt, mochte wohl spüren, daß er auf brüchiges Eis geraten war. Er lachte übertrieben lustig, klopfte mir auf die Schulter, was ich durchaus nicht leiden kann, brüllte: »Ha, ha, nur keine Eifersucht; wer hat, der hat! Ein Scherz, Bruderherz! Nur ein Scherz... Aber trau' einer den Weibern, he? Was nützen da Keuschheitsgürtel und Chaperonen? Ach ja, die Weiber, die haben den Teufel in sich. Na, Engel sind wir ja alle nicht...« Wie ein Hahn auf dem Mist den langen Hals reckend, krähte er: »Hier kann ich mich schadlos halten, Brüderchen! Bald werd' ich Gemahl einer Freiin von Falkenhorst sein und Herr ihrer Güter, die nicht zu verachten sind. Was sagt Ihr nun?«
Ich sagte gar nichts. Ich fuhr von der Bank auf, griff nach dem Schwert. Auch Ibn Dawuds Einmischung hätte diesmal einen unheilvollen Auftritt wohl kaum verhindern können. Indem ich aber unwillkürlich nach dem Kästchen mit Liesels Rose tastete, berührte ich auch des Königs Brief in seiner ledernen Umhüllung. Das brachte mich jäh zur Besinnung. Ich sah mich selbst wie aus weiter Ferne, sah mich als den jungen Fant, der eine schicksalsschwere Aufgabe zu vollbringen hat – eine Aufgabe, der gegenüber die eigenen Sorgen und Empfindungen ohne Bedeutung erscheinen. Ja, ich konnte nun sogar lächeln über die Bitterkeit in meinem Herzen.
Und so sprach ich, den Bruder Leichtfuß durchbohrend anblickend, mit einer Stimme, die mir selbst fremd vorkam: »Das werdet Ihr nicht tun, Erik! Das schlagt Euch nur aus dem Sinn! Wer seid Ihr, daß Ihr's wagt, Eure Augen zu einer Frau zu erheben, die nach Rang und Charakter so unerreichbar hoch über Euch steht? Wisset, im Augenblick, da Ihr euch unterfangt, Euch der Dame zu nähern, renn' ich Euch meine Klinge durch den Wanst. Bei Gott, das ist ein Schwur!«
Verblüfft starrte er mich durch die Nebel seiner Trunkenheit an. »Aber, aber, Herr Anselm, die Alte mein' ich doch gar nicht, diese vertrocknete Zwetschge! Nein, die Tochter mein' ich, und die ist ein Findelkind. Nichts gegen ihren Charakter! Aber – kennt Ihr sie denn? Was geht sie Euch an? Seid Ihr mit der Jungfer verwandt? Ja, also –

wenn Ihr denkt... Wenn Ihr etwas dawider habt... So scharf bin ich auf das Hühnchen nicht. Ob die eine, ob die andere, was macht's? Weiber gibt's wie Vögel unter dem Himmel, auch solche, die was an den Füßen haben... Nichts für ungut, alter Knabe! Nichts für ungut...« Damit zog er sich Schritt um Schritt durch das Gedränge zurück und torkelte aus der Tür.

Ich stieß das Schwert in die Scheide, wandte mich, noch mit den Zähnen knirschend, meinem Gefährten zu: »Gehen wir!«

Ibn Dawud nickte, anzüglich schmunzelnd. Wir schlenderten die nun im Dunkeln liegenden Gassen entlang, gelangten zum Burgplatz, wo das Palais Falkenhorst, dem Löwendenkmal gerade gegenüber, breiten Raum einnahm – ein niedriger, mit Stroh gedeckter Fachwerkbau, die Längsseite, unterbrochen von Torweg und Portal, dem Platz zugekehrt, alles sehr einfach, aber gediegen. Bei näherem Zusehen, freilich, nahm ich wahr, daß das Dach bemoost, die Balken silbergrau ausgelaugt, das kunstvolle Schnitzwerk verwittert waren, ebenso auch die Fensterläden. In den Feldern zwischen den Balken bröckelte da und dort der gekalkte Lehmputz. Das Wappen der Falkenhorst mit Helmzier und Helmdecke glänzte jedoch über dem Portal in frischen Farben.

Für einen Besuch war es heute zu spät, obwohl hinter den Fensterläden noch Licht schimmerte. Ich atmete erleichtert auf. So sehr mich verlangte, Liesel zu sehen, so schwer fiel es mir, ihr und mehr noch meiner Tante gegenüberzutreten. Zweimal in meinem Leben hatte ich Frau Rosamunde auf ihrem Gut besucht und jedesmal eine gesalzene Tracht Prügel einstecken müssen.

Beim ersten Mal – ich war nur erst ein Dreikäsehoch – führte sie mich an einen dunklen Weiher im Park. Herrliche weiße Wasserrosen blühten dort zwischen schwimmenden tellergroßen Blättern. »Ohne Begleitung darfst du nicht ans Wasser gehen«, schärfte sie mir mit Strenge ein, »sonst gibt's was mit dem Stock! Der Weiher ist tief; du könntest ertrinken. Überdies haust ein greulicher Wassermann auf dem Grund; der fängt kleine Kinder und frißt sie auf.«

Nun hatte sie aber Geburtstag und Vater hatte mich ermahnt: »Sei recht lieb zu deinem guten Mühmchen Rosamunde. Ein wenig grantig ist sie ja und sie haut immer gleich zu, aber im Herzen ein Engel. Von Mannsleuten hält sie allerdings nicht viel...« Was also ihr zum Geburtstag schenken? Wasserrosen–! Ich mußte sie freilich erst dem

bösen Wassermann rauben – eine Tat, würdig eines fahrenden Ritters. Sie würde nicht umhin können, meinen Mut zu bewundern und sich darüber freuen.
Ich gürtete mich mit dem kleinen Schwert, das Ermin mir geschmiedet hatte, näherte mich – nicht ohne Zähneklappern – dem Ufer und forderte das Ungeheuer zum Kampf heraus. Nichts regte sich. Dicke grüne Frösche dösten auf den Blättern. Klirrend schwirrten blaue Libellen über das Wasser hin. Aus der dunklen Tiefe stiegen Blasen; zerplatzend, verbreiteten sie üble Düfte. Ob der Wassermann sich vor mir fürchtete? Behutsam kletterte ich auf einen schleimigen Stein unweit vom Ufer; und nun glückte es mir, mit meinem Schwert eine Anzahl der schönen Blüten zu schneiden, wobei mir Angstschweiß in den Augen brannte. War ich ein Ritter? Als solcher fühlte ich mich jedenfalls, als ich stolz die Blumen der Tante entgegenstreckte. Wie groß dachte ich doch von mir.
Frau Rosamunde aber schrie vor Zorn schrill auf, ergriff mich beim Nacken und verdrosch mich mit ihrem Ebenholzstock, den sie stets bei sich hatte, ohne je einer Stütze zu bedürfen. »Du willst ein Ritter sein?« zeterte sie erbost. »Lerne erst mal gehorchen, bevor du gebieten willst!«
Schrecklich enttäuscht war ich gewesen und wütend, der Knechte und Mägde wegen, die ja auch schon oftmals Bekanntschaft mit dem Stock gemacht, tief gekränkt in meinem Stolz.
Den zweiten Anlaß bot eine unverzeihliche Taktlosigkeit von meiner Seite. Kein Mensch auf Erden konnte mehr auf Würde und Ansehen bedacht sein als Frau Rosamunde. Bei meinem zweiten Besuch – in meinem zehnten Lebensjahr – jagte ich eines Morgens mit den Häuslerkindern etliche Schweine, die über Nacht in den Park eingebrochen waren; eine dicke schwarze Muttersau, listig und äußerst behende, machte uns besonders zu schaffen.
Um dieselbe Stunde erging mein Mühmchen sich, begleitet von mehreren Gästen, auf den verschlungenen, von Buchsbaumhecken eingefaßten Kieswegen. Unversehens sauste die Sau quiekend, grunzend auf die Spaziergänger zu. Frau Rosamundes Begleiter sprangen zur Seite, sie selbst aber, Sproß tapferer Ritter, hielt breitbeinig, ihren Stock schwingend, dem Ansturm stand. Das Schwein flitzte ihr zwischen den Beinen hindurch, verfing sich im Rock und – heidi – ab ging die Fahrt, daß der Kies nur so spritzte. Tantchen bäuchlings auf dem

Rücken der Sau, die Beine um den dicken Tierhals geschlungen, mit der linken Hand sich am geringelten Bürzel haltend, mit der rechten den Stock schwingend, während ihr Schleier wie eine lila Fahne hinterdrein flatterte.

So sehr hatte ich über den Anblick lachen müssen, daß ich hinfiel und mit Armen und Beinen strampelte. Und ich lachte noch immer, als Frau Rosamunde, ziemlich zerzaust, herbeigehumpelt kam. Unmöglich, damit aufzuhören! Fauchend wie ein gereizter Waldkater fiel sie über mich her; ihr Stock trommelte auf meinem Rücken wie ein Dreschflegel in starker Bauernhand. »Ich will dich lehren, über honorige Leute zu lachen, du Lümmel!« zeterte sie erbost. Und das war dann vorerst das Ende unserer Beziehungen gewesen.

Frau Rosamunde verachtete alles, was männlichen Geschlechtes ist. Einige Jahre älter als Vater, hatte sie ihn in seiner Kindheit beaufsichtigen müssen und ihn, paßte ihr das nicht in den Kram, kurzerhand in den Gänsestall gesperrt. Er, den keinerlei Fährlichkeit je zu erschüttern vermochte, pflegte die Flucht zu ergreifen, sobald er ihrer ansichtig wurde. Obwohl sie als Jungfer recht hübsch gewesen und auf das sorgfältigste erzogen worden war, hatte es Mühe gekostet und nicht wenige Silberlinge, sie unter die Haube zu bringen. Von ihrem gutherzigen, duldsamen Gatten Julius sagte man – und dies nicht nur in den Gesindestuben –, er habe zwei Herren dienen müssen, zum einen Herzog Heinrich, zum anderen seiner Frau, der resoluten Kahlenbergerin. Welcher Dienst härter gewesen sei, darüber bestanden wenig Zweifel.

Er hatte dann ja auch nicht lange das Joch ertragen. Im dritten Jahr seiner Ehe – so erzählte man sich – sei er auf einen Stuhl geklettert, um ein Hirschgeweih zu entfernen, das in despektierlicher Weise über einem Ölbild angebracht worden war, das ihn darstellte. Das wäre Sache der Dienstleute gewesen; er tat es jedoch selbst in seinem Ärger. Frau Rosamunde, eben den Saal betretend, rief mit Schärfe: »Julius, was machst du da!« Der Freiherr zuckte zusammen. Das Geweih entfiel seiner Hand. Er stürzte vom Stuhl mit dem Kopf voran auf die Fliesen und war auf der Stelle tot. Seither gebot Tante Rosamunde uneingeschränkt über einige tausend Morgen besten Wald-, Wiesen- und Ackerlandes, gefürchtet und hochverehrt von allen, die es mit ihr zu tun bekamen.

Mein Herz hüpfte wie ein Lämmerschwanz, als ich am folgenden

Vormittag, nach einer von schweren Träumen beunruhigten Nacht, den Klopfer – einen bronzenen Falken – am Portal des Palais Falkenhorst zaghaft ertönen ließ. Eine griesgrämig dreinblickende Matrone, dürr und steif wie eine Hopfenstange, die Hausbesorgerin, öffnete. Sie musterte mich von oben bis unten ob meiner anspruchslosen Gewandung, schnarrte hochnäsig, so als sei ich ein Bittsteller, die Herrin empfange jetzt nicht; sie sei zur Messe gegangen. Damit wollte sie mir die Tür vor der Nase schließen.

Ich trat an ihr vorbei in die Halle, nicht gesonnen, mich auf solche Art abspeisen zu lassen. Da rief eine mutwillige Stimme, deren Klang mich von Kopf bis Fuß erzittern ließ: »Anselm! Anselm!« Etwas Weißes, Duftiges flog auf mich zu und ich hielt Liesel umschlungen. Liesel--- Aber – war es denn Liesel, unser Gänseliesel, deren vertrocknete Rosenblüte ich unter dem Wams trug? Ach nein! Die Jungfer, die sich jetzt, wie beschämt, von mir löste, errötend einen Schritt zurücktrat und ernüchternd sachlich zu mir sagte: »Da bist du nun, Anselm! Hat lange gedauert, bis du dich unser erinnertest, nicht wahr?« – diese vornehme junge Dame hatte nur wenig mehr mit dem kecken Dirnlein gemein, das einst mit mir durch Wald und Flur gestreift war; nur die Sprache, der rauhe Ton der Wäldler, die klang mir vertraut wie je.

»Ja, lange ...« gab ich verlegen zu.

Sie nahm mich bei der Hand wie in alten Tagen, führte mich in ein Gemach, das wohl als Wohnraum dienen mochte, denn sehr ordentlich sah es darin nicht aus. Hier blickte sie mir gerade und fest ins Gesicht, so daß ich am liebsten im Boden versunken wäre. »Ist deine Gemahlin sehr schön, Anselm?«

Das wußte sie also.

»Jedenfalls ist sie reich ...«

»Ist sie ... Ich meine, ist sie auch gut zu dir?«

Herrje! Eine solche Frage hatte ich mir bislang nicht gestellt. Nun, da sie mich so plötzlich damit überfiel, dachte ich voller Erbitterung an Carduk, den sizilianischen Beutelschneider, an den windigen Schweden Munkfors, an noch manch andere, und auch daran, wie lieblos leichtfertig Clarissa sich über meine Belange hinwegzusetzen pflegte, wie flatterhaft sie sich benahm, und daß ich im Grunde nur den Zwecken ihres Vaters hatte dienen sollen. Mir entging der bange Ausdruck in Liesels Augen so wenig wie das kaum merkliche Beben ihrer Lippen.

»Was heißt gut?« brummte ich. »Wir haben nicht viel miteinander gemein. Aber – ohne die Leonardi... Nie wäre ich in König Friedrichs Nähe gelangt.«

»Du wärest dann wohl noch ein armer Welfling, Anselm! Aber – im Herzen reicher... Ob sich das wirklich lohnt? Oh, Anselm, weißt du, was Frau Rosamunde sagt? Sie sagt, die Männer sind so schrecklich dumm; was wirklich von Wert ist im Leben, erkennen sie nicht. Wie blind und taub laufen sie ihren Wahngespinsten nach. Nur zum Dreinschlagen taugen sie. Dein Vater, sagt sie, sei ja ein erträglicher Mann gewesen; hätte er doch nur genügend Verstand gehabt, daheim zu bleiben und seinen Kohl zu bauen. Sie sagt, alle Männer sind im Grunde Kinder, Träumer, Vagabunden, fahrende Ritter. Den Spatz in der Hand gebt ihr nur gar zu gern für die Taube auf dem Dach. So ist's auch mit dir, Anselm! Oder nicht?«

»Richtig, sehr richtig!« ertönte es von der Tür her, knarrend wie eine rostige Angel.

Mit einem Ruck drehte ich mich um. Ja, da stand sie also, auf ihren Stock gestützt, meines Vaters Schwester, Rosamunde von Falkenhorst – die wahrste Erinnye mit ihrem silberweißen Haar, dem grimmigen Gesicht und in dem langen schwarzen Gewand, das ihre knochige Gestalt umhüllte.

»Anselm von Kahlenberg, ich wundere mich wirklich, daß Ihr die Stirn habt, hier einzutreten.«

»Ich dachte...« begann ich lahm.

»Ihr dachtet – so? Eine höchst ungewöhnliche Beschäftigung für Euch, sollte man meinen. Dachtet... Ha! Was dachtet Ihr? Daß Ihr das Kind, nachdem Ihr's mir aufgehalst, nur abzuholen braucht, wann immer es Euch in den Kram paßt, he? War es so gedacht? Inzwischen verkuppelt Ihr Euch für elenden Judaslohn an das Balg eines Schacherers – Ihr, ein Kahlenberger! Und Ihr schämt Euch nicht, mir unter die Augen zu treten...«

Sie stampfte mit dem Stock auf: »Hinaus! Geht, woher Ihr gekommen seid!«

Liesel griff, wie ertrinkend, nach meinem Arm. Aber ihre Augen funkelten rebellisch. »Liebe Frau Mutter! Ich...«

»Ja, du! Das kann ich mir denken. Du deckst den Burschen mit dem Mantel der Liebe zu. Alles vergessen, alles vergeben – wie? Vergiß nur ja nicht, daß du jetzt eine Falkenhorst bist, nicht unbemittelt, wohlerzogen ... Der Beste wär' gerade noch gut genug für dich. Und was deine Herkunft betrifft ... Kind, auch das werd' ich noch in die Reihe bringen. Warum also Anselm? Anselm – pah!«

Ich verging fast wie Butter an der Sonne. Frau Rosamunde hatte ja so unrecht nicht. Zugleich aber wallte der Zorn gekränkten Stolzes in mir auf. »Weibergewäsch!« fiel ich ihr ins Wort. »Ich gehe, jawohl! Ihr seht mich hier nicht wieder.«

Gewiß war es sehr ungerecht, sehr roh, daß ich Liesel mit einbezog. Hätte ich mich in diesem Augenblick beherrscht, mein Leben würde wohl anders verlaufen sein. So aber ging ich fort, ohne mich umzusehen, erfüllt von Groll und solch einem Schmerz, daß mir ganz elend zumute wurde.

Im Gasthaus erwartete mich der Sarazene. Natürlich bemerkte er, daß mit mir etwas nicht stimmte. Sicherlich hatte er sich Gedanken gemacht, ahnte den Grund, denn er sagte mit ausdrucksloser Miene: »Hasen und Weibern soll man nicht nachlaufen; es kommen immer wieder neue!«

Lange saß ich in der schattigsten Ecke des Schankraumes, dumpf vor mich hin brütend. Da war etwas an Liesel gewesen, das mich an irgend jemand erinnerte, aber – an wen? Ich versuchte mir darüber klarzuwerden. Und dann sah ich plötzlich die Contessa de' Ricci vor mir, wie sie hochmütig, anderer nicht achtend, durch die Gänge des Aachener Palas schritt, sich selbst genug. Ja, das war es! Die beiden Frauen mochten sich in äußerlichen Dingen nicht gleichen, dennoch hatten sie etwas miteinander gemein.

Der Wirt trat an unseren Tisch: »Herr Ritter, Ihr fragtet, wo Seine Majestät der Kaiser zu finden sei? Nun, eben hör' ich's – in seiner Pfalz zu Harzburg. Dort hält er sich am liebsten auf.«

Ich dankte ihm. Ibn Dawud meinte, wir sollten uns alsbald auf die Reise machen. Ich stimmte ihm bei. Und so verließen wir beim Hähnekrähen des folgenden Morgens Gasthof und Stadt.

Der Tag war grau, so grau und trüb wie ich selbst mich gestimmt fühlte. Dickbäuchige, dunkle Wolkenschiffe trieben vor dem Westwind über den Himmel. Nur dann und wann brach in der Ferne vor den schwarz-blauen Höhen des Harzes eine blasse Sonnenlichtbahn durch das Wolkengetümmel, um gleich darauf wieder zu erlöschen. Im schon kahlen Geäst der Birken und Buchen hockten Krähen mißmutig, irgendwie verloren anmutend – Totenvögel.

Wir ritten schweigend dem Gebirge zu, ein jeder versunken in seine Gedanken und Träume. Die Straße, sonst sehr belebt, lag heute verlassen da. Laub und Staub wirbelten unter den Hufen. Um die Mittagsstunde, nachdem wir den Weiler Wolfenbüttel passiert hatten und auf ein weites, ödes Heideland geraten waren, wo Nebelhexen um düstere Wacholderbüsche tanzten, erklang dumpfer Hufschlag hinter uns, der sich rasch näherte. Ein Bote? Wir hielten an.
Nein, eine Frau war es, dicht gebeugt auf den Nacken einer fuchsbraunen Stute, die mit Schaum beflockt herangejagt kam. Ein weißes Schleiertuch flatterte von der Jägerkappe, die uns das Gesicht der Reiterin verbarg. Dicht vor uns zügelte sie ihr Roß.
»Herr, mein Gott!« entfuhr es mir. »Liesel – du? Was, in drei Teufels Namen...« Mir fehlten die Worte, um all das auszudrücken, was mir verworren durch den Sinn ging, was ich empfand, dachte, besorgte. Ich hätte sie an mich reißen, sie nimmermehr loslassen mögen. Das war sie ja, die Liesel, die ich gekannt, das Kind aus dem Walde, ein Stück meiner selbst, ohne daß ich dessen je gewahr geworden! Ach, könnten wir doch unseren tiefsten Gefühlen folgen, dem innersten Wissen, ohne Rücksicht auf Welt und Vernunft! So aber befiel mich lähmendes Erschrecken. Weshalb war sie uns gefolgt? Unheilvolles drohte im Hintergrund. Letzte Entscheidung? Eine neue Bürde?
Wir sahen einander an – eine Ewigkeit, dünkte mich; indes, es währte nur einen Augenblick. Keiner Worte bedurfte es zwischen uns, keiner Erklärungen. Ich brauchte es nicht auszusprechen: Kind, ich kann dich nicht mit mir nehmen! Mein Leben gehört nicht mir! Sie brauchte mir nicht zu versichern: Anselm, ich liebe dich! Ich bin dein für immer, ob du's nun magst oder nicht! Über den Abgrund schauten wir uns an.
Nach solch beredtem Schweigen, als sich ihr heftiges Atmen beruhigt hatte, sagte sie, dem Klang der Stimme muntere Leichtigkeit verleihend: »Verzeih', Anselm, wenn ich dich aufhalte. Ich... Ja, weißt du, ich wollte dir nur etwas geben, das ich dir unter Frau Rosamundes Augen nicht hätte geben dürfen.« Sie nestelte eine dunkelrote Rose von ihrem Busen und reichte sie mir von Sattel zu Sattel herüber. »Damit du mich nicht ganz vergißt, Anselm!«
Sie sagte das lachend, mit fast frivoler Fröhlichkeit, die mir ins Herz schnitt. Indem ich das Kästchen mit ihrer ersten Rose hervorholte und die zweite hinzutat, hob ich den Blick und sah, wie über ihr

lachendes Gesicht zwei dicke Tränen rollten. Abermals mußte ich mich fest im Zaum halten, um nicht eine – wie ich meinte – verhängnisvolle Torheit zu begehen.

»Dank dir, Lieselchen!« erwiderte ich trocken – wobei mir freilich die Stimme bebte. »Wer könnt' je vergessen, was wir miteinander erlebt haben, nicht? Aber es war nicht recht, daß du uns folgtest; da ja die Straßen so unsicher sind ... Wegelagerer und Marodeure hinter jedem Busch ... Nein, Liesel, wir sind hier nicht mehr im Habichtswald, sind längst keine Kinder mehr ... Und was wird Frau Rosamunde dir antun, wenn sie herausfindet, was du getan hast?«

»Pah –!« machte sie, und war jetzt wieder ganz und gar das unbändige, trotzige Waldelflein meiner Knabenzeit.

Ungewohnt barsch gebot ich Ibn Dawud: »Geleite mein Schwesterlein heim! Bei deinem Leben, du bürgst mir für ihre Sicherheit. In Harzburg treffen wir uns wieder ...«

Der Sarazene verneigte sich, augenscheinlich nicht allzu begeistert über den Auftrag. Er legte die Rechte aufs Herz: »Allahu akbar, ya Sid! Ich gehorche ... Wenn auch nicht gerne«, setzte er leiser hinzu.

Liesel gab ihrer Fuchsstute die Sporen, so daß sich das Tier emporwarf, auf der Hinterhand kehrtmachte und davonstob. Lange sah ich den beiden Gestalten nach, bis sie aufgesogen wurden von den Nebelschwaden über der Heide.

17.

Als wir über die Taunuspässe hinab in die weite Mainebene geritten kamen, war nahezu ein Jahr seit meinem Auszug aus Würzburg vergangen. Auf einer letzten Höhe, bevor die Heerstraße sich endgültig in die wie altes Gold leuchtenden Weingärten senkte, verhielten wir unsere mageren, staubbedeckten Rosse. Selbst Chaleel schien den Unterschied zwischen den dunklen, kühlen Bergwäldern, die wir durchquert hatten, und der lauen, fast südlichen Luft des Stromtales als belebend zu empfinden, denn er schnaubte mutwillig, während Ibn Dawuds Stute ermattet den Kopf hängen ließ.

Meine Empfindungen waren zwiespältig. Zwar hatte ich meine Mission zu einem über Erwarten guten Ende gebracht, und so hätte ich dem Wiedersehen mit Clarissa voller Freude und Sehnsucht entgegenblicken sollen; statt dessen stand mir unablässig das Bild Liesels vor

Augen, wie sie an jenem grauen Novembertag auf der Ocker Heide ihren Gaul herumriß und mit von Tränen nassem Gesicht davonjagte. Um die Wahrheit zu sagen, ich scheute mich vor der Begegnung mit meinem Eheweib. Der Sonnenglanz über Ebene und Strom erschien mir von Nebeln getrübt; die mit Düften geschwängerte Luft hinterließ einen bitteren Geschmack auf meiner Zunge.

Die Rebstöcke in den Weingärten hingen voller Trauben. Auf den Äckern wurde Korn geschnitten und eingefahren. Das Klingen beim Dengeln der Sicheln und Sensen verschmolz mit dem Trillern unsichtbarer Lerchen hoch in der blauen Himmelshöhe zu einer lieblichen Melodie. Vom Kolbenberg abwärts, wo schon die Römer ihren Grenzwall gebaut und feste Kastelle errichtet hatten, über die sich das Volk mancherlei Mären erzählt, folgte der Heerweg dem Lauf des Urselbaches. Rings verstreut lagen freundliche Weiler und Dörfer im Schatten breitwipfeliger Bäume. Und freundlich zeigten sich auch die Leute, wenn sie uns heiteren Gesichts Scherze zuriefen, uns einen Trunk anboten, sobald wir bei ihnen anhielten, oder uns fröhlich nachwinkten.

Dort, wo die Mainauen sich verengen, inmitten der Pappeln und Weidenbüsche am glitzernden Strom entlang, erhoben sich auf einem Hügel, silbergrau und bronzebraun zwischen all dem Grün, die Mauern und Türme von Frankonofurd, einer volkreichen, gewerbefleißigen Stadt, bei der die großen Handelswege vom Taunus her, aus der Wetterau, aus dem Kinzingtal, aus Spessart und Odenwald sowie auch vom Rhein zusammentreffen. Hier, im Saalhof, einer altehrwürdigen Stauferburg auf einer Erhebung am rechten Mainufer, hielt König Friedrich Roger gegenwärtig hof.

Offenbar wurde ich bereits erwartet, denn ein Sekretär des Hofmeisters empfing uns am Eschenheimer Tor. Er geleitete mich ohne Verzug durch Wachen und Höflingsscharen nach dem Saalhof und über steile Treppen bis vor die Kammer des Königs, die – so liebte er es – auf der höchsten Höhe des Turmes lag. Mit jedem Schritt waren die Füße mir mehr zu Blei geworden. Wie würde Friedrich Roger mich aufnehmen? Ob er sich wohl verändert hatte? Beschämt blickte ich an meiner zerschlissenen, beschmutzten Kleidung hinunter; sie hob sich so unvorteilhaft von den Prunkgewändern der übrigen Herren ab. Dann aber, als der Gewappnete vor der Tür mir salutierend den Weg freigab, faßte ich mir ein Herz, trat ein, verharrte einen Herzschlag lang, geblendet von dem durch das offene Fenster hereinflutenden Sonnenlicht, und beugte das Knie.

Das verhaltene Lachen meines Gebieters ließ mir eine Last vom Herzen fallen; aufschauend, sah ich ihn lächeln – lächeln auf die alte kameradschaftliche Art. Er saß neben dem Fenster an einem klobigen Eichentisch, gehüllt in ein langes Gewand aus blauem Linnen. Sein Schwert hing an der Lehne des geschnitzten Armstuhles. In der linken Hand hielt er einen silbernen Becher, während er die rechte mir entgegenstreckte.

»Na, also, da bist du, Anselm!« sagte er gütig. »Gott der Allmächtige hat dir, hat uns allen beigestanden. Erhebe dich: setze dich zu mir! Du wirst müde sein, hungrig und durstig, wie?«

Wir betrachteten einander schweigend. Er trug noch den schlichten Goldreif um die Stirn, unter dem sein seidiges, rotblondes Haar in anmutigen Wellen hervorquoll. Auf den ersten Blick erschien er mir unverändert, dann aber erkannte ich, daß die Hoheit, die von ihm ausstrahlte, durch den Ernst in seinen Augen, durch die Strenge der Linien um Nase und Lippen hervorgerufen wurde. Er war älter geworden. Am Ende auch ich?

Nachdem ich mich an kaltem Rehbraten und warmen Buchweizenfladen gestärkt und einen tüchtigen Schluck von dem guten Wein genommen hatte, der im Maintal wächst, langte Friedrich Roger über den Tisch und drückte meinen Arm.

»Ich schulde dir Dank, Anselm. Und ich weiß nicht, wie ich's dir vergelten soll. Wünsch' dir etwas! Doch zuvor berichte.«

Wortlos, mit unbewegter Miene, mich keinen Moment aus den Augen lassend, hörte er mir zu, bis ich – nun mit rauher Stimme – den Abschied von Liesel auf der Ocker Heide geschildert hatte. Dann unterbrach er mich:

»Gebot ich dir nicht, jegliches Aufsehen zu vermeiden, Anselm? Das Wichtigste war doch der Brief? Du hättest dich nie und nimmer bei der Kahlenburg zeigen dürfen. Der zweite Fehlgriff – daß du über Braunschweig geritten bist und die Freiin von Falkenhorst aufgesucht hast... Das hätte dir Unheil bringen können, und mir das Ende all meiner Hoffnungen.«

Der Ton, in dem er zu mir sprach, war weder streng noch vorwurfsvoll. Er sah mich eindringlich an und ich wußte, er durchschaue mich bis auf den Grund. Ich versagte mir also jegliche Erklärung oder gar

Beschönigung, sondern senkte nur stumm, bis in die Stirn errötend, den Kopf.
»In dieser Welt darf nicht nach seinem Herzen handeln, wer bestehen will!« setzte er melancholisch hinzu.
Wie recht er hatte! Und dennoch – wie groß war sein Vertrauen. Ich erwiderte es, indem ich eingestand: »Mein dritter Mißgriff war, daß ich Ibn Dawud die Jungfer nach Braunschweig zurückgeleiten ließ.«
Er hob die Brauen: »Wieso?«
Nur allzu deutlich entsann ich mich jeder Einzelheit jenes Geschehnisses. Am Lauf der Ocker hin und dann an der Radau aufwärts war ich gemächlich der dunklen Masse des Gebirges entgegengezogen. Je weiter südwärts ich kam, desto dichter schloß der Nebel mich ein. Selten begegnete mir ein Mensch, ein Bäuerlein vielleicht, ein fahrender Scholast, dann und wann ein Trupp Reisiger. Bald sah ich von den Bergen ringsher nichts mehr und nichts vom Fluß. Der Heerweg, tief ausgefahren und streckenweise verschlammt, wand sich zwischen Strauchwerk und vor Nässe schwarzen Stämmen hindurch wie zwischen den Säulen eines heidnischen Tempels, der weder Dach noch Estrich zu haben schien. Unheimlich, bedrückend umfing mich die Stille. Ich ertappte mich dabei, wie ich mit Chaleel redete, nur um meine Stimme zu vernehmen.
Als es zu dunkeln begann, gelangte ich an einige Klippen, die steil und scharfkantig gleich den Steven gigantischer Schiffe den Nebel zerschnitten. Mein Hengst schnaubte warnend. Unwillkürlich lockerte ich das Schwert. Und schon bäumte er sich, schlug vorne und hinten aus, denn Männer in grauen Kitteln – fünf oder sechs, ich zählte sie nicht, hinter Steinen und Büschen hervorhuschend – fielen ihm in die Zügel. Dem Dreistesten zerschmetterte sein Huf den Schädel. Einen Zweiten hieb ich mit der Klinge nieder. Die Übrigen packten mich beim Arm, bei den Beinen, und so stürzte ich, da Chaleel einen gewaltigen Satz tat, aus dem Sattel.
Die Waffe verlor ich bei dem Sturz nicht. Ich raffte mich auf, die Angreifer abschüttelnd, und suchte mir Rückendeckung an der Felswand. Da die Kerle nur Messer und Knüppel besaßen, vermochte ich mich ihrer zu erwehren. Aber – wie lange wohl? Schon sank die Nacht herab. Auf Hilfe ließ sich kaum hoffen. Unterhandeln? – Ha! Die Schurken sprachen kein Wort; sie knurrten und keuchten nur wie wütendes Raubgetier. Was mochten sie sein? Waldbrüder, Diebe,

Räuber oder gar besoldete Schergen? Ihre Gesichter, mit Ruß geschwärzt, gaben hierüber keinerlei Aufschluß. Einen indes, der sich abseits hielt und sie nur mit kreischenden Rufen anfeuerte, glaubte ich an seiner Gestalt zu erkennen.

Der König stieß den Atem pfeifend durch die Zähne: »Der Kaplan aus dem GOLDENEN LEU ... War's der?«

»Ja, Herr – der Kaplan!«

Das hatte mich so zornig gemacht, daß meine Kräfte sich verdoppelten. Allein, bald spürte ich, wie mir der Arm zu erlahmen begann. Blut rann mir aus einer Schramme auf der Stirn in die Augen; das trübte den Blick. Hier zum ersten Male begriff ich, wie wenig Schwert und ritterliche Art gegen die Knüppel und Messer des Pöbels auszurichten vermögen. »Gott im Himmel«, dachte ich verzweifelt, »schick' mir Deinen Engel!«

Und so, als habe der Herrgott mein Gebet erhört, näherte sich im selben Augenblick eilender Hufschlag. Meine Bedränger stutzten. Der Schwarzrock entschlüpfte. Und nun brach aus dem Nebelgebräu ein Ritter in voller Rüstung hervor. Ich erkannte ihn sogleich, des schummrigen Lichtes ungeachtet, erkannte die Farben seines Federbusches, das Weiß und Rot auf seinem Schild, ja, sogar die Züge seines hageren, lederbraunen Gesichtes und den weißen Stoppelbart hinter dem geöffneten Visier. Sein Gaul war womöglich noch größer, noch knochiger als jener, den er beim Tjosten in Aachen verloren hatte. Die Lanze eingelegt, kam er in langen Sätzen auf uns zugesprengt.

Die Schwarzgesichter spritzten nach allen Seiten hin auseinander, jedoch nicht schnell genug; Felswände hinderten sie am Entrinnen. Einen ritt er nieder. Einen Zweiten spießte er wie ein Spanferkel auf. Der Dritte brach unter seinem Schwerthieb zusammen. Den Vierten hatte ich inzwischen selbst erledigt. Aufatmend wischte ich mit einem Moosbüschel das Blut von der Klinge. Mein Retter, nachdem er den Gespießten von der Lanze geschüttelt, kehrte zu mir zurück und faßte mich unter grimmigem Schweigen ins Auge.

Ich verneigte mich ehrerbietig: »Ihr kamt zur rechten Zeit, Herr Ernest ... Wie kann ich Euch danken?«

»Ihr kennt mich?« grollte er. Seine Stirn, indem er mich eingehend musterte, begann sich vor Zorn zu röten. »Gottes Trost! Verdammt will ich sein, wenn Ihr nicht der Kahlenberger Lümmel seid, der mich um ein gutes Pferd und eine teure Rüstung gebracht. Hätt' ich das gewußt, ich hätt' Euch den Schnapphähnen überlassen, jawohl!«

»Das glaub ich nicht, Herr Ernest!«

»Wie – Ihr glaubt mir nicht? Ihr wagt mein Wort in Zweifel zu ziehen? Da soll doch gleich der Donner...« Er ließ die Lanze fallen und stieg mit wütender Hast aus dem Sattel.

Ich sagte schleunigst, denn mir lag durchaus nichts an einem neuerlichen Waffengang: »Nein, Herr Ernest! Wahrlich, das glaube ich nicht! Seid Ihr denn nicht ein Ritter ohne Furcht und Tadel, ein Mann von Ehre, wie ein jeder weiß? Und hätt' ich Euch damals geschont, Ihr würdet mir das gewiß schwer verdacht haben, nicht? Auch war's nur ein Zufall, wenn nicht Gottes Fügung, daß ich Euch vom Gaul gestoßen. Euer Roß tat einen falschen Sprung. Auch würd' ich Euch die Rüstung gelassen haben, wär' dies nicht allzu kränkend für Euch gewesen. Vergebt mir also in Eurer Großmut; seid mir ein Freund! Bei Gott und allen Heiligen, eben jetzt hab' ich Freunde nötig!«

Mittlerweile kam auch sein Knappe herbeigetrabt, Chaleel am Zügel. Die Miene des alten Kämpen erhellte sich: »Ihr meint also, Herr Anselm, das sei damals nur Zufall gewesen?«

»Oder der Wille Gottes, denn nur dadurch erlangte ich des Königs Gunst.«

»Nun, darüber reden wir noch. Wieso tun Euch Freunde not?«

Ich zögerte mit der Antwort, entschloß mich dann aber, ihm reinen Wein einzuschenken: »Euch dank' ich das Leben, Herr Ernest – das Leben und mehr... Ich muß Euch vertrauen. Und doch, es geht um ein Geheimnis, von dem keine Menschenseele außer uns beiden je erfahren darf.«

Er sah mich zweifelnd, jedoch nicht ganz ohne eitle Befriedigung und jedenfalls voller Neugier an, winkte dann den Knappen außer Hörweite. »Nun denn, sprecht ohne Scheu! Ein Ehrenmann – sagtet Ihr? Ja, so darf ich mich nennen! Was Ihr mir anvertraut, soll so gut wie nicht gesprochen sein.«

Und so berichtete ich ihm von dem Königsbrief und von meiner Mission eben gerade so viel, wie ich meinte, verantworten zu können. Er rieb sich den langen Geierschnabel, der sein Gesicht zierte, kratzte sich nachdenklich unter der Eisenhaube. »Wohl, wohl, Herr Anselm! Gottes Fügung – ja, so sieht es aus. Einen besseren Fürsprecher beim Kaiser hättet Ihr kaum zu finden vermocht. Bin ich auch nur ein alter,

weichherziger Narr, die Majestät hört auf mich. Natürlich seid Ihr mein Gast. Ihr fallt dann weniger auf als wenn Ihr stracks zu Hofe gegangen wäret; auch bietet mein Dach Euch mehr Sicherheit.«
Wir stiegen zu Pferd und ritten – langsam, der Dunkelheit wegen – durch den nächtigen Wald, bis der Himmel sich über den Bergen zu lichten begann und ich die Harzburg hoch über dem Ort auf einer steilen Felsenhöhe liegen sah. Die wechselnden Landschaftsbilder und Eindrücke glitten gleich Traumgespinsten an mir vorüber. Ich schwankte im Sattel vor Müdigkeit. Aber das Herz war mir leicht vor Freude und erfüllt von Dankbarkeit gegen Gott, der mich durch seinen Engel aus so großer Gefahr hatte erretten lassen.
Im Tal der Radau verstreut und an den Berghängen hin lagen die Herrensitze der Höflinge und Gefolgsleute Ottos. Die Harzburg hatte Kaiser Heinrich vor anderthalb Jahrhunderten errichten lassen; sie war mehrere Male berannt, schließlich zerstört und dann von Friedrich Barbarossa als Reichsfeste und Kaiserpfalz wieder aufgebaut worden. Jetzt diente sie Kaiser Otto als Refugium, wo er sich bei Jagd und Ritterspiel von den Schicksalsschlägen zu erholen trachtete, die ihn betroffen hatten.
Herr Ernest führte mich zu seinem Hof in einer Mulde am Schmalenberg. Ein finsteres Gemäuer – Herrenhaus und Wirtschaftsgebäude im Viereck angeordnet. Während wir darauf zu ritten, stand es düster drohend als kompakter Block vor dem Dunkel der Fichtenwälder und grauen Felsen, nur zugänglich durch ein schwarz wie ein Drachenschlund gähnendes Bogentor.
»Der vierte Fehler!« unterbrach mich hier Friedrich Roger. »Fürchtetest du nicht Verrat?«
»Nein, Verrat nicht... Umheimlich war's mir freilich. Aber – ist nicht Herr Ernest ein Ritter aus edlem Geschlecht? An seiner Redlichkeit zweifeln – nein, das tat ich nicht!«
Der König lächelte verhalten, ganz ohne Spott: »Ich glaub' nun, ich weiß, warum Gott mir eingab, gerade dich in die Höhle des Löwen zu schicken. Ein neuer Daniel! Unser Herr im Himmel schützt die Gerechten. Allerdings – das alte Rauhbein, halsstarrig und unwirsch, wie er ist – führwahr, ein seltsamer Engel!«
Die Vorstellung – Herr Ernest als Engel – brachte auch mich zum Lachen. »Wir haben uns gut vertragen. Herr Ernest mochte mich. Er meinte, ich gliche seinem Sohn, der von den Heiden vor Sharkit Arum

bei Sidon erschlagen wurde. Auch sei er meines Vaters Freund – gewesen, sagte er, denn er war überzeugt, der Kahlenberger weile nicht mehr unter den Lebenden.«
»Er lebt!« sagte Friedrich Roger fest.
»Seid Ihr dessen sicher Herr?«
Hoffnung durchbebte mich. Ich atmete schwer, wartete, wagte jedoch nicht, Näheres zu erfragen, da der König, in Sinnen versunken, schwieg. Schließlich erzählte ich, wie der Baron mir bittere Vorwürfe gemacht, weil ich die Fahne gewechselt hatte. »Er wollte alles über Euch wissen, Herr! Wie Ihr regiert, wie Ihr die Fürsten behandelt, mit den Rittern umgeht und mit dem geringen Volk, was Ihr als nächstes zu tun gedenkt und ob Ihr wirklich ein Ketzer seid, wie die Geistlichen hinter der Hand den Leuten ins Ohr blasen, oder ein treuer Sohn der Kirche ...«
»Ein Diener und Werkzeug des Allmächtigen!« brummte Friedrich Roger versonnen.
»Was ich ihm berichtet, muß er wohl dem Kaiser mitgeteilt haben, denn schon am folgenden Tag um die Mittagsstunde rief mich ein Bote des Kämmerers auf die Burg. Euer Brief, Herr, brannte mir auf dem Herzen. Die Knie schlotterten mir, als ich den Saal betrat, wo Herr Otto mit vielen vornehmen Herren zur Tafel saß. Er empfing mich mit der rauhen Herzlichkeit, die er Freunden entgegenzubringen pflegt, fragte dieses und jenes, wie es in den Westlanden stünde, ob ich Kunde von meinem Vater hätte ... Nach dem Zweck meines Besuches fragte er mich nicht. Da wußte ich, daß er von Eurem Brief erfahren hatte und nicht wünschte, die Angelegenheit vor fremden Augen und Ohren zu verhandeln. Zuletzt lud er mich – eine hohe Ehre – für den folgenden Tag zur Jagd; auch ließ er mir einen Platz an seiner Tafel zuweisen.«
»Fürwahr, den Baron von der Mark hat dir der Himmel geschickt«, murmelte Friedrich Roger.
Die Jagd fand bei prächtigem Wetter statt. In der Nacht war ein wenig Schnee gefallen; auf den Zweigen und Ästen glitzerte gefrorener Tau, so als seien sie mit Millionen Diamanten besetzt. Ich hielt mich in dem Gewimmel der Jäger nahe beim Kaiser. Chaleel wieherte, als wir durch die Fichtenwälder und Tannenforsten auf ein ödes Hochmoor gelangten.
Hier verhielt Herr Otto sein Roß, betrachtete meinen schnaubenden Hengst, den ich kaum noch zu zügeln vermochte, und meinte: »Ein

schönes Pferd habt Ihr da, Herr Anselm! Laßt sehen, ob es ein so vortrefflicher Renner ist wie das meinige.« Er winkte dem Gefolge, zurückzubleiben. Und fort stoben wir in einer Wolke von Schnee, bis wir der Jagdgesellschaft aus den Augen waren. Chaleel, obschon geschwächt von den Strapazen der langen Reise, hielt sich dicht hinter dem Hengst des Kaisers, so daß mir der von den Hufen emporgeschleuderte Schnee ins Gesicht klatschte und die Augen verklebte. Als wir zwischen Klippen gerieten, scharfzähnige Brocken aus grauem Granit, mit Moos und bleichen Flechten bewachsen, die uns der Sicht entzogen, hielt Herr Otto an. Er atmete heftig, so als habe der Ritt ihn stark mitgenommen. Ich sah, wie blaß sein Angesicht schimmerte unter dem schon ergrauenden Haar. Mich durchbohrend anblickend, sagte er barsch: »Nun?«

»Ich griff in mein Wams, während mir beinahe schwarz vor den Augen wurde, holte das Lederpäckchen hervor und entfernte mit bebenden Fingern die Umhüllung. Herr Otto sah mir, die Brauen finster zusammenziehend, angespannt zu. Den kurzen Jagdspeer hielt er so fest gepackt in der Rechten, daß seine Knöchel weiß durch die gebräunte Haut schimmerten. Was in ihm vorging, ahnte ich nicht, spürte nur, mein Leben hing an einem Haar. Ich reichte ihm König Friedrichs Schreiben.

Er stieß den Speer in die Halterung und löste die Siegel. Während er las, strömte das Blut in seine Wangen zurück. Wolkenschatten und Sonnenhelle wechselten auf seinem Gesicht. Mehrmals zerknirschte er Flüche zwischen den Zähnen; dann wieder lächelte er, obschon nicht ohne Bitterkeit. Schließlich ließ er das Pergament mit einem Seufzer sinken, steckte es zu sich, sah mich lange stumm, jedoch, wie mich bedünkte, wohlgeneigt an. Dann, mit der Faust auf den Sattelknauf schlagend, grollte er: »Hol' doch die Pest den verräterischen Hundsfott im Rom! Was meint Ihr, Herr Anselm, wird Euer Herr sich zum Schindluder der Kurie machen lassen?«

Ich brachte kein Wort hervor.

»Euer Schweigen, Herr Anselm, bestätigt, was ich denke. Aber wird dieser Normannensproß sich auch als wahrer Christ, als ein rechter Deutscher erweisen – er, der die Luft des Südens geatmet hat, der kaum unsere Sprache spricht?«

»Herr!« rief ich eifernd, empört über die unausgesprochene Verdächtigung. »Wie könnt Ihr zweifeln? Er ist der edelste der Fürsten! Stets

wird er dem wahren Gott mehr dienen als den Menschen und ihren Eigennützigkeiten. Dafür will ich meine Hand ins Feuer legen.«
Der Kaiser nickte: »Auf jeden Fall ist er stärker als ich es je war, klüger, listiger...« Er runzelte die Stirn, schüttelte sich wie im Fieber. Seufzend wandte er sein Pferd und ritt im Schritt auf unserer Spur zurück, tief in Gedanken.
Während ich das erzählte, freilich in dürren Worten und nur die Tatsachen erwähnend, hatte mir Friedrich Roger aufmerksam zugehört. Jetzt fragte er: »Du mußt ihm doch wohl einiges mehr anvertraut haben? Anders läßt sein Entschluß sich nicht erklären. Ich hörte, sein Bruder, der Pfalzgraf Heinrich, sei bereits mit den Reichskleinodien zu mir auf dem Weg.«
Ich errötete, mich der langen Gespräche entsinnend, die der Kaiser im Laufe des Winters mit mir geführt hatte. Er wollte so viel wie möglich über den ›Normannen‹ erfahren, viel mehr als ich ihm hätte mitteilen können. Ich schilderte ihm Friedrichs Anmut, sein edles Betragen, seine Geistesgaben, seinen hohen Gedankenflug. Ohne es zu wissen oder zu wollen, mochte ich dem Kaiser eine Ahnung von dem großen Konzept der Reichseinheit vermittelt haben, das mein Gebieter zu verwirklichen strebte. Im übrigen gewann ich den Eindruck, daß die Lebenskräfte Herrn Otto nach und nach verließen.
Oft saß er müden Blickes vor seinem Weinkrug, ohne zu trinken, und starrte trübsinnig grübelnd vor sich hin. Einmal hörte ich ihn verdrossen murren: »Wie vergeblich ist doch all unser Tun! Da rackert man sich ab, den Menschen Frieden und Wohlstand zu bescheren, aber der böse Feind schläft nicht; stets liegt er auf der Lauer mit seinen Dämonen Genußsucht, Eitelkeit, Ruhm- und Machtgier, die uns Erdenwürmer vom Pfad der Tugend zu locken trachten; und wie oft gelingt es ihnen. Bisweilen denk' ich, wir Sterblichen werden nur geboren, um zu leiden und als Sünder zu sterben. Ob es Gottes Himmel und eine ewige Gerechtigkeit gibt? Ja, der Mensch ist sich selbst der ärgste Feind! Warum, o Heiland – warum?«
»Einsicht, Frömmigkeit, die Erkenntnis seiner Verantwortlichkeit vor Gott und den Menschen!« beantwortete ich König Friedrichs Frage, weshalb der Kaiser sich wohl dazu durchgerungen habe, die Ansprüche des Staufers anzuerkennen.
»Nein, wirklich, Herr! Mit keinem Wort habe ich meine eigene Meinung geäußert, noch danach getrachtet, ihn zu überreden. Ich

berichtete lediglich, wie Ihr, mein König, Euch zu verhalten pflegt, was Ihr ins Werk setzt, um dem Streiten, Rauben und Morden auf der Welt Einhalt zu gebieten. Und dann hab' ich ihm auch noch erzählt, unter welch schrecklicher Bedrohung Christenmenschen auch bei mir daheim leben müssen, und wie es mit meinem Erbe gegangen ist, das ja recht eigentlich mit zu seinen Landen gehört. Als er das vernahm, knirschte er mit den Zähnen, verwünschte die Geistlichkeit, klagte sich selber an, weil er nicht Macht besitze, meinen Vater aus den Händen der Heiden zu befreien, noch die Grafschaft Kahlenberg vor der Habsucht unwürdiger Diener des Herren zu beschirmen, noch dem Lande Frieden zu geben...«

So war der Winter in Harzburg dahingegangen, ohne daß etwas von Bedeutung geschah. Weder gelang es Herrn Otto, seine bei Bouvines zerschlagene Streitmacht zu sammeln, noch wollten oder konnten seine englischen Verwandten ihm Hilfe bringen. Ihm lag auch wohl nicht mehr viel daran. Die Kämpfe zwischen seinem kleinen Heer und den Truppen des Erzbischofs von Bremen um Stade und das Land Hadeln waren zum Erliegen gekommen, weil die Krieger beider Seiten sich bei Anbruch der kalten Witterung einfach nach Hause begeben hatten. Des öfteren ritten wir – der Kaiser und ich – zur Cluniazenser Abtei Gandersheim hinüber, nicht weit von der Harzburg, wo einst die berühmte Hroswitha lebte und dichtete.

Mir entging dabei nicht, wie Herr Otto mit zunehmendem Verfall seiner Kräfte mehr und mehr um sein Seelenheil zu bangen schien. Zwar schalt er nach wie vor den Heiligen Vater in Rom einen Antichrist auf dem Stuhle Petri, indem er Herrn Walthers von der Vogelweide bittere Aussprüche rezitierte, aber ich meinte doch, tief im Herzen sei er der Kirche ein gläubiger Sohn. Es bedrückte ihn schwer, daß er unter Acht und Bann leben oder gar sterben sollte, obwohl er dies ganz entschieden abstritt.

Als wir dann das Osterfest auf der Harzburg feierten und ihn ein heftiges Fieber niederwarf, ließ er den Bischof von Hildesheim zu sich rufen, den Abt von Walkenried sowie andere fromme Männer, die ihm ehedem angehangen hatten. Ich glaube nicht, daß sie dem Ruf gerne gefolgt sind, hin und her gerissen zwischen ihrem Gewissen und den Erfordernissen politischer Pfiffigkeit, wie sie nun einmal waren, denn noch galt ja Honorius als der wahre Oberherr der Christenheit, jeder weltliche Fürst als sein Vasall, und der Stern des Kaisers sank.

Zuletzt aber, als ihn die Brust arg zu schmerzen begann und er sein Ende nahen fühlte, klagte er den geistlichen Herren: »Soll ich denn ausgeschlossen von der Christlichen Gemeinschaft sterben?« Und da preßte ihm der fromme Probst von Sankt Burkhard zu Halberstadt das Gelöbnis ab, er wolle fortan sich dem Willen des Heiligen Vaters beugen. Daraufhin ward der Bann von ihm genommen. Dem Abt von Walkenried beichtete er seine Sünden wider Kirche und Papst.
Indes, als es ihm einige Tage danach wieder ein wenig besser zu gehen schien, da bekräftigte er zwar sein Versprechen, dies jedoch mit der Einschränkung, seine und seines Hauses Rechte dürften dadurch nicht geschmälert werden. Den frommen Herren schmeckte diese Apposition nicht süß, und schon gar nicht war sie im Sinne der Kurie.
Ehrlich gesagt, der ganze heilige Kuhhandel am Sterbebett samt Weihrauch, Litaneien und Gebeten brachte mich mächtig auf, ging es dabei doch weniger um das Seelenheil eines guten Mannes als vielmehr um Macht und schnöden Gewinn. Das, freilich, brauchte ich nicht erst zu bekennen, denn als ich aufblickte, sah ich ein bitteres, fast böses Lächeln um Friedrich Rogers Lippen zucken. Er dachte wohl so wie ich. »Aber dann–« sagte ich trocken, »starb Herr Otto doch, wie Ihr wißt, in der Frühe des neunzehnten Tages im Lenzmond und unser aller Gebete begleiteten seine befreite Seele auf ihrem Fluge ins Himmelreich ...«
Indem ich all das berichtete und die Bilder des Erlebten an meinen inneren Augen vorüberziehen ließ, war meine Stimme immer leiser, immer rauher geworden. Noch sah ich die Fürsten und Priester in der engen, schmucklosen Kemenate gleich Geiern oder Krähen das Lager des sterbenden Löwen umdrängen und das Herz pochte mir wild vor Empörung und Mitleiden. Sic transit gloria mundi, wie es in einem alten Kirchenlied heißt. Und obwohl es ein jeder Papst bei seiner Weihe zu hören bekommt, wer unter ihnen entsinnt sich dessen, sobald die Tiara ihn schmückt und er das Pedum rectum in Händen hält?
Mittlerweile senkte die Sonne sich dem Rheintal zu. Ihre Lichtbahnen waren weitergerückt, hatten den Tisch verlassen und nun fielen sie voll auf Brust und Haupt Friedrich Rogers, ihn wie auf einer Ikone aus dem Schatten der getäfelten Wand hinter seinem Rücken hebend. Lange Zeit schwieg der König. Vergebens suchte ich in seinen reinen, klaren Zügen nach einem Anflug von Triumph oder auch nur Befriedigung.

Nichts davon! Sein Blick, in mir unbekannte Fernen gerichtet, drückte vielmehr so etwas wie Staunen aus mit einem Hauch von Trauer, keineswegs Demut der herkömmlichen Art, eher eine tiefe Ergebenheit – ich weiß nicht an was oder an wen. Er schien mich vergessen zu haben.
Schon wollte ich mich – leise, um ihn in seiner Versunkenheit nicht zu stören – erheben und mich entfernen, da seufzte er, sagte: »Anselm, du hast Großes für mich getan, und mehr noch, so Gott will, für das Wohl unserer Völker. Sprich einen Wunsch aus, deinen Herzenswunsch! Er sei dir, sofern es in meiner Macht steht, gewährt.«
Eindringlich ruhte sein Blick auf mir. Im ersten Moment wollte seine Gnade mich überwältigen. An meinen Vater dachte ich zunächst, aber dessen Befreiung würde selbst dem König zur Zeit unmöglich sein. Dann dachte ich an die Grafschaft Kahlenberg; allein, auch dies Problem ließ sich gegenwärtig nicht lösen, da mein Gebieter ja noch auf das Wohlwollen und den Beistand der deutschen Geistlichkeit angewiesen war. Jäh überfiel mich ein Sehnen nach Liesel und der Wunsch, mich Clarissens zu entledigen – ein schmachvoller, ein schändlicher Gedanke! Auch vermochte es allein nur der Papst, mich von der Krämerstochter zu scheiden; und würde Honorius das jemals tun? Schließlich, nachdem mein innerer Aufruhr sich ein wenig gelegt, nahm ich zu meiner Beunruhigung wahr, daß der König mich die ganze Zeit über beobachtet hatte, daß er mich offenbar einer Prüfung unterzog.
»Herr«, sagte ich aufatmend, »was hätte ich getan, das besonderen Lohn verdient? Wenn Ihr mir eine Gunst erweisen wollt, gebt mir ein Pferd, das größte, kräftigste, schnellste Roß aus Euren Ställen sowie eine Rüstung vom besten Waffenschmied.«
Friedrich Rogers Brauen hoben sich. Verblüfft schaute er mich an: »Aber, Anselm – wozu? Hast du nicht, was du brauchst?«
Ich lachte verlegen: »Nicht für mich, Herr – für den Baron, für Herrn Ernest von der Mark! Ich nahm ihm Roß und Rüstung – alles, woran sein Herz hing. Jetzt reitet er eine alte Schindmähre und sein Harnisch ist rostig und verbeult. Mehr noch kränkt ihn, daß er sein Eigen an mich, den Grünschnabel, verloren. Und so dachte ich...«
Schon besorgte ich, der König werde mich auslachen oder abweisen, denn sein Auge verschleierte sich und vorhersehen ließ sich ja nie, was ihm in den Sinn kommen mochte. Aber nun, ganz unversehens, neigte

er sich über den Tisch, berührte mit fast brüderlicher Gebärde meinen Arm und sagte: »Gewährt, gewährt, mein reiner Tor! Gewährt – und mehr als das!«

18.

Bu Hauam, so hieß der Falke, den der König mir schenkte. Eine wahrhaft königliche Gabe, denn ein solcher gut abgerichteter Greifvogel wird nachgerade mit Gold aufgewogen. Mein Vater hatte, als ich noch Kind war, oftmals darüber gesprochen, wie schön und edel die Beizjagd sei, und dann geseufzt, er sei zu arm, sich Falken und Falkner halten zu können. Es überlief mich kalt und heiß, als ich, zum König gerufen, in die große Halle des Saalhofes trat und hier Friedrich Roger auf mich warten sah, neben ihm Ibn Dawud, ernst und selbstbewußt in seiner schlichten, jedoch schmucken Jägerkleidung, auf der Lederfaust einen Falken, dessen Kopf durch eine lederne Haube verhüllt war. Bis dahin hatte ich ja nicht geahnt, daß mein Sarazene ein vorzüglicher Falkner sei, hochgeachtet als solcher in seinem Heimatland. Und mit nachträglichem Erschrecken entsann ich mich jener unwürdigen Begebenheit auf der Coller Straß zu Aachen.
»Herr Anselm«, lächelte der König, »diesen Vogel haben Wir Euch zugedacht. Wir hoffen, daß er Euch Freude macht, ist doch die Beizjagd das würdigste aller Spiele für den Edelmann.« Vor fremden Augen und Ohren redete er stets förmlich mit mir. »Euer Knecht ist ein Falkner, von dem selbst Wir noch Vieles lernen können. Folgt seinem Rat. Und seid Ihr vertraut mit dem Tier geworden, dann reiten wir miteinander auf die Jagd.«
Ich beugte das Knie, zu bewegt, als daß ich ein Wort des Dankes hätte über die Lippen bringen können. Mein Herr aber wußte auch ohnedies, was ich empfand. Er nickte mir gnädig zu und entließ uns mit leisem Lachen.
Kaum befanden wir uns im Freien und auf dem Weg zum Zwinger, da blieb Ibn Dawud unvermittelt stehen; sein grimmiges, narbiges Gesicht war eitel Sonnenschein; so hatte ich es bisher nicht gekannt. Seine sonst so düster blickenden, mißtrauischen Augen strahlten mich an: »Wahr ist, was Herr Friedrich gesagt, ya Sid! Mein Leben dank' ich dir, meine Ehre. Dies aber...« und dabei schaute er den Vogel auf seiner Hand zärtlich an, »das bedeutet mir mehr als nur leben. Seit ich

hier unter fremdem Himmel weile, hat mich danach verlangt; deswegen hab' ich oftmals gewünscht, wieder daheim zu sein. Nun aber... Allah w'allah! Letzten Endes dank' ich's doch dir – auch diese Freude dank' ich dir, ya Sid!« Er bebte, obwohl er mannhaft Haltung zu bewahren versuchte, so sehr, daß der Falke unruhig zu flattern begann.

Zwar teilte ich seine Begeisterung noch nicht so ganz, obschon ich vor Freude und Stolz hätte jubeln mögen, doch wurde mir im Augenblick das volle Ausmaß der Treue und Selbstverleugnung bewußt, die dieser Mann mir gegenüber bewiesen. Hunderte von Malen hätte er fliehen könnn. »Bruderherz«, sagte ich rauh, »danke nicht mir, der dein Lehrling in so vielen Dingen ist; dank' unserem König. Er hat ein großes Herz!«

In den folgenden Wochen vernachlässigte ich die Pflichten als Archivar und Sekretär Seiner Majestät, die ich übernommen hatte, um meines Brotes wert zu sein. Von Tag zu Tag mehr, so wie ich ihn nach Ibn Dawuds Anleitung kennen und lieben lernte, nahm Bu Hauam mich in Anspruch – dies stolze, kluge, königliche Geschöpf, das seine Gefangenschaft mit so bewundernswerter Würde ertrug. Nicht lange, so stellte sich eine Art innerer Übereinstimmung zwischen uns dreien ein, nicht nur Vertrautheit, sondern eher eine seltsame Seelengemeinschaft, wie sie schon zwischen Chaleel und mir bestand. Noch vor Tagesgrauen pflegten Ibn Dawud und ich aufzustehen, um unseren Falken eigenhändig mit frischem Fleisch zu füttern. Als Vierter gesellte sich zu diesem Bund der kleine Münsterländer Brack, ein überaus freundlicher, kluger Stöberhund, den Bu Hauam nachsichtig duldete.

All das lenkte mich ein wenig von einer bedrückenden Sorge ab, die mir die sonst so hellen, sonnigen Tage in Frankonofurd verdunkelte. Gleich am Abend meiner Ankunft, nachdem ich dem König Bericht erstattet, hatte ich mich in dem wüsten Trubel des Feldlagers nach Herrn Leonardo und Clarissa umgeschaut. Ich fand sie nicht. Wer immer von mir befragt wurde, schien über ihren Aufenthalt oder Verbleib nichts zu wissen. Ja, ich gewann den Eindruck, manche meiner zahlreichen Bekannten wichen derartigen Fragen geflissentlich aus. Man begann dann von etwas anderem zu sprechen; man verabschiedete sich hastig. Einige vermieden es, mir gerade ins Gesicht zu blicken. Was mochte der Grund sein für ihre Verlegenheit?

Auf dem Roßmarkt traf ich einen Krämer aus Köln, einen feisten, rotwangigen Kerl, der die verwirrende Gewohnheit hatte, jeden Satz mit dröhnendem Gelächter zu beenden, auch wenn es gar nichts zu lachen gab.

»Leonardo? Den ehrenwerten Herrn Leonardo sucht Ihr? Ha-ha!«

»Ja, den –! Nicht des Teufels Großmutter...«

»Heilige Jungfrau, ha-ha – den findet Ihr hier nicht; der hätt' um ein Haar Hochzeit gehalten, ha-ha!«

»Hochzeit? In seinen Jahren? Ihr scherzt...«

»Ja, Hochzeit – mit Seilers Töchterlein!« Er wollte sich ausschütten vor Lachen.

Und so erfuhr ich unter vielen Ha-ha's und hämischem Geschnauf, der Kaufmann habe den königlichen Intendanten bei irgendwelchen Lieferungen garstig übers Ohr gehauen; es wäre ihm auch wohl an den Hals gegangen, hätte man ihn nicht auf des Königs Geheiß frei ausgehen lassen; des Hofes sei er jedoch verwiesen worden.

Gottes Donner! Schamröte stieg mir in die Stirn. Mit keinem Wort hatte Friedrich Roger die Angelegenheit mir gegenüber erwähnt. Und nun wußte ich nicht, wie ich mich verhalten sollte. Wäre doch Jörg zur Hand gewesen. Der aber befand sich auf einem Zuge nach Nürnberg, wo die Königin Konstanze und Friedrichs neunjähriger Sohn Heinrich, die er nach Deutschland gerufen hatte, sich gegenwärtig aufhielten. Ich nahm mir vor, bei guter Gelegenheit frei und offen mit meinem Gebieter darüber zu reden.

Ein Leben bei Hofe bleibt nicht frei von Verstrickungen. Mein Quartier befand sich beim Holzpförtchen, unweit vom Saalhof, im Hause des Stellmachers Weyland. Man hatte mir das beste Zimmer eingeräumt. Auf Anweisung des Kämmerers war es mit bequemen Möbeln und einem kostbaren arabischen Teppich ausgestattet. Die Weylands waren freundliche, gesittete Leute, bei aller Bescheidenheit voller Bürgerstolz. Als das Reizendste in ihrem Haus erschien mir aber ihr Töchterlein Annele, kaum fünfzehn Jahre alt, rosig und frisch wie eine Apfelblüte.

Bisweilen, kam ich von meiner Arbeit erst spät am Abend heim, öffnete das Dirnlein mir die Tür und blitzte mich dabei aus dunklen Kirschenaugen schelmisch herausfordernd an. Der Klatsch, wie er auch an Friedrichs Hof seltsame Blüten trieb, hatte mich mit einem Gespinst abenteuerlicher Gerüchte umrankt; die mochten einem jungen Ding wie dem Annele gar wohl das Köpfchen verdrehen. Auch war ich zu einem stattlichen Jüngling herangewachsen, auf dem die Augen der vielen Frauen, die im Gefolge des Königs glänzten, mit Wohlgefallen ruhten.

»Stimmt es, gnädiger Herr«, wisperte das Annele eines Nachts, als sie das Tor hinter mir verriegelte, »ist's wahr, was die Leut' so schwätzen, Ihr habt mit Frauen wenig im Sinn?«

»Wie sollt' ich auch–? Ich bin verehelicht, Gott sei's geklagt!« Ich dachte an Clarissa, nicht ohne Verstimmtheit, und wie sie mich eingefangen hatte.

Das Mägdelein war mir ins Zimmer gefolgt. Ich sah ihm zu, wie es die Kerze entzündete. Mir fiel auf, wie hübsch von Angesicht das Annele war, wie anmutig der Körper unter dem dünnen Nachtgewand. Indem sie zu mir aufschaute, senkte ihr Blick sich in den meinen. Sie wich mit einer reizenden, scheuen Bewegung hinter den Tisch zurück, wobei sie holdselig errötete. Ich vergaß alles um mich her. Mein Herz klopfte zum Zerspringen; der Atem stockte. Ich folgte ihr wie ein Leopard der Gazelle. Indes, obwohl die Tür noch halb offenstand, übersah sie – mit Absicht, denk' ich – diese Möglichkeit zum Entrinnen. Nach kurzer Jagd schloß ich sie in die Arme. Lachend ergab sie sich, meine Küsse mit kindlicher Unbeholfenheit erwidernd. Und wenn ihr meint, sie sei in ihrer Hingebung gänzlich von Sinnen gewesen – keineswegs! Unter den zärtlichsten Liebkosungen flüsterte sie: »Liebster Herr Anselm, schließet doch besser die Tür und löscht das Licht!«

Als ich in der Frühe erwachte, fand ich das Lager neben mir leer. Nur der Duft ihres Körpers war noch um mich. Auf dem Kopfkissen lag ein braunes Haar. Ich wand es um meinen Finger zu einem Ring. Indem ich überlegte, wo es zu verwahren sei, fiel mein Blick auf das Kästlein, das Liesels Rosen enthielt; ja – und da kamen mir weiß Gott die Tränen. Nicht, daß ich mich geschämt hätte oder gar bereut, was geschehen war. O nein! Nur ein Gefühl grenzenloser Einsamkeit befiel mich, die niederschmetternde Erkenntnis, daß nichts von Dauer ist, daß ein Augenblick des Glückes nimmer wiederkehrt. Aber solange man jung ist, bleibt einem wenigstens doch noch die Hoffnung auf künftige Freuden.

An einem noch sommerlich lauen Septembermorgen entbot der König mich zur Jagd. Nur er und ich und Ibn Dawud, so ritten wir durch die Weingärten bei Eschersheim und dann an der Nidda entlang durch die

Auen, ein jeder seinen Falken auf dem Arm. Brack umschwänzelte uns, ohne Laut zu geben. Erst, als wir uns weit genug entfernt von Hofstätten und Weilern befanden, hielt Friedrich Roger an.

Ringsher schnurrten Völker von Rebhühnern auf. Die Falken hatten das längst bemerkt. Sie krallten sich in die dick gepolsterten, bis zum Ellenbogen reichenden Lederhandschuhe, zerrten ungeduldig an den Geschühriemen, mit denen sie an die Hand des Jägers gefesselt waren. Ihre feinen grauen Federchen auf der Brust vibrierten vor Aufregung und die Messingglöckchen an den Bellriemen klingelten. Abermals ging ein Hühnerschwarm hoch. Der König nahm seinem Falken die Kappe ab, löste den Geschühriemen mit einem Ruck, und schon stieg der stolze Greifer steil zum Himmel empor, die Luft mit seinem schrillen Angriffsschrei Kwitt-kwitt-kwitt erfüllend. Ibn Dawud und dann auch ich taten es dem König nach.

Inzwischen waren die Rebhühner wieder eingefallen zwischen Busch und Baum. »Hei – Brack!« rief der Sarazene. Freilich, keines Zurufes bedurfte es. In langen Sätzen fegte der Hund durch das hohe Gras und stöberte die Hühner auf. Die Falken, hoch droben am Himmel Kreise ziehend, erspähten alsbald mit ihren scharfen Augen – den schärfsten, die es unter allen Geschöpfen gibt – die Beute. Mein Blick hing an Bu Hauam, wie festgenagelt. Schier atemlos sah ich, wie er nach einem letzten triumphierenden Schrei über den rechten Flügel abkippte, die Fänge und Schwingen dicht an den Körper zog und im steilen Sturz blitzgleich auf sein Opfer herabstieß. Das Klatschen des Aufprallens war bis zu uns hin vernehmbar. Jäger und Beute wirbelten zu Boden und verschwanden im Gras, über dem an der Stelle nur mehr ein Wölkchen von Federn schwebte.

Das war so schnell geschehen, hatte all meine Sinne so sehr gefesselt, daß ich nun jählings erwachte wie aus einem Traum. Schweiß prickelte mir auf der Stirn. Ein Beben durchrann mich, so als hätte ich selbst an dem Kampf teilgenommen. Des Königs Falke kam als zweiter mit einem fetten Rebhuhn nieder. Nur der des Sarazenen hatte sein Ziel verfehlt. Das Wild entschlüpfte ihm in ein Brombeergesträuch. Dort ließen wir es ungeschoren, denn auch für die Beizjagd gelten die Regeln ritterlicher Großmut.

Nachdem die Beute eingesammelt, die Vögel wieder aufgenommen und mit rohen Fleischstücken aus der Jagdtasche belohnt worden waren, setzten wir den Ritt fort. Noch einige Male mehr erlebte ich das gleiche Todesspiel, und nie verlor es an erregendem Reiz. Zuletzt – schon stand die Sonne im Zenit – machten wir in der Schänke eines kleinen Dorfes Rast. An dem ungehobelten Brettertisch im Schatten der Linde verzehrten wir unser Vesperbrot bei einem Krug herben Weines.

Friedrich Roger sah mich freundlich an und fragte: »Nun, Anselm, wie gefällt es dir?«

Ich mochte ihm die Freude nicht schmälern, obschon mir bei aller Begeisterung für die Falken doch nicht ganz wohl bei der Sache war. Von Kindesbeinen an hatte ich gejagt – dies jedoch stets nur, um Nahrung zu beschaffen, nicht aus Lust am Töten. Allein, wie hätte ich das erklären sollen? Deshalb erwiderte ich, es sei eben ein Waidwerk für Könige. Friedrich Roger mit seinem feinen Gespür für Zwischentöne hörte sogleich meinen Vorbehalt heraus.

»Anselm«, lächelte er, »du hast recht – ein Spiel für Könige! Ob König, ob Fürst, ein jeder, der Verantwortung trägt, muß zu Zeiten grausam sein können. Ich sagte einmal: du hast, was ich nicht habe, nicht haben darf! Erinnerst du dich? Ich hätte hinzufügen können, daß die Bürde einer hohen Geburt sich nur schwer tragen läßt. Das Volk bewundert die Schlachten, die ich schlage, die grausame Härte, mit der ich Rechtsbrecher strafe, ebenso den Glanz und den Prunk, mit dem ich mich umgeben muß, um in den Augen der Menge erhöht zu sein – den Hofstaat, die wilden Tiere, die ich mit mir führe, die vielen Frauen in meinem Gefolge, die prächtigen Bauten, die Kirchen und Schlösser, die ich errichten lasse... Aber wisse, um vieles lieber würde ich einer der frommen Dominikaner sein, wie sie jetzt immer häufiger in unseren Städten zu sehen sind, barfuß, in härenem schwarzem Gewand, und mich bescheiden in der Hingabe an Jesu Christi Lehre, an den Geist der Allmacht, deren Wille und Weisheit mein Tun und Trachten lenkt. Es darf nicht sein! Und so muß ich denn im Kleinen wie im Großen den Platz ausfüllen, an den ich nach Gottes Ratschluß gestellt worden bin.

Das hat nichts mit meiner Ansicht über Papst und Kurie zu tun«, setzte er rasch hinzu. »Aber erst kürzlich habe ich einmal wieder in den Kommentaren des frommen Pelagius gelesen; der hat sich schon vor mehr als achthundert Jahren gegen die den Menschengeist entmündigenden Lehren des heiligen Paulus und des Augustinus für die freie Willensentscheidung eingesetzt.«

Er sprach Arabisch – einmal, weil er solche Gedanken in deutscher Sprache nur unzulänglich hätte ausdrücken können, zum anderen, damit der Schankwirt ihn nicht verstand. Er zählte dem Mann die wenigen Groschen, die der Wein kostete, auf den Tisch, ohne etwas hinzuzufügen. Mein Erstaunen ob solcher, bei ihm ungewohnter Knausrigkeit bemerkend, meinte er, als wir zu Pferde stiegen: »Wundere dich nicht, Anselm! Jener Mensch, den du so höflich und dankbar lächeln siehst, ahnt nicht, daß ich der König bin. Er ist zwar nicht wohlhabend, aber im tiefsten Grunde zufrieden mit seinem Los – geachtet von Seinesgleichen, bescheiden in der Enge seines Lebens, ohne Neider, ohne Feinde. Legte ich ihm ein Goldstück auf den Tisch, ihn würden Hochmut und Dünkel wie eine Seuche befallen, fortan würde er sein Tagewerk nur mehr ungern verrichten wollen, würde durch Prahlerei sich Feinde machen und seine Nächte würde er aus Furcht vor Dieben oder Räubern schlaflos verbringen...«
Im Saalhof, nachdem wir die Falken auf die Blockjule, einen Pfahl mit Kreuzarmen, gesetzt, sie mit frischem Taubenfleisch versorgt hatten und ich mich gerade entfernen wollte, winkte mir der König und schritt vor mir her den Kellergewölben unter dem Palast zu, wo die Schreibstuben und Archive sich befanden. Wir betraten ein Gelaß, in dem mehrere Laienmönche an drei langen Tischen hockten und emsig kostbare Pergamentblätter beschrieben, ohne uns Beachtung zu schenken. Einer von ihnen kopierte kunstreich eine reizende Miniatur; sie stellte einen König, kenntlich an seiner Krone, sowie dessen Begleiter, beide zu Pferde, bei der Falkenjagd dar; auch waren zwei Hunde, ähnlich unserem Brack, auf dem Bild zu sehen. Noch stand ich und staunte das kleine Wunderwerk an, da nahm mein Herr ein anderes Blatt von dem hohen Stapel bereits beschriebener Pergamente – das Titelblatt einer Schrift. Ich las: DE ARTE VENANDI CUM AVIBUS, und darunter: Friedrich Roger von Hohenstaufen, der Reiche Sizilien und Deutschland König!
Mein Staunen und meine Bewunderung äußerten sich so offenkundig, daß es den Verfasser zu schmeicheln schien. Er legte die Rechte auf meine Schulter: »Ob mein Königswerk mich überdauern wird, Anselm, das weiß nur Gott; aber dies hier mag noch in späterer Zeit allen, die Gottes Geschöpfe lieben, zur Erbauung und Lehre dienen.«
Was immer ich für Friedrich Roger bisher empfunden hatte, war nichts, war nur ein blasser Abglanz der Zuneigung und Ehrfurcht

gewesen, die ich ihm von nun an entgegenbrachte. Wie hoch erhob sein Geist sich doch über alle Menschen seiner Umgebung, die ich kannte, ja, selbst über den klugen, weitblickenden Grafen Engelbert von Berg, der – seit drei Jahren Erzbischof von Köln – unserem König in enger Freundschaft verbunden war.

Nur von fern und recht flüchtig hatte ich diesen mächtigsten Fürsten der Rheinlande bisher gekannnt, aber dann forderte Seine Majestät mich eines Abends auf, ihn und Herrn Engelbert auf die Zinne des Turmes zu begleiten, wo er die Sterne betrachten wollte. Herr Engelbert, nur wenig über dreißig Jahre alt, prächtig gekleidet, hochgewachsen, schüchterte mich durch sein bestimmtes, ein wenig hoffärtiges Auftreten mehr ein als Friedrich Roger je vermocht hatte. Ich hegte ihm gegenüber sogar ein gelindes Mißtrauen und fürchtete seinen Einfluß auf unseren Gebieter.

Als Sohn des Grafen von Berg, dessen Vorfahren Vögte der Klöster Werden, Deutz und Siegburg gewesen waren, und einer Gräfin von Geldern, war er bereits in seinem vierzehnten Lebensjahr Dompropst zu Köln geworden, hatte seiner Propstei seither noch fünf weitere hinzugefügt, darunter auch die des Aachener Marienstiftes. Gleich seinem erzbischöflichen Vetter Adolf von Altena hatte er sich gegen die Erbreichpläne Kaiser Heinrichs, Friedrich Rogers Vater, gewandt, die Wahl des Welfen Otto von Braunschweig zum deutschen König betrieben, war dann aber zum Staufer Philipp von Schwaben übergetreten und deshalb von Papst Innozenz suspendiert und mit dem Bann belegt worden. Als der Bann von ihm genommen und ihm auch noch die Herzogswürde zugefallen war, nebst dem Erbe der Grafschaft Berg, weil nämlich im Vorjahr sein Bruder Graf Adolf von Berg vor Damiette in Ägypten den Tod gefunden, gab es nur wenige Reichsfürsten, die über mehr Macht und Reichtum verfügten als er.

Meine Befürchtungen erwiesen sich als gegenstandslos. Friedrich Roger hatte ihm, so schien es, mancherlei über mich mitgeteilt, denn er begegnete mir freimütig, sozusagen von gleich zu gleich, zeigte sich über meine Angelegenheiten wohlunterrichtet und meinte tröstend: »Alles ändert sich, Herr Anselm, sobald wir erst fest im Sattel sitzen. An mir sollt Ihr stets sicheren Rückhalt finden!«

So standen wir unter den Sternen, die über dem Maintal am klaren Himmel funkelten. Sie riefen ein Gefühl von Weite und Freiheit in mir wach, wie man es inmitten des irdischen Alltagstrubels niemals erlebt.

Die hohen Herren besprachen offenherzig vor meinen Ohren, was künftig zu geschehen habe. Papst Honorius drängte hartnäckiger denn je auf die Durchführung des damals zu Aachen gelobten Kreuzzuges; nur wenn das Unternehmen unverzüglich ins Werk gesetzt werde, wolle er sich bereitfinden, König Friedrich zum Kaiser zu salben und zu krönen. Boten jagten zwischen Frankonofurd und Rom hin und her; immer neue Schwierigkeiten ergaben sich. Der König lachte: »Und erst dann, wenn ich Kaiser bin, breche ich auf nach dem Heiligen Land!«

»Werdet Ihr das?« spottete Herr Engelbert gutmütig.

»Ja, eben das ist die Frage... Werde ich das? Zuvor wär' in Unseren Reichen gar manches zu richten, denk' ich. Papst und Kurie wollen mich aus dem Wege haben. Nichts fürchtet man zu Rom mehr als den Unabhängigkeitsdrang der deutschen Fürsten – der weltlichen wie der geistlichen.«

»Die werden in Treue zu Euch stehen – die meisten von ihnen, dafür bürge ich!«

»In Treue–? Nun ja, sie schätzen Seine Heiligkeit nicht allzusehr. Insgeheim besorgen sie, es könne aus sein mit Privilegien, Pfründen und selbstherrlicher Willkür unter päpstlichem Regiment. Ich hingegen werde ihnen einiges zugestehen müssen – wider bessere Einsicht freilich; sie haben sich ja um mich verdient gemacht, wenn auch nur aus Eigennutz. Damals, als ich arm, machtlos, ohne Freunde war, da habe ich Seiner Heiligkeit, dem gewitzten Innozenz, in manchem nachgeben müssen. Auf mein Erbreich Sizilien hab' ich Verzicht leisten müssen, hab' auch versprechen müssen, daß die Kronen beider Reiche nimmermehr unter einem Herrscher vereinigt werden dürften, nachdem die Fürsten mich in Nürnberg gegen seinen Willen zum König der Deutschen gekürt. Divide et impera – so dachte sich's der schlaue Fuchs! Gar nicht zu reden von den Schwierigkeiten, die mir meine Gemahlin Konstanze bereitete. Alles, was deutsch ist, verabscheut sie. Aber seither hat das Blatt sich gewendet.«

»Ach, ja, unsere lieben Frauen!« Herr Engelbert strich sich seufzend, in komischer Verzweiflung, den Bart. »Ihr Blick reicht für gewöhnlich nicht über die Nasenspitze hinaus. Was schert sie das Abendland? Sie begreifen nicht, daß es der Kraft, des Mutes, des Zusammenstehens aller bedarf, jedes der beiden Reiche zu schützen gegen die Heidenflut, ganz besonders aber Sizilien. Und doch – Euch mag in Nürnberg die

Entscheidung nicht leichtgefallen sein. Die deutschen Lande im Aufruhr... König Philipp erschlagen... Euer apulischer Besitz durch Kaiser Ottos Heer bedroht...«

»Otto–!« Achselzuckend griff Friedrich den Namen auf. »Otto, na ja, ehrenwert, aber beschränkt... Beim falschen Ende hat der Welf den Gaul aufgezäumt. In Deutschland hätte er bleiben, hätte hier seine Macht befestigen sollen, so wie es mir in den wenigen Jahren gelungen ist. Erst muß das Haus gesichert sein, bevor man an Garten und Äcker denkt. Ich sagte mir: Wer Deutschland hat, der hat auch Apulien. Mit den lombardischen Rebellen läßt sich dann leichter umspringen.«

Herr Engelbert schnaubte zweiflerisch, widersprach jedoch nicht.

»Und daß ich Heinrich, meinen Sohn, der die Krone Siziliens trägt, hierher kommen ließ – was hätte Seine Heiligkeit mehr beunruhigen können? Honorius mißtraut mir nun kaum weniger als dem Welfen. Sei's drum... ich baue auf Euch, lieber Freund! Ihr werdet es durchsetzen, daß unsere Fürsten nun auch Heinrich zum König der Deutschen erwählen, nicht wahr?«

»Bei Gott, das will ich und das werde ich! Honorius wird sich drein fügen müssen. Was bleibt ihm denn anderes übrig? Er hat keine Wahl. Aber nehmt Euch in acht, Herr! Schwäche und Tücke wachsen auf einem Holz. Ich fürchte, Seine Heiligkeit wird sich hinter Eure Gemahlin stecken.«

Nun war es an Friedrich Roger, zu seufzen: »Ach ja, gewiß! Wie Ihr schon sagtet: Unsere lieben Frauen!« Er wandte sich zu mir, der ich mich im Hintergrund vergessen geglaubt: »Nicht wahr, Anselm? Du könntest ein Lied davon singen...«

Ja, und ob ich das konnte! Und so nutzte ich denn die Gelegenheit und fragte ihn, was es mit Leonardo und mit meinem Weibe auf sich habe? Eine Antwort erhielt ich nicht. Er stand nur, halb von mir abgewandt, und starrte stumm zu den Sternen empor.

Als das Schweigen zu lange währte, räusperte Herr Engelbert sich, sagte betont beiläufig: »Ihr wolltet doch Herrn Anselm nach Aachen entsenden? Auf dem Rückritt könnte er einiges für mich in meiner Kölner Propstei erledigen...«

Der König nickte: »Ja, daran hab' auch ich schon gedacht.«

Mit einer jähen Bewegung legte er mir den Arm um die Schultern: »Ich geb' dir den Feldhauptmann Jörg zur Bedeckung mit!«

Warum, in aller Welt, klang seine Stimme so belegt? Was suchte er mir zu verhehlen? Oder – bildete ich mir all das nur ein?

19.

So unerschütterlich ich mich nach außen hin gab, der gute Jörg konnte mir zu Zeiten schwer auf die Nerven fallen. Seitdem er als königlicher Hauptmann eine Person von Rang geworden war, hatte er sich ein selbstgefälliges, keinen Widerspruch duldendes Benehmen angewöhnt. Seine Stimme klang barsch. Das wetterbraune Gesicht unter der spanischen Eisenhaube, umrahmt von rötlichblondem Flaum, zeigte für gewöhnlich einen so grimmigen Ausdruck, daß es friedlichen Gemütern eine Gänsehaut erregte. Das rührte aber nur daher, daß er sich, so jung wie er war, gegen die zügellosen Rüpel und Schlagetots unter seinem Kommando hatte durchsetzen müssen. Mir gegenüber legte er nun väterliche Besorgtheit an den Tag, so als sei ich ein hochgeborenes Kind, das vor allen Übeln und rauhen Winden beschirmt werden müsse. Oftmals machte mich das lachen; ebensooft ärgerte ich mich darüber.

Indem wir das Maintal – die alte Bischofsstadt Mainz nicht berührend, obwohl ich den von Erzbischof Willegis erbauten, berühmten Dom gar zu gern angeschaut hätte – und dann am rechten Ufer des Rheines hinabgezogen waren, hatte Jörg jeweils vier Mann von seiner zwölfköpfigen Schar vorausgeschickt; sie sollten den Ortsvorstehern unser Nahen ankündigen und für die Bereitstellung von Quartieren sorgen. Das System bewährte sich, nicht zuletzt auf Grund des königlichen Geleitbriefes, der mich als Gesandten Seiner Majestät auswies. Ich konnte mich daher ungestört dem Reiz der wundersamen, fortwährend wechselnden Landschaftsbilder hingeben.

Wir ritten gemächlich, schafften etwa zehn Meilen am Tag, nur in seltenen Fällen an die zwanzig. Gelegentlich wurden wir aufgehalten, ja, bisweilen sogar bedroht infolge privater Fehden der Ritter oder Grafen, deren Burgen, stolz und einsam wie Adlerhorste auf schroffen Felsen thronend, die Uferstraßen und umliegenden Ortschaften beherrschten.

Goldbraun gemusterten Schabracken gleich, breiteten die spätherbstlichen Weingärten sich über Hänge und Seitentäler bis hinab an den Strom. Dessen Ufer säumten Weiden und Pappeln sowie andere

Bäume oder Büsche, leuchtend in der hier noch grünen, dort schon goldgetönten Blätterpracht des sich neigenden Jahres. Eng zusammengedrängt wie ein verschüchtertes Hühnervolk duckten die schiefergrauen Häuschen der Winzer oder Fischer sich auf dem schmalen Streifen des Vorlandes. Die Menschen aber, die in ihnen hausten, waren durchaus nicht schüchtern; sie sprühten förmlich vor Munterkeit und Lebenslust, ganz besonders jetzt, zur Zeit der Weinlese, die mit Tanz, Spiel, Gesang und Liebelei in toller Ausgelassenheit gefeiert wurde. Für mich und meine Begleiter brachte das gar manche Versuchung mit sich. Wenn ich einer solchen nur selten erlag, so hatte das seine Ursache in den geheimen Ängsten, die mich bedrückten.
Überdies schwirrte mir der Kopf von all den Geschichten, die sich um jeden Fleck an dieser uralten Völkerstraße ranken. Etwa – weshalb Mainz, das einstige Römerkastell Moguntiacum, ein weißes Rad auf rotem Grund im Wappen führt. Das gehe auf den guten Erzbischof Willegis zurück, erklärte mir schmunzelnd ein nicht mehr ganz nüchterner Graubart; der sei nämlich geringer Herkunft gewesen, Sohn eines Wagners. Die anderen geistlichen Herren, allesamt Edelinge, hätten ihn darob verachtet und ihm zum Tort Wagenräder an die Mauern seines Bischofssitzes malen lassen. Willegis indes sei bei den Bürgern so beliebt gewesen, daß sie das Spottbild sich zum Wappen nahmen.
Bei Bingen, wo der Rhein sich reißend wie ein Mühlbach zwischen starren Klippen hindurchzwängt, steht mitten im Strom ein Turm, alt und grau, geheimnisvoll aus den ihn umwallenden Nebeln ragend – der Mäuseturm, so nämlich nennt ihn das Volk. Ich wollte wissen, welche Bewandtnis es mit dem Gemäuer hat, und die Leute sagten, er verdanke sein Entstehen einer gräßlichen Untat, die vor vielen hundert Jahren ein anderer Mainzer Erzbischof, Hatto mit Namen, begangen habe.
In jener fernen Zeit seien Land und Stadt voll von Bettlern gewesen. Als das Übel überhand nahm, habe Hatto, ein Mann ohne Gottesfurcht und Menschenliebe, die Hungernden in eine Scheune vor den Toren der Stadt geladen; dort habe er sie einschließen und verbrennen lassen. Da man nun das verzweifelte Schreien der Todgeweihten vernahm, hatte Hatto lachend gesagt: »Hört ihr meine Kornmäuse pfeifen? Nun ist's zu Ende mit der Mauserei. Sollen mich doch die Mäuse fressen, wenn das nicht hilft!« Im selben Augenblick quoll ein

Heer von Mäusen aus der brennenden Scheune; sie stürzten sich auf ihn, bissen sich an ihm fest, so daß er, von Grausen gepackt, in seine Residenz floh. Selbst dorthin verfolgten sie ihn, ließen ihm weder Ruh noch Rast, fraßen vor seinen Augen die Speisen vom Teller, verheerten Keller und Küche. Da ließ er auf dem Eiland bei Bingen den Turm erbauen, sich darin zu bergen. Allein, der schnell dahinschießende Strom hielt die Mäuse nicht ab, ihm zu folgen. Und man versicherte mir, der Erzbischof sei dort zur Strafe für seine gottlose Grausamkeit von ihnen gefressen worden.

Jörg, als er solches vernahm, kratzte sich bedenklich hinter dem Ohr. Wir hielten im Schatten einer Linde und spähten zum Turm hinüber. Am westlichen Ufer, hoch über Turm und Strom, ragten die stolzen Türme und Zinnen der Feste Ehrenfels in den seidig blauen Himmel. Carolus Magnus hatte sie anlegen und Philipp von Boland, König Friedrichs Statthalter, hatte sie vor kurzem erst ausbauen lassen, damit von ihr her der Schiffsverkehr durch das Binger Loch überwacht werden konnte. Seit alters war dies ein bedeutender Zollposten des Rheingaues gewesen.

»Glaubst du das, Anselm?« zweifelte Jörg. »Ich trau' den Pfaffen ja eine Menge zu, aber...«

Ich mußte lachen. Die wahre Lebensgeschichte Hattos war mir wohlbekannt. Jener Erzbischof, Ratgeber König Arnulfs und während der Regentschaft Ludwigs einer der führenden Verfechter der Reichspolitik, hatte im Ruf hoher Bildung und inniger Frömmigkeit gestanden, sich aber durch seine strenge Handhabung von Gesetz und Recht erbitterte Feinde unter Mönchen und Kaufleuten gemacht; die hatten dann die Schreckensmär unter das Volk gebracht.

Ich sagte: »Da kannst du Gift drauf nehmen, daß das eine infame Lüge ist! Der Turm ist von jeher ein Mautturm gewesen, eine Zollstation. Daraus hat das dumme Volk dann ›Mäuseturm‹ gemacht. Die hirnlose Menge glaubt ja wohl jede Verleumdung, sofern sie nur an etwas Unbezweifelbares geknüpft ist und man unentwegt weitertratscht.«

Nach meiner Gewohnheit zeichnete ich alles auf, was mir begegnete oder zu Ohren kam. Und so hatten wir mehrere Wochen für den Ritt nach Aachen benötigt. Hier war ich, dank dem königlichen Geleitbrief und mehr noch der Empfehlung Herrn Engelberts, mit größter Zuvorkommenheit aufgenommen worden, zumal ich dem Stadtrat und dem Domkapitel wertvollste Urkunden überbrachte; sie bezogen sich auf

die von König Friedrich bei seiner Krönung bestätigten, ergänzten oder neu erteilten Privilegien.
Diese Privilegien – Zollfreiheit durch das ganze Reich für einen jeden zu Aachen Geborenen; Steuervergünstigungen, besonders für Bäcker und Schankwirte; Rechtssicherheit; den Zisterzienserinnen auf dem Salvatorberg das Zugeständnis an dem der Gemeinde eigenen Zitterwald – warfen helles Licht auf den Gerechtigkeitssinn und Ordnungswillen meines Gebieters. Mochten die Aachener sich immerhin schmeicheln, der ganz besonderen Gnade Seiner Majestät teilhaftig zu sein – ich wußte es besser. In jeder dieser Maßnahmen erblickte ich die Anfänge des großen Konzeptes, das die Einheit, die Ordnung, den Frieden des gesamten abendländischen Reiches zum Ziel hatte.
Propst Otto vom Marienstift schien hierin mit mir gleicher Meinung zu sein. Er zeigte sich hocherfreut und mit Dank erfüllt über Friedrichs Anordnungen. Der für die Heiligtümer bestimmte Schrein, die Kirchenfenster, die Bücher der Bibliothek, ebenso auch die Wirtschaftsgebäude sollten auf Kosten der Krone erneuert werden. »Wie –« so rief er bekümmert – »dürfen denn gewisse schwarze Schafe in Gottes frommer Herde es wagen, unseren edlen König einen Ketzer zu schelten? Vor Gottes Thron wiegt allein die Tat, und deren braucht Herr Friedrich sich gewiß nicht zu schämen.« Dies war zweifellos auf den Papst gemünzt, auch wenn der Propst sich nicht deutlicher darüber ausließ.
Zu meiner Betrübnis fand ich Herrn Ibrahim, den alten Juden, der mir damals Quartier gegeben hatte, nicht mehr in der Klappergasse vor. Ein Hufschmied wohnte jetzt in dem alten Haus. Mit einiger Verlegenheit – sie erinnerte mich an die der Leute, bei denen ich mich zu Frankonofurd nach Herrn Leonardo erkundigt hatte – behauptete er, nichts über den Verbleib Ibrahims zu wissen.
Jörg indes hatte auf dem Eisenmarkt anderes vernommen. »Da sind Mönche auf dem Weg«, berichtete er grollend, »die predigen wieder mal den Kreuzzug ins Heidenland. Aber wer hat schon viel Lust dazu oder das Geld? ›Geld?‹ sagen sie, ›euch fehlt's an Geld, ihr Schlotterdärme? Nehmt's doch von den Juden. Die haben Jesus gekreuzigt, unseren Heiland. Und nun, da ihr ihnen bei euch Unterschlupf gewährt habt, saugen sie euch das Blut aus dem Leib und das Silber aus den Truhen, diese Wucherer...‹ So sprechen die Kuttenträger und niemand wehrt es ihnen. Ich hörte, Anselm, man hat den Alten

ausgeraubt und aus der Stadt gejagt; desgleichen soll ja auch in den Orten am Rhein mit Juden geschehen sein.«
Bedrückt, äußerst erbost über all das Unrecht, das ich auf meiner Reise erlebt und erlauscht hatte, wollte mir die Welt nun wahrhaftig als eine Schlangengrube erscheinen, als ein Zwinger voll blutgieriger Raubtiere, aus dem es ein Entrinnen nicht gibt. Nichts – meinte ich – sei ihr dringender not als eine mächtige Zentralgewalt, ein gerechter, gestrenger Herrscher, der willens und imstande ist, den Menschen Frieden, Sicherheit für Leben und Eigentum sowie Freiheit von Bedrückung und geistiger Bevormundung zu bringen.
Abgesehen von dem Unmut über die chaotischen Zustände im Reich, begannen nun meine eigenen, noch unbestimmten Befürchtungen sich wie eine Eisenfaust um mein Herz zu pressen, nachdem wir Aachen Valet gesagt hatten und uns jetzt auf dem mir schon bekannten Heerweg der Stadt Köln näherten. Es gibt so Ahnungen. Einem Verurteilten, der zur Richtstätte geht, mochte wohl kaum anders zumute sein. Als wir bei dem alten Römerturm auf der Höhe des Erftwaldes Rast machten und in der Ferne unter uns die Mauern und Türme der Stadt aus dem Dunst leuchten sahen, der über die Rheinebene braute, faßte Jörg mich beim Arm und sprach, ganz ohne seine gewohnte Unverfrorenheit, ja, geradezu schüchtern:
»Wenn du mich fragst, Anselm, liebster Herr und Gesell... wär' ich an deiner Statt, ich würd' den elenden Steinhaufen dort unten meiden wie die Pest! Du hast mich nach dem Genueser gefragt und nach deinem Weib, nun ja... Und ich hab' gesagt, ich weiß von nichts. Das trifft wahrlich zu, denn auf das Geschwätz der Leute geb' ich keinen Pfifferling und ich tratsch' es nicht weiter... Aber das jedenfalls hab' ich gelernt – obschon du immer behauptest, ich hätte nur Stroh im Kopf –, das weiß ich gewiß: Ein Weib kann den besten, den festesten Mann verstören und am Ende zugrunde richten, wenn er so dumm ist, sein Herz dran zu hängen...«
»Was soll das?« fuhr ich ihn an.
Er straffte sich, offenbar entschlossen, reine Brust zu machen. »Von Anbeginn – du entsinnst dich? – war mir die Jungfer Clarissa ein Dorn im Fleisch – so fremd, so trügerisch, so... Fahr' nicht gleich auf wie der Blitz aus der Wetterwolke, liebster Anselm! Bin ich nicht dein Knappe, dein getreuester Freund? Von mir mußt du hören, was ich denk', auch wenn's dir nicht schmeckt. Na, und was denk' ich,

Anselm? Ich denk', wir hätten mit den Weibsleuten unserer eigenen Art schon unsere liebe Not.
An Liesel denk' ich, und was sie uns für Scherereien gemacht. Jetzt ist sie gar ein hochgestochenes Freifräulein geworden – Gott bewahre mich! Aber nun erst diese Fremden, die mit den schwarzen Haaren, den schwarzen Augen, den schwarzen Herzen – Teufelskinder! Lilith war eine solche, das hast du mir erzählt und mich schaudern gemacht; die hat den Adam verführt, nicht Eva – he?
Hand auf's Herz, Anselm! Hast du je herausgebracht, was dein Eheweib im Verborgensten denkt, fühlt, sich wünscht? Nein, das hast du nicht, Anselm! Das konntest du gar nicht. Du lebst in einer ganz anderen Welt als sie. Und ... Schau' mich nicht so durchbohrend an, denn die Wahrheit ist allemal die beste Medizin, wenn auch oft bitter. Und so tust du gut daran, dein Herz jetzt in beide Fäuste zu nehmen. Und nie solltest du vergessen, daß du dir selbst genug sein mußt in diesem Jammertal. Das – das – wollt' ich dir nur sagen ...« schloß er schnaufend, gänzlich außer Atem durch die lange Rede.
Leonardos Hof am Neumarkt lag wie ausgestorben. Vom Turm der Apostelkirche erklang das Vesperglöcklein. Die meisten Buden auf dem Platz hatten schon dichtgemacht. Einige Krämer beluden noch ihre Karren oder Esel. Sie schauten sich mit mäßiger Neugier nach dem Reitertrupp um, der da klirrend herangetrabt kam. Der eine oder andere erkannte mich, grüßte. Das Hoftor stand offen. Tauben und Spatzen pickten auf dem Katzenkopfpflaster; zwischen den Steinen wuchs Gras. Ein Bursche, der Torhüter wohl, der auf dem Prellstein gehockt hatte, starrte mich offenen Mundes an. Dann stieß er, aufspringend, einen Grunzlaut aus und rannte mit unbeholfenen Sprüngen ins Haus.
Hohl hallte der Hufschlag unter der Wölbung, als wir in den verödeten Hof einritten. Wir saßen ab. Ich schaute mich, nun in der Tat besorgt, prüfend um. Die unteren Fenster des Hauses waren mit hölzernen Läden verschlossen, von denen die rote Farbe abblätterte. »Stellt die Gäule ein!« gebot ich Jörg, auf die leeren Stallungen deutend. Eben wollte ich die Stufen zur Haustür hinansteigen, da trat mein Knecht Onnen, einer der drei, die ich damals am Hellweg aufgelesen hatte, aus der Küchentür. Er machte mir eifrig Zeichen, so als habe er Wichtiges auf der Zunge. Ich winkte ab: »Später, später!«
Meine Knie fühlten sich weich wie Butter an; und der Reifen um meine

Brust preßte mich fester und fester ein, so als stäke ich in der Eisernen Jungfrau, die sie zu Nürnberg haben. Im lichtlosen Flur trat mir die alte Sarah entgegen – vielmehr, sie schoß auf mich zu, mehr denn je das Abbild einer Megäre in ihrer violetten Robe und dem zotteligen Haar, dessen schmutzig weiße Verfärbung sie nicht schöner erscheinen ließ.
»Was willst du hier?« krächzte sie giftig. »Du hast hier nichts mehr zu suchen. Scher' dich zu deinem Ketzerkönig! Wozu die Bewaffneten, he? Köln ist eine freie Stadt. Wir sind freie Bürger. Mach' dich fort! Mach' dich fort!« Ihr wütendes Gezeter hallte im Hause nach.
Zunächst verschlug es mir die Sprache. Welch ein Empfang! Wie ein Stück Borke lag mir die Zunge im Mund. Was war geschehen? Bevor ich mich noch zu einer Antwort aufraffen, eine Frage über die Lippen zu bringen vermochte, wurde dem Schelten des alten Weibes von Herrn Leonardo ein Ende gemacht. Er trat leise, noch gebeugter als ehedem, aus einem der verdunkelten Zimmer, packte seine Schwester bei der Schulter, wirbelte sie herum und versetzte ihr einen Stoß, der sie in Richtung der hinteren Räume davontaumeln ließ. »Halt's Maul, alte Vettel!« knirschte er zwischen den Zähnen. Ein gellendes, irres, nach und nach ersterbendes Hohngelächter als Antwort machte mich schaudern.
Er kehrte sich mir zu, die klauenartige, gelbliche Hand ausstreckend: »Du kommst zu gunstloser Stunde, lieber Eidam!« heiserte er mit falscher, schleimiger Herzlichkeit.
»Clarissa–?« rief ich. Feurige Räder begannen sich vor meinen Augen zu drehen.
»Ach ja, Clarissa! Unsere arme Kleine ...« Er deutete auf die Tür, aus der er gekommen war. »Ja, unser Töchterchen! Ihr geht es nicht gut ...« Aufatmend, so als erleichtere ihn der Gedanke, fügte er mit heuchlerischem Bedauern hinzu: »Wir fürchten, Gott der Herr wird sie zu sich nehmen.«
»Ich will sie sehen!« fuhr ich ihn an. »Sofort! Was, zum Teufel, geht hier vor?«
Er klopfte mir beschwichtigend auf die Schulter, was ich noch nie hatte ausstehen können. »Sachte, sachte, Anselm! Erst einmal müssen wir ein Wort miteinander reden.«
»Und ob wir das müssen ... ein bißchen fix, Leonardo! Zu Umschweifen bin ich nicht aufgelegt.«
Er ging mir vorauf in seine Schreibkammer, die jetzt leer war, der

große Tisch mit verstaubten Papieren bedeckt. Unter entschuldigenden Gesten erklärte er: »Ich bin auf dem Sprung, meine Zelte abzubrechen. Ein Dekret des Königs... Du wirst davon gehört haben?«
Wie ein Hafersack fiel er in den Stuhl. Seine Hände verschränkten sich. Er wrang und knetete sie; die Knöchel knackten – ein garstiges Geräusch in der Stille des muffig riechenden, nur von einer blakenden Kerze erleuchteten Gelasses. Unheimlich... Unwirklich...
Mein Inneres befand sich in Aufruhr – ein brodelnder Kessel chaotischer Gedanken und Empfindungen. Ob man mir das anmerkte? Dessen war ich nicht sicher. Ich setzte mich ihm gegenüber, starrte ihm kalt, ohne ein Wort, in die Augen.
»Ja, also, Clarissa...« begann er zögernd. »Du mußt das verstehen, Anselm! Als dein Sohn geboren wurde...«
Ich zuckte zusammen, schnappte nach Luft.
»Mein – was?«
»Dein Sohn Antonio...«
Ich sagte nichts, starrte ihn ungläubig an.
»Anfang August, am Morgen von Petri Kettenfest – ja!«
Fieberhaft rechnete ich nach. Das konnte nicht sein. Das war ausgeschlossen. Vor mehr als einem Jahr hatte ich Würzburg verlassen, aber schon vorher keinen Umgang mehr mit Clarissa gehabt. Sogleich kam mir der verfluchte Sizilianer in den Sinn, dieser Carduk, und ebenso alles, was mir der windige Erik von Munkfors zu Braunschweig ins Ohr geblasen hatte. Leonardo beobachtete mich scharf mit seinem verschlagenen Basiliskenblick.
»Aha – steht es so?« Meine Stimme klang überraschend unbeteiligt. »Für wie dumm haltet Ihr mich, Leonardo?«
Er senkte den Kopf, barg das Gesicht in den Händen. »Du mußt das verstehen, Anselm!« wiederholte er. Anderes fiel ihm nicht ein. Und nach einer Weile: »Ein junges Ding, unerfahren mit dem Lauf der Welt, ohne Mutter... Die Fallstricke Satans... Wer ohne Schuld ist, der... Nun, Anselm, du hast sie allein gelassen; dir galt der Fürstendienst mehr als die Pflicht gegen dein Weib. Du warst zu beschäftigt, um...«
»Beschäftigt? Gottes Trost, für wen denn? Für sie, für Euch – Gott sei's geklagt! Goldstücke und Grafschaften fallen nicht vom Himmel. Ausgenutzt habt Ihr mich, habt mich für dumm verkauft. Euer Kind habt Ihr verschachert für ein paar Silberlinge – nicht nur an mich –,

nein, auch an den hergelaufenen Mehlwurmfresser und an wen noch immer... Weiß der Henker, Ihr seid ein Lump, Leonardo! Auf dem rechten Wege zur Hölle... Wer mit Schurken wie Euch aus einem Napf frißt, besudelt sich. Totsicher fällt er in eine der Gruben, die Ihr zu graben liebt. Wo ist der Bankert, he? Ich will ihn sehen! Und dieser Carduk...« Ich brachte es über mich, garstig zu grinsen, wobei ich an mein Schwert schlug.

»Fort... Der ist fort. Das Kind hat er mitgenommen.«

»Ich werd' ihn zu finden wissen«, versprach ich in kalter Wut.

Ein Weilchen dauerte es, bis ich mich soweit beruhigt hatte, daß ich Clarissa wenigstens äußerlich gefaßt gegenübertreten konnte. Der Rest meines Zornes schmolz, als ich sie in dem verdunkelten Gemach zwischen zerwühlten, schweißfeuchten Laken liegen sah. Ihr Gesicht, aufgedunsen, vor Fieber glühend, erschien mir so fremd; ich begriff gar nicht, wie ich es einst hatte schön finden können. Nichts Edles lag in diesen Zügen. Das fliehende Kinn, die niedrige Stirn, die Mausohren, deren Läppchen angewachsen waren, das strähnige, jetzt glanzlose Haar, die stumpfe, zu kurze Nase – all das wirkte disharmonisch, gleichsam zusammengestoppelt aus einer Vielzahl verschiedener Rassen. Nur die Augen hatten den alten, berückenden Glanz.

Als ich näher ans Bett trat, wandte sie den Kopf ab. Ihre Schultern zuckten.

»Clarissa...«, sagte ich rauh. »Clarissa, jetzt bin ich bei dir. Wir bringen alles ins Lot...«

Des tödlichen Fiebers ungeachtet, von dem sie geschüttelt wurde, schien sie meine Worte für das zu nehmen, was sie in Wirklichkeit waren, als unverbindlichen, augenblicklichem Mitleid entsprungenen Trost. Sie schüttelte heftig den Kopf, kehrte sich zur Wand. Nach einigen fruchtlosen Versuchen, sie zum Reden zu bringen, verließ ich sie, das Herz leer und schwer wie Blei. Und doch – ich gestand es mir später beschämt – im Verborgensten auch mit einer vagen Hoffnung.

Draußen im Hof sah ich Jörg mit Jos, Onnen und Lude beisammenstehen. Jörgs Gesicht, hager, angespannt, drückte in etwa das gleiche aus, was mich bewegt hatte – Zorn, Trauer, Erleichterung. »Na, jetzt ist dir ein Licht aufgegangen – was, Anselm?« brummte er. »Bitter, bitter, aber doch wohl am besten so. Wein' ihr nur ja keine Träne nach! Gottes Mühlen mahlen langsam, wie Ermin sagt, aber nichts hält sie auf.«

»Ja, das tun sie wohl! Aber mir selbst bleibt nocht etwas zu richten.«
Jörg schob das Kinn vor: »Der sizilianische Hundsfott, wie? Na, da wissen dir die Burschen hier Rat...« Mit dem Daumen deutete er auf die Knechte.
Onnen – wie noch stets der Redseligste, trat näher. Er sagte: »Ja, Herr, vergebt, wir sind rechte Torfköppe gewesen. Gemerkt haben wir's allemal, was da vorging. Einer von uns hätt' Euch Bescheid stoßen sollen. Aber – wo wart Ihr? Wir wußten's nicht. Und als der Herr Leonardo...« Er schneuzte sich verächtlich. »Als der sich bei Nacht und Sturm aus Frankonofurd hat davonstehlen müssen – sie hätten ihn dort ansonsten gehenkt –, da war's auch uns nicht erlaubt, beim Heer zu bleiben. Und hattet Ihr uns nicht geboten, ein Auge auf Eure Gemahlin zu haben?
Als nun das Kind im Kommen war, da zählten wir's uns an den Fingern ab. Und wir berieten uns, ob wir den Carduk, der immer um sie war, nicht abmurksen und mit einem Stein am Hals im Rhein versenken sollten? Mein Beichtiger redete mir das aus. Man machte ein großes Geheimnis aus der Geburt. Auch dünkte uns, Herr Leonardo treffe heimlich Anstalten, seinen Kram zu packen und sich auf Katzenpfoten aus der Stadt fortzumachen. Wir hörten ihn mit dem Carduk zanken. Sie schrien, brüllten sich ins Gesicht, was sie voneinander halten; sie fluchten, sie schworen ganz lästerlich. Na, und wir – wir flehten den Herrgott im Himmel an, er möge doch ja ihren Geist verwirren, auf daß sie einander umbrächten...«
»Drei dicke Kerzen hab' ich der Heiligen Jungfrau gelobt, aber hat sie mich erhört? Nein!« maulte Jos verbittert.
Onnen fuhr fort: »Eine Woch' oder zwei nach der Taufe, da hörten wir in der Nacht die Frau Clarissa schreien; wie ein Ferkel am Spieß kreischte sie. Eh' wir aus dem Stroh und beim Haus waren, wurd' das Tor aufgerissen. Wir sahen den braunen Affen davonreiten, als sei der Gottseibeiuns hinter ihm – mit ihm drei seiner Spießgesellen, jeder ein Packpferd an der Hand. Wie sie aus der Stadt entronnen sind, weiß ich nicht. Unter der Tür auf der Schwelle hockte der Herr Leonardo, die Kleider in Fetzen und ein Gesicht... Na, den hat Gott geschlagen! Wie ein Schloßhund heulte er... Den letzten Groschen habe ihm der Carduk genommen... Das geschieht dir nur recht, dachte ich. Verfolgen –? Nein, Herr, nicht ich, nicht Jos, nicht Lude! Wie kämen wir wohl dazu? Was schert uns der Krämer? Waren wir

nicht wie Dreck unter seinen Sohlen? Er hat uns ja fast verhungern lassen...«

»Wohin mag Carduk sich gewandt haben?« fragte ich bedrückt. Mich fröstelte; jegliches Gefühl war in mir erstorben. Weit konnte der Lump ja nicht gekommen sein, denn überall hatte der König von den Gaugrafen und Vögten Zollposten einrichten lassen. Auch mochte es ihm schwerfallen, eine Amme für das Kind zu finden oder dessen Herkunft zu erklären.

Eifrig sprachen die drei Knechte auf mich ein, alle zu gleicher Zeit: »O Herr, das wissen wir, wissen es genau! Ein Geschorener aus Maria Laach, ein Benediktiner – wir trafen ihn bei der Apostelkirche –, der tat uns kund, ein großer Herr, ein Welsche seinem Aussehen nach, drei Knechte und einen Säugling bei sich, habe in seiner Abtei Zuflucht gesucht; dort wolle er den Winter mit Gebet und Buße verbringen.«

Ich stimmte in das Hohngelächter der Drei mit ein, obwohl mir gar nicht zum Lachen war. »Gut!« sagte ich kurz. »Das wird dem Kerl not sein, soweit es an mir liegt.«

»An uns!« ergänzte Jörg, die Faust schüttelnd.

Tage später – ich hatte meinen Auftrag in Herrn Engelberts Propstei erledigt und traf Anstalten, mich wieder auf den Weg zu machen – kam Leonardo angekrochen wie ein lahmer Hund. Er bat mich, Clarissa aufzusuchen; es gehe mit ihr zu Ende.

So war es auch. Die Fieberröte war aus ihrem Gesicht gewichen. Bläulichweiß verfärbt wie eine Wasserleiche, lag sie unter dem schmuddeligen Laken. Aber sie lächelte mich, so kokett wie nur je, aus ihren schönen Augen an.

»Anselm, Liebster, nimm meine Hand«, hauchte sie. »Nun hab' ich dir doch keine Rose schenken können, wie ich's immer gewollt...« Das Sprechen machte ihr Mühe. Sie mußte sich nach ein paar Worten unterbrechen und die Augen fielen ihr zu. Aber nach einer Weile fuhr sie dann fort: »Ich hab' dir viel Unrecht getan... Aber ist der Mensch nicht so, wie der Herrgott ihn geschaffen hat? Mein Beichtvater sagt es jedenfalls. Mir ist's nur leid um dich, Anselm – um dich und um mich. Warum wir wohl so gestraft wurden – weißt du das?«

»Gestraft? Nein – geprüft...« murmelte ich.

Sie lächelte herzzerreißend tapfer: »Du wirst mich in nicht zu üblem Andenken behalten?«

»Nein, gewiß nicht!« beteuerte ich, das Herz voll Trauer.

Abermals schloß sie erschöpft die Augen. Plötzlich jedoch, so als habe sie Kraft für einen letzten Aufschrei gesammelt, zuckte ihr Kopf hoch und sie keuchte verzweifelt: »Sorg' für das Kind, Anselm! Sorg' für das Kind!« Dann sank sie in die Kissen zurück.

Leise verließ ich das Zimmer, um Jahre älter.

Als der Tag sich neigte, wanderte ich ziellos durch die Gassen, ohne wahrzunehmen, was rings um mich her geschah. Zuletzt erstieg ich die Stadtmauer über dem Ufer, wo zu dieser Stunde kein Mensch sich aufhielt, von einzelnen Wächtern abgesehen. Hier hockte ich mich in eine der Scharten zwischen den Zinnen, starrte blicklos auf den bleifarbenen Strom, über den sich die Schatten der Nacht zu breiten begannen.

Das Quaken der Enten im Uferschilf erinnerte mich an daheim. Ich öffnete das Kästchen und betrachtete Liesels Rosen, meiner entschwundenen Jugend gedenkend. Warum – so grübelte ich – ist es uns Menschen nicht vergönnt, so zu leben, wie es Natur und Herrgott für uns vorgesehen? Warum tun wir Dinge, die wir eigentlich nicht tun möchten, versündigen uns beständig gegen die Gesetze der Schöpfung und gegen uns selbst?

Wie gut war es, daß die Dunkelheit mich zudringlichen Blicken entzog.

20.

Dann und wann schweifte mein Blick nach den Bergen, die fern im Süden als dunkler, weiß bemantelter Wall gleich einer gigantischen Mauer den Horizont umschlossen. Der Bach neben dem Heerweg, hoch geschwollen von Schmelzwassern, rauschte und brauste. Von den bewaldeten Hügeln zu beiden Seiten des Tales rieselten silbern blinkende Rinnsale zwischen Farnen und Büschen, die in frischem Grün leuchteten. Das keckernde Kreischen eines Hähers, der vor den Reitern jählings aufflog, zerschnitt das dumpfe, monotone Klappern der Pferdehufe, den polternden Schritt der beiden Kamele und das nervenzermürbende Knarren, mit dem die Wagenräder sich über den ausgefahrenen, hier steinigen, dort schlammigen Grund quälten.

Das junge Laub der Buchen und Birken glänzte in den Strahlen der Frühlingssonne. Und der würzige Duft feuchten Erdreiches, das Jubilieren zahlloser Vögel in den Wipfeln über uns, das Erwachen der

Natur ringsum aus winterlicher Starre, vor allem aber die Aussicht auf die Wunder Italiens, auf all das Neue, das mich jenseits des drohenden Gebirges erwartete, hätte mein Gemüt eigentlich mit Neugier und Freude erfüllen müssen. Statt dessen hing ich unerfreulichen Gedanken nach.

Jörg löste mich an der Spitze des Zuges ab. So hielten wir es seit Anbeginn – einer voran, der andere hinterdrein, damit keine Verwirrung entstand und niemand abhanden kam. Ich hielt am Wegesrain, ließ die zwölf Gewappneten an mir vorüberziehen, die unsere Vorhut bildeten. Sie grinsten mich freundlich an unter ihren Eisenhauben, hoben salutierend die Lanzen. Dann kamen die beiden Kamele in wiegendem Paßgang. In ihren Bäuchen kollerte es von dem tauigen Gras, das sie sich während der nächtlichen Rast gerupft hatten. Hochmütig, so als wären sie tief gekränkt, trotteten sie gleichmäßig dahin; die schwarzen Filzzelte auf ihren Höckern schwankten. Chaleel schnaubte erbost, weil er ihre Dünste nicht ausstehen konnte. Auch mir fiel es schwer, eine heitere Miene aufzusetzen, als die Contessa de' Ricci die Falten ihres Zeltes beiseite schob und mir mit ihrer schmalen, weißen Hand zuwinkte.

Weiß der Himmel, was mein Herr, der König, sich dabei gedacht hatte, als er mir einen so beschwerlichen Auftrag erteilte. Hatte ich nicht schon genug Scherereien mit den Töchtern Evas gehabt?

Als nächstes rumpelten die beiden Troßwagen vorbei, vierspännig, gelenkt von Onnen unnd Jos, die munter mit den Peitschen knallten. Am Ende des zweiten Wagens hockte Lude und beaufsichtigte die am hinteren Schott angebundenen Reservepferde. Chaleel wieherte hell auf, weil unter ihnen auch Fatima, seine Liebste, einhertänzelte, ein anmutiges Stütlein von gleicher Rasse wie er. Friedrich Roger hatte es mir geschenkt. Die Nachhut, neun Leichtbewaffnete, führte Ibn Dawud. Er trug Bu Hauam auf dem Arm, was ihm recht lästig sein mochte. Sein mit Narben bedecktes Gesicht indes war eitel Sonnenschein, ging es doch nun seinen heimatlichen Gefilden entgegen.

Ich gesellte mich zu ihm, wenig aufgelegt zum Reden. Da gab es allzuviel, womit ich mich innerlich auseinanderzusetzen hatte – der Tod Clarissas, die beständige Sorge um Tonio, den sie mir mit ihren letzten Worten ans Herz gelegt hatte, meine unangebrachte Milde gegenüber Carduk und, daraus folgend, der Unmut meines Gebieters. »Du hättest ihn weder erschlagen dürfen, noch ihn entrinnen lassen.

Was meinst du, Anselm, warum ich die allgemeine Halsgerichtsordnung einführen lassen will?« hatte Friedrich Roger gezürnt. »Mit Faustrecht und Willkür muß ein Ende gemacht werden, das Gesetz hingegen mit der Schärfe des Schwertes durchgesetzt werden, soll der Friede Bestand haben!«

Nicht genug damit, hatte es einen tränenreichen Abschied vom Annele gegeben. Sie werde ins Wasser gehen, hatte sie den entsetzten Eltern gedroht; und überhaupt, sie sei guter Hoffnung... Na, ich dachte wahrhaftig, der Blitz träfe mich. Ruhe gab sie nicht. Und so war die Sache denn auch bald dem König zu Ohren gelangt. Peinlich genug! Friedrich Roger indes hatte nur gelächelt und den Wagnersleuten einen Beutel voll silberner, in Köln geprägter Markstücke zukommen lassen, was sie zu reichen Leute gemacht. Und nun, um allem die Krone aufzusetzen, auch noch die Contessa...

»Sie hat ausdrücklich dich zum Begleiter verlangt«, hatte Jörg mir hämisch grienend kundgetan, nachdem ich vom König mit der fragwürdigen Aufgabe betraut worden war, die junge Dame sicher nach Florenz zu geleiten. Julia hatte als Geisel am Hofe Friedrichs geweilt. Und nun, da er beabsichtigte, nach Italien zurückzukehren, lag ihm viel daran, sich den Conte, wie denn überhaupt die norditalienischen Fürsten und Adligen, zu verpflichten. Die Angelegenheit war also von nicht geringer Bedeutung. Ich hätte diese Mission mit Freuden übernehmen können, wäre Julia alt, kalt und häßlich gewesen. Aber – das war sie nicht – kalt schon gar nicht, obwohl sie für gewöhnlich den Anschein unnahbarer Tugendhaftigkeit zu wahren wußte.

Damals, nach dem Tjosten zu Aachen, hatte sie mich gepflegt und seither so behandelt, als bestehe ein geheimes Einvernehmen zwischen uns. Das hatte mir Spott, viel Neid und manche verborgene Feindschaft eingetragen. Das Ärgste aber war, sie erinnerte mich fortwährend an Liesel, ohne daß ich mir darüber klar zu werden vermochte, woran das lag. Wie ein Dorn im Fuß oder ein hohler Zahn bohrte und nagte die Ungewißheit in mir. Und so war ich ihr nach Möglichkeit aus dem Weg gegangen.

Was die Lage für mich noch beschwerlicher machte – ich hatte Tonio und dessen Amme mit auf die Reise nehmen müssen, zähneknirschend... Wohin denn wohl sonst mit dem Kind? Ich besaß kein Heim, keine Verwandschaft, die Freiin von Falkenhorst ausgenommen. Na, und was Tante Rosamunde gesagt haben würde, hätte ich ihr das kleine, ewig kreischende Balg ins Nest legen wollen – gar nicht auszudenken! »Ein rechter Mann muß mit jeder Schwierigkeit fertig werden!« war Friedrich Rogers Antwort auf meinen verzweifelten Hilferuf gewesen. Dabei hatte er, wohlerfahren in solchen Angelegenheiten, von Herzen gelacht – nicht ganz ohne Schadenfreude, argwöhnte ich.

Auch jetzt wieder, da wir uns durch einen unwirtlichen Hohlweg mühten, wo die Wagenräder knirschend und krachend über Stock und Stein holperten und jeden Augenblick zu zerbrechen drohten, erhob Tonio seine Stimme, die mich in Anbetracht seines zarten Alters ungemein kräftig dünkte. Vergebens trachtete die Amme, eine hessische Bauernmagd, den kleinen Schreihals zu beschwichtigen.

Der Hohlweg führte, leicht ansteigend, auf einen Wiesenplan, den dunkle Tannenforsten, überragt von baumlosen Bergkuppen, umstanden. Ein Bächlein plätscherte an seinem Rande dahin. Mit all den grünen Farbtönen, den bunten Frühlingsblüten im Gras und dem blaßblauen, seidigen Himmel darüber war das ein Ort, der zum rasten einlud. Auch Jörg war der Meinung. Die Rosse wurden ausgespannt, getränkt, auf die Weide entlassen. Nur die Kamele standen, wo sie haltgemacht hatten, schläfrig verdrossen vor sich hin starrend, voller Verachtung für diese ihnen fremde Umgebung. Ihre Lenker, Mohren aus Mauretanien, ließen sie niederknien und breiteten Tücher mit Futter unter ihren Nasen aus, denn ein Kamel frißt nun mal nicht von der blanken Erde. Mit einem Seufzer, jedoch auf Würde bedacht, glitt die Contessa von ihrem Sitz herab, ebenso auch die bejahrte Tuskerin, die ihr als Duenja diente.

Julia schaute sich, die Mundwinkel herabziehend, aus verkniffenen Augen um. »Bei uns in Tuskien«, schmollte sie, »führen die Wege über die Höhen, so daß man von Feinden nicht überrascht werden kann und auch etwas von der Landschaft sieht. Ihr Deutsche kriecht gleich Maulwürfen am Grunde der Täler hin.« Sie deutete nach einer der benachbarten Bergkuppen, auf der heller Sonnenschein lag. Habichte kreisten hoch unter dem Himmel. »Da möcht' ich hinauf, Herr Anselm, so's Euch beliebt!«

Es beliebte mir gar nicht – müde vom Ritt, wie ich war, mit der Sorge für Mann und Roß beladen. Sie hatte sich auf ihrem Kamelsattel ausruhen können. Mir lag nicht das mindeste daran, nun auch noch auf Berge zu klettern. Aus Erfahrung wußte ich jedoch, sie gab niemals

nach, sobald sie sich etwas in den Kopf gesetzt hatte. Auch war mir aufgetragen, sie nur ja bei Laune zu halten. Dazu gehörte nun freilich mehr als nur ihren törichten Einfällen gefügig zu sein. Das sollte ich bald erfahren.
Schon hatte sie Lude angewiesen, ihr die Stute Fatima zu satteln. Was ließ sich dagegen tun? Ich mußte ihr folgen, als sie auf den Waldrand zutrabte. Jörg sah uns mit bestürzter Miene nach, bis wir in eine Schlucht einbogen, die ziemlich steil anstieg. Chaleel stolperte eifrig hinter seinem Stütchen drein. Ich ärgerte mich, weil ich einer solchen Schrulle nachgegeben hatte.
Als wir die Kuppe erreichten, bot sich ein zauberhafter Blick über die Wälder und Höhen des Klettgaues. Da und dort sah man die Türme von Burgen vor dem Himmel ragen. Das Blaubeerkraut und der schon blühende Ginster dufteten. Bienen und Hummeln summten im wärmenden Sonnenschein und über uns erklang das Trillern unsichtbarer Lerchen. Von der Kletterei war mir heiß geworden; das Hemd klebte mir am Leib. Auch auf Julias Gewand zeichneten sich dunkle Schweißflecken ab. Sie ließ sich ins Gras sinken, atmete heftig. In ihren weit geöffneten Augen spiegelte sich das Himmelsblau. Sie streckte ihre Hand nach mir aus. Ich dachte, ich solle ihr aufhelfen; sie aber zog mich zu sich nieder, so daß ich auf sie fiel. Ihre Arme umschlangen mich und – o Wunder – ihr langes, meergrünes Seidenkleid war bis fast unter die Brust hochgerutscht. Sie ergab sich keuchend in ungehemmter, hungriger Leidenschaft, jedoch noch immer mit dem ihr eigenen hochmütig abweisenden Lächeln einer Sphinx, so als schenke sie sich einem Unwürdigen. Während ich tat, was hier von mir erwartet wurde, blieb sie kühl wie eine Brunnennixe. Ich kann nicht behaupten, daß es ein reiner Genuß für mich war.
Nach einer Weile sagte sie mit einem Beiklang verhaltenen Spottes: »Höre, Anselm, dieser Ausritt darf nicht der letzte gewesen sein. Vielleicht hältst du's für nicht so ganz rechtens, allein, was ist Recht? Bedenke, ich hab' meinen Gatten, der ein vielbeschäftigter Mann ist und mir nicht sehr zugetan, seit Jahr und Tag nicht minniglich umfangen. Um die Wahrheit zu gestehen, er schickte mich zu Herrn Friedrich, um mich los zu sein. Während er sich daheim mit Gott weiß welch feilen Dirnen vergnügt, hab' ich in der Fremde wie eine Braut Christi leben müssen. Was das bedeutet, ist mir erst

richtig klargeworden, als ich dich pflegte und deinen jungen Leib mit heilenden Salben ...«

Sie sprach auch sonst noch mancherlei, aber ich hörte ihr nicht zu. Hastig stopfte ich mir das Kästchen mit den Rosen unter mein Wams, ehe es ihr vor Augen kam, und dabei erblickte ich wie im Aufleuchten eines Blitzes Liesels vorwurfsvolles Gesicht so deutlich vor mir, daß ich hätte losheulen mögen wie ein ertapptes Kind.

Noch ein Blick auf die vielen Burgen in der Runde ... Mir fiel ein, der Klettgau gehörte dem Grafen von Habsburg-Laufenburg und bot uns deshalb, ungeachtet des Landfriedens, den König Friedrich hatte verkünden lassen, keineswegs Sicherheit. Zwar hatte Friedrich vor kurzem erst den jüngsten Habsburgersproß Rudolf aus der Taufe gehoben; das bedeutete jedoch nicht, daß die Habsburger freiwillig auf ihre Herrschaftsrechte und Privilegien Verzicht zu leisten gedachten, ganz abgesehen von den blutigen Privatfehden, die von den Herren im Klett- und Aargau nach wie vor widereinander ausgefochten wurden. Verbreitete sich erst die Kunde, daß die Contessa de' Ricci, deren Gemahl als Parteigänger der Kurie galt, sich im Lande aufhielt – und ich war dessen sicher, man wisse es längst –, so mußte mit Angriffen der örtlichen Grundherren gerechnet werden. Welch besseres Faustpfand hätten die sich wohl wünschen können als die Contessa, um ihre eigensüchtigen Belange gegen die Krone durchzusetzen?

Meine bösen Ahnungen trogen mich nicht. Als wir uns dem Ausgang der Schlucht näherten, vernahmen wir Geschrei, Rossewiehern, das Klirren von Eisen wider Eisen. Hinter Büschen hervorspähend, erblickte ich ein wüstes Kampfgetümmel rund um die Wagen. Den ersten Impuls, mich hineinzustürzen, bezwingend, überlegte ich, es sei richtiger, zunächst die Contessa in Sicherheit zu bringen. Die Straße nach der Reichsstadt Schaffhausen schien unbesetzt zu sein; wir mußten sie erreichen, bevor jene Strauchritter dort drüben uns bemerkten.

»Jetzt heißt's reiten, Julia!« sagte ich. »Könnt Ihr das?«

»Wollt Ihr Euch drücken, Anselm?« fragte sie.

Das brachte mich dermaßen in Harnisch, daß ich ihr am liebsten eine gelangt hätte. Statt dessen erwiderte ich: »Zweifelt Ihr etwa daran? Ihr müßt doch wissen, ich bin der größte Hasenfuß auf der Welt. Warum sonst hätte mich Seine Majestät Euch zum Schutz gegeben?«

Wir brachen aus der Dickung hervor, jagten am Waldrand hin, setzten

über den Bach, gewannen die Straße, ehe die Buschklepper uns gewahrten. Für eine Verfolgung war es zu spät. Nachdem wir eine Meile oder zwei in voller Karriere zurückgelegt hatten, fielen die Gäule in Trab, dann in Schritt. Wir ritten an einer Burg vorüber, deren Türmer uns durch Hornruf meldete. Berghöfe an den Hängen. Schafherden und Ziegenrudel im Talgrund. Eine morsche Holzbrücke führte über den Randenbach. Und nun sahen wir die bemoosten Mauern Schaffhausens vor uns. Ein frischer Lufthauch, der uns entgegenwehte, kündete von der Nähe des Stromes. Unangefochten gelangten wir durch das Stadttor und zur Abtei Allerheiligen, deren Abt uns freundlich empfing und Donna Julia in seine Obhut nahm.
Die Stadt war dem König unmittelbar unterstellt. Ihr Rat trommelte binnen kürzester Frist eine Schar berittener Reisiger zusammen – ein Dutzend stämmiger Bauernjungen. Aber das mochte genügen. Ihr Anführer vermutete, die Strauchritter könnten wohl Leute vom Schloß Randen sein. Als ich und mein Geleit beim Rastplatz anlangten, fand ich dort einen recht kleinlauten Jörg. Er trat von einem Fuß auf den anderen, kratzte sich verlegen hinter dem Ohr. Nein, Tote habe es nicht gegeben, brummte er, nur ein paar leichter Verwundete; nichts sei geraubt, nichts beschädigt.
»Na also!« rief ich ungeduldig. »Was weiter? Warum verzerrst du dein liebliches Angesicht? Es gleicht ja fast einem Apfel in der Ofenröhre.«
Nach kurzen Zögern brach es aus ihm heraus: »Anselm, lieber Herr und Freund, Bruderherz... Wahrlich, ich kann nichts dafür, gar nichts! Sie selbst trägt Schuld daran. Sie hat...«
»Wer – sie?«
»Na, ja, also... Diese Donna Desdemona, Frau Julias Behüterin! Wie eine Kaiserin hat sie sich den Buschkleppern gegenüber aufgeführt. Das hättest du sehen sollen! Na, und da haben die sie für Donna Julia selbst gehalten... Hopp, rauf mit ihr aufs Pferd und fort, schneller als einer Amen sagen kann... Gibst du zu, daß mich keine Schuld trifft, Anselm?«
»Du hast eben Stroh im Kopf, lieber Jörg! Eine Gottesgabe... Aber...« Ich wandte mich nach den Schaffhausenern um: »Was nun?«
Verlegen stießen sie einander mit den Ellenbogen an. Ihr Anführer räusperte sich: »Da ist nichts zu machen, Herr! Ihr werdet sie auslö-

sen müssen. Schloß Randen ist ein gar festes Haus, umgeben von unersteigbaren Felsen. Da brauchte es ein ganzes Heer, die Burg zu brechen.«

Ich kramte mein Schreibgerät aus dem Gepäck und verfaßte, unmutig genug, ein entsprechendes Schreiben an den Herrn Ritter von Randen. Ich wies darauf hin, daß es sich bei Donna Desdemona um eine untergeordnete Person handele, um eine wenig bemittelte Hofdame ohne jeden Einfluß, bei der nichts zu holen sei. Dennoch sei ich willens, ein angemessenes Lösegeld für ihre Freilassung zu zahlen, dies jedoch nur bei schleuniger Erledigung; ich müsse unverzüglich weiterreisen.

Bewundernd sahen die Schaffhausener mir zu. Einer von ihnen meinte, im ganzen Schloß Randen fände sich keiner, der Geschriebenes lesen könne. Schließlich zeigte ein Bursche, kecker als seine Gesellen, sich bereit, den Brief zu überbringen. Dafür verlangte er freilich eine kölnische Silbermark, genug, um zwei Pferde damit zu kaufen. »Denn ...« so sagte er, »diese Galgenstricke werden's mir ankreiden, daß sie den falschen Vogel erwischt haben!«

Er machte sich zögernd auf die Strümpfe.

Am späten Nachmittag erreichte ich mit meinem Trupp Schaffhausen. Julia, nachdem ich ihr alles berichtet hatte, nagte nachdenklich an ihrer Unterlippe. In ihren grauen Augen flimmerte ein seltsames Licht. »Die arme Desdemona«, seufzte sie scheinheilig, »aber denkst du nicht, Anselm, wir kommen ganz gut ohne sie zurecht?«

Während Jörg Rosse und Wagen auf dem Stadtanger abstellen und dort Zelte aufschlagen ließ, begab ich mich mit der Contessa nach dem HABSBURGER HOF. Die Herberge sei – hörten wir – mit Reisenden überfüllt. Ich war nicht in der Laune, mich auf lange Erörterungen einzulassen, vielmehr forderte ich vom Wirt im Namen des Königs die zwei besten seiner Zimmer, in denen ein Freiherr aus dem Badischen logierte. Nach einigem Hin und Her, nicht ohne heftiges Aufbegehren, räumte der empörte Gast schließlich sein Quartier, indem er der Stadt und dem König blutige Fehde schwur. »Er hat ja nur sechs Knechte und einen Knappen«, schmunzelte der Wirt. »Drei von ihnen sind krank, die anderen altersschwach. Keine Sorge, Euer Gnaden!«

Zwischen den beiden Gemächern befand sich eine Tür, die sich – das fand ich erst später heraus und Julia, falls sie es bemerkt haben sollte, überging es mit Schweigen – weder abschließen, noch verriegeln ließ.

Den Verlust und die Gefährdung ihrer Duenja schien sie sich in keiner Weise zu Herzen zu nehmen.
Nachdem wir uns gesäubert und ein einfaches Mahl zu uns genommen hatten, besichtigten wir die Stadt. Außer der Abtei Allerheiligen – sie war vor anderthalb Jahrhunderten von einem Grafen Eberhard von Nellenburg gestiftet worden – hatte der Ort nichts Bemerkenswertes aufzuweisen. Danach ritten wir die paar Meilen auf dem von Birken gesäumten Uferpfad zwischen Strom und Galgenbuck nach dem Weiler Neuhausen, wo der Rhein rauschend und brausend über zerhackte Kalksteinklippen an die sechs Speerlängen tief in ein brodelndes, dampfendes Becken fällt.
Staunend, voller Bewunderung für Gottes herrliche Schöpfung, betrachteten wir dieses Spiel der Natur, wobei Julia sich, gleichsam Geborgenheit suchend, dicht an mich schmiegte, den Blick, wie in Träume verloren, auf das feste Haus Laufen am jenseitigen Ufer richtend und auf die erhabenen, noch von Eis und Schnee glitzernden Gebirgszüge im Hintergrund. Eine seltsame Regung – war es Zärtlichkeit, war es Liebe oder gar Leidenschaft für diese schöne junge Frau? – wallte jäh in mir auf. Aber Julia machte diese Stimmung bald zunichte, indem sie sich aus meinen Armen löste und, um in die Tiefe zu schauen, so dicht an die Kante der Uferfelsen trat, daß eisiger Schrekken mich durchzuckte.
»Laß das, Julia!« mahnte ich sie, ein wenig zu schroff vielleicht. Aber wußte ich nicht, wie leicht mürber Kalkstein zu bröckeln pflegt?
Hochmütig warf sie den Kopf in den Nacken. Sie sah sich nicht einmal nach mir um, sondern entgegnete nur über die Schulter: »Wer seid Ihr eigentlich, Herr Anselm, daß Ihr's wagt, mir etwas vorzuschreiben? Weiß ich doch selbst am besten, was ich tu'...«
Der Ton, in dem sie zu mir sprach, mehr noch als das Gesagte, erzürnte mich. »Ah, ja, das weißt du? Na, schön! Nur hab' ich Seiner Majestät mein Wort verpfändet, dich unbeschädigt nach Florenz zu bringen. Und das werd' ich auch, bei Gott und allen Heiligen!«
Einigermaßen verstimmt kehrten wir nach Schaffhausen und in den HABSBURGER HOF zurück. Während wir beim Vespermahl einander stumm wie die Fische gegenübersaßen, hielt ein jedes wortlose Reden an den anderen. Ich dachte erbost, ob das dem Anschein nach hochmütige Gehabe, das Julia zur Schau trug, am Ende nichts anderes sei als Unwissenheit und kindliche Geltungssucht?

Wir gingen frühzeitig zur Ruhe. Jedoch gelang es mir nicht, einzuschlafen. Und als der Schein des vollen Mondes sich durch das Fenster stahl, dachte ich an alles, was ich am Tage mit Julia erlebt hatte, und es schmerzte mich, daß nun alles zwischen uns aus sein sollte. Eben, da ich mich von meiner Bettstatt erhoben hatte, in Ungewißheit darüber, was ich tun könnte, knarrte leise die Tür, die unsere Zimmer verband. Ich hielt den Atem an. Mein Herz pochte hoch im Hals. Schauer rannen mir über den Rücken. Julia?

»Anselm...« Ein Wispern, ein Hauch nur. »Liebster!«

Ja, und da stand sie nun in ihrem Geburtsgewand, weiß und anmutig wie eine jener marmornen griechischen Göttinnen, die mein König in seinen Palästen aufzustellen liebte. Hin- und hergerissen zwischen den Mahnungen des Verstandes und jäh auflodernder Leidenschaft, stand ich bebend inmitten des Zimmers, jedoch nur für Augenblicke. Eine Jungfer war Julia ohnehin nicht mehr. Sie wich ein wenig vor mir zurück, die Augen schwarze Höhlen, in denen das Mondlicht opalfarben schimmerte. Sie murmelte – nicht, um mich zurückzuweisen, sondern mit berechneter Lockung: »Nein, Anselm das... Das darfst du nicht! Das ist Sünde!« Und dann betete sie zur Heiligen Jungfrau Maria, was mich über die Maßen verdroß und fast um den Verstand brachte, denn nicht ich, sondern sie hatte ja mit der Untugend angefangen. Ich packte sie, nicht eben sanft, bei den Armen, schüttelte sie, umschlang sie, den Geruch ihres erhitzten Leibes einatmend, und so sanken wir auf das Bett, das unter dem doppelten Gewicht abscheulich knarrte.

Anderen Tages – unausgeschlafen und nicht rosigster Stimmung, wie ich war – mußte ich mich mit einem wüsten Kerl abgeben, der sich, langarmig wie ein Affe, mit verfilztem Bart, von Lumpen umflattert und mit einer dicken, blaurot angeschwollenen Beule auf der zerknitterten Stirn, scheu in die Gaststube schob.

»Euer Gnaden«, krächzte er jammervoll, »mein Gebieter, der hochedle Ritter von Randen, schickt mich. Er fordert Euch auf, ihn unverzüglich von dem Satansweib zu befreien, das sich auf unserer Burg eingenistet hat. Kein Frieden ist mehr im Haus. Alle Ruhe, jegliche Gemütlichkeit beim Teufel. Mein Herr hat sich im Bergfried verschanzt. Uns aber zwingt die vermaledeite Hex, alle Gemächer mit Sand und Wasser zu schrubben und die Flure dazu. Seht, was sie mir angetan hat.« Er faßte an seine Beule und zuckte vor Schmerz zusammen.

»Was das Ärgste ist, Euer Gnaden... Mein Herr kann nicht an seinen Markgräflerwein, der im Keller liegt. Wie ein Drache hockt das Weib vor der Kellertür; und schon hat sie damit gedroht, die Spunde aus den Fässern zu schlagen. Vertreiben läßt die sich nicht– nein, nicht mit guten Worten, nicht mit Gewalt. Keiner wagt sich in ihre Nähe, denn sie weiß das Schwert trefflich zu brauchen und die Sehnen unserer Armbrüste sind verrottet. Kommt also schnell und holt sie ab. Soll Euer Schade nicht sein...«
Jörg, der die herzbewegenden Klagen mit angehört hatte, schaute so schafsmäßig drein, daß ich in lautes Gelächter ausbrach. »Was meinst denn du?« fragte ich, mir die Tränen aus den Augen wischend.
Er kratzte sich hinter dem Ohr: »Ja, weißt du, Anselm, da ist schon was Wahres dran. Die Donna hat Haare auf den Zähnen. Und hat sie sich bei uns auch einigermaßen manierlich aufgeführt, es mag sie hart angekommen sein. Ich hab' da so was läuten hören... Der König – heißt's – habe ihr Rad und Galgen angedroht, wenn sie dir Ungelegenheiten bereitet. Am besten ist – dünkt mich –, du selbst reitest schnurstracks nach Schloß Randen hinauf und holst sie dort ab...«
»Am besten–?« entgegnete ich mit bei mir ungewöhnlicher Schärfe. »Ich will dir sagen, was das beste ist: Unverzüglich machst du dich dorthin auf den Weg– du, mein Lieber! Nicht ich. So weit kommt's, daß ich mich mit solchen Lappalien abplagen muß. Nichts will ich damit zu schaffen haben!«
Bedenklich, offenbar tief gekränkt, zupfte Jörg sich am Bart, ganz entgegen seiner sonstigen Art ohne ein Widerwort. Drei seiner Mannen rufend, stieg er zu Pferd und ritt davon.
Der Tag verstrich, ohne daß ich ihn zu sehen oder eine Nachricht bekam. Meine Besorgnis nahm zu, je mehr es gegen Abend ging. Julia schien das wenig zu bekümmern.
»Wenn ihm nun etwas zugestoßen ist?«
»Was sollte ihm zugestoßen sein?« sagte sie gleichgültig. »Jedenfalls haben wir noch eine Nacht für uns allein...« Sie verstand meine Sorge nicht. Es ging ganz einfach über ihre Begriffe, daß ich tausend Liebesnächte für meinen guten Jörg hingegeben hätte. So war denn auch diese Nacht kein Erlebnis, dessen man sich gerne erinnert.
Bei Tagesgrauen erhob ich mich, warf mich hastig in die Kleider, nahm ein kärgliches Frühmahl zu mir, sah auf dem Stadtanger nach dem Rechten und war eben im Begriff, mit Ibn Dawud den Säumigen

entgegenzureiten, da ertönte vom nördlichen Stadttor her ein höllischer Lärm – grölender Gesang, ein Crescendo keifender Stimmen, brüllendes Gelächter, Kinder schrien, Schellen klingelten, zwischenhin Hornstöße und das dumpfe Wummern einer Trommel... Heilige Gottesmutter! Wer anderes konnte das sein als Jörg mit seinen Trabanten?

Als der Trupp auf den Marktplatz vor der Kirche einbog, dachte ich wahrhaftig, mich laust der Affe. Jörg, das Gesicht blaurot aufgedunsen, den Bart zerzaust, mit wirrem Haar unter der schief sitzenden Eisenhaube, über und über mit Schmutz, Bratenfett und Strohhalmen bedeckt, so als habe er sich im Schweinekoben gesuhlt. Im Sattel schwankend wie ein Schilfrohr im Wind, schwenkte er einen kupfernen Krug und grölte dabei unzüchtige Dirnenlieder. Hin und wieder stieß er ein hohles Lachen aus und unterbrach sich nur, um erst sich und danach der neben ihm reitenden Duenja den Krug, der fast leer zu sein schien, an die Lippen zu setzen.

Donna Desdemona befand sich in ähnlich desolater Verfassung, nur äußerte sich das bei ihr in gellendem Juchzen und unflätigen Schimpfreden – von den drei Begleitern ganz zu schweigen. Die schaukelten auf verrutschten Sätteln einher. Der eine stieß in ein verrußtes, mit Silber beschlagenes Kuhhorn, daß es mir durch Mark und Bein ging. Ein anderer hämmerte wie verrückt auf eine verschlissene, mit Rindshaut bezogene Trommel ein. Der dritte schleppte ein zerfleddertes Fahnentuch hinter sich her, das die Farben derer von Randen vor Schmutz kaum noch erkennen ließ. Die Rosse – fürchtete ich – mochten kaum weniger betrunken sein als ihre Reiter, denn sie schlangen ihre Beine und Hufe beim Schreiten, das eher ein Taumeln war, auf ganz absonderliche Weise durcheinander. Rings um diesen Aufzug tummelten und drängelten sich neugierig zusammengelaufene Bürger, Scharen von Kindern, kläffende Hunde, allesamt eifrig bemüht, den Krawall noch zu vermehren.

Jörg winkte mir, Unverständliches lallend, begeistert mit dem Kruge zu. Donna Desdemona plumpste vom Pferd und als ich beisprang, versuchte sie unter lautem Aufheulen, mich zu umhalsen. Da wandte ich mich voller Grausen und entfloh.

Der nächste Morgen sah unseren Aufbruch zu neuen Ufern. Begleitet von nahezu der gesamten Einwohnerschaft, verließen wir die Stadt, setzten auf dem Fährprahm über den Rhein und nahmen den Weg nach

Winterthur, der Bachstadt, dem Vitudurum der Römer, unter die Hufe. Ungeachtet der anmutigen, hügeligen Landschaft des Thurgaues und der belebenden, frühlingsfrischen Morgenbrise, gab es bei uns nur verkaterte, mürrische Gesichter. Julia und Desdemona hielten sich in ihren Sattelzelten verborgen. Erblickte man je einmal mehr von ihnen als eine bleiche Hand zwischen den Vorhangfalten, so zeigten ihre Mienen denselben herzerfrischenden Ausdruck wie die Kamele, auf denen sie einherschlingerten. Die Helden von Schloß Randen hielten sich mir klüglich fern. Man erkannte sie an ihren käsigen Gesichtern und unsicheren Bewegungen. Na, und was mich selbst betraf, ich sah wohl wenig freundlicher aus als sieben Tage Regenwetter.

Grollend ritt ich am Ende des Zuges, als Jörg sich zu mir gesellte. Auch sein Gesicht hatte die Farbe von vergammeltem Hammeltalg. Aus rotgeränderten Augen blinzelte er trübsinnig in die Welt und seine Stimme klang so, als fahre eine Raspel über Eichenborke.

»Es muß der Wein gewesen sein«, begann er sich zu entschuldigen, »das elende Gesöff, das sie hierzulande Markgräfler nennen... Du glaubst gar nicht, was die alte Wachtel – Donna Desdemona mein' ich –, also was die vertragen kann. Als ich bei den Randern ankam, waren die alle schon betrunken und den Schweinen ähnlich, in die anständige Seeleute von jener griechischen Hexe verzaubert worden sind, wie du mir weiszumachen versucht hast, Anselm. Wahrhaftig, bisher hab' ich kein Wort davon geglaubt... Aber du hättest sie herumkriechen sehen sollen, und lallen, und kotzen, und wie sie gekuscht haben vor der Signora. Dabei hat die ja mehr durch die Gurgel gejagt als sonst irgendwer in dem alten Gemäuer...«

»Ah ja–«, zürnte ich, »und ihr habt da kräftig mitgehalten, obwohl eure Bäuche so schwach sind wie euer Verstand. Von jetzt an bis zum Ende der Reise werdet ihr alle nur mehr Wasser trinken!«

Verdrießlich schielte er mich von der Seite her an: »Höre, Anselm, das find' ich sehr engherzig von dir! Ich gebe ja zu, manchmal hab' ich wirklich nur Stroh im Kopf, wie du hartherzig zu behaupten pflegst, und daß ich ein wenig unbedacht gewesen bin...«

»Du hast uns alle zum Gespött gemacht– uns, die wir in Königs Namen reisen!«

»Nun, Anselm«, wehrte er sich, »der eine so, der andere so! Hat doch ein jeder seinen wunden Punkt. Bei dir sind's die Weiber, Anselm!

Und da muß ich, als dein treuer Gesell, dich ganz ernsthaft verwarnen ... Nicht genug, daß du Liesel entehrt hast und ihr dann schnöde den Rücken gekehrt – was dir übrigens gar nichts nützt, denn am Ende kriegt sie dich ja doch, so halsstarrig wie sie ist ... Nicht genug, daß du dir von der Krämergöre hast Hörner aufsetzen lassen, schöne kräftige Hörner, die jedem Hirsch zur Ehre gereichen ... Du schleppst dich obendrein auch noch mit ihrem Bankert ab ... Vom Annele zu Frankonofurd will ich schweigen; da hat ja unser Herr und König deine Zeche bezahlt ... Nun aber jetzt – das mit der Contessa, das schlägt doch dem Faß den Boden aus ...«

»Ach, halt' doch das Maul!« fuhr ich ihn unwirsch an.

»Mitnichten, Anselm! Stroh im Kopf oder nicht, Bruderherz, ohne mich wärst du schon längst verdorben und gestorben. Und so sag' ich's dir jetzt gerad ins Gesicht ...« Er hob die Stimme; sein Gekrächz schallte über den ganzen Zug hin. »Das also sag' ich dir: Von den Dächern pfeifen's die Spatzen – du hast mit Donna Julia unter einer Decke gelegen, und zwar nicht einmal, was keinmal wäre. Das wird auch dem Conte zu Ohren kommen, den du für die Sache des Königs gewinnen sollst. Anselm, Anselm, nimm dich in acht! Ich fürchte für dich. Im übrigen – so sagt Ermin –, ein jeder kehre vor seiner Tür!«

»Still!« zischte ich. »Wirst du wohl still sein! Wenn einer uns hört ...«

Das machte keinen Eindruck auf ihn. Höchst zufrieden mit sich, räusperte er sich laut, spuckte über die Schulter, gab seinem Gaul die Sporen und galoppierte davon.

Ich hingegen sinnierte voller Unmut und Verbitterung über die Ungerechtigkeit in der Welt und die Fallstricke des Lebens. Tatsächlich, in dem Spiegel, den mir mein guter Jörg vorgehalten hatte, nahm es sich ja wirklich so aus, als trüge ich allein an all diesen Verstrickungen Schuld. Freilich, so war es ja nicht. Die Umstände hatten all das so gefügt; allemal waren sie stärker als menschliches Wünschen und Wollen.

21.

Der granitene Quader unter meinem Arm, mit dem ich mich auf die Brustwehr stützte, war noch warm von der Mittagssonne. Weit reichte der Blick von hier aus über sanft gerundete Hügel mit Wiesen und Wäldern, aus denen sich da und dort Burg- oder Kirchtürme erhoben, bis hin zu den drohend düsteren, mit schimmernden Eiskappen und silbrigen Firnen bedeckten Gebirgsketten, deren Gipfel sich wie blanke Drachenzähne in den blaßblauen Himmel bohrten. Zur Rechten, hinter dem Eschenberger Wald, nicht ganz eine Reitstunde entfernt, ahnte man die Bachstadt Winterthur. Zu Füßen des schroffen Burgfelsens schlängelte die Straße nach Zürich sich als gelbes Band am Ufer der Töß entlang gen Süden. Unterhalb der Burgmauer, auf einem von Bäumen und Büschen umstandenen Anger, ließ Jörg soeben die Wagen auffahren und die Rosse ausspannen. Menschen, Tiere, Fuhrwerk, Zelte – all das nahm sich aus solcher Höhe winzig aus, wie Spielzeug oder auch wie Ungeziefer im Pelz der Erde.

Neben mir beugte Herr Gereon, Graf von Kyburg, sich über die Mauerkrone. Weder jung noch alt aussehend, hatte er auf den ersten Blick nichts Gräfliches an sich – ein gedrungener Mann, knorrig und sehnig wie ein Almhirt, das Gesicht gnomenhaft mit roter Knollennase, lederfarben gegerbt von Höhensonne und eisigen Winden. In Haupthaar und Bart zeigten sich bereits graue Fäden. Seine Kleidung, dunkelgrün und schwarz, ziemlich abgetragen, glich der eines Bergbauern. Schwert, Armbrust und Waidmesser hingegen befanden sich in vorzüglichem Zustand. Und die grauen, ein wenig verkniffenen Augen blickten so scharf wie die eines Falken.

Er richtete sich unter Kopfschütteln auf: »Ihr werdet auf das Fuhrwerk verzichten müssen, Herr Anselm!«

Julia stieß sich von der Wand des Wehrganges ab, an der sie gelehnt hatte, und trat zu uns.

»Warum?« fragte sie.

Er streifte die Contessa mit abweisendem Blick: »Und Ihr werdet Euch von euren Dienern zu trennen und Euch Eurer vornehmen Kleidung zu entledigen haben, hohe Frau; es sei denn, Ihr zieht es vor, Eure Tage in einem mailändischen Verlies zu beschließen. Nur Saumtiere schaffen den Weg über den Paß; und wir werden uns wie Diebe durch die lombardischen Posten stehlen müssen.«

»Wir –?« Meine Stimme klang belegt, so als hätte ich Mehl im Rachen.

»Ja –, wir! Ich geleite Euch über den Paß.«

»Und warum tut Ihr das? Seid Ihr nicht den Habsburgern verpflichtet?«

Herrn Gereons Züge zersplitterten in zahllose Falten und Fältchen, einem Spiegel gleich, in den ein Kiesel geworfen wurde. Der schmallippige Mund unter dem struppigen Bart zog sich, blitzende Zähne

entblößend, in die Breite. Der Kyburger sah nun fast wie ein fauchender Waldkater aus.
»Ja, warum wohl, Herr Anselm! Dafür gibt's mancherlei Gründe. Nehmt an, ich sei den Habsburgern so wenig grün wie den Lombarden oder dem Heiligen Vater in Rom. Vielleicht halt' ich große Stücke auf Euren Herrn Friedrich? Und wenn Ihr ein zweiflerischer Geselle seid, so denkt meinetwegen, der Gereon wirft mit der Wurst nach der Speckseite, nicht?«
Ich sah ihn nur wortlos an. Nachdem wir uns eine Weile schweigend gemessen hatten, sagte er: »Begrabt Euren Argwohn, Herr Anselm! Denkt einmal nach... Meine Lage gleicht in etwa der Eurigen. Wer als einzelner zwischen die Mahlsteine großer Mächte gerät, muß mutig wie ein Löwe sein, listiger als ein Fuchs, tückisch wie eine Viper... Aber – wem sag' ich das? Das Geschick Eures Vaters sollt' Euch belehrt haben, wie wenig Treue gegenüber großen Herren sich auszahlt. Ja, kneift nur die Lippen zusammen, starrt mich zornig an... Nur eine Treue gibt's junger Freund – die Treue gegen sich selbst!«
In der Tat, sein Reden versetzte mich in Zorn; vor allem deshalb, weil er Gedanken auszusprechen wagte, die ich – sollten sie mir je durch den Sinn gegangen sein – bisher erfolgreich verdrängt hatte. Ich entgegnete harsch:
»Herr Gereon, ich bin meinem König treu!«
Er nickte: »Gut, gut! Hoffentlich bereut Ihr's nie. Ihr wünscht, daß er Kaiser wird?«
»Er wird... Er ist auf dem Weg!«
»Ein steiniger Weg, Herr Anselm! Da sind in Deutschland die Welfen, noch immer Feinde, obschon machtlos im Augenblick. Da sind die Fürstenhäuser – eigensüchtig, ehrgeizig, nur zueinander stehend aus Furcht vor dem Papst –, die Habsburger etwa, wiewohl gegenwärtig durch familiäre Bande mit ihm verknüpft. Ich, Herr Anselm, hab' mich vor ihnen ganz besonders zu wahren... Da ist auch die Eifersucht zwischen weltlichen und geweihten Klerikern. Ferner ist da der arrogante Machtanspruch der römischen Kurie; gar zu gern möchte sie uns ketzerische Weltkinder in den Schoß der allein seligmachenden Mutter Kirche zurückführen oder – gelingt das nicht – entmachten, vertilgen. Auch sie – ihre verschlagenen Emissäre, die mein Bauernvolk aufzurühren trachten – muß ich fürchten, muß Herr

Friedrich fürchten. Allüberall im Lande flüstern und wispern und raunen sie, er sei ein Abtrünniger, mit dem Satan im Bunde...«
»Die deutschen Fürsten, auch die geistlichen, werden zu ihm stehen«, sagte ich, obschon nicht so ganz davon überzeugt.
»Werden sie-? Wird er's zuwege bringen, den Knaben Heinrich zum König der Deutschen wählen zu lassen? Das mag ihn einiges kosten, fürcht' ich... Umsonst ist nicht mal der Tod. Ein listiger Schachzug wär's freilich- beide Reiche, Sizilien und Deutschland in einer Hand! Seine Heiligkeit würde das als Eidbruch auffassen müssen, als einen Affront gegen die Kirche... Glaubt Ihr, Honorius nimmt das hin?«
»Was könnte er tun?«
»Nichts – gegenwärtig! Ja, da habt Ihr recht. Aber lehr' mich einer die Geschorenen kennen... Bedenkt, König Heinrich ist erst fünf Jahre alt. Konstanze, die Mutter, liebt Weihrauch und Kirchenluft; uns Deutsche hingegen liebt sie nicht. Ihr Einfluß auf Heinrich wird böse Früchte reifen lassen.«
»Herr Friedrich wird Herrn Engelbert von Berg, den Kölner Erzbischof, zum Statthalter und zum Vormund Heinrichs bestellen. Das ist ein gar mächtiger Herr, gerecht, mutig, klug und Seiner Majestät ergeben. Der wird die Giftstreuer unter dem Daumen halten. Und was den niederen Klerus betrifft, auch da fürchtet nichts, Herr Gereon! Herr Friedrich gewann die Zisterzienser für sich; das zählt.«
»Jawohl- und sie werden mir, wie schon Euch, Stück um Stück von unserem Lande nehmen, mit List, mit Tücke, mit Erpressung, bis unsereiner mit dem weißen Stab in die Ferne ziehen muß... Das, freilich, mag eine spätere Sorge sein... Euer Problem, Herr Anselm, und auch das Eures Gebieters ist im Augenblick Mailand- Mailand, sag' ich, der größte Stein auf seinem Weg zum Kaiserthron. Und zeigt Honorius sich nach außen hin auch noch so gewillt zur Salbung und Krönung – er kann nicht anders, da ja Friedrich sein Kreuzzugsgelöbnis erneuert hat–, insgeheim stärken seine Sendboten doch den Lombarden die Rücken. Und die sind ja noch allezeit Parteigänger des Papstes gewesen. Seit Friedrich Barbarossa ihre Stadt dem Erdboden gleich gemacht hat, hassen sie alles Staufische wie die Hölle. Das ist's was sie unter Freiheit verstehen.«
Ich hatte ihn ausreden lassen. Nun aber wandte ich ein: »Das liegt an die sechzig Jahre zurück. Man sollte doch meinen, längst sei darüber Gras gewachsen. Neue Menschen haben neue Sorgen. Freiheit – sagt

Ihr? Verbürgt nicht erst ein universales, fest gegründetes Kaisertum gerechten Ausgleich, Frieden und somit Freiheit? Friedrich Roger ist ganz der Mann ...«
»Ja, und ja und ja, Herr Anselm! Ein Mann der Gerechtigkeit, so erweist er sich! Er wird den Landfrieden verkünden – wie man hört – wird eindeutige Gesetze erlassen. Gewiß, dann ist's vorbei mit Kabalen, Ränken, Raub, Mord und gewaltsamer Landnahme; ein jeder bleibt auf dem Stuhl, auf dem er gerade sitzt. Schön wär's, ach ja! Nur eben so gar nichts für Lombarden. Die sind auf Macht und Raub bedacht. Vermöchten sie's, längst wären sie über den Paß und hier bei uns die Herren. Und das, Herr Anselm, ist mit einer der Gründe, warum ich Friedrich die Stange halte und somit auch Euch!«
Julia, die ihre Ohren gespitzt hatte, sagte – auf ihre Art von oben herab: »Das mag auf Euch zutreffen, Herr Gereon! Mein Haus steht mit der Kirche auf bestem Fuß. Ich glaube nicht, daß mir Unbill geschehen wird, wenn ich frei und offen Durchzug begehre ...«
»Stand –!« griente der Kyburger. »Stand, Donna Julia! Ich denk', das hat sich geändert oder wird sich bald ändern. Allzu nahe liegt Euer Gebiet dem Kirchenstaat. Und Euer Gemahl, der Conte, der weiß recht gut, wo für ihn die süßeren Trauben reifen. Glaubt nur ja nicht, daß Euch Rang und Name schützen werden. Ganz im Gegenteil! Ihr seid ein Faustpfand, wie's die Froschfresser sich nur immer wünschen mögen.«
Graue, sich durcheinander schiebende Wolken bedeckten den Himmel, schieferfarben wie ein wildbewegtes nordisches Meer, das, geschwind von West nach Ost ziehend, den Eindruck erweckte, als drehe die Erde sich wie eine Töpferscheibe. Grau war auch das Grün der Wiesen. Grau bis zu bräunlichem Schwarz getönt waren die Berge, deren schneeige Gipfel, von Wolkenmassen umbrodelt und teilweise verhüllt, starren Klippen inmitten einer Meeresbrandung glichen.
An diesem Sonntagmorgen Palmarum, da wir drei – Herr Gereon, Donna Julia und ich – Luzern verlassen und am Ostufer des Sees der Vier Waldstätten entlang gen Altdorf ritten, wäre mir lichter Sonnenschein, wie an den Tagen zuvor, viel lieber gewesen. Die Luft war von bedrückender Schwere, obwohl ein frostiger Hauch noch an den Winter gemahnte. Dann und wann peitschten Regenflaggen über Land und See und entzogen den mächtig aufragenden Monte Pilatus mit seinen Gletscherfirnen unseren Blicken. All das dünkte mich wenig

ermutigend. Ich dankte Gott, weil er mir den Kyburger zur Seite gegeben hatte. Dem, freilich, schienen meine geheimen Ängste völlig fremd zu sein, noch litt er unter den Einwirkungen des Klimas. Frohgemut, leutselig grüßte er die geschmückten Leute, die in feierlichen Prozessionen den kleinen hölzernen Kirchen oder Kapellen zuschritten, welche da und dort auf Bergnasen horsteten. Ihr frommer Gesang, in der Weite verhallend, betonte die Melancholie der Umgebung nur noch.

Von solchen Kirchgängern abgesehen, belebten weder Menschen noch Tiere die Straße, die – hier ausgewaschen, dort in den Fels geschlagen – mit von den Hängen herabgerollten Steinen besät oder von Wildbächen durchschnitten, eher einem Feldweg glich. Die zum Gottesdienst Wandernden schienen an uns nichts Auffallendes zu bemerken, da ich fast ebenso ländlich gekleidet war wie Herr Gereon, nur dunkler, geistlichen Rang andeutend, und Julia in die Kutte einer Zisterzienserin. Fragte uns jemand nach dem Woher und Wohin, so gaben wir vor, Pilger zu sein, die eines Gelübdes wegen nach Rom reisten.

Freilich, manch abschätzender, bewundernder Blick haftete auf unseren Tieren, auf Chaleel und Fatima, denn deren offenkundiger Wert stand im Gegensatz zu unserer schlichten Kleidung. Die Gebirgler, mißtrauisch von Natur und gewitzigt durch üble Erfahrungen mit Fremden, haben scharfe Augen für dergleichen Unstimmigkeiten.

»Das ist der schwache Punkt«, brummte Herr Gereon. »Zu Mailand weiß man, was ein gutes Roß ist, und danach schätzt man den Reiter ein. Sollte ein Gerücht über das Nahen der Contessa bis zu ihnen gedrungen sein, dann – wett' ich – lauern bereits ein paar Milanesen beim Schutzhaus auf dem Gotthard auf uns...« Er blickte zum Himmel, der sich tiefer auf uns herabsenkte. »Immerhin, wir haben Glück! Sicher schmerzt Euch der Kopf, Herr Anselm? Ihr fühlt Euch benommen? Eure Glieder sind schwer wie Blei?«

»Was das für ein Glück sein soll, versteh' ich nicht!« entgegnete ich gereizt.

»Föhn, mein Bester! Föhn... Weiter droben bedeutet das: Nebel in den Tälern und Schluchten, Schneesturm auf den Höhen. Bei solchem Wetter traut sich kein Hund vor die Tür. Gefährlich ist's wohl, ja, überaus gefährlich... Aber nur so besteht für uns Aussicht, von Wächtern nicht bemerkt zu werden.«

Ein Gemütsmensch, unser Herr Gereon! Bevor wir noch den Rigi, der

sich ebenfalls in Wolken und Nebel hüllte, an der Ostflanke umgangen hatten, überfiel uns nächtliches Dunkel, so als sei es schon Abend geworden, eine opalene Dämmerung, in der alle Konturen sich verzerrten. Von Brunnen bis Flüelen gibt es weder Weg noch Steg über die Bergeinöden des Frohnalp- und Roßstockes. Glücklicherweise kannte der Kyburger in Brunnen einen Schiffer und konnte den Mann – gegen klingende Münze, versteht sich – überreden, uns nach Flüelen überzusetzen.
Dies nun glich in der Tat einer Fahrt in Charons Nachen. Unter Herzklopfen überlegte ich, wie Jörg es wohl mit Mannschaften, Rossen und Gepäck zustande bringen werde? Schwarz und schroff, von Dünsten umwallt, schründig, zerkerbt, gelegentlich mit einer knorrigen Eiche oder ein paar dunklen Tannen bestanden, entstiegen die Berghänge der stygischen Flut. Nur mühsam brachten der Schiffer und dessen Knechte das Boot voran, denn Fallwinde fauchten unversehens aus Schluchten und Seitentälern herab, rührten die Wasser des Sees zu hohen Wellen auf. Nicht weniger Mühe kostete es uns, die vor Angst zitternden Tiere ruhig zu halten. Schließlich öffnete sich urweltlich, zeitenfern, gleich einem gigantischen Tor gegen Süden das Tal der Reuß. Zur Linken erblickte man mehrere ärmliche, verwitterte Bretterhütten zwischen zerzausten, noch kahlen Bäumen – Flüelen!
Die Nacht verbrachten wir zu Altdorf in einem zugigen Schuppen, der den drei oder vier Kapuzinerinnen gehörte, die sich hier niedergelassen hatten. Arm wie Kirchenmäuse, versorgten sie uns doch mit dem Wenigen, das sie hatten, mit Hirsebrei und gewässertem Wein. Bezahlen ließen sie sich nicht, da wir, in ihren Augen gottgefällige Pilger, uns nicht scheuten, zu dieser frühen Jahreszeit über den Paß zu gehen. Sie beteten mit uns und beschworen uns, das Osterfest bei ihnen zu verbringen. Auch riefen sie einen Gamsjäger herbei. Dieser Mann, um vieles knorriger und sehniger in seinen Lumpen als selbst Herr Gereon, warf nachdenkliche Blicke auf Julia; ebenso zweiflerisch musterte er unsere Gäule. »Ihr Herren schafft es vielleicht – zu Fuß, ohne die Tiere! Aber – die Frau ... Das heißt Gott versuchen!« Er brachte das in einer Sprache vor, die mir mit der deutschen wenig gemein zu haben schien. Dann ließ er ein widerwärtig zischendes, pfeifendes Geräusch vernehmen. Das solle Sturm bedeuten, erklärte Herr Gereon.
Julia tat die Warnung mit der ihr eigenen Überheblichkeit ab. Bisher

hatte sie sich ja wirklich gut gehalten; nur war sie uns dadurch lästig geworden, daß sie alles, was der Kyburger sagte oder uns anriet, mit dem Hochmut völliger Unwissenheit in Frage stellte. Anfangs hatte Herr Gereon nur freundlichen Spott dafür gehabt und sie mit ritterlicher Höflichkeit behandelt, doch nun im Verlauf der Reise war seine Miene saurer geworden.

Je weiter wir dem Bett des rauschenden Flusses aufwärts folgten, desto höher, steiler, oftmals nahezu senkrecht ragten die Bergwände an beiden Seiten empor. Gießbäche stäubten über blanke Felsen. Nebenflüsse zwängten sich durch enge Schluchten, die wir auf schmalen, vor Nässe glitschigen Bohlenstegen überqueren mußten. In Einschnitten oder Ausbuchtungen, wo eben noch Platz sich gefunden, duckten sich niedere Hütten, die Schindeldächer mit dicken Steinen beschwert. Man vernahm das hungrige Muhen von Rindern, Ziegengemecker. Ich begriff nicht, wovon die Leute hier lebten. Die Älpler, erzählte Herr Gereon, pflegten im Frühling mit Kind und Kegel und Vieh hinauf nach den Almen zu ziehen, wo dann Kühe und Ziegen gute Weide finden. Während des Winters freilich sei Hunger bei ihnen Kellermeister.

Bisweilen kamen wir an Zufluchtshütten vorüber, die – mit Heu und Brennholz versorgt – im Notfall dem Wanderer Schutz bieten können, geschah es doch, daß ein Lawinensturz oder starker Schneefall für Tage den Weg versperrte. Wie aus dem Tunnel auftauchend, dessen Decke das eilends dahinziehende Gewölk bildete, erreichten wir ein weites, baumloses, von Schneeschleiern überwehtes Hochtal. Ringsher standen gewaltige Berge, schwarz und drohend, an die Ewigkeit mahnend, deren Gipfel in den Wolken verschwanden. Die wenigen Häuser, die sich hier wie frierend zusammendrängten, ließen sich unter den Schneeverwehungen nur an ihren blankgefegten Dächern erkennen. Ein steinernes Brücklein mit einem Torbogen, wohl noch aus der Römerzeit, führte über die Reuß.

Immer langsamer schritten die Pferde aus. Sie ließen die vom Wind abgewandten Köpfe hängen. Der Ort wirkte wie ausgestorben. Kein Mensch, kein Tier. Wir kehrten nicht ein. Zu groß war die Gefahr, hier vorzeitig erkannt zu werden, zu stark unser Verlangen nach der Wärme des Südens, die uns jenseits der Paßhöhe erwartete.

Herr Gereon, so wie auch Julia und ich, bis an die Augen vermummt, einem Schneemann gleichend, nannte uns mit krächzender Stimme die

Namen der Berge: Piz Rotondo, Pizzo Centrale, zur Linken Piz Ravetsch, Piz Rondadura, Piz Blas ... Ich, freilich – wir hatten absteigen müssen –, vernahm, keuchend hinter ihm drein stapfend, nur abgerissene Wortfetzen. Mir war alles egal; ganz gleich wie die Berge hießen. Eine schwarze, himmelhohe, von stumpfweißen Gletschern unterbrochene Felsenwand, südlich über dem Ort, aus der die Reuß tosend, klirrend von Eis, hervorbrach, erfüllte mein Herz mit Grauen. Wir folgten dem Fluß in jene schreckenerregende Schlucht mit ihren Teufelsbrücken und dem Teufelsstein, die da Schöllenen genannt wird. Das Tosen des Wassers und die Kälte machten mich benommen. Der eisige Wind, der uns in Stößen entgegenfauchte, stumpfte die Sinne ab, so daß ich wie träumend, gleichsam losgelöst von meinem Körper, durch finstere Abgründe zu schweben schien. Hier sah es so aus, als habe ein mythischer Riese wie Thor die Felsen mit Hammerschlägen zertrümmert. Streckenweise war der Pfad vereist, der Schnee an einigen Stellen zu haushohen Wehen aufgetürmt. Chaleel und Fatima schreckten vor solch ungewohnten Hindernissen zurück; ihre Hufe glitten auf blanken Eisflächen aus. Trotzdem hatte Julia nicht aus dem Sattel wollen. Erst, als ich sie ziemlich hart anließ, gab sie nach, behauptete jedoch hinter ihrem Schal hervor, mit dem auch sie den Mund gegen Wind und Frost zu schützen suchte, ich hätte es auf ihr Verderben abgesehen – als Rache, weil sie mir nicht länger zu Willen gewesen sei.

Ob der Kyburger ihre Worte vernommen hatte? Jedenfalls tat er, als habe er nichts gehört. Wie boshaft sie war, wie ungerecht! Ich verstand durchaus nicht, was in ihr vorging. War ich es doch gewesen, der ihr hatte nachgeben müssen, nicht sie mir. Kälte und Erbitterung trieben mir Tränen in die Augen.

Im dichtesten Schneetreiben schleppten wir uns zwischen ungeheuren Wächten und mit Eis gepanzerten Granitnadeln bergauf, oftmals bis zur Brust im Schnee versinkend. Von Zeit zu Zeit wurde das an- und abschwellende Pfeifen und Sausen und Heulen des Windes hoch über uns von dumpfem Donnergetöse und Dröhnen unterbrochen. Dann sahen wir durch stiebenden Flockentanz eine Lawine über die Hänge des Pizzo Centrale mit der Wut und Kraft eines wilden Tieres zu Tal rasen – ein gespenstischer Anblick, bei dem auch das festeste Herz erbebt.

Auf der Höhe des Passes wurde das Schneetreiben so dicht, der Wind, nicht länger durch Berge behindert, so urgewaltig und erstarrend, daß jeder Schritt, den ich tat, der letzte zu sein drohte. Die Schneedecke ringsumher war durch die Macht des Windes zu einer glatten Fläche geworden, über die Schneestaub und Eiskristalle in Wellen dahinwirbelten. Von einem Pfad nicht die geringste Spur... Der Kyburger, seinen Gaul am Zügel, vorausschreitend, war nur mehr ein grauer Fleck im weißen Nichts, Julia, bis zur Hüfte im Schnee, brach wimmernd in die Knie. Das Gesicht bläulich weiß wie gebleichtes Linnen, so sank sie hin, und schon begann der Schnee sie zuzudecken. Mir drohten Herz und Atem stillzustehen. Angst erfaßte mich, blankes Entsetzen. Ich starrte wie blind auf sie nieder, schwarze Punkte und rote Ringe vor den Augen. Ich beugte mich ächzend, rüttelte sie: »Auf, auf, Julia! Raff' dich zusammen!«

Nichts half. Sie hielt die Augen geschlossen. Kaum vernehmbar winselte sie: »Ach, laß mich, Anselm! Laß mich hingehen in meinen Sünden... Deine Schuld, Anselm! Gott vergebe dir!«

Nahezu irre vor Verzweiflung und wütendem Aufbegehren, zerrte ich sie unter der Schneelast hervor, schüttelte sie, schlug ihr die flache Hand ins Gesicht, schlang mir zuletzt ihren linken Arm um den Nacken und stolperte, mich an den Sattelknauf Chaleels klammernd, hinter der Schattengestalt des Kyburgers her. Ich betete und fluchte abwechselnd – betete, wie ich nie zuvor gebetet hatte, flehte, im Herzen zweifelnd, den Allmächtigen an –, nein, nicht um das eigene Leben, sondern daß Julia gerettet werde.

Wirre Gedanken waren es, wirre Worte, wie von einem Irren dahingelallt, wirre Bilder, die da an meinen inneren Augen vorüberwirbelten. Eine tödliche Mattigkeit, die mich die Leiden des eigenen Körpers schon nicht mehr spüren ließ, lähmte mich. Und eben da, als dunkle Schleier sich vor meine Augen zu senken begannen, als der letzte Funken Lebenskraft in mir erlöschen wollte, sah ich im Straucheln, im Niederfallen noch... Ein großes hölzernes Kreuz sah ich, schwarz und schlicht im dunstigen Grau vor einer gigantischen bleifarbenen Bergkulisse, dicht daneben unter Schneemassen nahezu begrabene Hütten.

Irgendwann, nach Ewigkeiten, betasteten Hände meine Glieder, zerrten an mir, rieben mir Schnee ins Gesicht. Ich fühlte mich aufgehoben, fortgetragen. Als ich nach einer Weile die Augen aufschlug – es fiel mir schwer, denn mein Gesicht war erstarrt wie zu einer Maske; Eisklumpen im Bart verklebten mir Mund und Nase –, da fand ich mich in einer ärmlichen, aus unvermörteltem Gestein errichteten Hütte, deren Wände und Dachgebälk vom Schein eines lodernden Feuers gerötet wurden.

Barfüßige Männer in braunen Kutten versuchten mir heiße Fleischbrühe einzuflößen. Ich sah den Grafen mit einem Ast in der Glut herumstochern, hörte Julia auf Italienisch berichten, wie sie, alle Kräfte zusammenraffend, mir Mut zugesprochen, ja, mich sogar aus dem Schnee gegraben habe, sonst wäre ich sicherlich eingeschlafen und erfroren. Ich bemerkte gar wohl, wie Herr Gereon sich grinsend abwandte – zu höflich, um ihr zu widersprechen. Der Ärger über solche Verdrehung des wirklichen Geschehens eher als die Wirkung der wärmenden Brühe weckte meine Lebensgeister mit einem Schlag. Ich richtete mich unter den rauhen Schaffellen auf, in die man mich gehüllt hatte, und grollte: »Fürwahr, welch' Segen, daß Gott der Herr mit den Töchtern Evas Wesen von solcher Kraft und Seelenstärke erschaffen hat! Was täten wir ohne sie?«

Wohlige Wärme durchrieselte mich. Meine Gliedmaßen begannen zu kribbeln, als seien sie mit Ameisen gefüllt, und dann kam der Schmerz, so daß ich stöhnte.

»Auch der Schwachen bedient der Herr sich zum guten Ende«, begütigte einer der Kapuziner mich unter wissendem Lächeln. »Wer kennt Seine Wege?«

Drei volle Tage hielt der Sturm uns in der gastlichen Klause gefangen – Tage, in denen ich das Wüten der Elemente erlebte, wie ich's mir nimmer hätte vorstellen können. Als das Schneetreiben aufhörte, fegte der Wind die Eisfläche des kleinen Sees vor der Herberge spiegelblank, begrub hingegen Hütten und Ställe unter gewaltigen Massen von Schnee; man konnte nicht einmal mehr die Dächer sehen.

Jetzt trafen auch Wanderer ein. Sie hatten den Sturm in den Schutzhütten des Valle Tremola abgewartet, und nun kamen sie vom Tal des Zitterns heraufgestiegen – Maultiertreiber, Mönche, heimkehrende Pilger, lumpige Hausierer, die ihre Waren in Säcken auf dem Rücken trugen. Auch ein Gamsjäger befand sich unter der Schar. Er verkaufte mir eine seltsame Blume, ein Edelweiß. Sie wachse nur in schwer erklimmbaren Höhen, versicherte er mir. Ich tat den weißen wolligen Stern in das Kästchen zu den Rosen; eines Tages, so dachte ich mit leisem Weh, würde ich das Blümlein Liesel schenken.

Von diesen Leuten hörte ich, weder im Valle Tremola noch im Valle Leventina bis nach Bellinzona hinab hätten sich mailändische Krieger blicken lassen. Von dort ab, freilich, sei am ganzen Lago Maggiore entlang mit lombardischen Wacht- und Zollposten zu rechnen.

22.

Ein warmer Hauch, beladen mit würzigen Düften, fächelte unsere Stirnen, als wir die fünfundzwanzig steilen Kehren im Valle Tremola hinabritten. Es leuchtete mir ein, weshalb dieses Tal seinen Namen führte, mußte ja doch ein jeder, der aus den anmutigen Landschaften des Südens hinanstieg zu der schreckenerregenden Hochgebirgswildnis, die mit jedem Schritt drohender vor ihm aufragt, von einem Gefühl beklemmender Angst befallen werden.

Nun, wir hatten sie bezwungen! Dennoch – mir war nicht leichter zumute... vor uns, unter uns lag ein Land voller Wirrnisse und Gefahren, mit einer Bevölkerung, deren Sprache ich nur unvollkommen beherrschte, deren Sinnesart mir völlig fremd war. Ich dachte an Leonardo, den Genuesen, an Carduk, den Sizilianer, und mir war, als lege ein Stein sich auf meine Brust. Man hatte ja genug, übergenug von der Verschlagenheit und Treulosigkeit der Welschen reden hören. Ich begriff einfach nicht, was Friedrich Roger, meinen lieben Herrn, in diese von Schlangen, Skorpionen und arglistigen Pfaffen bevölkerten Gegenden zurückzukehren bewog, so herzbewegend schön sie dem Ansehen nach auch sein mochten.

Einen ersten Eindruck von dieser Schönheit empfing ich, als wir ins Valle Laventina kamen, wo die Quellflüsse des Ticino zusammenfließen, und damit auch zu dem Dörflein Eriels, von den Welschen Airolo genannt. Gleich Bienenwaben klebten ockerfarbene, verwitterte Häuser zu beiden Seiten des Weges aneinander, begrenzt an der einen Seite von Hängen, auf denen Agaven, Silberdisteln, Steinbrech, Germer, Hahnenfuß und andere Gebirgspflanzen grünen, an der anderen durch den Fluß, der, ewig rauschend und brausend, sich hier über Stein und Wehr hinabstürzt. Ein romanischer Campanile überragte die flachen, nur wenig geneigten Dächer. Und gerade, als wir einritten, verkündigte ein dünnstimmiges Bimmeln seiner Glocke das Nahen des heiligen Osterfestes.

Von den Tessinern wurden wir überaus freundlich, mit erstaunlicher

Gastlichkeit aufgenommen. Man hielt uns für Pilger; niemand zweifelte daran. Ja, man pries unseren Mut, unser Gottvertrauen, weil wir gewagt hatten, des Wettersturzes nicht achtend, den Paß zu überqueren. Auch zeigte man Verständnis dafür, daß wir unsere Wallfahrt nach Rom unverzüglich fortsetzen wollten. Uns, als fromme Christen – sagten sie – drohe seitens der Lombarden gegenwärtig keine Gefahr; die seien ja mit dem Papst gegen Friedrich Roger im Bunde und einzig darauf bedacht, Kuriere oder Späher des deutschen Ketzerkönigs abzufangen, der sich offenbar anschicke, Seiner Heiligkeit die Kaiserkrone abzuzwingen.

Solches äußerten manche von ihnen jedoch in einem Ton, der vermuten ließ, wie sehr sie dem Staufer Glück und Erfolg bei seinem Vorhaben wünschten. Nur – Gott sei's geklagt, bedauerten sie – werde der künftige Herr der Christenheit mit seinem Heer wohl über den Brenner ziehen und ihnen bleibe dann der Anblick seiner Herrlichkeit versagt. Mancherlei begehrten sie zu wissen: Welcher Wesensart Friedrich Roger sei? Ob er auch an das Wohl des geringen Volkes denke? Ob er gottesfürchtig sei und fromm oder ein Verächter der heiligen Mutter Kirche?

Wir, Herr Gereon und ich, taten den guten Leuten mit gebotener Zurückhaltung Bescheid, während Julia über die »stinkenden Ziegenhirten« – so nannte sie die Tessiner – nur verächtlich die Nase rümpfte. Von den Segenswünschen unserer Gastgeber begleitet sowie auch von einer lärmend bettelnden Kinderschar, zogen wir in der Frühe des Ostermorgens weiter. Alles ließ sich aufs beste an. Und schon begann ich freier zu atmen, da stürzte uns Julias Hang, die Wirklichkeit zu verkennen, in eine Gefahr, die meiner Mission ein böses Ende hätte bereiten können.

Steilwandige, schroff aufstrebende Berghänge in dunklen Farbtönen zwischen Schiefergrau, Ockergelb, Rostbraun, Violett und stumpfem Schwarz, umlagert von grünen Matten, begleiteten, nach und nach weiter auseinandertretend, den saphirgrün schillernden Fluß. Kein Wölkchen zeigte sich am Himmel. Wie Schwalbennester schmiegten hoch droben kleine Bergdörfer sich an das rauhe Gefels, über das da und dort Gießbäche schäumend, silbrig schimmernden Seidenbändern gleich, herabrauschten. Steil sich senkend, wurde der Pfad zum Weg, der Weg zur Straße, die Luft lauer, der Himmel blauer, das Valle Laventina immer grüner und breiter, bewachsen mit schon blühenden

Büschen und in jungem Laub prangenden Kastanienbäumen, vereinzelt dazwischen auch Palmen. Mund und Augen sperrte ich auf, als wir vor die alten wuchtigen Mauern Bellinzonas gelangten.
»Reiten wir stracks hindurch!« mahnte Herr Gereon. Die Art wie er sich umschaute, gefiel mir nicht.
Meine Besorgnis zu verhehlen, neckte ich ihn: »Ihr fürchtet doch nicht etwa ein paar lumpige Lombarden, Graf?«
»Ich bange um Euch, Herr Anselm! Die mailändischen Verliese sind nicht gerade Elysium – zeitweise überflutet, licht- und luftlos, wimmelnd von Ratten. Kaum einer überlebt länger als drei Jahre in ihnen. Und Ihr würdet länger darin ausharren müssen; Ihr seid König Friedrichs Mann ...«
»Bellinzona gehört doch zu Savoyen?«
»Eine Grenzstadt, Herr Anselm! Ein Ort unlauterer Augen und Ohren. Leider läßt er sich nicht umgehen. Laßt uns eilen ...«
Damit war Julia nun ganz und gar nicht einverstanden. Ihr Blick hing an den schönen, gelblich und rosarot getünchten Häuserfronten, zwischen denen enge Gassen sich wie von Schatten erfüllte Schluchten hinzogen und neben mephitischen Kloakendüften immerhin auch Kühlung boten.
»Ihr tut so, als seien wir Depeschenreiter! Mir eilt es nicht. Gefahr – pff! Ich bin die Contessa de' Ricci; mein Herr Gemahl ist einer der Großen im Land. Glaubt Ihr denn wirklich, diese Lombarden erdreisteten sich, mir Gewalt anzutun?«
In ihrer Verärgerung, die sie schon seit Tagen nährte, hatte sie heftig, mit lauter Stimme über die Schulter hin gesprochen, da sie voranritt, überdies italienisch, so daß ihre Worte von den Leuten, durch deren Menge wir uns zwängten, verstanden wurden. Ich sah einen Mann sich durch das Gedränge schieben und voller Hast in einer der Nebengassen verschwinden. Das machte mich stutzig. Auch dem Kyburger war der Vorfall nicht verborgen geblieben. »Wenn die Eier gackern, müssen die Hühner schweigen«, brummte er gereizt und trieb uns zur Eile, indem er sich an die Spitze setzte. Immerhin brauchte es eine Weile, die Stadt zu durchqueren.
Die Wächter am südlichen Tor kreuzten ihre Hellebarden, als sie uns kommen sahen. Man hatte uns also erwartet. Ein feister, gewichtig auftretender Herr in rotem Rock verlangte von uns Geleitbrief und Legitimationen. »Pilger...« schnaubte er, indem sein Gesicht die

Farbe des Rockes annahm. »Pilger – auf solchen Pferden? Das macht mir nicht weis ... Ich muß Euch ersuchen, mir ins Kastell zu folgen!« Mengen Volkes sammelten sich schreiend, lachend, scheltend um uns. Beide Torposten traten näher. Einer von ihnen griff nach Chaleels Zaum. Der Hengst bäumte sich auf. Sein Huf traf den Mann auf die Brust, so daß er zurücktaumelte und im Fallen den Rotrock mit sich riß. Aufkreischend wichen die Gaffer vor unseren Rossen. Das Tor war frei.

»Fort!« rief ich. Und wir jagten unter der Wölbung hindurch, daß die Funken stoben. Hinter uns, nach und nach verklingend, das Gebrüll des erregten Haufens, vor uns eine nur allzu belebte Landstraße, die – nahm ich an – zwischen Flußauen und Bergen hin zum Lago Maggiore führt. Die Strecke am See entlang galt als der gefahrdrohendste Teil der Reise. Sie läßt sich leicht überwachen und sperren. Ein Ausweichen würde uns dort unmöglich sein.

Mancherlei Wanderer zogen auf dieser von niedrigen Feldulmen beschatteten Straße stadtwärts oder dem See zu. Mit Maisstroh, Brennholz oder Weinfässern beladene Ochsenkarren hielten uns oftmals auf. Frauen in bunter Tracht schritten, eifrig die Spindel drehend, vor einem Eselchen her, das ihren gewichtigen Eheherrn mühselig fortschleppte. Bisweilen trabten wir durch eine nach allen Seiten auseinanderstiebende Schaf- oder Ziegenherde, deren Hirt uns Schimpfworte nachrief. Manch unwilliger, erstaunter oder gar argwöhnischer Blick traf uns. Es war klar, wir mußten uns irgendwo verbergen, bis die Luft wieder rein geworden war.

In den Talauen, wo zwischen Maulbeerhecken und Orangenbüschen noch winterlich kahle Mais- oder Reisfelder sich breiteten, mit einem Schöpfrad da und dort oder der gekalkten Casa eines Bauern, sah ich zum Flußufer hin einen dichten Kastanienhain. Wir trennten uns, ritten einzeln, möglichst im Schutz der Hecken, dem schirmenden Dickicht zu.

Unter den Bäumen – sie traten bis dicht an das Ufer heran – empfing uns tiefe Stille. Aufatmend ließen wir uns im kühlenden Schatten auf Moospolstern nieder, lauschten dem Zwitschern der Vögel, schauten eine Weile stumm auf den Fluß hinaus, der hier, hoch geschwollen von den Schmelzwassern des Frühlings, majestätisch dahinströmte.

»Was nun?« fragte ich zuletzt beklommen.

Herr Gereon zuckte die Achseln. »Sieht übel aus! Donna Julia hätte den Mund halten sollen.« Er deutete mit einer hoffnungslosen Gebärde auf die brausend und gurgelnd vorüberschießenden Fluten: »Wären wir nur drüben... Wir könnten uns dann in die Berge schlagen, da habe ich Freunde... Aber – so? Welcher Fährmann setzt uns wohl über, solange der Fluß Hochwasser führt? Hol's der Satan, eine richtige Falle!«

»Nur zu... Gebt nur immer mir die Schuld«, maulte Julia gekränkt. »War es nötig, die Stadtwächter anzugreifen? Was hätte ich, die Contessa de' Ricci, von ihnen zu fürchten gehabt? Und überhaupt – wie kommt Herr Anselm dazu, mich solchen Unannehmlichkeiten auszusetzen?«

Der Kyburger sah sie verdrossen an, knirschte zwischen den Zähnen: ›Frauen!‹

»Ah ja«, machte ich meiner Erbitterung Luft, »lest einmal nach, was der heilige Augustinus darüber geschrieben hat...«

Wahrscheinlich wäre es zu einem ernsten Zerwürfnis gekommen, aber ein Schrei unterbrach mich, der schrille Verzweiflungsschrei einer Knabenstimme. Wir sprangen auf.

»Da– da... Seht doch...« keuchte Julia, »Heilige Gnadenmutter, erbarme dich!« Sie wies auf die Krümmung des Flusses oberhalb von dem Ort, an dem wir lagerten.

Dort wirbelte das um ein Weidengebüsch herumschießende Wasser einen menschlichen Körper mit sich fort. Ich sah ein bronzefarbenes junges Gesicht, umflutet von langem, hellem Haar bald aus den Wellen tauchen, bald in ihnen wieder versinken. Noch während ich hinüber starrte, riß ich mir, meines Tuns unbewußt, die Kleider vom Leib, warf mich, Julias erschreckten Ausruf im Ohr, mit flachem Sprung vom Ufer hinab in den Strom, tauchte in grünliche Finsternis, stieß mich zum Licht empor. Und ehe ich der eisigen Kälte des Schmelzwassers recht gewahr geworden, erblickte ich den Kopf des Jungen dicht vor mir, packte sein Haar, drehte mich und ihn, unter seine Achseln greifend, auf den Rücken und versuchte, nur mit den Füßen tretend, ans Ufer zu schwimmen. Allein, als allzu reißend erwies die Strömung sich. Die Kälte begann mich zu lähmen. Und schon verdunkelte die Welt sich um mich her. Unbezwingliche Müdigkeit kroch mir in alle Glieder, benebelte meine Sinne. und so wäre es wohl mit uns beiden Matthäi am letzten gewesen, hätte ein Widerwasser, verursacht durch eine Geröllbank, mich nicht ohne mein Zutun ans Land getragen.

Ich spürte nur noch, wie mein Rücken an scharfkantige Steine stieß, wie Hände mich aufhoben, mich über Laub und knisterndes Reisig in die Wärme des Mittagssonnenscheines trugen, vernahm ein Durcheinander erregter Stimmen, dann erloschen Laute und Licht.
Nicht lange, und ich kam wieder zu mir. Ein hochgewachsener Mann, der unter goldbesticktem Wams ein Kettenhemd trug, blickte, von grünem Gezweig umrahmt, aus kornblumenblauen Augen auf mich herab. Ungeheuer groß und mächtig kam er mir vor. Sein kupfern schimmerndes Blondhaar glich in seiner Fülle einer Löwenmähne. Ich versuchte mich aufzurichten. Mit seiner Hilfe kam ich taumelnd auf die Füße. Er musterte meine Nacktheit mit den kundigen Blicken eines Viehzüchters, lachte, mich am Arm stützend: »Ha, mein junger Achilleus, unser Herr im Himmel schickt seine Engel in mancherlei Gestalt! Ihr seid mir ein rechter Mann, Herr Anselm von Kahlenberg, zudem der einzige weit und breit, der des Schwimmens kundig. Das kann kein Zufall sein! Ich dank' Euch und der göttlichen Vorsehung das Leben meines Kindes – mein Leben, in Wahrheit, denn leben wir nicht in unseren Kindern fort? Umberto ist mein einziger Sohn.«
Er drehte mich herum, so daß ich den Jungen auf einem purpurnen Mantel liegen sah, rank und schön wie eine griechische Bronze. Julia neigte sich über ihn; sie rieb seine Glieder mit ihrem Schal. Irgendwie mißfiel mir das. Und ich meine, auch dem Vater gefiel es nicht. Er sagte nüchternen Tones: »Ich denke, Signora, das genügt! Seht, seine Lippen bewegen sich ...«
Der Kyburger trat zu uns. Er schaute recht schuldbewußt drein. »Verzeiht, Herr Anselm, ich konnte nicht anders, ich mußte Namen nennen. Damit dürfte Euer Auftrag mißlungen sein. Der Conte ...«
Mit einem Blick brachte der Große, Blonde ihn zum Schweigen. »Ich sagte, ich dank' Euch mein Leben, Herr Anselm ... Verfügt über mich! Was immer Ihr im Sinn tragen mögt, ich steh' zu Euch. Es kann nichts Unrechtes sein, ist doch ein tapferer Mann zumeist auch ein redlicher; ein solcher hat's wahrlich nicht nötig, krumme Wege zu gehen.«
Er winkte. Jetzt erst erblickte ich die Kriegerschar, weit über ein halbes Hundert, die sich abseits unter den Bäumen gelagert hatte. Einer von ihnen brachte meine Waffen und Kleider herbei. Ich kleidete mich eilends an, zitternd, mit den Zähnen klappernd, denn noch hatte mir der Sonnenschein die Kälte nicht aus den Gliedern vertrieben. Mit dem

Schwert in der Hand fühlte ich mich schon wieder mehr als der, der ich bin.
Julia, sich zu uns gesellend, schenkte mir einen mokant bewundernden Blick: »Respekt, Respekt, Anselm, mein ritterlicher Held! Ach, könnt' ich doch schwimmen. Ich hätt' Euch beide herausgeholt. Aber – nimm's nicht übel, Anselm – wär' es nicht klüger gewesen, du hättest abgewartet, bis die Strömung den Knaben von selbst ans Ufer schwemmte, anstatt dich kopflos ins Wasser zu stürzen? Du hättest ertrinken können ... Schließlich bist du ja für mich und mein Wohlergehen verantwortlich, nicht?«
Ihr Geschwätz brachte zuwege, was der Mittagssonne nicht gelungen war: Mir wurde so heiß, als ob mein Blut zu brodeln schien. »Ja, in der Tat«, entgegnete ich mit verletzender Schärfe, »klüger wär' es gewesen, ich hätte Seiner Majestät Ansinnen, Euch nach Florenz zu geleiten, rundweg abgelehnt. Manch Ärgernis wäre mir erspart geblieben. Stets aufs neue bringt Ihr mich in Teufels Küche. Sagte ich's nicht schon droben am Paß? Ich bin der größte Hasenfuß von der Welt. Und hätt' ich Euch nicht am Hals mit all Euren klugen Ratschlägen ... Weiß Gott, wohler wäre mir ...«
Don Ferdinando, Conte di Savoya – denn als solcher entpuppte der Vater des verunglückten Knaben sich –, lachte dröhnend. Er verstand und sprach fließend Deutsch. »Ja, ja, Herr Anselm! Unsere lieben Frauen ... Wol mich der Stunde, das ich sie erkannt«, zitierte er einen Vers Herrn Walthers von der Vogelweide. Nicht nur, daß ihm die Sprüche und Lieder des ritterlichen Sängers wohlbekannt waren, erstaunte mich; es bewies ja auch, wie angelegentlich er sich mit den Fragen des Kaisertums befaßt haben mußte, da ja doch Herr Walther kein Blatt vor den Mund zu nehmen pflegte, sobald es um Recht und Frieden ging und um die Umtriebe des Heiligen Vaters in Rom.
Mittlerweile war Umberto aus seiner Ohnmacht erwacht. Kaum auf den Füßen, eilte er, noch nackt wie Gott ihn erschaffen, auf mich zu, kniete nieder und stammelte, meine Hand ergreifend und küssend, Dankesworte, deutsche und italienische durcheinander. Obwohl mir solch Überschwang einigermaßen peinlich war, rührte er mich wie auch alle übrigen, seinen Vater nicht ausgenommen. In diesem Augenblick – glaube ich – fiel eine Entscheidung, die das künftige Geschick der Welt bestimmte. Aber natürlich erfaßte im Augenblick keiner von uns die Tragweite der Geschehnisse.

Don Ferdinando lud uns in seinen Palazzo zu Gast. Welch eine Genugtuung für mich, als wir an der Spitze seiner Gewappneten durch das Tor in die Stadt einzogen, die wir vor kurzem fluchtartig verlassen hatten. Das Gesicht des Rotröckigen – er war Don Ferdinandos Vogt und Bürgermeister von Bellinzona – hatte die frische Burgunderfarbe völlig eingebüßt. Seine Entschuldigungen belästigten unsere Ohren, bis wir vor dem gräflichen Palast aus den Sätteln stiegen.

Nach einem vortrefflichen Mahl nahm Don Ferdinando mich beiseite, ließ Wein einschenken; und nur seinem Sohn, dessen Blicke an meinen Lippen hingen, gestattete er, der Unterredung beizuwohnen. »Denkt, Herr Anselm, Euer Bruder sei es, der Euch zuhört, was immer Ihr zu sagen habt.«

Nun, das Kind lag ohnedies im Brunnen. Deshalb verhehlte ich ihm nichts. An seinem Barte nagend, der schon graue Fäden aufwies, hörte er mir aufmerksam zu. Seine Rechte fingerte an dem mit kostbaren Steinen besetzten Dolch. Und lange, nachdem ich geendet, lastete noch die gedankenschwere Stille in dem Gemach. Ich hütete mich, ihn bei seinem Denken zu stören, war doch der Conte ein Mann von der Art, die sich nicht beschwatzen läßt.

»Ja, ich pflichte Euch bei«, raffte er sich schließlich zu einer Erwiderung auf. »Die Zustände in der Christenheit schreien zum Himmel. Unrecht, Bosheit, Eigensüchteleien zersplittern das Reich. Lüge, Trug, charakterloses Schwanken... Kaum einer unter den Fürsten erscheint mir imstande, zu erkennen, daß Frieden, Ordnung und Recht die Grundlagen für den Wohlstand unserer Völker sind. Und wer immer es erkennen mag, ihm fehlt eben doch die Kraft, seiner Einsicht gemäß zu handeln. Der Wille zum Guten bedarf der Macht! Aber sagt man nicht, ein gottloser Ketzer sei König Friedrich, ein Eidbrecher, ein Lügner, ein Trüger, machthungrig, wölfisch verschlagen, ein Feind der Fürsten wie des Papstes?«

»Man sagt... Wer sagt es? Was wird damit bezweckt? Gewiß habt Ihr Schlimmeres über die Machenschaften der Kurie vernommen, vielleicht gar mit eigenen Augen gesehen?«

Er senkte, die Miene verdüstert, den Kopf.

»Ja, Ihr habt es, Vater!« rief der Boncello Umberto.

Unschlüssig spielte der Conte mit dem Dolch. Nach einigem Besinnen seufzte er und sprach: »Ihr müßt meine Lage verstehen, Herr Anselm! Mein Land ist ein kleines Land, nicht reich, an allen Seiten bedroht. Da sind meine lüsternen Vettern im Westen; im Süden die machtgierigen Patrizier der Stadtrepubliken Alessandria, Piacenza, Bologna, und gegen Osten hin die Mailänder – Gott strafe sie... Seit eh und je sind die lombardischen Geschlechter der Kirche und dem Papst verbunden. Was uns Piemontesen vor ihrem Zugriff bewahrt, Herr Anselm? Die Eifersucht unter ihnen, die Unzugänglichkeit unserer Berge, die Tapferkeit unseres Volkes... Jedoch – wie lange noch? Eines Tages werden sie sich über uns einigen, und dann...« Er hob die Schultern. »Ach, möge der Himmel uns doch den Mann bescheren, den kaiserlichen Gebieter der Könige, Fürsten und Republiken – einen Mann, stark genug, listig genug, die Wölfe, Füchse und Schlangen in Schach zu halten, hart genug, das Gewürm zu zertreten, weise genug, Gottes Frieden zu erhalten! Freilich – ob Friedrich Roger dieser Mann sein wird?«

»Er ist es!«

»Vieles gäb' ich darum, wüßt' ich, Ihr hättet recht, Herr Anselm! Ich bewundere, ich neide Euch Euren Kinderglauben...«

»Ich... Ich glaub' ihm, Vater! Ich glaube ihm...« Umberto rief es voll leidenschaftlichen Eifers. Seine Augen leuchteten in jugendfrischer Begeisterung.

»Hier ist kein Platz für Gefühle«, wies ihn der Conte zurecht. »Nur nüchternes Überlegen und Wägen läßt uns das Richtige tun! Wahr ist, Herr Friedrich hat schon als Kind die päpstlichen Intriganten mattgesetzt; dem Mordstahl aufrührerischer Ritter ist er mit List entgangen. Gegen den Willen des Innozenz hat er sich zum König der Deutschen wählen und krönen lassen. Und nicht nur mit Waffen hat er den Welfen besiegt; durch die Kraft seines Geistes hat er ihn am Ende für sich gewonnen. Und nun soll gar Heinrich, sein Sohn, obwohl bereits Herrscher Siziliens, auch noch die Königskrone der Deutschen tragen – so höre ich!«

»Ihr hörtet recht, Don Ferdinando! Im Mai wird zu Frankonofurd die Wahl stattfinden. Lange genug haben die Fürsten sich ja darüber in den Haaren gelegen. Friedrich selbst hielt sich klüglich im Hintergrund. Doch selbst dem Dümmsten muß klar gewesen sein, was geschieht, welch' blutiges Ringen aller gegen alle anheben würde, wenn er die deutschen Herren ihrem Ungeist überließe und über die Alpen zieht, in Rom die Kaiserwürde mit der Schärfe des Schwertes zu fordern.«

»Und die weigert Papst Honorius ihm nicht, kann es nicht!« Ein

sardonisches Lächeln huschte um Don Ferdinandos Lippen und verging. »Dazu fehlt es dem Heiligen Vater an Macht und an Entschlossenheit; zunichte sind seine Ränke geworden... Beide Königreiche in einer Hand – fürwahr, ein Meisterstück!«
»Teuer erkauft, freilich! Gar vielerlei Freiheiten und Privilegien hat er der deutschen Geistlichkeit zugestehen müssen. Auch hat er dem Papst gelobt, er werde das Heilige Grab den Heiden entreißen, sobald er zum Kaiser gekrönt und von Seiner Heiligkeit gesalbt worden sei.«
Jetzt lachte der Conte unverhohlen: »Nicht eher? Bei Gott, Herr Anselm, da werden die Pfaffen sich noch lange gedulden müssen...« Und nach einer Weile, während der die Gedanken wie Wolkenschatten und Sonnenlicht über sein Angesicht glitten, sprang er jählings auf, die Rechte zur Faust geballt: »Der rechte Mann, ja. Herr Anselm, ich werde Euch und die Contessa nach Florenz geleiten lassen. Aber – ich warne Euch! Die Familie de' Ricci steht der Kurie nahe; der Conte selbst... Nun ja, wer weiß? Ein Toskaner eben... Mit Treu und Glauben nimmt man's am Arno nicht so genau.«
Ich atmete auf. Der Zufall oder – wenn man so will – des Himmels Gnade hatte es gefügt, daß ich hier meinem Herren einen Verbündeten hatte gewinnen können, dessen Wert sich zur Stunde gar nicht abschätzen ließ. Umberto griff nach meiner Hand, drückte sie heftig und rief: »Vater, Vater, ich darf doch mit ihm ziehen, nicht wahr?«
Mir war das keineswegs recht. Noch mehr Schwierigkeiten, noch mehr Verantwortlichkeit! Auch der Conte zog die Brauen zusammen. »Nein, Junge! Du bist nicht alt genug, bist zu unbedacht, hast nicht zu überlegen, nicht zu gehorchen gelernt, wie sich's soeben erwiesen. Ich müßte dich an die Spitze der Eskorte stellen, aber befehlen kann nur, wer zu gehorchen weiß. Außerdem...« Er streifte mich mit abwägendem Blick: »Ihr verzeiht, Herr Anselm, aber gäbe ich mit ihm nicht euch Deutschen ein Pfand in die Hand?«
Eine bewußte Kränkung? Das Mißtrauen eines gar zu oft Betrogenen? Barsch entgegnete ich: »Vertraut mir oder vertraut mir nicht, das liegt bei Euch! Was sind schon Faustpfänder, Schwüre, papierene Verträge, Don Ferdinando? Jedwede Meintat, jede Treulosigkeit rächt sich zuletzt nur an dem, der sie verübte.«
Der Conte bedachte sich für eines Atemzugs Dauer, errötend bis in die Stirn. Dann trat er mit raschem Schritt zu uns, schlang seinen Arm um mich und den Knaben: »Bei allen Heiligen, ich vergaß es ja ganz! Wo

wäre Umberto ohne Euch? Vergebt, Herr Anselm; nehmt ihn hin! Ist er nicht Euer Sohn wie der meinige? Ich muß von Sinnen gewesen sein. Wer über Politik und vom argen Treiben der Welt schwatzt, läßt oftmals das Nächstliegende außer Betracht.«
Wir besprachen danach noch dieses und jenes. Der Conte schlug vor, einen Trupp seiner Reisigen auf den Paß zu schicken. Sie sollten Jörg und Ibn Dawud beim Abstieg durch das Tal des Zitterns mit den Tieren zur Hand gehen. Auch werde er Fuhrwerk für den Transport unseres Gepäcks bereitstellen lassen.
»Zweihundert Reiter als Bedeckung, das genügt. Außerdem will ich Euch Geleitbriefe ausfertigen und bei den Genuesen um freien Durchzug für Euch nachsuchen. Aber täuscht Euch nicht. Gefahrvoll bleibt's allemal, nicht nur der Fehden zwischen den Städten wegen. Voller Banditen und Strauchritter ist das Land. Herr Friedrich, wollte er hier Recht und Frieden schaffen, müßte ein wahrer Herkules sein.«
»Er steht nicht allein, wie ich sehe. Auch werden noch andere zu ihm halten.«
Schon lag die Gasse vor dem Palazzo im Abendschatten, als Don Ferdinando von uns Abschied nahm. »Wir sehen uns in Turin«, sagte er herzlich, »dann weiß ich mehr.«
Umberto blieb bei mir. Wir traten an eines der schmalen Bogenfenster und sahen den Conte mit seinen Kriegern davonreiten. Als wir dann allesamt auf der nach den Gärten hinausgehenden Terrasse beim Vespermahl saßen und ich den Kyburger über das Gespräch mit dem Conte di Savoya unterrichtet hatte, versank ein jeder von uns in nachdenkliches Schweigen.
Am tiefblauen Abendhimmel, den nur im Westen ein purpurner Wolkenstreif begrenzte, funkelten zahllose Sterne. Das Bimmeln und Läuten der Kirchenglocken war längst verstummt. Eine Nachtigall flötete in den Oleanderbüschen. Und der süße Duft des Jasmin, dessen junge Blüten sich soeben geöffnet hatten, vermengte sich mit der lauen Luft. Julia sah mich unverwandt an. Ihre Augen waren schwarze Höhlen in dem weißen Gesicht. Etwas Fernes, erschreckend Fremdes sei um sie, empfand ich und mußte an das Märchen von der Meerfrau Melusine denken, das mir am Hofe Friedrichs ein Graf von Marche erzählt hatte. Wohlig reckte und streckte ich mich auf meinem Pfühl. Kaum vermochte ich mir noch vorzustellen, wie

nahe ich in den Eis- und Schneewüsten droben auf dem Paß einem ruhmlosen Ende gewesen war.
Grübelnd an seinem Barte zupfend, unterbrach Graf Gereon mein Sinnen: »Wißt Ihr, Herr Anselm, was mich am meisten wundert?«
»Nein, wie sollte ich?«
»Da gibt es doch Menschen, kluge, kenntnisreiche, die ziehen, sicherlich oftmals unbewußt, das Böse an sich wie ein Magnet lose Eisenspäne; was immer sie beginnen, zum Unheil gereicht's ihnen und anderen, ob sie's wollen oder nicht... Hingegen andere – und zu jenen zähl' ich auch Euch, nach allem, was Ihr mir anvertraut habt oder was ich mit Euch erlebt –, die mögen tun was immer, so unsinnig es vielleicht erscheint, es gerät zum Heil... Als ich Euch zum ersten Mal begegnete, in Winterthur, und sah, wie sehr es Euch an Jahren und an Erfahrung gebricht, da dacht' ich bei mir: Herrgott, solch junges Blut; der reine Tor... Von allen guten Geistern muß der König verlassen gewesen sein, Euch – gerade Euch, mit einer so gefahrvollen Aufgabe zu betrauen. Ihr dauertet mich, Herr Anselm!«
»Nun...« protestierte ich gekränkt.
Er fuhr jedoch unbekümmert fort: »Etwas in mir, der ich mich sonst aus allem Fragwürdigen herauszuhalten pflege, versuchte mich, Euch unter meine Fittiche zu nehmen. Was ist's? Auch andere – ich seh' es und staune – berührt es, verführt es zu Freundestaten, die sie kurz zuvor weit von sich gewiesen hätten.«
Er schielte zu Umberto hinüber, der zwar kein Wort Deutsch verstand, wohl aber intuitiv erfaßt zu haben schien, wovon die Rede ging, denn er legte seine schmale, braune Knabenhand gleichsam besitzergreifend auf meinen Arm. »Ja, ich sehe«, schloß der Kyburger, »Ihr seid auf die Länge der Stärkere. Auch mich habt Ihr zu Friedrich Roger bekehrt, obschon der Verstand mir sagt, daß mein Vorteil bei den Habsburgern liegt. Ich begreife es nicht, Herr Anselm! Sei's drum... Wir sind ja nur Ton in des Schöpfers Hand. Laßt uns Freunde sein.«
Sein Gnomengesicht zeigte einen höchst ungewohnten Ernst.
Lange Zeit danach blieben mir seine Worte im Sinn. Sie beunruhigten mich auch noch, als er längst in sein Land zurückgekehrt war und dort König Friedrich unschätzbare Dienste leistete. Als unheimliche Last empfand ich die Gabe, Menschen für mich einzunehmen, als ein drückendes Verpflichtetsein gegenüber einer Macht, die – so ahnte

mir – unermeßlich erhabener sei als unsere landläufige Vorstellung von der Göttlichen Trinität.

23.

»Nein«, sagte Jörg mit der ihm eigenen Entschiedenheit, indem er seinem ermatteten Gaul den Hals klopfte, »nein, Anselm, lieber Herr und Herzbruder, ich verzichte auf jedes italische Lehen, und wär's auch eine Grafschaft! Lache nicht, Anselm! So dumm bin ich ja gar nicht, wie du glaubst. Ich hab' mir das wohlüberlegt...«

»Und was hast du dir überlegt?«

Wir hielten, von Westen her kommend, auf der alten römischen Küstenstraße, die einstens VIA JULIA AUGUSTA hieß, nun aber eher einem verlotterten Feldweg glich. Der Mond war soeben aufgegangen. Sein Licht hob die ligurischen Berge marmorweiß vor dem dunkelblauen Nachthimmel ab und ließ die Stämme und breiten flachen Kronen der Pinien als seltsame Schattenrisse erscheinen. Vor uns erhoben Genuas trotzige Mauern sich so schwarz und drohend wie eine Titanenfestung.

Wir hatten uns gezwungen gesehen, die lombardischen Landschaften von Navarra, Vercelli und Chivassa in weitem Bogen am Fuße der Grajischen Alpen hin zu umgehen, um nach Turin zu gelangen. Dort war uns in Don Ferdinandos Residenz, dem Palazzo Madama, eine mehrtägige Rast vergönnt gewesen, weil der Conte die uns zugedachte Bedeckung – am Ende dann doch nicht mehr als eine Hundertschaft – hatte zusammentrommeln und ausrüsten müssen. Dann hatten wir den alten Heerweg am Tanaro aufwärts und über die Seealpen zum Meer eingeschlagen, der bei Savona endet.

Nur widerstrebend war uns vom regierenden Podesta Genuas der Durchzug gewährt worden; und dies auch nur bei Nacht und so unauffällig wie möglich. Da die Stadt eben einmal wieder mit den Pisanern im Kriege lag, mußte sie darauf bedacht sein, sich das Wohlwollen der Savoyer zu erhalten, ohne damit die Lombarden gegen sich auf den Plan zu rufen. Die Stadtwächter, die uns durch genuesisches Gebiet bis auf die nach Nervi und Spezia führende einstige VIA AEMILIA SCAURI geleiten sollten, hatten reichliche Mengen an Lebensmitteln für uns bereitgestellt – eine freundliche Geste, die der Conte oder auch König Friedrich später einmal würde honorieren müssen.

Bedauernd schaute ich über die weite Bucht, den Porto Veccio mit der Laterna und dem Mastenwald der Schiffe, die sich hier wie schlafende schwarze Kormorane auf sanfter Dünung wiegten. Gar zu gerne hätte ich mich in der Stadt näher umgesehen, reichte sie doch mit ihren langen Armen bis an die fernsten Küsten. Vom Campanile der Kirche San Matteo schlug es Mitternacht.
Jörg atmete schnaufend, so als drücke ihn ein Alb: »Ich habe mir überlegt, Anselm, dies Land ist kein Land für meiner Mutter Sohn! Gott der Herr hat gar wohlgetan, als er die schauderhaften Berge auftürmte, die unsere Heimat von diesem Land der Fliegen und Flöhe scheiden. Halt, Anselm – still! Ich weiß, was du einwenden willst... Natürlich war ich heilfroh, als wir vom Paß herabgestiegen kamen. Ich begreife zwar nicht, weshalb euch der Übergang so hart angekommen ist, denn von den Schneewehen abgesehen und von der dünnen Luft, die einem Blei in die Adern gießt, war für uns von Mühe oder gar von Gefahr durchaus nicht die Rede. Nur mit diesen vermaledeiten Biestern, den Kamelen, haben wir unsere liebe Not gehabt.
Danach aber ging das Elend an. Luft wie heiße Watte, so daß ich dachte, ich müßt' ersticken... Schweiß... Wund und krätzig am ganzen Leib... Kopfschmerzen... Schwindel... Heerscharen von Ungeziefer – nicht nur im Fell der Pferde, nein, in Decken, Kleidern, Zelten sogar... Eidechsen, Vipern, Skorpione, Tausendfüßler unter jedem Stein, auf dem man ausruhen will... Ja, ja, und obendrein das Volk... schau' sie dir an, diese Bajazzi, wie sie schnattern, wie sie um einen herumwieseln! Mir haben sie doch Weiß Gott ein ganzes Sattelgeschirr stibitzt, wie ich dir schon berichtete. Wir kamen gerade noch über sie, als sie das zugehörige Roß auf die Seite schaffen wollten... Nein, nein, nein, Anselm! Verstehst du überhaupt, was die plappern? Ich nicht! Aber ich hab' ja Stroh im Kopf, wie du sagst, was ich nicht schön von dir finde. Immerhin hab' ich Grips genug, um zu wissen: Leute, die man nicht versteht, die einem das Hemd vom Leibe stehlen – wer will die regieren? Was also nützt mir da eine Grafschaft in diesem Land? Gottverdammich! Da wagte es ein schmutziger Padre sogar, mir die Leviten zu lesen. Mit Verdammnis und Höllenfeuer drohte er mir, ließe ich das Fluchen nicht und ginge alsogleich zur Beicht'. Ich – und fluchen, pah! Stell' dir das vor... Verdammter Hurenbock von einem Pfaffen, sagt' ich ganz freundlich zu ihm, wären alle so fromm wie du und deinesgleichen, fürwahr, die Hölle müßt' wegen Überfüllung

geschlossen werden! Wie ein wütender Häher hat er gekreischt: Apage Satanas! Was heißt das, Anselm?«

»Mach' dich fort, alter Freund!« übersetzte ich grinsend.

»Na ja, nichts lieber als das...« grunzte Jörg.

Ich teilte seine Entrüstung nicht, nein, ganz und gar nicht. Italien wollte mir, trotz einiger Schönheitsfehler, fast wie ein Garten Eden erscheinen. Die Menschen hier sprühten ja förmlich vor Lebenslust. Jeden Augenblick geschah etwas. Und wenn nur ein Strohwisch zu Boden fiel, sie machten ein Drama daraus oder eine Posse. Das Land war fruchtbar und reich; die Bewohner waren arm, stets jedoch guter Dinge. Das lag nicht zuletzt daran, daß sie dem Augenblick lebten, daß sie die Arbeit zum Spiel machten, unter Lachen, Scherzen und Singen für kurze Zeit wie Fronsklaven schufteten, so als ginge es um die ewige Seligkeit; dann plötzlich heißt es: Fort mit Hacke oder Sichel, auf zum Tanz beim Klang der Fiedeln und Tamburine.

Wochenlang waren wir zwischen Mais- und Reisfeldern gemächlich einhergeritten oder auch, der schwerfälligen Gespanne wegen, zu Fuß gegangen, hatten unter Kastanien, Ulmen, Palmen und Pinien gelagert und uns an den köstlichen glutvollen Weinen gütlich getan, an denen selbst Jörg nichts auszusetzen fand. Und überall waren wir dem Wundersamen, Unerhörten begegnet, hinter jedem Hügel, jeder Biegung des Weges auf etwas gänzlich Neues gefaßt.

Im Laufe der Zeit lernte ich den Junker Umberto bewundern. War er soeben noch lachend und plaudernd als ein ganz gewöhnlicher munterer Junge neben mir einhergetrabt, so verwandelte er sich im nächsten Augenblick, ergab die Gelegenheit sich, in den kenntnisreichen, vorausschauenden, überlegenen Führer, der sich durch Blick und Wort und entschlossenes Handeln bei dem rauhen Kriegsvolk Respekt zu verschaffen wußte. Nicht genug damit, erwies er sich nicht nur in allen Waffenkünsten vortrefflich bewandert, sondern auch als Quell erstaunlichen Wissens. Im Umgang mit ihm wurde mein Italienisch so gut, daß manche Italiener mich für einen der ihrigen hielten, wiewohl es den nordischen Tonfall niemals gänzlich verlor. Viele Geschehnisse aus vergangenen Zeiten erzählte Umberto mir, erklärte Volksbräuche und Sitten, sprach über Nutzen und Anbau der hier heimischen Gewächse. Und was das Verhältnis der buntscheckigen Staaten zueinander betraf, zeigte er sich als hervorragend unterrichtet und von gesunder Urteilskraft.

»Glaubt ja nicht, Don Anselmo, meine Dankbarkeit gegen Euch lasse mir König Friedrich in zu hellem Licht erscheinen. Nein, ich meine ihn recht gut zu kennen. Seit ich von seiner verwegenen Flucht aus Palermo gehört – sie führte ihn ja von Genua durch unser Gebiet –, hab' ich jegliche Kunde über ihn und sein Tun klopfenden Herzens aufgenommen. Er – und nur er ist der Mann, den Gott gesandt hat; wir brauchen ihn!«

Und nun, da wir vor den Mauern Genuas hielten und er das Füttern und Tränken der Tiere überwacht hatte, nahm er mich beiseite und sprach, indem er die Stimme dämpfte: »Traut den Pisanern nicht, Don Anselmo! Sie werden uns übelwollen, erfahren sie, daß Genua uns ungeschoren durchgelassen hat. Im übrigen herrscht auch Feindschaft zwischen Pisa und Florenz.«

»Uns mag das von Nutzen sein, Umberto! Ich hörte, zur Zeit sind in Florenz die Buondelmonti an der Macht, die sich selbst und ihre Anhänger Guelfen nennen. Die noch immer einflußreichen Uberti – das sind Ghibellinen, nicht wahr? – hätten sich größtenteils in den Bergen verschanzt; diese sind's, an die wir uns halten müssen, wollen wir zum Castello Montajone der de' Ricci gelangen ...«

»Ganz recht, Don Anselmo!« flüsterte mein junger Freund verschwörerisch. »Das ist's ja auch nicht, was mir Sorge macht. Sagt – glaubt Ihr an Hexen?«

Ich trat vor Erstaunen einen Schritt zurück: »Gott bewahre! Wie kommst du darauf?«

»Und an Zauberei –?«

Ich muß gestehen, der Junge enttäuschte mich nach allem, was ich mit ihm erlebt hatte. Der Ton seiner Frage klang jedoch so ernst, so eindringlich besorgt, ich vermochte ihn nicht mit leichtfertigem Lachen abzutun. Zu tief war ja der Glaube an übernatürliche Wesen, von der Kirche aus durchsichtigen Gründen unter das Volk gebracht, in die dummen Köpfe der Menge eingedrungen.

»Nichts auf Erden existiert«, sagte ich deshalb ebenso ernst, »das Gott in seiner Weisheit nicht erschaffen hat! Da fällt kein Sperling vom Dach ohne Seinen Willen. Was die Hexen betrifft, lieber Freund – in meiner Heimat hat es sie immer gegeben, lange bevor die Pfaffen mit Carolus Magnus in unseren Wäldern Einzug hielten und Christi Lehre verkündeten. Idisen hießen sie ehemals, weise Frauen ... Man schrieb ihnen hohe Gaben zu – die Fähigkeit zu fliegen, Krankheiten zu heilen, das zweite Gesicht sowie unendliche Menschenliebe. Wo einer in Not geriet, waren sie zur Stelle. Tat einer Unrecht, so straften sie ihn. Niemandem wäre damals eingefallen, sie zu ertränken oder zu verbrennen. Das blieb den frommen Dienern der Kirche vorbehalten; sie mochten sich vor den Holden fürchten oder ihnen ihr Wissen neiden...«

Ich sah, wie den Knaben ein Beben überrann; scheu blickte er sich nach dem Feuer um, an dem Jörg, Ibn Dawud, Julia und Donna Desdemona beisammen saßen. Der Kyburger hatte sich in Turin von uns getrennt, um heimzukehren.

»Glaubt mir, Don Anselmo, es gibt Hexen, und die sind nicht gut!«

»Warum sagst du mir das?«

Er trat verlegen von einem Fuß auf den anderen: »Nichts für ungut, Don Anselmo! Mir bangt um Euch... Seht, meine Männer sind voller Furcht. Sie sagen...« Er stockte, faßte sich aber sogleich. »Sie sagen, die Bauern munkeln, daß die Contessa eine Maliarda sei – eine Unholdin, die Unheil herbeizieht... Solche Hexen können ihren Leib verlassen und in den Körper eines anderen Menschen fahren. Den zehren sie von innen her auf, bis er nur mehr eine tote Hülle von Haut und Knochen ist. Auch auf andere Weise vermögen sie Mensch und Tier zu schaden. Drum habe der Conte de' Ricci sie auch als Geisel an den Hof König Friedrichs verbannt...«

Mich fröstelte in der lauen Frühlingsnacht. Gezwungen lachend, entgegnete ich: »Kann man das nicht mehr oder weniger von jedem Weibe erwarten, lieber Junge? Unheimlich sind die Frauen den Männern ja seit je gewesen. So steht's schon im Buch der Bücher zu lesen. Man muß sie nur eben fest unter dem Daumen halten.«

Mit einem Klaps auf seine Schulter wandte ich mich ab und ging zu den Pferden. Zeit zum Aufbruch! Aber irgendwie kam die Welt mir nun verändert vor – voller Geister, Ghulen und Dämonen, welche unsichtbar um und in uns ihr Wesen treiben, gewiß nicht so, wie verbohrte Pfaffen es uns glauben machen wollen, sondern eher als Gedankenwesen, die sich eine sterbliche Hülle suchen und durch diese wirken. Weder ertränken, noch verbrennen kann man sie. Weihwasser, heilige Beschwörungen, was wäre dies anderes für sie als eben nur Wasser und leeres Gerede? Als Tatsache blieb, Julia mit ihren Melusinenaugen hatte es irgendwie zustande gebracht, nicht nur meine Gedanken und Empfindungen zu verwirren, sondern

mich auch zu Handlungen zu verleiten, deren ich mich insgeheim schämte.
Der Ritt an der zauberhaft schönen Küste Liguriens entlang verlief ohne Zwischenfälle. Eine leichte Seebrise ließ mich die mit jedem Tag zunehmende Frühlingswärme nicht als drückend empfinden. Bedauernswerter erschienen mir Umbertos Männer in ihren Harnischen sowie auch mein guter Jörg, dessen Gesicht so rot und aufgedunsen aussah, als rühre ihn im nächsten Augenblick der Schlag. Da und dort beschatteten Pinien den Weg oder ein alter runder Meilenstein mit der Inschrift VIA AEMILIA von Efeu umsponnen, träumte seit mehr als einem Jahrtausend vor sich hin. In den schmalen Seitentälern, wo kleine Bäche zum Meer hinabrauschten oder -rieselten, wie etwa bei Nervi, bargen die Lehmhütten der Bauern sich unter Oleanderbüschen, in denen Nachtigallen schluchzten. Orangen- und Zitronenhaine, bisweilen überragt von Palmwipfeln, breiteten sich auf den Talsohlen aus. Camposanti, hoch ummauerte Rechtecke, wo die Toten vieler Jahrhunderte Schicht über Schicht ruhen, bewacht von Zypressen, die wie düstere Riesenkerzen vor dem lichterfüllten Himmel stehen, gemahnten an die Vergänglichkeit. Und dort, wo die Berge vom Meer ein wenig zurücktreten, grasten Ziegen und Schafe unter oftmals uralten, knorrigen Ölbäumen. Die Straße war wenig belebt. Hielten wir während der heißen Mittagsstunden Rast, so badete ich in der glasklaren Flut und lehrte Umberto das Schwimmen.
Die Ritter, die über diese Landschaft geboten, ließen uns für gewöhnlich in Frieden – nicht, weil sie uns freundlich gesonnen waren, nein, die Zahl unserer Gewappneten schreckte sie und vielleicht auch die Banner des Königs oder das von Savoyen. Als der Herr von Portofino, ein rüder Graubart, von uns Zoll forderte und Umberto sich noch mit ihm herumstritt, fiel sein Blick auf Julia. Sie hatte ihr Kamel niederknien lassen; lächelnd trat sie auf die Gruppe der Unterhandelnden zu. Kaum wurde der Ritter ihrer ansichtig und vernahm, die Contessa de' Ricci sei es, da fiel ihm der Kiefer fast auf die Brust. Er stieß einen Fluch aus, schwang sich auf sein Roß und verschwand samt seinen Knechten in Wolken von Staub.
Dergleichen gab mir denn doch zu denken, so sehr ich jeglichem Aberglauben abhold bin. Stets aufs neue fand ich mich beunruhigt. Zuletzt, Spezia mit seiner malerischen Bucht lag bereits hinter uns, suchte ich Rat und Trost bei Jörg, wie in vergangenen Tagen. Wir

lagerten im spärlichen Schatten eines Olivenhaines, wo schillernde Eidechsen raschelnd durch das trockene Gras flitzten. Grimmig dreinblickend, kaute Jörg auf seinen Fingernägeln.
»Du entsinnst dich, Anselm, was ich dir schon früher gesagt und geraten habe? Laß die Hand von den Weibern; steck' dein Herz in ein Panzerhemd! Diese Contessa ist mir seit je wie ein Nagel im Huf. Nicht, daß ich sie nun gerade für ein Zauberweib hielte, obschon vor Gott nichts unmöglich ist. Aber gerissen, das ist sie bestimmt, ränkevoll, gewissenlos. Viel Fleisch und kein bißchen Seele, wenn du mich fragst!«
Was ließ sich damit anfangen? Voller Unmut murrte ich: »Du hast nicht einmal Stroh im Kopf, alter Freund! Ob dir an ihr etwas Besonderes aufgefallen ist, will ich wissen. Ob sie unheilige Dinge tut, Getränke braut, Beschwörungen murmelt, und ob ich mich vielleicht in letzter Zeit verändert habe. Denke und spreche ich nicht mehr ganz klar?«
»Das tatest du nie, Anselm! Und von ihr läßt du dich um den Finger wickeln, was einem rechten Mann nicht geziemt. Wenn das Hexerei ist – na, gut!«
Es war hoffnungslos...
Ein Schatten fiel zwischen uns auf das Gras. Als wir die Köpfe hoben, stand da Julia und starrte uns aus ihren verschleierten Augen an. So schnell wie den Jörg hatte ich bisher noch keinen auf die Füße springen sehen. Er stotterte so etwas wie »nach den Pferden schauen« und eilte mit langen Schritten fort. Auch Julia entfernte sich stumm.
Gänzlich unbegründet waren meine Besorgnisse nicht. Mir fiel unter anderem auf, wie sehr Ibn Dawud sich seit unserem Ausritt von Schaffhausen in sich verschloß. Daß er mit Frauen nicht viel im Sinn hatte, ließ sich verstehen, denn als Bekenner des Propheten hielt er nur wenig von ihrer Tugendhaftigkeit; auch sprach er ihnen den Besitz einer Seele ab. Aber da war noch etwas anderes... Ich bemerkte, wie sein Blick – glaubte er sich unbeobachtet – scharf und kalt auf der Contessa haftete, ein Blick voller Abneigung, Furcht, ja – ich möchte sagen – Grauen.
Kaum weniger beunruhigend erschien mir Donna Desdemona. Auf Schritt und Tritt fühlte ich mich von ihr ausgespäht. Gleich einem Uhu hockte sie, mumienhaft umhüllt von ihrer schwarzen Mantille, stumm und wachsam am Lagerfeuer, oder ihr stechender Blick traf mich aus

ihrem Sattelzelt, wenn ich vorüberritt; und ging ich einmal auf die Seite, um zu baden oder mein Wasser abzuschlagen, gewißlich kauerte sie dann hinter irgendeinem Felsen oder Baum, an dem ich vorüber mußte. Bisweilen erbitterte diese unablässige Bespitzelung mich so sehr, daß ich dachte, eine gesunde Tracht Prügel werde ihr gut tun.

Die Pisaner legten uns wider Erwarten keine Steine in den Weg. Ihre Stadt, weiß und schimmernd in der Mittagsglut, von entfernten, blaugrün leuchtenden Bergzügen umgeben, breitete sich in der sumpfigen, fieberbrütenden Mündungsebene des Arno aus, der sich hier ins Meer ergießt. Ihre Lage hatte die Pisaner zu kühnen Seefahrern und Händlern gemacht, die unausgesetzt mit den Genuesen um Seeherrschaft und Absatzmärkte am Mare Tirreno rangen.

Wir betraten sie durch die Porta Nuova im nordwestlichen Teil der mächtigen Stadtmauer und gelangten unmittelbar auf die Piazza del Duomo. Die Kathedrale ist ein Gedicht aus schneeweißem Marmor, ein romanischer Bau mit Säulenbasilika, Kreuzschiff und Chor; vor anderthalb Jahrhunderten, sogleich nach dem Seesieg über die Sarazenen bei Palermo, hatte man ihn zu errichten begonnen. Nach kurzem Gebet in den kühlen Hallen zog es mich zu dem dicht daneben stehenden, noch im Bau befindlichen Campanile, der – rund und ebenfalls aus makellos weißem Marmor – noch nicht über die dritte Galerie seines Säulenumganges hinaus gediehen war. Ob er jemals vollendet werden würde, weiß Gott allein, denn schon hatte eine Seite sich tief in den sumpfigen Grund gesenkt.

Eine gerade und breite Straße, die gepflastert war, führte uns zum Ponte Solferino. Wir überschritten den Fluß, wanden uns, begleitet von einer krakeelenden Kinderschar und einigen mißtrauischen Stadtwächtern durch Gassen und Gärten, bis uns die Porta Fiorentina in die blühenden, sorgsam angebauten Arno-Auen entließ. Selbst Jörg sperrte Mund, Nase und Ohren auf. Er vergaß seine Abneigung gegen alles Fremde über dem Anblick mit Blüten übersäter Orangenhaine, schattiger Olivengärten und in saftigem Grün prangender Saaten. Auf den Feldern arbeiteten von der Sonne bronzebraun gebrannte Männer, Frauen in bunter Tracht und Kinder jeglichen Alters, deren muntere Stimmen mit dem Gesang der Lerchen wetteiferten. Die starkknochigen weißen Rinder mit ihren weit ausladenden Gehörnen vor Karren oder Pflügen entrangen ihm Grunzlaute der

Bewunderung; die winzigen schwarzen Eselchen, die unverdrossen riesige Lasten schleppten, reizten ihn zum Spott.

»Ja, also...« rief er, auf eine am Berghang klebende Ritterburg deutend, »hier kann man sich's wohlsein lassen! Ich überlege wahrhaftig, ob ich nicht doch von Herrn Friedrich mir ein Stück dieses Ländchens zu Lehen erbitten soll? Es braucht ja nicht gleich eine ganze Grafschaft zu sein«, setzte er bescheiden hinzu. In Wahrheit – glaube ich – hatten es ihm die schwarzlockigen, fröhlichen Toskanerinnen angetan.

Als wir bei dem Bergdorf Montapoli anlangten, wo ein enges, verwachsenes Tal südwärts nach Rocca Montajone abzweigt, erwartete uns der Beauftragte Conte de' Riccis, ein mürrischer, hagerer Mann, der sein leichenhaftes Aussehen durch schwarze Gewandung auch noch hervorhob. Dieser Signor Giovanni schien so etwas wie ein Casiere oder Vogt zu sein. Er sagte, ich möge die bewaffneten Piemontesen doch bitte entlassen; weder sei Weide für so viele Pferde bei Montajone vorhanden, noch hinreichend Nahrung und Raum für eine so große Anzahl Menschen. Die Falschheit – meinte ich – sei ihm auf die Stirn geschrieben. Sein Reden schwankte zwischen betulicher Unterwürfigkeit und dummdreister Anmaßung. Dabei wechselte er schwer zu deutende Blicke mit der Contessa.

Ich schlug vor, die Reise nach Florenz fortzusetzen; dort – das wußte ich – besaßen die de' Riccis einen prachtvollen Palast. Signor Giovanni widerriet meinem Vorschlag mit deutlichem Erschrecken. Das... Nein, das gehe nicht an; das sei völlig ausgeschlossen; die gegenwärtigen politischen Zustände in der Stadt zwängen seinen Gebieter zu äußerster Vorsicht. Mir lag die Entgegnung auf der Zunge, mit den läppischen Querelen einer unbedeutenden Stadtgemeinde werde mein Herr, König Friedrich, bald genug aufräumen; indes, ich beherrschte mich. Galt es doch, diesen Conte entweder für die Sache des Staufers zu gewinnen oder ihn kaltzustellen. Deshalb gab ich mir den Anschein, als hätten seine Begründungen mich überzeugt. Aufatmend trocknete Signor Giovanni sich die mit grauen Schweißtropfen bedeckte Stirn.

Während ich mit ihm sprach, hatten Jörg, Ibn Dawud und Umberto neben und hinter mir gestanden – Jörg verständnislos, angewidert. Über den Sarazenen wunderte ich mich. Seine Rechte umklammerte den Schwertgriff; in seinem unbewegten, zerkerbten Gesicht funkelten die Augen – ich weiß nicht, ob vor Wut oder Furcht. Umberto protestierte: Er wolle und werde mich nicht verlassen; die Kriegsknechte könnten sehr wohl ohne ihn heimfinden. Ich hielt ihm vor, ein rechter Mann, dereinst Fürst seines Volkes, habe die Pflicht allemal der eigenen Neigung voranzustellen; im übrigen würden wir uns ja bald am Hofe Friedrichs wiedersehen. Nur widerstrebend fügte er sich, sagte jedoch – und nun mit erhobener Stimme, indem er die Contessa und den lebenden Leichnam mit drohenden Blicken maß: »Hütet Euch nur ja vor Hexen und Unholden, Don Anselmo!«

Betrübt zwar, aber doch auch ein wenig erleichtert, sah ich Umberto am folgenden Morgen mit seinen Trabanten davonreiten. So wie er – dachte ich – müsse mein Sohn (der nicht mein Sohn ist) einmal aussehen und handeln. Soweit es die Lebenslust und -kraft betrifft, berechtigte Messer Tonio ja zu den schönsten Hoffnungen. Von den Ufern des Mains bis hin zum Arno hatte uns sein ohrenbetäubendes Geschrei so unentwegt begleitet wie das unaufhörliche Quietschen und Knarren der Wagenräder. Auch sonst bekräftigte er bei jeder Gelegenheit seine Entschlossenheit, den eigenen kleinen Kopf durchzusetzen. Als Signor Giovanni sich erkundigte, wem das Kind gehöre, und Julia lächelnd auf sich und mich deutete, dachte ich wahrhaftig, den lebenden Leichnam träfe der Schlag. Und selbst dann noch, nachdem man ihn über den wahren Sachverhalt aufgeklärt, schien er der Sache durchaus nicht zu trauen. Indem er die bleichen, knochigen Finger knetete, betrachtete er Tonio mit einem wahren Basiliskenblick.

Das kleine Gebiet der de' Ricci zwischen den Flüssen Era und Elsa und dem Pizzo del Comene im Süden ist ein rauhes Bergland aus Sandböden, Lehm und daraus hervorragendem Gefels, bewachsen mit immergrünem Gestrüpp und ruppigem Heidekraut. Die Wohnstätten der dort Hausenden, erbärmliche Lehmhütten, lagen so tief versteckt oder waren so unzugänglich, daß ein Fremder sie kaum je zu Gesicht bekam.

Das Tal, dem wir aufwärts folgten, verengte sich nach und nach zu einer Schlucht, an deren Grund der Weg, eher eine Art Ziegenpfad, sich mühselig, den Wasserlauf immer wieder kreuzend, zur Hochfläche hinanschlängelte. Die dumpfe, stickige Luft in diesem Einschnitt machte das Atmen zur Qual. Mir flimmerte es vor den Augen. Schweiß rann unter dem Panzerhemd in Bächen über meinen Rücken. Selbst

Chaleel schnaubte keuchend. Die Kamele grunzten und husteten. Schon fürchtete ich, mir in den Arnosümpfen ein Fieber geholt zu haben, bis ich bemerkte, daß die grauen Schleier vor meinen Augen keineswegs Folgen körperlicher Erschöpfung waren, sondern dem Erdreich entstiegen. Ein bläulicher Dunst lagerte über der Landschaft und schlug sich im Talgrund nieder. Es roch nach Schwefel. Im Laufe des Tages nahm der Gestank noch mehr zu. Während der Mittagsrast, die wir in Marschordnung hielten, weil sich in der Schluchtenge kein Platz zum Ausspannen fand, kam Jörg taumelnden Schrittes herbei.
»Höre, Anselm, bist du ganz sicher, daß dies kein Hinterhalt ist? Oder der Eingang zur Hölle? Vielleicht hat unser Freundchen Umberto doch recht gehabt, als er sagte, die Contessa sei...«
»Pst–!« unterbrach ich ihn hastig, denn Julia saß, nur an die fünf Schritte von uns entfernt, im Schatten des Wagens, so kühl und gelassen wie stets, in bestürzender Weise unbeteiligt wirkend. »Ein wenig unheimlich ist's hier – ja, das geb' ich zu. Jedenfalls sonderbar... Aber wir sind ja schließlich in einem fremden Land.«
Signor Giovanni, aus dem Wagen kletternd, in dem Tonio schlummerte, mahnte zum Aufbruch: Der Weg sei noch weit; von nun an gehe es noch steiler bergauf. Er äußerte das so hämisch, es mußte Argwohn erregen. Ibn Dawud brummte ungehalten und ging, die Geschirre der Tiere und die Waffen der Männer zu überprüfen, mit katzenhaft schleichenden Schritten am Zuge entlang. Jörg, mit einer Verwünschung auf den Lippen, begab sich an die Spitze.
Immer wieder hielten die Fuhrwerke, obwohl leichter gebaut als unsere deutschen, den Marsch auf. Beim Passieren eines Steinschlags brach eines der Wagenräder und mußte ausgewechselt werden. Auch waren die Gäule so ermattet, daß man sie nur mehr mit Geschrei und Peitschenhieben voranzutreiben vermochte. So wurde es denn Abend, ehe wir Rocca Montajone erreichten.
Zwar war der Nachthimmel wolkenlos, jedoch verhüllten miasmische Dünste das Licht der Sterne. Ein ungutes, an Grauen grenzendes Vorgefühl beschlich mich, als ich das Kastell auf einem Bergsporn liegen sah. Zu beiden Seiten der Felsenkanzel rauschten Bäche durch enge Spalten zu Tal und vereinigten sich unterhalb der Burgmauer. Ihr Rauschen war der einzige Laut, abgesehen vom Stampfen der Pferde und dem gelegentlichen Schrei eines Käuzchens, der echolos in der allem Anschein nach unbelebten Weite verklang. Schwarz und tot, mit

seinem fingergleichen Bergfried an eine gen Himmel weisende Riesenhand gemahnend, erhob das Gemäuer, umstanden von Zypressen, sich über die dunklen Höhen im Hintergrund. Nichts regte sich. Kein Licht... Abermals schrie der Kauz. Fledermäuse taumelten ohne Laut dicht über uns hin, angelockt offenbar von den Mücken und Fliegen, die unsere von Schweiß triefenden Pferde in dichten Schwärmen umsurrten.

Signor Giovanni, der voranritt, hob Halt gebietend die Hand. Er lauschte. Wir alle lauschten. Nichts geschah. Der ohnedies schon stark beanspruchte dünne Faden meiner Geduld riß jäh. Ich drängte Chaleel neben den Schimmel Giovannis, versetzte dem lebenden Leichnam einen Stoß und herrschte ihn zornig an: »Avanti, Signor! Worauf wartet Ihr? Ist das ein Empfang für den Königsboten?«

Er fuhr – wie aus Träumen, schien mir – erschreckt auf, riß sich zusammen, säuselte: »Ich erwarte ein Zeichen, Euer Gnaden! Wer fremd ist, gilt hier als Feind...« Und mit verstecktem Hohn fügte er hinzu: »Die Schafdiebe und Raubgesellen dieses Landes scheren sich den Teufel darum, ob Ihr ein Krämer seid, ein Gesalbter des Herrn oder ein Königsbote!«

Immerhin gab er seinem Gaul die Sporen und trabte den schmalen, vielfach gewundenen, stellenweise in die Felsen geschlagenen Pfad zum Burgtor hinauf. Mit seinem schwarzen, hohen, breitkrempigen Hut und dem schwarzen Pelerinenmantel auf dem mageren Schimmel wirkte er kaum weniger unheimlich als die Burg selbst und das sie umgebende Land.

Wir hörten ihn mit quengelnder Stimme rufen. Gleich darauf rasselte die Zugbrücke, die einen abgründigen Spalt im Gestein überspannte, unter Krachen und Klirren nieder. Sie gab das durch ein schweres Fallgatter gesicherte Tor frei, hinter dem Fackelschein düsterrot lohte. Irgendwo im Inneren des Hofes knurrten und kläfften Hunde.

Auch das Gatter hob sich nun knarrend. Jörg wandte mir sein betroffenes Gesicht in stummer Frage zu. Ibn Dawud starrte, Augen und Lippen zusammenkneifend, mißtrauisch in das finstere Loch, das nur allzusehr einer Mausefalle ähnelte. Signor Giovanni hielt abwartend neben uns, die wir keine Anstalten trafen, in die Burg einzuziehen. Abermals schrie der Kauz; dreimal schrie er und jedesmal überlief es mich kalt. Eine Warnung? In diesem Augenblick gespannter Stille schritt Julia an uns vorbei und betrat die Brücke. In ihrem lang

herabfließenden, bleich schimmernden Gewand, mit einem von Edelsteinen funkelnden Silberreif um die Stirn, glich sie einer Erscheinung aus einer anderen Welt, zumal sie einen metallisch blinkenden Stab wie eine Zauberrute in der Rechten trug.
Wir folgten ihr, argwöhnisch zwar, jedoch auch beschämt, durch das Tor in den Hof. Und hier verhielten unsere Rosse jäh. Der Anblick, der sich uns bot, mochte selbst ein Pferd erstarren lassen. Im Flackerlicht mehrerer Harzfackeln, die in Mauerringen staken, knieten zwanzig Männer, ein Spalier bildend, die Köpfe zur Erde gesenkt. Julia, schön und fremdartig wie eine Fee, schritt zwischen ihnen hindurch, indem sie die Schulter eines jeden leicht mit ihrem Stab berührte. Wer so gezeichnet worden war, erhob sich. Und als sie alle standen und ihre Gesichter der Contessa zukehrten, die inzwischen die Freitreppe zum Portal des Palas erstiegen hatte, da stimmten sie einen getragenen, aber irgendwie triumphierend klingenden Gesang an, in dem mehrfach das Wort »Turan« vorkam. Die Szene endete mit einem vielstimmigen, schrillen Schrei, der mir durch Mark und Bein ging. Im selben Atemzug waren die Männer verschwunden, wie von den Schatten verschluckt, die den übrigen Teil des Hofes verfinsterten.
Von diesen Leuten gewann ich nur einen flüchtigen Eindruck. Ihre runden Köpfe waren mit langem, straffem Schwarzhaar bedeckt, die schwarzen Kinnbärte kurz geschnitten, ihre Körper untersetzt, jedoch überaus kräftig. Sie trugen weiße, ärmellose Hemden, die kaum bis zu den Oberschenkeln hinabreichten, sowie kurze Schwerter in ihren Hüftgürteln. Auf das Seltsamste berührten mich die dunklen, wie Miesmuscheln geformten Augen.
Das Kastell bestand aus einem geschlossenen Rechteck, das von den aus mächtigen Quadern mehrere Stockwerke hoch aufgeführten Wirtschaftsgebäuden und dem Palas gebildet wurde. Die Dächer waren flach, mit brusthohen Zinnen. Es gab nur wenige Fenster, ein jedes so schmal, daß ein Mann sich nicht hindurchzwängen kann.
Wir stiegen ab. Kamele und Pferde wurden von schattenhaften Gestalten in dunkle, sich in die Kellergewölbe senkende Tunnel geführt. Nur Chaleel widersetzte sich. Ich selbst mußte ihn in den Stall bringen, der warm und trocken, versehen mit dicker Strohstreu war. Jörg kümmerte sich inzwischen um die Unterbringung unserer Knechte. Die Männer blickten hierhin und dorthin, scheu, betroffen, voller Argwohn.

Signor Giovanni, nun ohne Umhang und Hut, wartete mit einem dreiarmigen Silberleuchter auf der oberen Treppenstufe. Er schritt uns voraus in eine große, kahle, düstere Halle, die das flackernde Kerzenlicht nur spärlich erhellte. An den Quaderwänden gewahrte ich verblichene Malereien in ockergelben, nußbraunen und schwarzen Farbtönungen und auf einem Marmorsockel, dem Eingang gegenüber, die lebensgroße Bronzestatue eines nackten Jünglings, der einen Dreizack, das Zeichen des Blitzes, in der Rechten hielt. Zur Linken, wo eine schmale, jedoch hohe Türöffnung ein Rechteck schwärzester Finsternis umschloß, lächelte ein in Stein gemeißeltes, von stilisierten Federn umkränztes Frauenantlitz betörend auf den Betrachter nieder.
So sehr hatte ich mich in das Anschauen dieser Dinge verloren, daß ich heftig erschrak, als Ibn Dawud mich plötzlich bei der Schulter packte und zurückriß. Er deutete wortlos auf die Fliesen zu meinen Füßen. Und – ich gestehe es – ein Schauer durchrann mich... »Pentalpha!« Bestürzt starrte ich das Zeichen an, hatte ich doch am Hofe Friedrichs genug über das Hexenwesen und dessen Tücken reden hören, um nicht doch ein wenig von dem Unwägbaren, das uns umgibt, beängstigt zu sein.
Dem Pentalpha, dem fünfzackigen Drudenfuß, schrieben die Magier apotropäische Zauberkraft zu, weitaus wirksamer als Kreuz und Weihwasser. Unter den Höflingen kursierten, verstohlen von Hand zu Hand gereicht, Bücher mit den Signi und Beschwörungsformeln, mit deren Hilfe der Wissende sich angeblich Höllen- und Totengeister gefügig macht – die Clavicula Salomonis, die Bücher Thebit, Jezira und Raziel sowie das Compendium magiae nigrae des Michael Scotus, der als Sterndeuter am Hofe Friedrich Rogers Ruhm und Ehre erlangte.
Diese Schriften hatte ich nicht gelesen, weil ich nur wenig von der in ihnen beschriebenen Geisterwelt hielt. Aber natürlich kannte ich die Zaubersprüche, deren einige in einer alten, aus Fulda stammenden geistlichen Postille aufgezeichnet sind und im Domkapitel zu Merseburg verwahrt werden. Die weisen Frauen unserer Sachsen pflegten damit allerlei Gebrechen bei Mensch und Tier zu heilen. Das verworrene Zauberwesen höfischer Magier hingegen, jene verwunschene Schattenwelt der Geisterseher, Teufelsbanner, Nekromanten und Exorzisten war mir im tiefsten Herzen zuwider. Freilich, noch klangen mir Umbertos Warnungen im Ohr.
»Herr im Himmel«, dachte ich, »sollte Julia am Ende doch eine

Maliarda sein?« Alles in mir sträubte sich gegen einen solchen Verdacht. Nun aber kamen mir Zweifel angesichts des in den Estrich gemeißelten Drudenfußes, zumal ja auch bei mir daheim noch viele Bauern, obschon getauft und fleißige Kirchgänger, insgeheim an das unsichtbare Walten der Idisen glaubten. Ich schaute mich, Beistand heischend, nach dem Sarazenen um, dessen Gesicht grau unter der Bräune schimmerte.

Wir vermieden es, auf das geheimnisvolle Zeichen zu treten. Der lebende Leichnam ging – oder vielmehr: schlich vor uns her, als habe er unser Zaudern nicht bemerkt, durch verschlungene Gänge, über steile Wendeltreppen zu den für Jörg und Ibn Dawud bestimmten Kammern unter dem Dach. Nur ich erhielt ein schönes, reich augestattetes Gemach auf dem ersten Stock. An den Wänden hingen kostbare, jedoch ziemlich verschossene, durch Stockflecke und Mottenfraß verdorbene Tapisserien, um das breite Himmelbett mit seinen kunstvoll gedrechselten, nur leider vom Holzwurm zerfressenen Säulen seidene, mit Vögeln und Blumen und mir unbekannten Symbolen bestickte Vorhänge. Feste Türen schien es im ganzen Haus nicht zu geben. Die Türöffnungen, nicht anders als die schmalen, unverglasten Fenster, waren mit schweren weinroten Portieren verhängt. Signor Giovanni entzündete ein seltsam wie ein bärtiges Antlitz geformtes Öllämpchen und stellte es auf den Tisch. So beleuchtet, gewann der Raum, unter dessen geschwärzter Balkendecke Kerzenrauch wogte, das zeitentrückte Aussehen einer Königsgruft.

Einige der scheuen, braunen Männer trugen mein Gepäck herbei, andere Brot, Olivenöl, Käse und Früchte sowie einen Krug Falernerwein. Julia ließ sich durch Signor Giovanni entschuldigen: Sie müsse sich erst einrichten und in der Wirtschaft nach dem Rechten sehen. Nun ja – verständlich! Wann denn mit dem Eintreffen des Conte zu rechnen sei, erkundigte ich mich, meinen Unmut verhehlend. Der lebende Leichnam drehte und wendete sich wie ein Regenwurm vor Verlegenheit: Das könne noch Wochen dauern oder auch schon morgen sein; er wisse es nicht. »Seine Gnaden kommen und gehen wie der Wind!«

All das diente nicht gerade dazu, mich zu beruhigen. Die ganze Umgebung – das düstere Gemäuer, der muffige Modergeruch, die geheimnisvollen Zeichen und Skulpturen, die unverschließbaren Türen, überhaupt das Fremdartige der Burgbewohner, nicht zuletzt auch jene unbestimmten Gerüchte, die Contessa sei eine Maliarda, erschienen mir als Ausgeburten eines Fiebertraumes, der mit dem Morgensonnenschein vergehen würde. Ich legte mich zu Bett. Die Pfühle und Decken waren weich, aber klamm vor Feuchtigkeit, so daß ich, der Sommerwärme ungeachtet, zitterte. Das Käuzchen draußen im Gezweig der Zypressen ju-huhte dann und wann. Hunde knurrten. Von weit her trug ein raschelnder Hauch das Geheul hungriger Wölfe herüber. Im Halbschlaf fiel mir noch ein: Im ganzen Haus hatte ich bisher kein Kruzifix, kein Gnadenbild gesehen.

24.

Allein, der Morgen ließ auf sich warten. Ab und an schreckte ich auf, sah im schmalen Ausschnitt des Fensters die Sterne vorüberziehen, dachte an die traulichen Wälder daheim, wünschte mich sehnlichst dorthin zurück, wünschte mir eine naive, kecke Gespielin anstelle der vertrackten Evastöchter, die mir seither über den Weg gelaufen waren. Gleichsam Trost suchend, tastete ich nach dem Kästchen mit Liesels Rosen und mir war, indem ich den feinen Duft einatmete, als vernähme ich eine der munteren Weisen, die sie so laut wie falsch zu pfeifen pflegte. War ich nicht ausgezogen, mir all das, was ich im Grunde meines Herzens liebte, neu zu erringen und es mir für alle Zukunft zu sichern? Und war ich nicht vom Ziel meiner Wünsche weiter denn je entfernt?

Ich zuckte zusammen, griff nach dem Schwert. Der Vorhang wurde beiseite gerissen. Jörg stolperte ins Gemach. Wie groß er geworden war, wie bärenhaft tolpatschig bei aller Gewandtheit! Ein echter, rechter Bauernbub aus dem Kahlenberger Land. Er schnaubte wie ein erzürnter Hengst.

»Du schläfst doch wohl nicht, Anselm? Wie kann einer schlafen in diesem verwünschten Rattenloch! Denk' dir, ich schlage die Augen auf und wer steht da bei meinem Lager? Ein Weibsbild, Anselm! Nein, kein williges Dirnlein, dem meine Schönheit und Kraft ins Auge gestochen... Das hätt' ich mir wahrlich gefallen lassen. Nein, Anselm, beileibe nicht, vielmehr eine, so wie Lots Weib, weißhemdig, stumm, wie erstarrt zu Salz und Asche... Du weißt, Anselm, wie kühn ich bin, aber glaub' mir, mein Herz ward zu Wasser, so wie sie da stand im Mondenlicht. Ich fluchte, kann ich dir sagen, sprang auf wie der Blitz. Und als ich mich umsah, da war sie fort, verschwunden, nicht anders als Rauch ...«

»Ist das ein Grund, mich aufzuwecken? Du hast geträumt, alter Freund!« Ich lachte, obwohl nun auch mir eine kalte Faust in den Nacken griff.

»Pah, geträumt – ich! Hör' weiter... Mir ist's nicht geheuer hier, Anselm! Ich dacht' mir, die wollen wissen, ob ich auch wirklich schlaf'. Gewiß hat die Hexe was vor, wovon wir nichts erfahren sollen. Also schlich ich durchs Haus, den Hirschfänger blank, den du mir geschenkt hast. Ermin sagt: Tritt nur lang genug auf einen Dorn, so merkst du, daß da was ist! Und richtig – bei allen Heiligen, Anselm –, da war es auch, in der Halle drunten ...«

Er spähte über die Schulter, den bläulich blinkenden Dolch noch in der Faust. »Da knieten sie nämlich, dicht bei dicht, die Köpfe am Boden. Ich sah nur die Ärsche. Fackeln blakten; alles voll Rauch. Vor dem Drudenfuß, der dich so erschreckt hat, brannte und zischte ein grünliches Feuer. Mitten im Fünfzack, da stand sie, unsere Julia, die Hex'. Sie murmelte unverständliches Zeug vor sich hin – Gebete, Zaubersprüche, Beschwörungen –, was weiß ich? Mich gruselte, kann ich dir sagen. Und nun rat' mal, was sie im Arm hielt?«

»Na, was denn?« Das Lachen gefror mir auf den Lippen.

»Tonio!«

»Was?« Mit einem Satz war ich aus dem Bett. Ich flog förmlich den langen Gang entlang, die Treppe hinab, stürmte in die Halle... Nichts! Der Saal leer und dunkel. Nur Streifen bleichen Mondlichtes fielen durch die drei Fensterschlitze und hüllten die Statue des Jünglings in silbrige Schleier. Anfangs glaubte ich, Jörg sei einer Sinnestäuschung erlegen. Doch hing der Geruch verschmorten Harzes noch in der Luft und überdies ein dumpfer, süßlich schwerer Duft, der mich schwindlig machte.

»Los, vorwärts!« Ich stieß Jörg an. »Schauen wir bei der Amme nach!«

Ich wußte, wo Kind und Amme untergebracht waren. Wir holten die Öllampe aus meinem Zimmer, eilten, ohne uns viel Mühe zu geben, die Schritte zu dämpfen, durch das Labyrinth leerer Gänge. Umsonst die Aufregung! Kind und Amme lagen in tiefem Schlaf. Beide atmeten ruhig, obschon ein bißchen keuchend. Das mochte der Schwüle zuzuschreiben sein. Nichts deutete darauf hin, daß ihnen Ungewöhn-

liches widerfahren sei. Was sollte man davon halten? Ich wußte es nicht.
»Wahrscheinlich hast du dir alles nur eingebildet, lieber Jörg!«
Er kratzte sich hinter dem Ohr: »Natürlich, mag sein – ein Blendwerk der Hölle... Der Wein, Anselm! Der verflixte Wein! Hinfort will ich nur noch Wasser trinken. Aber – sag' doch selbst, Anselm, wenn es wirklich nur Täuschung war... Ich bin doch nicht irre? Ob ich nun Stroh im Kopf hab', wie du so unfreundlich zu behaupten pflegst, oder nicht... Wo einem solches begegnet, ist's nicht geheuer; da spukt's; da heißt's den Huf in die Hand nehmen und nichts wie weg...«
Er wollte durchaus nicht allein nach seiner Kammer hinaufsteigen. Ich mußte ihn begleiten. Und – Hand aufs Herz – wen hätte es nicht gegruselt? Auch ich hätte mir für den Rückweg ein Dutzend Leibwächter gewünscht. Die Stille. Die Schatten. Der Modergeruch. Gleich einem erschreckten Hasen floh ich über Treppen hinab, durch Flure, Galerien, und aufatmend schlüpfte ich schließlich unter das Laken.
In der Tat, mit dem Morgengrauen nahm alles ringsum ein natürliches, ganz alltägliches Aussehen an. Im Burghof erwachte das Leben. Hähne krähten; Ziegen meckerten; Schafe blökten. Die Stimmen der Dienstleute hatten nichts Grausliches. Das ungeduldige Wiehern der Rosse klang so vertraut, so beruhigend, ich mochte die Erlebnisse der Nacht kaum noch für Wirklichkeit halten.
Tonio wurde von seiner Wärterin hereingetragen. Die dralle Hessenmaid sah zwar ein wenig benommen aus; erinnern konnte sie sich jedoch an nichts. Das Kind kreischte und strampelte so lebhaft wie je; es streckte seine fetten kleinen Ärmchen nach mir aus. Ich ertappte mich bei dem Gedanken, wie absonderlich es doch anmutete, daß ich diesem Geschöpf, das nicht mein eigen Fleisch und Blut war, mit so großer Zuneigung anhing. Als ich mich zu ihm niederbeugte, spürte ich wiederum jenen fremdartigen, betäubenden Duft, der den Saal erfüllt hatte. Ich nahm mir vor, Julia zur Rede zu stellen.
Noch hatte ich das Frühmahl nicht ganz verzehrt, da rief ein Hornruf mich ins Freie. Gefolgt von Jörg und Ibn Dawud, die schon bei den Pferden gewesen waren, erstieg ich das Dach. Von einem der Wächter, der ein wenig Italienisch radebrechte, hörten wir, der Gebieter nahe. Und schon sah ich den glänzenden Reiterzug sich aus der Talschlucht heraufwinden. Voran ein Trompeter, flankiert von zwei Standarten-

trägern. Hinter ihnen ein Dutzend Gewappnete, deren Lanzenspitzen im ersten Sonnenstrahl blitzten und funkelten. Dann ein einzelner Reiter unter breitrandigem Federhut, umhüllt von einem blauen, mit Goldfäden durchwirkten Mantel – der Conte de' Ricci offenbar. Begleitet wurde er von zwei Leibwächtern in flambierten Harnischen, alle drei auf großen, schwarzen, feurig tänzelnden Pferden, auf deren Köpfen rote und blaue Federbüsche wippten. Sein Gefolge bestand aus mehreren reich gekleideten Rittern sowie auch geistlichen Herren in schwarzen Röcken oder Sutanellen. In ihrer Mitte schwankte glitzernd ein goldenes Kreuz auf langer Stange einher. Sechs weitere Gewappnete mit hochbepackten Handpferden und Mulis machten den Schluß.

»So könntest auch du einherziehen, Anselm, wenn du dein Lehen hättest«, nörgelte Jörg, von Neid geplagt.

Ich lachte: »Seh' ich so aus?« und dachte bei mir, der ganze Prunk, den de' Ricci der öden Wildnis darbot, müsse – richtig verwendet – hinreichen, das Land in einen blühenden Garten zu verwandeln. Wahrscheinlich hatte er mehr Schulden bei den Wucherern in Florenz als Halme auf seinen Feldern.

Indes, das war ja ein allgemeines Übel der Zeit, in der hohler Schein mehr galt als schlichtes Bescheiden. Fürsten wie Kleriker gaben bis ins gemeine Volk hinab das schlechteste Beispiel. Wie der Herr, so's Gescherr, heißt es bei mir daheim. Und was war die Folge? Selbst das fruchtbarste Land verödete nach und nach; die es im Schweiße ihres Angesichtes beackert hatten, vermochten die Last stets sich erhöhender Abgaben nicht mehr zu tragen; ihre Herren wurden dadurch immer ärmer und somit machtloser. Um die leeren Truhen zu füllen, verlegten nicht wenige Fürsten sich auf Landraub bei ihren Nachbarn, ohne der alten Volksweisheit eingedenk zu sein, daß Friede ernährt, Unfriede verzehrt. Und Gottes fromme Diener, die Pfaffen, deren ebenfalls nicht wenige sich irrem Machtrausch und zügelloser Völlerei ergaben, vergaßen in ihrem Übermut, daß die verelendende, mit dem Bettelstab von Haus und Hof gehende Herde sich dereinst an ihren Hirten schadlos halten könnte. Diese gefahrbergenden Massen Enterbter unschädlich zu machen, gab es ein erprobtes Mittel – die Kreuzzüge. War das etwa der geheime Grund, warum erst Papst Innozenz und jetzt Honorius den König Friedrich so arg bedrängten, nun endlich sein Gelöbnis zu erfüllen? Ich wußte es nicht. Aber im

hintersten Winkel meines Denkens begann mir zu dämmern, daß es sich so verhielt.
Eben jetzt erreichten Trompeter und Standartenträger den Rand des Spaltes. Sie und die zwölf Gewappneten scherten, eine Gasse bildend, nach beiden Seiten aus. Die Brücke an ihren rostigen Ketten rasselte herab und der Conte mit Leibwächtern und Gefolge ritt durch das Tor in den Burghof ein. Wir eilten, ihn zu begrüßen.
Der Schreck, als ich ihm von Angesicht zu Angesicht gegenübertrat, ließ mich erblassen. Sein Blick bohrte sich in meine Augen. Aber diesen Blick, den kannte ich, kannte die Tracht des kupferfarbenen Haares, dessen Spitzen in keckem Schwung bis fast zu den dichten Brauen hinabreichten, kannte die spitze, messerscharfe Nase, den schmallippigen, entschlossenen Mund, der ein wenig zu breit erschien, das feste Kinn; vor allem aber kannte ich diese kühnen, offenen, zupackenden Augen mit dem Ausdruck, als seien die Züge nur ein erzenes Visier, hinter dem eine Welt von Gedanken und Empfindungen sich verbarg. Herrgott! Unwillkürlich griff ich nach dem Medaillon auf meiner Brust.
Für ein paar Atemzüge, die mir wie Ewigkeiten erschienen, starrten wir einander an – ich, nicht imstande, auch nur ein Wort hervorzubringen – er, offenbar höchst befriedigt von dem Eindruck, den er auf mich machte. Wahrscheinlich war ich in seinen Augen nichts anderes als ein Bauerntölpel aus dem sächsichen Hinterwald.
»Graf Kahlenberg?« begann er, das Schweigen brechend, gönnerhaft; so, als ob er nicht ganz genau wisse, wer und was ich sei. »Ihr bringt mir die Grüße Herrn Friedrichs von Staufen, nicht wahr?« Sein Deutsch war durchaus einwandfrei.
»Und Eure Gemahlin, Conte!«
Seine Miene verzog sich, so als habe er in eine Zitrone gebissen. Dann lächelte er gezwungen: »Euer Gebieter scheint großes Vertrauen in mich zu setzen ... Und – in Euch!«
Das war deutlich. Wer weiß, welcher Klatsch ihm über Julia und mich zugetragen worden war.
Er reichte mich an die Herren seines Gefolges weiter. Namen – einige, die ich seither vergessen habe, andere, die sich später mit Personen und Ereignissen in meinem Umkreis verbinden sollten – rauschten an meinen Ohren vorüber. Ich sprach mit diesem und jenem, bis einer der Geistlichen, seiner violetten Soutane nach, ein Prälat des päpstlichen

Stuhles, sich meiner bemächtigte und mich zu einem Spaziergang einlud.

Wir verließen die Burg durch den einzigen Zugang, über die Zugbrücke, und schritten, anfangs schweigend, einen verwachsenen Pfad hinan, der in eine Wildnis von dornigen Dickichten führte.

»Man sagte mir, es sei nicht ungefährlich, hier allein umherzustreifen«, eröffnete ich das Gespräch.

Der Kirchenmann, kleiner als ich und ziemlich feist, sah mich spöttisch von unten herauf an. Seine für gewöhnlich blinzelnden Augen verengten sich zu einem unvermutet scharfen Blick.

»Euch geht der Ruf voraus, absolut furchtlos zu sein. Don Anselmo! Wart nicht Ihr es, der Kaiser Otto zur Auslieferung der Reichsinsignien gezwungen hat?«

»Bewogen, Monsignore! Bewogen...«

»Worte...« murmelte er verächtlich. »Nur Tatsachen zählen, Don Anselmo! Man rätselt in Rom, welchen Auftrag Ihr hier zu erfüllen habt. Ihr seid unter Bedeckung des Conte di Savoya gereist, höre ich... Warum?«

»Es ergab sich so...«

»Nichts ergibt sich von selbst«, entgegnete Monsignore Guillano nachsichtig. »Gottes Wille formt den Menschen; der Mensch bewirkt die Dinge. Ich vermute, Ihr werbt auch hier für Euren Herrn?« Das klang schon drohend.

»Ich führte Don Filippo seine Gemahlin zu...«

Monsignore geruhte zu lachen: »Gut gemeint von Herrn Friedrich – so stellt Ihr es doch dar? Ob er jedoch sehr glücklich darüber ist...«

»Wollt Ihr damit andeuten, der Conte de' Ricci lege keinen Wert auf die Heimkunft seiner Gemahlin?«

»Legt mir nichts dergleichen in den Mund, Don Anselmo! Nur mein' ich, Montajone sei für Donna Julia kaum der rechte Ort. Auch nicht für Euch...« setzte er leise hinzu.

Ich blickte über die Schulter und sah die ranke Gestalt des Sarazenen, der uns mit seinen gleitenden Tigerschritten von ferne folgte. Was fiel Ibn Dawud ein? Bespitzelte er mich? Ach nein, gewiß nicht; seine Ergebenheit duldete keinen Zweifel. Mir wurde bewußt, daß die Reden des Geistlichen einen bestimmten Zweck nicht erkennen ließen. Wozu dann dieser Gang? Was beabsichtigte er? Ihm, als dem Legaten der Kurie, mußte daran liegen, einen Abfall der Toskaner von der

päpstlichen Sache zu verhindern; und wenn er mich für einen Emissär des Königs hielt, dann ...
Zur Seite, zwischen dichtem Gesträuch, flogen Vögel auf. Ich hörte Zweige knacken und rascheln. Meine Hand zuckte nach der Waffe. Und schon brachen drei oder vier zerlumpte Strolche aus den Büschen hervor. Ich sah Messer blinken. Monsignore Guillano hob das goldene Kreuz, das er am Halse trug. Man mochte die Geste als einen Beschwichtigungsversuch auffassen oder auch als Ermutigung der Banditen. Mir blieb keine Zeit, darüber nachzudenken.
Sie stießen den Priester beiseite, umringten mich. Mit dem Schwert einen blitzenden Kreis schlagend, hielt ich mir die Messer vom Leib, während der Geistliche niederkniete und Gebete murmelte, sofern es nicht Verwünschungen waren. Hier fehlte mir eine schützende Felsenwand im Rücken, wie jene damals im Ockertal. Und so wäre es mir diesmal wohl an den Kragen gegangen; aber – Ibn Dawud war zur Stelle. Mit langen Sätzen, so lautlos und behende wie ein Leopard, brach er durch das Gestrüpp. Und ehe man Amen sagen kann, hatte er zwei der Mordbuben hingestreckt. Den dritten erledigte ich selber. Der vierte warf sich vor mir auf die Knie und bat um sein Leben.
»Erschlagt ihn! Erschlagt ihn!« keuchte der Prälat.
»Keineswegs, Monsignore!« entgegnete ich barsch. »Den Kerl brauchen wir noch. Er soll gestehen, wer hinter dem Anschlag steckt.«
Ich bedankte mich bei dem Sarazenen. Ein warmes Lächeln erhellte für Augenblicke sein finsteres Gesicht. Wortlos deutete er mit seiner von Blut triefenden Klinge auf den Geistlichen.
Mit einem Kopfschütteln wehrte ich ihm: »Auch den brauchen wir, ya Chuan! Der Überfall geschah nicht von ungefähr.«
Ibn Dawud nickte und wischte sein Messer an einem Grasbüschel ab. »Jedenfalls weißt du jetzt, woran wir sind.«
Als wir die Halle betraten, nahm ich wahr, daß die Gespräche unvermittelt abbrachen, aller Augen sich auf mich richteten und Don Filippo zusammenzuckte. Er kam mit halb ausgebreiteten Armen auf mich zu, rief übertrieben herzlich: »Wir machten uns Sorge um Euch, Don Anselmo! Unser Volk hier ist roh, ungebärdig, auf Raub und Gewalttat aus. Ihr habt Euch leichtfertig in Gefahr begeben.«
An meiner Statt antwortete Jörg, zornrot, jedoch mit bedrohlicher Gelassenheit: »Der Leichtsinn, Don Filippo, ist bei Euren eigenen Leuten!« Er deutete auf meinen mit Blut befleckten Rock und dann

nach dem Fenster: »Dort draußen sah ich den Mann, den mein Herr gefangen hat. Don Anselmo weiß, wie man mit Meuchlern verfährt. Doch glaubt mir, bei Gott und allen Heiligen, wär' ihm Arges geschehen, nicht eine Seele in Eurem Rattenloch hätte den morgigen Tag erlebt...« Dabei schlug er an sein Schwert und sah so wüterig aus, daß manche der Herren erblaßten.

Ich schlug vor, den Gefangenen peinlich zu befragen und ihn danach ohne Umstände aufzuknüpfen.

»Ist schon geschehen«, meldete Don Giovanni, der soeben eingetreten war und sich nun die blutleeren, jetzt schweißfeuchten Hände rieb. Vom Hof her ertönte vielstimmiges Jubelgeschrei. Den guten Leuten schien die Exekution ja wirklich Spaß zu machen.

»Wozu die Eile?« erzürnte ich mich. »Wir hätten...«

Ein Geständnis sei nicht zu erlangen gewesen, lispelte der lebende Leichnam. Erforderlich sei es nicht. Es handele sich ja offenkundig um ganz gewöhnliche Räuber.

Der Conte lächelte mit schmalen Lippen: »Schnelle Justiz, Don Anselmo! Ihr solltet zufrieden sein. Man hält bei uns wenig von geschriebenem Recht und Advokatengeschwätz. Verräter, Raubgesellen und dergleichen Pack – bei uns werden die ohne viel Federlesens gehenkt.«

»Bei mir daheim nicht«, fiel ich ihm ins Wort. »Wenn König Friedrich erst Herr des Reiches ist, wird man sich auch bei Euch an Gesetz und Halsgerichtsordnung halten müssen. Jeder Mensch, selbst der verworfenste, hat Anspruch auf Untersuchung und gerechte Beurteilung seiner Tat. So hat's mein Vater sein Leben lang gehalten. Und in diesem Fall dünkt mich...

»Euer Vater–?« rief de' Ricci, sichtlich erleichtert, das Thema wechseln zu können. »Euren Vater, Herrn Rainold, den hab' ich gut gekannt. Ein frommer Christ, ein ehrenwerter Mann! Herr Otto hielt große Stücke auf ihn, als ich am Welfenhof weilte...«

»Ah, ja–!« Nur mühsam brachte ich die Worte hervor: »Ja, also – zu Braunschweig habt Ihr Euch aufgehalten?«

»Aber gewiß doch, Don Anselmo! Fast über ein Jahr... Es war zu der Zeit, da Papst Innozenz den König von England mit dem Bannfluch strafte. Ich brauchte des Kaisers Bestätigung für mein Lehen. Aber – was ist Euch? Ihr erbleicht... Hat Euch der Bandit verletzt?«

»Nein, nein...« Ich rang nach Atem. Der Saal mit den vielen Menschen verschwamm mir vor den Augen; unter meinen Füßen schien der Boden zu schwanken. Ich rechnete nach: Das mußte anno zwölfhundertfünf gewesen sein und – es stimmte. Das Kästlein mit den Rosen glühte förmlich auf meiner Brust. Unter äußerster Anspannung meines Willens bezwang ich den Wunsch, das Medaillon hervorzuziehen, es dem Conte ins Gesicht zu schleudern, ihm meine Klinge durch den Leib zu rennen. Mir gelang ein Lächeln. Freilich war es kaum lieblicher als ein Zähnefletschen.

»Nein, nichts, Don Filippo! Ich dachte nur an Herrn Otto, und wie er so traurig geendet hat, verlassen von allen Vasallen und falschen Freunden.«

»Aber in Frieden mit dem Heiligen Vater, nicht wahr?« Hätt' er doch nur der Kirche die Treue bewahrt, sein Wort nicht gebrochen ... Und was die Treue betrifft, war er nicht Lehnsherr auch der Kahlenberger, Don Anselmo? Nun ja – König Friedrich ist der neue Stern, dem die Klugen folgen ...«

»Und Ihr, Don Filippo?«

»Ich–? Was meint Ihr? Ich bin der Kirche ein loyaler Sohn; in meinem Herzen ist kein Platz für Verrat.«

»Auch an jenen nicht, die Euch vertraut haben? Denkt einmal nach. Erinnert Euch ... Ihr habt meines Vaters Haus besucht?«

»Burg Kahlenberg? Nein, nie! Ich versteh' Euch nicht.«

Er verstand mich recht gut; sein Gesicht verriet ihn – bleich wie Linnen. Er starrte mich an. »Nein, wirklich nicht!« wiederholte er tonlos.

Ich nahm ihn beim Arm, führte ihn in eines der leeren Gemächer, durch dessen Fenster ein greller Sonnenstrahl fiel und wie ein Messer die Schatten zerschnitt. Er sah mir schwer atmend zu, wie ich Wams und Hemd öffnete und ihm das Medaillon vor die Augen hielt. Es blitzte und funkelte im Sonnenlicht. Ich ließ es aufspringen und hielt es so, daß er die Miniaturen darin deutlich zu sehen vermochte. Ein ächzender Laut entrang sich ihm. Er trat zurück.

»Ein schönes Bildnis von Euch; sehr ähnlich, findet Ihr nicht? Habt Ihr Euch niemals gefragt, was aus Eurem Kinde geworden ist?«

»Still!« zischte er, rasch gefaßt. »Schweigt! Bei der heiligen Gottesmutter, kein Wort! Kein Sterbenswort zu anderen!«

Weiß Gott, er schien nicht übel Lust zu haben, mich auf der Stelle umzubringen. Ich war jedoch auf der Hut. Außerdem sah ich, an ihm vorbeiblickend, Ibn Dawud in der Türöffnung stehen, gespannt wie eine Bogensehne, die Hand am Messergriff.

Ich sagte sehr ernst: »Sahet Ihr nie die Scharen elender Kinder in den stinkenden Gassen von Köln, von Florenz, von Frankonofurd, hungernd, zerlumpt, blaugefroren im Winter, im Sommer von Fliegen und Krätze bedeckt, ihr Leben aus dem Abfall der Gosse fristend, gleich herrenlosen Hunden in irgendeinem Winkel verreckend? Und das, weil sie von Vater und Mutter verlassen wurden, weil in den Augenblicken sündiger Lust keiner der Frucht gedenkt, die unter Qualen fault und im Elend verkommen muß. Was glaubt Ihr, wie urteilt das Volk, wie urteilen Priester, Edle und Fürsten, nähme einer ein solches Kind bei der Hand, ginge auf den Markt und sagte, es sei das Eurige?«

Die Augen mit der Hand bedeckend, murmelte er: »Das wagt Ihr nicht! Das wäre Verrat...«

Blitzartig kam mir ein Gedanke, ein Plan; ich wußte miteins, was ich zu sagen hatte, was sich erreichen ließ.

»Verrat am Verräter – pah! Aber tröstet Euch, Don Filippo, Freunde verraten einander nicht, zumal das Unrecht sich gutmachen läßt. Bei Euch liegt es, Don Filippo, ob wir Freunde werden. Überlegt in Ruhe, auf welcher Seite Ihr Euren Vorteil findet... Könnt Ihr Honorius vertrauen? Oder der Kurie überhaupt? Oder Leuten wie dem Prälaten Guillano, von dem ich glaube, daß er den Anschlag gegen mich ausgeheckt hat? Bedenkt was daraus für euch hätte entstehen können... Nun wohl, ich hörte, Ihr habt schweres Geld an den Apostolischen Stuhl zu zahlen... Wofür? Was handelt Ihr anderes dafür ein als leere Versprechungen und Segenssprüche?

Mein Herr, der König, indes hält unverbrüchlich, was er gelobt hat. Er wird...« Und ich enthüllte ihm in großen Zügen das Konzept der Reichsidee und auf welche Weise Friedrich Roger sie zu verwirklichen gedachte. Am Ende fragte ich beiläufig: »Ihr habt Eure Gemahlin noch nicht gesprochen?«

Er schreckte aus tiefem Grübeln auf: »Gottes Trost! Das ist wahrlich kein guter Dienst, den mir Seine Majestät da erwiesen hat. Donna Julia – hm! Was soll ich mit ihr? Sie ist... Na, sagen wir – eigenwillig. Mit der Geistlichkeit steht sie auf gespanntem Fuß. Ihr werdet bemerkt haben, daß sie sich über Christenlehre und Kirche eigene Gedanken macht? Und – was schlimmer ist – sie spricht ihre Meinung offen aus. Ihr müßt wissen, sie stammt aus den Bergen; ein Kind dieses Landes ist

sie, Kind eines seltsamen Volkes, von dem man nur noch wenig weiß; für mich ein Klotz am Bein, eine fortdauernde Gefährdung.«
»Gedenkt Ihr Euch von Donna Julia zu trennen?«
Er preßte die Lippen zu einem Strich. Die Augen blitzten auf in loderndem Haß, jedoch das Feuer erlosch. »Wie kommt Ihr zu solcher Frage, Don Anselmo? Was gibt Euch das Recht...« Er bezwang sich. »Nun ja, Ihr kennt sie vermutlich besser als ich. Sie ist... Die Leute sagen... Ach, erklären läßt sich's ganz einfach nicht. Sie ist anders... Man versteht sie nicht. Papst Innozenz war es, der mir diese Ehe aufgezwungen hat. Er wollte im Tuskerland Einfluß gewinnen. Honorius weigert sich nun – wohl aus gleichem Grund –, das Eheverhältnis aufzulösen. Sie ist für ihn von beträchtlichem Wert. Das Volk hier hält sie nämlich für eine Turana.«
»Turana?« Das Wort hatte ich noch im Ohr; im Gesang der braunen Männer war es häufig aufgeklungen.
»Turana – ja, Herrin! Aber es bedeutet mehr, viel mehr, nämlich Gebieterin über Tod und Leben gewöhnlicher Sterblicher, über Wolken und Winde, Feuer und Wasserflut, Erdgeister und Dämonen; Bewahrerin des Ackers und der Fruchtbarkeit, Beschützerin der Liebenden... Unsterblich sei eine Turana, heißt es. Vergeht auch ihr Leib, so kehrt sie doch immer wieder in neuer Gestalt. Monsignore Guillano in seiner Einfalt spricht von Hexenwesen und Zauberspuk, aber...« Er zuckte die Achseln, seufzte: »Ach, wäre sie doch bei Hofe geblieben. Auch Euch hat sie – scheint mir – mit ihrer Magie umgarnt.«
Blut stieg mit heiß in die Wangen. Voller Ärger unterbrach ich ihn: »Und wie steht's nun mit der Mutter Eures Kindes? Wollt Ihr nicht versuchen, das Unrecht an ihm gutzumachen, indem Ihr ihm Euren Namen gebt und die Rechte hoher Geburt?« Mir kam es vor allem darauf an, den Namen der Frau zu erfahren, die Liesel zur Welt gebracht hatte. Es mußte sich bei ihr um eine sehr vornehme, sehr hochgestellte Dame handeln. Er ließ sich jedoch nicht fangen.
»Hört mir gut zu, Don Anselmo! Vielleicht geh' ich auf Eure Anregung ein – vielleicht! Euer Teil des Paktes wäre Verschwiegenheit – Verschwiegenheit in jedem Betracht. Vernichtet das Medaillon. Nie darf ein Weib, wie darin abgebildet, für mich existiert haben. Ihr wißt nicht, wovon Ihr redet, was Ihr von mir verlangt. Es gibt kein Kind meines Namens, wenigstens vorläufig nicht... Habt Ihr das verstanden?«

Schon im Fortgehen, wandte er sich noch einmal nach mir um: »Knabe oder Mädchen, Don Anselmo?«
»Mädchen –!«
»Und – wie schaut es aus?«
Den Kopf geneigt, lauschte er meiner begeisterten Schilderung, seufzte zum anderen Mal und enteilte, an Ibn Dawud vorüber, den er gar nicht zu bemerken schien.
»Allahu akbar!« brummte der, nachdem die Schritte des Conte verhallt waren. »Der Allbarmherzige stehe uns bei! Keinen Pfifferling geb' ich für dein Leben, ya Sid, solange wir hier verweilen. Gegen Gift und Dolch kann ich dich schützen – vielleicht, nicht gegen Dämonen und Zauberei.«
Ich überspielte meine Betroffenheit mit unbekümmertem Lachen. »Mein Zauber ist stärker, ya Chuan! Sorge dich nicht.« Eine ganz sonderbare Empfindung beschlich mich, ein beglückendes Gefühl von Stärke, von Überlegenheit, so als stäke ich in einem Panzer von unzerbrechlichem Glas, unberührbar durch den Schmutz und das Gift dieser Welt.

25.

Von der Höhe des Bergfrieds sah ich mit gemischten Gefühlen zu, wie das Gefolge de' Riccis sich zum Aufbruch rüstete. In den vergangenen Tagen hatte ich mich daran gewöhnt, früh – sobald der Morgen graute und das Leben im Burghof sich zu regen begann – den Turm zu ersteigen. Im Augenblick, da die Sonne sich über die Hügel und Berge erhob, belebte das in grauer Öde schlafende Land sich mit braunen, gelben und leuchtend grünen Farbtönen. Da und dort schoben frisch umbrochene Äcker, Wiesen oder Weingärten sich zwischen das dunklere Grün der Olivenhaine, Pinienwälder und Dornendickichte. Man sah die gekalkten Lehmmauern eines Weilers oder Gehöftes im Dunst der Ferne auf einer Kuppe liegen oder eine Gruppe trauernder Zypressen deutete auf einen Camposanto hin. Das obere Arnotal sei ein wahrer Garten Eden mit Orangen- und Zitronenpflanzungen, Feigenbäumen, Rebstöcken und fruchtbaren Feldern, hatte Don Giovanni gerühmt. Ich hatte vorgehabt, den Conte nach Florenz zu begleiten, allein – der Mensch denkt, Gott lenkt. Es war ganz anders gekommen. Eine Woche etwa hatte Don Filippo mit dem Einziehen von Pachtzin-

sen und Steuern verbracht; seine Trabanten lagen unterdessen auf der faulen Haut und langweilten sich gewiß nicht weniger als ich. Mein Auftrag war ja erledigt. Gar zu gern häte ich das schöne, volkreiche Florenz mit seinen prachtvollen Palästen und Kirchen aufgesucht, und danach Rom. Der Conte riet mir davon ab. »Noch–« gab er mir zu bedenken, »ist Euer Herr und König nicht im Besitz der Reichsgewalt. Er hat hier nicht wenige Feinde...« Dabei blinzelte er bezeichnend zu Monsignore Guillano hinüber, der, mit einigen anderen Schwarzröcken tuschelnd, in einer Ecke stand. »Und Friedrichs Feinde sind auch Ihre Feinde, Don Anselmo! Ihr habt es erfahren. Man wird Euch zu Rom beileibe nicht offen behelligen; aber an Schurken, die sich für einen Judaslohn die Hände beflecken, herrscht gewiß kein Mangel. In Florenz wiederum wäre mir Eure Anwesenheit gegenwärtig höchst unlieb, die Ursache bedrohlicher Mutmaßungen und Verdächtigungen.
Wenn Ihr meinem Rat folgen wollt, so haltet Euch hier in Rocca Montajone auf, bis König Friedrich sein Hoflager auf den Ronkalischen Feldern bei Piacenza bezogen hat. Vielleicht...« und er hob bedeutungsvoll die Brauen, »vielleicht, sag' ich – so Gott will, reiten wir miteinander dorthin; ich habe mir Eure Argumente durch den Kopf gehen lassen. Freilich, niemand darf das Geringste davon ahnen, ehe die Zeit reif dafür ist. Das seht Ihr wohl ein? Nun denn – Ihr würdet mir einen Gefallen erweisen, indem Ihr meiner Gemahlin Gesellschaft leistet und den Schutz der Burg übernehmt. Ich gebe Euch völlig freie Hand – in allem; wie immer Ihr das auslegen mögt. Mir wär' es eine Beruhigung, eine Anzahl so tapferer, vertrauenswürdiger Männer im Kastell zu wissen. Im Lande wimmelt es von Räuberhorden. Und niemals weiß man, wieweit man den Tuskern trauen darf.«
Don Filippos Ansinnen hatte mich in nicht geringe Bestürzung versetzt – nicht zuletzt die Bemerkung: »freie Hand – in allem«. Wie war das gemeint? Sicherlich waren ihm meine Beziehungen zu Donna Julia nicht unbekannt geblieben. Begreiflich, wenn er mich aus dem Weg haben wollte, ohne doch meine Fürsprache bei König Friedrich einzubüßen. War der Preis, den dafür zu zahlen er bereit schien, etwa sein Weib? Der Gedanke an Julia bereitete mir Unbehagen. Ich argwöhnte, auch ich sei nur einer unter den vielen, die sie für ihre Zwecke zu nutzen wußte. Andererseits hatte ich mir auf Grund

meiner Erfahrungen einen gewissen Zynismus zugelegt. Je fester ich den Conte an mich band, desto besser für König Friedrichs Pläne.
Die Reiter drunten im Hof waren bereits aufgesessen. Ich begab mich hinab in die Halle. Hier fand ich den Conte, Donna Julia, Monsignore Guillano und Don Giovanni. Don Filippo schaute Julia finster brütend an. Gerade, als ich zu ihnen trat, sagte er in einem Ton, der keinen Widerspruch duldete: »Ihr habt ihm Gehorsam zu leisten, ganz gleich, was er verlangt! Von Stund an ist er mein Vogt, Herr über das Kastell und alles, was darinnen ist.« Als er mich erblickte, zog er mich an sich, umarmte mich und raunte mir zu: »Ich setzte Vertrauen in Euch, Don Anselmo! Vertraut auch mir, selbst wenn Euch das unter Umständen hart ankommen mag. Ich weiß, was Ihr auf Euch nehmt. Gehabt Euch wohl!«
Ich sah sie aus dem Tor und über die Zugbrücke reiten, die sogleich hinter ihnen aufgezogen wurde. Julia und Don Giovanni erwarteten mich in der Halle. Julia sank mir ohne weiteres in die Arme. Ihr machte es offenbar gar nichts aus, wer zugegen war und was man von ihrem Betragen halten mochte. Don Giovanni jedenfalls, kalkweiß im Gesicht, starrte uns wie Erscheinungen an. Auch ich erblickte ein Gespenst – Donna Desdemona nämlich. Umhüllt von ihrer unvermeidlichen schwarzen Mantille stand sie in der dunklen Türöffnung und beobachtete uns stumm, ein boshaftes Funkeln in den Augen.
Glücklicherweise kam Jörg eben jetzt vom Hof herein. Er fragte, was mit den Rossen zu geschehen habe; sie müßten bewegt werden. Ich löste mich verlegen aus Julias Umklammerung und ordnete an, jeweils die Hälfte meiner kleinen Truppe solle für ein paar Stunden unter seinem Kommando ausreiten und die Umgegend erkunden. Dann ließ ich die tuskischen Burgleute zusammenrufen. Don Giovanni verkündete, ich sei jetzt hier der Herr; sie hätten mir – und nur mir zu gehorchen.
Allem Anschein nach nahmen die braunen Männer dies mit Genugtuung auf. Mehrere Male wiederholte sich in ihren, mir sonst unverständlichen Reden das Wort »Tin«, womit wohl ich gemeint war, weil sie dabei ehrfürchtige Blicke auf mich richteten. Ich wunderte mich nicht wenig, als Don Giovanni mir dann später erklärte, was es damit auf sich hatte. Tin – das war, wenn ich sein Gestammel richtig verstand, eine vom Himmel herabkommende geistige Potenz, als solche unvergänglich, die sich stets aufs neue in tüchtigen Männern zu

verkörpern pflegt, um für Recht und Gerechtigkeit in dieser unvollkommenen Welt einzutreten. In der Bronzefigur des den Dreizack schwingenden Jünglings, die in der Halle stand, war sie symbolisch dargestellt.

»Geschwätz!« herrschte ich den wie Espenlaub zitternden lebenden Leichnam an. »Alberner Aberglaube! Ich – ein Tin? Ein deutscher Ritter bin ich, nicht mehr, nicht weniger – merkt Euch das!«

Aber dann konnte ich doch nicht umhin, mein erzenes Abbild mit einiger Befriedigung zu betrachten.

Die wenigen Tage der Ruhe und des ungetrübten Behagens nahmen mit dem Eintreffen eines gewissen Fra Paolo Costa ein Ende. Ich hatte meine Männer im Palas einquartiert, der größeren Sicherheit wegen. Hier ergaben sie sich dem süßen Nichtstun, taten sich an de' Riccis Wein, der in den Kellergewölben lagerte, gütlich, schäkerten nach Herzenslust mit den reizenden Töchtern des Landes herum, die – weiß der Teufel, wie – ins Kastell eingedrungen waren, und taten nach Kräften das ihrige, die Bevölkerung der Toskana zu vermehren.

Die Nächte gehörten Julia und mir. Wenn sie eine Turana war, so war ich ein Tin. Und die Gefahr bestand durchaus, daß ein neues Göttergeschlecht sich daraus entwickeln werde.

Dann, eines Morgens, begehrte ein Geistlicher Einlaß in die Burg. Don Giovanni, vor Bestürzung noch bleicher als sonst, trat oder vielmehr stolperte an das Lager, auf dem Julia und ich nach einer ermüdenden Liebesnacht noch ruhten. »Herrin, Fra Paolo steht vor dem Tor!«

»Mein Beichtiger; mein Herzensfreund!« Sie entwand sich hastig meinen Armen und streckte und reckte ihren schönen, geschmeidigen Leib wie eine gesättigte Katze. »Laßt ihn nur ja sogleich ein!«

Mich beschlich eine Ahnung von nahendem Unheil. Dabei hatte ich diesen vorgeblichen Pfaffen, den man hier hinter der Hand Fra Diavolo nannte, bisher weder gesehen, noch hatte ich von ihm reden hören. Julias leidenschaftliche Begeisterung über seine Ankunft verursachte mir ein ungutes Kribbeln in den Eingeweiden. Wozu benötigt eine Turana einen Beichtvater? Daß sie eine ausgepichte Ketzerin war, hatte ich längst durchschaut. Und ohne die freisinnigen Lehren, die mir Herr Roger, der katharsische Klausner, in meiner Kindheit hatte zuteil werden lassen, wär ich sicherlich von Gewissensnöten gepeinigt worden.

»Laßt ihn draußen!« gebot ich scharf. »Wir kommen recht gut ohne Priester und kirchlichen Segen aus.«
Der lebende Leichnam drehte und wand sich wie ein getretener Wurm: »Ihr versteht nicht, Don Anselmo! Ihr müßt wissen, Fra Paolo ist ein bedeutender Mann, ein Heiliger, ein...«
»Schweigt! Bei allen Göttern – schweigt!« zeterte Julia, indem ihr engelhaft sanftes Gesicht sich zu einer Grimasse ungezügelten Zornes verzerrte. Sie erschien mir so fremd in dem Augenblick, ja geradezu abstoßend, daß mich fröstelte.
Ohne mich auch nur eines Wortes oder Blickes zu würdigen, schlüpfte sie in ihr Gewand und enteilte. Gleich darauf hörte ich die Ketten der Zugbrücke rasseln. Mir war, als habe eine unsichtbare Macht mich jeglicher Entschlußkraft beraubt. Verstört blickte ich um mich. Da waren das zerwühlte Bett mit verschwitzten, schmutzigen Laken, Speisereste, ein umgestürzter Tonkrug, aus dem Wein auf die Fliesen geflossen war; Trinkschalen und Scherben lagen zwischen umhergestreuten Kleidungsstücken, Haufen von Abfällen in den Ecken. Die mit Eisen beschlagene Truhe, in der ich mein Geld sowie wichtige Dokumente verwahrte, stand zur Hälfte offen. Mein Schwert, dicht daneben hingeworfen, die mir so teure Waffe meiner Altvorderen, wies häßliche Rostflecken auf.
Zornig, beschämt, gänzlich ernüchtert, wozu mein brummender Schädel nicht wenig beitrug, kleidete ich mich an, sorgsamer als in den jüngst vergangenen Tagen; dann begab ich mich nach unten in die Halle.
Hier fand ich diesen Fra Paolo. Er stand neben Julia – zu dicht für meinen Geschmack. Im ersten Moment erstarrte ich beinahe vor Verblüffung, glaubte ich doch, mir selbst gegenüberzustehen. Er sah mir auf eine verzerrende Weise erschreckend ähnlich, ungeachtet der schwarzen Haare und der zerschlissenen Soutane. Bei näherem Zusehen freilich entdeckte ich Unterschiede – die Schmuddeligkeit von Leib und Haar, den verschlagenen, boshaft lüsternen Ausdruck seiner dunklen Augen, eine widrige Verlebtheit seiner Züge und ein zynisches Zucken um den wulstigen Mund. Ich empfand Abscheu diesem Kerl gegenüber, ohne mir zunächst über die Ursachen klar zu werden. Unter spöttischem Lächeln bekreuzigte er sich und mich.
»Gott segne Euch, Don Anselmo, für all Eure Mühe und Sorge um mein liebes Beichtkind, das in kindlich reiner Vertrauensseligkeit nur

gar zu leicht Anfechtungen erliegt.« Er schenkte dem lieben Beichtkind einen hämischen Blick. »Aber was tut's, Don Anselmo? Die Gnade des Herrn leuchtet einem jeden Sünder, der aufrichtig bereut. Verlangt Euch danach, so will ich gern auch Eure Beichte hören ...«
Blanker Hohn! In mir kochte es. Dieser unverschämte Flegel! Nicht älter als ich ... Das könnte ihm so passen! Erst Julias Enthüllungen, dann meine – und fortan würden wir Wachs in seinen Händen sein.
»Meine Sünden ...« entgegnete ich kalt, »sind eine Sache zwischen Gott und mir!«
»Hochmut kommt vor dem Fall«, bemerkte Paolo hochnäsig.
Danach machten er und Julia sich davon, Hand in Hand, beschwingten Schrittes wie ein Liebespaar auf Abwegen. Erst am folgenden Tag sah ich die beiden wieder.
Inzwischen erlitt ich einen neuen Schrecken. Spät in der Nacht weckten mich schwache Geräusche. Im Finstern nahm ich eine Gestalt wahr, die sich meinem Lager näherte – Donna Desdemona; ich erkannte sie an der Stimme.
»Still, Signore!« wispert sie. »Was ich Euch anvertrauen will, darf keiner hören. Euer Hauptmann wacht vor der Tür. Das muß ich Euch sagen: Paolo Costa ist kein Geweihter des Herrn. Ein Räuber ist's, ein Mordbube, ein Wegelagerer, ein Spitzel des Heiligen Stuhls. Jetzt gibt er vor, ein Eremit zu sein, haust in den Bergen, späht Reisende aus ... Die läßt er von seinen Spießgesellen überfallen, berauben, oftmals erschlagen ...«
»Woher wißt Ihr das? Könnt Ihr's beweisen?«
»Beweisen – ha!« Sie kicherte in sich hinein, so als habe ein Schwachsinniger die dümmste aller Fragen gestellt. »Wer kennt den Strolch nicht? Ich aber kenn' ihn besser als jeder andere, ist er doch Julias Gespiel aus Kindertagen. Fra Diavolo wird er hier heimlich genannt – Teufelsbruder! Und wahrlich, den Teufel hat er im Leib ...«
Ich erfuhr: Er hatte es auf der Universität zu Bologna (la dotta) bis zum Magister der Rechtsgelehrtheit gebracht. Dann hatte er mehrere hoch angesehene Doktoren verleumdet, erpreßt, einen seiner Kollegen erdolcht und war, als dies ruchbar wurde, in die Berge entwichen. Mit dem Beistand hochgestellter Gönner im Vatikan hatte er das Kommando über eine päpstliche Truppe erhalten, die sich sehr bald als Räuberhorde entpuppte. Nach einem Fußfall vor Seiner Heiligkeit und schamlosen Lügen war ihm Absolution erteilt worden und danach

büßte er angeblich seine Verfehlungen als armer Klausner in entlegener Bergeinsamkeit.

»Er ist's, der Donna Julia betört und geschändet hat, als sie noch Kind war. Ob Ihr's glaubt oder nicht, seither hängen sie aneinander wie die Kletten. Laßt Euch nicht täuschen, edler Herr! Beide sind voller Tücke. Viel arges Volk hat sich um Paolo geschart – Vaganten, Bettler, Spielleute, alle Arten von Halsabschneidern. Er späht die Gelegenheiten aus und seine Banditen stehlen, brennen, rauben, morden, daß man beten möchte, der Himmel solle einstürzen und sie erschlagen wie jene Rotte Korah ehedem. Zu ihm – und nur zu ihm, wollte Julia, als sie Seine Majestät König Friedrich bat, sie heimzusenden. Ich hoffte – nehmt's nicht übel, Herr –, über Euch werde die Schlampe, der ich dienen muß, jenen Satansbraten vergessen, da Ihr ihm ähnelt. Ich hab' mich geirrt.«

»Ha – ja, Signora, äußert schmeichelhaft!«

Ein wahrer Schierlingstrank! Ich fühlte mich erniedrigt, beschämt, entrüstet. All die vergeudeten Empfindungen, die nutzlosen Schmerzen, das vergebliche Werben ... Zwischen Unglauben und Entrüstung schwankend, knirschte ich: »Ihr wollt mich glauben machen, die Beiden würden auch ferner ...?«

»In dieser Minute, Herr! Aber – das ist's nicht allein. Sein Kommen gilt euch, gilt dem Kastell. Sein Anhang hat sich so sehr vermehrt, daß er nunmehr einen Rückhalt braucht, der sich verteidigen läßt. Welcher Ort wär' dafür besser geeignet als Montajone? Und welche Strafe müßte Paolo fürchten, wenn er dem Papst Euren Kopf zu Füßen legt?«

Was mir als erstes einfiel, war, den Schurken meine Klinge kosten zu lassen. Ich überlegte: Damit wäre die Eiterbeule jedoch nicht ausgebrannt. Zunächst mußte ich einiges mehr über die Räuberbanden wissen; sie konnten König Friedrich unter Umständen ernstlich zu schaffen machen. Jörg rief auf mein Geheiß Ibn Dawud herbei. Ich teilte ihnen das Vernommene mit. Danach begab ich mich, von Desdemona geführt, nach der versteckten Kemenate, wo Paolo und Julia in zärtlicher Umarmung beieinander lagen. Ich setzte dem Wicht die Spitze meines Schwertes auf die nackte Brust, jagte ihn, so wie er war, durch die Gänge des Palas, zum Tor hinaus und über die Brücke, die soeben für das zur Weide gehende Vieh herabgelassen worden war. Jörg trieb sein Maultier hinter ihm her und warf ihm Psalter und Soutane nach.

Kaum hatte der falsche Heilige sich um die Biegung des Weges verdrückt, schlüpfte auch Ibn Dawud hinaus. Obgleich das Gelände im Vorfeld der Burg völlig kahl, daher gut zu überblicken war, verschmolz sein Körper von einem Augenblick zum anderen so sehr mit Fels und Busch, als habe die Erde ihn in sich aufgesogen.
Julia kam mir in der Halle entgegen, nun nicht mehr königlich erhaben, sondern schmollend wie ein kleines Kind. »Du hast Fra Paolo und mich vollkommen falsch verstanden, lieber Anselm! Eifersucht ist eine ganz abscheuliche Eigenschaft; sie macht blind. Hättest du dich anständiger und gemäßigter betragen, anstatt dich wie ein betrunkener Roßbub aufzuführen, du würdest bemerkt haben, daß der fromme Mann, mein guter Beichtiger, für dessen Tugend ich meine ewige Seligkeit verpfänden würde, gewisse heilige Handlungen an mir vornahm, die Gott wohlgefällig sind und dazu bestimmt, den Menschen von seinen Sünden zu erlösen...«
»Wie... Was-?« stotterte ich verblüfft. »Heilige Handlungen-? Ich sah nur, daß der Mistkerl dir beigelegen hat. Freilich, in den Kopf will's mir nicht, was du an dem schmutzigen Gerippe findest.«
Sie legte ihre schmale, weiße Hand sachte auf meinen Arm.
»Liebster Anselm«, sagte sie vorwurfsvoll, »wie drückst du dich aus? Noch dazu einer vornehmen Dame gegenüber, die dir so manche unverdiente Gunst gewährt hat? Deines Benehmens wegen muß ich mich ja vor dem heiligen Eremiten schämen; das siehst du doch ein? Ich hoffe, du nimmst ihn in Ehren auf, sofern er zurückkehrt – was er gewißlich tun wird, denn stolz ist er nicht –, und dann bittest du ihn um Vergebung...«
»Auf offenem Feuer werd' ich ihn rösten, den Hundsfott!« schrie ich, auf das äußerste gereizt, und ließ Julia stehen. Mir war dabei schmerzhaft bewußt, wie sehr ich jegliches Maß verloren und daß ich mich in der Tat wie ein gemeiner Stallknecht benommen hatte. Das brachte mich aber nur noch mehr auf. Grimmig vor mich hin lachend, gedachte ich der Abschiedsworte Don Filippos, mit denen er angedeutet hatte, es werde mir vielleicht schwerfallen, sein Vertrauen zu rechtfertigen. Nur allzu wahr! Jedenfalls erwies seine so großzügig erscheinende Nachsicht sich nur als ein Geschenk, der alten Danaer würdig.
Nach dem Abendessen – Milchreis mit Hammelfleisch – begann ich mich plötzlich unwohl zu fühlen. Mein Kopf schmerzte. Schwindel erfaßte mich. Die Glieder zitterten. Schwarze Flecken und kreisende

Funken tanzten mir vor den Augen. Mit den Zähnen klappernd, während kalter Schweiß mir auf die Stirn trat, versuchte ich von der Bank aufzustehen, aber die Beine versagten den Dienst.
»Herr im Himmel! Was ist dir, Anselm?« Jörgs erschreckter Ausruf schien von weit her an mein Ohr zu dringen, obwohl er dicht neben mir stand.
»Gift!« Und Ibn Dawud, der darüber einiges wußte, war nicht zur Hand.
Der Raum schien sich um mich zu drehen. Die Wände neigten sich, flatterten wie Fahnentuch, wogten zurück, so als wären es Nebelgebilde. Und da löste nun auch Donna Desdemona sich aus dem Schatten, bald riesengroß erscheinend, bald winzig klein, bald dick, bald dünn, auseinanderfließend. Sie hielt einen Becher in der Hand, griente auf ihre unausstehliche Art – oder so kam es mir jedenfalls vor.
Eine Gänsehaut überlief mich, da ich sie auf mich zuschweben sah. Jörg umklammerte meine Arme; ich vermochte kein Glied zu rühren. Desdemona setzte mir einen Becher an die Lippen. Ich preßte die Zähne zusammen. Was half's? Sie brach mein Gebiß mit einer Messerklinge auf, schob mir ein Stück Holz zwischen die Zähne, bog mir den Kopf in den Nacken und ließ eine abscheulich schmeckende Flüssigkeit langsam in meine Gurgel rinnen. Ich schluckte verzweifelt. Mir wurde so übel wie nie zuvor im Leben. Schneidender Schmerz im Magen. Ich erbrach mich wieder und wieder. In meinem Kopf dröhnten Eisenhämmer. Ich würgte, spuckte, spie Reis und Hammelfleisch mitsamt einem ekligen graugrünen Auswurf auf die Fliesen. Nach und nach wurde mir leichter. Mein Blick klärte sich. Ich zitterte vor Kälte. Gleich einer zu Eis gefrorenen Haut klebte das Hemd mir am Leib.
Jörg hieß mich ein paar Schlucke Branntwein trinken.
»Was ... Was ist das? Teufel noch mal!« brachte ich schließlich hervor.
Donna Desdemona hielt mir, hämisch triumphierend, einen Zweig mit kleinen, runden, dunkelgrünen Blättern vor die tränenden Augen. Ich entsann mich, ausgedehnte Buschwälder dieser Pflanze in der Umgebung gesehen zu haben. »Wir nennen's Bux«, sagte sie unter boshaftem Lächeln. »Das Kraut schenkte Satan den Weibern, die ihrer Männer müde sind. Wie es unter dein Essen geraten ist, Herr – wer weiß?«
Zwei Tage verbrachte ich im Bett, zu matt, als daß ich mich um irgend etwas hätte kümmern können. Sämtliche Speisen ließ ich fortan von

einem der tuskischen Diener kosten, bevor ich sie zu mir nahm. Auch Friedrich Roger pflegte das zu tun; bisher hatte ich diese Maßnahme für irgendwie entwürdigend gehalten, nun aber sah ich ihre Notwendigkeit ein.

»Nein,«, grollte Jörg, »nein, Anselm, Bruderherz! Die Sache hier, die hab' ich mir ganz anders gedacht. Lustig dreinschlagen – ja! Viel Feind, viel Ehr'! Aber recht hast du, Anselm – mit dem Stroh im Kopf, bin ich doch viel zu dumm, es mit all den Vipern, Giftmischern, Grubengräbern, Gespenstern und vertrackten Pfaffen aufzunehmen. Wahrlich, du solltest den König, unseren edlen Gebieter, bei seiner ewigen Seligkeit beschwören, daß er den Staub dieses trügerischen Landes von den Füßen schüttele und jenseits der Berge bleibe, was ihm besser frommen wird. Gewiß, um kein Haar christlicher sind die Leut' da als hier, nur umgänglicher und viel zu bequem für tückische Ränke. Ach ja, Anselm, das hast du nun davon, daß du dich mit diesem Hexenweib eingelassen hast. Gewarnt hab' ich dich. Denk' an Ermin, der sagt nämlich: Wer in die Jauche springt, beschmutzt sich!«

Nur ein einziges Mal ließ Julia sich an meinem Krankenbett blicken. Sie tat so, als hätte ich ihr das größte Unrecht zugefügt, indem ich, gleichsam nur so aus Übermut, zerriebene Buchsbaumblätter zu mir genommen hätte: »Es ist nicht sehr lieb von dir, daß du alles, was dir vor Augen kommt, so gierig wie ein Esel verschlingst. Denkst du denn gar nicht an mich? Wärest du ins Himmelreich eingegangen, wovor Desdemona dich gerade noch bewahrt hat, der Conte würde ohne Zweifel mir die Schuld beigemessen haben, so böswillig und argwöhnisch, wie er ist. Dabei wußt' ich ja nicht einmal, daß dieses Kraut dem Menschen nicht bekommt. Gewiß hätte man mich als Giftmischerin oder gar als Maliarda verleumdet und zu Florenz auf dem Markt verbrannt. Das wolltest du doch wohl nicht, Anselm – oder?«

In mir tobte ohnmächtiger Zorn. Sie hatte ihr zartes Händchen im Kochtopf gehabt, davon war ich fest überzeugt. Allein, wo war der Beweis? Desdemona schwieg sich darüber aus. Und mit Gewalt ein Geständnis zu erzwingen, das widerstrebte mir.

Um die Abendstunde des dritten Tages stand plötzlich der Sarazene gleich einer Spukgestalt im Raum. Lautlos war er eingetreten, das Gesicht grauhäutig und zerfurcht, die Haut an Armen und Beinen von Dornen zerkratzt, ein müdes Lächeln auf den Lippen. »Auf, ya Sid, rüste dich! Sie kommen... Ein Pöbelhaufen; an die zweihundert

sind's ... Genau gezählt hab' ich sie nicht. Galgengelichter ... Hurenböcke ... Dieser Teufelsbraten führt sie an.«
Schneller als ein Reh hochgeht, war ich auf den Füßen.
»Na, und – was wollen Sie?«
»Dich wollen sie, und das Weib, und die Burg! Paolo hat ihnen weisgemacht, der Conte halte Truhen voller Gold in den Kellern versteckt. An dir, Herr, gedenkt er sein Mütchen zu kühlen. Davon versprechen die sich einen tollen Spaß. Was dein edles Hürchen betrifft, das hat er geködert, indem er's glauben gemacht, er handle mit Wissen und Willen Seiner Heiligkeit; der Conte sei ein Verräter an Kirche und Papst; auch er müsse beseitigt werden.«
Ibn Dawud berichtete des weiteren, wie er dem Räuberhauptmann gefolgt sei – fast einen Tagesmarsch weit. Zumeist hatte ihr Weg sie durch menschenleere Wildnis geführt. In entlegenen Weilern war Fra Paolo mit Jubel aufgenommen worden. Die bettelarmen Hirten sähen in ihm nicht nur den Rächer ihres Elends, den Künder künftiger Freiheit und Gerechtigkeit, sondern vor allem auch den Geweihten des Herrn. Der Schurke wisse sich solch frommer Glaubenstreue schlangenklug zu bedienen ...
Zuletzt war Ibn Dawud in eine Gegend gelangt, wo inmitten schwer zugänglicher Felsenlabyrinthe die Ruinen eines Klosters den Banditen als Unterschlupf dienten.
»An die zweihundert ...« wiederholte er. »Nein, genauer hab' ich sie nicht zählen können; da herrschte ein fortwährendes Kommen und Gehen. Bewaffnet und verpflegt werden sie von Kuratoren der Kurie ...«
Des ferneren berichtete er, wie es ihm geglückt sei, die Anführer zu belauschen und einiges über ihre Absichten zu erfahren. Er habe sich dann freilich, als sie sich anschickten, eine Art Truppenschau abzuhalten, schleunigst aus dem Staub machen müssen. Nur soviel habe er gehört: Rocca Montajone sei ihr nächstes Ziel.
Kein Zweifel! Von hier aus lassen die wichtigsten Handelsstraßen nach Pisa und Florenz im unteren Arnotal sich beherrschen, ebenso auch das Hügelland im Süden zwischen Siena und der Küste. Für König Friedrich mochte das dann ein schwer überwindliches Hindernis sein auf dem Wege nach Rom.
»Sie werden die Burg nicht nehmen«, gab ich mich zuversichtlich. »Sie können es nicht! Haben sie Rammböcke, Sturmleitern, Ballisten,

Katapulte? Nein! Und hätten sie dergleichen, wie brächten sie's hier herauf? Laßt sie nur kommen...«

Der Sarazene scharrte nachdenklich mit dem Fuß. »Da ist noch ein Häkchen an der Sache, ya Sid! Ich hab' nicht verstanden, um was es geht. Sie steckten die Köpfe zusammen; Paoalo flüsterte mit ihnen, bewegte schlängelnd den Arm. Da lachten und johlten sie wie toll – siegesgewiß, möcht' ich sagen, schlugen ihn auf die Schulter, rieben sich die Hände, schworen, die Stimmen erhebend, dir, Herr, würden sie bei lebendigem Leib das Fell über die Ohren ziehen...«

Mich überlief ein Frösteln. Jegliche Grausamkeit traute ich den Mordbuben zu. Aber anmerken ließ ich mir nichts. Ich zuckte die Achseln: »Damit hat's ja noch gute Weile! Nur – was, zum Henker, was mögen sie noch gegen uns im Schilde führen?«

Jörg, nachdem er all das vernommen hatte, traf seine Vorkehrungen mit größter Entschlossenheit. Er ließ Vorräte an Stroh und Heu für die Tiere requirieren, schwere Steine auf die Dächer schaffen, Kessel mit Öl und Pech bereitstellen. Die Waffenkammer wurde geöffnet, jedes Schwert, jeder Dolch, jede Lanzenspitze geschärft. Der Wasserstand in der Zisterne wurde überprüft.

Im freien Feld vermochten wir, unserer geringen Zahl wegen, dem Gegner nicht die Stirn zu bieten. Andererseits mußte es den Strolchen unmöglich sein, das Kastell im Sturm zu nehmen. Zu hoch und zu steil waren die Felsenwände, auf denen es stand, zu fest die Mauern. Und doch schien Paolo Costa eine schwache Stelle zu kennen, wie ich der Schilderung Ibn Dawuds entnahm. Nein, Sorgen machte ich mir vorläufig nicht. Der Sicherheit halber entsandte ich aber doch einen Boten an den Conte nach Florenz.

»Nimm's mir nicht krumm, Anselm!« Jörg streifte sich den Schweiß mit der flachen Hand von der Stirn. »Du hättest dem Raben ja doch den Hals langziehen sollen, als wir ihn hatten. Was unser Heide da faselte, gefällt mir nicht – nein! Im Kampf Mann gegen Mann, ja – da bin ich weder Narr noch Hasenfuß, wie du zugeben mußt. Aber Ermin sagt: Hüte dich vor dem Feind unter dem eigenen Dach! Bist du sicher, daß deine Hexe uns nicht Verderben sinnt?«

26.

Ein mächtiges Feuer loderte auf dem Platz vor der Brücke. Zerlumpte Kerle sägten und hämmerten Latten zurecht, die von ihren Gesellen herbeigeschleppt wurden. Schon hatten sie aus Zweigen zwei große Schutzschilde geflochten, von denen gedeckt, vier oder gar sechs Angreifer bis dicht unter die Mauer vordringen mochten. Baumstämme, die wohl als Widder zum Zertrümmern des Tors dienen sollten, lagen zuhauf. Unter Gelächter und Kreischen und lose Reden führend, tänzelten Weiber zwischen den Arbeitenden herum und versorgten sie mit Trinkwasser und Wein und Brot und Fleisch, das sie, auf Äste gespießt, am Feuer brieten; vermutlich stammte es von den Rindern und Schafen des Conte. Sogar Kinder sah ich in dem Gewimmel.

Wir standen auf dem Dach über dem Tor – Jörg, Ibn Dawud, Don Giovanni und ich. Der Lärm, die flackernden Flammen, die, nur einen engen Umkreis erhellend, die Nacht noch dunkler erscheinen ließen, das zackige Felsengewirr, wie es gleich Drachenzähnen aus dem finsteren Abgrund der Schluchten emporwuchs, und die ernsten, in ihrer Zeitverlorenheit gelassen dastehenden Zypressen – all das mutete mich wie eine Szene aus dem Walpurgisnachttreiben auf dem Blocksberg an. So etwa hatte ich's mir stets vorgestellt, wenn die Mägde beim Spinnen darüber raunten.

Jörg grinste auf seine selbstgewisse Art, die mich stets aufs neue reizte: »Sieh' mal an, was die edlen Räuber da machen ... Sturmleitern – daß Gott erbarm! Als ob sie jemals damit zu uns heraufkämen ... Und was soll der Widder? Die Brücke ist aufgezogen. Wie wollen die wohl bis ans Tor gelangen?«

Ein Pfeil, von kundiger Hand gezielt, klatschte neben dem Kämmerer auf die Dachplatten. Der lebende Leichnam quietschte vor Schreck wie ein Ferkel, sprang beiseite und sank zu Boden, so als sei er getroffen worden.

»Steht auf Signor!« ließ ich ihn unwirsch an. »Ihr tut ja, als hättet ihr nie im Leben das Schwirren eines Pfeiles gehört. Macht Euch nützlich. Lest einmal vor – was steht auf dem Zettel geschrieben, der um den Schaft des Pfeiles gewickelt ist?« Ich selber war zu sehr durch die Beobachtung des Feindes in Anspruch genommen.

Es waren nur wenige Zeilen. Paolo Costa forderte mich auf, das Kastell zu übergeben; andernfalls werde er es im Laufe der Nacht mit Gewalt nehmen und einen jeden ohne Ausnahme über die Klinge springen lassen. Freier Abzug für alle hingegen nach freiwilliger Kapitulation, nur ich und die Contessa sollten als Geiseln in Haft behalten werden... Wiederum beschlich mich ein ungutes Gefühl: Was, zum Teufel, machte den Schurken so sicher?

Jörg lachte laut und tippte sich an die Stirn. Don Giovanni hingegen wimmerte kläglich: Es gehe ums Leben; wenn wir weiterhin Widerstand leisteten, würden sämtliche Burgleute grausam umgebracht werden; dafür gebe es Beispiele. »Erst foltern sie ihre Gefangenen, dann erschlagen sie sie. Denkt doch an Euer Kind, edler Herr! Erbarmt Euch der Schuldlosen, der Friedfertigen, die unter Eurem Starrsinn leiden müssen. Gewiß wird Fra Paolo auch gegen Euch Gnade walten lassen, wenn Ihr ihn nicht erzürnt. Und denkt ferner: Montajone wird nicht zerstört; mein Herr, der Conte, wird das Kastell auslösen können.«

»Mensch, glaubt Ihr das wirklich? Gnade, Gerechtigkeit, Erbarmen – solche Worte kommen im Vokabular eines räuberischen Schurken nicht vor...« Ich hätte ihn zusammenschlagen mögen, den Jämmerling, so sehr erbitterte mich sein dummes Geschwätz. »Wer seiner Haut sich nicht wehrt, der verliert sie bestimmt! Im übrigen hab' ich für die Contessa einzustehen.«

»Ja, wo ist sie denn überhaupt?« erkundigte Jörg sich verdutzt.

Im selben Augenblick fiel unter Donnerkrachen die Zugbrücke nieder. Rasselnd liefen die Ketten aus den Klüsen und klirrten im Spalt drunten gegen das Gestein. Ohrenbetäubendes Jubelgeheul brandete bei den Belagerern auf.

Wir standen wie vom Blitz getroffen da. Der Feind im eigenen Haus... Verdammt, daran hätte ich denken sollen! Ein Hagel von Pfeilen und Schleudersteinen prasselte rings um uns her auf das Dach und gegen die Mauern. Der lebende Leichnam jaulte auf wie ein getretener Hund; auf allen vieren strebte er dem Treppenluk zu. Auch wir übrigen hasteten springend die Stiege hinab. Unten im Wachtraum bei den Kettenwinden, mit deren Hilfe die Brücke gehoben oder gesenkt wurde, fanden wir zwei erschlagene Tusker; ihre Schädel waren nur noch Klumpen aus blutigem Fleisch, weißlichen Knochensplittern und breiiger Hirnmasse, die zum Teil auch an den Wänden klebte. Jos, Onnen und Lude hockten auf der Gerätekiste daneben; sie blickten ein wenig betreten drein.

»Wir kamen nicht zeitig genug«, entschuldigte Onnen sich. »Die Hundeärsche hatten die Bolzen schon rausgeschlagen ...« Er deutete voller Unmut auf einen schweren, rostigen Hammer neben der Winde.
»Ihr könnt nichts dafür«, beruhigte ich ihn.
»Und was ist schon verloren«, echote Jörg ermutigend. »Mit dem Gesindel hat's keine Not. Wie die Fliegen erschlagen wir sie.«
Das Geschrei draußen schwoll an – ein höllenmäßiger Lärm, Getrappel, schrilles Kreischen, plötzlich ein dumpfes Krachen. Holz splitterte. Wie Donnergrollen hallte das Echo unter der Wölbung wider. Der Torturm erbebte. Die Knechte sprangen auf: »Maria und Joseph, der Widder, der Widder! Die Hurensöhne versuchen das Tor einzurennen.«
»Ach, was«, sagte Jörg. »Macht nur Feuer unter den Kesseln; wir taufen sie mit heißem Öl oder Pech ...« Offenbar vermochte nichts ihn zu erschüttern.
Wir ließen die Gatter im Torweg niedergehen und stellten innen im Hof zwei Katapulte auf. Sie würden die Brücke bestreichen, so daß keiner herüberkommen konnte, sollte das Tor wirklich fallen. Im Hintergrund meines Denkens nagte allerdings noch immer jene unbestimmte Sorge, die durch Paolos Botschaft neue Nahrung erhalten hatte.
»Weiß jemand, wo Julia ist?« Ich sah mich suchend um, sah Donna Desdemona mit einem Weinkrug von Mann zu Mann gehen, so unberührt von den Ereignissen und der Gefahr, als handele es sich um etwas Alltägliches. Die alte Krähe – muß ich gestehen – gefiel mir von Mal zu Mal besser. Auch die Amme erblickte ich. Verstört, Tonio im Arm, stand sie unter dem Portal des Palas, Don Giovanni knickebeinerig neben ihr; erregt sprach er auf sie ein, die kein Wort Italienisch verstand. Na, schön, dachte ich, die sind versorgt und aufgehoben und Schaden anrichten können sie nicht.
Lude sagte beiläufig: »Ich sah die Contessa vor kurzem noch; sie schlich mit einigen ihrer braunen Heiden in den Keller ...«
»Schlich –?«
»Ja, Herr – husch, husch, wie Füchse ins Hühnerloch; auch trugen sie Hacken, Hämmer und eiserne Brechstangen bei sich.«
»Brechstangen –?« Ich schlug mich an die Stirn. Brechstangen – ja! Wie hatte ich das nur außer acht lassen können? Wie konnte ich vergessen, auf welche Weise ich damals aus Burg Kahlenberg entwichen war?

Natürlich hatte auch Rocca Montajone einen geheimen Gang. Jede Feste war damit ausgestattet. Julia mußte ihn kennen. Aber dann wußte auch dieser Paolo Costa darum. Das also war seine Trumpfkarte im Spiel.

Ich rannte über den Hof, packte den Kämmerer beim Kragen. »Wo ist der geheime Gang? Los, sprecht! Oder, bei Gott, ich laß Euch hängen.«

Das war zu viel für den Jammerlappen. Ob er es gewußt oder nicht, ich erfuhr es nie. Die Augen traten ihm aus dem Kopf. Seine bleiche Gesichtsfarbe spielte ins Grünliche; er sah noch scheußlicher aus als zuvor. Seinem Munde entfloh ein ächzender Laut. Und da lag er nun zu meinen Füßen wie ein gestrandeter Fisch.

Ich versetzte ihm einen Tritt; das konnte ich mir nicht versagen. Dann hastete ich durch die Halle, durch die langen, menschenleeren Flure nach den rückwärtigen Wirtschaftsräumen, wo sich unter dem Bergfried der Zugang zu den Kellergewölben befand. In der ebenfalls verödeten Küche sah ich Kienfackeln in einem eisernen Korb. Ich ergriff zwei oder drei, entzündete eine am Herdfeuer und stolperte, in der Rechten das Schwert, feuchte Stufen hinab. Hinter mir meinte ich Stimmen zu hören, achtete aber nicht darauf. Von Angst beflügelt, durchstöberte ich Verliese und Kellerräume. Hier lagerten, entlang den Wänden aufgereiht, mächtige Fässer, die im Fackellicht vor Nässe glitzerten. Mehrmals verlief ich mich, bis ich zuletzt aus einer entfernten Ecke heftiges Keuchen, Poltern von Steinen, Klirren, Rasseln, dazwischen gedämpftes Sprechen vernahm. Hinter einem Durchlaß flackerte Flammenschein.

Ich ließ meine Fackel fallen, trat aus dem Schatten der Mauer. Dicht vor mir erblickte ich Julia. Sie stand vorgeneigt, purpurn angeleuchtet von den Flammen mehrerer Fackeln, die in Mauerringen staken. Dunst und aufgewirbelter Staub sowie die an den Wänden hintanzenden Schatten verliehen der Szene etwas Gespenstisches. Die drei schwitzenden Tusker freilich, die sich wie rasend mühten, eine in das Mauerwerk eingelassene, vermauerte Pforte aufzubrechen, waren greifbare Wirklichkeit.

»Halt!« donnerte ich. »Zurück mit euch – dorthin, an die Wand!«

Sie ließen ihre Geräte fallen. Einer von ihnen ächzte, augenscheinlich zu Tode erschreckt: »Tin!«

Als einzige bewahrte Julia die Fassung. Sie erhob ihre Arme gegen mich, so als trachte sie mit magischen Gebärden einen Geist zu beschwören, und gebot den Tuskern in einem so herrischen Ton, wie ich ihn aus ihrem Munde nie zuvor vernommen hatte: »Drauf, drauf, tötet ihn!«

Der Aberglaube dieser einfältigen Männer rettete mich, nehme ich an. Tin – der Unsterbliche! Wer dürfte sich vermessen, ihn töten zu wollen? Bevor sie sich noch zu entschließen vermochten, schob ein Teil des Gemäuers sich unter Knirschen und Scharren ein Stück aus der Wand. Und abermals kam mir der Zufall – oder besser: die Vorsehung zu Hilfe. Ein Hammer, den man bei meinem Erscheinen achtlos hingeworfen, klemmte sich mit seinem Griff unter den Pfortenstein, der sich nun nicht weiter öffnen ließ. Aus dem Spalt hervor gellten Paolos Flüche. Eine braune Hand zwängte sich durch die Ritze, tastete nach dem Hindernis, Julia bückte sich flink, riß und zerrte an dem Hammerstiel. Der Spalt wurde breiter.

Und da... Ja, da verlor ich jegliche Besinnung. In einer Aufwallung blinder Wut stieß ich ihr den Stahl zwischen die Schulterblätter. Blut spritzte mir ins Gesicht, troff an mir herab, als ich die Klinge aus der Wunde riß, Julia bei ihren schönen langen Haaren ergriff und sie beiseite schleuderte.

Die Pforte sprang auf. Drei, vier, fünf Männer, voran Paolo, quollen, einander hindernd, aus der finsteren Enge des Stollens. Den Anführer schlug ich mit der bloßen Linken nieder, gleichzeitig mein Schwert in die Gurgel des nächsten stoßend. Plötzlich war der Raum mit wildem Kampfgetümmel erfüllt. Ächzen... Flüche... Schreie... Todesröcheln... Ein Messer zerbrach an meinem Panzerhemd. Männer, immer neue Männer drangen aus dem Stollen, gleich den Köpfen der Hydra unaufhörlich nachwachsend. Zerfurchte Visagen... Verzerrte Fratzen... Wolfsaugen... Gebleckte Zähne... Keuchen... Schnaufen... Funken stoben von niedersausenden Klingen. Was hinter meinem Rücken geschah, wußte ich nicht. Der Atem wurde mir knapp. Dick zum Zerschneiden war die mit Qualm und Staub geschwängerte Luft. Blut und Schweiß rannen mir von der Stirn, blendeten mich. Gesichter tauchten schemenhaft vor mir auf und versanken wieder.

Als endlich Jörgs heiseres Lachen wie durch Daunendecken in mein Bewußtsein drang, ließ ich die Waffe sinken. Verdutzt schaute ich um mich. Nichts... Kein Feind! Ein halbes Dutzend blutiger Leiber lagen

gleich Halmen hingemäht neben- und übereinander. »Na, was sagt' ich, alter Heide!« grölte mein guter Gesell. »Hat er erst einmal angefangen, findet Bruder Anselm kein Ende. Herr, liebster Freund, gar wenig hast du mir übriggelassen; ich sollte dir böse sein!«
Mich schauderte, da ich sah, was wir angerichtet hatten. Auch entsann ich mich nun Julias und das Herz zog sich in mir zusammen. Ich fand sie an der Wand, zur Hälfte unter einem Weinfaß liegend, in einer dunkel schillernden Lache von Blut, auf der ihr schimmerndes Haar zu schwimmen schien. Das Gesicht war unverletzt, im Ausdruck unschuldig, engelrein, gleich den Gesichtern der edlen Frauen, die auf den Malereien zu Florenz zu sehen sind. Die Melusinenaugen, die mich, als sie lebte, so oft betört und dann wieder abgestoßen hatten, blickten ins Ungewisse. Um die schmalen, feingezeichneten Lippen schien ein mokantes Lächeln zu spielen, so als träume sie.
Nein, ich schrie nicht; ich schluchzte nicht; ich kniete nicht einmal bei ihr nieder, noch verlangte es mich, sie zu berühren. Ich stand einfach nur da, starrte den Körper blicklos an, zu leer, zu ausgebrannt für jegliches Empfinden. Wer weiß, wie lange das noch gewährt haben würde, denn die Gefährten vermieden es, mich zu stören. Kaum weniger erschüttert waren sie als ich. Aber nun, ganz unversehens, regte Paolo Costa sich. Er versuchte, sich unter den Erschlagenen, die über ihn gehäuft lagen, hervorzuwinden, wobei er benommen vor sich hinfluchte.
»Ha–! Halt, du verruchter Pfaffe!« knirschte Jörg und ergriff ihn bei seiner schwarzen Mähne. »Das könnt' dir so passen, was? Einfach Fersengeld geben, wo du doch Hochzeit halten sollst mit Seilers Töchterlein ... Na, warte, du Hund, daraus wird nichts – nein!«
Wir banden den Banditen mit Riemen, die Ibn Dawud bei sich trug. Jörg stieß ihn vor sich her, nicht eben sanft, denn ihm eilte es, wieder auf seinen Posten am Tor zu kommen. Ibn Dawud und ich entzündeten neue Fackeln und tasteten uns in den verborgenen Gang. Dieser mündete in einen schmalen Spalt, wie es deren viele in den Hängen des Burgfelsens gab. Vor seiner Öffnung zog ein ausgedehntes, dicht verzweigtes Dorngestrüpp, ein undurchdringlicher Verhau, sich bis auf den Grund der Bachschlucht hinab.
Nachdem die steinerne Pforte, die sich nur von innen her öffnen ließ, von uns verschlossen und verrammelt worden war, trugen wir Julias Leichnam in die Halle hinauf und betteten ihn dort auf den schwarzen

Marmortisch. Jetzt erst überkam der Schmerz mich in voller Stärke. Aus tränenverschleierten Augen starrte ich Paolo Costa an. Jörg hatte ihm eine Schlinge um den Hals gelegt und den Strick so an der Bronzefigur des Jünglings befestigt, daß der Gefangene auf den Zehen stehen mußte, wollte er sich nicht selbst erdrosseln.
»Morgen –«, knurrte Jörg, »morgen, du Hund, wenn wir dein Pack von Halsabschneidern in alle Winde gejagt haben, wirst du aufgeknüpft!« Dabei fuhr er sich, indem er genüßlich mit der Zunge schnalzte, mit der flachen Hand um den Hals und ging, Ibn Dawud beim Arm nehmend, hinaus.
Ich setzte mich auf die Bank neben dem Tisch. Mein Herz schlug dumpf in der Stille. Donna Desdemona kam, von Jörg über das Geschehene in Kenntnis gesetzt, mit Krug und Becher. Beides stellte sie wortlos neben mich auf die Bank. Lange Zeit blickte sie auf die Tote. In ihren Augen glitzerten Tränen. Das wunderte mich. Hatte sie doch – wie ich wußte – Julia bei deren Lebzeiten gehaßt. Als nun eine Fackel nach der anderen erlosch, holte sie zwei lange weiße Kerzen in silbernen Leuchtern herbei, entzündete sie, stellte die Leuchter zu Häupten Julias und entfernte sich so stumm wie sie gekommen war.
Tiefe Stille... Von draußen klangen Stimmen gedämpft herein. Verwünschungen... Rohes Gelächter... Das Krachen und Splittern beim Tor hatte aufgehört. Und so sitze ich also da, denke an dies, an jenes, schaue die Kerzen an, die mit ruhiger Flamme brennen. Ein Rauschen ist in meinen Ohren. Nicht das Rauschen des Blutes, nicht der ferne Kampfeslärm. Es kommt von weiter her... »Willst du Einsicht erlangen, entledige dich des Verstandes und lausch' dem Gesang der Sterne!« Das hatte Herr Roger, der Klausner, gesagt; damals, als ich noch Kind war, hatte ich ihn nicht begriffen. Die stillen Kerzenflammen sprachen zu mir in dieser Stunde, da ich Einkehr bei mir selbst hielt. Alles um mich her weitete sich. Die Wände schwinden wie Rauch. Mein Denken, mein Geist, sie lösen sich von den Fesseln des Irdischen, entschweben in Himmelsweiten. Wie nutzlos ist, was der Mensch hofft, wünscht und schafft; wie wenig dauern seine Werke!
Schwerfällig, denn noch schmerzen mir die Glieder vom Kampf, erhebe ich mich, trete zu dem Gefangenen, löse ihm die Stricke von Hals und Händen, deute stumm auf die Bank. Taumelnd setzt er sich mir gegenüber. Wir blicken einander über die Tote hin an. Mein Mund

ist trocken. Ich schenke mir Wein ein, trinke, schiebe den Becher dann Paolo zu. Auch er trinkt, wobei er mich über den Becherrand hinweg nicht aus den Augen läßt.
»Warum tut Ihr das, Don Anselmo?«
Ich zucke die Achseln: »Ich weiß nicht...«
Vielleicht verachtet er mich, hält es für Schwäche. Sei's drum. Auch er hat Julia geliebt, kein Zweifel! Auf seine Weise... Ich zwinge mich, an das Nächstliegende zu denken, an die Erschlagenen drunten im Keller.
»Ihr wußtet durch Donna Julia von dem Gang?«
Er nickt.
»Das Geheimnis ist wertlos geworden, jetzt, da es viele kennen. Auch Euch hätt' es ferner nichts mehr genützt, wenn Euer Anschlag gelungen wäre. Sechs Mitwisser...«
Ein böses Lächeln zuckte über die bleichen Züge. »Ich hätte sie stumm gemacht. Ihr habt mir die Arbeit abgenommen. Auch Euch bleibt nichts anderes übrig.«
Der Gedanke, Jörg, den Getreuen, und Ibn Dawud um dieses abscheulichen, verruchten Steinhaufens willen umzubringen, erheitert mich fast. »Wär' Montajone das wert? Burgen sinken in Trümmer, Städte und Reiche zerfallen zu Staub, Pflanzen verdorren... Alles Fleisch verfault. Was von uns Menschen bleibt, ist die Seele. Wohl dem, der sie sich rein erhält!«
»Das Predigen versteht Ihr besser als ich«, höhnt er. »Ihr werdet mich hängen lassen?«
»Ich bin kein Richter!«
»Nie hätt' ich mir träumen lassen, daß Ihr so fromm und weichherzig seid, Don Anselmo!«
»Bin ich das? Dann wußte ich's bisher nicht. Auch geht's nicht um Euch – nein, um mich. Mir habt Ihr wenig Schaden getan – nichts, womit Ihr den Tod verdient. Ich hingegen... Nun – über das, was Ihr anderen zugefügt, richtet ein Höherer.«
Wie unter fremdem Willen stand ich auf: »Kommt, Paolo!«
Er sah mich ungläubig an: »Wohin?« Angst flackerte hinter seinem anbiederisch schlauen Blinzeln.
Ich antwortete nicht. Er folgte mir mit schleppenden Schritten. Wir betraten die Küche, wo ich zwei Fackeln an mich nahm, gingen die Kellertreppe hinab, durch die düsteren Gewölbe. Vor der verborgenen Pforte, zwischen den Leichen, hielt ich an. Paolo zitterte, hin und her

gerissen zwischen Furcht und Hoffnung, Entsetzen im Blick, als ich die mit Blut besudelte Eisenstange ergriff. Staunend sah er zu, wie ich die Tür erbrach. Ich entzündete die zweite Fackel an meiner eigenen und gab sie ihm in die Hand. »Macht Euch fort!«

»Warum... Warum tut Ihr das?« wiederholte er stammelnd seine Frage.

Ich winkte ihm, ohne zu antworten. Mit jähem Satz entschlüpfte er in den Stollen wie ein Fuchs aus der Falle. Ein schrilles Gelächter war sein letzter Gruß.

»Warum, ja – warum?« Ich blickte verwundert zu Jörg auf, der mit geballten Fäusten vor mir stand. So wütend erregt, so rebellisch hatte ich ihn kaum jemals erlebt.

»Du mußt verrückt geworden sein, Anselm! Besessen... Verhext... Haben wir den Mordbuben endlich beim Wickel und du läßt ihn laufen, wohl gar mit Segenswunsch und Bruderkuß? Hat man je dergleichen gehört? Was er hinfort begeht, auf dein Haupt kommt es, Anselm – all das Blut, all die Tränen. Sag' mir: Warum, warum, warum...« Er stampfte mit dem Fuß auf. Die Kerzenflammen flackerten vor seinem heftigen Atem. Julia lächelte geheimnisvoll. Und ich fühlte das Kästchen mit Liesels Rosen auf der Brust.

»Ich weiß es wirklich nicht, Jörg!«

Oder wußte ich es doch, ganz tief im Innersten? War nicht jegliches Menschen Seele ein unverlierbares Teil vom Geiste Gottes, irrend vielleicht, aber nicht zu fassen nach Menschenmaß? Und da nun alles – Mensch, Tier, Pflanze, die Berge, das Meer, die Wolken, die Winde –, alles, alles aus diesem Geiste entstanden, von ihm bewegt und durchdrungen ist, hat dann nicht ein jedes, das Gute wie das Böse, seine unverwechselbare Funktion? Woher wüßten wir denn, was gut ist, gäbe es das Böse nicht?«

Als ich dies meinem lieben Gesellen mit holperigen Worten zu erklären versuchte, riß er die Augen auf und kratzte sich hinter dem Ohr. »Ich gebe ja zu, daß ich der Klügste nicht bin, wie du leider so oft behauptest, aber ich glaube wahrhaftig, du bist der ärgste der Ketzer. Ich fürchte, du wirst noch mal auf offenem Markt verbrannt. Indes, wer bin ich, daß ich dir widersprechen darf? Ich versteh' ja so wenig von all den rätselhaften Dingen hinter der Welt, die ich sehen und begreifen kann. Aber die Haare sträuben sich mir, denk' ich daran, was dieser Conte zu dir sagen wird, wenn er das verschandelte Tor draußen und hier drinnen Donna Julia liegen sieht...«

27.

Einem ungeheuren Lindwurm gleich, zog das königliche Heer von Siena über die braunen Hügel und blühenden Heiden Tuskiens südwärts dem Patrimonium Petri zu. Voran ritt die maurische Leibgarde Friedrichs – eine Hundertschaft dunkelhäutiger, von weißen Burnussen umflatterter Männer. Ihre Lanzenspitzen blitzten und funkelten im Sonnenschein. Staub und Sommerhitze machten ihnen wie auch ihren lebhaften falben Rossen allem Anschein nach gar nichts aus.
Friedrich Roger, ebenfalls in ein leichtes weißes, bis zu den Knöcheln hinabwallendes Gewand gehüllt, um die Stirn den schlichten Goldreif, nur dann und wann für kurze Dauer von einem der ranghohen Herren begleitet, verbreitete um sich einen Hauch einsamer Hoheit. Sein rascher Blick umfaßte Himmel und Landschaft, nahm den Flug der Vögel auf, grüßte leutselig die selbst Italienern fremdartig erscheinenden tuskischen Bauern, die mit ihren Frauen und Kindern am Wege knieten, hier der Majestät mit frommen Gesängen huldigten, dort Blumen zuwarfen oder Körbe mit Früchten des Landes entgegenhoben.
Dem König folgte mit einigem Abstand die Menge deutscher und italienischer Fürsten – Erzherzöge, Herzöge, Erzbischöfe, Prälaten, Kardinäle, Landgrafen, Reichsfreiherren, begleitet von ihren Lehnsrittern und Knappen, die außer den jeweiligen Fähnlein ihres Hauses auch das königliche Banner mit dem einköpfigen schwarzen Adler der Staufer trugen oder – waren ihre Herren Kleriker – ein mehr oder weniger kostbares Stangenkreuz sowie Fahnen mit Petri Schlüssel. Die Wappen auf den Schilden, farbenprächtig, von vielerlei Gestalt, waren ein erregendes Bilderbuch vom Glanz und von der Macht des Reiches für den, der es zu lesen verstand.
Daß auch das schwarzgoldene Wappen mit den drei roten Rosen derer von Kahlenberg sich in solch erlauchter Gesellschaft befand, war zwei besonderen Umständen zu danken – einmal dem Einfluß meiner hochgeborenen Freunde Don Ferdinando von Savoyen und Don Filippo, Conte de' Ricci. Umberto, der seinen Vater begleitete, wich nicht mehr von meiner Seite, was immer ich unternahm. Zum anderen

der Gewohnheit Seiner Majestät, über alles genau Bescheid wissen zu wollen, was sein Auge erblickte. Immer mal wieder, während wir so im Schritt dahinzogen, ließ Friedrich Roger mich zu sich rufen.

Ich gehorchte dann nicht ohne eine gewisse Beklommenheit. Nicht, daß ich in seiner Gunst gesunken wäre – nein, das nicht! Er begegnete mir so gütig wie nur je zuvor. Aber seine Stimme war schärfer geworden, sein Blick strenger; sein Haar hatte sich ein wenig gelichtet, sein Leibesumfang zugenommen. Jene jünglingshafte Anmut früherer Tage hatte sich in die ehrfurchtgebietende Unnahbarkeit des sich selbst genügenden Herrschers verwandelt. Er sagte dann wohl: »Herr Anselm, seht Ihr das zerfallene Gemäuer auf jenem Hügel dort? Schaut einmal nach, was es ist – ein alter Tempel vielleicht...« Oder: »Wißt Ihr, Herr Anselm, warum hier die Äcker wüst, die Hütten so dürftig sind? Sucht in Erfahrung zu bringen, was die Ursache ist und wie man die Lage der Leute verbessern kann.«

Und so ritt ich, begleitet von Umberto und drei Leichtbewaffneten, hierhin und dorthin, lernte dabei eine ganze Menge über die Landesnatur, über Lebensweise und Traditionen der Eingeborenen, wobei die rasche Auffassung und klare Einsicht meines jungen Freundes mich oft überraschte.

Über die Seelenruhe, die tiefinnere Gelassenheit Friedrich Rogers vermochte ich mich nicht genug zu wundern, ging er doch dem entscheidenden Ereignis seines Lebens entgegen. Mich schauderte, sobald ich nur daran dachte; hatte sich, seit er im August aus seinem Hoflager auf dem Lechfeld bei Augsburg aufgebrochen und über den Brennerpaß in die Lombardei gezogen war, nicht gezeigt, wieviel offener und heimlicher Haß ihn in Italien erwarteten? War der tückische Todespfeil für ihn schon geschnitzt? Eigener Erfahrung zufolge, wollte mir seine Zukunft in düsterem Licht erscheinen. Zwar hatten ihm die lombardischen Städte mehr oder weniger bereitwillig gehuldigt – Mailand mit Vorbehalten –, Pisa, Cremona und Parma in der Hoffnung, er werde ihnen die einst von Friedrich Barbarossa gewährten Privilegien bestätigen – und dies auch nur, weil Papst Honorius, dem es vor allem um den Kreuzzug ging, sie durch geheime Emissäre hatte dazu überreden lassen. Indes, ich kannte das Doppelspiel der Kurie; ich traute dem Frieden nicht. Nur allzu deutlich entsann ich mich der infamen Umtriebe jenes

Monsignore Guillano in Montajone, die mich hätten das Leben kosten können, aber natürlich gegen den König gerichtet gewesen waren.
Als Lichtblick erschien mir mein Verhältnis zu Don Filippo. Damals, als er nach einem Gewaltritt von Florenz her in Rocca Montajone eingetroffen, hörte er meinen Bericht, ohne mich zu unterbrechen, an. Dann in einer plötzlichen Aufwallung, legte er den Arm um meine Schultern und sagte mit belegter Stimme: »Glaubt ja nicht, ich zürne Euch, Don Anselmo! Ich nehme an, Ihr habt mehr verloren als ich. Was Ihr durchlitten habt, ist mir und auch anderen rechten Männern nicht erspart geblieben. Offenbar hat Gott die Töchter Evas nur erschaffen, damit es uns Männern nicht zu wohl wird auf Erden.« Er seufzte: »Ich glaube Euch gerne, daß Ihr Donna Julia nicht verstanden habt; doch meßt Euch selbt keine Schuld an ihrem Tode zu. Sie starb, wie sie gelebt hat – in einer Berauschung gleichsam, wie in einem Traum. Sie wähnte, alles tun zu dürfen, was ihr in den Sinn kam. Nach dem Glauben des seltsamen Volkes, dem sie entstammt – ihre Sippe ist eine der ältesten Tusciens –, hielt sie sich für eine Turana, für unsterblich also, unberührbar durch Umwelt und Zeit... Ich fürchte, Ihr werdet ihr noch oft und in mancherlei Gestalt begegnen.«
König Friedrich hatte sich hoch erfreut gezeigt, als ich in seinem Heerlager auf den Ronkalischen Feldern mit dem Conte de' Ricci vor ihn trat. Er nahm Don Filippos Treuegelöbnis huldreich entgegen, erinnerte auch daran, daß sowohl sein Großvater Friedrich Barbarossa als auch der Welfe Otto von Braunschweig sich der Kurie gegenüber stets auf die Ghibellinen hätten stützen können, und stellte ihm das Herzogtum Toskana für die Zeit in Aussicht, wo er die Reichsgewalt endlich fest in Händen halte.
Nachdem mein Gebieter den Conte in Gnaden entlassen und alle Schreiber und Sekretäre des Zeltes verwiesen hatte, wandte er sich, die Stirn runzelnd, mir zu: »Ich traute meinen Ohren nicht, Anselm, als ich vernahm, was dir in Tuscien geglückt ist. Es übertraf alle meine Erwartungen. Dabei hatte ich insgeheim befürchtet, du werdest deiner Aufgabe nicht gewachsen sein. Vergib, wenn ich dich Gefahren aussetzte, die ich voraussah, dir jedoch verschwieg, verschweigen mußte, denn die Unbefangenheit deines Herzens war dein einziger Schutz. War es unvermeidlich, daß du die Contessa tötetest?«
»Herr«, entfuhr es mir, »ich war nicht bei Sinnen! Ja, ich glaube nun fast schon selbst, daß es Hexen gibt...«

Friedrich Roger lächelte verhalten: »Jedenfalls ist Don Filippo fest davon überzeugt, daß seine Gemahlin eine Maliarda und mit den Mächten des Bösen im Bunde gewesen sei. Ich teile seine Ansicht in gewisser Weise; freilich weicht meine Meinung über Art und Wirkung des Zauberwesens ein wenig ab von derjenigen frommer Pfaffen. Es gibt eine Geisterwelt, verschieden von der uns sichtbaren, und Menschen, die in ihr leben und über Kräfte gebieten, die wir nicht kennen. Als Turana galt sie den Tuskern, sagtest du? Bei Gelegenheit erzählst du mir mehr von dem absonderlichen Glauben, ja?«

Hinter dem Zuge höchster und hoher Herren ritten mehrere Hundertschaften Gepanzerter, deren eine Jörg kommandierte. Sie schwitzten erbärmlich unter der Last ihrer Eisenschwarten. Sie rieben sich wund an den Beinschienen, vermochten weder den Fliegen und Zanzaras zu wehren, die überall durch die Ritzen ihrer Panzer hineinkrochen, noch bei Bedarf ihr Wasser abzuschlagen. Das war dann noch jedesmal eine langwierige Prozedur, zumal ihre Schildknappen sich eine halbe Meile entfernt bei der leichten Reiterei aufzuhalten hatten; und nur selten beeilten sie sich, ihren Herren beizuspringen.

Ibn Dawud, zum Oberaufseher über die Tiere bestellt, weil der königliche Jägermeister in der durch Fieber verseuchten Po-Ebene auf den Tod erkrankt war, hatte es da ein wenig besser getroffen. Er wußte ja nicht nur mit Falken umzugehen, sondern ebenso auch mit all dem fremdartigen, oftmals gefährlichen Getier, das der König mit sich führte – Affen, Löwen, Leoparden, zwei Elefanten, Bären, Wölfe, Luchse; sogar ein Elchhirsch aus dem hohen Norden fehlte nicht. Überdies erfreute der Sarazene sich, ungeachtet seines abweisenden Betragens und zernarbten Gesichtes – oder vielleicht eben deswegen, bei den zumeist recht lockeren Damen des Hofes besonderer Gunst.

Den Beschluß des Zuges bildete der Troß mit Wasserwagen, Feldküchen, Huf- und Waffenschmieden, Zeltmachern, Schneidern, Stellmachern, Schwertfegern, Marketenderinnen, unter ihnen auch meine hessische Amme mit Tonio, sowie leichtes Fußvolk – Armbrust- und Bogenschützen, Speerwerfern, Schleuderern, und nochmals eine Hundertschaft Gewappneter. Diese Ärmsten waren dergestalt mit Staub bedeckt, daß sie und ihre bedauernswerten Pferde wandelnden Lehmklumpen glichen. Bisweilen stürzte einer, vom Hitzschlag getroffen, aus dem Sattel; und so lange blieb er, in der Sonnenglut wie in einer eisernen Pfanne schmorend, am Wege liegen, bis irgendwer seine

Abwesenheit bemerkte. An im voraus bestimmten Stellen wurde Rast gemacht und bei Anbruch der Abenddämmerung schlug man ein Lager auf. Das sah dann aus, als sei ein Schwarm riesiger Heuschrecken eingefallen. Bäume wurden gefällt und zu Brennholz zerhackt, Bachränder von den zu tränkenden Tieren niedergetrampelt, Wiesen bis auf den letzten Halm abgegrast, Felder zerstampft; und manch unschuldsvolles Dorfdirnlein sah den kommenden neun Monaten in Angst und Reue entgegen. Der König aber ließ sich nicht lumpen; er entschädigte das betroffene Landvolk stets reichlich mit Gold, das er den Städten abpreßte, und mit Privilegien.

Währte der Aufenthalt länger, wie letzthin bei Siena, dann fanden meine Freunde sich des Abends in dem Zelt zusammen, das Don Ferdinando mir samt Zeltaufschlägern und Köchen zur Verfügung gestellt hatte.

»Lieber Himmel«, pflegte Jörg bei solchen Anlässen zu murren, indem er sich die wunden Schenkel rieb, »wär' ich König, fürwahr, ich wüßte Besseres als durch die Lande zu schweifen und mir den Hintern blutig zu scheuern!« Dabei soff er den mir zugeteilten Wein wie ein verschmachtender Gaul.

Umberto, der eine fast brüderliche Zuneigung für den rauhen Sachsen empfand, neckte ihn: »Drum seid Ihr's ja auch nicht, Don Giorgio! Mein Vater sagt, wem Gott ein Amt gibt, dem gibt er auch Kraft, es zu verwalten.«

Entrüstet fuhr Jörg von dem Faß hoch, auf dem er saß: »Lausebengel! Du hältst mich doch nicht gar für eine Memme – he?«

Umberto gab vor, ihn nicht verstanden zu haben: »Man kann's auch anders herum betrachten – wem Gott die Kraft gibt, den macht er zum König! Tröstet Euch also, Don Giorgio! Bin ich erst Herzog, ist Euch die Grafschaft sicher.«

Wir alle lachten herzhaft. Indes, mir ahnte, dem jungen Savoyer sei es mit der Sache ernst.

Zuletzt erreichten wir das Gebiet des Kirchenstaates, ein paar Meilen südlich vom Trasimenischen See. Dessen östliche Uferhöhen, die man in der Ferne vor dem dunkleren Gebirgswall des Apennino Romano erblickte, hatten vor anderthalb Jahrtausenden Hannibals Sieg über den römischen Konsul Gaius Flaminius gesehen. In Gedanken versunken, schaute Friedrich Roger hinüber. Ob er die Erinnerung an jene Schlacht als gutes Omen nahm?

Bei Orvieto, einer kleinen tuscischen Stadt hoch droben auf einem steilen Felsen, bei dem zwei Flüsse zusammenfließen, erwartete uns eine Abordnung des Heiligen Stuhles. Sie hatten ein Zeltlager an den verschilften, fieberbrütenden Ufern der Chiana errichtet. Unter der Schar weltlicher und geistlicher Würdenträger, die sich zum Empfang des Königs auf einem Hügel aufgestellt hatten, erkannte ich das umdüsterte Gesicht Herrn Konrads, des Bischofs von Metz, der als Friedrichs Kanzler mit Papst Honorius über die Bedingungen für die Kaiserkrönung verhandelt hatte. Seiner Miene nach zu urteilen, schien noch längst nicht alles im reinen zu sein. Die Herren an seiner Seite wurden mir als der Bischof von Tusculum und der Subdiakon Alatrinus bezeichnet.

Nachdem der König und mit ihm seine Gefolgschaft, der ganze Schwarm von Fürsten, Grafen, Bischöfen und Edelingen, zu denen auch ich mich hielt, abgestiegen waren, kniend die Messe gehört und ein Tedeum gesungen hatten, zog Friedrich Roger sich mit den Abgesandten des Heiligen Vaters und seinen engsten Beratern in ein großes purpurnes Zelt zurück, während wir übrigen, zur päpstlichen Tafel gebeten, im Schatten einiger Korkeichen und Kastanienbäume an langen, roh zusammengezimmerten Brettertischen Platz nahmen.

Die Verhandlungen dauerten mehrere Tage. Was darüber an Gerüchten herumschwirrte, das Gezänk um die Rückgabe der Mathildischen Güter an die Kurie, die von den Meinungsmachern beider Seiten listig aufgeworfene Frage, ob Friedrich gar die Vereinigung seiner beiden Reiche zum Nachteil des Apostolischen Stuhles und sicheren Verderben seiner Erben heimlich betreibe, ob er nunmehr sein Kreuzzugsgelübde einlösen werde oder neue Ausflüchte ersinnen ... All das ließ mich völlig kalt. Um vieles mehr interessierte mich das Rätsel der Tumuli, jener hohen Grabhügel der geheimnisvollen Etrusker, deren Reich dieses Land einst gewesen war, sowie auch die verfallenen Tempelbauten, die zahlreichen Skulpturen, Opferschalen und verblichenen Malereien, die von den jetzt Lebenden noch immer, Kreuz und Weihwasser zum Trotz, in Ehren gehalten wurden. Der ganze faule Zauber, das entnervende Hick-hack um Krönung und Machtansprüche hing mir – um mit Jörg zu reden – zum Halse heraus. Ich schwor mir, heimzukehren, sobald König Friedrich zum Kaiser gekrönt und Herr in seinem Reiche sei – mit oder ohne seinen Konsens.

»Unser Herr«, sagte Don Filippo, mich beiseite nehmend, eines

Abends zu mir, »befindet sich in großer Gefahr! Es ist wahr, er hat Seine Heiligkeit ganz schön über den Löffel balbiert. Bei Innozenz wär's ihm wohl kaum gelungen. Aber – freut Euch nicht zu früh, Don Anselmo! Die Kurie kennt manch ein Mittelchen, Niederlage in Sieg zu verwandeln...
Seht –!« unterbrach er sich. »Wer da steht, dort drüben beim Feuer!«
Ich erschrak. Ja, das war nun einmal mehr unser ach so frommer Prälat aus Rocca Montajone, Monsignore Guillano! Wo der auftaucht, sei es nicht geheuer, dachte ich.
Der Conte hatte noch anderes auf dem Herzen. Er führte mich zu einem bemoosten Stein, auf dem wir uns niederließen, und ergriff meine Hand. »Don Anselmo, ich fühl' mich in Eurer Schuld – nicht nur Donna Julias wegen... Nein, ich hab' mir die Sache mit dem Medaillon überlegt. Ihr seid recht zurückhaltend, soweit es Euer Verhältnis zu dem Kind betrifft. Gibt es dafür einen besonderen Grund? Sprecht offen zu mir, Don Anselmo! Ich bin Euch von Herzen zugetan.«
Ich überwand mein Mißtrauen, öffnete ihm mein Herz, erzählte ihm alles, was ich mit Liesel erlebt hatte, und gestand, was ich für sie empfand. Sinnend betrachtete er Liesels verwelkte Rosen im Licht der Sterne. Ein kühlender Hauch lispelte im Kastanienlaub. Es duftete hier nach Myrte und Lorbeer. Ich aber, aufgewühlt durch die Erinnerungen, meinte den herben Harzgeruch des Habichtswaldes in der Luft zu spüren.
Der Mond, vor kurzem aufgegangen, wanderte ein beträchtliches Stück über die Wipfel hin, bevor Don Filippo weitersprach. Offenbar hatte er sich zu einem Entschluß durchgerungen.
»Anselmo...« und er gebrauchte jetzt das vertrauliche Du, »ich werde Donna Elisa als meine Tochter anerkennen! Den Namen der Mutter darf ich nicht preisgeben – das mußt du verstehen. Zwar ist sie seit langem zu Gott heimgegangen, dennoch – keinem wäre damit gedient. Ihre Sippe – eines der mächtigsten Geschlechter in deinem Land – würde das Kind gewißlich aus dem Wege schaffen. Ich sehe nur eine Möglichkeit: Ich will mich der Weisheit und Gnade Seiner Majestät anvertrauen. Und du, Anselmo, sollst mir als Eidam willkommen sein.«
Während der Hof bei Sutri ein bequemes Lager bezog, wo Friedrichs Gemahlin, Konstanze von Aragonien, sich bereits mit ihrem Hofstaat

eingefunden hatte und nun auch König und Kanzler bis zum Tage des feierlichen Einzuges Aufenthalt nahmen, gelangte ich, begleitet von Jörgs Eisenreitern, auf der uralten Heerstraße über die Monti Sabini, die ehrwürdige Etruskerstadt Veji und durch das malerische Valle dell'Inferno am sechsten Tage nach Allerheiligen vor die Tore Roms.
Das Herz schlug mir bis zum Hals, als ich das Dächermeer der Siebenhügelstadt vor mir ausgebreitet liegen sah. Roma Aeterna – Nabel der Welt! Indes, der Rausch anfänglicher Begeisterung verflog gar bald. Die graubraunen Wehrmauern, die so viel Not und Tod über Jahrtausende hin erlebt hatten, bröckelten an vielen Stellen. Der Tiber war eine gelbe Brühe, in der Rinder bis an die Bäuche standen und in bunte Fetzen gekleidete Weiber Wäsche wuschen. Bäume, Sträucher und Wiesen zwischen antiken Trümmern oder ärmlichen Lehmhütten wirkten wie mit Holzmehl bestäubt.
Allsogleich wurde ich in den Strudel erregter Menschen und hektischer Tätigkeiten mit einbezogen. Man hatte einen provisorischen Lagerplatz für das Vorauskommando der königlichen Truppen unmittelbar westlich neben der Via Flaminia hergerichtet. Hier entstand ein wüstes Getümmel. Jede Einheit oder Gruppe zankte sich mit anderen Bewerbern um ein trockenes Fleckchen auf dem schlammigen Grund. Jörg rief mich zu Hilfe. Er hatte eine Stelle für seine Hundertschaft ausfindig gemacht, die auf den ersten Blick höchst unwirtlich und steinig zu sein schien. Jörg jedoch kannte sich mit Flüssen und Fluten aus. »Bald wird es regnen... Und was dann? Der Tiber wird steigen, wie du an den Uferbänken erkennen kannst. Die da unten, die mich so schurkisch angrinsen, weil sie sich einbilden, mich übertölpelt zu haben, die werden noch mehr als genug von dem Wasser schlucken, nach dem sie jetzt wie gestrandete Karpfen lechzen...«
Ein paar kreischende, unwahrscheinlich schmutzige Bambini gerieten ihm zwischen die Beine; sie hatten sich eben mit einer Kalbskeule dünn machen wollen. Lästerlich fluchend entriß ein Küchenbursche ihnen die Beute. Jörg schüttelte den Kopf wie ein verdutzter Bulle, den Wespenschwärme umsurren. Wespen zwar nicht, jedoch Dirnen jeglichen Alters umschwirrten uns wie Motten das Licht. Und ich sah ziemlich schwarz für die Kampfkraft unserer Männer, falls wir hier länger ausharren mußten.
Umberto, sein Roß am Zügel, drängte sich zu mir durch: »Don Anselmo, kommt! Mein Vater hat uns im Albergo dell'Orso nicht weit

vom Tiber, ein Quartier besorgt. Er sagt, wir sollen uns vorsehen; dort sind lauter Gauner von Rang und Namen um den Weg.«

Na, wenn schon! Ich schnallte sicherheitshalber meine Geldkatze unter das Panzerhemd. Der Junge gab seinen Hengst in Jörgs Obhut. Dann machten wir uns zu Fuß nach der Stadt auf. Das notwendigste Gepäck wurde uns von einem der Savoyer nachgetragen. Was ich nun erlebte, glich einem Alptraum voll sinnverwirrender Eindrücke, durcheinanderquirlender Gestalten – Sänften, denen numidische Vorläufer mit Stockschlägen im Gedränge Durchlaß erzwangen; Bettler mit allen nur denkbaren Gebrechen; Mönche, in ihrer Mehrzahl den neuerlich aufgekommenen Bettelorden zugehörig – Franziskaner, Kapuziner, Augustiner, Dominikaner, Karmeliter, allesamt ziemlich verdreckt und abgerissen, mit langen Bärten und zotteligem Haupthaar um die bleichen, abgezehrten Gesichter; vereinzelt auch Nonnen ... Dann wieder Priester; Schlüsselsoldaten; Kriegsleute der verschiedenen deutschen und italienischen Fürsten oder des Apostolischen Stuhles; Kinderhorden, fröhlich stiebitzend, was nicht niet- und nagelfest war; räudige Hunde; struppige Esel; Spielleute, Vaganten, Gaukler mit Affen oder Bären, deren Künste sie inmitten der brodelnden Volksmenge vorführten. Menschen aller Hautfarben und Weltgegenden hatten sich hier zusammengefunden. Stimmen, Wörter, Laute, dergleichen ich bisher nie vernommen, schlugen gleich dem Rauschen eines Stromes an mein Ohr.

Aus den offenen Türen und Fenstern der Osterien und Trattorien – zumeist Spelunken der verdächtigsten Art – ertönten Fiedelklänge sowie auch – unterbrochen von brüllendem Gelächter – Lieder, die keineswegs himmlischen Sphärenklängen glichen. Käufliche Weiber, oftmals noch im zartesten Alter, hängten sich bei mir ein, umklammerten Bein oder Arm, bis ich mich mit einer Münze freigekauft hatte. Umberto schleppte ein blutjunges, strohblondes Dirnlein mit sich, zu gutherzig, als daß er es hätte fortjagen mögen. Und die Gerüche ... Hier stank es nach Kot und Urin, dort nach faulendem Fisch, nach Schweiß, nach Wein, nach Zwiebeln und Knoblauch. Aus den Bratküchen quellender Rauch wogte und wallte durch die engen Straßenschluchten. Irgendwo wurde getrommelt. Irgendwo raufte man sich unter Geschrei, Gelächter und lästerlichen Flüchen. Jeder königliche Kriegsmann, kenntlich an dem schwarzen Staufenadler auf seinem Wams, wurde von dem heiter gestimmten Pöbel mit Jubel begrüßt.

Hingegen begleiteten Spottreden, Hohngelächter, gellende Pfiffe, bisweilen auch grobe Püffe die Diener der Kirche, welchen Ranges auch immer sie sein mochten.
Im Albergo ging es nicht anders zu, obwohl in diesem vornehmen GASTHOF ZUM BÄREN nur Edelleute Unterkunft gefunden hatten. In der Schankstube herrschte ohrenbetäubender Lärm. Manch stolzer Ritter oder Graf flog unter Fußtritten und Schmährufen auf die Gasse. Da mußte ich einmal mehr meinen jungen Prinzen bewundern, wie es ihm mit überlegener Gelassenheit glückte, Konflikten auszuweichen oder randalierende trunkene Streithähne zu beschwichtigen.
Nachdem wir unser Gepäck in der dürftigen Kammer, die uns zugewiesen wurde, verstaut, die Tür fest verschlossen hatten und nun wieder auf die Gasse traten, um uns im römischen Sündenbabel ein wenig umzuschauen, griente Umberto: »Nur ein von Gott und allen Engeln Verlassener kann Rom heilig nennen. Bei Nacht ist's eine wahre Mördergrube. Laßt nur ja nicht die Hand vom Schwert, Don Anselmo!«
Irgendwer faßte nach meinem Arm. Ich zuckte zusammen, fuhr herum und blickte in das unbewegte Gesicht Ibn Dawuds. Er sprach kein Wort – man hätte ihn bei dem frenetischen Geschrei ringsum auch gar nicht verstehen können –, er verzog keine Miene, tat vielmehr so, als hätten wir einander nie zuvor gesehen. Mit einer leichten Kopfbewegung forderte er uns auf, ihm zu folgen. Gegenüber einer Taverne, verkommener als alle übrigen, dennoch überfüllt, förmlich erstickend in Wolken von Qualm, Dunst und Gestank, hielt er an, lehnte sich an einen umgestürzten Karren und ließ, augenscheinlich gelangweilt, seine Blicke hinüberschweifen.
Gleich darauf entdeckte ich, wem sein Augenmerk galt. Ich erstarrte fast. Alle Wetter! Drei ausgepichte Schurken hockten dort um einen eisernen Ofen, auf dem Kastanien geröstet wurden. Was bedeutete das? Nichts Gutes, jedenfalls! Monsignore Guillano... Was, zum Teufel, tat denn der hier, noch dazu in solch unholder Gesellschaft?
Ich klärte Umberto über den Prälaten und dessen Kumpane auf: »Der neben ihm, mit der olivbraunen Haut und dem schrägen Blick, das ist ein sizilianischer Gauner, Komplize des genuesischen Krämers, der mein Brautvater war; obendrein ist er Tonios Vater...«
Umberto riß Mund und Augen auf: »Heilige Jungfrau, ist das der Kerl, jener Carduk, von dem Ihr uns erzählt habt?«

Ich nickte: »Es kommt noch besser... Der zweite – schau' ihn dir genau an –, jener ehrwürdige Greis mit Silberhaar und Soutane – man könnt' ihn für einen Heiligen halten... Dabei ist er einer der mörderischsten Schurken, die du im Lande finden kannst. Er hat sich vermummt, aber seine Augen verraten ihn.«
Verständnislos schaute Umberto bald hinüber, bald uns an, schüttelte den Kopf: »Er sieht so fromm aus, so ehrfurchterweckend. Wer ist's?«
»Fra Paolo Costa – kein anderer! Der Mordbube, der das Unheil in Montajone verursacht hat.«
Umberto, dessen Herz ein wenig für Donna Julia geschlagen und der ihren tragischen Tod noch nicht ganz verwunden hatte, griff mit einem Wutlaut zum Dolch.
Ich beschwichtigte ihn, der vor Rachedurst zitterte: »Laß das, Amico! Hier ist nicht Zeit noch Ort, mit ihm abzurechnen. Es gilt zu erkunden, was die Schufte vorhaben. Irgendeine Teufelei wird es sein.«
Wir wandten uns ab, weil der Prälat und Paolo aufstanden und ohne Gruß für ihren Spießgesellen davonschritten – zwei würdige Diener des Herrn, versunken in gottgefällige Gedanken, sollte man annehmen; den johlenden Mob um sich her straften sie mit Nichtachtung.
Auch Carduk erhob sich nach einer Weile. So flink und gewandt wie eine Eidechse schlüpfte er durch das Gedränge. Wir vermochten uns nur mit Mühe in seiner Nähe zu halten. Erregt, in steter Sorge, er könne uns aus den Augen geraten, folgten wir ihm auf seinen verschlungenen Wegen um den Capitolinischen Hügel herum, am Nordhang des Palatin hin, vorüber an dem verfallenen Amphitheater des Flavian bis zum päpstlichen Lateran-Palast. Hier, wo die Gassen weniger belebt waren, hielt er sich im Schatten der Hausmauern. So auch wir. Oftmals blieb er stehen, wenn irgendwo im Abenddunkel die klirrenden Schritte päpstlicher Scharwächter sich näherten. Zuletzt machte er auf dem mit Bäumen bestandenen Platz vor der Basilika halt, die zum Lateran gehört. Es war – so hörte ich später – die berühmte alte Basilica San Giovanni in Laterano, die Mutter der Kirchen. Carduk stieß einen Pfiff aus, der vom Schrei einer Eule beantwortet wurde.
Wir kauerten uns in die Schwärze unter den Pinienwipfeln und Oleanderbüschen; nicht zu früh, denn im Mondlicht, das zwischen den Bäumen einfiel, sah ich mehrere schattenhafte Gestalten wie Katzen, so lautlos und geschwind, herbeihuschen und sich um den Sizilianer scharen. Die Gruppe stand uns nahe genug, wir konnten ihre geflüster-

ten Reden vernehmen. »Riscatto!« – das Paßwort, mit dem sie sich zu erkennen gaben. Carduk, nachdem er für Augenblicke gelauscht hatte, begann leidenschaftlich auf die Männer einzureden. Nur – leider – er sprach einen sizilianischen Dialekt, den weder ich noch Umberto verstanden. Danach trennten die Leute sich so verstohlen, wie sie zusammengekommen waren.

Ibn Dawud – er hatte ja lange genug in Palermo gelebt und jetzt alles verstanden – berichtete uns später, was von den Banditen verabredet worden war. Unglaublich erschien es mir, ungeheuerlich! Mir war dabei, als packe die Faust einer Ghule mich im Nacken. Noch in derselben Nacht hätte ich den König aufgesucht, aber Friedrich Roger befand sich ja noch in Sutri und die Tore der Stadt waren geschlossen. An Schlaf ließ sich nicht denken; ich tat kein Auge zu. Und auch während der folgenden Tage war es mir unmöglich, in all dem Trubel der Festvorbereitungen, Konzilien und Konferenzen bis zu Seiner Majestät vorzudringen. Den Höflingen und Schranzen, die sich um ihn gesammelt hatten wie Wespen um den Honigtopf, galt ich ja nur als ein unbedeutender Edeling aus den fernen Urwäldern Germaniens, dem Beachtung zu schenken, sie für Zeitverschwendung hielten.

Meine Gefährten waren nicht weniger verstört als ich; gar zu viel stand auf dem Spiel. Aber wer würde uns Glauben schenken? Auch vermochten wir unter all dem Volk weder Don Ferdinando, der mir wahrscheinlich hätte Gehör verschaffen können, noch Don Filippo aufzufinden. Und als ich durch Zufall mit dem Kanzler zusammentraf und ihn fast kniefällig beschwor, mich anzuhören, da würdigte Seine Eminenz, Herr Konrad von Metz, mich kaum eines Blickes: »Später, später, Herr von Kahlenberg! Ihr seht doch, ich bin beschäftigt mit wichtigen Dingen...« Seine Leibwächter schoben mich mit respektloser Grobheit beiseite. Was sonst konnte ich tun?

Nach solchen Mißerfolgen verbrachte ich mehrere sorgenvolle Nächte, grübelnd, undurchführbare Pläne schmiedend, unter Gebeten oftmals den Tränen nahe ob meiner offenkundigen Ohnmacht. Ein Brief, den ich durch Ibn Dawud an Friedrich Roger überbringen ließ, erreichte den König nicht oder er maß ihm keine Bedeutung bei, da ich mich ja nicht klar genug hatte ausdrücken dürfen. Am Ende faßte ich einen verzweifelten Entschluß.

Als ich meine Absicht den Gefährten mitteilte, erbleichte Umberto,

aber seine Augen blitzten wie blanker Stahl. »Laß mich's tun, Don Anselmo! Mißlingt es, wird mein Vater mich zu schützen wissen.«
Ich lehnte ab. Irgendwie würde ich ihn aus der Sache heraushalten müssen. Ibn Dawud sah mich bloß auf seine verschlossene Art an und nickte. Auf ihn – wußte ich – konnte ich mich verlassen, was immer geschehen mochte. Jörg hingegen brauste auf.
»Höre, Anselm, ich mag ja dumm sein wie Bohnenstroh, aber jedenfalls weiß ich, wo Bartel den Most holt und wie ich mir mein Fell bewahre. Du bist Friedrichs Mann – schön und gut! Aber hast du mir nicht das Märchen vom Löwen und von der Maus erzählt? An der Geschichte fehlt noch was – nämlich, wie es der Löwe der Maus vergolten hat, daß sie ihn rettete; wahrscheinlich hat er sie aufgefressen. Du wagst deinen Kopf, Anselm! Ermin sagt: Fürstendank – bitterer Trank! Ich wette, ein solches Wagnis wirst du bereuen…«
»Was ich für ihn tun will, das tu' ich für mich«, entgegnete ich.

28

In den nebligen Wäldern meiner Heimat pflegt das Volk die spätherbstlichen Quatembertage in tiefer Stille, bußfertig, mit gemeinsamem Gebet und im Gedenken an die Verstorbenen zu begehen. Schulden werden beglichen, alte Feindschaften begraben, die Not der Ärmsten gelindert. Das geht auf uralte Überlieferungen zurück, die – von der Kirche abgewandelt und zum Teil übernommen – seit eh und je dazu gedient hatten, den allzu irdischen Sinn des Menschen auf die himmlische Ewigkeit zu lenken.
Nichts davon in Rom. Ein Hexensabbat von Ausgelassenheit brodelte während dieser Tage in der Stadt. Weder wurde gearbeitet, noch büßte man; die wenigsten gingen zur Messe. Wein floß in Strömen und bei nicht wenigen Römern ging das im Laufe des Jahres Ersparte bei seichten Vergnügungen drauf.
Für mich waren die Tage vor dem Krönungsfest eine wahre Tortur. Ich fieberte der Entscheidung entgegen. Ich sah den Sturz der Lawine voraus und nichts konnte ich tun, sie aufzuhalten.
Am Sonntagmorgen, dem 22. November Anno Domini 1220, versammelten wir – Umberto, Jörg, Ibn Dawud und ich – uns noch bei Dunkelheit auf dem Vatikanischen Hügel jenseits des Tiber vor der Basilika Sankt Petri. Kaiser Konstantin hatte sie vor etwa achthundert

Jahren über dem Grabe des Apostels Petrus errichten lassen. Vor einigen Tagen hatte ich sie besucht, um mich mit der Örtlichkeit vertraut zu machen. Besonders eindrucksvoll war sie, trotz ihrer fünf Schiffe, mit den verblaßten Fresken und Mosaiken im Inneren, dem flachen Dach und der Säulenhalle vor dem östlichen Eingang meinem Empfinden nach gerade nicht, jedoch geheiligt durch das Andenken an den tapferen Blutzeugen Christi, den man wie einen gemeinen Verbrecher mit dem Kopf nach unten gekreuzigt hatte. Sein Grab sollte sich unter dem Altar des Papstes inmitten des Hauptschiffes befinden. Tausende Pilger, Büßer, Heilungsuchende hatten dort kniend die Messe gehört und seiner gedacht. Gewiß hatte er nur das Seelenheil seiner Mitmenschen im Sinn getragen, jedoch – wie war es für ihn ausgeschlagen? Was war aus demütigem Dienst geworden? Eine heillose Macht! Kühl wehte es mich aus den schattigen Hallen an. Bedeutete Gutsein nicht zugleich auch Opfer? Was nützt da der späte Dank?
Die frühe Stunde, vor allem der Umstand, daß Jörg seine Mannen rechtzeitig aufstellen und die Zugänge zum Gotteshaus überwachen mußte, ermöglichten es, daß wir uns einen für mein Vorhaben günstigen Platz auf dem weiten, öden Feld vor dem Säulenportal zu sichern vermochten. Ibn Dawud sah mich ermutigend an und lächelte. Vermutlich gedachte er jenes, in mancher Hinsicht recht ähnlichen Geschehens damals in Aachen. Nur – hier und jetzt wußte ich genau, was getan werden mußte, und auch, in welch unberechenbare Gefahr ich mich begab.

Das Feld vor der Kirche, ›Paradies‹ genannt, füllte sich mit allerlei Volk – Bittsteller zumeist, Pilger, pontifikalische Ritter und deren Knappen; die sollten für Ordnung und Frieden sorgen. Bald sah ich, wir hatten uns bei der Wahl meines Standortes nicht geirrt. Die Herren Guillano und Paolo Costa, noch ehrwürdiger anzuschauen als je, tauchten in der sich ansammelnden Volksmenge auf. Paolo trug eine pergamentene Schriftrolle in der Hand. Dicht vor mir blieben sie stehen, am Rande des durch rot-weiße Bänder bezeichneten Weges, den Friedrich Roger nehmen sollte, wenn er die Kirche nach vollzogener Krönung verließ.

Ich zog die Kapuze meines Mantels noch tiefer in die Stirn. Ungeachtet der Morgenkühle brach mir der Schweiß aus allen Poren. Das Herz pochte wie ein Hammerwerk in der Brust und in meinem Kopf schien sich ein Mühlrad zu drehen. Mutlosigkeit befiel mich, Angst, lähmen-

der Zweifel. Der Versucher flüsterte in mir: Wozu? Welche Vorteile versprichst du dir? Keine, erwiderte mein besseres Ich, keine! Es geschieht, weil ich meinem Gebieter zugetan bin; weil die Menschen mich dauern, die ohne ihn in Not und Elend verkommen würden... Und wieder das bohrende Fragen: Hatte Ibn Dawud sich in jener Nacht beim Lateran auch nicht verhört? Hatte er das Vernommene ehrlich wiedergegeben? Heiß und kalt wurde mir: Möglicherweise hatten die Verschwörer ihren Plan geändert? Und wenn alles so ablief, wie wir's uns gedacht, war Jörg dann imstande, mich vor dem Zorn der unwissenden Menge zu schützen, die von den Päpstlichen sicherlich gegen mich aufgehetzt werden würde? Ja, es konnte sogar sein, daß ich gezwungen war, jemanden zu töten – und dies auf geheiligtem Boden, im Angesicht von Kaiser und Papst, unter dem Kreuz des Friedens –, welch Sakrileg! Ob er wollte oder nicht, Friedrich Roger als Verteidiger der Kirche würde seines Amtes walten müssen, allein schon um des Ansehens der Krone willen.
Nun gewahrte ich auch noch Carduk und dessen Spießgesellen. Sie hielten sich zueinander. Sie bildeten einen schützenden Ring um Guillano und Paolo, der Ibn Dawud und mich sowie eine Anzahl Schaulustiger mit einschloß. Ich staunte, als ich sie als Verschwörer erkannte, denn sie waren wie päpstliche Gardisten gekleidet. Ihr Plan hatte also keine Änderung erfahren. Einer Sorge war ich ledig, weil Umberto sich nicht mehr bei uns befand. Ich hatte ihn fortgeschickt, nach seinem Vater zu suchen und den Conte über mein Vorhaben zu unterrichten.
Das Feld füllte sich, je mehr das Morgenlicht zunahm, mit Zuschauern aller Art. Kopf an Kopf standen sie. Ich wagte nicht, mich zu rühren. Das Augenmerk der Umstehenden auf mich zu ziehen, brachte Gefahr.
Abgesehen von den höchsten Würdenträgern, die ihre Plätze in der Kirche schon am Vortage eingenommen und seither keinen Schritt beiseite getan hatten, waren König und Königin erst während der Nacht zur zweiten Messe erschienen. Namen flogen von Mund zu Mund. Das Stimmengemurmel schwoll bisweilen zum Brausen an, wenn man eine bekannte Persönlichkeit die Kirche betreten sah. Und dann, als ein Posaunenstoß den Aufgang der Sonne verkündete, die man allerdings der dichten grauen Wolken wegen nicht wahrnahm, senkte tiefe Stille sich über die Versammelten. Aus dem offenen

Kirchenportal erklangen nach dem Postcommunio die feierlichen Hymnen der Chöre, die auch hier draußen mitgesungen wurden. Und beim »Ite missa est« knieten wir alle, die wir atemlos harrten, nieder, so gut es sich in der drangvollen Enge machen ließ.
Einige Zeit verstrich... Dann, plötzlich, ein neuer Posaunenstoß... Friedrich Roger und Konstanze, nunmehr Kaiser und Kaiserin, traten aus dem verschatteten Portal unter dem Säulenvorbau. Jubel brandete auf. Die Menschen, einer vom anderen mitgerissen, schrien, tobten, lachten gleich Irren. Völlig außer sich gerieten sie. Und was Wunder auch? Erhoffte doch ein jeder von dem stillen Mann, der dort im Schmuck der glitzernden Kaiserkrone, ungeachtet seines glänzenden Gefolges, in herzbewegender Einsamkeit stand, mit dem versprochenen Frieden und einer unnachsichtigen Gerechtigkeit im Reich auch eine Besserung seiner eigenen Lebensverhältnisse. Nur wenige wußten oder ahnten, wie weit ein Traum von seiner Verwirklichung entfernt zu sein pflegt.
Dem Kaiserpaar gesellte der Heilige Vater sich zu, nicht weniger prächtig anzuschauen als der weltliche Gebieter. Eine sonderbare Brechung des Lichtes, weil ein Sonnenschimmer sich durch das Gewölk stahl, bewirkte, daß die Farben mit großer Leuchtkraft aus dem Grau des Gemäuers hervorstachen. Die Kaiserin in ihrem langen herabfließenden lichtblauen Gewand und mit dem schmalen Goldreif um die Stirn glich einem Madonnenbild. Von ferne sah man die Runen der Verbitterung und Krankheit nicht und auch nicht die Strenge verratenden Falten in ihrem Angesicht.
Die karmesinroten, mit Goldborte besetzten Sandalen und seidenen Strümpfe, der purpurne, langärmelige Rock – die Tunicella, sowie die weißseidene Alba, eine Art langen Mantels mit weiten Ärmeln und Purpursaum, der ebenso wie die gelbe, mit Goldfäden durchwirkte Stola von einem hellblauen Seidengürtel um die Leibesmitte gerafft war, nicht zuletzt der scharlachrote, mit Perlen und goldenen Stickereien verzierte Herrschermantel sowie die dazu passenden Handschuhe ließen den Staufer als ein Wesen aus anderen Welten erscheinen. Die alte Krone sowie Schwertgriff und Gurt funkelten von Edelsteinen, die auch den schwächsten Schimmer des Lichtes noch einfingen und tausendfach zurückstrahlten. In der Rechten hielt er das Zepter der Herrschaft, in der Linken den Reichsapfel, den goldene, mit edlem Gestein besetzte Bänder umspannten und ein Kreuz aus

ebensolchen Materialien krönte. Der Reichsapfel stellte die Weltkugel dar. Zweifel befielen mich, ob das Kreuz mit den Bändern als Sinnbild für die Weltherrschaft der Kirche zu gelten habe oder ob die Hand, die das Signum hielt, Herr über Kreuz und Welt sei.

Von ähnlichen Zweifeln mochte auch Honorius, den man »den Guten« nannte, bedrängt werden, denn er verharrte in Mitra und Stola, umhüllt von der Pluviale – dem mit Kreuzen bestickten Mantel, auf der Brust das blinkende Kreuz und in der Linken den goldenen Hirtenstab, ein wenig geduckt, ein wenig lauernd, neben dem Kaiserpaar, so als traue er dem Frieden nicht. Und dazu hatte er, so wie die Dinge lagen, wahrlich guten Grund.

Im Alter von siebenunddreißig Jahren war Fra Cencio Savelli, nach dem Ableben seines allzu energischen Vorgängers Innozenz, durch das Kollegium der Kardinäle unter dem Namen Honorius auf den Stuhl Petri erhoben worden. Und warum hatte man diesen gutherzigen, recht nachgiebigen, friedliebenden Mann erwählt? Doch wohl nur, weil die päpstliche Familie – alle diese machtgierigen, intriganten Kardinäle, Prälaten, Bischöfe, Cameriere und Kapläne – in ihm ein williges Werkzeug für ihre eigenen Absichten zu finden gehofft... Wenn nicht schon zuvor, so mußte er doch jetzt die ihm durch den Staufer gesetzten Grenzen seiner Macht erkennen.

Friedrich Roger trat auf die obere Treppenstufe vor. Neben und hinter ihm drängten sich in weitem Halbkreis die Nobili aus fast allen moslemischen Ländern der bekannten Erde, die zur Krönungsfeier herbeigeeilt waren – moslemische Gesandte der Sultane von Damaskus und Ägypten, Berber, Griechen, Hebräer, Franken, Engländer, Provençalen, Skandinavier aus dem hohen Norden, Andalusier, Sarazenen. Ich erkannte in dieser erlauchten Runde Herrn Konrad, den Erzbischof von Metz, dicht hinter dem Kaiser, die Erzbischöfe von Mainz und Ravenna, den Patriarchen von Aquileja, die Bischöfe von Passau, Trient, Augsburg und Brixen, den Herzog Ludwig von Bayern, den Pfalzgrafen Heinrich, die apulischen Grafen von Celano, San Severino und Aquila. An der Seite des Kardinals Hugolin von Ostia, der als Förderer der staufischen Sache galt, sah ich zu meiner Freude Herrn Gereon stehen, den unverwüstlichen Grafen von Kyburg. Er hatte – vernahm ich – die Reichsinsignien nach Rom gebracht. Weniger erfreute mich der Anblick des Bischofs von Tusculum und des Subdiakons Alatrinus, die als Beauftragte des Papstes mit Friedrich Roger

unterhandelt hatten. Und dann erblickte ich – gar nicht weit vom Kyburger, jedoch zu weit von meinem Platz entfernt, als daß sie mir hätten von Nutzen sein können, wenn es hart auf hart gehen sollte – Umberto neben seinem Vater und den Conte de'Ricci. Wahrscheinlich wußten sie bereits, was sich ereignen sollte.
Mit weithin schallender, glockenheller Stimme begann der Kaiser zu reden. Was er sagte, rief nach jedem Satz Jubelstürme oder dumpfes Grollen hervor. Er sprach von seiner unablässig bedrohten Jugend am Hof zu Palermo, von seinem Ringen um die Herrschaft im Reich. Er sprach vom Übermut und von der Treulosigkeit mancher Fürsten, vom unchristlichen Lebenswandel der Geistlichkeit und über die zum Himmel schreiende Not und Rechtlosigkeit des gemeinen Mannes. Er erwähnte kurz, scheinbar nebenher, wie seine ordnende Hand bisweilen gehindert werde durch Machenschaften gewisser Kleriker, die es nicht verwinden könnten, daß der geistlichen Macht der Kirche die Gewalt des weltlichen Schwertes an die Seite gestellt sei, obwohl ihn – Friedrich Roger von Staufen – der Herr aller Welten zu seinem Amt berufen habe.
Nachdem er so, gleichsam durch die Blume, weltliche wie geistliche Missetäter angeprangert und für die Unordnung in seinen Reichen verantwortlich gemacht hatte, kam er auf den Segen wahrer christlicher Gesinnung und auf Gottes Barmherzigkeit zu sprechen: Vor des Höchsten Angesicht seien alle Menschen gleich – Sünder wie Heilige. So einer nur an Gott den Herren glaube, in welcher Form auch immer, habe er Anwartschaft auf des Himmels Gnade... Das war zweifellos auf die Bekenner Mohammeds gemünzt, deren er etliche – abgesehen von seiner sarazenischen Leibwache – als Gelehrte und Beamtete an seinem Hofe hielt. Die Unruhe bemerkend, die sich daraufhin unter den Päpstlichen verbreitete, fügte er rasch hinzu, dies gelte freilich nicht für unbelehrbare Ketzer und aus Böswilligkeit gegen die von Gott gewollte Obrigkeit vom rechten Glauben Abgefallenen; Hebräer und Sarazenen hingegen stünden fortan unter seinem besonderen Schutz.
So habe er denn dem Heiligen Vater – und hier wandte er sich mit gnädigem Lächeln Honorius zu, der offensichtlich wie auf glühenden Kohlen stand – zweierlei zugesichert: Als erstes, er werde all jene Ketzer, die Aufruhr in seine Lande trügen, die ganze Schärfe des weltlichen Schwertes fühlen lassen. Und – so fuhr er nach kurzer

Pause, in der man eine Feder hätte zu Boden fallen hören können, beinahe gleichgültig fort – zum anderen gelobe er hier und jetzt mit feierlichem Eid den schon vormals mit Seiner Heiligkeit Innozenz vereinbarten Kreuzzug im nächsten Jahr zu beginnen. Er gedenke einen Teil des Heeres bereits im März nach dem Heiligen Lande einzuschiffen; er selbst werde dann im August nachfolgen. Dies wäre schon eher geschehen – versagte er sich nicht, mit hintergründigem Spott anzudeuten –, hätten nicht obskure Elemente unter der Geistlichkeit ihn daran gehindert, indem sie Unfrieden in seinen Landen säten und seine Gegner ermutigten.
Da gab es lange Gesichter. Nur wenige der Herren fühlten sich wohl bei der Aussicht, neben persönlichen Mühen und Gefahren auch noch beträchtliche Opfer an Geld und Gut für die Ausbreitung des wahren Glaubens auf sich nehmen zu müssen. Nicht wenige Kardinäle sahen sich durch den Entschluß des Kaisers, mit dem er ihnen die Argumente gegen ihn, den sie heimlich als Ketzer verteufelten, aus dem Munde nahm, ihrer schärfsten Waffe beraubt. Immerhin, Herr Hugolin, Conte di Segni, Kardinalbischof von Ostia, war gar flink mit dem Kreuz zur Stelle, um es Friedrich unter dem brausenden Beifallsgeschrei des Volkes eigenhändig auf die Schulter zu heften.
Indem ich betroffen zuschaute, empfand ich den Vorgang wie einen Stich ins Herz; glaubte ich doch zu wissen, wie Friedrich über die Kreuzzüge dachte. Hatte mein hoher Gebieter sich nun doch den Machenschaften der Kurie unterwerfen müssen? Waren die Verhältnisse, vor allem in den deutschen Landen, nicht schon verworren genug, die Landesherren kaum noch in der Lage, einen Anschein von Recht und Ordnung aufrechtzuerhalten? Lagen die Äcker nicht großenteils brach, weil ihre Bebauer in fernen Wüsteneien verdorben und gestorben waren? Wie würde es erst aussehen, wenn angeblich Irrgläubige zu Tausenden gehenkt, geköpft, gepfählt, gebrannt oder doch von Haus und Hof gejagt zur höheren Ehre Gottes, die noch übrigen tüchtigen Männer nach Palästina verschickt und in mörderischen Schlachten aufgerieben wurden? Als flüchtige, jedoch Entsetzen erregende Vision sah ich wild wuchernde Wälder, verödete Felder, verlassene Dörfer, verfallende Städte vor mir und die Elendsscharen der Verwaisten. Ob Friedrich Roger das nicht auch erkannte?
Jählings wurden meine Gedanken auf das Nächstliegende gelenkt. Die Menge geriet in Bewegung, drängte sich gegen die Absperrseile. Der

entscheidende Augenblick war da, denn der Kaiser kam die Stufen vom Portal herab und schritt, begleitet von seiner Gemahlin und Herrn Konrad gemächlich der Stelle zu, an der ich stand, während Seine Heiligkeit, vor der Kirche verharrend, ihm mit undeutbarem Gesichtsausdruck nachblickte. Wußte er –? Wußte er nicht?
Von beiden Seiten wurden Friedrich Bittschriften zugereicht, die er, kurz hineinblickend, an einen Pagen weitergab, der sie in einen großen Weidenkorb legte. Einige Leute durchbrachen die Absperrung, warfen sich vor dem Kaiser auf die Knie, um ihr Anliegen mündlich vorzutragen. Geduldig hörte er sie an, rief dann auch wohl einen Ritter seines Gefolges herbei und erteilte ihm entsprechende Anweisungen.
Ich ließ mich von der Menge vorwärts schieben, bis ich Paolo Costa nahezu berührte. Wären seine oder Monsignore Guillanos Augen nicht so starr auf den Kaiser gerichtet gewesen, sie hätten mich gewahren müssen. Irgendwer hatte mir die Kapuze vom Kopf gezerrt. Und nun entledigte ich mich auch des Mantels, um mich leichter bewegen zu können. Alle Zweifel und Ängste waren dahin.
Als einer der vorgeblich päpstlichen Garden das rot-weiße Seil zerhieb, Paolo Costa vorwärts stürmte und sich, die Pergamentrolle schwingend, vor Seiner Majestät niederwerfen wollte, erreichte ich ihn mit einem Sprung, packte ihn bei der Schulter, riß ihn herum. Die Bittschrift, ein leeres Blatt, entfiel seiner Hand. Ein Messer blitzte, zuckte gegen meine Brust. Obwohl ich das Panzerhemd unter dem Wams trug, spürte ich den Schmerz. Ich hatte den Mordbuben schonen wollen, nun aber riß ich wie im Rausch das Schwert aus der Scheide, durchbohrte ihn, ergriff sein falsches weißes Haar, fetzte es ihm, während er dahinsank, vom Schädel und schwenkte es triumphierend vor Friedrichs Augen.
Hinter meinem Rücken geschah unterdessen anderes. Die falschen Gardisten wurden durch die Plötzlichkeit des Vorganges überrascht. Als sie sich auf mich stürzen wollten, stand da der Sarazene mit blankem Schwert. Der Anblick Ibn Dawuds mit seinem dunklen, narbigen Gesicht, seinen funkelnden Augen, seiner Haltung tödlicher Entschlossenheit sei so schreckenerregend gewesen – erzählte man sich später –, daß die Verschworenen einen Augenblick zögerten, obwohl Monsignore Guillano aus vollem Halse schrie: »Erschlagt ihn! Erschlagt ihn!«
All das entging mir freilich. Ich stand Auge in Auge Kaiser Friedrich

gegenüber. Sein Antlitz war kalkweiß, sein Blick ernst, wiewohl mit einem sarkastischen Glitzern im Hintergrund, in den meinen gesenkt. Natürlich erfaßte er die Bedeutung des Geschehens sogleich. Ich hoffte auf seinen Beistand, auf ein Zeichen seiner Zustimmung. Indes, er dachte schneller und viel weiter voraus als ich. Ohne ein Wort setzte er seinen Weg fort, schaute sich nicht einmal um.

Inzwischen waren die falschen Gardisten sowohl als auch der Prälat und Ibn Dawud in dem quirlenden Menschenstrom untergetaucht. Ein päpstlicher Hauptmann mit einigen Trabanten, die mich umringten, trat auf mich zu und forderte mein Schwert. Ich übergab es ihm. Sie verzichteten darauf, mich zu binden, weil ich ein Edelmann war, schlossen sich aber dicht um mich und eilten mit mir im Geschwindschritt durch die uns Umdrängenden. Die meisten Gaffer wußten nicht, was sich wirklich zugetragen hatte. Der oder jener, vermutend, es handele sich um einen Anschlag auf den Kaiser, schüttelte die Fäuste gegen mich. Droh- und Schmährufe wurden laut, jedoch um so seltener, je weiter wir uns vom Ort der Tat entfernten.

Man brachte mich vom Paradiesfeld – später erhielt es den Namen Piazza di San Pietro – nach der Westseite der Basilika, wo Neros Rennbahn gelegen hatte, Caligulas Obelisk noch steht und Petrus am Kreuz gestorben ist, und dort zu einer mit Eisen beschlagenen Pforte. Und siehe, wer wartete dort bereits, den Schlüssel – nicht zum Himmelreich, sondern zur Kerkertür – in der Hand? Mein lieber Bruder in Christo, der Prälat; an seiner Seite ein Kardinal und ein wenig weiter von ihnen entfernt, mehrere päpstliche Offiziere und Sekretäre. Ein solches Aufgebot war mir recht lieb, denn in der alleinigen Gewalt Monsignores hätte ich mich jetzt nicht befinden mögen.

Ein finsteres, jedoch überraschend reinliches Verlies nahm mich auf. Die Tür schlug hinter mir zu. Der Schlüssel knirschte im Schloß. Draußen im leeren Gang verhallten Schritte. Ermüdet, von Hunger und Durst geplagt, wie ich war, warf ich mich auf die Strohschütte nieder. Ich hoffte Schlaf zu finden, aber die Anspannung und Erregung der letzten Stunden wirkten nach. Gedanken wirbelten durch meinen Kopf wie welke Blätter vor dem Herbststurm. Ja, ich war mir bewußt, ein todeswürdiges Verbrechen begangen zu haben, indem ich Blut auf geweihtem Boden vergoß – dies freilich, um eine viel schwerer wiegende Untat zu verhindern. Und Friedrich, mein Gebieter und

Freund, dem ich blind ergeben war – er hatte mich im Stich gelassen. Weder durch Wort noch Blick hatte er zu erkennen gegeben, daß er mein Verhalten billige. Dabei war ich fest davon überzeugt, er wisse alles. Noch stets hatte er die Dinge durchschaut. Warum, in drei Teufels Namen, überließ er mich dann ohne Wimperzucken den Schergen eben jener, die er als seine unversöhnlichsten Feinde kannte?

Langsam klangen Zorn, Enttäuschung und Erbitterung in mir ab. Gewiß – überlegte ich –, er mochte seine Gründe haben, gute Gründe... Durfte er den, wenn auch noch so fragwürdigen Frieden mit Honorius eines unbedeutenden Edelings wegen aufs Spiel setzen, da es ja doch um viel wichtigere, weltbewegende Dinge ging? Nein! Er selbst hatte sich ja soeben erst als den Hüter der weltlichen Gerechtigkeit proklamiert. Forderte er mich jetzt zurück, so mußte er mich vor Gericht stellen und verurteilen lassen. Beließ er mich aber in der Gewalt der Kurie, waren damit den Klerikern die Hände gebunden; weder richten konnten sie mich, noch bestrafen. Indem ich mich so über meine Lage ein wenig beruhigte, fielen mir die Augen zu.

Das Knarren der Tür weckte mich. Ein Wärter trat herein. Er setzte einen Krug Wasser sowie eine Schale mit Brot und kaltem Braten neben mich auf die Fliesen. Auch entzündete er ein Öllämplein, dessen schwaches Licht den Kerker nur unzulänglich erhellte. »Nehmt meinen Rat, Signor, eßt fleißig...« Mit bedeutsamem Blick auf die Mauer, in der es Löcher und Ritzen gab: »Die Ratten – versteht Ihr?« Zu mehr ließ er sich nicht herbei, sondern ging, so wortkarg gleichgültig, wie er gekommen war.

Tage und Nächte verstrichen. Es wurde kälter. Die Novembernebel drangen durch den schmalen Spalt, der – hoch über mir – mich ein winziges Stück des Himmels sehen ließ, und schlugen sich als glitzernde Feuchtigkeit am Mauerwerk nieder. Nach und nach schwand meine Hoffnung auf baldige Befreiung. Was taten die Freunde für mich? Nun ja, Jörg konnte nichts unternehmen. Ich befürchtete sogar, er werde sich womöglich zu irgendeiner Dummheit hinreißen lassen. Ibn Dawud? Auch nicht; so wenig wie Umberto... Aber der Kyburger? Die beiden Conti? Ermins Worte nagten an meiner Zuversicht, schlimmer als die Ratten an meinem Brot. Mittlerweile waren die Tiere so zutraulich geworden, daß sie geduldig dabeisaßen, wenn ich aß; die Reste nahmen sie aus meiner Hand entgegen. Ermin hatte gesagt: »Fürstengunst ist Schall und Dunst! Hilf dir selbst, dann hilft dir Gott!« Aber Ermin war ja noch ein halber Heide.

Ich flüchtete mich in Träume. Bisweilen holte ich das Kästchen mit den Rosen hervor, die, zwar zerdrückt und vertrocknet, dennoch einen Hauch ihres Duftes bewahrt hatten. Atmete ich den Geruch ein und schloß die Augen, dann hob sich Liesels keckes Gesichtchen aus dem Dunst der Vergangenheit. Ich sah einen Pfad im herbstlichen Habichtswald vor mir, sah meines Vaters Burg in ihrem Efeumantel und mit der rostigen Wetterfahne auf dem Bergfried, sah meinen Vater, hochgewachsen und fröhlich in zerbeultem Harnisch und Eisenhaube. Und das Herz war mir wie ein Stein, dachte ich daran, daß er dasselbe erlitt wie ich, und nun schon so schrecklich lange. Auch er mochte auf Herrn Ottos Hilfe gehofft haben – vergebens; der Welfe war tot.

Und was hätte ich für ihn tun können? Herrn Friedrich waren die Hände gebunden; das sah ich ein. Blieb nur noch Gott – der Unbekannte, von dessen Gnade und Barmherzigkeit die Pfaffen redeten, als wüßten sie ganz genau – worüber. Indes, der Gott der Kirche, der Gott meines Kinderglaubens, der gütige, gerechte Vater über den Wolken, ein Gott nach Menschenmaß, ER war nicht länger mein Gott – nein! Allzu vieles, allzu Schreckliches hatte ich gesehen, erlebt, durchlitten, was durchaus nicht im Einklang stand mit seinem Bild in der Kirchenlehre.

Vielmehr leuchtete mir ein, was Herr Roger, der Klausner, einstens darüber gesagt. Er hatte mir Fragen gestellt: »Weißt du, Junge, was dir Leben gibt? Was alle Dinge beseelt, was in allen Tieren, Pflanzen und auch in uns Menschen wirkt? Vernimmst du nicht, ist alles rings um dich still, in dir die lautlose Stimme, die dir zum Rechten rät? Ist sie nicht der beste Teil von dir; ist sie nicht der göttliche Geist in allem, was da lebt und webt? Schau an, wie doch alles ineinandergreift nach unveränderlichen Gesetzen, die wir achten müssen, soll es uns wohlergehen auf Erden. Und dieser hohe, weise, nie begriffene Geist, der das Geschick der Welten lenkt, der alles durchdringt, ist ER nicht Gott?«

Irgendwie beruhigte mich diese Vorstellung des alten Häretikers und erfüllte mich den Widrigkeiten des Erdendaseins gegenüber mit Duldsamkeit.

Und dann – schon war Schnee gefallen – brach ein Tag an, da öffnete die Kerkertür sich zu ungewohnter Stunde. Meine Besucher waren der scheinbar unvermeidliche Monsignore Guillano und ein untersetzter Mann in roter Soutane. In ihm erkannte ich zu meinem höchsten Erstaunen Herrn Hugolin, den Kardinalbischof von Ostia. Noch mehr verwunderte mich, daß er in fließendem Deutsch mit mir zu reden begann. Sein ein wenig dickliches, mehlfarbenes Gesicht strahlte eitel Wohlwollen aus.

»Gott zum Gruß, Herr von Kahlenberg! Wir hoffen, die Zeit ist Euch nicht allzu lang geworden?«

Ich antwortete nicht.

»Nun ja, Wir hörten, daß Ihr ein frommer Ritter seid. Wer im Herrn ruht, findet Kraft und Geduld im Gebet, nicht wahr? Gewiß begreift Ihr, daß Euer Vergehen, so gut Ihr's gemeint haben mögt, gewisse Aspekte hat, die es Uns nicht leicht machen, ein gerechtes Urteil zu finden...«

»Nichtsdestoweniger aber strafwürdig ist!« fiel ihm der Prälat giftgeschwollen ins Wort.

An einem Zucken der Augenlider erkannte ich, wie übel der Kardinal den Einwurf aufnahm, obschon man seiner Miene sonst nichts anmerkte.

»Schafft mir den Mordbuben aus den Augen, Eminenz!« sagte ich scharf.

Herr Hugolin zog die Augenbrauen zusammen.

»Einem Gefangenen unter Mordanklage geziemt nicht...« fuhr er mich heftig an, besann sich indes sogleich und säuselte, listig schmeichelnd: »Aber, aber, Herr von Kahlenberg, mäßigt Euch. Demut ziert den wahren Christen. Bruder Guillano ist ein frommer Mann, ein getreuer, überaus nützlicher Diener unserer Mutter Kirche. Ihr seht – dünkt mich – sein Verhalten in einem ganz falschen Licht, verkennt seine Motive. Indem Ihr ihn verdächtigt oder gar verleumdet, begeht Ihr eine neue Sünde. So kommen wir nicht weiter...«

»So entfernt ihn. Mir wird übel bei seinem Anblick!«

In der Tat wandte der Prälat sich auf einen Wink Herrn Hugolins zur Tür, nicht ohne einen haßerfüllten Blick über die Schulter auf mich. Nachdem er gegangen war, sagte ich schroff: »Ihr sprecht von Frömmigkeit und christlicher Gesinnung... Im Buch der Bücher steht geschrieben: An ihren Taten sollt ihr sie erkennen! Daran halte ich mich. Was immer Ihr mit mir im Sinn habt, sagt es hier und drückt Euch so klar aus, daß es vor Gott bestehen kann. Wiewohl ich...

Vergebt einem einfältigen Edelmann! Wiewohl ich nach allem, was ich in Rom sehen und erleben mußte, Zweifel hege, ob Ihr dazu imstande seid.«
Der Kardinal schluckte, senkte ergeben den Blick: »Der Geist ist willig, aber das Fleisch ist schwach! Ich versuche Euch zu verstehen, Euch eine Brücke zu bauen ... Laßt mich ein wenig weiter ausholen. Ihr solltet ja eigentlich ein Ordensmann werden, nicht wahr? So war es bestimmt, wenn ich recht unterrichtet bin. Euer unbedachter Entschluß, beeinflußt möglicherweise durch gewisse Häretiker, hat Euch um ehrenvolle, sorgenfreie Zukunft gebracht. Bei Eurer Begabung hätten Euch die höchsten Ränge offengestanden.«
»Und wer sagt Euch, Eminenz, daß mir dergleichen Ehren etwas bedeuten? Sind uns Rang und Reichtum, ist nicht selbst unser Geist uns nicht nur auf Zeit verliehen? Oder glaubt Ihr, wenn Gott Euch zu sich ruft, Ihr könntet den Himmel in der Purpurtoga des Kardinals betreten? Könnt Ihr das Gold, das Euch im Erdenleben zuteil geworden, mit auf die letzte Reise nehmen? Heißt es nicht, vor Gott sind alle Menschen gleich? Nun also, mich dürstet nicht nach Ruhm und Besitz, noch nach Rang und Ehren. Meine Sorge, Eminenz, gehört meinem Land und dem Volk, dem ich entstamme ...«
»Euch bietet sich noch eine Gelegenheit«, drängte der Kardinal. »Euer Vater blieb uns in gutem Angedenken und ...«
»Mein Vater? Nun ja – zu redlich, zu gutgläubig für diese Welt! Wie ließe dem Höchsten sich besser dienen als an dem Platz, den er uns durch Geburt und Herkunft zugewiesen? Am eigenen Herd findet der Christenmensch mehr zu richten, denn als irrender Ritter vor den Toren einer fernen Heidenstadt.«
Jetzt ließ Herr Hugolin seinem Unmut die Zügel schießen: »Die Entscheidung darüber, Herr von Kahlenberg, sollte doch wohl dem Stellvertreter Gottes auf Erden überlassen bleiben, nicht wahr? Ich sage nochmals: Ihr habt noch eine Gelegenheit. Kehrt in den Orden zurück, tut Buße, und Eurem Fortkommen soll nichts im Wege stehen.«
Die Geschichte von der Versuchung Jesu auf dem Berge Tabor, wie sie im Evangelium Matthäi überliefert ist, kam mir in den Sinn: »Und Satan sprach zu ihm, das alles will ich dir geben, so du niederfällst und mich anbetest ...« Und so lag mir tatsächlich das »Apage Satanas!« unseres Herrn Jesu auf der Zunge. Ich bezwang mich jedoch, denn so

einfach wurde es mir hier nicht gemacht. Ich mußte die Belange Kaiser Friedrichs bedenken.

»Ich will es mir durch den Kopf gehen lassen«, zeigte ich mich fügsam. »Der Herr erleuchte mich!«

Nun wieder wohlwollend lächelnd, segnete mich die Eminenz.

»Der Herr gab Euch Verstand. Seid dankbar. Gebraucht ihn, Bruder Anselm, und des Himmels Segen wird Euren Erdenwandel sänftigen.«

Danach verließ er mich, dem Anschein nach auf das höchste befriedigt. Ich, freilich, den gelehrt worden war, ein rechter Mann müsse allzeit freien Mutes und aufrichtig sein, redlich im Herzen wie in Wort und Tat – ich also kam mir ungemein schäbig vor, ja, geradezu verworfen, weil ich, wenn auch nur dem Anschein nach, zu Kreuze gekrochen war. Das Böse schien hier wie eine ansteckende Krankheit in der Luft zu liegen.

Zwei weitere Tage verstrichen, ohne daß Außergewöhnliches sich begab. In der dritten Nacht, etwa um die zwölfte Stunde, weckte mich das Klirren des Türschlosses. Fackelschein flackerte über die feuchten Mauern. Als mein Auge sich an das Licht gewöhnt hatte, sah ich Ibn Dawud in der Tür stehen. Ich fuhr von meinem Lager auf, ungläubig noch. Ein knappes Lächeln huschte über seine hölzernen Züge. Er reichte mir mein Schwert – Gott weiß, woher er es genommen. Warnend hielt er den Zeigefinger vor die Lippen und bedeutete mir mit einer Kopfbewegung, ihm zu folgen. An der Pforte, durch die wir auf den Plan des einstigen Circus Neronianus hinaustraten, harrten unser drei mir bekannte Männer aus Jörgs Hundertschaft sowie ein Beamteter der Kurie. Dieser nahm, nachdem Ibn Dawud Kerkertür und Pforte verschlossen hatte, die Schlüssel entgegen, machte das Zeichen des Kreuzes und tauchte gleich einem Schemen in das Dunkel. All das geschah ohne Worte.

Die Nacht war finster und stürmisch. Zerrissene Wolken flogen wie Schwärme von Riesenvögeln oder ein Heer geisterhafter Reiter am Himmel dahin. Ich mußte an Wode denken. Tief sog ich die feuchte Luft ein. Nun erst wurde mir bewußt, wie sehr ich unter der Enge und Dumpfheit des Kerkers gelitten hatte. Ebenso rasch wie leise schritten wir den Hang des Vatikanischen Hügels hinab zum Tiberufer. Wind harfte in Weidenbüschen und Platanen. Zwischen den ärmlichen Lehmhütten, die sich um das Paradiesfeld scharten, regte sich nichts. Lauernd, gleich einem gigantischen Ungetüm, kauerte der mächtige

Rundbau des Castel Sant'Angelo, einst Grabmal Hadrians, über flachen Schilfdächern. Unter dem Ponte Sant'Angelo, der von der eigentlichen Stadt nach den Horti Domitiae hinüberführt, wartete ein Boot mit sechs Ruderern. Noch immer schweigend und jedes Geräusch vermeidend, kletterten wir die steile, steinige Uferböschung hinab und nahmen in dem Nachen Platz. Gleich darauf glitt er auf der blanken, metallisch schimmernden Wasserfläche wie ein Schatten stromab.

29.

Der erste Blick auf die im Abendsonnenschein goldgelb und sattgrün leuchtende Küste benahm mir den Atem. An den Besanmast gelehnt, starrte ich hinüber, bis mir die Augen tränten. Alle meine Träume vom Garten Eden schienen hier zur Wirklichkeit geworden.

Pietro, der Schiffer der Felukke, der mit solcher Leichtigkeit und Grazie zu mir trat, als befänden wir uns auf einem Ententeich und nicht auf stürmisch bewegtem Meer, nannte mir die Namen der berühmten Landmarken, die den Golf von Neapel bezeichnen. Zur Linken, südlich von einem Strich flachen, grünen Landes, das der Volturno durchfließt, erhob der Monte Barbaro sich aus den hügeligen, mit Weinäckern und Kastanienwäldern bedeckten Phlegräischen Feldern. Ihm vorgelagert lag die anmutige Isola Ischia mit ihrem Vulkan Epomeo – die Affeninsel, wie sie einst von den Griechen genannt worden war.

Wir segelten dicht unter ihrer Südküste hin, am Kap Punta Sant' Angelo vorüber, weil unser Marinaio Pietro meinte, der Wind werde umschlagen, und deshalb nicht gewagt hatte, die enge Straße von Procida zwischen Insel und Festland zu durchfahren. Gerade voraus, zwischen den Höhen von Solfatara, Agnano, Camaldoli und dem gegen Süden mächtig aufragenden, in violetten Farbtönen vor dem lichten Himmel stehenden Feuerberg Vesuv, dessen doppeltem Gipfel eine weiße, rosig angehauchte Rauchwolke entquoll, breitete die Stadt sich mit ihren gelben, im Abendsonnenschein rosenfarbenen, flachdachigen Tuffsteinhäusern, eines hinter dem anderen sich türmend.

Weit zur Rechten, südlich vom Vesuv und zu Füßen der Monti Lattari, umsäumt von grellem Grün, zogen, nur als weiße Flecken auszumachen, sich die Fischerorte Castellamare und Sorrent wie Schaum der

Meeresbrandung hin. Noch ferner seewärts, lag, schimmernd wie Kupfer mit purpurnen Schatten, Capri – die Felsensphinx. Schwärme silberweißer und rabenschwarzer Vögel kamen vom Lande her, wirbelten über dem Kielwasser kreischend durcheinander und folgten dem Schiff in der Hoffnung auf Beute. Je mehr wir uns dem Hafen näherten, desto deutlicher traten Mauern und Türme hervor, ein Mastenwald unzähliger Schiffe, Kastelle auf den Höhen, Palmen und Pinien am Strande entlang, die Lateinersegel kleiner, bunt bemalter Fischerboote. Nicht satt zu sehen vermochte ich mich.

Zwar fuhr ich nicht das erste Mal zur See, aber jene winterliche Fahrt über die graue, stille, von Nebeln überschleierte nordische See nach Odense, zum Hof König Waldemars, ließ sich durchaus nicht vergleichen mit dieser Reise. Auch jetzt stand der Winter vor der Tür. Er kündigte sich mit heftigen Stürmen an. Gleich einem bockenden Pferd hatte die kleine Felukke, die mir der Kaiser nach Ostia geschickt, sich über die Rücken der weißmähnigen Rosse Neptuns geschwungen. Furcht kannten unsere napolitanischen Seeleute nicht. Fröhliche Zurufe, begleitet von Gelächter, Scherzen und Liedern, lenkten das Schiff. Damals, in Hardehusen, hatte ich heimlich, mit heißen Wangen, von den Abenteuern des Helden Odysseus gelesen. Und nun erlebte ich die Urbilder des blinden Sängers Homer in ihrer lebendigen Leiblichkeit. Nicht Schranke war das Mittelmeer ihnen, sondern Straße zu märchenhaften Fernen.

Schon sank der glutrote Sonnenball unter den Horizont, als die Felukke in den Veccio Porto einlief. Unter lautem Jubelgeschrei wurden die beiden großen Lateinersegel an ihren langen Rahen heruntergenommen und eilends beschlagen. Der Handels- wie auch der Fischerhafen waren dermaßen mit Schiffen und Booten vollgepackt, daß ich meinte, einen Wald kahler Bäume vor mir zu sehen. Auch für unser Fahrzeug fand sich kein Liegeplatz mehr am Molo Angioino. Aber was kümmerte das Pietro? Er selbst übernahm das Steuer und ließ die Felukke langsam ausgleiten, bis sie sich neben einen hochbordigen Kauffahrer legte und an ihm festgemacht wurde.

Von Bord zu Bord über die Decks der nebeneinander vertäuten Schiffe kletternd, gelangten Ibn Dawud und ich auf den Kai. Jubel, Trubel, Gelächter, Lieder, Flüche – all das in einer Sprache, die nur mehr wenig mit dem mir gewohnten Italienisch gemein hatte – brandeten an mein Ohr. Verwegen aussehende Gestalten – Männer mit triefenden

Fischkörben auf den Schultern, mit Netzen, Säcken, Weinschläuchen, Kisten und Kasten hantierend, tummelten sich zwischen Speichern und Kränen. Viele von ihnen trugen rote Mützen oder bestickte Stirnbänder um das lackschwarze Haar, blinkende Ringe im Ohr, Messer im Gürtel. Zwischen ihnen Weiber, alte und junge, glutäugige Schönheiten, farbenfroh gewandet wie jene buntfiedrigen seltenen Vögel aus dem Morgenland in Kaiser Friedrichs Menagerie; Horden von Kindern in allen Hautfarben zwischen kastanienbraun und ockergelb, flink wie Wiesel, mit Lumpen nur notdürftig bekleidet; struppige Hunde, gierig nach Abfällen schnüffelnd; Ziegen; dicht über die Köpfe hin mit mauzendem Klageschrei Schwärme von Möwen... Bunt bemalte, zweiräderige Karren, jeweils bespannt mit einem schwarzen oder grauen Eselchen, wurden unter ohrenzerreißendem Lärmen beladen oder entleert.
Ich erklomm einen Stapel Kisten, um einen Überblick zu gewinnen. Auf dem wuchtigen, altersgrauen Castel dell'Ovo, das trotzig wie eine geballte Riesenfaust vom Palmenstrand Santa Lucias ins Meer hinausragt, wurde die Flagge des Königreiches Neapel eben jetzt eingeholt. Ein feiner Dunst stieg vom Wasser auf. Die engen, schluchtartigen Gassen des Quartiers Basso Porto, gleich hinter der Via del Piliero, füllten sich mit rauchigen, lavendelfarbenen, von flackernden Lichtern durchzuckten Schatten. Gerne hätte ich mich von Pietro, dem Schiffer, verabschiedet, aber er hatte sich – aus den Augen, aus dem Sinn, wie es die Art dieses Völkchens ist – längst samt seinen Gesellen davongemacht – in die nächste Taverne, wahrscheinlich.
Ibn Dawud winkte mir. Ein kaiserlicher Offizier mit drei Bewaffneten war zu meinem Schutz abkommandiert. Er sah prächtig aus in seinem bestickten Wams, viel vornehmer als ich; meine Kleider hatten infolge der Kerkerhaft gelitten. Höflich verneigte er sich und fragte, ob ich reiten oder zu Fuß gehen wolle; es sei nicht weit. Zu Fuß, natürlich! Am liebsten wäre ich für mich allein durch das Menschengetümmel geschlendert, denn ein starker Reiz ging von diesem brodelnden südlichen Leben aus. Freilich, die Sprache des Volkes, die würde ich wohl erst noch erlernen müssen.
Ein Labyrinth verschlungener, winkliger Gassen nahm uns auf. Bald durchschritten wir finstere Gänge, Durchschlüpfe, Torbogen, Höfe, bald stiegen wir schmale, steile Treppen hinan. Wir kamen an Kirchen vorüber, aus deren geöffneten Türen frommer Chorgesang ertönte.

Trattorien, Osterien, Tavernen, Spelunken aller Art befanden sich jedoch in der Überzahl und die Klänge und Düfte, die ihnen entströmten, hatten nichts mit Kirchenliedern und Weihrauch gemein. Obwohl schon winterliche Kühle herrschte, beengte die dumpfe, warme Backstubenluft zwischen den Tuffsteinmauern mir die Brust. Zuletzt aber traten wir auf einen mit Lavendel- und Lorbeersträuchern bewachsenen Hang hinaus, auf dessen grasigen Flächen Ziegen weideten. Und ich erblickte auf der Höhe ein burgartiges Bauwerk, düster und drohend, ein Sinnbild herrscherlicher Macht – das Castel Capuano, Kaiser Friedrichs Residenz.

Der Wachhabende sowie auch die Posten am Tor sahen mich neugierig an, ehrerbietig – ja, aber doch auch irgendwie befangen. Mir wurde ein wenig mulmig zumute. Ich ahnte ja nicht, daß ich inzwischen zu einer Berühmtheit geworden war – der Gefangene des Papstes, der Mann, der gewagt hatte, auf geweihter Erde einen Menschen zu erschlagen.

Ohne Verzug wurde ich zum Kaiser geführt. Friedrich Roger saß, von zwei Kerzen beleuchtet, an einem langen, mit Karten, Büchern und Schriftstücken bedeckten Tisch inmitten der weiträumigen, im Dunkel sich verlierenden Halle. Flüchtig erfaßte mein Blick das Blinken farbenreicher Wappenschilde am Fries der Wände entlang, gestickte Tapisserien, Gobelins, Waffen, den beschienenen Teil einer kunstvoll geschnitzten Truhe... Und abermals spürte ich die Einsamkeit um den Mann, der sich mit den schönsten Frauen, den klügsten Gelehrten umgab, dem das gemeine Volk zujubelte, den die Großen der Welt umwarben.

Ich kniete bei ihm nieder, stammelnd nach Worten suchend, mit denen ich ihm Dank sagen, mich rechtfertigen wollte. Er indes schrieb emsig weiter, ohne aufzuschauen. Meine Sorge, seine Ungnade erregt zu haben, wandelte sich in Grimm. Ich fühlte mich beschämt ob meiner inneren Unsicherheit. War ich ein Knecht? Mußte ich mich den Launen eines Despoten fügen? Ich wollte ja nicht mehr sein als ich bin, nämlich ein einfacher, immerhin freier Mann, jedoch auch nichts weniger. Diente ich, so diente ich aus eigenem freien Willen...

Friedrich schien meine Gedanken erraten zu haben. Bedachtsam steckte er den Gänsekiel in eine mit Sand gefüllte Schale und wandte mir sein helles, nun schon ein wenig erschlafftes Angesicht zu.

»Na, also, Anselm, da sind wir ja wieder! Du hast mir einen recht dicken Strich durch meine Pläne gemacht...«

»Bald hätte ein anderer diesen Strich ...« begehrte ich zornmütig auf. Er unterbrach mich, um den Mund ein sarkastisches Lächeln: »Anselm, Anselm, halte Maß! Ein Kaiser muß anderes bedenken als das Wohl oder Wehe eines einzelnen ...« Er stockte – »und sei es selbst das eines Freundes. Übrigens – meine Pläne betrafen in diesem Fall dich. Du weißt, der Kreuzzug ist für das kommende Jahr beschlossen?«

»So Gott will, Herr!«

»So Gott will, Anselm! Vielleicht will ER nicht – wer weiß?« Wieder das Funkeln heimlichen Spottes in seinen Augen. »Du sprichst Arabisch wie ein Sarazene ... Anders jedoch als ein Sarazene hast du bei großem Wissen ein kindliches Herz. Höre, Anselm, ich brauche dich, wenn ich ins Heidenland zieh'. Und ziehe ich nicht – Gott könnt' es so fügen –, dann brauche ich dich erst recht.« Er seufzte: »Es soll nicht sein!«

Es soll nicht sein ... Was sollte nicht sein? Kälte kroch mir am Rücken hinauf. Miteins wußte ich: Mein Herz, mein Geist, mein Leib und Leben gehören ihm, nur ihm. Er war ein Teil von mir. Unmöglich, mich von ihm zu trennen! Und doch, hatte ich es nicht beschlossen im Kerkerdunkel? Hatte ich nicht soeben noch daran gedacht? Mein Inneres schien ein offenes Buch für ihn zu sein:

»Warum liebst du mich, Anselm?«

Die Antwort erstarb mir auf der Zunge. Wie sollte ich es ihm sagen, wie es aussprechen? Daß er mir als Mensch nicht mehr bedeutete und nicht weniger als eben – ein guter Freund, als Träger der Krone aber, als Hüter all dessen, was mir das Leben erst lebenswert macht – alles?

»Du vernahmst noch nicht, was ich in Capua zu verkünden gedenke ... Ich und mit mir das Reich sind nach wie vor tödlich bedroht. Zweierlei kann ich tun ... In jedem Fall wird abgründiger Haß gegen mich die Ernte sein. Will ich mein Reich vom Joch der Kirche befreien, muß ich wortbrüchig werden; halte ich die mir abgezwungenen Versprechen, wird man mich als frommen Sohn der Kirche preisen; mit der Macht und Herrlichkeit des Reiches hingegen ist es dann aus und vorbei, das Erbe meiner Väter vertan ...«

»Kommt zurück! Kehrt nach Deutschland zurück, Herr! Dort ist die Heimat Eures Geschlechtes; dort liegen die Wurzeln Eurer Kraft.«

Fast wähnte ich, seine Augen feucht schimmern zu sehen, aber – ein Kaiser weint nicht! Er lächelte melancholisch: »Du irrst, Anselm! Mein Heimatland ist die Welt, ist die Familie der Völker, ist das unendliche Reich des Geistes. Auch trifft deine Meinung darin nicht zu, daß ich als Staufer ausschließlich deutschen Stammes sei. Nein, Anselm, das normannische Blut in mir läßt sich nicht verleugnen. Allein, was bedeutet das schon? Wir haben es mit politischen Gegebenheiten zu tun. Nur von Sizilien aus läßt sich der Anmaßung des Heiligen Vaters Schach bieten – nur von Sizilien aus; das ist der archimedische Punkt. Aber wie kann ich das, solange Streit, Unfriede, der Ehrgeiz eitler Landesfürsten und machthungriger Kleriker an der Kraft des Reiches zehren? Was ist aus König Rogers Erbe geworden? Meine Vasallen haben sich, die Schwäche des Kindes nutzend, zu Selbstherrschern aufgeschwungen. Weder Gesetze noch Rechte achten sie, befehden einander, bedrücken das Volk bis aufs Blut. Wo vormals goldene Ähren reiften, trägt jetzt der Wind die verdorrte Erde fort. Treulose Lehnsmänner vergeuden mit vollen Händen, was meine Ahnen mit Schweiß und Blut erwarben. Unter dem Zeichen des Kreuzes haben gar viele von ihnen gestohlen, geraubt, gemordet... Mit eisernem Besen werde ich kehren müssen. Indes...«

Er sah mich nachdenklich, bedauernd an: »Um Zeit zu gewinnen, hab' ich Honorius gar manches zugestehen müssen – deine Verurteilung, Anselm – unter anderem.«

Ins schier Unerträgliche wuchs in mir die Spannung. Voll ungestümen Trotzes hob ich den Kopf; mein Blick bohrte sich in seine Augen: »So verurteilt mich, Herr! Laßt mich richten...«

Wiederum lächelte er – grausam, dünkte mich.

»Du bist verurteilt, Anselm! Ich verbanne dich... In das Land der Nebel und Schatten, in das Land der Waldgeister und verkappten Heiden verbanne ich dich.«

»Herr!« Ich ergriff seine Hand und küßte sie.

Er entzog sie mir: »Das ist nicht alles, Anselm! In deinem Vaterland ist nach wie vor der Teufel los. Du wirst mein Auge dort sein, mein Ohr, meine Stimme – falls dir Zeit dafür bleibt. Denn auch du, Anselm, mein friedlicher Engel, wirst kämpfen müssen, wirst Blut vergießen, wirst Treulosigkeit mit Treulosigkeit und Grausamkeit vergelten... Sündiges Tun bleibt dir nicht erspart.«

Er ließ eine metallene Kugel in die goldene Schale fallen, die vor ihm stand. Der klirrende Klang lief als wisperndes Echo unter der Decke hin. Ein Page trat ein.

»Den Sachsen!« gebot der Kaiser.

Die Portieren der Saaltür wurden zurückgeschlagen. Ein Mann stand auf der Schwelle. In dem ungewissen Licht erkannte ich ihn anfangs nicht. Erst, als er vor dem Kaiser das Knie beugte, sah ich, wer es war.

»Ermin – du?«

»Ja, Junker Anselm! Ich mußte kommen...«

»Graf–!« berichtigte ihn der Kaiser. Und zu mir sich wendend, förmlich: »Herr von Kahlenberg, in Ansehung der besonderen Verhältnisse in Unserem Reichslehen Kahlenberg, das Unserem Vorgänger, Herrn Otto von Braunschweig, bis zu dessen Hinscheiden unterstand – in Ansehung ferner der Tatsache, daß der bisherige Lehnsträger, Herr Rainold von Kahlenberg, auf unbestimmte Zeit daran gehindert ist, seine Rechte und Pflichten wahrzunehmen, erheben Wir Euch, Anselm von Kahlenberg, ob Eurer Verdienste um Krone und Reich hiermit in den Grafenstand und geben das verwaiste Lehen Eures Vaters mit allen Rechten, Privilegien und Pflichten in Eure Obhut... Worin diese Rechte und besonders die Pflichten bestehen, werdet Ihr selbst ermessen, sobald Ihr den Bericht dieses Mannes hier angehört habt...«

Tausend Gedanken, unzählige Fragen wirbelten mir durch den Kopf. Ich wollte ihm danken, wollte mich ihm zu Füßen werfen, aber unnahbar nun, erhaben, gleich einer Sphinx nicht zu durchschauen, wies er mich mit einer Handbewegung zurück.

»Ferner liegt Uns hier ein Dekret Seiner Heiligkeit, des Papstes Honorius, vor, demzufolge die Euch wohlbekannte, einer morganatischen Ehe des toskanischen Grafen de' Ricci mit einer ungenannt bleibenden Dame des damaligen kaiserlichen Hofes entsprossene Jungfrau Elisabet, alias Freifräulein von Falkenhorst, durch ihren Vater ohne Einschränkung der ihr hieraus erwachsenden Rechte anerkannt worden ist, was von Uns im Einvernehmen mit Seiner Heiligkeit bestätigt wird. Da Conte de' Ricci infolge seiner Pflichten gegenüber Krone und Reich nicht in der Lage ist, die Obliegenheiten seiner Vaterschaft zu erfüllen, seid Ihr, Herr von Kahlenberg, von Uns beauftragt und ermächtigt, die Belange der Contessina de' Ricci nach bestem Wissen und Gewissen wahrzunehmen, sie zu beraten, ihr Gut und Leben zu beschirmen und ihrem Willen gemäß zu handeln...«

So etwa lautete, was ich aus dem Munde Seiner Majestät an jenem Abend zu hören bekam, was aber nur erst nach und nach in mein Bewußtsein drang. Ermin, inzwischen grau geworden, bis auf die

Knochen abgemagert und offensichtlich körperlich und geistig erschöpft, stand nur so da, offenen Mundes, mit herabhängenden Armen.
»Hauptmann Giorgio wird Euch heimgeleiten, mit so vielen Gewappneten, wie er für erforderlich hält. Vergeßt auch ja nicht, die Euch vorgeschriebene Anzahl Reisiger samt Rüstung und Rossen für den Uns auferlegten Kreuzzug aufzubieten und fristgemäß in Marsch zu setzen. Gott mit Euch, Graf von Kahlenberg!«
Mit diesen Worten entließ Friedrich Roger mich und ich meinte – oder täuschte ich mich? – für einen Augenblick das warmherzige, gütig spottende Lächeln in seinen Augen aufblitzen zu sehen.

30.

Als Kind hatte ich erzählen hören, ein Kaiserbote habe den Weg von Braunschweig nach Neapel in sechzig Tagesritten zurückgelegt und dabei drei Pferde zuschanden geritten. Fürwahr, seine Rosse müssen mit Flügeln versehen gewesen sein, wie der Pegasos. Regenfluten und Schneestürme müssen jenen Reiter ebenso verschont haben wie die raubgierigen lombardischen Gebirgler oder die von Erpressungen lebenden Zöllner und Vögte, denen die Gunst ihrer jeweiligen Ritter oder Grafen mehr gilt als ein kaiserlicher Geleitbrief.
Auch muß er geritten sein wie der Vogel fliegt, geradenwegs über vergletscherte Kämme und durch Schluchten, tief wie ein Abgrund der Hölle, ohne die Umwege, zu denen unpassierbare Brücken, Bergstürze, Überschwemmungen oder die läppischen Fehden örtlicher Machthaber den Reisenden für gewöhnlich zwingen; gar nicht gerechnet die verworrenen Besitz- und Lehensverhältnisse in den zahlreichen Herzogtümern, Grafschaften und Marken des Reiches, deren jede auf ihre verbrieften Rechte pocht und sie eifersüchtig wahrt.
Außer dem Geleitbrief des Kaisers besaß ich auch noch ein entsprechendes Schreiben des Papstes, das mich und meine Gefährten der Sorge kirchlicher Institutionen empfahl. Nicht selten aber wurde der eine wie der andere verlacht, denn der Papst ist weit, der Kaiser noch weiter. Dann halfen nur Schwert und Spieß oder ein Schmiergeld aus der Reisekasse.
Am Tage Stephani, gleich nach dem heiligen Christfest, quälten wir uns in einem mörderischen Schneesturm über den Brennerpaß. Die

Nacht hatten wir im Pustertal auf der Trostburg der gastfreien Wolkensteiner verbracht, uns aber durch die warnenden Vorstellungen unserer Gastgeber nicht von der Weiterreise abhalten lassen. Nördlich der Alpen, im Vorland um Innsbruck und auf den Hochflächen bei München, wandelte das Schneetreiben sich zu einem durchdringenden Dauerregen, der die Flüsse hoch anschwellen ließ, so daß Furten unpassierbar, Brücken fortgerissen und weite Teile des Landes zu Sümpfen wurden.

In Nürnberg mußten wir zwei von Jörgs zwölf Gewappneten zurücklassen; die Strapazen des bisherigen Rittes hatten ihre Kräfte aufgezehrt und sie aufs Krankenlager geworfen. Der Vogt der kaiserlichen Burg, ein Graf von Hohenzollern, bot uns Ersatzleute an. Jörg lehnte das ab; er meinte, wir seien Manns genug, uns bis ins Kahlenberger Land durchzuschlagen. Wohl ward uns gestattet, einige unserer maroden Pferde gegen frische auszutauschen.

Der zweite Sonntag nach Epiphanias fand uns im Warmetal, nördlich von Kassel. Hier wurden wir von einem so starken Schneefall überrascht, wie er seit Menschengedenken – behaupteten die Bauern – nicht mehr erlebt worden war. Wie mit Mulden schüttete es vom Himmel. Binnen weniger Stunden lag der Schnee so hoch, daß er den Rossen bis an die Kruppe reichte. Das überforderte selbst Chaleels Kräfte. Jeder Reiter führte ein Handpferd mit sich. War bis zum Donauübergang bei Regensburg nur einmal in zwei Tagen das Pferd gewechselt worden, so mußte dies jetzt alle paar Stunden geschehen. Nun aber brach Chaleel in einer besonders hohen, zähen Schneewehe zusammen. Viel Mühe kostete es uns und manch gutes Wort, ehe wir den Hengst wieder auf die Beine brachten. Auch wir Menschen waren am Ende unserer Kräfte. Ermin, der Unverwüstliche, ließ sich in den Schnee sinken und stand nicht wieder auf. Er sah einem Sterbenden gleich. Und hätte ich nicht Jörg und Ibn Dawud bei mir gehabt, hätte ich mich nicht für sie alle verantwortlich gefühlt, ich würde es ihm vermutlich nachgetan haben.

Nicht nur die blendende Schneewüste ringsumher war es, die kräfteverzehrende, benommen machende Schneeluft, auch nicht so sehr die körperliche Erschöpfung infolge des langen, eiligen Rittes, was mich niederdrückte, als vielmehr der allgemeine trostlose Zustand des Landes, die Not der Menschen, ihre verwüsteten Äcker, die rauchenden Trümmer ihrer Heimstätten.

Seit meiner Reise nach Braunschweig vor zwei Jahren hatte all das sich noch verschlimmert. Die Hungernden waren zu Wölfen geworden, selbst Frauen und Kinder. Sie raubten, sie plünderten, sie mordeten, wo immer die Gelegenheit sich bot. Nicht um Geld ging es ihnen, sondern um Brot und Fleisch. Sie nährten sich von den Leichnamen ihrer Opfer. Mit Grausen sah ich bisweilen zerstückelte Leiber am Wege liegen, dicht daneben ein erloschenes Feuer mit abgenagtem Menschengebein. Des Nachts bargen solche Kannibalenhorden sich in den Ruinen verlassener Gehöfte, um am Tage einen jeden anzufallen, der schwächer war als sie.

Selbst die Burgen boten nur mehr wenig Schutz, wie mir schien; nicht wenige, an denen wir vorüberritten, schauten aus leeren Fensterhöhlen ins Land. Ein jeder war des anderen Feind. Die bisherige Ordnung war aufgelöst. Wer achtete noch, was unseren Eltern als heilig gegolten hatte? Und indem sie die Grundlagen einstigen Wohlstandes in wilder, eigensüchtiger Gier zerstörten, sprachen sie selber sich ihr Todesurteil. Nicht ohne Groll gedachte ich des Kaisers, der in weiter Ferne die Neuordnung seiner angestammten Erblande betrieb, während hier alles verkam. Ich würde dafür sorgen müssen, daß er sich an diesen Winkel seines Reiches erinnerte.

Obwohl infolge des Schneetreibens keine Landmarken zu erkennen waren, wußte ich, daß wir uns westlich der Warme, unweit vom Bärenberg, befanden und somit bereits auf Kahlenberger Gebiet. Und hätte ich es nicht gewußt, der vertraute Geruch, die eigene Art der Luft, das mit dem Verstand nicht zu Fassende der Stimmung im Habichtswald würden es mir verraten haben.

»Laßt mich hier liegen!« Ermin stöhnte; die Lippen bläulich im weißen Gesicht. »Ich kann dir nicht länger von Nutzen sein, Anselm! Weiß Gott, daß ich's möcht'...«

Aber wir gehorchten seinem Wunsch nicht. Ibn Dawud, von uns allen am kaltblütigsten und umsichtigsten, hatte sich unbemerkt beiseite gestohlen. Jetzt kehrte er aus einem Waldstück zurück, über und über mit Schnee bedeckt, Bart und Wimpern vereist.

»Hört auf mit dem Gejammer!« knurrte er unwirsch einige der Männer an, die auf den Knien lagen und zum Himmel um Errettung flehten. »Der Allbarmherzige hat schon geholfen, obwohl ihr Memmen das gar nicht verdient. Rafft euch auf! Setzt den Herrn Ermin in den Sattel und folgt mir. Dort – wenige Schritte nur durch das Gehölz – da ist ein

Kloster, ein Gehöft oder sonst so was mit Dach und Scheuer. Ich sah Rauch aufsteigen. Auch hörte ich Hunde kläffen...«

Ein Lebenselixier – so wirkten seine Worte. Sie gossen Kraft in ermattete Glieder. Ich fühlte mich beschämt. Wieder einmal erschien der rettende Engel in Gestalt des Sarazenen, den das abergläubische Kriegsvolk einen Heiden nannte. Hätte nicht ich auf einen Ausweg sinnen müssen?

Zwischen den Tannen lag der Schnee nicht gar so hoch. Hingegen herrschte unter den von der Last des Schnees gebeugten Zweigen ein diffuses, nebliges Dämmerlicht, in dem die Stämme schwarzen Säulen glichen. Als wir den Saum des Waldes erreichten, erblickte ich hinter dem Schleier herabsinkender Flocken in einer Senke, die ein jetzt unter der weißen Decke verborgener Bach durchfloß, dunkle Erhebungen, denen Rauch entstieg, sowie auch eine – so schien mir – ziemlich niedrige Mauer. Das Gebell mehrerer Hunde verhallte echolos in der Stille. Rinder muhten. Die Mauer, als wir uns ihr vorsichtig näherten, erwies sich als wenigstens zwölf Fuß hoch; so tief war sie im lockeren Schnee begraben. Auch wir versanken bis zur Brust im Schnee. Zum Glück, muß ich sagen! Denn noch hatten wir die Hälfte des freien Geländes nicht durchschritten, da schwirrten Pfeile dicht über unsere Köpfe hin. Kein Laut sonst... meine Krieger duckten sich hinter ihre Rosse oder sie wühlten sich in den Schnee. Von der Mauer her mochte das so aussehen, als habe die Erde uns verschluckt. Nur der kaiserliche Wimpel an der Lanze, die Jörgs Berittführer trug, mochte von dort drüben her zu erkennen sein. Ich winkte meinen Gefährten, zurückzubleiben, und ging aufrecht zwar, obschon nicht gerade würdevoll, auf die Mauer zu. Gut, daß niemand wahrzunehmen vermochte, wie bänglich mein Herz pochte.

Irgend jemand dort drüben rief: »Halt, bleibt stehen!«

Der heimatliche Klang der rauhen Stimme gab mir Ruhe und Zuversicht zurück. »Im Namen des Kaisers, wer seid ihr?« erkundigte ich mich im gleichen Tonfall.

»Des Kaisers, ha-ha...« Gelächter.

»Na ja, Gottes Trost! Wenn euch das nichts gilt... Ich bin es – Anselm, Graf von Kahlenberg – einer von euch! Wollt ihr mich und die Meinen erfrieren lassen?«

Eine Weile blieb es still. Meine Füße in den italienischen Rehlederstiefeln wurden gefühllos vor Kälte. Dann endlich:

»Herr, wer sagt uns, daß Ihr nicht lügt? Kommt näher, aber allein. Hier gibt es Leute, die Euch kennen sollten.«

Ich stolperte vorwärts, zu müde, zu sehr benommen, vor möglicher Gefährdung noch zu bangen. Einen Steinwurf vor der Mauer nahm ich den Helm ab.

Ein Schrei, schrill, jubelnd: »Er ist's! Er ist's! Heilige Gottesmutter, er ist's! Wahr und wahrhaftig – der Junker!«

Im nächsten Augenblick wimmelte die Mauer von wüsten Gestalten. Sie sprangen herüber, so als enterten sie ein feindliches Schiff, umringten mich, lachten, schwatzten, schüttelten meine Hände, klopften mir den Schnee von den Schultern, wobei sie sich freilich hüteten, allzu laut zu werden. Jörg näherte sich mit seinen Kriegern. Als diese sahen, alles sei eitel Freude und Brüderlichkeit, steckten sie die schon gezückten Schwerter weg. Ermin wurde von vier Männern behutsam fortgetragen. Auch ihn kannten sie, entnahm ich ihren geflüsterten Reden.

Durch ein vom Schnee bis zum Bogen hinauf verschüttetes Tor, das hastig freigeschaufelt wurde, führte man uns in ein geräumiges Haus, eine verlassene Vogtei, die Rosse in einen warmen Stall, wo sie mit Heu und Wasser versorgt wurden. »Morgen beschaffen wir Korn für sie«, versicherte einer der Kerle.

In der Diele brannte auf mächtigem Herd ein Feuer. Die eigentliche Wärme kam aber von den sechs Milchkühen in dem zum Wohnraum hin offenen Stall. Ein paar struppige Hunde umschlichen uns knurrend. Im Flammenschein erschienen mir die wildbärtigen, zerfurchten, von Entbehrungen gezeichneten Gesichter dieser Männer, ihre zerlumpte Kleidung, ihre rostigen Messer, Äxte und schartigen sächsischen Schwerter, ihre ungehobelte, grimmige Redeweise wie Ausgeburten eines Fiebertraumes. Bald spürte ich freilich, sie meinten es nicht nur gut mit uns; vielmehr schienen sie in mir den angestammten Führer und Beschützer zu erblicken. Kaum je zuvor war mir so deutlich vor Augen geführt worden, wie fest verwurzelt mein Vater, ohne daß er es je darauf angelegt hätte, in den Herzen unserer Landsleute war.

»Wir wähnten Euch fern im Süden beim Kaiser«, eröffnete ihr Anführer, ein langer Schlagetot namens Hannes, zwei Köpfe größer als ich, das Gespräch. »Nehmt's nicht krumm, Graf! Wir dachten, der Staufer habe uns in den Sack gesteckt.«

»Er schickt mich«, erwiderte ich, an einem Kalbsknochen nagend.

»Man sagt, der Antichrist in Rom habe ihn zu einem Kreuzzug genötigt. Ist's wahr, sind wir armen Leute den Räubern schutzlos preisgegeben; dann heißt's für uns: Sachs wehr' dich oder stirb!«

»Schon recht, Hannes! Wir werden uns wehren und zwar in Kaisers Namen. Nur dürft ihr nicht alle Edelinge in den gleichen Topf werfen. Ein jeder ist unser, gleich welchen Standes, der hilft, Recht und Gerechtigkeit zu bewahren. Laßt mir Zeit... Ich weiß ja nicht, wie es hier steht.«

Hannes nickte: »Wie könntet Ihr auch? Noch heute schick' ich zur Waldgräfin. Die kann Euch alles erklären, viel besser als ich.«

»Waldgräfin –?«

»Waldgräfin...« Abermals nickte der Lange, grinste breit, so daß sein struppiger Bart sich sträubte. »Ja, so nennen wir sie. Besser sollte man sagen: Elf oder Idise, einer der Waldgeister, von denen mein Urahn erzählte. Bald hier, bald dort, so taucht sie aus den Forsten, ermutigt uns, ruft uns zum Kampf, lindert die Not, tröstet die Verzagten... Ihr werdet's ja sehen...«

An den Wänden entlang hatte man Stroh aufgeschüttet. Das diente den Männern als Lagerstatt. Ich war zu müde für jedes weitere Reden. Die Wärme, der Dunst aus feuchten Kleidern und von ungewaschenen Leibern benebelte mich. Ich streckte mich auf der Strohschütte aus, sah wie im Tran dem Treiben der Waldbrüder zu. Einige flickten an ihren Waffen und Lumpen. Andere würfelten. Manche hockten nur so da und starrten ins Leere; vielleicht gedachten sie ihres vernichteten Hofes, ihrer erschlagenen oder vertriebenen Weiber und Kinder. Ein paar dieser Gesellen umstanden neugierig Jörgs Männer, die sich ächzend und fluchend aus ihren bereits rostenden Harnischen schälten.

Einen der Waldbrüder hörte ich sagen: »Eure Helme und Harnische und Schilde, was taugen die hier? Die Helme hindern euch am Hören und Sehen, die Harnische am Laufen; die Schilde verfangen sich im Gesträuch.« Er meinte, im Kampf gegen die Ritter müsse man listiger sein als ein Fuchs, so flink wie ein Wiesel, grausamer als ein Wolf, behende wie ein wildes Tier im wilden Forst. Wer ergriffen werde, den brächten die Herren auf schaurige Weise zu Tode. Indes, ein Waldbruder sei schwer zu fassen. Ihrer seien jetzt viele und mit jedem Tag würden es mehr. Nur, Gott sei's geklagt, sie müßten zerstreut in den Wäldern leben. An Nahrung mangele es. Zumeist nährten sie sich nur von dem, was sie erbeuteten.

Mir fielen die langen, starken Bogen auf, die mit entspannten Sehnen an den Balken hingen, die langstieligen Äxte, die Wurfeisen an kurzen Ketten. Armbrüste, wie sie seit meiner Kindheit in Gebrauch gekommen waren, gab es nur wenige. Furchtbare Waffen! Für die überkommene ritterliche Kampfweise waren sie nicht gedacht. Wer sich auf Schild, Schwert und Harnisch verließ, dem mußten sie Verderben bringen.
Über Nacht hatte es geweht. Welch ein Glück, denn unsere Spuren im Warmetal waren vom Winde zugedeckt worden. Als ich früh am Morgen die Nase aus der Tür steckte, verhüllten dichte, wässerige Nebel den Talgrund. Die Tannen an den Berghängen zeichneten sich hinter milchigen Schleiern nur als verschwimmende, blaugraue Schatten ab. Wo wir uns befanden, war mir noch immer nicht klar. Meine Streifzüge durch den Habichtswald hatten mich nur selten bis ins Warmetal geführt.
Hannes, indem er neben mich trat, sog schnüffelnd die feuchte Luft ein. »Kein Schnee mehr, Graf!« Er deutete irgendwohin in den Dunst: »Malsburg! Aber die ist zerstört. Die Malsburger sind samt Vieh und Gesind'...« Er fuhr sich mit der rechten Klaue bezeichnend um den Hals. »Gute Herrschaften, Graf! Aber der Stolz hat sie umgebracht, ihr verdammter Stolz. Wir boten ihnen Zuflucht und Schutz. Doch – nein! Ein Malsburger sich gemein machen mit unsereinem? Da verrekken die lieber... Gottes Gerechtigkeit? – Pah! Sprecht mir nicht von Gottes Gerechtigkeit. Die Guten trifft's... Lumpen wie Euer Oheim, die schwimmen wie Fettaugen auf der Suppe.«
Hohenborn sei niedergebrannt – tat er mir kund –, ebenso Siebershausen; von den Listinger Weilern stehe kein Stein mehr auf dem anderen. In dem Örtchen Breuna hausten Paderbornsche Reisige, in Liebenau die Braunschweiger. Warburg werde belagert. Die Junker von Spiegel verteidigten noch immer Burg Desenberg, aber lange hielten sie gewiß nicht mehr stand, da es ihnen an allem mangele...
All das erfuhr ich, während wir am Herdfeuer hockten und magere Hafergrütze verzehrten.
»Und Kahlenberg? Mein Ohm Hendrick?«
Da schwiegen sie. Betretene Gesichter... Von Ermin wußte ich, Ohm Hendrick habe sich mit dem Paderborner Bischof eingelassen; viel Lottervolk habe er an sich gezogen. Im Namen Gottes und der Kirche verübe er Untaten ohne Zahl. Vom Kahlenberger Lehen sei das meiste

dem Bischof überliefert worden – gegen klingende Münze und Absolution.
»Schlimmer als er sind die Junker Johann und Adalbert, Eure Vettern, Graf! Die verschonen keinen...« Hannes schüttelte die Faust. Seine Züge verzerrten sich vor Haß.
»Überlaßt sie nur mir!« Jörg warf sich in die Brust. »Ich bin zwar ein bißchen dumm – mein lieber Herr und Bruder behauptet das jedenfalls –, aber ich wette, die sind noch dümmer als ich. Ich bring's ihnen schon noch bei, wie der Stecken schwimmt.«
Ermin kam zum Herd gehumpelt und ließ sich neben uns nieder. Er hatte sich einigermaßen erholt, doch offenbar schämte er sich seiner Schwäche. Keiner erwähnte seinen Zustand auch nur mit einem Wort. Jedoch – was nun? Was mußte, was konnte ich in solch verfahrener Lage tun? Nach und nach wurde mir klar, mit welch unzumutbarer Aufgabe der Kaiser mich betraut hatte. Brief und Siegel, unveräußerliche Rechte, das Gebot Seiner Majestät, ja, selbst des Heiligen Vaters, was waren sie hier anderes als Schall und Rauch? Zweifelnd betrachtete ich mein Häuflein ermatteter, niedergeschlagener Krieger. Ein ganzes Heer fanatisch entschlossener Männer würde wohl kaum etwas auszurichten vermögen. Freiheit – so lautete jedes dritte Wort, das ich vernahm. Aber nur Recht und Gesetz verbürgen die Freiheit des einzelnen.
Ein Bübchen, kein Dutzend Jahre alt, jedoch bewaffnet mit einem Bogen, länger als es selbst, polterte zur Hoftür herein: »Sie kommt, sie kommt!« krähte der Knirps. Und schon war er wieder fort.
Als sei ein Blitz unter sie gefahren, so sprangen die Waldbrüder von ihren Lagern, strichen sich Bärte und Haupthaar glatt, richteten die Kleider. Ihre verhangenen Augen begannen zu funkeln. Und als die Tür sich abermals öffnete und eine Frau raschen Schrittes in die Diele trat, da grüßte sie ein Willkommensruf aus heiseren Kehlen. Sie ließ den langen, beschneiten Mantel von der Schulter gleiten, starrte für eines Atemzugs Dauer in den schummerigen Raum. Ihre Augen weiteten sich, als ihr Blick mich traf. Im nächsten Augenblick hing sie mir am Hals.
»Anselm, o Anselm!«
Ihre Arme umschlangen mich, knochige, sehnige Arme. Durch das Rehleder ihrer Jacke fühlte ich das Zucken und Drängen ihres mageren Leibes, die weiche Rundung der Brüste. Der lederne Jagdhut war ihr

vom Kopf gefallen. Zwischen feuchten Strähnen rotblonden Haares blickte ich in die vergißmeinnichtblauen Augen, die mir so lieb und vertraut waren wie sonst nichts auf der Welt. Und wenn ihr Gesicht jetzt auch blaß und hager war, so daß die Sommersprossen auf Stirn und Wangen wie Sternbilder hervortraten, erkannte ich doch meine kleine Gesellin darin. Nichts hatten die Jahre gegen sie vermocht.
»Liesel ...« stammelte ich.
Soeben noch hatte es den Anschein gehabt, als sei alle Kraft von ihr gewichen. Nun aber straffte sie sich, hielt mich auf Armeslänge von sich, sagte, halb lachend, halb schluchzend: »Ach, Anselm, ich wußte, du würdest kommen, wenn Not am Mann ist. Haben meine Blumen dich hergeführt?«
»Des Kaisers Befehl ...«
»Ah – bah, der Kaiser ... Dein Friedrich! Wo ist er? Was tut er für uns? Weiß er, wie es hier zugeht?«
»Er weiß es. Deshalb schickt er mich.«
Ich geleitete sie zum Feuer. Dort hatte man einen wackeligen Schemel für sie bereitgestellt. Männer brachten Hagebuttentee, Hafergrütze, ein wenig kalten Braten; den hatten sie sich offenbar vom Munde abgespart, denn Schmalhans war Küchenmeister und für uns nichts dergleichen abgefallen. Liesel verschmähte den Sitz, ließ sich, mich bei der Hand haltend, auf die Strohschütte sinken, erschöpft von einem langen Marsch durch die Wildnis. Ihre nächste Frage konnte nur von Frauenlippen kommen:
»War deine Hexe sehr schön?«
»Ach –«, wehrte ich ab, nicht wenig verlegen, »laß das ruhen! Das ist eine lange Geschichte. Woher weißt du's überhaupt?«
Sie lachte, so keck, so unbekümmert wie nur je: »Man hört dies und das ... Die Pilger – weißt du? Seelenfroh war ich, als ich vernahm, daß du sie totgeschlagen hast. Und nun bist du hier, Anselm! Und fürder keine verlotterten Krämerdirnen, keine Hexen, kein Herumschwänzeln und Stiefellecken um kaiserliche Füße – dafür sorge ich! Wir hier sollten uns selbst genug sein. Vogelfrei sind wir, verfemt. Wer erwischt wird, den fressen die Raben. Oh, Anselm, Liebster, ich kenne dein Herz. Du allein bist's, auf den wir gehofft haben, auf den wir bauen ...«
Ihre Worte prasselten über mich hin wie ein Wolkenbruch. Was ich ihnen entnahm – denn nicht alles verstand ich sogleich –, versetzte

mich nach und nach in flammenden Zorn. Also wirklich – Ohm Hendrick hatte mit des Bischofs Konsens mehr als die Hälfte der Grafschaft verschachert und seine Truhen mit Gold gefüllt. Mehr noch, er hatte seine Räuberhorden ringsher ins Land geschickt, seine Söhne, meine Vettern, an ihrer Spitze. Auch die Herrschaft Falkenhorst hatten sie sich angeeignet. Als Tante Rosamunde zu Braunschweig gehört, wie ihr Gesinde geschändet, erschlagen, ihr Schlößchen verbrannt, der Blumengarten, ihr ein und alles, verwüstet worden waren, da hatte sie vor lauter Grimm und Gram der Schlag gerührt.
Liesel, damals fast noch ein Kind und zum zweiten Mal verwaist, hatte sich von einem Tage zum anderen dem Nichts gegenübergesehen. Die Erben Kaiser Ottos in Wolfenbüttel waren zu sehr mit eigenen Fehden befaßt, als daß sie sich eines armen Freifräuleins hätten annehmen wollen. Schließlich hatten ein paar frühere Freunde Frau Rosamundes sich gefunden, machtlose Junker und Ritter, die waren mit ihr vor Haus Kahlenberg geritten, Genugtuung zu fordern. Herr Hendrick hatte sie nicht einlassen wollen; seine Söhne waren mit ihren Buschkleppern auf einem Raubzug unterwegs. Von der Mauerzinne herab hatte er Liesel hohnvoll verlacht, mit üblen Worten geschmäht, ihr schließlich einen Platz in seinem Bett angeboten gegen Rückerstattung ihres Erbteils.
»Das reichte mir«, schloß Liesel atemlos. »Gänseschlampe hat er mich geschimpft vor aller Ohren. Die Freunde? Pah–, Anselm, weißt du's nicht? Freunde in der Not gehen hundert auf ein Lot! Oh, gewiß, hätten sie ihm nur ans Leder gekonnt, er lebte nicht mehr. Aber sie konnten nicht. Zu einer Fehde, bei der man Haare läßt und nichts zu holen ist, fehlte ihnen Lust und Geld. Auch mein' ich, Anselm, die Edlen in unserem Land sind müde geworden, zu furchtsam, zu satt, zu bequem, führen sie doch zumeist ihre Fehden schon längst nicht mehr selbst, sondern mit gemieteten Knechten. Was hätte ich tun können? Was blieb mir? Doch nur das gemeine Volk!«
Mit einer Armbewegung umfaßte sie die vom Pferd auf Schusters Rappen gekommenen Waldbrüder, die uns anteilnehmend umstanden: »Die hier! Die wissen, wofür wir kämpfen und leiden; sie unterwerfen sich ihren Bedrückern nicht. Wir brauchen hier keine fremden Herren. Dich brauchen wir, Anselm! Du gehörst hierher. Um wieviel besser stünde es um uns, weilte Herr Rainold, dein Vater, hier oder wärest du der Graf...«

»Aber – ich bin es, vom Kaiser bestellt! Mit allen Vollmachten, Liesel! Kahlenberg ist ein reichsunmittelbares Lehen. Frag' Ermin; frag' Jörg! Diese meine Männer hier sind kaiserliche Reisige.«
Liesel starrte mich mit einem Ausdruck erschreckten Staunens an. »Oh–«, hauchte sie, »ja, dann... Du wirst mich nicht heiraten wollen, nicht wahr? Ein Findelkind wie mich, ohne Rang, ohne Geld und Gut, ohne Anverwandte...« Ihre schönen Augen, so voller Liebe, füllten sich mit Tränen. Sogleich jedoch faßte sie sich: »Ach, Anselm, noch ist's ja nicht aller Tage Abend. Wochen oder gar Monde bleiben uns. Immer und immer werde ich dein sein, Liebster, auch wenn du... Wenn du...« Die Stimme versagte ihr.
Ich schüttelte den Kopf: »Nein, Liesel, ein Findelkind heirat' ich nicht! Mit einer Contessina vermähle ich mich, mit einer lieblichen edlen Frau von hohem Rang und großem Vermögen. Aus ganzem Herzen liebe ich sie. Wir werden an Friedrichs Hof wohlgelitten und von Einfluß sein.«
Das war grausam. Ein drohendes Murren entrang sich den atemlos Lauschenden. Die Männer waren sichtlich bewegt, ihre Blicke feindselig auf mich gerichtet. Liesels Stirn und Wangen verblichen zu kalkigem Weiß. Ein ächzender Laut – mehr brachte sie nicht hervor. Ich schämte mich. Was ein Scherz hatte sein sollen, war zur Ursache bittersten Schmerzes geworden. Ich riß sie in meine Arme: »Hör' mich doch an, Liesel, Herzallerliebste!«
»Nein, nein, es ist ja gut!« Sie stieß mich von sich.
»Hör' zu, sag' ich! Die Heirat ist beschlossen; getraut wird, sobald ich nur einen Priester finde, der uns zusammengibt. Inzwischen... Lies einmal das!« Ich öffnete mein Wams, zog die Dokumente hervor, entfaltete sie mit zitternden Fingern, reichte ihr die gesiegelten Schriftstücke hin. Hannes entzündete einen Kienspan am Herdfeuer und trat zu uns, ihr zu leuchten.
Liesel las langsam, Zeile für Zeile. Das Pergament zitterte in ihrer Hand. Unglauben malte sich auf ihren Zügen, dann Staunen, dann Freude. Plötzlich ließ sie das kostbare Ediktum fallen, schlang die Arme um meinen Hals; das Gesicht barg sie an meiner Brust. Ihr magerer, noch kindhafter Körper zuckte und bebte. »Nein«, wisperte sie, »nein, Anselm, ich kann's nicht glauben! Ist all das wirklich wahr?«
Die Männer schoben sich näher heran, sahen mich argwöhnisch an. Hannes sagte grob: »Was bedeutet das, Graf?«

Es war an der Zeit, sie aufzuklären.
»Eure Waldgräfin«, erwiderte ich mit verhaltenem Jubel, »eure Waldgräfin ist kein Bettelkind – ja, nicht mal ein Freifräulein, wie ihr euch eingebildet habt. Ihr seht hier in ihr die Contessina de' Ricci, Tochter des Grafen von Toskana, und der wird gar bald ein Herzog sein. Alles verbrieft und gesiegelt! Und was mich angeht, Freunde, ich werde sein Eidam sein, sofern die Contessina mich zum Gemahl haben will...«
»Sie will –!« schrie Liesel mit ihrer schrillsten Stimme.
Nachdem Jubel und Heilrufe ein wenig abgeklungen waren, fand auch Jörg die Sprache wieder. Er sah so verdattert aus, als sei ihm ein Geist erschienen.
»Anselm, Graf, Bruderherz, das finde ich wirklich nicht schön von dir! Ich muß dir wohl Glück und Segen wünschen – ja, obwohl du's um mich nicht verdient hast. Das siehst du doch ein, wenn du's dir recht überlegst? Mein Kopf mag ein hohler Kürbis sein, gut... Aber bin ich nicht dein treuester Gesell? Hab' ich nicht zu dir gehalten durch dick und dünn? Und nun das... Nichts von allem hast du mir anvertraut. Heimtückisch hast du's für dich behalten. Wer, zum Teufel, hätt' das gedacht... Du, im Lehen deines Vaters bestätigt; unser Gänseliesel, die freche Kröte, in Wahrheit eine Prinzessin... Einen kleinen Wink hättest du mir ja wohl geben können. Um wieviel leichtherziger wär' ich mit dir heimgeritten. Nein, jetzt macht's mir wahrlich nichts mehr aus, daß ich mit Friedrich nicht ins Heilige Land ziehen kann. Und natürlich erhalte ich nun auch kein Lehen, wie ich's mir immer gewünscht. Aber was tut's? Ich freu' mich mit dir. Du bist ein Glückspilz, Anselm! Wo was ist, kommt immer noch was dazu. Glaub' nicht, ich neide dir's – nur... Unsereinem fällt das Brot ja noch immer auf die Schmalzseite, nicht?«
»Oh, du Lümmel!« Ermin entrüstete sich. »Du entlaufener Roßbub, du Rotznase! Dir ein Lehen? Wofür denn? Nur, weil du ein so großes Maul hast und den Herren ins Ohr geblasen, was für ein Held du bist? Ich hätt' dich tüchtiger walken sollen, als noch Zeit dazu war.«
Alle lachten, am herzlichsten Liesel. Sie löste sich sanft aus meinen Armen. Im Handumdrehen wurde aus dem Jüngferlein wieder die Waldgräfin, die Gebieterin. »Steht nicht so herum!« fuhr sie ihre ruppige Gefolgschaft an. »Richtet eure Waffen, pflegt die Tiere, sorgt für Mundvorrat! Wenn das Schneetreiben aufhört, ziehen wir... Das meinst du doch auch, Anselm?«

»Wohin denn?« fragte Hannes.
»Zur Kahlenburg! Darüber beraten wir noch.«
Ein Schauer überlief sie, der nicht nur durch die nasse Kleidung verursacht wurde. Irgend jemand warf trockene Fichtenkloben aufs Feuer. Liesel zog Rock, Hose und Stiefel aus, um die Kleider an der Herdglut zu trocknen. Nun stand sie da, von den Flammen beschienen, barfuß, in ihrem schmuddeligen Leinenhemd; das Haar fiel ihr in zottigen Strähnen auf die Schultern. Es gab mir einen Stich ... Ja, das war sie; das war unser Gänseliesel, die wilde Gespielin meiner Kindheit – ein bißchen größer, gewiß! Ein paar härtere Linien in dem feinen Gesicht, die von Entbehrungen und Sorgen zeugten. Aus der Blässe ihrer Haut traten die neckischen Sommersprosssen, derentwegen ich sie so oft gehänselt hatte, deutlicher hervor. Und doch täuschte mich dieser Aufzug nicht. Im Herzen hatte ich's ja schon immer gewußt, daß sie von edler Abkunft ist. Ängstlich schaute sie zu mir auf: »Gefall' ich dir nicht, Anselm?«
»So, wie du aussiehst?« neckte ich. »Wie eine Bettelmagd. Gerade dacht' ich daran, wie ich dich in Erinnerung habe – im Hemd des Klausners, mit zerkratzten Armen und Beinen, einen Blütenkranz um die Stirn ... Du sagtest damals, eine Prinzessin seist du. Wir haben dich ausgelacht ... Und nun bist du's wahr und wahrhaftig, Liesel! Und mich magst du jetzt wohl nicht mehr, da ich ja nur ein armer Schlucker aus dem Hinterwald bin?«
»Ha–!« sprach sie hoheitsvoll. »Ich beuge mich dem Gebot Seiner Majestät, wenn ich Euch zum Gemahl nehme, Herr Graf!« Und dann lachte sie auf ihre alte übermütige Art, umschlang mich, küßte mich, schwur tausend Eide, viel lieber wolle sie mit mir das Gänseliesel im Habichtswald sein als eine Contessina im goldenen Palast zu Florenz.
»Und kommt erst der Lenz, will ich wieder Blumen um die Stirn winden wie einst, auf das ich dir gefalle, Liebster!« murmelte sie träumerisch.
Drei Tage Glück – die glücklichsten, an die ich mich erinnern kann. Das rauhe, schmutzige Vogthaus mit seinen groben Bewohnern und Scharen von hungrigen Ratten dünkte uns herrlicher als das schönste Schloß. Während noch immer Schnee vom grauen Himmel rieselte und schwarze Krähen frierend auf kahlen Zweigen hockten, erzählte ich von den Wundern des Südens, von marmorweißen Palästen, vom Duft des Lorbeers, von Palmen und blauem Meer.

Ich erwog, eine Botschaft an Herrn Engelbert nach Köln zu schikken, jedoch erschien es höchst zweifelhaft, ob sie ihn in absehbarer Zeit erreiche, ob er geneigt – und wenn ja, dann auch in der Lage sei, hier tatkräftig einzugreifen? Wahrscheinlich nicht. Als Reichsverweser und Vormund König Heinrichs war er auf die Geneigtheit der Bischöfe angewiesen. Und was bedeutete ihm schon die entlegene Grafschaft Kahlenberg? Nein, was hier zu geschehen hatte, das mußte ich selber tun. Und so berieten und überlegten wir denn, wie es gelingen könne, Ohm Hendrick aus meines Vaters Burg zu vertreiben. Hannes zählte an den Fingern her, auf wieviele Waldbrüder ich rechnen könne – an die tausend Mann! Ich glaubte nicht so recht daran.

Versonnen bohrte er sich in der frostroten Knollennase.

»Täuscht Euch nicht, Graf! So viele und mehr hausen gleich wilden Tieren in den Wäldern. Sie alle wollen heim zu Haus und Hof. Sie alle wollen Frieden, Freiheit, Brot. Überdies – unter all jenen, die nicht haben flüchten müssen, die sich wie Sklaven vor den Fäusten ihrer Herren ducken, mag es manch einen geben, der sich zu Euch schlagen wird, sobald Ihr das Banner des Kaisers erhebt.«

»Schön und gut«, brummte Jörg, »und wär's auch ein ganzes Heer, die Burg könnten wir nicht nehmen; – zu hoch die Mauern, zu fest gefügt... Uns fehlen Stein- und Speerschleudern, Sturmleitern, Widder, das Tor zu brechen... Vielleicht würde Feuer helfen... Aber – wollt Ihr Haus Kahlenberg verbrennen?«

Nein, das wollten wir natürlich nicht! Ich brauchte die Feste als Stützpunkt, wenn ich eine Streitmacht sammeln wollte. Und war sie nicht meines Vaters Haus, altehrwürdig, angefüllt mit Erinnerungen an meine Altvorderen? Ermin sagte:

»Schau' nicht zurück, Anselm! Wer über die Schulter schaut, sieht nicht das Künftige.«

»Wo Gewalt nichts frommt, siegt oftmals List«, gab Liesel zu bedenken. »Deine Vettern sind fort, mit ihnen die meisten ihrer Männer, hörte ich. Wir hätten es also nur mit Herrn Hendrick zu tun. Er ist alt, feist und faul geworden, vergnügt sich mit liederlichen Dirnen, Schalksnarren, Gauklern, Spielleuten. Ein Lotterleben führt das Gesindel unter seinem Dach... Wie, wenn ich hineinginge als landfahrende Buhle, heimlich das Tor öffnete, so daß du, Anselm, eindringen kannst und ihn erschlagen?«

»Du –?« Der Schreck fuhr mir in die Glieder. Natürlich kam das nicht in Betracht. Jörgs Augen funkelten vor Begeisterung.
»Ich – Anselm! Ich gehe... Das besorge ich. Und bei allen Heiligen, ich zerhacke ihn wie ein Schwein auf der Leiter.«
Ermin hob die Hand: »Unsinn! Dich kennen sie dort. Du kämst nicht weit... Nein, da müssen wir einen schicken, dumm wie ein Esel von Angesicht, im Herzen aber ein Fuchs...« Er schaute sich fragend im Kreise um.
»Spielmann oder Mönch...« sann Hannes. »Ja, da wüßt' ich schon einen. Das ist ein Gefemter aus dem Forst Hohenborn. Der hat eine Blutschuld auf sich geladen. Er tät's, wenn Ihr ihn ehrlich machtet, Graf!«
Soviel hatte ich vom Geiste Friedrich Rogers bereits in mich aufgenommen, daß mir nur wenig galt, welch Standes einer ist und was immer man ihm zur Last legt. Schenkte man den Pfaffen Glauben, so bestand die Menschheit überwiegend aus Sündern, Ketzern, Heiden, Hexen und Zauberern, aus Geschöpfen des Satans, die es zur Ehre Gottes in die Hölle zu schicken galt. Aber schon das Begebnis mit Paolo Costa hatte mich nachdenklich gestimmt. In den Augen weltlicher Herren hingegen war jeder Bettelmann, jeder entlaufene Knecht, jeder enterbte Bauer, jeder Landfahrer, Mann oder Weib, vogelfrei, ein Galgenstrick, mit dem man nach Belieben verfahren durfte. Wer arm war, verlassen, heimatlos, ohne mächtige Gönner, sei es durch eigene Schuld, sei es durch Schicksalsfügung, der wurde von den Dienern der Kirche wie von Fürsten, Grafen und Rittern ebenso geschunden und verfolgt wie von den Magistraten der Städte. Von christlicher Barmherzigkeit, obschon sie ein jeder der Herren im Munde führte, keine Spur! Der Gedanke daran empörte mich:
»Laßt ihn kommen! Ich seh' auf des Menschen Herz. Sind wir nicht allesamt Gottes Kinder?«
Boten wurden nach allen Richtungen hin ausgeschickt. Hätte man mit den Augen eines Falken auf das Kahlenberger Land hinabgeblickt, so wären dem Späher die Gruppen dunkler Gestalten nicht verborgen geblieben, die sich hier durch den hohen Schnee, dort im Schutz dichter Tannenforsten dahinschlichen, eisbedeckte Bäche oder Flüsse verstohlen und eilends überquerten, in versteckten Lichtungen um ein Feuer lagerten oder in die Hütten eines entlegenen Weilers schlüpften. Von verschiedenen Seiten her strebten diese Horden der Kahlenburg

zu, bis sie sich zu einem Ring gesammelt hatten, ohne daß den marodierenden Paderbornern oder Braunschweigern dies besonders aufgefallen wäre. Allerdings häuften die Überfälle auf Nahrungsmitteltransporte und die Wagenzüge der Kaufleute sich; das schrieb man jedoch der allgemeinen Verlotterung in den deutschen Landen zu.

Hannes behielt recht. Was ich nicht wußte, noch zu hoffen wagte, geschah: Das Gerücht ging im Lande um, der Kaiser habe einen Ritter gesandt, Recht, Ordnung und Frieden wieder aufzurichten; wer guten Sinnes sei, möge sich zu dessen Fahne schlagen. Und wer alles war da nicht guten Sinnes? Junker ohne Land, Ritter ohne Herrn, denen der Hunger aus hohlen Augen schaute, fromme Mönche, denen das wüste Treiben in den Klöstern auf die Seele drückte, Bauern, die sich für den Verlust von Hof und Acker schadlos zu halten gedachten, Hirten, die irgendein Strauchritter ihrer Herde beraubt, ja, selbst Edelinge von Rang und Namen, deren Gewissen sich gegen Rechtlosigkeit und Gewalttat empörte... Sie alle schlossen sich jetzt den Scharen der Waldbrüder an.

Und als Liesel uns nun durch die tief verschneiten Forsten zum Rabenstein bei der Hünenburg führte, wo ich mein Hauptquartier aufzuschlagen gedachte, da hatte ein dichter, waffenstarrender Wall von verzweifelten Menschen sich bereits um die Feste Kahlenberg gelegt.

31.

Rübenschnauz nannten sie den Burschen, den Hannes im Auge hatte. Nie zuvor hatte ich ein abscheulicheres Geschöpf gesehen. Seine spindeldürren O-Beine, so krumm, daß ein Schwein zwischen ihnen hätte durchspringen können, trugen einen kugelrunden Bauch, darüber eine knochige Hühnerbrust und mächtig ausladende, mit Muskeln bepackte Schultern. Zwischen ihnen, ohne Hals eingekeilt, saß der kürbisartige Kopf mit einem behaarten Affengesicht. Und wie bei einem Affen reichten die knorrigen Arme, ließ er sie baumeln, bis zu den Fußknöcheln hinab.

Als man ihn vor mich führte, hatte er eine Miene aufgesetzt, so ungemein dümmlich, daß es mir schwerfiel, in diesem Kretin ein menschliches Wesen zu erkennen. Seine in Fetzen hängende Kleidung stank meilenweit gegen den Wind. Und dann, ganz unversehens, traf mich aus den bisher ausdruckslosen, verschwiemelten Augen ein so flinker, wissend listiger Blick, daß mich dünkte, in dem verkorksten Leib berge sich ein durchtriebener, wenn nicht überlegener Geist. Er habe – sagte er mit verstellter, quäkender Stimme – eine unverzeihliche Sünde begangen. Sicherlich werde man ihn beim Halse aufhängen, so er sich nur greifen lasse.

Welcher Art denn diese Sünde sei? forschte ich.

Er senkte den Kopf, scharrte mit den Füßen, die einem Stück Wurzelholz glichen. Ein paar Hufen guten Ackerlandes habe sein Vater ihm vererbt, bekannte er stockend. Freies Bauernland... Schlecht und recht habe er sich mit den Seinen davon ernährt. Dann, als Herr Rainold ins Heilige Land gezogen sei und nicht zurückgekehrt, habe der benachbarte Grundherr, ein Ritter, diesen Acker als sein eigen ausgegeben. »Er wies mir ein Pergament; darin stehe geschrieben, behauptete er, mein Erbteil gehöre seit eh und je seinem Geschlecht. Herr, welche Lüge! Ich wollt' nicht weichen. Da kam er bei Nacht mit seinen Knechten. Die verheerten Garten und Feld. Sie trieben das Vieh weg, setzten den roten Hahn auf Haus und Scheuer. Wir – ich und mein Weib – in den Wald... Mein Dirnlein – hübsch anzusehen war's – nahm er mit sich in sein festes Haus. Da ist's gestorben.

An den Pfaffen wandt' ich mich; der sagte: Gott hat die Herren über das gemeine Volk gesetzt. Üb' dich in Demut und bete! Na, wer glaubt da noch an Gottes Gerechtigkeit? Ich nahm meines Urahn Streitaxt aus dem Versteck und diesen Bum-bam hier...« Er wies mir die eiserne, mit eisernen Dornen bespickte Kugel, groß wie ein Kindskopf, die durch eine kurze Kette mit dem eichenen Stiel verbunden ist – eine ganz furchtbare Waffe! »Na, und dann bin ich, als alle schliefen, in sein Haus geschlüpft und da hab' ich sie umgebracht – den Herren, sein Weib, die kleinen Kinder – vom Gesinde, wen ich zu fassen bekam. Zuletzt hab' ich Feuer ans Haus gelegt, wie er mir getan... Herr Graf, seid gnädig! Um das unschuldige Blut ist's mir leid...«

Was ließ sich dazu sagen? Ich stellte mir diese Bestie vor, wie sie mit der gräßlichen Dornenkugel im Finstern gegen Schuldige und Unschuldige wütete. Allein, wo der zum Wahrer des Rechtes Bestellte selbst dieses Recht mit Füßen tritt und kein Richter, der Gerechtigkeit walten läßt, was bleibt dem Bedrängten da? Auch bestand ja das Volksding nicht mehr, vor dem einer seine Sache hätte vertreten können. Acht und Bann waren zu leeren Worten geworden.

Ich sah mir den Mann genauer an: »Gib acht, Rübenschnauz! Erlittenes Unrecht ist kein Freibrief, nun selber Unrecht zu tun. Sobald ich erst Herr hier im Lande bin, wirst du dich vor gerechten Richtern verantworten müssen, und du wirst deine Strafe auf dich nehmen. Vielleicht läßt man Gnade vor Recht ergehen, erweist du dich bis dahin als redlicher Mann.«

Ich machte mir nichts vor. Es war klar, weshalb er sich erbot, sein Fell in der Höhle des Löwen zu wagen. Er glühte vor Rachedurst und Ohm Hendricks Verderben würde Teil seiner Rache sein.

Dennoch, ich mußte mich seiner bedienen. Er sagte, Weib und Kind wolle er mit sich in die Burg nehmen. Als Spielmann werde er sich ausgeben, wisse er doch gar zierlich die Sackpfeife zu blasen, obendrein auch noch Possen zu reißen, an die man sich lange erinnern solle – letzteres mit verhaltener Drohung im Ton. Sein Weib – er ließ es herbeirufen – werde dem Herrn Hendrick Honig ums Maul schmieren; das verstünde sie meisterlich ...

Mich würgte es bei dem gemeinen Handel. Rübenschnauz war schon ein toter Mann. Die Frau verworfen, und sah doch so sanft und reinlich aus, so unschuldsvoll wie ein Madonnenbild. Welch' eine Schande, daß Not sie zwang, sich zu solchen Dingen zu verstehen. Der Bub – und nun grinste Rübenschnauz teuflisch – werde ihm sehr von Nutzen sein; mit allen Wassern gewaschen sei er ...

Die Unterredung fand in der Klausnerhütte unter dem Rabenstein statt. Hannes hatte mehrere Schuppen am Rand der Wiese errichten lassen; in ihnen waren meine Gefährten und Reisigen untergebracht. Auch hatte man Pfade durch das Rosendickicht geschlagen, den Dornenwall durch Verhaue, Fallgruben, Palisaden und andere Befestigungswerke verstärkt. Ein ausgeklügeltes System von getarnten Wehren und Verschanzungen zog sich nun rings um die Kahlenburg für den Fall, daß Kriegsknechte benachbarter Landesherren oder Strauchritter sich ihr in feindlicher Absicht näherten. Sehr bald jedoch war der Punkt erreicht, an dem unsere Vorbereitungen sich nicht länger verheimlichen ließen. Sollte unser Anschlag gelingen, mußte schnellstens gehandelt werden. Ohm Hendrick durfte nichts davon ahnen. Und wann kehrten wohl meine lieben Vettern von ihrem Raubzug zurück?

In der mondlosen Nacht, die auf Mariä Reinigung folgte, zog Rübenschnauz mit Frau und Kind vor das Tor der Kahlenburg. Wir übrigen – Jörg mit seinen Männern, Ibn Dawud und ich sowie auch Liesel –

verbargen uns in der Nähe, sobald das Tor sich hinter dem vermeintlichen Spielmann geschlossen hatte. Liesel war es, die mir am meisten Sorge bereitete. Sie hatte darauf bestanden, mit dabei zu sein. Jetzt lag sie neben mir im Schnee, bibbernd vor Kälte. Auch ich zitterte, freilich nicht, weil ich fror oder gar vor Furcht, sondern in tiefinnerer Erregung. Mein Kopf glühte wie im Fieber. Ich war meiner selbst nicht sicher; Verstand und Gefühl haderten miteinander.

Ja – gestand ich mir – nach einer höchst unchristlichen Rache gelüstete mich –, Rache, nicht so sehr an Ohm Hendrick, nein, vielmehr an all jenen, die aus meiner Heimat, dem Land meiner Ahnen, das mir heilig ist, eine Räubergrube gemacht hatten. Zu diesen Schurken gehörte Ohm Hendrick zweifellos auch. Ihm und seinesgleichen galt mein Zorn; austilgen würde ich sie wie schädliches Gewürm. Und dennoch, während ich so lag und des Kampfes harrte, entsann ich mich nun der mahnenden Worte, die ich bei der Verleihung des Rittergürtels und beim Ritterschlag damals in Aachen dem Kaiser hatte nachsprechen müssen:

»Erhöre, o Herr, unsere Gebete und segne mit der Hand Deiner Majestät dieses Schwert, mit dem Dein Diener umgürtet zu werden wünscht, damit er die Kirchen, die Witwen und Waisen, und alle, die Gott dienen, gegen die Grausamkeit der Bösewichter und Heiden zu verteidigen und zu schützen, in allen Dingen Maß zu halten und das Recht zu tun vermöge, all jenen aber, die ihm entgegentreten, Furcht und Schrecken einjage . . .«

Maßhalten – ja! Aber kochte mir nicht das Blut angesichts des Unrechtes und der Verderbtheit allerorten? Meine Aufgabe erwies sich mehr und mehr als eine beschwerliche Last. Liesel berührte mich mit ihrer frostblauen Hand: »Anselm, Liebster, schau' nicht zurück. Gottes Fügung hat dir das Schwert der Gerechtigkeit in die Hand gelegt. Nutze es! Übeltäter verdienen keine Schonung.« Sie durchschaute mich bis auf den Grund.

Stunden verstrichen. Von der Burg, wo die Fenster des Palas in hellem Lichterglanz erstrahlten, schwebten Fiedelklänge und grölendes Gelächter herüber. In der Dunkelheit hinter dem Tor rührte sich nichts. Am Himmel verbreitete ein fahler Schein sich, und dort, wo der Mond sich befand, zerriß für Augenblicke die Wolkendecke. Wir hatten uns im Schnee gewälzt, um nicht allzusehr von dem weißen Grund abzustechen. Aber es mochte ja sein, daß nun in der kurzen, bleichen Helle

ein aufmerksamer Wächter auf dem Bergfried die Erhöhungen wahrnahm und Verdacht schöpfte. So harrten wir denn und harrten, während der Sand durch das Stundenglas rieselte.
Ob Rübenschnauz ein Unglück zugestoßen war? Hatten die dort drüben Lunte gerochen? Doch nein – ich vernahm die schrillen Töne seiner Sackpfeife, das Durcheinander trunkener Stimmen. Langsam wanderte der lichte Fleck am Himmel nach Westen. Und nun – wir hielten den Atem an – brach die Weise der Sackpfeife plötzlich ab. Ein Hund bellte; andere fielen ein. Aus der Ferne klang Wolfsgeheul und ein Rauschen ging durch die Wipfel. Dann – Schreie hinter dem Tor, Flüche, Poltern, Keuchen, Röcheln... Riegel knirschten. Fackelschein flackerte durch den sich öffnenden Spalt.
»Vorwärts, los!« Ich sprang auf, hetzte – Jörg neben mir – in langen Sätzen den Hang hinan, warf mich mit verzweifelter Kraft gegen die Torflügel, hinter denen ein Getümmel raufender Männer brodelte. Wieviele mochten es sein? Unsere Späher hatten gemeldet, die Besatzung sei gegenwärtig nicht stärker als zwei Dutzend Mann. Der rechte Torflügel prallte zurück – nur eben so weit, daß ich mich gerade noch durch den Spalt zwängen konnte. Ein Körper lag hingeschmettert im Weg – Rübenschnauz! Gesichter – bärtig, verzerrt; vor Schreck geweitete Augen... Ich stieß und hieb um mich. Blut spritzte mir ins Gesicht. Ein schriller Aufschrei: »Der Herr! Der Herr ist's! Der Junker!« Da wichen die Knechte.
Mich zerrte jemand am Arm – das Bübchen vom Rübenschnauz: »Kommt, kommt, dort ist er – dort!« Das Kind deutete zum Bergfried, der für sich abgesondert im Innenhof steht, gegenüber dem Palas. Wer–? Ah, Ohm Hendrick! In kopfloser Hast stolperte er über den Hof, erreichte knapp vor mir die Pforte des Turmes. Ein Aufblinken der Augen; ein Zähnefletschen im kalkweißen Gesicht... Die Tür schlug hinter ihm zu. Er war mir entronnen – vorläufig.
Nur kurze Zeit währte der Kampf, dann war die Burg unser. Die Burgleute vom alten Stamm – nur wenige waren es noch – kamen ängstlich herbei, beugten die Knie: »Junker, vergebt uns! Wir wußten nicht...«
Natürlich wußten sie nichts. Ich beruhigte sie: Alles sei rechtens. Mit ihrer Hilfe stöberten wir Ohm Hendricks Spießgesellen auf und sperrten sie in das Verlies. Inzwischen hatte Liesel die Buhlweiber aus ihren Verstecken hervorgeholt und in der Halle versammelt. In dem

altehrwürdigen Raum, wo die Wappenschilde meiner Ahnen von den Wänden blinkten, ging es wie in einem Tollhaus zu. Ein paar von den Frauen waren nahezu nackt, allesamt mehr oder weniger berauscht. Sie lachten, kreischten, zankten, tobten wie besessen – eine Rotte entfesselter Mänaden. Ibn Dawud und Jörg, die hinter mir eintraten, überschütteten sie mit unzüchtigen Reden und Gebärden.

»Ha – Anselm«, entrüstete Liesel sich, »sind das die edlen Frauen, von denen ihr Ritter singt?«

»Ich singe nicht, jedenfalls keine Minnelieder!« entgegnete ich angewidert.

Beide Höfe, den inneren wie den äußeren, erhellte jetzt roter Flammenschein. Man hatte Reiserhaufen aufgeschichtet und warf noch immer mehr Äste und Fichtenkloben in die Glut, so daß sie bisweilen hoch aufloderte. Weinfässer wurden aus dem Keller gerollt. Bald gab es so viele Waldbrüder im äußeren Hof, man mochte glauben, ein ganzes Heerlager wilder Gesellen vor sich zu sehen. Den inneren Hof hielten Jörgs Gewappnete vorsorglich besetzt. Und das war gut, denn schon schickten meine ungebärdigen Verbündeten sich an, lange Finger zu machen und den Mägden nachzustellen.

Man trug Rübenschnauz in den Lichtkreis des Feuers. Er war tot. Zwei Wächter am Tor hatte er mit seiner Eisenkugel erschlagen. Ein dritter hatte ihm den Speer zwischen die Schultern gerannt. Trotz der tödlichen Verwundung war es dem Verfemten noch gelungen, auch den letzten Riegel zurückzuschieben. Elend war mir zumute, wie ich ihn da so liegen sah. Dieser Mensch – auch ich hatte ihn ja insgeheim verachtet – war aus seinem redlichen Leben grausam herausgerissen worden; man hatte ihn beraubt, drangsaliert, gedemütigt, verfolgt; und zuletzt war er nun ohne Beichte, Ölung und Absolution in seinen Sünden dahingefahren. Und doch dankten wir ihm allein, daß uns der Anschlag auf die Burg geglückt war. Gewiß, er mochte aus Rachsucht gehandelt haben, aber... Hätte er nicht auch feige sein dürfen, verräterisch? Irgendwie fühlte ich mich schuldig an seinem Tod.

Sein Weib fanden wir in Hendricks Kemenate bewußtlos am Boden liegen. Ihr Kleid war zerrissen, ihr Leib mit Blut besudelt. Sie hatte sich augenscheinlich gewehrt. Liesel kniete bei ihr nieder, brachte sie mit Streicheln und sanften Worten bald wieder zu sich. Ich nahm mir vor, die arme Frau nach Kräften für alle Unbill, für ihr erbärmliches Leben zu entschädigen und auch für das Kind zu sorgen.

Jörg riß mich aus meinem Sinnen. Er griff nach meinem Arm, knirschte grimmig: »Da hör' ich doch eben, dein Busenfreund, dieser Pater Ignatius von Hardehusen, sei hier zu Gast... Wohin mag der Satansbraten sich verkrochen haben?«
Sogleich dachte ich an den geheimen Gang zum Brunnenhaus. Gewiß hatte Ohm Hendrick ihn damals, nach meinem Entweichen, entdeckt; und dann war das Geheimnis auch dem Mönch nicht verborgen geblieben.
Ich nahm die brennende Kerze vom Tisch, führte Jörg in das Turmgelaß und öffnete die als Spiegel getarnte Tür. Jörg pfiff durch die Zähne: »Ah – so war das... Ich glaubte damals doch wirklich, du stündest mit dem Geschwänzten im Bund...« Er hob den Leuchter, spähte die schlüpfrige Stiege hinab. Ja, und da saß er also, unser frommer Bruder in Christo! Ein Häuflein Elend, so kauerte er auf der untersten Stufe, Gebete murmelnd. Mich kam ein Lachen an: »Nur immer herauf mit Euch, Ehrwürden! Fürchtet nichts, obschon Ihr wahrlich eine Schande für Euren Orden seid.«
Seine ehedem so blühenden Wangen hatten jetzt die schmutziggraue Färbung von Sauerteig. Er zitterte – ich weiß nicht, ob vor Kälte oder vor Angst. Immerhin mochte es ein Ausdruck innerer Hilflosigkeit sein, wenn er sich nun aufblies wie ein Frosch und seiner Stimme einen strengen Klang zu geben trachtete:
»Ihr seid's, Junker Anselm? Der Herr vergebe Euch! Warum brecht Ihr in Eures Vaters Haus wie ein Dieb in der Nacht – so als wäret Ihr nicht jederzeit ein willkommener Gast? Aber wer kennt nicht Euren widerborstigen Sinn? Noch stets hat Euch nach Gewalttat und Aufruhr gelüstet. Und Demut, wie sie dem frommen Christen ansteht, habt Ihr schon als mein Schüler vermissen lassen.«
Seine Frechheit belustigte mich.
Jörg aber brauste auf: »Wie wär's, wenn wir dem Saukerl das Fell gerbten, Herr Graf?« Er sagte mit Fleiß »Herr Graf«, und das war an den feisten Ignatius durchaus nicht verloren.
»Graf –?«
»Ja – Graf von Kahlenberg, von Seiner Majestät Kaiser Friedrich mit meines Vaters Grafschaft belehnt. Ihr kommt mir eben recht, Ehrwürden, brauchen wir doch einen Priester dringend. Morgen wird ein Ehebund geschlossen. Auch werdet Ihr die Sterbesakramente all jenen erteilen, die ich richten und aufknüpfen lassen will...«

Das war entschieden zu viel für sein zartes Gemüt. Er sank auf den nächsten Stuhl, tastete geistesabwesend nach dem Weinkrug, der noch zur Hälfte gefüllt, auf dem Tische stand.
»Als Ersten und Vornehmsten meinen lieben Oheim, Herrn Hendrick«, fügte ich herzlos hinzu.
Den, freilich, hatten wir noch nicht; heißt es doch, die Nürnberger hängen keinen, sie hätten ihn denn. Und ob wir ihn in unsere Gewalt bringen würden, war noch sehr die Frage. Die Pforte zum Bergfried, in dem er sich verschanzt hatte, bestand aus festem Eichenholz, dick mit Eisen beschlagen. Hätte man sie auch mit dem Widder einrennen können, so stellte die enge Wendeltreppe im Inneren ja doch ein schier unüberwindliches Hindernis dar, weil sie sich mit schweren Steinplatten verrammeln ließ. Ohm Hendrick befand sich also in Sicherheit, solange seine Mundvorräte reichten – nicht allzu lange, hoffte ich.
Als der Morgen graute, erschien er auf der Zinne des Turmes, spähte hinab auf die Höfe, wo Waldbrüder und Reisige an den Feuern hockten und sich ihren Haferbrei wärmten. Was er sah, schien ihm nicht zu gefallen. Er rief nach dem Hauptmann, der hier Befehl führe.
Ich trat, meine Liebste im Arm, an das Fenster des Gemaches, in dem er gehaust hatte, so daß er mich zu erkennen vermochte, winkte ihm freundlich zu und rief hinüber, was er von mir wünsche? Und ob es nicht an der Zeit sei, seinen und des Landes Gebieter angemessen zu begrüßen?
Er starrte mich an, so als sei ich vom Himmel gefallen. Kein Wort kam ihm über die Lippen.
Jörgs Mund verzog sich von einem Ohr bis zum anderen.
»Wären die Löffel nur länger, dein Ohm würde der lieblichste Esel sein, weit und breit!«
In der Tat, Herr Hendrick bot nicht gerade ein Bild überlegener Geisteskraft. Die wenigen grauen Haare, die ihm geblieben, sträubten sich gleich den Federn eines zerrupften Wiedehopfes. Die von Natur aus mehlige Blässe seiner Stirn und seiner Wangen spielte ins Bläuliche. Er mochte frieren dort droben auf dem Turm, zumal er nur notdürftig bekleidet war. Mehrere Male öffnete und schloß sich sein wulstiger Mund, ohne daß ihm ein Laut entfloh, wie bei einem Karpfen, den man aus dem Teich gefischt.
Nein, er wünschte nicht wahrzuhaben, was er sah. Ganz plötzlich übermannte ihn Zorn, die schwarze Galle – ein Wesenszug unseres

Geschlechtes. Sein Gesicht lief blaurot an und schwoll, bis die Tränensäcke unter den Augen schier zu platzen drohten. Er überschüttete mich mit einer Flut unartikulierter Laute, wüster Verwünschungen, alberner Drohungen. Die Männer drunten in den Höfen sprangen auf, rotteten sich beim Turm zusammen. Hielt er inne, um Atem zu schöpfen, antworteten sie mit höhnischem Johlen. Ein unwürdiges Schauspiel! Dem mußte ein Ende bereitet werden – aber wie?

»So, wie er dort steht, könnt' man ihn in den Rauchfang hängen«, spottete Jörg.

Rauchfang – ja, das war's! Im Holzschuppen lagerten noch Mengen grünen Wachholderholzes vom vorigen Jahr. Die ließ ich heranschaffen sowie auch trockenen Mist aus den Pferdeställen. Die Scharten im unteren Turm befanden sich zwar recht hoch über dem Erdboden, doch vermochten wir Leitern aufzustellen, bevor mein Oheim unsere Absicht begriff. Die Zweige wurden mit Stroh umwickelt und durch die schmalen Öffnungen geschoben. Bald quoll schwarzer Qualm aus allen Ritzen und Löchern. So ätzend war der Rauch, daß der innere Hof geräumt werden mußte. Herr Hendrick brüllte anfangs wie ein gereizter Stier, dann begann er zu winseln und zu wimmern gleich einer armen Seele im Fegefeuer. Schließlich schwenkte er unter Husten und Spucken sein Hemd zum Zeichen, daß er sich ergeben wolle.

Auch ihn steckten wir in das Verlies. Die Kerkertür, freilich, war nicht dick genug, seine wütenden Verwünschungen und Proteste auch nur zu dämpfen. Jedesmal, wenn seine Stimme aus den Kellergewölben heraufgellte, zuckte Pater Ignatius verstört zusammen. Wie groß aber war erst seine Bestürzung, als unser einstiges Gänseliesel, auf das auch er seinerzeit ein Auge geworfen, sich nun als Prinzessin von hohem Rang entpuppte. Und als er gar das kaiserliche Dekret, das mich mit der Herrschaft Kahlenberg belehnte und in den Grafenstand erhob, sowie auch den Heiratskonsens des Papstes, die Contessina Elisa de' Ricci und mich betreffend, zur Kenntnis genommen, vollzog sich mit Ehrwürden Ignatius ein erstaunlicher Wandel.

»Wie wundersam sind doch Gottes Wege!« rief er begeistert aus. »Anselm, herzliebster Bruder in Christo, ich hab's ja immer gewußt. Schon im Stift zu Hardehusen hab' ich klar erkannt, wie sehr unser Herr im Himmel dich gesegnet hat. Und hab' ich dir nicht stets die Stange gehalten? Ich hoffe, du vergißt das nicht... Denn – bedenkt man es recht – wem hättest du die Grundlagen deiner Gelehrsamkeit zu danken, die dich so hoch emporgetragen, wenn nicht mir? Und wer hat dich gelehrt, logisch zu denken und dein von Natur aus wildes Temperament zu zügeln? Doch wohl ich... Nein, Anselm, ich will mich nicht loben, da ich bescheidenen und demütigen Sinnes bin. Es könnte ja aber sein, daß du meiner Anwesenheit in diesem Sündenpfuhl ganz falsche Beweggründe unterlegst. Irren ist menschlich! So wisse denn, daß ich mich bemüht habe, allen Anfechtungen zum Trotz, die arme Seele deines Oheims aus den Klauen Satans zu erretten – nicht zuletzt um deinetwillen, Anselm!«

Mir blieb die Entgegnung im Halse stecken. Ich gedachte des biegsamen gelben Rohres, mit dem er mich zu verschiedenen Malen gezüchtigt hatte – mich, einen Edeling. Ich gedachte seiner mit Ohm Hendrick gesponnenen Intrigen, die mich um mein Erbe hatten bringen sollen. Und durfte man wirklich glauben, er habe sich den fleischlichen Lüsten mit Hendricks Lotterdirnen nur um der höheren Ehre Gottes willen hingegeben? Nein, ich fand keine Worte im Augenblick!

Dafür sprang Jörg in die Bresche: »Ich meine, Anselm, wir sollten ihn teeren und federn, den Heuchler; in einen eisernen Käfig sollten wir ihn tun und als rara avis durch die Lande führen. Halt' mich nur immer für einen Hohlkopf, Anselm – ja, das tust du; leugne nicht! – Aber hör' meinen Rat und schick' den Kerl stracks zur Hölle; da warten sie schon auf ihn. Einen guten, festen Strick will ich dir besorgen.«

»Und wer gibt dann Liesel und mich zusammen? Schließlich ist er ja ein Geweihter des Herrn, nicht wahr? Wo fänden wir so bald einen anderen?«

Die Trauung fand am folgenden Morgen statt. In der Nacht davor, als ich Liesels schmächtigen Leib in den Armen hielt, ihr Haar meine Wange streichelte und ich vor Seligkeit nicht zu schlafen vermochte, war mir so, als habe es die Jahre, die zwischen jener Nacht in der Klausnerhütte und der heutigen lagen, niemals gegeben. Ich war daheim, wirklich daheim! Vor dem Fenster hörte ich den Wind in den Wäldern rauschen, vernahm das Kiwitt-kiwitt eines Käuzchens. Tauender Schnee rutschte vom Dach. Weit, weit in den Forsten heulten Wölfe. Nie und nimmer würde ich diesem Land je wieder den Rücken kehren – nicht für einen König, noch für den Kaiser, schon gar nicht für Kirche und Papst. Indes – wie Ermin sagt – der Mensch denkt, Gott lenkt!

Eine Fürstenhochzeit wurde es nicht. Aber kein Fürst hätte sich der

Gäste zu schämen brauchen, die sich auf der Kahlenburg eingefunden hatten. Alle meine Freisasssen waren gekommen – soweit sie noch lebten –, die Pächter auch, die freien Bauern, Handwerksmeister und niederen Geistlichen aus der näheren Umgebung, beide Junker von Spiegel; sogar der Warburger Magistrat hatte eine Abordnung geschickt, gar nicht zu rechnen die Scharen Höriger und vor allem Hunderte von Waldbrüdern. An den Hängen des Kahlenberges lagerten Gruppen von Menschen mit Rossen, Fuhrwerken und Zelten, zwischen denen Feuer brannten. Und sie alle hatten Getränke, Nahrungsmittel, ja sogar Geschenke mitgebracht.
Auf den feierlichen Brautzug, auf Schmuck und festliche Kleidung hatten wir wegen der uns noch immer drohenden Gefahr verzichtet und das Angebot der Warburger, die Trauung in ihrer Pfarrkirche Sankt Petri auf dem Hüffert vornehmen zu lassen, ausgeschlagen. Statt dessen las Pater Ignatius in unserer Burgkapelle die Messe. Und als er unsere Hände ineinanderlegte – Ringe, die wir hätten wechseln können, besaßen wir nicht –, da trat Ermin vor, beugte das Knie und bot uns ein rotes Lederkästchen mit eingeprägter Grafenkrone dar.
»Was ist denn das?« fragte ich, sehr erstaunt.
»Von Seiner Majestät, Kaiser Friedrich, Herr!«
Liesel öffnete es. Sie erblaßte vor Freude. Auf purpurnem Seidenkissen glänzten zwei kostbare goldene Ringe, an denen Brillanten ungeachtet des trüben Lichtes wie Tautropfen in der Sonne blitzten und funkelten. Ein bewunderndes »Ah –!« aus vielen Mündern ...
In manchen Blicken verrieten sich Gier und Neid. Ich wußte nicht recht was ich empfand: Freude und Dankbarkeit – gewiß! Friedrich Roger hatte meiner gedacht, hatte vorausgesehen, was sich begeben würde. Kannte er mich so gut? Kannte er mich besser als ich mich selbst? Unheimlich war es ... Er las in den Herzen der Menschen wie in einem offenen Buch. Ihm war also nicht verborgen geblieben, was mich im Innersten bewegte und dementsprechend hatte er sich entschieden, indem er mich heimgesandt. Und doch war ich ja nur einer unter Tausenden, denen seine Fürsorge galt. Aber – verpflichtete mich solche Fürsorge nicht stärker als Handschlag und Eid?
Nachdem der Konsens verlesen, der Brautsegen erteilt und alles durch die Trauzeugen Jörg und für Liesel Ermin beurkundet war, steckte ich meiner Eheliebsten den Goldreif an den Finger und sie tat mit mir ein gleiches. Uns allen, mit Ausnahme des Priesters vielleicht, der sich das

seinige denken mochte, war ungemein feierlich zumute. Dann traten wir unter das Portal und nahmen die Huldigungen der Gäste entgegen. In langer Reihe zogen sie vorbei, schüchtern die einen, andere mit keckem Gruß, lachenden Auges, unter ihnen nicht wenige Frauen und Kinder. Ein jeder beugte das Knie, legte ein Geschenk auf die Treppenstufen.

Großartig waren diese Gaben ja nicht bei der allgemeinen Armut – ein Stück Räucherwurst, ein Schinken, ein Säckchen Hirse, auch wohl ein altertümliches Messer, ein Spinnrocken, Kinderspielzeug ... Aber kamen sie nicht von Herzen? Je geringer die Gabe, desto größer das Opfer, so wußte ich. Mir saß ein dicker Kloß in der Kehle. Kaum vermochte ich recht zu danken. Liesel erging es nicht anders, nur zeigte sie sich gefaßter, indem sie bald ein Kind aufhob und küßte, bald ein Bauernweib umarmte, bald einem mürrisch dreinblickenden Alten versicherte, wie gut er ja noch zuwege sei.

Als wir den Letzten nachsahen, wie sie durch das Tor davonschritten, brummte der unverbesserliche Jörg: »Bild' dir nichts ein, Anselm! Die wollen sich doch nur einen weißen Fuß bei dir machen, weil sie hoffen, daß du dich daran erinnern wirst. Aber warte mal ab, bis du Zins und Zehnten von ihnen forderst ...«

»Nun ja«, entgegnete ich, herabgestimmt, »das mag ja so sein. Und doch ... Dahinter steckt mehr als dir je in den Schädel gehen wird – das Wissen um eine alte Gemeinsamkeit, die alle Verworrenheit unserer Zeit überdauert.«

Die angesehensten Männer der Grafschaft, unter ihnen auch Freisassen und Unfreie, hatte ich auf Vastelavend zum Taiding entboten. Kraft meiner Vollmacht hätte ich Herrn Hendrick ja auch selbst aburteilen und bestrafen können, aber die Meinung des Kaisers hinsichtlich einer allgemeinen Rechtsordnung in seinen Reichen leitete mich. Um eine solche durchzusetzen, mußte das Volk in seiner ganzen Breite mit der Rechtspflege befaßt und mit den Gesetzen einverstanden sein.

Die Wolkendecke war mittlerweile aufgerissen. Wärmender Sonnenschein ließ den Schnee auf Zweigen und Berghängen tauen. Schmelzwässer rieselten und rauschten zu Tal. Der Fließbach überflutete die Auen. Gurgelnd zerrte die Diemel, hoch angeschwollen, an den Holzpfeilern der Warburger Brücke. Krokusse und Schneeglöckchen blühten bereits an den geschützteren Stellen und auf den Dachfirsten zwitscherten Sperlinge, Amseln und Stare.

Es traf sich, daß die Höhe, auf der Burg Kahlenberg liegt, in alter Zeit eine Dingstätte gewesen war. Und so versammelten die Entbotenen sich im äußeren Hof, der – gegen Norden und Westen durch Palas, Wirtschaftsgebäude und die hohen Wehrmauern vor Winden geschützt, nach Südosten und Süden hin herrliche Ausblicke über die Fließbachauen und die bis in blaue Fernen fortwogenden bewaldeten Hügel bot.
Kaum hatte ich den Dingfrieden verkündet und tiefes Schweigen sich auf die Versammelten gesenkt, da zerriß vom Bergfried herab ein Hornruf die Stille. Wenig später erhob sich draußen vor dem Tor wirres Geschrei; Waffen klirrten; Rosse wieherten. Die zum Ding Geladenen waren dem Herkommen gemäß ohne Waffen erschienen. Wir zogen uns deshalb in den inneren Hof zurück, wo ich Schwerter, Messer, Spieße und Streitäxte aus der Rüstkammer austeilen ließ. Danach begab ich mich ans äußere Tor, das nur von wenigen Wächtern besetzt gehalten wurde. Jörg folgte mit seinen Gewappneten.
Ich hatte mir's schon gedacht – meine werten Vettern waren es, die, vor Wut geifernd, Einlaß begehrten. Ihnen war bereits kund geworden, daß ich mit einer kleinen Bedeckung eingetroffen sei und die Kahlenburg im Handstreich genommen hatte; von allem anderen wußten sie noch nichts. Weder meine Erhebung in den Grafenstand war ihnen zu Ohren gelangt, noch daß ich mit dem Kahlenberger Land belehnt worden war, noch ahnten sie etwas von der Zusammenrottung der Waldbrüder, die zu Hunderten in den benachbarten Forsten lagerten. So glaubten sie denn, mit mir leichtes Spiel zu haben.
Junker Adalbert – nie hatte ich ihn ausstehen können – war vom Pferd gestiegen. Auf sein Geheiß schleppten seine Spießgesellen nun einen entasteten Fichtenstamm herbei, offenbar in der Absicht, damit das Tor einzurennen. Sie meinten es ernst.
Durch ein zuvor verabredetes Hornsignal ließ ich die Waldbrüder zu Hilfe rufen, ließ das innere, ungemein feste Tor schließen; dann wurde das äußere entriegelt. An die zwei Dutzend zähneknirschender Spitzbuben mochten es sein, die sich – nicht anders als vor Zeiten die Rotte Korah – hereindrängten. Fechtend zogen wir – Jörg mit seinen Reisigen und ich – uns bis an das innere Tor zurück. Auf dem Wehrgang der Mauer stand Ibn Dawud und sandte gleichmütig Pfeil um Pfeil in das Kampfgetümmel. Jeder Pfeil traf. Auch Adalbert und

Johann würden wohl jetzt schon ins Gras gebissen haben, aber sie wußten ihren Heldenmut zu zügeln und hielten sich klüglich fern vom Schuß.
Noch hatten wir keinen Mann verloren, während von Adalberts Männern schon viele in ihrem Blute lagen. Um der Metzelei ein Ende zu machen, ließ ich Ohm Hendrick in Ketten auf den Wehrgang führen. Er schrie den Seinen jammernd zu, winkte ihnen Einhalt und für ein Weilchen legte der Tumult sich. Unter Tränen gab Hendrick seinen Söhnen die neue Lage bekannt, sprach von Ausgleich und liebevollem Verständnis zwischen Blutsverwandten, rühmte meine edle Gesinnung und erinnerte daran, wie redlich er mit meines Vaters Gut geschaltet und gewaltet habe. Natürlich glaubten sie ihm kein Wort. Vielmehr schmähten sie ihn auf rüdeste Art, schalten ihn Lügner, Betrüger, Verräter, Hasenfuß, schwuren bei allen Teufeln der Hölle, sie wollten mich und alle, die sie in der Burg fänden, auf offenem Feuer rösten oder bei lebendigem Leibe häuten lassen. Ihrem Vater drohten sie noch Schlimmeres an.
Mittlerweile war mehr als eine Stunde verstrichen und die Strauchritter machten sich daran, das Vieh aus den Ställen zu holen. Verlottert, wie sie aussahen, blut- und beutegierig gleich hungrigen Wölfen, hervorragend geübt im Reiten und Waffengebrauch, mochten sie selbst dem Beherztesten Angst einjagen. Nicht wenige waren von uns bereits erschlagen worden oder den Pfeilen des Sarazenen erlegen. Sie schleppten die Leichen nach der nur brusthohen Mauer, die den Hofplatz gegen Südosten hin abschloß, und stürzten sie über den steilen Felshang hinab.
Plötzlich blies der Wächter auf dem Bergfried, Jörgs Berittführer, das Angriffssignal. Zugleich brandete draußen vor der Burg ein Orkan durcheinanderschreiender Stimmen auf. Durch das Außentor quoll eine Woge so schreckenerregender Gestalten, daß der Anblick selbst mir den Atem verschlug. Die Waldbrüder! Ihre Gesichter waren mit Ruß geschwärzt und von verfilztem Barthaar bis zur Unkenntlichkeit verdeckt; man sah nur das Weiße in ihren Augen. Die Kleidung hing ihnen in schmutzigen Fetzen vom Leib; sie glichen Vogelscheuchen. Sie kreischten und schnaubten in ungezügelter Rachsucht, stürzten sich mit ihren rostigen Messern, mit Äxten und schartigen Schwerten auf Hendricks Banditen – wahre Ausgeburten der Hölle!
Ich wollte den Rasenden Einhalt gebieten. Vor ein ordentliches Ge-

richt sollte Herr Hendrick samt seinem Anhang gestellt und nach Recht und Gesetz abgeurteilt werden. Allein, wer hörte auf mich? Wo die Leidenschaften der Menge entfesselt sind, da schweigt die Stimme der Vernunft! Das wüste Getümmel mit Klirren und Stampfen, Wutschreien, Todesröcheln, mit spritzendem Blut, blitzenden Klingen, niederbrechenden Männern währte nur Augenblicke. Mich dünkte es eine Ewigkeit. Adalbert und Johann – tapfer fochten sie, das muß ich sagen – wurden bis an das Innentor gedrängt. Wir holten sie herein, legten sie in Ketten, warfen sie zu ihrem Vater ins Verlies.
Und dann war alles vorbei. Nicht einer von Hendricks Gesellen lebte noch. Ihre bis auf die Haut ausgeplünderten, teils grauslich verstümmelten Leichen wurden von den Waldbrüdern mit fort genommen und auf der kahlen Höhe des Galgenberges den Vögeln und Füchsen zum Fraß gelassen.
Dieses Gemetzel – als Vastelavend Blutbad ging es in den Legendenschatz der Gegend ein – hinterließ in mir tiefen Abscheu vor jeder Art Volksjustiz. »Rachsucht ist ein schlechter Ratgeber!« sagte Ermin beklommen. Daß aber auch die Vernünftigsten nicht über ihren eigenen Schatten zu springen vermögen, erwies sich bei der Gerichtsverhandlung am folgenden Tag.
Der Aschermittwoch begann mit einer Messe, bei der Pater Ignatius, obzwar im Einvernehmen mit dem kirchlichen Brauch, jedoch gewiß nicht ohne Hinblick auf das seinem Busenfreund Hendrick drohende Geschick, die Leidensverkündigung des Heilandes aus dem Evangelium Lucae seiner Predigt zugrunde legte: »Denn er wird überantwortet werden den Heiden; und er wird verspottet und geschmäht und verspeiet werden; und sie werden ihn geißeln und töten ...«
Freilich, den starren Sinn seiner sächsischen Zuhörer schien er noch immer nicht erkannt zu haben, denn kaum war der Ding zusammengetreten und die Gefangenen wurden vorgeführt, da sprachen sie untereinander: »Hat der Pfaffe etwa auf diese Lumpenhunde mit seiner Predigt gezielt? Nicht Barmherzigkeit wollen wir üben, sondern Gerechtigkeit!«
Mit steinerner Ruhe hörten die Schöffen einen Zeugen um den anderen aus allen Teilen der Grafschaft an. Da war der Vater eines Dirnleins, dem so oft Gewalt angetan worden war, bis es den Wüstlingen unter den Händen starb. Da war der Bauer, dem man die Ochsen vom Pflug gespannt hatte, und ein anderer, der war von Haus und Hof verjagt

worden, weil sein Land von Herrn Hendrick an das Paderborner Stift verschachert werden sollte. Eine Schweineherde, deren Hirte seit Jahrzehnten das Mastrecht im Eichenschlag am Berg Hängen zugestanden erhalten hatte, war von Adalbert und Johann unter Hohnlachen abgeschlachtet worden. Einen Einödbauern traf samt Weib und Kind das gleiche Los, denn er hatte sich gegen die Räuber zur Wehr gesetzt. Und so ging es fort und fort über Stunden hin. In meiner Vorstellung entstand das grausige Bild eines entvölkerten, zugrunde gerichteten Landes, von Menschen, die in unsäglicher Armut und in beständiger Todesangst nur von einem Tag auf den anderen dahinvegetierten. Als man mich ersuchte, nun solle auch ich Klagen wider Herrn Hendrick vorbringen – und das wären nicht wenige gewesen, da schwieg ich beschämt.
Einige Schöffen, argwöhnisch wie gebrannte Kinder, nahmen mir das krumm. »Eine Krähe hackt der anderen kein Auge aus«, sagten sie. Nicht wenige warfen mir Weichherzigkeit vor, so auch Jörg: »Wenn du den Wolf aus dem Eisen läßt, springt er dich an und beißt dich zu Tode!«
Nun, darauf hätt' ich's wohl ankommen lassen. Im Grunde aber war es mir nur recht, daß das Urteil vom Ding gesprochen wurde und nicht von mir, heißt es doch: »Richte nicht, auf das du nicht gerichtet werdest!« Und findet nicht selbst der gemeinste Schuft noch seine Fürsprecher unter uns?
Das Ende vom Lied: Herr Hendrick und seine Brut wurden einer langen Reihe von Schandtaten überführt und des Todes würdig erachtet. Keine Stimme erhob sich zu ihrer Verteidigung. Tags darauf holte man die Übeltäter aus dem Verlies, trieb sie zum Galgenberg, zwischen Mauern von Menschen, die sie mit Ruten peitschten und mit Steinen oder Kot bewarfen. Dort, auf der kahlen, vom Frühlingswind überwehten Kuppe wurden sie – nein, nicht enthauptet, was ihnen als Adligen zugestanden hätte – sondern wie gemeine Strauchdiebe, so lautete der Spruch, beim Halse aufgehängt.
Vom Bergfried herab schaute ich dem traurigen Schauspiel zu, wie der heulende Mob die Sünder quälte, wie Pater Ignatius mit seinem Kreuzträger und den psalmensingenden Gläubigen dem Zuge ehrfurchtgebietend voranschritt, in falscher Demut zwar, tatsächlich jedoch ungerührt, obwohl eigentlich ja auch er in Ketten neben seinen Kumpanen hätte einhergehen sollen.

Je mehr ich von der Welt und von den Menschen sah, desto fragwürdiger erschienen sie mir, erschienen mir ihre Worte und Werke. Vermochte ein Mann – und sei es selbst Friedrich Roger – Ordnung in ein solches Chaos zu bringen? Ich bezweifelte das. Ich suchte nach einem festen Grund, den weder die Lehren der Kirche noch der Glaube der Ahnen boten, nach einem Grund, in dem der Baum unseres Lebens wurzeln und gedeihen kann. In solcher Verlorenheit faltete ich die Hände zum Gebet an jenen unbekannten Gott, der für mich weder Gestalt noch Stimme besitzt.

Da schlang Liesel – unbemerkt war sie neben mich getreten – ihren Arm um meine Hüfte und schaute mich aus ihren blauen Augen liebevoll an. »Höre, Anselm, Liebster, hast du mir nicht etwas versprochen? Der Ring ist's wohl kaum, denn von ihm wußtest du nichts. Was also –?«

Ich mußte lachen. Die schwarzen Gedanken verflogen wie Nebelspuk vor dem Frühsonnenstrahl. Aus meinem Wams holte ich das Kästlein mit den Rosen hervor und entnahm ihm das Edelweiß von der Sankt-Gotthard-Höhe. Es glänzte so lieblich wie einst in seiner Bergeinsamkeit.

»Oh –!« hauchte Liesel. »Anselm, das ist schön! Herb und rein ist's, bescheiden und stolz. Glaubst du, wir Menschen könnten so sein?«

Ich sagte: »Versuchen wir's!«

32.

Der Kaiserbote kam in der Nacht. Er führte drei Gewappnete mit sich sowie zwei Packpferde. Als der Hornruf vom Bergfried ertönte, saß ich bei meiner Eheliebsten vor dem Kamin in der Halle, in dem ein lustiges Feuer aus Buchenscheitern brannte. Das Kind, unseren Dietrich, hatte Liesel schon längst in die Wiege gelegt, für die es allmählich zu groß wurde. Jetzt saß sie am Spinnrad und zupfte emsig Faser um Faser vom Rocken, während ich ihr beim flackernden Schein der Flammen aus Herrn Hartmanns von der Aue neuem Romanepos »Erec« vorlas. Ein befreundeter Mönch aus Hardehusen hatte mir die Abschrift gebracht. Freilich, obwohl Liesels Wangen, weniger von der Wärme des Feuers als vor Erregung über das Vernommene, glühten, war ich gar nicht so sicher, daß sie in allem mit dem Verhalten des tapferen Ritters Erec übereinstimmte.

»Siehst du, Anselm, ohne Grund sucht er in der Fremde furchtbare Gefahren, die er wohl besser im Kampf um die Heimat bestanden hätte. Und wenn er, wie dein Ohm Hendrick, durch Völlerei und sündhafte Wollust seine Ehre verloren hat, so kann er sie doch nur durch hochherzige Taten bei sich daheim wiedergewinnen, aber doch wohl nicht in fernen Landen, wo niemand ihn kennt? Und das merk' dir mal, Anselm, falls dir so was je in den Sinn kommen sollte – was wäre aus Erec geworden, hätte ihm nicht immer und immer wieder seine getreue Enite beigestanden...«

»Was –?« rief ich verblüfft.

»Ich sage ja nicht, Anselm, Liebster, daß du dich je der Völlerei und Wollust ergeben hättest wie die meisten fahrenden Ritter, obwohl mir meine Stiefmutter, die Contessa, noch immer ein Dorn im Herzen ist. Ich hätte dich ja auch nicht nach Italien begleiten können, wenngleich dir dadurch viel Ärger und Kummer erspart geblieben wäre. Aber dennoch war ich stets bei dir... Meine Gedanken, meine Liebe, meine sehnsüchtige Hoffnung, leben sie nicht in den Rosen, die du auf der Brust birgst? So, wie ich dein Edelweiß auf dem Herzen trage? Im übrigen brauchst du ja wirklich keine Heldentaten zu verrichten, stehst du doch um deiner selbst willen beim Kaiser wie bei unserem Volk hoch in Ehren.«

Nun ja, also... Von Trägheit konnte bei mir so wenig die Rede sein wie von Schwelgerei oder Lotterleben. Seit unserem Hochzeitstag vor zwei Jahren und Hendricks Hinrichtung hatte ich nahezu jeden Tag, sommers wie winters, an die sechs Stunden im Sattel zugebracht. Nach längerem Verhandeln hatte ich – unter Berufung auf Kaiser Friedrichs Gunst und sein den Zisterziensern bezeigtes Wohlwollen – meinen Frieden mit dem Erzbischof von Paderborn gemacht und Seine Heiligkeit hatte seine Truppen aus dem Gebiet der Grafschaft abgezogen. Pater Ignatius war hinter Klostermauern sicher verwahrt. Um nun auch die Braunschweiger aus dem Kahlenberger Land vertreiben zu können, hatte ich mir eine handfeste Kriegerschar aus Waldbrüdern heranbilden müssen, die für Ackerbau und Viehzucht nicht zu haben waren. Die Übrigen siedelte ich nach und nach auf verlassenen Höfen an; auch ließ ich Wege durch den Wald schlagen und dort, wo Wasserkraft zur Verfügung stand, Sägewerke und Kornmühlen errichten. Mit dem Gold aus Hendricks Truhe – und es war nicht wenig, was er zusammengebracht –

erwarb ich Vieh aus der Warburger Börde oder auch von noch weiter her.

Regelmäßig wurde nun an verschiedenen Orten Gerichtstag gehalten. Ungetreue Vasallen, Vögte oder Dorfschulzen wurden mir namhaft gemacht; ihre Verfehlungen wurden untersucht und sie wurden, wenn für schuldig befunden, auf das härteste bestraft. Die Freisassen und Großbauern, allesamt viel wohlhabender als ich, hielt ich an, Heimatlose zu beschäftigen oder doch wenigstens eine Zeitlang zu versorgen und so viel Ackerland wie nur möglich unter den Pflug zu nehmen.

Mein Kriegsvolk ließ ich nicht auf der faulen Haut liegen, denn Müßiggang ist aller Laster Anfang, wie Ermin sagt. Vielmehr mußten die Männer unablässig die Grenzen des Kahlenberger Landes nach einem wohlbedachten Plan abstreifen und auch im Inneren nach dem Rechten sehen. Übergriffe oder Widerstand ahndete ich unverzüglich und mit erbarmungsloser Strenge. Auf frischer Tat bei Raub oder Diebstahl Ertappte wurden ohne viel Federlesens und ohne Ansehen von Rang und Namen an den nächsten Ast geknüpft, schuldlos in Not Geratenen wirksame Hilfe zuteil.

All das entstammte freilich nicht meiner eigenen Einsicht, die mir oftmals zu milderem Verhalten riet; vielmehr war es nur die bescheidene Nachahmung der Maßnahmen, die Kaiser Friedrich in Sizilien und Apulien traf. Von heimkehrenden Pilgern oder Kriegern, gelegentlich eintreffenden Boten, reisenden Kaufleuten oder auch seltener vom fahrenden Volk, das mehr und mehr mein Gebiet zu meiden begann, erfuhr ich, was drunten im Süden vor sich ging. Was in den Berichten fehlte, konnte ich mir selber zusammenreimen.

»Dein Gesicht, Liebster, ist düsterer geworden als damals – wie ich mich erinnere –, wo du mich in der Klausnerhütte verführt hast«, schmollte Liesel. »Gar zu gern möcht' ich dich einmal wieder lachen sehen.«

»Als ich dich ... Was?« fuhr ich aus meinem Grübeln auf.

»Verführt hast ... Stimmt das nicht? Ich gebe ja zu, ich bin nur allzu willig gewesen – neugierig, weißt du? Wenn ich so sah und hörte, wie die Mägde mit den Knechten im Heu ... Und ein bißchen ängstlich war ich ja auch, von wegen der Pfaffen, die ja alsbald von Höllenfeuer und ewiger Verdammnis sprechen, wenn man so was beichtet. Das hab' ich dann später nicht mehr getan – beichten, mein' ich.« Nach einer Weile setzte sie betrübt hinzu: »Seit wir das Dieterlein bekommen haben, hast du mich gar nicht mehr so lüstern angeschaut, Anselm! Schon damals hast du nicht mal bemerkt, wie mein Bauch immer dicker wurde, wo dir doch sonst keine tragende Kuh entgeht...«

Nun mußte ich ja doch von Herzen lachen. »Redet so eine Landgräfin, Liesel? Ich bitte dich...«

Natürlich hatte sie recht. In all dem Trubel, unter den alltäglichen Mühen und Sorgen war mir völlig entgangen, daß Liesel guter Hoffnung war. Anfangs hatte sie mich auf meinen langen, einsamen Ritten begleitet, aber im Winter nach unserer Hochzeit war sie blaß und matt gewesen, mit einem rätselvollen Blick in ihren blauen, nunmehr umschatteten Augen. Die behutsamen Andeutungen Katrins oder anteilnehmender Bäuerinnen hatte ich für müßiges Geschwätz gehalten. Eines Abends dann, als ich von einem langen, beschwerlichen Ritt nach Tagen heimkehrte, todmüde, verdrossen, auf keinerlei schreckliche Überraschung gefaßt, war das Kind da. Sie führte mich an die Wiege, in der schon ich gelegen hatte, nahm es auf, enthüllte es voller Stolz. »Ist es nicht süß, Anselm, Liebster?«

»Ganz reizend!« sagte ich ohne rechte Begeisterung, denn süß konnte ich das krebsrote, schrumpelige, wie ein junger Hund vor sich hin fiepende Etwas beim besten Willen nicht finden.

»Es hat mein Haar«, wies sie auf ein paar rötlich blonde Flusen am sonst kahlen Schädel hin, »und deinen Charakter!«

»Wie willst du das wissen?«

»Nun, hörst du's nicht? Es schreit ja ganz mörderlich, wenn es nicht nach seinem Willen geht. Das gemahnte mich sogleich an dich. Wir wollen ihn Dietrich nennen, was doch wohl soviel wie Volkskönig bedeutet, nicht?«

»Das dünkt mich ein bißchen anmaßend – König! Wir sind keine Könige, nicht mal deine Famile de' Ricci, sondern nur...«

»Sag' nicht ›nur‹, Anselm! König kann man nicht werden, wie man einen Rock anzieht; man ist's im Herzen oder man ist es nicht – mit oder ohne Reich.«

So wurde denn mein Sohn am Fest Mariae Verkündigung anno Zwölfhundertvierundzwanzig in der Kirche Sankt Petri zu Warburg auf den Namen Dietrich Rainold Filippo getauft. Die Menschenmenge, die aus diesem Anlaß zusammengelaufen war, erschien mir unübersehbar;

und die Warburger Bürger, vornehmlich Schankwirte und Krämer, machten glänzende Geschäfte.
Es erfüllte mich mit Genugtuung und demütigem Stolz, zu sehen, wie beliebt mein Geschlecht bei den Leuten war. Sie jubelten, sie schrien uns Grußworte und Segenswünsche zu, schwenkten Fahnen und Tücher. Über der Freude, Graf Gereon von Kyburg bei uns zu sehen, der gerade eben die Reichskleinodien nach der Feste Trifels im Pfälzischen überführt hatte, sowie auch meinen lieben Umberto, der uns Grüße seines Vaters und fürstliche Geschenke von Don Filippo de' Ricci, nunmehr Graf der Toskana, überbrachte, vergaß ich nahezu die Ursache des ganzen Trubels.
All das lag nun Jahre zurück – zwei für mich mit Arbeit voll ausgefüllte Jahre, in denen das Land sich sichtlich erholt, ich selbst mich aber sehr verändert hatte. Ja, Liesel täuschte sich nicht, das unbeschwerte Lachen meiner Knabenzeit war mir gründlich vergangen. Immerwährend mußte ich eine strenge, wenn nicht gar finstere Miene zur Schau tragen; das erwartete das Volk von mir. Und oftmals betrübte es mich, wenn ich Leute, denen ich wohlwollte, vor mir zittern sah. Ohne Jörgs unentwegte Ermahnungen und seinen gesunden Bauernverstand, ohne Ermins Ratschläge und Ibn Dawuds schweigende Allgegenwart, wäre ich vielleicht milder, ja, oft wohl allzu nachgiebig gewesen; und vermutlich hätte ich dann viel weniger zustande gebracht.
Das verflossene Jahr war eine Zeit bedeutsamer, nicht immer erfreulicher Geschehnisse gewesen. Nachdem Friedrich Rogers erste Gemahlin, König Heinrichs Mutter, gestorben war, hatte er am 5. November die Prinzessin Jolante, Tochter Jean de Briennes und der Isabella zu Palermo geehelicht und damit Ansprüche auf den Thron von Jerusalem erworben. Zwei Tage später war mein Freund und Gönner Graf Engelbert von Berg, Fürstbischof von Köln und Reichsverweser, von seinem Vetter Friedrich von Isenburg erschlagen worden. Ein schwerer Verlust – nicht nur für Kaiser und Reich, sondern auch für mich. Denn es ließ sich ja voraussehen, daß König Heinrichs ungeübten Händen die Zügel nur zu bald entgleiten, Unordnung und Friedlosigkeit sich im deutschen Teil des Reiches von neuem ausbreiten würden.
In der Tat, nicht lange ließ das Unheil auf sich warten. Der Herzog von Braunschweig-Wolfenbüttel hatte mich seither bereits wissen lassen, ich sei ja recht eigentlich seines Hauses Vasall und deshalb müsse ich um eine vorläufige Bestätigung meines Lehens bei ihm nachsuchen. Ich

war nicht daheim gewesen, als sein Bote auf der Kahlenburg vorsprach, und Jörg, empört über solche Anmaßung, hatte den Mann kurzerhand in den Keller sperren lassen. So war denn das Kind in den Brunnen gefallen; eine Fehde schien unvermeidlich.
All das hatte wenig mit den märchenhaften Abenteuern Erecs zu tun, die ich Liesel an diesem Abend vorlas, sondern war die gewöhnliche Bürde meines grauen Alltages, war Mühe und Sorge und Kargheit, wie man sie auf Gottes Erde eben hinnehmen muß. Ich wunderte mich nur, mit welcher Gelassenheit Liesel sich, ungeachtet ihrer sonstigen Eigenwilligkeit, in das nun einmal Unabänderliche fügte; ja, sie gewann der nüchternen Arbeit und den sich ewig wiederholenden Pflichten noch stets die heitere Seite ab.
Der Hornruf des Wächters erweckte die bereits schlafende Burg zum Leben. Fackelschein erhellte den Hof. Ich vernahm Jörgs rauhe Stimme und gleich darauf eine noch rauhere. Waffen klirrten; Rosse stampften, wieherten... Schritte auf den Treppenstufen... Ein Knecht stieß die Tür auf: »Herr, der Kaiserbote!«
Der so Angekündigte betrat die Halle, als sei er ein siegreicher Eroberer in Feindesland. Von Kopf bis Fuß in geflammtes, mit Schlamm bespritztes Eisen gekleidet, grüßte er knapp, lehnte seinen Schild gegen eine Truhe und setzte sich scheppernd auf die Bank. Um seine Reisigen und Rosse würde Jörg sich wohl kümmern. Der Mann schien recht müde zu sein, das mochte sein wenig höfisches Betragen entschuldigen. Mit einem Blick auf Liesels erblaßtes Gesicht sagte ich: »Ihr kommt spät, Herr! Was führt Euch hierher? Rastet und stärkt Euch erst einmal.«
Kathrin, meine alte Amme, Ermins Weib, die jetzt den Haushalt besorgte, ließ Schüsseln mit Brot und kaltem Braten sowie Weinkrug und Becher hereintragen. Unser Gast schenkte ihr keinen Blick.
»Des Kaisers Dienst duldet keine Rast!« Seine Stimme klang schroff. »Hier ist ein Befehl für Euch!« Er nestelte einen zylindrischen Behälter vom Gürtel, dem er ein Schreiben Friedrich Rogers entnahm. Jetzt erst stellte er sich uns als ein Freiherr aus dem Gefolge des Kaisers vor. Seinen Namen hatte ich noch nie gehört und habe ihn seither vergessen. Im ersten Augenblick wollte ich, verärgert durch sein Auftreten, entgegnen, ich sei als reichsunmittelbarer Landesherr durchaus nicht gewohnt, Befehle entgegenzunehmen, besann mich jedoch eines Besseren. Denn das Handschreiben Seiner Majestät war in dem altge-

wohnten herzlichen Ton gehalten, in dem ein Freund mit dem anderen verkehrt. Außerdem lag mir daran, in Erfahrung zu bringen, wie es im Reiche Sizilien stand und welcher Art dieser ungehobelte Patron wohl sei.

Während er gierig dem Mahl zusprach, überflog ich das Schreiben. Friedrich Roger ging darin auf die mir schon bekannten Ereignisse des Vorjahres ein, schilderte die Schwierigkeiten bei den Vorbereitungen für den Kreuzzug sowie die mangelnde Bereitwilligkeit der Engländer und Franzosen, daran teilzunehmen. Der arglistige, charakterschwache, frömmelnde König Heinrich, eine Kreatur des Papstes, hielt sich nur mit Mühe auf dem wankenden englischen Thron. Und da nun König Philipp von Frankreich im August vor drei Jahren verstorben war und sein Sohn Ludwig durch den Krieg gegen die Albigenser vollauf in Anspruch genommen wurde, ließ sich auch von dorther keinerlei Hilfe erwarten. Ich gedachte voll Trauer unseres guten Herrn Roger, des Klausners, der geächtet und verfemt sein Heimatland hatte verlassen müssen. Welch ein Irrsinn – meinte ich bei mir – sei es doch, die besten, nützlichsten seiner Bürger aus dem Lande zu jagen, nur weil sie über so unbeweisbare Dinge wie Gott und Himmel anders denken als Kirche und Obrigkeit.

Ferner beklagte der Kaiser sich bitter über die Anmaßung des Heiligen Vaters. Vor kurzem habe er Honorius, der von den Römern mit Hilfe der unbotmäßigen Fürsten Campaniens und Maritimas aus der Ewigen Stadt vertrieben worden war, nach Kräften beigestanden, und nun hatte der sich erdreistet, die erledigten Bistümer Capua, Aversa, Brindisi, Salerno und Cosenza mit ihm genehmen Klerikern eigenmächtig zu besetzen. Nicht genug damit, im Vertrag von San Germano habe er – Friedrich, sich, nur um den Frieden mit der Kurie zu bewahren, dazu bereitfinden müssen, den Beginn des Kreuzzuges schon für August festzusetzen, andernfalls er dem Kirchenbann verfalle. Dies berge große Gefahren für die Zukunft in sich, da es seine Handlungsfreiheit einenge.

»Ja«, dachte ich bekümmert, »da hast du dir eine tödliche Schlinge um den Hals gelegt!« Wundern sollte mich, ob und dann wie es ihm wohl gelingen möge, sich ihr zu entwinden.

Seine Hochzeit mit Jolante, der Tochter Jean de Briennes, des Königs von Jerusalem, die am 5. November vor zwei Jahren stattgefunden hatte, erwähnte er nur nebenher. Damit – so deutete er an – lasse das

Problem des Heiligen Landes sich möglicherweise auf eine ganz andere Art und Weise lösen als Seine Heiligkeit Honorius sich das denke. In diesem Fall könne ich ihm von höchstem Nutzen sein.
Ich runzelte die Stirn. Inwiefern von Nutzen – ich, wenig mehr als ein simpler Dorfschulze aus entlegener Waldeinsamkeit? War der Augenblick gekommen, in dem er meine Dankesschuld einforderte?
Das Schmatzen des Freiherrn verstimmte mich. Beunruhigt las ich weiter.
Der Deutsche Orden, den Hermann von Salza ins Leben gerufen, sei des Burzenlandes verlustig gegangen, hauptsächlich deswegen, weil es ihm an einheitlicher Führung sowie auch am Rückhalt eines starken, in sich gefestigten Reiches fehle. Seit der Ermordung Herrn Engelberts hätten dessen Nachfolger, der bisherige Vorsteher des Erzstiftes Bonn Heinrich von Sayn, nunmehr Erzbischof von Köln, sowie der neue Reichsverweser Siegfried von Mainz, jeglichen Einfluß auf den jungen König Heinrich und eine bedeutende Anzahl der deutschen Fürsten eingebüßt.
Na, ja... Die Wellen des Aufruhrs – erbitterter Parteienstreit, örtliche Fehden, Intrigen geistlicher Würdenträger, nicht zuletzt gesetzlose Erpressungen und Übergriffe der Landesherren – schlugen ja mittlerweile auch an die Mauern der Kahlenburg. Schon bei der Hochzeitsfeier König Heinrichs mit Margaretha, der Tochter Herzog Leopolds von Österreich, war es unter den hochgestellten Hochzeitsgästen zu würdelosen Zänkereien und Gewalttaten gekommen; an die sechzig Menschen hatten dabei das Leben gelassen.
Neuerlich – so hieß es in dem Schreiben weiter – steckten die Oberhäupter der lombardischen Städte abermals ihre dummen Köpfe zusammen. Der Anlaß sei offenbar, daß er – Friedrich – sich auf unnachsichtiges Drängen Seiner Heiligkeit hin dazu habe verstehen müssen, die Verfolgung von Ketzern mit Strenge zu betreiben. Und wer sei denn kein Häretiker in jenen verdammten Städten? All dieser Schwierigkeiten wegen habe er zum Heiligen Osterfest einen Reichstag nach Cremona einberufen, zu dem auch sein Sohn König Heinrich sowie viele deutsche Fürsten und Prälaten nebst den Magistraten der lombardischen Städte geladen seien. Er selbst werde von den Großen beider Sizilien und Neapels begleitet werden.
Und nun kam es, wie ich befürchtet hatte: »Euch, lieber Graf, erreicht die Ladung nach Cremona wahrscheinlich zu spät. Wir hätten Euch

gerne in Unserem Gefolge gesehen; statt dessen entbieten Wir Euch mit so vielen Mannen, wie Ihr in Eurem Lande füglich entbehren könnt, bis zum nächsten Frühjahr nach Unserem Heerlager bei Brindisi. Ihr werdet dem Ruf Eures Herrn und Kaisers um so freudiger folgen wollen, als es – wie Seine Heiligkeit, erleuchtet vom Heiligen Geiste, sagt – Ehre und Pflicht jedes wahren Christen ist, die treulose Rotte der Heiden aus dem durch Christi Blut geweihten Lande Gottes zu vertreiben.«

Ich ließ das Pergament sinken. Freudig – ha! Die Ironie in Friedrich Rogers Auslassungen entging mir nicht. Ich würde also dem Rufe folgen müssen – so freudig wie Friedrich Roger selbst. Das Blatt in meiner Hand rollte sich knisternd zusammen. Liesel schaute betroffen zu mir auf. Sie spürte die Gespanntheit in mir, obwohl ich mich bemühte, gleichmütig dreinzuschauen.

»Nun, habt Ihr den Befehl Seiner Majestät verstanden?«

Der Freiherr wischte sich Bart und Lippen befriedigt am Ärmel ab.

Die schwarze Galle, jene Eigenheit meines Geschlechtes, wallte jäh in mir auf: »Mich wundert, Herr, daß Ihr, so wie Ihr euch betragt, überhaupt bis an meinen Herd gelangt seid. Manch einer ist geringerer Ursache wegen in die Grube gefahren. Nehmt zur Kenntnis: Ich bin Reichsvasall, jedoch kein Untertan! Ich nehme keine Befehle entgegen, noch können mir solche erteilt werden. Mein kaiserlicher Freund ersucht mich um Beistand. Ob ich ihm willfahren kann, muß sich erst noch erweisen. Gewiß habt Ihr auf Eurer Reise gar manches gesehen und erlebt, was das Ansinnen Seiner Majestät schwer oder gar unmöglich zu erfüllen erscheinen läßt?«

Er starrte mich verblüfft an. Sein Unterkiefer sank herab, der struppige Bart sträubte sich wie bei einem Kater, den man gegen den Strich bürstet. »Bei uns in Sizilien...« entgegnete er drohend, »gilt jeder Wunsch des Kaisers als unbedingter Befehl, Ungehorsam als todeswürdiges Verbrechen. Habt Ihr nicht vernommen, wie Seine Majestät mit den rebellischen Baronen umgesprungen ist? Ihre Burgen wurden dem Erdboden gleich gemacht; wer nicht erschlagen, gehenkt, aufs Rad geflochten wurde, der schmachtet noch heute im Kerker, wo ihn die Ratten fressen.

Und wißt Ihr, wie er mit Emir Ibn Abbad, dem Fürsten der aufständischen Sarazenen, verfuhr? Als Ibn Abbad sich unterwarf, als er Seiner Majestät zu Füßen fiel, um Gnade bittend, da ergriff den Kaiser solch schrecklicher Zorn, daß wir alle, die es mit ansahen, im Herzen erzitterten. Er trat den heidnischen Hund mit Füßen, trampelte schäumend auf dem Hingestreckten herum. Dabei fetzte er ihm mit den Sporen die Haut von den Rippen. Wie einen Kadaver ließ er Ibn Abbad aus dem Zelt schleifen und ihn samt seinen Söhnen an den Galgen hängen.«

»Und warum wohl?« Zutiefst bestürzt, wie ich mich durch den so hämisch vorgetragenen Bericht fühlte, vermochte ich es kaum zu fassen. Friedrich Roger, dieser ritterlichste, mildeste, einsichtigste aller Herrscher, sollte so etwas getan haben? Ich entsann mich seiner Mahnung zum Maßhalten und wurde mir jäh meiner Unbeherrschtheit bewußt. Ist es die Bürde der Macht, die ein Menschenherz zu Stein werden läßt?

»Ein warnendes Beispiel, Graf! Der Emir hatte einen der kaiserlichen Boten töten lassen...« Abermals dieser hämische, halb ängstliche, halb drohende Ton. Indes, mir gelang es, mich im Zaum zu halten. Klar, unser Gast, diese engstirnige Beamtenseele, litt unter irgendwelchen Zwangsvorstellungen, die auf Gerüchten von Gewalttaten im Reich und von meiner Selbstherrlichkeit und Strenge beruhen mochten.

Ich lächelte kalt: »Wir hier sind keine Sarazenen, Herr! Weder rauben und morden wir, noch erschlagen wir Kaiserboten.«

»Ihr widersprecht Euch, Graf! Fragtet Ihr nicht, was ich gehört, gesehen und erlebt habe auf meinem Ritt? Nun, bei uns in Sizilien geschieht dergleichen nicht. Keine zügellose Freiheit wird ferner geduldet. Die unabhängigen Ritter und Herren werden durch besoldete Vögte ersetzt, die zu überwachen und notfalls abzulösen sind. Hier jedoch... Wie ist's denn dem Herrn Engelbert ergangen? Gar zu gern würd' ich's aus Eurem Munde vernehmen.«

Ich erzählte ihm, was mir einer meiner Vögte, den ich damals zum Kanzler geschickt, als Augenzeuge der Bluttat zu berichten gewußt. Wie noch ein jeder, der für Recht und Ordnung eintritt, alsogleich Herostraten, Übeltäter, Lotterbuben, Unruhestifter jeglicher Art – all jene, die im Trüben zu fischen gesonnen sind – gegen sich auf den Plan zu rufen pflegt, so hatte auch Herr Engelbert sich mancherlei offene und geheime Feindschaft eingehandelt.

»Ihr wißt, Herr, eine Säule der Kirche nannte man ihn, eine Zierde der Geistlichkeit, den Vater und Bewahrer Deutschlands. Unter denen,

die vor ihm zittern mußten, war auch jener Friedrich, Graf von Altena und Isenburg, ein Vetter und Lehnsmann Herrn Engelberts. Ich selbst bin Graf Friedrich niemals begegnet, doch sagte man mir, ein Wüstling sei er gewesen, unzüchtig und verderbt, grausam, von zügelloser Wildheit. Als Vogt der Abteien Essen und Werden hätte er diese schützen sollen, statt dessen erpreßte er sie, bedrohte Mönche und Nonnen und brachte mit Gewalt das Kirchengut an sich.
Herr Engelbert mahnte ihn, verwarnte ihn; zuletzt, als gütliches Zureden nichts fruchtete, drohte er dem Altenaer die Reichsacht an. Nun stand Herr Friedrich jedoch nicht allein. Da waren die Limburger, die Herrn Engelbert der ihnen vorenthaltenen bergischen Erbschaft wegen von Herzen grollten. Da war der Graf von Kleve sowie noch andere westfälische Herren; sie alle fühlten sich in ihrer Unabhängigkeit und in ihren ererbten Rechten beeinträchtigt. Einen Räuber, der die Edlen ihres Erbes beraube, haben sie Herrn Engelbert genannt.«
Unser Gast nickte: »Da seht Ihr's, Graf! Wenn solche Herren von Freiheit reden, dann meinen sie ihre Freiheit. Sprechen sie von Recht, so ist's das von ihnen selbst willkürlich gesetzte Recht. Solche Art Freiheit – ich sagte es schon – duldet der Kaiser in seinen sizilianischen Reichen nicht.«
Unschlüssig erwog ich, was wohl das Rechte sei, Freiheit ohne Grenzen, das führte ganz sicher ins Verderben, oder sich fügen in eine gewaltsam geschaffene und bewahrte Ordnung, die dem einzelnen kaum eine eigene Entscheidung läßt?
»Ich stimme Euch soweit zu, als mir Freiheit für den einzelnen, mag er Graf sein oder Bettelmann, nur in den Grenzen unabänderlicher Gesetze möglich erscheint; dort endet sie, wo sie die Rechte anderer verletzt.
Mein Bote traf an jenem Unglückstag Herrn Engelbert in dessen Düsseldorfer Residenz. Sie ritten dann miteinander durch das Ennepe Tal auf Gevelsberg – ohne starke Bedeckung, denn welche Gefahr hätte dem allmächtigen Reichsverweser drohen können? Im Spätherbst war's, am fünften Tag des November, Weg und Wald unbelebt. Da, plötzlich – so bekundete mein Vogt – sei eine Schar von fünfundzwanzig Gewappneten, allesamt ohne Wappen und Helmzier, die Gesichter vermummt, aus dem Dunkel unter den Tannen hervorgebrochen. Sie umringten Herrn Engelbert, trennten ihn von seinen

Begleitern. Einer von ihnen – der Altenaer, wie sich herausstellte – schrie: Drauf, drauf, ergreift den Despoten. Und da nun seine Gesellen zauderten, zog er das Schwert und stieß es Herrn Engelbert in die Brust... So hat sich's zugetragen.«

»Eine schlimme Tat! Und was hat sie genutzt? Herr Friedrich wurde in Acht und Bann getan. Alle Welt war entsetzt. Nie zuvor hab' ich Seine Majestät so zornig gesehen.«

»Mit gutem Grund, rauchen doch seither unsere Lande von Blut; Recht- und Friedlosigkeit, wohin man blickt. Der Mörder floh von einem seiner Schlösser zum anderen. Doch was half ihm das? Herr Heinrich von Sayn, der neue Reichsverweser, ruhte nicht; er ließ die Burgen des Frevlers berennen und niederbrennen. Auch wurden die Bischöfe von Münster und Osnabrück der Mitschuld bezichtigt und mit dem Bann belegt. Zuletzt – kurz vor dem vorjährigen Weihnachtsfest –, da wurde Herr Friedrich samt seinen Spießgesellen ergriffen. In Schanden führte man sie nach Köln. Dort wurden sie ihrer ruchlosen Taten überführt, verurteilt zu Rad und Galgen, so als seien sie gemeine Übeltäter...«

Nachdem ich geendet, herrschte geraume Zeit bedrücktes Schweigen. Ein jeder von uns dachte über die Untat und deren Folgen nach, obschon – fürchte ich – von verschiedenen Standpunkten aus. Schließlich gähnte der Freiherr ungeniert: »Das mag euch Deutschen zur Lehre dienen!«

Wir erhoben uns. Er wünschte Liesel auf seine ungehobelte Manier eine gute Nacht und ich geleitete ihn die Stiege hinauf in seine Kammer.

In der Halle wartete Jörg auf mich. Der Ausdruck seines offenen Gesichtes machte mich stutzig. Er winkte mir: »Komm' mit, Anselm! Du sollst ein Wunder erleben.«

»Was ist denn? Jetzt, so spät in der Nacht...«

»Komm' mit! Mehr sag' ich nicht.«

Ich folgte ihm über die Höfe zum Pferdestall. Hier waren die Rosse des Kaiserboten eingestellt. Die Wärme der Tierleiber erzeugte einen feinen Dunst, der um das spärliche Licht der Stallampe einen fahlen Hof wob. Vor einer der Boxen standen Ermin, Ibn Dawud sowie ein paar Roßbuben. Chaleel befand sich an seinem Platz. Er zog mein Augenmerk auf sich, weil er aufgeregt schnaubte, stampfte und scharrte, wobei er den Hals verdrehte, bis man nur mehr das Weiße in seinen Augen sah. Seine Erregung galt offenbar den fremden Pferden.

Ich trat zu der Gruppe, die unter der Lampe stand.
Lächelnd – und selten sah man so viel heitere Verschmitztheit auf seinen hölzernen Zügen – deutete der Sarazene auf einen Hengst: »Was hältst du davon, ya Sid?«
Mir ging es wie ein Blitzstrahl durch und durch. Da stand ja ein zweiter Chaleel, größer, kräftiger, schöner als sein Ebenbild. Das Fell sandgelb; lange, schwarze, seidig glänzende Mähne; ein ebensolcher schwarzer, dichter Schweif bis auf die Hufe hinab; kleiner, kluger Kopf auf stolz gebogenem Schwanenhals; ein gerade, vom Wrist bis zum Kreuz in edler Linie abfallender Rücken; breite Brust; dünne, jedoch stahlharte Fesselgelenke – ein Prachtgaul in der Tat!
»Gib acht!« warnte Ermin, als ich mich der Box näherte. »Iblis heißt er, und wahrlich, den Teufel hat er im Leib.«
Der Hengst wandte hoheitsvoll den Kopf, sog meine Witterung ein. Ibn Dawuds Lächeln vertiefte sich: »Arabische Schule, ya Sid! Sprich die Fatiha und du bist sein Freund.«
Ich tat, wie er mir geraten. Der Hengst lauschte, die Ohren spitzend, den feierlichen arabischen Worten, die ich ihm mit sanfter Stimme zuflüsterte. Seine kleinen Ohren spielten. Er ließ mich an sich herankommen und schnaubte freundlich.
»Er mag dich«, staunte Jörg. »Wie kommt der Kerl bloß zu solch einem Gaul? Ich sah ihn durchs Tor reiten – ein Mehlsack auf Eselsrükken... Wahrlich, für solch ein Roß könnt' ich einen glatt erwürgen...«
Ermin schüttelte den Kopf: »Der Neid gönnt dem Teufel nicht die Hitze der Hölle! Für dich ist ein Ackergaul gerade gut genug. Aber schade ist's schon, daß ein Tier wie dieses nicht den rechten Herrn findet.«
Ich riß mich von dem Anblick des Hengstes los und ging zu Chaleel hinüber, ihn zu trösten. Chaleel war alt geworden. Tausende von Meilen hatte er unter die Hufe gebracht und die langen Ritte bei Wind und Wetter im letzten Jahr hatten an seinen Kräften gezehrt. Man mußte ihm Ruhe gönnen. Ich umschlang seinen Hals. Zärtlich leckte er mir die Hand. Ja, er trug seinen Namen zu Recht – ein Freund und mehr als das war er mir durch all die Jahre gewesen. Kein anderes Roß werde ihn mir je ersetzen können – dachte ich.
In dieser Nacht schlief ich nicht, wie sonst, in frohen Gedanken an Liesel und Dieter ein. Vielmehr gaukelten mir Traumbilder den

Hengst Iblis und meinen Chaleel vor, bis beide Rosse zu einem wurden.

Am Morgen darauf erwachte ich mit dem Entschluß, den Kaiserboten zu fragen, ob er mir sein Pferd verkaufen wolle. Aber noch jedesmal, wenn ich zu der Frage ansetzte, die mir auf dem Herzen lag, versagte mir die Zunge. Es war ja auch sinnlos; ein solches Tier verkauft man nicht.

Wir verabschiedeten uns ziemlich frostig voneinander – bei mir verständlich, aber bei ihm? Unter der Tür drehte er sich mit einer steifen Bewegung um: »Halt, Graf, ich vergaß es ganz... Könnt Ihr mir eines von Euren guten Pferden überlassen?«

»Ein Pferd? Wozu–? Ihr habt, wie ich sehe, die besten Pferde der Welt.«

Er kaute auf seinem Bart, daß die Zähne knirschten; finster wie eine Gewitterwolke. »Eines fehlt mir. Ich säumte, Euch zu sagen, mein... Hm! Also – dieser Hengst, der Iblis, ist Euer – Empfehlung von Seiner Majestät... So hat mir's der Kaiser aufgetragen. Bestes Blut, Graf! Sohn von Chaleel und Eurer Stute Fatima, die im kaiserlichen Gestüt verblieb.«

Bevor ich mich von dem freudigen Schrecken erholen konnte, ertönte auf der Treppe hinter mir ein rauher Fluch. Jörg sprang die Stufen herab, schob den Freiherrn beiseite, rannte über den Hof. Wir hörten ihn Befehle brüllen. Pferde wurden aus den Ställen gezerrt, von ihm untersucht und die erschreckten Roßbuben begannen sie in aller Eile zu striegeln. Dann ließ Jörg ein halbes Dutzend unserer besten Tiere uns, die wir noch im Portal standen, vorführen. Er selbst kam, sich die Hände reibend, mit vergnügter Miene herbei. »Sucht Euch eins aus, Herr! Sucht Euch eins aus... Vortrefflich sind sie ja alle.«

»Vortrefflich wie der Spatz in der Hand, wenn man die Taube auf dem Dach nicht haben kann«, murrte der Kaiserbote erbittert.

Nachdenklich sahen wir dem scheidenden Gast eine Weile nach, wie er mit seinen eisenklirrenden Trabanten den Burgweg hinab nach Warburg ritt.

»Wenigstens brauch' ich ihm nicht den Hals umzudrehen!« brummte Jörg, unverbesserlich, wie er war.

33

Die Fähre, auf der wir über die Mosel setzten, bestand aus zusammengefügten Fichtenstämmen. Sie war mit einem langen Seil in der Mitte des Stromes verankert, so daß sie unter dem Druck der Strömung von Ufer zu Ufer pendeln konnte. Freilich, das jenseitige Ufer sahen wir nur als unbestimmte, schattenhafte Riesenwälle, denn jetzt im April lagen alle Täler unter dichten Nebeln. Das Übersetzen meiner einhundertdreißig Berittenen und ihrer zweihundert Pferde nahm einen vollen Tag in Anspruch. Die jungen Männer waren noch ungeübt. Die Rosse scheuten vor dem ihnen ungewohnten Wasser zurück. Gewaltsam mußte ich Iblis auf das schwankende Fährfloß zwingen. Und hier bäumte er sich, schnaubte, wieherte, schlug wütend nach allen Seiten aus, wobei er einen der Fährknechte in den Fluß schleuderte. Zum Glück für ihn gab es unter meinen Männern einige, die, des Schwimmens kundig, den Verunglückten an Land zogen. Ibn Dawud blickte düster drein; er hielt den Vorfall für ein böses Omen.
Als ich im vergangenen Herbst das Aufgebot des Kaisers im Kahlenberger Land verkündet hatte, waren viele Hunderte junger Männer meinem Ruf gefolgt. Ihre Väter – Bauern zumeist oder Handwerker – sagten: »Wir lassen sie mit Euch ziehen, Herr – nicht um des Papstes und des Heiligen Landes willen, die uns wenig kümmern, sondern weil Kaiser Friedrich von dem römischen Antichrist zu diesem verfluchten Kreuzzug gezwungen wird, wie man hört; und auch, damit Ihr, Herr, Ehre einlegt bei Seiner Majestät. Wünschen wir alle doch, Euer Geschlecht möge angesehen und mächtig werden, auf daß Ihr uns wacker beschirmen und den Frieden im Lande erhalten könnt.«
Unter den allzu vielen, die sich gemeldet hatten, wählte ich nur die zweiten Söhne aus, damit die aufblühende Wirtschaft nicht beeinträchtigt werde, mochten die geistlichen Herren zu Fulda und Paderborn auch noch so laut darüber zetern, weil ihnen damit Novizen und Arbeitskräfte entzogen wurden. Ich versah meine junge Mannschaft mit Waffen und Pferden; Jörg übte sie während der Wintermonate im Waffendienst und Reiten. Natürlich hätte ich die beträchtlichen Kosten nicht aus der eigenen Truhe bestreiten können, hielt ich doch der allgemeinen Armut wegen die mir zustehenden Abgaben so gering wie möglich, eingedenk der alten Volksweisheit, ein Bauer müsse seine Kuh gut füttern, wenn sie Milch geben soll.

Auch wir – Liesel und ich sowie die Burgleute, die Ermin hart unter dem Daumen hielt – begnügten uns mit kärglichster Kost. Das sprach sich in der Grafschaft herum. Und ein Wunder geschah – aus allen Teilen des Landes flossen mir Mittel zu, deren Spender nicht genannt sein wollten –, sehr zum Ärger übrigens der Gottesdiener. Die vermochten nämlich den ihnen zugestandenen Kirchenpfennig nirgends in voller Höhe einzutreiben und deshalb blickten sie scheel auf meine gut ausgerüstete Schar.
Die jungen Krieger, manch einer so arm wie ein Bettelkind, träumten von märchenhaften Ländern und großen Taten. Tapfer waren sie ja alle – von der stillen, beharrlichen Tapferkeit, die Menschen unseres Stammes eigen ist. Sei das Glück ihnen hold – meinten sie – könne man sich durch Kühnheit hervortun und nicht nur den Rittergurt erringen, sondern mögicherweise sogar ein Lehen; auf jeden Fall lasse sich in Kaisers Diensten Ruhm und Ehre gewinnen.
So waren wir alle guten Mutes, nachdem wir den Strom überschritten hatten und nun auf schmalem Waldpfad durch eine wild zerklüftete Gegend bergan ritten. Gab uns auf einer Höhe der Hochwald einen Blick in die Runde frei, sahen wir dunkle Bergkämme oder Kuppen gleich den Rücken gigantischer Drachen aus milchigen Nebelmeeren tauchen, dann und wann auch in der Ferne den Turm einer Burg. Im dunstigen Schummerlicht tiefer Forsten Tag für Tag dahinreitend, trafen wir in Lichtungen oder Windbrüchen auf Rudel von Rehen. Hirsche röhrten in der Dämmerung. Des Nachts vernahmen wir Wolfsgeheul. Und einmal erlegte Ibn Dawud mit seinem Speer einen braunen Bären, um einiges größer als der größte unter uns. Flüsternd in der Stille, denn nur der dumpfe Hufschlag unserer Rosse ließ sich in dieser Waldeseinsamkeit vernehmen, erzählten die Jünglinge sich haarsträubende Geschichten von Ungeheuern und Feen, von Jeten, Idisen und Alben. Selbst mir wurde dabei ein wenig mulmig zumute; und dann tastete ich unwillkürlich nach dem Kästchen an meiner Brust, das nun drei Rosen enthielt.
Auch die dritte Rose war getrocknet, jedoch nicht verwelkt. Ich sah Liesels lieblich keckes Gesicht mit den Sommersprossen unter dem kupfergoldenen Haar nahezu greifbar vor mir, wie sie mir zum Abschied die Rose gereicht: »Hier, Anselm, Liebster, die Blüte hab' ich im Herbst für dich gepflückt, und haltbar gemacht hab' ich sie mit einem Zaubersaft, dessen Zubereitung Frau Rosamunde mich lehrte.

Ich dacht' mir ja schon, unser Beisammensein ist ein solches Glück, nicht ewig kann's dauern. Schau nur, wie schön sie ist, so rot und weiß ... Du sollst sie immerfort bei dir tragen. Sie wird dich beschützen in allen Fährnissen und vor dir selbst, mein lieber Gemahl – so wie dein Edelweiß mich beschützt. Sieh', hier auf der Brust trag' ich's! Und solange ich's da fühl', wirst du bei mir sein ...«

Ich hatte gelacht: »Ach, ihr Frauen!« Aber im Innersten empfand ich ein leises Grauen vor dem Unbekannten, vor den geheimen Mächten und Kräften, die in uns und in allen Dingen wirken. Betont forsch sagte ich: »Keine Sorge, unser guter Jörg ist dir der beste Schutz!«

Jörg, auf Chaleel sitzend, denn er wollte mich ein Stück Weges begleiten, verzog den Mund, als habe er Gerbsäure geschluckt: »Da kannst du Gift drauf nehmen, Anselm, obwohl ich ja lieber an deiner Statt nach dem Mohrenland geritten wär' – schon wegen des Lehens ... Während du dir bei den Heiden Ruhm und Reichtümer erwirbst, an des Kaisers Tafel schwelgst und hoher Frauen Minne genießt, komme ich hier vor Langeweile um. Wahrscheinlich eroberst du dir ein Königreich. Dann, Anselm, wär's nicht mehr als billig, wenn du meiner gedächtest und mir ein Eckchen davon abtreten wolltest, auch wenn ich nicht gerade der Klügsten einer bin.«

Schallendes Gelächter belohnte seine Rede.

Ich beugte mich zu Liesel hinab, die mir unser Dieterlein entgegenhob. Das Bübchen sah aber gar nicht zu mir auf. Es langte nach dem blinkenden Schwert, das ich halb aus der Scheide gezogen hatte, und seine kleinen, kräftigen Finger schlossen sich fest um den Griff. Als Iblis sich ungeduldig bäumte, schrie Dieter zornig; er wollte die Waffe nicht fahrenlassen.

So hatte ich sie unter dem Tor stehen sehen – Liesel in ihrem wenig gräflichen Alltagsgewand, mit zerzaustem Haar, das Kind im Arm, ganz und gar die muntere Gespielin meiner Knabenzeit. Und jetzt, da wir durch den triefenden, fremden Wald ritten, sah ich ebenso deutlich ihr Gesicht im Nebel vor mir. Anders als ehedem, da ich jung und unbeschwert gewesen war, schmerzte mich nun ein jeder Schritt, den Iblis tat, weil er mich von allem, was mir lieb und teuer ist, nur immer weiter fort führte.

Ich hatte mich entschlossen, den Weg über Köln zu nehmen, hoffte ich doch, Herrn Engelberts Nachfolger auf dem Stuhle des heiligen Maternus, Erzbischof Heinrich, dafür zu gewinnen, daß er ein Auge auf meine Grafschaft halte. Welch eine Enttäuschung! Ich fand in Herrn Heinrich einen jämmerlichen Hasenfuß, geplagt von besinnungsloser Furcht vor Graf Dietrich von Isenburg, dem Sohn des Mörders, dem sein Oheim Heinrich von Limburg und Berg eben jetzt eine neue Burg an der Lenne, Hohenlimburg mit Namen, erbauen ließ. Überhaupt tobten am ganzen Rhein entlang heftige Kämpfe zwischen den verschiedenen Adelshäusern. Und obendrein – so glaubte ich zu spüren – wuchs die Feindseligkeit zwischen den deutschen Weltgeistlichen und den römischen Klerikern sowie auch der einen wie der anderen gegen die Kaisermacht des Staufers.

»Herr Graf«, barmte Seine Eminenz, der Erzbischof, und dabei sah er mich mitleiderregend trübsinnig an, »Ihr seid ein redlicher Mann, ein frommer Christ! Wem sonst darf ich vertrauen? Von Verrätern und Schurken bin ich umgeben. Um der Liebe Christi willen überbringt diesen Brief Seiner Majestät. Einen Boten wage ich nicht zu schicken. Er enthält einen Bericht über die Umtriebe der Grafen von Altena und Hochstaden; die haben es offenbar auf den Sturz Kaiser Friedrichs abgesehen. Hörtet Ihr's nicht durch die Lande schallen: Deutschland den Deutschen? Und König Heinrich, irregeleitet von den Päpstlichen, schlägt in die gleiche Kerbe.«

Ich erklärte mich bereit zu diesem Botendienst, wenngleich nur zaudernd, voller Zweifel; zumal ich mich dadurch gezwungen sah, die Gebiete der einander befehdenden Fürsten zu meiden und mich am linken Rheinufer zu halten.

Indem wir so über Berg und Tal auf Schleichwegen einherzogen und die Männer ein wenig verwirrt und bänglich, die fremdartige Landschaft bestaunten, überließ ich mich nagenden Gedanken. Zwar fürchtete ich keineswegs all jene Alben, Trolle und Feen, mit denen die jungen Krieger Urwald und Schluchten bevölkert glaubten, wohl aber die Geister des Haders, der Mißgunst, des Ehrgeizes und schnöder Raublust in den Herzen der Menschen; die machen das Dasein auf dieser Erde zur Hölle. Auch war ich unschlüssig, wofür mich entscheiden.

Großartig, schier überwältigend erschien mir Friedrich Rogers Vision von einem geeinten, mächtigen abendländischen Reich, in dem ein jeder den ihm zukommenden sicheren Platz finden würde unter klaren, von starker Hand erzwungenen Gesetzen. Friede würde herrschen und damit Wohlstand, aber – würde es nicht ein Friede von

Sklaven unter der Peitsche sein? Der Kaiserbote, jener grobe, engstirnige Freiherr, der uns die strenge Verwaltung durch beamtete, überwachte Ministerialen in den sizilischen Reichen gerühmt, hatte mir doch zu denken gegeben. Hatten dann aber jene recht, die welsches Wesen, byzantinischen Geist, die weltlichen Herrschaftsansprüche des Stuhles Petri ebenso verabscheuten wie die Beschränkung ihrer ererbten Privilegien und Freiheiten und nun »Deutschland den Deutschen« schrien?
Ich wußte es nicht. Gänzlich verloren kam ich mir vor in dieser verworrenen Welt. Gedankenströme unterschiedlichster Art flossen durch- und ineinander. Unmut beschwerte mich. Das Gotteswort, das in seiner Klarheit dem Menschen ein Leitstern hätte sein sollen, nahm im Munde irrender Fanatiker oder zynischer Atheisten die verwirrendsten Färbungen an. Allüberall diente es den einen wie den anderen zum Vorwand für Raub und Mord. Voller Unmut faßte ich bald nach dem Schwert, bald an das Kästlein unter meinem Wams. War ich nicht ich? Nur einen Ort gab es, an dem ich mich auf festem Boden wußte. »Der Mensch« – hatte Ermin gesagt – »hat nur eine Heimat, und zwar in sich selbst!« Sie zu bewahren, galt es, mochten Narren um goldene Kälber tanzen oder Traumgespinsten nachjagen.
Spät am Nachmittag gelangten wir in einen Talgrund, den ein schmaler, vielfach sich windender Bach durchfloß. Ungewiß über die Richtung, die einzuschlagen sei, spähte ich talauf, talab. Mir lag daran, einen Herrenhof, eine Burg oder sonst eine Herberge zu finden, weil wir allesamt ermüdet und durchnäßt waren und der Rast unter einem gastlichen Dach dringend bedurften.
Das Tal verengte sich. Schroff stiegen zu beiden Seiten zerkerbte Wände empor, bisweilen überhängend; auf der Höhe verloren sie sich in Gestrüpp und dichten Baumbestand. Der Bach schoß rauschend zwischen Geröll dahin. Gurgelnd und schäumend wälzte sein dunkles Wasser sich über bleichendes Geäst. Dann und wann mußten wir von einer Seite auf die andere überwechseln, wenn der Uferrain zu schmal wurde. Am Ende traten die lotrechten Wände noch dichter zusammen, bis uns nichts anderes übrig blieb als die schnaubend widerstrebenden Rosse im Bachbett vorwärts zu treiben, hinein in den finsteren Schlund, dessen vor Nässe schwarze Felsen bleifarbene Dünste umwallten.
Ich überließ es Iblis, sich den Weg zu suchen. Kaum vermochte ich mich noch im Sattel zu halten. Die Umrisse von Felsen und Bäumen verschwammen vor meinen Augen. Die Luft, die ich einsog, machte

mich trunken. Und so atmete ich auf, als die Bergwände sich vor uns auseinanderschoben und wir auf einen fast kreisrunden Wiesenplan hinausritten, der, zwischen unersteigbaren Schroffen und von Nebelfluten überwogt, einem unheimlichen Gewässer glich. Der Bach schlang sich hier um einen senkrecht aufragenden Vorsprung, auf dem sich hoch vor dem dunkelnden Himmel, von Schleiern verhangen, so etwas wie ein verfallenes Kastell abzeichnete.

Nichts ließ sich deutlich erkennen. Alle Konturen verzerrt... Schattenhafte Gebilde, die Menschen sein mochten oder auch nicht, schwebten über die Brücke und den Aufgang zur Burg hinan. Ich entsann mich der Sagen vom Schwarzen Ritter, der einsamen Wanderern um die Schummerstunde zu erscheinen pflegt. Wen seine Lanze berührt – sagt man –, der sterbe gar bald.

Und kam er da nicht – genau auf mich zu, ein dunkler Schemen, die Lanze eingelegt, das Visier geschlossen? Milchige Schwaden, über den Talgrund kriechend, umflossen die Beine des Rosses. Mir schien, es gleite über die graue, wogende Flut wie ein Schwan.

Keiner meiner Gefährten nahm ihn wahr. Wie sonderbar!

Als ich Iblis die Sporen gab, folgte mir niemand. Der Hengst gehorchte, warf sich dem Gegner entgegen. Mein Lanzenstoß traf ins Leere. Nichts war da, nichts! Das Phantom zerfloß. Hinter mir hörte ich einen Ruf. Jedoch, ich ritt weiter, ohne mich umzusehen – über die bröckelnde Steinbrücke, den Burgweg hinauf zum Tor. Und überall graue Schattenwesen...

Eines von ihnen trat mir unter der Wölbung entgegen. Ich glaubte eine Berührung an der rechten Schulter zu spüren, leicht wie Flügelschlag eines Falken, mehr nicht. Indes mein Schwertarm sank gelähmt herab; die Lanze entfiel der Hand. Ich taumelte aus dem Sattel und mir war, als fliege ich in dämmerige Weiten, in tönende Finsternis.

Nur dessen entsinne ich mich, daß ich durch hohe, gewölbte Gänge und Hallen schritt, vielstimmiges Wispern, Flüstern und Raunen um mich her. Luftige, schlanke Gestalten in langen, wehenden Schleiern, durchsichtig wie Glas, zart wie ein Hauch, umschwebten mich in einer Art Reigen, neigten sich mir zu; ihre Lippen – meinte ich – bewegten sich, doch ich vernahm nur ein fernes Tönen.

Die Gesichter erschienen mir schön, ohne daß ich die Züge hätte deutlich erkennen können. Eine von ganz besonderem Liebreiz mit seidigem, silberblonden Haar löste sich von den übrigen, glitt wie auf schimmerndem Gewölk, die Arme ausbreitend, auf mich zu. Und als ich ihr in die opalfarbenen, blicklosen Augen schaute, entsetzte ich mich so sehr, daß ich zurückwich und zu fliehen trachtete. Die Contessa – Julia? Aber – war Julia nicht tot? Hatte ich sie denn nicht erschlagen, wie sie's verdient?

»Was willst du?« hauchte ich. Oder dachte ich es nur?

Sie lächelte siegesgewiß: »Dich, Anselm – dich! Warum entziehst du dich mir? Du sollst mir dienen.«

Zum anderen Mal breitete sie die Arme, mich zu umfangen. Wie ein Schiff von jenem verzauberten Berg im Nordmeer, den der eine oder andere Seefahrer gesehen haben will, so fühlte auch ich mich nun unwiderstehlich zu ihr hingezogen. Und doch warnte eine Stimme in mir, es sei alles nur Trug; sie zu berühren, werde mein Tod sein. Das geweihte Kreuz auf meiner Schulter schützte mich offenbar nicht, so wenig wie ein hastiges Gebet, das ich zum Himmel sandte. Da, in meiner letzten, verzweifelten Angst, gedachte ich der Rosen, zog das Kästlein hervor, öffnete es – ich weiß nicht, wie; und mit dem Duft, der den getrockneten Blüten entströmte, erstand vor meinen umflorten Augen Liesels Gestalt. Rank und geschmeidig, von Licht umflossen, gleichsam aus dem Inneren leuchtend wie ein Elf oder Engel, stand sie unversehens zwischen dem Spuk und mir. Und ganz allmählich, so als ob Kerze um Kerze erlischt, zergingen die Erscheinungen im Dämmerdunkel.

Ibn Dawud rüttelte mich, massierte mir Pulse und Schläfen, brüllte mir meinen Namen ins Ohr. So, als werde ich an einem Seil durch eiskalten grünen Schlamm gezogen, durch dämmergrüne Meerestiefen empor in die mir vertraute Sonnenwelt. Ich öffnete die Augen, richtete mich stöhnend auf, durchschauert von Kälte.

»Alhamdulillah, dein Zauber war mächtiger, ya Sid, als die Künste der Dschinnen!« Erregte er sich, verfiel Ibn Dawud in seine Muttersprache. Mit der Fußspitze deutete er auf eine der Steinplatten des Estrichs, die mir als Lagerstatt gedient. Verstört starrte ich sie an.

»Gott im Himmel, der Drudenfuß!« Klar und deutlich traten die tief eingeritzten Linien des unheimlichen Pentagramms hervor. In der Mitte des fünfzackigen Sternes hatte ich gelegen, neben mir der Behälter mit Liesels Rosen.

Im trüben Morgenlicht sah ich, das alte Gemäuer war unbewohnt. Verstaubte Spinnweben wucherten wie Grind an den Wänden. Mauerschutt, aus dem da und dort welkende Pflanzen sprossen, häufte sich in den Ecken. Unter der mürben Wölbung hingen gleich grauen Stoffbällen unzählige Wespennester sowie in braunen Trauben dicht an dicht Scharen von Fledermäusen. Durch die leeren Fensterhöhlen schwirrten Schwalben ein und aus. Über allem hing ein Hauch gegenstandslosen Grauens, wie der längst nicht verwehte Atem dahingegangener Geschlechter. Ein schwarzer Kater, erstaunlich groß und gewichtig, der auf einem zerbrochenen Granitpfeiler hockte und uns aus gelbgrünen Augen gelangweilt anblinzelte, versetzte den Sarazenen in Wut. Ibn Dawud griff nach dem Speer.

»Laß ihn!« wehrte ich ihm. »Mag's ein Gespenst sein oder ein gewöhnliches Tier. Eisen ist machtlos gegen Dschinnen. Auch ist mir kein Leid geschehen. Vielleicht hab' ich nur im Fieber geträumt. Der schwarze Ritter lebt nur in uns selbst, so wie die Dämonen, Ghulen, Alben oder Feen. Unsere Gedanken sind's, die in ihnen Gestalt gewinnen.«

In der Tat, niemand habe den schwarzen Ritter mit mir kämpfen gesehen, bekundete mein Gefährte und setzte beschämt hinzu, keiner habe sich bei Nacht in das verwunschene Schloß getraut; bis zum Tagesanbruch hätten sie voll banger Sorge am Bach gewacht, und als dann beim ersten Sonnenstrahl Iblis zu ihnen auf die Wiese gekommen sei, habe er – Ibn Dawud – sein Morgengebet verrichtet und sich ein Herz gefaßt, mich in der Dschinnenburg zu suchen.

Das Fieber – wenn es Fieber gewesen war – hatte mich verlassen. Als wir zu ihnen traten, starrten die Männer mich an, als sei ich dem Grab entstiegen. Sie fragten nichts, sagten nichts, doch hielten sie sich von mir fern. Es brauchte nicht meinen Wink, sie aufsitzen zu lassen. Und da wir fortritten in kaum bemäntelter Hast, warf keiner von ihnen einen Blick über die Schulter zurück.

34.

Als ich Brindisi in der Ferne liegen sah, erschien mir die Stadt wie ein Märchenbild – weiße Mauern, Zinnen und Türme, hingetupft zwischen das Graugrün der flachen kalabrischen Ebene und den silbrigen Dunst, in dem Meer und Himmel ineinanderflossen. Gleich einer Luftspiegelung schwebte sie inmitten dieser ungeheuren Weite, die Schrecken erregte und den Menschen sich klein fühlen ließ.

Die Augusthitze war mörderisch. Sonnenglast waberte über dem ausgedörrten Land, wo selbst die Olivenhaine keinen kühlenden Schatten boten. Aus flachen Niederungen, in denen Reste von Feuchtigkeit sich noch erhalten hatten, stieg giftiger Brodem. Lange bevor die Türme in Sicht kamen, ritten wir an bleichendem Gebein, an Maultierkadavern, nachlässig aufgeschütteten Gräbern, an den zerfetzten Resten von Zelten und umgestürzten oder zerbrochenen Fuhrwerken vorüber. Unsere Rosse ließen die Köpfe hängen. Nur Iblis, der unter der Sonne des Südens Geborene, schien sich Kraft und Feurigkeit bewahrt zu haben. Er schnaubte verächtlich, wenn wir mit Kornsäcken oder Wasserschläuchen hoch beladene Esel überholten oder hohläugigen Pilgern begegneten, die schon von weitem nach Tod und Verwesung stanken. Je mehr wir uns der Küste näherten, desto bedenklicher schaute ich mich um. Das ganze Land ringsher glich einem Heerlager Dahinsiechender und Sterbender.

Ich tauschte mit Ibn Dawud einen Blick. Wir verhielten unsere Rosse. Meine Kriegerschar schloß auf. Und schon waren Mensch und Tier mit einem lebenden Teppich von Abertausenden großer, blaugrün schillernder Schmeißfliegen bedeckt. Einige Geier, zu matt, um die Schwingen zu regen, flüchteten hüpfend in den Schutz sonnendurchglühter Steine.

Ich deutete auf eine Senke, in der ein schmales, nun ausgetrocknetes Rinnsal eine kalkige Furche in den Grund gewaschen hatte. Am Bachlauf entlang reihten sich verlassene Lagerstätten. Ein süßlicher, ekelerregender Geruch wehte uns von dorther an. »Bleiben wir hier? Näher zur Stadt hin mag es noch schlimmer sein.«

Ibn Dawud winkte ab: »Nein, nicht hier! Der Gifthauch aus den Sümpfen würde uns töten. Aber, schau', dort drüben, auf der kahlen Kuppe, wo die drei Olivenbäume stehen und der Wind frei wehen kann ...«

»Wird es da Wasser geben? Platz für die Zelte?«

Der Sarazene hob die Schultern: »Inschallah – wie Gott will!«

Wir besichtigten den Ort. Eine Kuppe war es ja eigentlich nicht, eher ein flacher, völlig kahler Höhenrücken mit kurzem, gelbem Gras und zahllosen Steinen. Immerhin ließ sich hier leichter atmen; und was nun Trinkwasser und Proviant betraf, beides mußte eben herbeigeschafft werden. Die jungen Krieger, an diese Art Klima durchaus nicht gewöhnt, fielen mehr aus den Sätteln als daß sie absaßen, benommen, vollkommen gleichgültig gegenüber der Um-

gebung; nicht einmal für Verwünschung oder Klage blieb ihnen Atem genug.
Von hier oben aus vermochte man das Gelände um die Stadt bis zum Meer hin gut zu überblicken. Lange Züge von Menschen und Tieren bewegten sich wie Ameisenheere auf den staubigen Wegen, die gleich den Strahlen eines Sternes von den Toren Brindisis ausgingen.
Nicht anders hatte es auf den großen Heerstraßen des Reiches ausgesehen. Ich hatte die stolze Reichsfeste Trifels bei Annweiler, dem Wunsche Herrn Heinrichs gehorchend, aufgesucht, hatte ein paar Tage bei meinem Freund Gereon auf der Kyburg verweilt, und dann hatte ich mein Fähnlein über den Sankt Gotthard geführt – ein reiner Spazierritt, gemessen an dem, was ich in jenen Wintertagen vor fünf Jahren durchgestanden.
Herr Gereon äußerte sich bedenklich über das jüngst erfolgte Ableben des Papstes Honorius – der sei ja, alles in allem genommen, noch einigermaßen wohlwollend und vernünftigen Überlegungen zugänglich gewesen, aber – Graf Hugolin? Allein schon, daß er sich nun als Papst Gregor nenne – nach dem siebenten Gregor, der ehedem König Heinrich zum schmachvollen Gang nach Canossa gezwungen, werfe ein bezeichnendes Licht auf seine Absichten. So alt dieser Gregor auch sei – an die achtzig Jahr –, seine Zähne habe der Wolf im Hirtenrock noch längst nicht verloren.
»Ich fand ihn recht menschlich«, verteidigte ich den Papst. »Er hätte damals in Rom härter mit mir verfahren können. Daß er mich heimlich entrinnen ließ...«
»Verdankt Ihr einzig Herrn Friedrich! Macht Euch nichts vor, Herr Amselm! Was wart Ihr anderes als ein Bauer im Spiel zwischen Krone und Tiara? Und was sind wir Übrigen? Dieser Kreuzzug, zu dem jetzt auch Gregor den Kaiser zwingen will – wem dient er? Der Christenheit? Den frommen Gläubigen? Macht mich nicht lachen...« Graf Gereon schnaubte erbittert. »Macht mich nicht lachen, Herr Anselm! Was wäre denn wohl im Heiligen Land noch zu holen – es sei denn Sandflöhe und die schwarze Pest? Nein, Bruderherz, Seine Heiligkeit trachtet, ihn zu verderben. Je weniger weltliche Herren im Reich, desto gesicherter die Macht der Geistlichkeit...«
Und darauf schien es in der Tat hinauszulaufen. Zwar hatte Honorius noch Frieden gestiftet zwischen Kaiser Friedrich und den Städten des Lombardischen Bundes – zum Nachteil der Krone, wie sich bald

herausstellen sollte, aber... Hielten die Lombarden sich daran? Nein, in keiner Weise! Auch bekam der Kaiser die Reichslehen Niederburgund, jene arelatischen Lande, entgegen jeglichem Recht nicht zurück; zunächst einmal, so begründete es der Papst – müßten dort die Ketzer, diese verdammenswürdigen Albigenser, ausgerottet werden.
Ob Friedrich Roger sich das wohl bieten ließ?
Meinen lieben Umberto, den guten Prinzen, fand ich als den Statthalter seines Vaters im Aosta-Tal, wo er Truppen sammelte. »Nein, nicht für den Kreuzzug!« erklärte er zähneknirschend. Die Bürger von Turin, nunmehr zum Lombardischen Bund übergetreten, hatten ihn verräterisch aus der Stadt vertrieben. »Geglückt ist's ihnen nur, weil ich den Schurken Vertrauen geschenkt. Ich werde über sie kommen wie Herodes über die Makkabäer; die Hälfte von ihnen will ich pfählen, aufknüpfen oder aufs Rad flechten lassen, den Rest in die Sümpfe schicken... Ich weiß, wie Ihr darüber denkt, Don Anselmo! Eure Worte hab' ich mir damals gar wohl gemerkt, hab' auch zu meinem Vorteil danach gehandelt, wo ich bei Gegnern auf redliche Gesinnung traf. Bedenkt jedoch, Lombarden sind keine Sachsen! Hochfahrend sind sie im Glück, kriecherisch, verschlagen, voller Tücke im Unglück; ja, sie lieben die Freiheit, sofern es sich um ihre eigene Freiheit und Willkür handelt. Weil ihnen dies von den Staufern verwehrt worden, hassen sie Kaiser und Reich wie den bösen Feind. Welch ein gefundenes Fressen für die Kurie! Honorius ehedem, so wie nun jetzt auch Gregorius, benutzte sie gegen Friedrich, aber wie sehr täuschen die frommen Väter sich, wenn sie wähnen, dies Krämervolk nach ihren Wünschen lenken zu können. Verstockte Ketzer sind sie allzumal, diese Lombarden...« Umbertos bronzebraunes Gesicht glühte vor Entrüstung – ein junger Georg, der den Drachen bezwingen will. Mit seinem redlichen, furchtlosen Herzen würde er Friedrich ein treuer Verbündeter sein. Fast glaubte ich die Hand göttlicher Vorsehung darin zu erkennen, daß es mir damals beschieden gewesen war, ihn der Flut zu entreißen.
Da wir im Zeichen des Kreuzes ritten, hatte ich mit meiner Truppe die dem Kirchenstaat eignenden Gebiete unbehelligt passieren können. Don Filippo, meinen Schwiegervater, traf ich in Florenz nicht an, weil er am Kaiserhof weilte, wohl aber – rein zufällig, wenn es denn so etwas wie Zufall gibt; und es brachte mich in nicht geringe Verlegenheit – Don Leonardo, Clarissens Vater.

Die Stadt summte und brummte wie ein Bienenkorb. In den engen, gewundenen Gassen, zwischen hohen, aus bräunlicher Pietra Serena aufgeführten Mauern drängten die Pilger, Mönche, Krämer, Bauern, Söldner, Kreuzritter mit ihren Knappen, da und dort Stadtwächter, die hohen Herren mit Stockhieben Platz in der Menge schufen, Spielleute, Gaukler, Buhldirnen und – wie denn anders – Horden von Kindern und Taschendieben. In den Tavernen sang und trank, lachte, zankte und liebte dies leichtsinnige Völkchen in einem Rausch unaufhörlichen Karnevals. Rauch aus Hunderten von Garküchen oder aus Öfen, auf denen Kastanien geröstet wurden, zusammen mit dem von unzähligen Füßen und Hufen aufgewirbelten Staub und den Ausdünstungen schwitzender Leiber verursachten einen Brodem, den man nicht lange einatmen konnte, ohne daß einem schwarz vor Augen ward.
Vor dem Dom Santa Reparata, wo unter den Arkaden Geldwechsler, Obsthändler, Wasserträger, Reliquienverkäufer, Ablaßkrämer, Briefschreiber ihre Tische aufgeschlagen hatten und ich versunken in den Anblick einer wundersam schönen Bronzetür stand, fühlte ich mich unversehens am Arm berührt. Mich umwendend, blickte ich in das fiebergelbe, hagere Gesicht Don Leonardos. Prächtig gekleidet war er in ein reich besticktes, karmesinrotes Wams und smaragdgrün schillernde Strumpfhosen. Goldene Schnallen blinkten an Gürtel und Schuhen. Nichtsdestoweniger machte er den Eindruck eines Mannes, dem das Leben übel mitgespielt hat. Dies, freilich, lag weniger an seiner Haltung als vielmehr an dem scheuen, mitßtrauischen Ausdruck der Augen.
»Ah–, seid Ihr's, Anselm? Hoch in Ehren, was? Ein Graf, mit Land und Leuten, reichsunmittelbar obendrein, hört' ich! Ja, ja, wer hätt' sich das gedacht, damals, als Clarissa dem grünen Strauchritter schöne Augen gemacht? Die dumme Dirn... Konnt' es wahrhaftig besser wissen, he? Gräfin wär' sie jetzt und ich wär' fein raus mit Euch als Eidam, wie?«
Typisch für ihn, daß er sich nicht entblödete, Clarissa zu erwähnen. Im Herzen gab es mir einen Stich. Mein Mund wurde trocken. Ich ballte die Faust, hielt jedoch an mich.
Listig blinzelte Don Leonardo mir zu: »Und wohin jetzt, hoher Herr? Ins Heilige Land, das Heilige Grab befreien? He, he, wird's dem Esel zu wohl, geht er aufs Eis – in die Wüste, mein' ich...« Er lachte verschmitzt, indem er an das Kreuz auf meiner Schulter tippte: »Hört,

Anselm, da weiß ich Euch etwas Besseres. Der Kaiser rüstet ja Truppen aus. Geld hat er nicht. Ich geb' ihm Kredit auf zwanzig Jahr, bei hohem Profit, versteht sich. Vermittelt das, Anselm! Ihr steht ja bei ihm hoch in Gunst. Sorgt, daß ich's allein betreiben darf, und Ihr schwimmt in Gold ...«

»Herr!« fuhr ich ihn an. »Habt Ihr vergessen, was Euch zu Frankfurt geschah. Und da wagt Ihr, mir... Ihr solltet mich kennen. Macht Euch fort, sag' ich! Laßt Euch ja nicht bei Hofe blicken. Andernfalls zwingt Ihr mich, Seiner Majestät reinen Wein über Euch einzuschenken. Und was dann ...«

Nachsichtig schüttelte der Kaufmann den Kopf, wenig beeindruckt durch meine Drohung, wie es schien. »Dumm, dumm, der reine Tor... Immer hoch hinaus, bis man mit dem weißen Stab vom Land der Väter geht ... Wenn nicht Ihr, Anselm, dann ein anderer. War gut gemeint, Anselm! Seid Ihr doch mein Eidam gewesen. Ihr dauert mich... Glaubt Ihr denn wirklich an das Pfaffengeplärr? Geschäft, sag' ich – nichts anderes als Geschäft so ein Kreuzzug! Um Gewinn geht's – Gewinn, beileibe nicht um das Heilige Grab. Bekehrung der Heiden – pah! Und Toren wie Ihr sind's, die den hohen Herren die Kastanien aus dem Feuer holen. Als ob es hier nichts zu bekehren gäbe ...

Und, ganz unter uns: Die Zeit der Fürsten und Herren, die Zeit der Kaiser, der Könige, der Prälaten und Barone, die ist vorbei ... Warum? Nehmt die lombardischen Städte, nehmt La bella Firenze – allesamt Krämer, Kaufleute, Händler ... Geld regiert die Welt! Und mit ihrem Gold bezahlen sie die Kriege der Edelherren, wobei diese immer ärmer, sie selbst immer reicher werden. Ihr setzt auf den falschen Gaul, Anselm! Auf der lahmen Mähre des Fürstendienstes kommt Ihr nicht weit.«

Mir auf die Schultern klopfend, begab er sich lachend fort.

Wie erstarrt stand ich da, im Gewühl der Leiber und Stimmen. Etwas Ungeheuerliches, Unfaßbares kroch gegen mich, gegen meine Welt herauf – eine umwälzende Erscheinung, die den Idealen des Rittertums keinen Platz mehr lassen würde – nüchtern, brutal, selbstsüchtig, gerissen, glaubenslos, ein Drachenwesen, wie es sich mir in der Person des Krämers verkörperte. Mich fröstelte. Schatten schienen sich über die Erde zu senken.

Oft genug mußte ich noch dem Geschwätz des Krämers nachsinnen,

während wir über die lieblichen Hügel der Toskana ritten, durch die Landschaften Spoleto und Kampanien, schließlich über die Kreidekalkebenen Apuliens. Wir folgten den von Viehherden breit ausgetretenen Tratturi, lagerten, wo es Schatten und eine Quelle gab.
Allein, was mich auf meiner ersten Reise in diesem Land erregt und beglückt hatte – die Lorbeerhaine, die Oleanderbüsche, Ölbäume, Palmen und stolzen Pinien, die imposanten Zeugen einer großen Vergangenheit, der seidige Himmel, das blaue Meer –, all das war diesesmal an mich verloren. Düstere Gedanken bedrückten mich. Nur zu scharf sah ich, wo es fehlte, erkannte die Gefahren, sah die Armut, das Elend, die Narrheit der Menschen, wie sie sich vergeblich mühten um ein wenig Glück und Zufriedenheit, sah die Heuchelei, das schamlose So-tun-als-ob, begegnete der Raffgier, unverhüllter Ruhm- und Machtsucht, verblendetem Hochmut, erschreckender Arroganz, kurz, der ganzen überwältigenden Dreistigkeit menschlicher Dummheit.
Hinzu kam, daß ich seit dem Erlebnis in der verwunschenen Burg wie zwiegeteilt einherritt, in einem Zustand fiebriger Benommenheit, wobei ich gleichsam durch Schleier, wie aus großer Höhe auf mich selbst und die Erde blickend, eingedenk der Flüchtigkeit und Begrenztheit menschlichen Erdenwandels, erfüllt war von einer verzehrenden Sehnsucht nach der Geborgenheit meiner heimischen Wälder.
Ich zeigte mich schweigsamer, strenger, voller Mißtrauen gegenüber Fremden. Meine grimmige Miene flößte selbst Freunden Schrecken ein. Der barsche Ton meiner Stimme, mein durchdringender Blick schufen mir Achtung, jedoch wenig Zuneigung.
Als ich in Brindisi den Palast betrat, in dem Kaiser Friedrich residierte, salutierten die Wachen und traten ehrerbietig zurück, obwohl ihnen das Wappen mit den drei Rosen auf meinem Schild sicherlich unbekannt war. In der verschatteten Säulenhalle traf ich unter Bittstellern und Schranzen Herrn Roffrid von Benevent, der dem Kaiser als Sekretär diente. Er meldete mich an und ich brauchte nicht lange zu warten.
Gemessen an der Pracht und dem Prunk in den Hallen und Gängen erschien das Gemach, in dem ich Friedrich Roger fand, mit seinen schmucklosen weißen Marmorwänden so kahl wie eine Mönchszelle. Indes fiel durch zwei von Säulen unterteilte Bogenfenster eine Fülle goldenen Lichtes und eine leichte Brise strich kühlend herein. Durch

diese Fenster konnte man hinaus auf einen mit Zinnen umgebenen Altan treten, hinter dem das Meer sich gleich einer purpurnen Wand gegen den seidig umflorten Himmel erhob.
Friedrich hob langsam den Kopf von Papieren und Landkarten, die vor ihm ausgebreitet auf der Marmorplatte lagen. Ich beugte das Knie – befangen, denn auch das vertraute, geliebte Antlitz hatte sich verändert. Ein harter, fast grausamer Zug lag um die feingeschnittenen Lippen; tiefe Falten zogen sich von der Nasenwurzel bis zu den Mundwinkeln. Auch ließen ein kurzer, rötlicher Backenbart sowie ein Schnurrbart mit herabhängenden Spitzen ihn älter erscheinen als seine Jahre. Nur die Augen waren so tiefblickend und wissend wie je; und jetzt, da er sie auf mich richtete, glomm die altbekannte, ermunternde Güte in ihnen auf wie ein Funke aus grauer Asche.
»Nun«, sagte er mit dem wohlvertrauten leisen Spott in der Stimme, »da wären wir, Anselm! Und nicht mehr die Jüngsten, nicht wahr? Halb und halb hab' ich gedacht, du werdest nicht kommen... Und wahrlich, ein ganzes Heer hast du mitgebracht.«
»Hundertdreißig Mann, Herr! Nicht mehr... Und davon auch noch gut ein Dutzend krank.«
»Hundertdreißig zuviel«, murmelte er bei sich. Laut und mit verhaltenem Zorn sagte er: »Die meisten der deutschen Herren haben es vorgezogen, den Ruf ihres Kaisers zu überhören. Vom menschlichen Standpunkt aus ganz vernünftig, nicht? Aber die Vernunft Seiner Heiligkeit soll ja göttlichen Urspungs sein; jedenfalls lehrt die Kirche das. Was gilt ihr da die Wohlfahrt des irdischen Leibes, gemessen am Heil der Seele?«
»Der Landgraf von Thüringen, Herr Ludwig...«
»Landgraf Ludwig ist tot! Weißt du das nicht? Ihn hat die Seuche dahingerafft. Auch die Bischöfe von Augsburg und Anjou sind zu Gott heimgegangen. Mit ihnen starben Tausende ihrer Ritter, Knappen und Reisigen. Weitere Tausende harren hier in den Lagern des Todes. Du wirst es sehen, Anselm, wenn du durch die Lager reitest. Ad honorem Dei! Und nun behauptet Seine Heiligkeit, Wir hätten ihn und viele fromme Seelen getäuscht, indem Wir uns der Pflicht des Kreuzes entzögen. So, als wüßte er nicht oder will es nicht wahrhaben, daß es die Hand des Honorius gewesen und jetzt seine eigene ist, die Uns hindert, was Wir gelobt, zu erfüllen. Heut über acht Tage, Anselm, brechen wir auf.«

Sich erhebend, führte er mich auf den Altan. Von den Zinnen herab konnte man auf das im Bau befindliche mächtige Kastell, auf den Seno di Puerte Grande mit dem Mastenwald der vielen Schiffe, auf die Einfahrt, die Pigonati, und die ebenfalls mit Galeeren und Feluken dicht belegte Reede der Bocca di Puglia samt den beiden, ihr vorgelagerten Inseln blicken. Auch sah ich die Zeltstädte der Krieger und Pilger weit hingestreut über das flache, dürre, von Bäumen nunmehr fast entblößte Küstenland liegen – da und dort eine Bauernhütte, blendend weiß, mit hölzernem Schöpfrad über der Zisterne. Tumuli, steinerne Hütten, riesigen Bienenkörben gleichend, dienten als Ställe und Scheuern. Die jetzt zertrampelten, keine Frucht mehr tragenden Äcker waren durch niedere Bruchsteinmauern gegen den Seewind geschützt. Nur flüchtig nahm ich solche Bilder in mich auf. Die Schiffe waren es, die mein Augenmerk auf sich zogen. Da lagen sie – die größeren mit je zwei hohen Masten aus Zypressenholz, an denen Rahen mit angeschlagenem Tuch bis zu halber Höhe aufgegeit waren. Entweder längsseits am Kai lagen sie, die Backbordseite mit den Ladepforten zum Land, oder Heck zum Kai, weil unter dem hohen Heckkastell, der Poop, sich die große Pforte befand, durch die man Pferde oder schweres Belagerungsgerät an Bord zu schaffen pflegt. Wappen leuchteten in allen Farben auf den unter der Reling angebrachten Schilden. Lange Reihen von Sklaven und Knechten schleppten Säcke, Fässer und Kisten herbei, die von den Seeleuten in den Laderäumen verstaut wurden. Schiffsschreiber zeichneten, neben den Laufstegen stehend, den Zugang an Gütern auf. Der Lärm so vieler Stimmen klang durch die Stille bis zu uns herauf.

Obwohl das Gewimmel meinem Auge verwirrend erschien, vollzog sich doch alles in wohlüberlegter Ordnung, beaufsichtigt von geharnischten Leibgardisten des Kaisers. Über dem Krähennest des vorderen, zumeist höheren Mastes flatterte das Banner des jeweiligen Befehlshabers, am Heckkastell die kaiserliche Standarte. Manche Schiffe führten viereckige, andere lateinische Dreiecksegel; wieder andere waren mit beidem betakelt. Friedrich Roger, von Kindheit auf mit der Seefahrt vertraut, bezeichnete mir die verschiedenen Schiffstypen. Da gab es rundbäuchige Buisen, Nefs und nordische Koggen, ranke Galeeren, schnellsegelnde Felukken sowie Dromonen, die mit Riemen und mit Segeln bewegt werden konnten. Ein jedes der Fahrzeuge besaß zwei Steuerruder, an jeder Seite des Heckkastells eines.

Bleich, in Gedanken versunken, starrte der Kaiser über die Flotte hin. Was ihm durch den Kopf gehen mochte, dachte auch ich: Wieviele von jenen, die dort unten, in der Sonnenglut schwitzend, die Schiffe beluden, beflügelt von der Hoffnung, im Kampf um das Heilige Land die ewige Seligkeit zu erringen, oder verblendet von goldenen Träumen, würden die ferne Küste sehen, wie wenige würden von dorther wiederkehren? Schon jetzt brach dieser oder jener zusammen, wurde von barmherzigen Johannitern in den Schatten getragen oder man warf ihn, war er tot, hastig auf einen schwarzen Eselkarren und schaffte ihn fort. »Anfangs«, Friedrichs Stimme klang heiser, »anfangs hat man noch hölzerne Kreuze auf die Gräber gesteckt, aber die sind nun schon längst im Rauch der Lagerfeuer aufgegangen.«
Ich schaute ihn, von unbestimmter Bangigkeit verstört, forschend an. Wie mochte ein Mensch vor Gottes Thron die Verantwortung für so viel Elend tragen? Friedrich schien meine Gedanken zu erraten. Sein sarkastisches Lächeln schnitt mir ins Herz.
»All das, Anselm, dieser Wahnsinn fällt nicht mir zur Last. Und doch, ich würde mich fürchten müssen, glaubte ich, die Himmelsmacht, der Weltengeist, gleiche dem Gott unseres frommen Gregorius. Allein, so ist sie nicht, Anselm! So ist sie nicht, die Gottesmacht! Was wir erleben, erleiden, vollzieht sich nach unabänderlichen Gesetzen, die wir zumeist nicht verstehen. Und so fürchte ich denn nicht so sehr für mich, sondern für Gregorius. Gott läßt Seiner nicht spotten.«
War er ein Ketzer, ein Lästerer? War er ein wahrer Christ, frömmer, der Wesenheit Gottes näher als der Oberhirte auf dem apostolischen Stuhl?
Tags darauf ritt ich, wie der Kaiser mir empfohlen, durch die Lager der verschiedenen Heeresgruppen, Freunde suchend, neue Bekanntschaften schließend. Allüberall dasselbe Bild: Verschmutzte Lagergassen, wo aufgetriebene Tierkadaver in der Sonnenglut faulten; Trunkene vor den Zelten. Gelächter, rohe Scherze, zuchtloses Reden, schrilles Gezänk übertönten das klägliche Stöhnen Sterbender. Scharen von Ratten und Hunden tummelten sich im Unrat. Der Pesthauch, der über allem waberte, setzte sich in den Kleidern fest, beengte die Brust. Da lagen sie, die Todgeweihten, stierten mir aus fieberglänzenden oder schon glasigen Augen nach, wenn ich eilends vorüberritt. Nonnen und Mönche, die, sich selbst verleugnend, sich der Leidenden erbarmten, erschienen mir als die wahren Helden in diesem Pandämonium, als

Samariter und wahre Christen unter Verdammten. Ich, freilich, fand es schwer, kein Pharisäer zu sein, zeigte das gelebte Leben sich doch hier allemal in gänzlich anderer Gestalt, als man es von der Kanzel hört.

Als ich in den Palast zurückkehrte, erschüttert durch das, was ich gesehen, fiel mein Blick auf einen Geistlichen. Der zuckte zusammen, wandte sich rasch – jedoch nicht flink genug. Ich erkannte ihn und erschrak. Wie, zum Teufel, kam der Kerl hierher? Was mochte er im Schilde führen? Gutes gewiß nicht! Aber dann mochte ich den Kaiser doch nicht mit meinen unbestimmten Befürchtungen behelligen. Friedrich Roger schien mir sehr angegriffen zu sein. Das für gewöhnlich so frische, bräunliche Gesicht hatte sich zu mehligem Grau verfärbt. Tief lagen die Augen in umschatteten Höhlen. Er bewegte sich nur langsam, schwerfällig, so als habe er Blei in den Gliedern. Seine Stimme klang rauh.

»Ich wollte, daß du all das siehst, Anselm! Vielleicht brauch' ich einen unbestechlichen Zeugen ... Denn ich sehe voraus, man wird mir die Schuld an dem Unheil zuschieben wollen, wenn ... Nun ja, ich werd' nicht allezeit imstande sein, mich meiner Haut zu wehren.« Und meinen, ihn besorgt streifenden Blick richtig deutend: »Nur eine leichte Unpäßlichkeit, Anselm! Fieber, wie es einen hier aus den Sümpfen anfliegt. Auch dir bleibt es gewiß nicht erspart. Woran es liegt? Ja, das müßte erkundet werden ... Beten hilft da nicht viel. Wie denn ließe eine Krankheit sich heilen, kennt man die Ursache nicht?«

Dennoch – so sagte er – wolle er mit sechs Schiffen und fünfhundert Rittern nach Akka in See gehen. Nicht, daß er glaube, mit so geringer Macht Jerusalem zurückerobern zu können, sondern nur, um Seine Heiligkeit zufriedenzustellen.

»Du wirst mich begleiten, Anselm! Nein, deine Sachsen nicht ... Die sind mir hier nützlicher. Wir werden sie meiner Leibwache angliedern, die ja aus Sarazenen besteht. Und ist nicht Ibn Dawud ein Sarazene?«

Mir behagte durchaus nicht, daß ich mich von Ibn Dawud und meinen Kriegern trennen sollte. Das war meiner Miene wohl anzusehen, denn Friedrich lächelte verhalten: »Es wird nicht für lange sein.«

Am Abend vor dem Tag der Einschiffung ritt ich nochmals zum Lager hinaus, um mit Ibn Dawud letzte Absprache zu halten. Die Porta Mesagna, nicht verschlossen, jedoch streng bewacht, wurde vom düsteren Flammenschein der in Teerfässern brennenden Feuer beleuchtet. Am Rande des Lichtkreises hockte ein in die braune Kutte der

Dominikaner gehüllter Mann auf einer umgestürzten Marmorsäule. Nichts Ungewöhnliches... Mir fiel es schon deshalb nicht auf, weil Scharen von Pilgern, Mönchen und Vaganten fluchtartig die Stadt verließen, um nicht als Pestleichen hinausgekarrt zu werden. Als der Mann mich nahen sah, winkte er mir mit einer so herrischen Gebärde, daß ich sogleich begriff, er sei weder Schnapphahn noch Bettler. Ich lenkte Iblis zu ihm hin.

»Steigt ab«, sagte er in hochfahrendem Ton, der – was ihm nicht gelang – freundlich klingen sollte, »ich habe mit Euch zu reden!« Sein Gesicht lag im Schatten, aber die Stimme verriet ihn.

»Dafür habt Ihr Euch einen verflucht unbequemen Ort ausgesucht und eine wenig passende Stunde, Monsignore!«

»Ihr habt mich erkannt?«

»Ja, im Palazzo! So gute, alte Freunde übersieht man nicht.«

»Ihr schmeichelt, Graf!« ging er auf den Spott ein. »Aber – Hand auf's Herz – hab' ich Euch jemals Schaden zugefügt? Hier gilt es, Mißverständnisse auszuräumen.«

Mein Hengst schnaubte unruhig. Ich griff nach dem Schwert. Hatte dieser Guillano mich in einen Hinterhalt gelockt? Irgendwo im Dunkel zwischen den Trümmern raschelte es; ein Stein rollte polternd hangab.

»Fürchtet nichts, Don Anselmo! Nur eine kleine Vorsichtsmaßnahme... Ich will Euch ein Angebot machen. Gelobt beim heiligen Kreuz Christi, daß Ihr kein Wort von dem verlauten laßt, was wir hier reden.«

Ich überlegte mir, es sei vielleicht wissenswert, was dieser gefährliche Ränkeschmied mir zu sagen habe, und nickte: »Sprecht immerhin, Monsignore!«

Mit der Frage beginnend, ob mir klar sei, wem nach Gottes Rat die Herrschaft über den Erdkreis zustehe – dem Kaiser oder dem Papst, setzte er mir auseinander, wie aller Wahrscheinlichkeit nach das Ringen um die Macht zwischen Krone und apostolischem Stuhl ausgehen werde. »Glaubt mir, Don Anselmo, dem Kaiser fehlt es an allem – an Geld, an Waffen, an Truppen, an Freunden, an Verbündeten. Noch hat er nur einen Teil der hunderttausend Unzen Goldes als Garantie für den Kreuzzug beim päpstlichen Rechnungshof hinterlegen können. Die Steuern fließen ihm nur spärlich zu. Die Verbündeten zahlen nicht. König Heinrich, sein Sohn, hält es mit dem Papst und mit den

Lombarden. Und was seine eigenen Vasallen betrifft, im Augenblick, da Friedrich den Boden Apuliens verläßt, erheben sich in Sizilien die Barone, um das Reich seinem rechtmäßigen Gebieter, dem Heiligen Vater, zu unterstellen. Überlegt einmal, Don Anselmo: Über all das, woran es Kaiser Friedrich mangelt, nicht zuletzt über den Segen des Himmels, verfügt der Papst...«
Mir gelang es, obschon mit Mühe, an mich zu halten, wenngleich ein verzweifelter Zorn mir schier die Sprache verschlug.
»Warum sagt Ihr mir das, Monsignore?«
»Weil ich Euch für klug genug erachte, die richtige Fahne zu wählen – nicht den zerrupften Adler der Staufer, sondern Petri Schlüssel zum Himmelreich. Bedenkt, wo Euer Vorteil liegt, was für Euch daran hängt – Euer Lehen unter anderem.«
Jetzt übermannte mich denn doch der in mir brodelnde Grimm. »Herr, wagt Ihr, mir zu drohen? Rührte irgendein Fürst – und sei es selbst König Heinrich, wie Ihr mir anzudeuten scheint – an das Land meiner Väter, an mein verbrieftes Erbe, wie ein Mann stünde das Volk wider ihn auf!« Mich mäßigend, fragte ich in ruhigerem Ton: »Wie denkt Ihr Euch das – die Fahne wechseln? Wenn ich hier stehe, bereit, mein Blut und Gut zu vergeuden im Heidenland, so nicht einer Fahne, einem Kaiser, einem Papst zuliebe, auch nicht meines Lehens wegen, wie Ihr anzunehmen scheint... Ach nein, nur deshalb, weil ich's für rechtens halte und eines Ritters würdig, seinem Freund in der Not hilfreiche Hand zu leisten.«
Unklug war es gewiß, ihm meine wahre Gesinnung zu offenbaren. In einer Welt voller Lügner und Intriganten gilt törichte Redlichkeit als Störung. Aber – wie anders? Wollte ich das Netz, das um Friedrich gesponnen wurde, zerreißen, so mußte ich die Fäden aufnehmen und zu entwirren versuchen.
»Ohne Umschweife, Monsignore! Was erwartet Ihr von mir? Was, genau, habt Ihr mir zu bieten?«
Befriedigt rieb der Priester sich die Hände: »Mehr als der Kaiser Euch je zu geben vermag. Zu höchsten Ehren werdet Ihr gelangen. Kein Wunsch, den der Heilige Vater Euch nicht erfüllen könnte...«
Hatte ich dergleichen nicht schon einmal gehört? Sirenenklänge... Wieviele Jahre lag das zurück? Wie im Aufzucken eines Blitzes sah ich das feiste, rosige Gesicht des Bruders Ignatius, meines damaligen Lehrers, vor mir.

Don Guillano nahm mein Schweigen für Zustimmung:
»Und was erwartet der Heilige Vater von Euch? Nichts Ehrenrühriges für einen frommen, gehorsamen Sohn der Kirche. Mein Auge und Ohr sollt Ihr sein, da Ihr das Vertrauen Seiner Majestät genießt. Damit helft Ihr, den Abtrünnigen auf den rechten Weg zurückzuführen. Ein verdienstliches Werk! Gott wird es Euch lohnen.«
»Also – Verrat! Ihr mutet mir zu... Ihr entblödet Euch nicht, mir im Namen Gottes Treulosigkeit anzusinnen?«
»Verrätern gegenüber gibt es keinen Verrat. Ihr seid so deutsch, Don Anselmo, so simpel, so redlich, so wenig mit der Welt und den Wegen Gottes vertraut... Prüft Euer Gewissen. Überlegt es Euch gut. Und denkt an das, was Ihr versprochen habt: Kein Wort darüber zu anderen!«
Ungeheuerlich erschien mir die Beleidigung. Ich hätte diese Schlange im Mönchsgewand auf der Stelle erschlagen mögen. Indes, was wäre damit gewonnen? Ich begann zu verstehen, was mich an Friedrich Roger schon so oft beunruhigt hatte; ich begriff, daß er Tücke mit Tücke vergelten müsse, wollte er seine erhabenen Gedanken in die Tat umsetzen.
»Nun wohl, Monsignore!« Wie Brei quollen mir die Worte im Mund. »Ihr werdet noch von mir hören!«

35.

In der Nacht vom siebenten zum achten September floh mich der Schlaf. Heiß und feucht lag die Luft über der Erde wie ein erstickendes Daunenkissen. Von See her trieben weißliche Nebel herein, obwohl kein Hauch sich regte. Als ich mich in aller Herrgottsfrühe erhob und aus dem Zelt trat, klebte mir das Hemd am Leib. Die Matte meines Lagers troff von Schweiß; man hätte sie auswringen können. Mein Kopf erschien mir riesengroß, elastisch wie eine Schweinsblase, mit lauem Wasser gefüllt. Die Glieder, weich wie Flaum, drohten den Dienst zu versagen.
Gleich einer lautlosen Brandung wogten und wallten fahlweiße Dunstschwaden über die Hänge herauf, hüllten die drei Ölbäume sowie die dort angehalfterten Pferde ein, bis nur noch Teile von ihnen sichtbar blieben. Die Geier im Geäst sahen so schläfrig benommen aus, als wollten sie im nächsten Augenblick herabfallen. Kein Laut...

Ich wandte den Blick nach Osten. Dort verbreitete ein düsterrot glosender Schein sich gleich dem Abglanz einer Feuersbrunst über den Himmel. Und dann wölbte sich dort, wo der Horizont Meer und Himmel schied, ein ungeheurer, wie von innen her glühender Brükkenbogen. Offenen Mundes starrte ich die Erscheinung an, bis ich mir darüber klar wurde, daß es die aufgehende Sonne sei.
Die wirren Gedanken und Empfindungen, wie sie mich während der Nacht gequält hatten, verließen mich auch jetzt nicht. Irgendwie – so bohrte ein Gedanke in mir – müsse ich Friedrich Roger über das von Guillano Vernommene in Kenntnis setzen. Aber – was hatte der Kerl denn gesagt, das der Kaiser nicht schon selbst und wahrscheinlich sehr viel genauer wußte als ich? Hatte es Sinn, ihn jetzt, da die Sorge um den Fortgang des Unternehmens ihn gewiß schwer belastete, mit dem Geschwätz eines tückischen Priesters zu behelligen?
Während ich noch mit mir zu Rate ging, vernahm ich den Anruf des Wachtpostens tiefer drunten am Hang, gleich darauf gedämpften Hufschlag, der sich eilig näherte, eine heisere Antwort ... Die Stimme kannte ich doch?
»Umberto!« rief ich freudig. »Junge, Bruderherz! Hier... Hier bin ich, wenn du mich suchst!«
Ein Reiter tauchte aus dem Nebel. Sein Roß stolperte, schwankte, als er es verhielt und sich aus dem Sattel gleiten ließ. Auch er wankte vor Erschöpfung.
»Dank der heiligen Gottesmutter, tausend Dank, daß ich Euch sogleich finde! Von Napoli komm' ich... Drei Gäule ritt ich lahm... Hört, Don Anselmo: Botschaft vom Vater! Eine Dromone aus Palermo brachte sie... Der Kaiser darf nicht ausfahren! Er darf es nicht... Ein Aufstand bereitet sich vor. Die Geistlichen – weißt du? Papst Gregors Emissäre... Sie predigen von den Kanzeln, ein Ketzer sei der Staufer, ein Abtrünniger, ein Geschöpf des Satans, habe er doch zu sagen gewagt, drei Betrüger gäbe es, nämlich Christus Jesus, Moses und Mohammed; die hätten die ganze Welt hinters Licht geführt...
»Nie und nimmer«, schrie ich voller Zorn, »niemals ist ihm dergleichen über die Lippen gekommen!«
»Natürlich nicht! Aber was wäre so dumm, als das es die Menge nicht glaubt? Muß man's ihr doch nur oft genug und laut genug in die Ohren blasen. Die geistlichen Herren – Kardinäle, Prälaten, Bischöfe bis hinunter zum kleinsten Kaplan –, sie wiegeln das Volk auf, bestechen

ehrsüchtige Barone, versehen sie mit Waffen, verstärken ihre Burgen und Klöster. Der Oberpriester in Rom, der sich Vater der Menschheit nennt, fordert Sizilien als kirchliches Lehen zurück. Er beruft sich dabei auf den längst vermoderten Vertrag zwischen Innozenz und Konstanze und auf deren Testament...«

Ich hörte nicht weiter hin. »Zum Kaiser, zum Kaiser!«

Ibn Dawud stand plötzlich neben mir. Er rief den Leuten, die sich um uns sammelten, Befehle zu. Iblis sowie ein frisches Roß für den Fürstensohn wurden in Eile gesattelt. Schreckliche Bilder schwebten mir vor: Sizilien in Flammen... Friedrich durfte nicht, durfte ganz einfach nicht sein Werk im Stich lassen. Ja, im Augenblick dünkte mich, es sei mein eigenes, so sehr verkörperte sich in der Person des Kaisers mein Wünschen und Hoffen.

»Vorwärts, vorwärts!« Wir sprengten halsbrecherisch in den grauenden Morgen.

Der glosende Feuerbogen war höher heraufgewachsen, hatte sich gerundet und begann nun nach allen Seiten hin blutfarben mit orangen Streifen im nebligen Gewölk zu zerfließen, wobei ein purpurner Schimmer über Menschen und Dinge fiel und der Welt ein gespenstisches Aussehen verlieh. Gleich uns eilten zahllose Männer, Frauen und Kinder zu Fuß, zu Pferd, manche auf Eselskarren dem Hafen zu. Um die Kirchen Sankt Paolo, Santa Teresa und die von Papst Urban geweihte, von König Roger einst neu erbaute Kathedrale waren die flachen Dächer dergestalt mit Kopf an Kopf stehenden Schaulustigen besetzt, daß man befürchten mochte, sie würden zusammenbrechen.

Wir brachen uns durch die zusammengepreßte Menschenmasse in den Gassen Bahn. Vom Domplatz her ertönte feierlicher Gesang... Herr im Himmel, kamen wir zu spät? War der Kaiser schon auf dem Weg? Das Menschengewimmel auf der Piazza San Paolo umgehend, gelangten wir nach dem Kai, wo das Schiff des Kaisers bei den zwei hohen Säulen vertäut lag, die – vor vielen hundert Jahren von dem griechischen Exarchen Protospatha Lupus errichtet – das Ende der Via Appia bezeichnet hatten.

Es glückte uns, unmittelbar neben der Laufplanke, die zur Ladepforte in der Bordwand des Schiffes führte, Aufstellung zu nehmen und den Platz zu behaupten. Ein Ritter – Schwan und Lilie auf blauweißem Feld im Wappen – ersuchte uns, den Platz zu räumen. Einer seiner Knappen raunte ihm jedoch etwas zu. Er sah mich, dessen zerbeulte, verstaubte Rüstung ihm wenig Eindruck zu machen schien, erstaunt an, verneigte sich: »Ihr wartet auf Seine Majestät?«

»Ganz recht, Herr Ritter! Und Aufschub duldet mein Anliegen nicht!«

Mittlerweile nahte sich der fromme Chorgesang. Die Menge wich auseinander. Über dem Meer entblößter Köpfe sah man ein schwankendes Kreuz, kaiserliche Standarten, Lanzenspitzen, blinkende Helme mit wallendem Federschmuck – all das überhaucht von dem ominösen blutigen Schimmer, der mir in meiner geängstigten Seele von schlimmer Vorbedeutung erschien.

Und nun trat der Kaiser hinter den Leibwächtern auf den Kai. Er ging zu Fuß. Augenscheinlich bereitete ihm das Gehen Mühe. Ein weiter Umhang aus weißer Wolle mit dem großen schwarzen Kreuz auf der linken Schulter hüllte seine Gestalt ein und ließ ihn größer erscheinen, als er tatsächlich war. Eine Art arabischen Kopftuches, gehalten durch den schlichten goldenen Stirnreif, bedeckte sein Haupt. Das Antlitz war totenblaß, mit bläulichen Schatten. Er lächelte jedoch, hin und wieder den Schritt verhaltend, und grüßte das ihm zujubelnde Volk mit erhobener Hand.

Als er an mir vorüberschritt, stutzte er. Und dann fiel sein erstaunter Blick auch auf den Prinzen von Savoyen, was ihm zu denken geben mochte.

»Seid Ihr noch nicht an Bord, Graf Kahlenberg?«

»Majestät, eine Botschaft ...«

Er winkte ab: »Später, später!«

»Nein, jetzt, Majestät! Ihr müßt mich anhören – Ihr müßt ...«

Blitzgleich zuckte Jähzorn aus seinen Augen; aber die alte Zuneigung überwog: »Ein Kaiser muß niemals, Anselm! Komm' zu mir in die Kammer. Ich möchte jetzt ruhen.«

Man gab mir den Weg frei. Ich folgte ihm, von Umberto begleitet. Wir mußten jedoch im Zwischendeck warten, wo Pferde und anderes Vieh – Hühner, Schweine, Kälber, Schafe – als Proviant für die Reisenden untergebracht waren. Dementsprechend erfüllte ein mephitischer Gestank das moderige Dunkel des Raumes. Iblis schnaubte rebellisch, keilte unter erbostem Grunzen aus. Ich rang heftig nach Atem. Eine Schar von Rittern samt ihren Knappen quetschte sich lärmend, lästerlich fluchend, hinter uns durch die Pforte. In der Mitte des Decks stand eine Luke offen, durch die man mit Hilfe von Flaschenzügen Säcke,

Truhen, allerlei sperriges Gut in die Laderäume uner der Wasserlinie beförderte. Als ich nahe daran war, die Besinnung zu verlieren, und mir alles vor den Augen verschwamm, führte ein Page mich nach der Kammer des Kaisers.

Friedrich Roger lag auf einem Ruhebett, so schmal und hart, daß es der letzte Roßbub daheim verschmäht haben würde. Dabei galt dieses Gelaß im Heckkastell als der Prunkraum des Schiffes. Ich stieß mir den Kopf an den Decksbalken und unterdrückte noch eben einen Fluch.

Der Kaiser lachte verdrossen: »Schmerzensreich, scheint's, ist der Pfad zur ewigen Seligkeit, Anselm! Schau' mich an. Ich leide wie noch ein jeder hier; dennoch gehorch' ich dem Heiligen Vater, der in seiner Weisheit solches über Uns verhängt hat...«

Heiser, beinahe flüsternd kamen die Worte ihm über die aufgesprungenen Lippen. Der Zipfel des Mantels glitt von seinem Arm. Zu meinem Entsetzen bemerkte ich eine eiternde Geschwulst – die Pest? War es die Pest? Ich riß das Fensterluk auf. Abgesehen von ein wenig trübem Licht, quoll nichts anderes herein als nach Teer und faulendem Fisch stinkender Nebel.

Die Unterredung währte nur kurz. In knappen Worten gab ich wieder, was Umberto mir berichtet hatte. Friedrich Roger hörte kaum zu. Als ich ihn bat, ja, unter Tränen beschwor, die Fahrt aufzugeben, murmelte er: »Und der Vertrag, Anselm? Der Vertrag von San Germano? Ich verfalle dem Bann... Mein Wort muß ich halten; Gott will es!«

Täuschte ich mich oder schwang in seiner Rede doch so etwas wie versteckter Hohn mit?

»Gott will es!« wiederholte er.

Ich sagte, dessen sei ich durchaus nicht gewiß, daß Seine Heiligkeit den Willen Gottes richtig verstünde. Und was den Bannfluch betreffe, so sei er meiner Meinung nach nichs anderes als ein Kinderschreck.

»Warten wir ab, wie Gott entscheidet«, lächelte der Kranke.

In dem trübseligen Licht, das durch die Fensteröffnung sickerte, nahm ich wahr, wie eine Ratte ihre spitze Schnauze aus einem Loch in der Wandverkleidung schob. Ich beobachtete, wie sie hervorgekrochen kam, mit lahmen Bewegungen auf das Bett zustrebte, wie sie plötzlich pfeifend auf die Seite fiel und unter Zuckungen verreckte. Erschaudernd hatte ich dem zugeschaut. Jetzt ergriff ich den Kadaver beim Schwanz, schleuderte ihn hinaus ins Wasser, ächzte: »Die Pest, Herr! Wir haben die Pest an Bord!«

Friedrich lächelte.
Noch stand die Sonne nicht im Zenit, da warf man die Leinen los. Hornrufe hallten dröhnend über den Hafen hin. Trommelklang. Posaunentöne. Gedämpfter Jubel der Zuschauer. Von Ruderbooten geschleppt, glitten die sechs Schiffe durch den Canale Pigonati und an der Insel Sant' Andrea vorbei auf die offene See. Uns, den ritterbürtigen Gefolgsleuten des Kaisers, war es verstattet, sich an Deck aufzuhalten. Dennoch herrschte auch hier drangvolle Enge. Deshalb erhaschte ich nur flüchtige Ausblicke auf die grellweißen Mauern Brindisis und die niedrige, kahle Küste unter einem Himmel, grau und glühend wie geschmolzenes Blei. Kein Vogel folgte dem Kielwasser. Die mit dem Reichswappen und das vordere mit einem großen schwarzen Kreuz bemalten Segel wurden gesetzt. Sie blähten sich leicht, obwohl kein Hauch die spiegelnde Meeresfläche kräuselte.
Die Küste befand sich noch in Sicht, da hob schon ein Tuscheln und Raunen unter den Kreuzfahrern an. Fäuste ballten sich; Angst blickte aus aufgerissenen Augen. »Die Pest! Habt ihr's gehört? Die Pest fährt mit...«
Unten im Raum lagen Knappen und Pilger, Kopf bei Fuß dicht zusammengepreßt wie Heringe im Pökelfaß. Die einen murmelten Gebete; andere jammerten nach Trinkwasser oder beklagten den Mangel an frischer Luft. Wieder andere verwünschten ihr arges Geschick oder auch ihre eigene Dummheit, die sie an diesen höllischen Ort gebracht. Kaum wagte man zu atmen, aus Furcht, die glühend heiße Luft werde einem die Lunge versengen. Wer hätte da die armen Dulder nicht bemitleidet, wenn schon nicht Mitleid mit sich selbst gefühlt? Helden? Glaubensstreiter? Ach – zum Teufel!
Meine ganze Bewunderung galt den dienenden Brüdern des Johanniter Ordens. Mühselig, denn auch sie waren ja zu Tode ermattet infolge der infernalischen Hitze, bewegten sie sich schweigend zwischen den hingestreckten Leibern, unermüdlich, ohne Furcht, wie es schien, hier einen Dürstenden labend, dort einem Leidenden Trost zusprechend – wahre Engel! Und wie schon zuvor bei manch einer Gelegenheit, empfand ich auch jetzt eher Zorn über soviel menschliche Dummheit, als Mitgefühl. Narren waren wir allzumal.
Am zweiten Abend nach der Ausfahrt wurde der erste Tote dem Meer überantwortet. Inzwischen waren bereits eine Menge Ratten verendet. Da niemand sie anrühren mochte, lagen ihre Kadaver in Winkeln und

Löchern und in der Bilge, wo sie verwesten und die Pestluft noch stärker verseuchten als sie es ohnedies war. Dem ersten Opfer der Pest folgten andere. Und mit jedem Todesfall nahm das Entsetzen unter den Passagieren zu.

Die Schiffe trieben, dem Steuerruder kaum gehorchend, inmitten einer silbergrauen Dunstwolke auf der stahlfarbenen, spiegelglatten Flut. Kein Lüftchen regte sich. Kein Möwenschrei. Kein Delphin, der sich spielend um die Schiffe getummelt hätte. Nur an dem schmalen, dunklen Strich, der sich hinter dem Heck im Nebel verlor, erkannte man, daß das Schiff noch ein wenig Fahrt machte. Schlaff hingen Segel und Flaggen von den Rahen.

In den Morgenstunden des dritten Tages verstummten das Stöhnen, die Trauergesänge, das eintönige Murmeln der Betenden im finsteren Zwichendeck. Eine beängstigende Stille breitete sich aus. Es war, als hielten Natur und Mensch den Atem an. Und dann wisperte einer: »Der Kaiser stirbt!« Ein anderer gab das Wort weiter. Wie Todeshauch wehte die Kunde vom Achterkastell durch die Decks und erfüllte die Herzen mit Grauen.

Als sie mir zu Ohren gelangte, fühlte ich, wie eine eiskalte Hand mir über den Rücken strich. Was würde geschehen, wenn Friedrich Roger verschied? In seinen Reichen würden Fürst gegen Fürst, Baron gegen Baron, Ritter gegen Ritter aufstehen, geistliche gegen weltliche Herren; das Volk – wie noch stets bei solch blutigen Kriegen und Fehden würde Haare lassen und sich mit Schwert und Axt wehren oder Rache üben. Abgesehen von der Trauer über den Verlust meines geliebten Herrn, ergriff mich nun auch noch heiße Sorge um Haus und Heim, um Liesel und Dieter. Alles bisher Erreichte wäre verloren. An den Grenzen des Kahlenberger Landes lauerten ja schon die Herzöge von Braunschweig-Wolfenbüttel, der Fürstbischof von Paderborn und nicht zuletzt der Thüringer Landgraf wie gierige Hyänen.

Mit List und Gewalt vermochte ich mich bis zur Kammer des Kaisers durchzuzwängen. Herr Roffrid verwehrte mir den Eintritt. »Seine Majestät liegt in den letzten Zügen«, flüsterte er traurig. »Gott im Himmel, was sollen wir tun?«

Und nun nahten mehrere Geistliche in vollem Ornat, begleitet von Meßdienern, dem Kaiser die Sterbesakramente zu spenden und Absolution zu erteilen. Vor der Tür gerieten die ehrwürdigen Herren – ein Bischof und zwei Prälaten – hart aneinander darüber, wem unter ihnen die Ehre gebühre, die heilige Handlung vorzunehmen. Der Bischof siegte. Er schob die beiden anderen ziemlich grob beiseite. Und ich vernahm, über die Köpfe der sich Herzudrängenden hinweg, seine murmelnde Stimme und zuletzt das Klingeln des Sterbeglöckleins. Ein beißender, den Weihrauchfässern der Meßdiener entquellender Geruch vermengte sich, da man das Fenster geschlossen hatte, auf das Unerträglichste mit dem üblen Gestank, der aus dem Bauch des Schiffes emporstieg, was dann schließlich die Trauernden aus der Kammer vertrieb. Nahezu blind vor Tränen, betrat ich das nun leere, nur von zwei Kerzen schwach erhellte Gelaß. Neben dem Lager kniete ich nieder.

»Herr, lieber Herr, Ihr dürft nicht sterben! Ihr dürft nicht... Was würde wohl aus dem Reich, aus all unseren Hoffnungen? Wie könnte Gott zulassen, daß mit Euch das Licht der Freiheit und Gerechtigkeit erlischt?« Die Stimme versagte mir. Ich rieb mir mit dem Handrücken die Nässe von den Augen. Weiß der Himmel, aus tiefstem Herzen habe ich gebetet wie nie im Leben zuvor, war mir doch, als stürze eine ganze Welt über mir zusammen.

Still lag der Kaiser auf dem durchschwitzten Seidenpfühl, das Antlitz so wächsern, so ausdruckslos, als weile er schon nicht mehr unter den Lebenden. Doch nun, im Begriff, mich abzuwenden, kam es mir so vor – oder täuschte ich mich? –, als höben die bläulich umschatteten Augenlider sich, als husche ein listig spottendes Lächeln um die blassen Lippen. So kurz währte der Eindruck, ich wähnte fast, mich geirrt zu haben, denn als ich mich zu ihm hinüberbeugte, waren die Züge seines Gesichts so starr wie zuvor; kein Atemzug hob die Brust.

Erfüllt von Verzweiflung und Trauer verließ ich auf Zehenspitzen den Raum und schloß hinter mir sachte die Tür. Auf dem Vordeck hatten die Großen seines Gefolges sich versammelt, um zu beraten, was nunmehr geschehen solle. Man bat mich hinzu, galt ich doch als der Vertraute des Sterbenden. Alle Anwesenden, einen päpstlichen Legaten ausgenommen, waren einhellig der Meinung, man müsse auf der Stelle umkehren und das Unternehmen aufgeben; allzu viele gute Männer seien bereits gestorben, die übrigen zu sehr geschwächt, als daß sie die lange Reise nach Akka überstehen könnten. An eine Eroberung der Heiligen Stadt sei unter diesen Umständen gar nicht zu denken.

Man rief den Schiffer. Der kratzte sich verlegen hinter dem Ohr, schaute bedenklich in die Runde. Er befeuchtete den Daumen und hielt ihn in die Luft, um Stärke und Richtung des Windes zu prüfen. Dann zuckte er die Achseln, schüttelte den Kopf: »Zurück nach Brindisi? Nein, daraus wird nichts, Ihr edlen Herren! Kein Wind – nein, nicht die Spur! Und will es der Teufel, setzt jeden Augenblick die Tramontana ein, ein steifer Nordost, der hier zu dieser Jahreszeit oftmals weht... Gegen ihn aufkreuzen? Ich bitt' Euch, liebe Herren, mit diesen Waschtrögen? Und mit Booten schleppen? Ach, wo denkt Ihr hin... Wer von den Marinaji hätte noch Kraft dazu? Auch stünde die Strömung uns entgegen...

Betreten schauten wir einander an. So wie auch ich, mochte manch einer in dieser vornehmen Versammlung insgeheim dem Heiligen Vater fluchen, denn dessen Wille war es gewesen, der uns in diese tödliche Falle geführt. Abermals spähte der Schiffer in den grausilbernen Dunst, wo es für unsereinen nichts zu sehen gab.

»Ist Gott uns gnädig, so mag's noch eben gelingen, den Hafen von Otranto anzulaufen – auch das nicht ganz ohne Gefahr, denn käme zur Unzeit die Tramontana auf, die Schiffe würden nicht mehr imstande sein, sich vom Lande freizusegeln. Wir müßten vor Cabo d'Otranto stranden.«

Was blieb uns übrig? Ein Ruderboot wurde zu den anderen fünf Seglern geschickt, um deren Schiffern den Beschluß des Kriegsrates zu verkünden. Als das Boot zurückkehrte, erfuhren wir, dort stehe es noch schlimmer als bei uns.

Gegen Abend klarte das Wetter auf. Ein frischer, in Böen einfallender Nordost fegte den Dunst von der See. Und nun machten wir die hohen Wehrmauern und Türme von Otranto aus, goldbraun schimmernd im Schein der sinkenden Sonne über der flachen Küste, die gegen Süden in einem niedrigen Vorgebirge endete, fern gegen Norden, unerreichbar für unsere Schiffe, die Bauten von Lecce. Keiner unter uns, der nicht aufatmete, als das Schiff in das stille Wasser der Bucht glitt und schließlich am Kai festmachte, wo eine Schulter an Schulter stehende, neugierige Volksmenge uns erwartete. Wer an Deck Platz fand, kniete nieder, Gott dem Allmächtigen für seine Rettung zu danken. Wer sich noch zu bewegen vermochte, der sprang an Land und eilte zwischen den schönen Sandsteinhäusern zur Kathedrale oder in die nächstgelegene Schänke.

Wir, die wir an Bord blieben, richteten unsere Augen auf die Stadt,

deren Bewohner, das Wort Pest auf den Lippen, uns furchtsam, in beklommenem Schweigen anstarrten. Plötzlich jedoch brachen die auf dem Kai Versammelten in frenetischen Jubel aus. Warum –? Ich blickte über die Schulter und – wer stand dort auf der Poop, im flatternden weißen Mantel, den blinkenden Goldreif um die Stirn? Der Kaiser!
»Der Kaiser, der Kaiser!« schrien die Menschen und tanzten und hüpften und winkten wie Irre. Niemals habe ich ein dümmeres Gesicht gesehen als das jenes Bischofs, der vor kurzem erst an Friedrich die letzte Ölung vorgenommen hatte. Und kaum je hat mich etwas ärger verdrossen als die Bemerkung des päpstlichen Legaten, der vernehmlich murrte: »Da seht Ihr's, wie Euch der Wortbrüchige hinters Licht geführt hat!«
Immerhin erwies Friedrich Roger sich als noch so sehr geschwächt, daß man ihn nach der missa solemnis in einer Sänfte aus der Kathedrale forttragen mußte. Ich begleitete ihn dann einige Tage später auf dem beschwerlichen Weg durch das karge, zerklüftete Hügelland Lukaniens nach Neapel, wo er in den Bädern von Pozzuoli Genesung suchen wollte.
Ein Aufatmen schien durch die Lande zu gehen. Allerorten wurden Dankgottesdienste abgehalten. Wohin wir auch kamen, die Leute huldigten Seiner Majestät in überschwenglicher Begeisterung, hatte doch der Kreuzzug nicht nur der unerträglichen Steuerlast wegen, sondern mehr noch, weil er als unnötig, ja, nachgerade als sündhaft empfunden wurde, wie ein Alb die Christenheit bedrückt. Freilich, solche Begeisterung wurde von Einem ganz gewiß nicht geteilt – und das war der Papst Gregorius.
Kaum verbreitete die Kunde von den Geschehnissen sich im Land, da machten die Pilger sich in Scharen aus den Lagern um Brindisi davon. Seine Heiligkeit, in Anagni weilend, begab sich alsbald, am neunundzwanzigsten Tag des September nämlich, begleitet von Kardinälen, Bischöfen und Prälaten, in die Kathedrale – in eben jenes schöne, ernste Gotteshaus, in dem schon sein Vorgänger, Papst Alexander, der fanatische Orlando Bandinelli aus der sienesischen Familie Paparoni, anderthalb Jahrhunderte zuvor den Kaiser Friedrich Barbarossa exkommuniziert hatte – und schleuderte den Bannstrahl gegen Friedrich Roger, während vor dem Kirchenportal ein darüber aufgebrachter Volkshaufen randalierte.
Friedrich, der sich zu Pozzuoli so rasch erholt hatte, daß seine

Erkrankung dem Papst wenig glaubhaft dünkte, entsandte unverzüglich seine sarazenische Heeresmacht, gegen die nach Sizilien eingedrungenen päpstlichen Truppen. Ohne viel Federlesens wurden die Schlüsselsoldaten wieder hinausgeworfen. Ich selbst erledigte in jenen nervenaufreibenden Tagen einen beträchtlichen Teil der kaiserlichen Korrespondenz.

Wir, Friedrich Roger und ich, besprachen die Lage bei einem unserer allmorgendlichen Spaziergänge an den Ufern des Golfes.

»Ich begreife nicht«, sagte ich voller Unmut, »woher nimmt Seine Heiligkeit das Recht, in Eure Lande einzufallen? Besitzt er nicht Land genug für alle seine Bedürfnisse – jetzt, da Ihr ihm auch noch die Mathildischen Güter zugestanden habt?«

Boshaft schmunzelnd erwiderte der Kaiser: »Nichts habe ich ihm zugestanden, Anselm, nur in Aussicht gestellt. Und wie es zur Zeit noch um das Recht in den christlichen Reichen bestellt ist, davon mag der Einfall in Sizilien ein Beispiel geben.«

Die Stimme hebend, als stünde er vor einer Versammlung der Reichsfürsten, die er ohne Zweifel in diesem Augenblick vor sich sah, fuhr er in schärferem Tone fort: »Nicht nur, daß Seine Heiligkeit damit gegen das Grundgesetz der Kirche verstößt, demzufolge das Eigentum eines Kreuzfahrers während seiner Abwesenheit nicht angetastet werden darf, er verbreitet zudem auch wider besseres Wissen infame Lügen über Uns. Nicht um Frieden und Freundschaft ist's ihm zu tun, sondern um die Vorherrschaft des Stuhles Petri auf Erden und um Unseren Untergang. Er bezichtigt Uns der Christenheit gegenüber, den Kreuzzug zu wiederholten Malen willentlich hinausgezögert zu haben, obwohl es noch stets die Hand Gottes gewesen ist, die Unseren Aufbruch nach dem Heiligen Land vereitelte. Und nun will er, indem er Uns exkommuniziert, Uns daran hindern, Unser Gelöbnis zu erfüllen. Wir aber werden Uns unserer Verpflichtung nicht entziehen; Wir werden fahren – spätestens im kommenden Mai. Wir werden Jerusalem erobern, und zwar ohne einem Menschen auch nur ein Haar zu krümmen – auf eine Art, die diesen blutdürstigen Tölpel in Rom und alle Menschen in Erstaunen versetzen soll...« In seinen vertraulichen Ton zurückfallend, fügte er leiser hinzu: »Und du, Anselm, du wirst mir dabei zur Hand gehen, nicht wahr?«

Ich zuckte zusammen. Zur Hand gehen–? Das war doch nur die beschwichtigende Umschreibung für eine neue, möglicherweise gefährliche, jedenfalls aber mühevolle Aufgabe? Nein, es ist kein Honigschlecken, Freund und Vertrauter eines Herrschers zu sein! Gewiß, ich war sein Vasall; unendlich viel hatte ich ihm zu danken... Im Grunde jedoch galt meine Treue nur ihm, dem Menschen, nicht aber so unbedingt der Reichsidee, die er vertrat; weder hatte ich sie gewollt noch zu ihrer Verwirklichung beigetragen. Und war mein Rang auch ererbt, so hatte ja doch das Volk meine Vorfahren im Ding der Freien auf den Schild erhoben. Woher nahm da Krone oder Kirche das Recht, über mich und mein Erbe zu verfügen? Ach ja, aus den alten Gauhäuptlingen und Herzögen wie Armin oder Widukind waren – ich weiß nicht, wie – Vasallen, Lehnsleute, unfreie Ministerialen geworden; ihre Macht war entlehnt, widerrufbar also; der schlichte Mann auf freier Scholle hingegen zum Untertan... Warum eigentlich? Wie kamen fremde Usurpatoren dazu, das Land unserer Väter unter sich aufzuteilen? Warum hatten wir's ihnen erlaubt?

Wie noch stets, so schien Friedrich Roger auch jetzt meine Gedanken erraten zu haben. »Eine arge Welt, Anselm! Eine Welt, in der Gold und Waffengewalt regieren. Macht, Anselm, Macht... Das ist der Kern in den schönen Reden der Denker und Dichter. Wir sind in dieses System hineingeboren und da heißt's mitspielen, ob es uns gefällt oder nicht. O ja, ich verstehe, dich verlangt es nach deinen Wäldern, nach Herd, Weib und Kind... Indes, bedenke: Was dein ist, kann dir nur erhalten bleiben, wenn eine feste Hand eine jedermann dienende Ordnung bewahrt. Macht, Anselm! Macht... Ohne Macht keine Gerechtigkeit. Und doch ist Macht ein gefährlich Ding, eine Last, die nur der Auserwählte in Ehren tragen kann. Glaube nur ja nicht, es gefalle mir, mich mit Dieben, Räubern, Narren, Ketzern und mit den Ungläubigen herumzuschlagen. Nein, Anselm, beileibe nicht! Um wieviel lieber würde ich ein Dichter oder Gelehrter sein. Die Vorsehung hat es anders gewollt...« Er zuckte die Achseln, versank in Grübeln.

Ich blickte zwischen den von der Sonne vergoldeten Pinienstämmen auf den blauen Golf hinaus, sah aber nicht den veilchenfarbenen Vesuv, noch die wie Erz gleißenden Kliffs der Isola Capri. Ich sah unsere altersgraue, von Efeu umsponnene Burg vor mir, sah Liesel mit Dieter zum Brunnen gehen, hörte die Knechte und Mägde in den vertrauten Lauten meiner Kindheit miteinander schwatzen. Meine Hand suchte das Kästchen mit den Rosen unter dem Wams.

Friedrich Roger erhob sich von der Marmorbank, auf der er ausgeruht hatte, und reckte sich. Er war, seiner Krankheit ungeachtet, rundlicher geworden. Auch begann sein Haupthaar sich zu lichten. »Zeit für die Bäder, Anselm! Die Schwefelquellen haben mir gutgetan. Leider werd' ich jetzt in Palermo gebraucht. Sind wir erst dort, sollst du erfahren, um was ich dich bitten will... Es ist nichts Geringes, Anselm! Aber nach deinem Herzen, denk' ich.«

»Um den Kreuzzug geht es, nicht wahr?« wagte ich zu fragen.

»Ja, Anselm, um einen Kreuzzug, wie man ihn auf Erden noch nicht erlebt hat, wenn – es gelingt...«

»Ihr wagt viel, indem Ihr Euer Reich verlaßt.«

»Ich werde flinker sein als dieser Priester in Rom. Er soll sich in der eigenen Schlinge fangen. Der Bann, den er wider jegliches Recht gegen mich ausgesprochen hat, fällt auf ihn selbst zurück. Nur wenig Wirkung tut er, denn die Fürsten in meinen Reichen fragen sich, was bezweckt er damit, daß er zunächst den Dienst am Heiligen Land von mir fordert, alsdann sich aber meinen Plänen in den Weg stellt? Man glaubt es kaum, von meinem Geld, das er den im Dienst Christi Ausfahrenden zahlen soll, hält dieser Gregorius Söldner gegen mich; auf alle mögliche Weise sucht er mir zu schaden.« Friedrich lachte erbittert: »Bei Gott, er bildet sich wahrhaftig ein, der alleinige Gebieter dieser Erde zu sein. Worauf solcher Wahn beruht? Frag' mich nicht! Jedenfalls nicht auf der Lehre Christi, unseres Herrn, der da gesagt hat auf jenem Berge in Galiläa: Hütet euch vor den falschen Propheten, die in Schafskleidern zu euch kommen; inwendig aber sind sie reißende Wölfe!«

36.

Ein Traum ist Palermo für mich – ein Traum von weißen Marmorzinnen, von braungoldenen Mauern und Türmen, violetten Schatten, ernsten Bogengängen, wiegenden Palmenwipfeln, engen, verschlungenen Gassen, plätschernden Brunnen, bunten Segeln und von Menschen, wie sie in solcher Verschiedenheit, in solcher Vielfalt der Rassen und Religionen sonst nirgends auf Erden zu finden sind. All das eingebettet in das leuchtende Grün zwischen erhabenen Bergen und purpurnem Meer, in die Conca d'Oro – die goldene Muschel, unter einem lichtblauen Himmel, durch dessen hochgewölbte Weite silbrige Wölkchen vor dem sanften Westwind ziehen.

Ein Traum auch der Palazzo Reale mit seinem von Säulen umgebenen Hof, mit den wundersamen Mosaiken des Estrichs, dem schimmernden Weiß und goldenen Braun der Wände, mit der Kühle seiner schattigen Hallen und mit dem hohen, festen, durch seine sarazenischen Spitzbögen doch so anmutig leicht erscheinenden Turm, den die Sarazenen vor dreihundert Jahren errichteten.
Jeder Stein, jede Skulptur, jeder Ausblick durch die hohen Bogenfenster erinnern hier an erschütternde Geschehnisse, an edle Männer und Frauen, an Taten unglaublicher Tapferkeit, an Liebe, Leidenschaft, Haß, Leid und hohes Streben. In der von Gold und Marmor schimmernden Cappella Palatina, wo ich meine erste Messe in dieser Stadt erlebte, stand ich staunend vor der Fülle der Farben und Formen, die sich hier in vollendeter Harmonie vereinigten. Die zehn ägyptischen Säulen, durch sarazenische Spitzbögen miteinander verbunden, darüber die Kuppel mit dem Brustbild des Erlösers, umringt von Engeln, der normannische Osterleuchter, die prächtigen Malereien an den Wänden des Hauptschiffes, Geschichten aus dem Alten Testament darstellend, der erhabene Chor mit den Mosaiken aus byzantinischer Zeit, sie blenden das Auge und entführen die Seele in das Reich der Träume.
Da nun unser Schiff erst um die Abendstunde in den Porto La Cala einlief und eine lachende, jubelnde, grölende, durcheinander wimmelnde Volksmenge uns mit einem Meer lodernder Fackeln nach dem kaiserlichen Palast geleitete, war es mir bei all dem Lärm und Trubel unmöglich, einzelne Eindrücke aufzunehmen oder gar Fragen zu stellen. Wie verloren unter den Bewohnern einer fremden, phantatischen Welt kam ich mir vor, geschoben, gehoben, hierhin und dorthin gedrängt, Wörter und Laute der verschiedensten Sprachen im Ohr, bis mich plötzlich ein hochgewachsener, vornehmer Mann bei den Schultern ergriff, mich an sich drückte, mir auf den Rücken klopfte und mit seiner lauten, klangvollen Stimme ein über das andere Mal ausrief: »Anselmo, Anselmo, lieber Junge, mein Sohn, jetzt endlich, endlich führt Gottes Gnade uns wieder zusammen!«
Don Filippo de' Ricci, nunmehr Graf der Toskana, zog mich in das prächtig ausgestattete Gemach, das er im Palast bewohnte. Sogleich entsandte er einen Boten an Don Ferdinando, Umbertos Vater, und ließ ein Festmahl auftragen. Fast zugleich mit diesen meinen Freunden trat ein würdiger Greis durch die Tür. Die Schlichtheit seiner geistli-

chen Gewandung täuschte nicht über die Bedeutung hinweg, die in seiner Haltung, seinen durchgeistigten Zügen, dem eindringlich forschenden, skeptischen Blick seiner eisgrauen Augen sich kundtat.
Don Filippo sprang hurtig auf, verneigte sich tief, so als sei es die Majestät selbst, die uns mit ihrem Besuch beehrte. Achtungsvoll stellte er mich dem Alten vor. Don Gualterius Ophamilius war es, der Erzbischof von Palermo, Friedrich Rogers Kanzler und Statthalter in Sizilien, seiner Herkunft nach ein Engländer, Walther of the Mill mit Namen. Sich niederzusetzen lehnte der hohe Würdenträger ab, kam vielmehr ohne Umschweife zur Sache.
»In Kürze gehe ich nach Akka in See«, redete er mich leise, jedoch mit befehlsgewohnter Stimme an. »Seine Majestät geruht, mich an den Hof des Sultans zu entsenden. Da Ihr, Graf Kahlenberg, einen so bedeutenden Anteil an dem Vorhaben unseres Gebieters übernehmt, erachte ich es für unerläßlich, Euch von Angesicht zu Angesicht kennenzulernen.« Ein flüchtiges Lächeln zuckte um seine schmalen, blassen Lippen. In meine Augen senkte sich sein scharfer Blick, der mein Innerstes bloßzulegen schien. »Ich glaube, Graf, Seine Majestät traf die rechte Wahl. Gott sei mit Euch!« Er reichte mir die bleiche, nervige Hand mit dem Goldring zum Kuß, erteilte mir seinen Segen, indem er das Kreuzeszeichen über mir machte; dann entfernte er sich.
Diese Begegnung hinterließ ein längeres Schweigen. Auf den Gesichtern der Freunde malte sich äußerstes Erstaunen. Es mochte freilich wohl kaum größer sein als meine eigene Verwunderung, denn noch hatte Friedrich Roger mir ja nicht mitgeteilt, welche Art Dienst er von mir erwartete. Da ich mich nun hier nicht darüber äußerte, enthielten Filippo, Ferdinando und Umberto sich der neugierigen Fragen, die ihnen sichtlich auf den Lippen brannten.
An diesem Abend sprachen wir bei Wein und köstlichen Speisen nur über unsere Erlebnisse während des vergangenen Jahres und wie das Ringen zwischen Papst und Kaiser wohl enden möge. Don Filippo schüttelte voller Unmut den Kopf: »Ich hab' mich noch stets für einen guten Christen gehalten, Anselmo! Aber das hat mit Papst und Kirche wenig gemeinsam. Kann es denn ein verabscheuenswerteres Beispiel an kurialer Verlogenheit geben als Gregors Bulle ›In maris amplitudine‹? Ich bezweifle es! Ich zweifle daran, daß Seiner Heiligkeit das Wohl des Heiligen Landes wahrhaft am Herzen liegt. Um das Primat der Kirche geht es dem Papst, um die Vernichtung der weltlichen

Macht. Indem er mit Lüge und Trug den Kaiser diffamiert, entäußert er sich des hohen Ziels, das uns der Heiland gesetzt – der Liebe nämlich. Wenn dieser Baum nicht nur in den Ästen verdorrt, sondern an der Wurzel, ist dann nicht das Ende der Zeiten nahe? Wie kann man vom gemeinen Mann Frömmigkeit, Redlichkeit, Wahrhaftigkeit und Nächstenliebe erwarten, wenn solch christliche Tugenden von Gottes Statthalter auf Erden verhöhnt und verleugnet werden?«

»Was doch nur beweist, wie wenig die Natur des Menschen dem göttlichen Auftrag gewachsen ist«, warf der Savoyer ein.

Im Laufe der langen Zeit, die ich in Friedrich Rogers Nähe zugebracht, glaubte ich diesen seltsamen Mann durch und durch erkannt zu haben. Hier in Palermo jedoch, in einer Umgebung, der er entstammte und mit tausend Fäden verhaftet war, begriff ich: Nicht ich war es, der ihn durchschaut hatte und sich ihm angepaßt, sondern er, sein überlegener Geist, mit dem er sich auf alles Andersartige einzustellen, es zu verstehen, sich nutzbar zu machen vermochte. Als ein übermenschlicher Titan wollte er mir nun mit jedem Tag mehr erscheinen.

Da war sein offenbar unbegrenztes Wissen. Nicht nur, daß er Lateinisch, Italienisch, Griechisch, Arabisch, Deutsch, Hebräisch, Spanisch und Provençalisch fließend sprach, das Volgare der jeweiligen Landschaften mit einbegriffen; er befaßte sich auch mit allen Wissenschaften und Künsten, mit Handel, Handwerk, Ackerbau und Schiffahrt, jederzeit bereit, das ihm nützlich Erscheinende zu übernehmen und anzuwenden. Eine Vielzahl überaus kluger, weitsichtiger und wohltätiger Gesetze, oftmals entgegen den überkommenen Lehrmeinungen der Kirche, entsprangen seiner Einsicht und wurden von ihm mit unnachsichtiger Härte durchgesetzt.

Man machte mich mit dem Hofastrologen Michael Scotus bekannt. Von ihm lernte ich den Menschen am Antlitz erkennen. »Denn –«, so belehrte er mich, »die Seele eines Jeden und was er denkt, was er fühlt, sein innerstes Wesen spiegeln sich, ob er will oder nicht, in den Zügen seines Gesichtes wider. Unser Herr Friedrich weiß um dieses Geheimnis; so bleibt ihm denn nichts verborgen.«

Und noch einen Freund gewann ich in dem Gesandten des Sultans von Ägypten, Emir Fahr-ed-Din. Hochherzig, gebildet, ebenso listenreich wie weise, schätzte dieser Moslim den Kaiser hoch, bewunderte ihn und tat, was in seiner Macht stand, friedliche Beziehungen zwischen Islam und Christenheit anzubahnen – vergebens, freilich! Mochte auch am Kaiserhof zu Palermo ein sehr viel freierer Geist herrschen als im kurialen Rom, so blieb doch stets eine Art leeren Raumes um den Emir, wenn er an den Audienzen oder Festlichkeiten im Palazzo Reale teilnahm. Offenbar fürchteten die Frömmler um ihr Seelenheil, wenn sie sich mit dem Bekenner Mohammeds, dem Irrgläubigen, einließen. Mir waren dergleichen Ängste fremd. Vielmehr erregten die Vorstellungen der Mohammedaner von Gott und Himmelreich und nicht zuletzt auch ihre Auffassung von Moral mein höchstes Interesse. Der Emir schenkte mir ein in grünes Saffianleder gebundenes Buch, den Koran. Doch nun ergab sich eine Schwierigkeit – ich vermochte die Schrift nicht zu lesen, obwohl ich dank Ibn Dawud des Arabischen mächtig war.

Als der Kaiser davon erfuhr, erhielt ich einen seiner fähigsten Lehrer zugewiesen, einen alten, gütigen Mann, der mich nicht nur in Sprache und Schrift unterwies, sondern mir auch darüber hinaus eine gänzlich neue geistige Welt erschloß. Manch lange Nacht hockte ich mit ihm über Büchern und Schriften. Vor allem die Sinnsprüche des Zeltmachers, das Rubaijad Omar-I-Khajjams, hatten es mir angetan mit ihrer diesseitsbezogenen Skepsis, die so manche vorgebliche Gewißheit des Kirchenglaubens in Frage stellt, jedoch alles für möglich hält; hier fand ich in Worte gefaßt, was mich im Innersten bewegte:

»Ich war ein Falke, den sein kühner Flug
Hinauf zum Reich der ew'gen Rätsel trug.
Dort fand ich keinen, der sie mir enthüllt,
Und kehrt' zur Erde wieder bald genug...«

»Der Rätsel gibt's viele«, meinte Friedrich Roger, nachdem ich ihm dies vorgetragen, »aber kein Rätsel, das sich nicht mit Verstand und Fleiß lösen ließe. Gottes Erdenwelt ist ein offenes Buch; nur die Sprache, in der es geschrieben ist, die muß man erlernen.«

Was Wunder, wenn solche Äußerungen nur allzuoft das Entsetzen frommer Priester erregten? Und kamen sie Papst Gregor zu Ohren, dann schalt er den Kaiser einen verkappten Ketzer, einen Schismatiker und Verderber der Christenheit.

Friedrich lachte darüber. Freilich, seine Lebensweise, die Art, wie er sich über die Gebote der Kirche und ihre Dogmen hinwegsetzte, gab den Frömmlern hinreichend Anlaß zum Tadel. Da waren die rauschenden Feste in den goldglitzernden Marmorhallen, Aufzüge von orientalischer Pracht mit Schauspielen, Chören, Orchestern im Scheine zahlloser Fackeln, auch Gaukler, Possenreißer, ägyptische Tänzerinnen, fahrende Sänger. Bei solchen Gelegenheiten wurden verdiente Knappen zum Ritter geschlagen, treue Diener durch Geschenke belohnt.

Nur den Flor hochedler Frauen vermißte man in der Menge bedeutender Männer aus allen Ländern der bekannten Welt. Obwohl manch ein berühmter Troubadour sich bei Hofe einfand, obwohl der Kaiser selbst wie auch sein Sohn Enzio Minnelieder zu dichten und herzbewegend vorzutragen wußten, war doch keine Frau von Rang bei solchen Festlichkeiten zugegen. Orientalischer Sitte gemäß, hielten sie sich in ihren eigenen Gemächern auf, bewacht von Leibwächtern und Eunuchen.

Als große Vergünstigung durfte ich es daher betrachten, daß die höchste, die lieblichste, die gütigste der Frauen mich eines Tages zu empfangen geruhte – Jolante, Kaiserin und Erbin des Königsreiches Jerusalem. Zart und blaß, jedoch voller Anmut in ihrem von Gold und Juwelen funkelnden Brokatgewand, gemahnte sie mich an ein Märchenbild, an ein ängstliches, einsames Kind unter der glänzenden Hülle. Man wußte ja schon, daß sie ein Kind unter dem Herzen trug. Und wenn Friedrich seine Gunst auch bisweilen anderen Frauen zuzuwenden pflegte, Jolante blieb doch seines Herzens Königin bis zu ihrem Tod.

Sie erkundigte sich bei mir nach meinem Heimatland, »wo Bären und Wölfe an der Haustür kratzen«, wie sie sagte, nach meinem Weib und dessen Schicksalen, über die sie sich sehr bewegt zeigte, nach meinen Söhnen. Tonio, der hier unter den kaiserlichen Pagen heranwuchs – Tonio – lobte sie ihn – sei ihr Liebling, ein prächtiger Knabe, obschon mir durchaus nicht ähnlich – und wunderte sich gewiß, weshalb ich errötete. Auch sprach sie von ihrem Erbreich, dem Heiligen Land, von der Heiligen Stadt Davids, und käme ich dorthin, müsse ich alles genau betrachten und ihr später davon erzählen. Was sie aber hinter all den Fragen und Reden doch wohl am dringendsten zu wissen begehrte, war, wie ich zu Friedrich stand. Offenbar sorgte sie sich um ihn – ob um sein Leben, ob um sein Seelenheil? Ich fand, sie sei zu offenherzig für eine Kaiserin, die von Schleichern und Spitzeln jeglicher Art umgeben ist. Indes, ich wagte nicht, dergleichen anzudeuten.

In dem Getümmel der hohen Herren, der berühmten Gelehrten, der

kaiserlichen Paladine und Edelknappen hielt ich mich klüglich im Hintergrund. Mir behagte das laute Treiben nicht; noch weniger gefielen mir die Intrigen, die hier in dunklen Winkeln von Schranzen, Ehrgeizlingen und päpstlichen Emissären gesponnen wurden. Die hervorstechendsten Charakterzüge solcher Ränkeschmiede seien – meinte ich – Eitelkeit und Anmaßung. Ein jeder von ihnen wußte scheinbar genau, was der Kaiser tun oder lassen solle, wähnte sich reicher an Wissen und Können als alle übrigen und besonders ich, auch wenn es durch Taten nicht bewiesen war. Hingegen empfand ich als höchst erfreulich die Gesellschaft der jungen Valets, in die Umberto mich einführte. Unter ihnen stach der erst achtjährige Prinz Enzio hervor, ein natürlicher Sohn Friedrichs, zwar den Jahren nach noch ein Kind, jedoch lernbegierig und tatkräftig wie ein Jüngling, obendrein recht hübsch in seiner dunklen Lockenpracht. Nicht anders als Umberto fühlte auch er sich zu mir hingezogen. Ich wunderte mich: »Woran liegt das wohl, Umberto?«
Der sah mich mit einem Ausdruck inniger Freundschaft an: »Eine gute Fee hat an Eurer Wiege gestanden, Don Anselmo! Ihr lügt nicht; Ihr betrügt nicht; Ihr sucht keine Vorteile für Euch. Ehrgeiz und Ruhmsucht sind Euch ein Greuel. Gott dank' ich jeden Tag dafür, daß ich mich Euren Freund nennen darf.«
Auch der jugendliche Prinz Friedrich von Antiochien gehörte zu unserem Bund. Er litt insgeheim darunter, daß ihm hier nicht die gleiche Achtung zuteil wurde wie daheim in seinem an die Syrier verlorenen Fürstentum. Bisweilen betrug er sich herausfordernd großen Herren gegenüber, ja, selbst gegen Seine Majestät. Der Kaiser aber, stets duldsam, wies ihn dann mit Güte zurecht, tröstete ihn mit der Hoffnung auf baldige Wiedereinsetzung in sein Erbe. Und ich versuchte dem Jüngling klarzumachen, indem ich Omar-I-Khajjams Verse rezitierte, wie sehr doch Geltungssucht einer schleichenden Krankheit gleicht, da sie dem davon Befallenen den Schlaf raubt, unnötigerweise das Leben vergällt, da ja alles vergänglich ist und der Mensch auf Erden keine bleibende Stätte hat. »Was sind Reichtum, Macht und Rang denn anderes als Schall und Rauch, sobald das Sterbeglöcklein erklingt?« sagte ich einmal zu ihm und gedachte dabei der treuen Gefährten, die mir die Vorsehung beigesellt. »Mehr als eine Fürstenkrone wiegt das Herz eines Freundes!«
Als ich den Kopf wandte, stand Friedrich Roger hinter mir. Er

bedachte mich mit einem langen Blick; dann ging er ohne ein Wort davon.

»Das Herz eines Freundes...« begann der Kaiser, da wir eines Morgens um die Weihnachtszeit miteinander zum Monte Pelegrino hinaufritten. »Das Herz eines Freundes sollte mir mehr gelten als meine beiden Reiche, damit hattest du recht, Anselm! Aber Freunde in der Not gehen tausend auf ein Lot, spricht das Volk. Und kann ein Kaiser Freunde haben? Der Mensch ist wankelmütig, trügerisch, das hab' ich erfahren. Schau' dir hingegen die Tiere an – einen Falken, einen Hund, ein Roß! Ihr Herz ist eitel Liebe und Treue, hat man es einmal gewonnen – Treue bis zur Selbstaufgabe. Wer unter uns Menschen darf ein Gleiches von sich sagen? Sie sind der Gottheit näher als wir.«

»Und doch sind wir geschaffen nach Gottes Bild!«

Friedrich klopfte den Hals seines Hengstes. »Pah – Gott ist Geist! Er lebt in allem Lebendigen.«

Wir hatten die Porta Maqueda passiert, als es eben zu dämmern begann. Und nun trabten wir auf dem sandigen Weg nach Falde zwischen ummauerten Palmengärten, Olivenhainen und hohen Opuntienhecken dem Monte Pelegrino zu, der unser Ziel war. Ein grüner Schimmer erhellte den Himmel über dem Monte Grifone, dem Greifenberg; die steilen Hänge des Monte Pelegrino, der am Westrand der Bucht mächtig vor uns aufragte, färbten sich kupfergrün. Auf seine Leibwache hatte der Kaiser verzichtet, wie er gewöhnlich tat, wenn er zu früher Stunde ausritt. Der Weiler Falde bestand aus wenigen gekalkten Hütten, in denen Orangenpflücker und Steinbrucharbeiter hausten – untersetzte, dunkelhäutige Leute. Sie grüßten und knieten nieder, sobald sie den Kaiser erblickten.

Ein schmaler Pfad führte über die Bogen eines alten Aquäduktes und dann in zahlreichen Kehren an den mit dichtem Buschwald bewachsenen Hängen hinan. Friedrich erzählte mir, wie einst – zweieinhalb Jahrhunderte vor Christi Geburt – der karthagische Feldherr Hamilkar Barkas den Berg, der damals Heirkte hieß, mit seinem Heer besetzt und ihn befestigt habe, um von hier aus die römischen Besatzungen in Palermo und Eryx auf dem Monte San Guilano zu beunruhigen.

Kein Mensch begegnete uns. Wir durchritten eine tief eingeschnittene Schlucht, wo Baumflechten wie graue Bärte von den Ästen hingen. An ihrem Ausgang zeugt ein zerbröckelnder Turm aus der Sarazenenzeit von der Vergänglichkeit menschlicher Werke. Über öde, mit Heidekraut und Ginster bedeckte Hochflächen gelangten wir zuletzt an die Grotte der heiligen Rosalia. Hier, wo der Berg sich zu seiner höchsten Höhe erhebt, hatte die fromme Nichte des Normannenkönigs Wilhelm ihr Leben in Gebet und Buße als Klausnerin verbracht. Der Quell, aus einem Spalt im Felsen rieselnd, galt als wundertätig, Donna Rosalia als Heilige und Palermos Beschützerin. Ich schöpfte mit bloßer Hand das klare, ein wenig bitter schmeckende Naß. Und wenn es an mir auch kein Wunder wirkte, es erfrischte mich jedenfalls.

Mittlerweile war die Sonne über den Rand des Meeres emporgestiegen. Ihr Licht erfüllte Himmel und Erde mit überirdischem Glanz. Ein kühlender Hauch wehte vom Kap San Vito her, das fern im Westen aufleuchtete. Und in grellen Farben traten nun auch die Bergkegel und Gebirgszüge hervor, welche die Conca d'Oro im Halbkreis umstanden. Friedrich wies mir den Billiemi mit seinen grellweiß schimmernden Marmorbrüchen, den schroff aufragenden Monte Cuccio, weiter südlich den Monte Caputomit, dann den schönen, doppeltürmigen Dom von Monreale, links davon zum Meere hin die Monti Moarta, Falcone und Grifone, darüber, im Morgendunst verblauend, die Bergzüge von Bagheria, Catalfano und der Madonie, gekrönt gleichsam vom silbrig glitzernden Schneegipfel des Ätna, der gleich einer Säule das azurene Himmelsgewölbe zu tragen schien. Als veilchenfarbene Schatten lagen Kalabriens Küsten und die Inseln des Äolus auf der funkelnden See.

So ergreifend schön der Anblick all dieser Herrlichkeiten auch war – hatte der Kaiser mich deswegen hier herauf geführt? Nein, doch wohl nicht! Sein Auge war in Fernen gerichtet, die meinem veschlossen blieben. Nach einer Weile seufzte er und sagte mit einer weit ausholenden, umfassenden Bewegung des Armes: »Mein Reich, Anselm! Niemand soll es mir nehmen, aber nicht wenige trachten danach!«

Ich erschrak: »Denkt an Polykrates, Herr!«

Er lächelte: »Du verstehst mich nicht! Was ich mit Auge und Geist mir zu eigen mache, gehört es nicht unverlierbar mir? Und ist doch nur ein Lehen; mit meinem Hinscheiden fließt es zurück in den Geist des Alls, aus dem es erschaffen ist. Wahrlich, ich trachte nicht nach irdischem Gut, es sei denn, es diene mir als Mittel, die Reichtümer des Geistes und der Seele zu erwerben, zu erhalten und vor den Mächten der Finsternis zu bewahren. Frieden – ja! Aber wie sagte doch jener Grieche: Willst du den Frieden, so rüste dich für den Krieg!«

Nach einigem Sinnen fuhr er fort: »Du weißt, Anselm, wie sehr ich mir Frieden wünsche... Jedoch, der Feinde sind viele. Bei Hofe schleichen und schlüpfen sie, horchen, tuscheln, verleumden, streuen Lügen aus, verkehren meine Worte ins Gegenteil, unterstellen meinem Tun die ärgsten Absichten, korrumpieren meine Vasallen, ja, selbst die verläßlichsten meiner Diener. Nun, dergleichen bin ich gewohnt von Kindheit auf. Bisher entging ich mit Gottes Beistand Gift und Dolch. So sehr es mich ekelt, auch ich muß mich käuflicher Kreaturen bedienen...«
Mir kam der Prälat Guillano in den Sinn. Ich sagte mit flacher Stimme: »Herr, ich muß Euch etwas gestehen!« Und berichtete über meine nächtliche Unterredung mit jenem Priester vor den Toren Brindisis.
Friedrich Roger tat es mit lässiger Handbewegung ab: »Davon weiß ich längst, Anselm! Der Esel muß blöken, das ist seine Natur. Und hab' ich nicht Augen und Ohren unter den Päpstlichen? Hier in Palermo entgeht mir nichts. Anders steht's in Jerusalem, in Damiette, in Damaskus. Und da, Anselm, hoff' ich, daß du mir helfen wirst.«
»Zum Spitzel tauge ich nicht!«
Friedrich Roger hob die Brauen. »Nein, ganz gewiß nicht! Wer mutet dir so etwas zu? Nein, was ich in dir suche, das ist der Freund, ist der Botschafter, dessen ich sicher sein darf, ein Mann, der meine Gedanken denkt, mit meiner Stimme spricht, ein Mensch, der ans Herz rührt, wo der kalte Verstand versagt, ein Mensch, dem auch ein Moslim noch Vertrauen schenkt.«
Hätte ich dies für leere Schmeichelei halten müssen – aber ich wußte ja, der Kaiser schmeichelt nicht –, ich würde, was er mir ansann, entschieden zurückgewiesen haben. Indes, Honigreden waren nicht Friedrichs Sache. Außerdem sah ich ein, nachdem er mir seine Absichten auseinandergesetzt, daß in der Tat kein Anderer die Aufgabe übernehmen könne, die er mir zugedacht. Friedrich machte keinerlei Hehl aus der Gefahr, die mir drohen würde. Er wies auf die Demütigungen hin, die ich würde in Kauf nehmen müssen. Er versprach mir nichts, suchte nicht, mich mit Gold oder Ehren zu ködern. Er baute ganz einfach auf meine Ergebenheit, meine Treue. Das war mir Lohn genug. Hinzu kam, ich stimmte mit seiner Meinung über Papst und Kurie völlig überein. Und nicht zuletzt mochte eine Gelegenheit sich finden, meinem Vater nun endlich Hilfe zu bringen. Ich senkte den Kopf: »Inschallah – wie Gott will, Herr! Verfügt über mich.«

Unvermittelt schlang Friedrich den Arm um meine Schulter, eine stumme Gebärde dankbarer Vertraulichkeit, wie ich sie noch niemals bei ihm erlebt hatte. Wie einsam dieser Mann inmitten des Trubels der Welt doch war!

Schweigend ritten wir heimwärts über das Hochplateau. Aus einiger Entfernung glaubte ich bei dem alten Sarazenenturm, wo die Schlucht sich dunkel wie ein Schlund öffnet, eine Bewegung wahrzunehmen. Seitdem der Kaiser von Gift und Dolch gesprochen, mißtraute ich auch dem arkadischen Frieden rings um uns her. Beim Turm fanden sich jedoch keinerlei Anzeichen für die Gegenwart von Menschen.

»Laßt mich voranreiten, Herr!« bat ich und spornte Iblis an seinem Hengst vorbei, was unter anderen Umständen von ihm als höchst ungehörig gerügt worden wäre. An der engsten Stelle, wo die Felsen überhängen und ein Gewirr von Ästen den Himmel verhüllt, schnaubte Iblis, bäumte sich. Drei Männer sprangen hinter den Steinen hervor. Ihre Schwerter blitzten. Obschon wie Sarazenen gekleidet in Pluderhosen und lange, bunte Hemden, verriet ihre Herkunft sich doch durch die hellere Haut. Die Gesichter hatten sie mit den Zipfeln ihrer Turbane verhüllt.

Ein riesiger Kerl griff dem Hengst des Kaisers in die Zügel. Eines zweiten, kaum weniger kräftigen mußte Friedrich, der nur mit einem Dolch bewaffnet war, sich mühsam erwehren. Der dritte fiel mich an, geifernd wie ein toller Hund. Ich sah, in der engen Schlucht mußten wir zu Pferde im Nachteil sein, ließ mich aus dem Sattel gleiten, kreuzte, Rückendeckung an der Felswand suchend, mit dem Angreifer die Klinge. Ich schlug ihm das Schwert aus der Hand, warf ihn zu Boden, packte ihn bei der Gurgel, um ihn lebend zu fangen.

Durch das Stampfen und Wiehern der Rosse ertönte hinter mir ein röchelnder Schrei, dann Flüche, ersterbendes Stöhnen. Erschreckt blickte ich mich um. Da lag der Goliath hingestreckt. Ein langer Pfeil war ihm zwischen den Schulterblättern durch die Brust gefahren. Eben jetzt zuckte Friedrichs Dolch nieder und bohrte sich seinem Gegner in die Kehle.

Den Augenblick meiner Unachtsamkeit nutzend, zog der unter mit Liegende die Knie an, schleuderte mich zur Seite, wobei mir sein Turban in den Händen blieb und sich sein Gesicht enthüllte. »Carduk«, brüllte ich, »verfluchter Schuft!« Doch schon war er vom Boden hoch und rannte in gehetzten Sprüngen dem oberen Ausgang

der Schlucht zu. Wenig später hörte ich Hufschlag in der Ferne verklingen.
Friedrich war abgestiegen. Gelassen betrachtete er den Pfeil, der in dem leblosen Körper noch leise zitterte. Dann schaute er sich suchend um. Alles blieb still. Nur ein paar Vögel kreisten aufgescheucht über dem unteren Teil des Einschnittes. »Noch einer, der keinen Dank begehrt, Anselm! Der Pfeil sieht mir ganz nach unserem Falkner aus. Aber war er's, der uns Hilfe gebracht, was führte ihn hierher? Du riefest: Carduk? Den Namen hörte ich doch schon zuvor?«
»Meines Sohnes Vater, Herr!« Noch nachträglich erbebte ich vor Zorn und Entrüstung.
Friedrich lachte: »Der entrinnt uns nicht. Aber da siehst du's, Anselm, welch' ein Possenspiel das Leben ist, rund und rund, kein Anfang, kein Ende... Und wir tanzen mit im Narrenreigen wie Puppen, deren Fäden ein Höherer zieht.«

37

Über die dürre Heide, durch die der Pilgerpfad von Taranto nach Brindisi führt, wanderte an einem grauen Wintertag im Jahre des Herrn 1228 ein Mann. Sein schmutziges, durchlöchertes Gewand, das einst eine weiße Kutte und heil gewesen war, wurde um die Leibesmitte von einem derben Strick zusammengehalten. Die schwarze Kapuze hatte er bis auf die Schultern zurückgeschlagen, so daß sein hageres, bleiches, hohlwangiges Gesicht mit dem wirren rotblonden Haupt- und Barthaar sich dem böig einfallenden Nordostwind bot. Er ging barfuß. Seine Füße, ebenso erdbraun und rissig wie die hölzerne Bettelschale, die bei jedem Schritt gegen seine Hüftknochen klapperte, ließen dennoch, nicht anders als die schmalen kräftigen Hände, darauf schließen, daß er nicht in einer Häuslerkate zur Welt gekommen war. Indem er raumgreifend ausschritt, ließ er eine der abgegriffenen, fettigen Holzperlen seines Rosariums um die andere durch die Finger gleiten, wobei er vor sich hin murmelte. Jedoch, keine frommen Ave Marias waren es, die er zwischen den Zähnen zerknirschte, sondern bittere Flüche, lästerliche Verwünschungen.
Dieser Mann war ich.
Daß ich fluchte, schwor, Gott, Kaiser, Papst und die Menschen ganz allgemein so arg verlästerte, hatte gute Gründe – mehr als einen. Ich

sah über die Schulter zurück, sah in der Ferne die beiden Kerle, den kurzen Dicken und den langen Hageren – Vaganten, ihrer Zerlumptheit nach, Landstreicher – oder?
Feuchtigkeit lag in der Luft, dennoch quälte mich brennender Durst. Meine aufgesprungenen Lippen schmerzten. Mit fiel ein, daß ich keine Waffe besaß, nicht einmal ein Messer; ein solches hätte zu einem armen, gottseligen Pilger wenig gepaßt, dessen einziges Sinnen und Trachten auf das Heilige Grab gerichtet ist. Meine Gedanken indes beschäftigten sich mit sehr viel irdischeren Dingen. Sie kreisten unablässig um die schmachvollen, rätselhaften Geschehnisse, die mich in die gegenwärtige, kaum weniger schandbar empfundene Lage versetzt hatten.
War es verfehlt gewesen, dem Verlangen des Kaisers nachzugeben? Trieb Friedrich Roger ein arges Spiel mit mir? Allein, was anderes hätte ich tun können als ihm zu Willen sein? Ja, in alten Zeiten, da ein Mann sich nur mit gleich starken Gegnern zu messen hatte, da ein Stamm sich mit Schwert und Spieß übelwollender Nachbarn zu erwehren vermocht, galt Freiheit als das höchste Gut; Mut, Ehrgefühl, Stolz und körperliche Tüchtigkeit gewährleisteten sie. Aber die Zeiten Widukinds waren längst dahin. Über das Geschick des einzelnen wie ganzer Völker wurde in den Kabinetten der Könige und Handelsherren, in den Schreibstuben der Kurie oder in bischöflichen Residenzen verfügt. Was blieb da als Trost außer dem Glauben, daß die letzte Entscheidung noch immer in Gottes Hand liege? Wie hilfesuchend, faßte ich nach der Brust, wo ich, unter der Kutte verborgen, das Kästlein mit Liesels Rosen sowie auch das Schreiben des Kaisers fühlte.
Jener festliche Abend am Sonntag nach Allerseelen stand mir in unverwischbaren Bildern vor Augen – Lichterglanz von tausend Fakkeln und Kerzen, deren Flackerschein sich in den blanken Mosaiken des Estrichs spiegelte, in den Vergoldungen der Säulenkapitelle, in den Schmuckpanzern der Ritter und auf den Wappenschilden in der hohen Königshalle des Palazzo Reale. Ich sehe die Gesichter der mächtigen oder ehrwürdigen Männer vor mir – das strenge Antlitz des Erzbischofs Gualterius, die energischen Züge des jungen Hermann von Salza, eines der wenigen, denen der Kaiser blind vertraut, das aufgeschwemmte, käsige des gefürchteten Herrn Peter von Vinea, Großhofrichter und Aufseher der kaiserlichen Kanzlei, der – wie behauptet wurde – die Briefe, Dekrete und Reden Friedrich Rogers schrieb und

sich von Tag zu Tag mehr in das Vertrauen unseres Gebieters schlich. Mir begegnete er gönnerhaft, doch nun hege ich den Verdacht, er habe das infame Komplott, dessen Opfer ich war, ausgeheckt. Und da stehen nun auch die Freunde – Don Filippo de' Ricci, Ferdinando von Savoyen, Prinz Umberto, Emir Fahr-ed-Din, Roffrid von Benevent – zwischen den deutschen und italienischen Fürsten, Herzögen, Grafen, Kardinälen, Prälaten und berühmten Gelehrten. Eine Versammlung, wie man sie sich glänzender nicht zu denken vermag.
Der Kaiser hatte sie einberufen, um – nachdem der Heilige Vater in der Kirche Sankt Petri zu Rom ein zweites Mal den Bannfluch gegen ihn geschleudert – seine Rechtfertigungsschrift verlesen zu lassen, so wie es Herr Roffrid vor kurzem bereits auf dem Kapitol getan. Atemlos hören wir alle zu: Der Papst als Verhinderer des Kreuzzuges angeprangert, hingestellt – und wer zweifelt daran? als der von Willkür getriebene Widersacher der weltlichen Reichsgewalt, als schamloser Lügner, als Verleumder... Wer es hört, dem ist klar, der wahre Feind der Christenheit, des Friedens, der Gerechtigkeit, der sitzt auf dem Apostolischen Stuhl! Was nutzen Gregor da Bannstrahl und Interdikt? Allüberall, wo Friedrich weilte, war die Zelebration der Gottesdienste vom Papst verboten worden, aber niemals zuvor hatte man die Kirchen Siziliens mit einer so großen Menge von Gläubigern gefüllt gesehen.
Auch ich fühlte mich zu dieser Stunde, ungeachtet des Bannes, mit Gott und der Welt im Einklang, überzeugt, indem ich dem Kaiser diene, eine Pflicht Gott und den Menschen gegenüber zu erfüllen. Freilich, noch immer weiß ich nicht, wie Friedrich Roger mich der Überwachung durch päpstliche Schnüffler zu entziehen gedenkt. Da zupft mich einer der kaiserlichen Valets am Ärmel: »Die Herrin wünscht ein Wort mit Euer Gnaden zu reden!«
Ich folge dem Pagen in den nur vom Sternenlicht schwach erhellten Säulenhof. In der linken hinteren Ecke, wo die Marmortreppe zu den Wohngemächern der Frauen führt, erwartet mich eine weißverhüllte Gestalt. Ich nähere mich ihr, beuge ehrerbietig das Knie. Im nächsten Moment wirft das Weib sich mir in die Arme, kreischt gellend. Der Mantel fällt; ihr Gewand ist zerrissen. Nein, das ist nicht die Kaiserin! Völlig unbekannt ist mir die Frau... Ich ringe mit ihr, trachte, mich aus ihrer Umklammerung loszureißen. Leibwächter springen aus dem Dunkel. Man packt mich... Fackeln... Geschrei... Man zerrt mich in den Saal, vor den Kaiser.

Schrecklich erscheint Friedrich in seinem Zorn. Sein Gesicht ist starr. Seine Augen funkeln. Er hebt die Faust, droht mich zu schlagen, sagt eisig, mit schneidender Stimme: »Euer Schwert, Kahlenberg!« Er reißt es mir aus der Hand, wirft es einem der Diener zu. Ich werde abgeführt, in ein finsteres Verlies geworfen.

Schweiß trat mir auf die Stirn, als ich jene schreckliche, beschämende Szene nochmals an meinem inneren Auge vorüberziehen ließ, während ich über die öde Heide dahintrottete. All das war mir ganz unerhört erschienen – der übersteigerte Zornesausbruch des Kaisers, die Tatsache, daß man mir keinerlei Gelegenheit zur Rechtfertigung gegeben, mich wie einen gemeinen Verbrecher behandelt hatte –, die offenbare Untätigkeit meiner Freunde... Weshalb war keiner von ihnen für mich eingetreten?

Tags darauf hatte man mich am hellen Mittag in Ketten zum Hafen und auf eine Galeere geführt, deren Ziel – stellte sich später heraus – ein unbedeutender Hafen an der Küste Apuliens war, hatte mich dann – zu Fuß und noch immer in Ketten – durch die Schluchten des Apennin bis zum Monte Vulture geschleppt. Dort gibt es ein elendes Nest, Venosa genannt, sowie ein noch elenderes Gemäuer, die Burg Rocca San Felice. In ihr wurde ich eingekerkert.

Nur weniger Einzelheiten entsann ich mich – der niederen runden Türme, der wuchtigen Wehrmauern, des engen Tores, durch das man mich mehr stieß als führte, der blöde grinsenden Dörfler, die meinem Einzug beiwohnten.

Der Burgvogt, ein deutscher Ritter unbestimmten Alters, wurde durch meine Ankunft offenbar in Verlegenheit gesetzt. Ich sah mich angewidert in der Halle um, die ihm als Amts- wie auch wohl als Wohnraum diente. Die Kärglichkeit des Saales – eine leere Scheune – wurde nur übertroffen durch die in ihm herrschende pedantische Ordnung und peinliche Sauberkeit. Kein Stäubchen auf Estrichfliesen, Tisch und Bank. Herr Johann erhob sich beflissen aus seinem schmucklosen und – wie mir schien – höchst unbequemen Stuhl, als ich, mit den Ketten rasselnd, eintrat. Er stützte sich mit der linken Hand auf die Tischplatte; die rechte fingerte an den sorgfältig geschichteten Papieren. Er murmelte, ohne mir dabei ins Auge zu sehen:

»Ja, so – also, Herr... Ihr werdet hier Euren Aufenthalt nehmen – hm! Die Gäste Seiner Majestät – einige weilten hier über Jahre hin –, unsere Gäste, Herr, finden es bei uns für gewöhnlich ein wenig karg. Wir hier

auf San Felice sind keine Krösusse; die uns zugebilligten Dotierungen sind beschränkt. Ihr werdet verstehen, daß Ihr auf manche Euerer vornehmen Gewohnheiten Verzicht leisten müßt, denn ...«
Aus war es mit meiner Geduld. Meine Benommenheit abschüttelnd, sagte ich barsch: »Schluß mit dem Geschwätz, Herr! Nehmt mir die Fesseln ab. Dann reden wir weiter ...«
Herr Johann schüttelte mißbilligend den Kopf: »Das entspricht nicht den Vorschriften. Ihr werdet den – hm – Schmuck noch ein Weilchen tragen müssen – zu Eurem Besten, Herr! Wie die Erfahrung lehrt, trachtet, besonders in den ersten Tagen, der oder jener unserer Gäste danach, sich ohne Abschied zu empfehlen ... Später, Herr, später vielleicht, wenn Ihr Euch eingewöhnt habt ... Ich weiß, es ist hart – ich meine: das Eingewöhnen – wenn einer in Saus und Braus und zügelloser Freiheit dahingelebt hat. Aber, wie heißt's doch im Evangelium Lucä: ›Fasset Eure Seelen in Geduld!‹ Dabei wird Euch der fromme Herr Bischof mit geistlichem Zuspruch zur Seite stehen.«
»Auch das noch!« entfuhr es mir.
»Ihr solltet ihm dafür dankbar sein. Dankbarkeit gehört ja auch zu den Tugenden, die heutzutage immer seltener werden. Wir alle sind Sünder, Herr! Ich weiß ja nicht, worin Ihr gefehlt haben mögt, aber ist nicht der Zorn unseres Gebieters, Seiner allerchristlichsten Majestät, stets gerecht? Das müßt Ihr einsehen lernen und Buße tun. Dafür seid Ihr hier!«
Ja, dieser Tropf wußte sicherlich nichts über den Grund meiner Einkerkerung – so wenig wie ich selbst. Und dieser Gedanke brachte mich dermaßen in Harnisch, daß ich alle Vorsicht vergaß und ihn anherrschte: »Mein Zorn, Herr – mein Zorn ist nicht weniger gerecht als der des Kaisers. Ihr werdet ihn zu spüren bekommen. Ich warne Euch!«
Glücklicherweise machte er sich über meinen Ausbruch keine Gedanken. Beschwichtigende Schnauflaute von sich gebend, schob er sich an mir vorbei, als fürchte er, gebissen zu werden, öffnete die Tür und ließ mich von zwei tumben Knechten in das mir bestimmte Gemach führen – ein kleines Gelaß mit unverputzten Wänden, spärlich erhellt durch ein schmales, vergittertes Fenster. Es enthielt einen Schemel, ein Tischlein, einen roh gezimmerten Bettschragen mit einem Strohsack als Lagerstatt, ferner einen irdenen Wasserkrug und

dicht unter der gewölbten Decke ein kunstloses Kruzifix. Auch hier alles reinlich und aufgeräumt.
Unter der Tür wandte Herr Johann sich noch einmal um.
»Ich bin nicht befugt, Euch nach dem Namen zu fragen. Wie beliebt Ihr, soll man Euch nennen?«
»Pazzo, das erscheint mir angemessen!«
»Ihr scherzt, mein Herr Pazzo! Aber – sei's drum ... Vergeßt nur ja nicht, alles hat hier in San Felice seine Ordnung, seinen festen Platz. Wir leben nach festgeschriebenen Regeln, was Euch vielleicht ungewohnt ist. Eigenmächtigkeiten, Unordnung, Widersetzlichkeit werden nicht geduldet, Fluchtversuche mit Nahrungsentzug und Kerker geahndet ...«
Der Kerl tat mir in der Seele leid. Er würde noch schlaflose Nächte meinetwegen verbringen müssen. Sein geistiger Horizont beschränkte sich offenbar auf die Umwallung der Burg. Gewiß, er war ehrenhaft, zuverlässig, pflichtgetreu. Ohne Fragen zu stellen, führte er die Befehle seines kaiserlichen Gebieters bis aufs Pünktchen aus. Allzu viele seiner Art gab es in Friedrichs Reichen! Auf ihnen beruhte des Kaisers Macht; zugleich waren sie seine Achillesferse, der schwache Punkt in seinem System. Dieser Herr Johann zum Beispiel, würde er im Notfall selbständig, nach eigener Einsicht und auf eigene Verantwortung handeln? Ich bezweifelte es.
Kaum war die mit Eisen beschlagene Pforte hinter ihm ins Schloß gefallen, da untersuchte ich auch schon das Fenstergitter. Auf den ersten Blick erkannte ich, wie wenig geeignet es für den gedachten Zweck war. Zwar hatte man es mit großer Sorgfalt und Genauigkeit eingepaßt, vermörtelt war es jedoch mit einer Art Gips oder Lehm, der sich mit dem Fingernagel zerbröckeln ließ. Ein Hieb mit dem Schemel mochte hinreichen, das Hindernis zu beseitigen. Und die schräggeneigte Wehrmauer unterhalb des Turmfensters war weder übermäßig hoch, noch war sie geglättet; ihre Fugen boten unbeschuhten Füßen sicheren Halt.
Indem ich nun, über die Heide wandernd, jener Stunden voller Groll und nagender Zweifel gedachte, fühlte ich mich nicht wenig beschämt. Wie hatte ich an Friedrich Rogers Freundschaft jemals zweifeln, meine Verhaftung ernst nehmen können? Aber die Ereignisse waren ja blitzgleich über mich hereingebrochen; sie hatten mich unvorbereitet getroffen. Wie alles zusammenhing, wurde mir erst klar, als um die

Abendstunde der Bischof von Venosa an meine Kammertür pochte. Der kleinwüchsige, mausgesichtige, ein wenig schäbig wirkende Geistliche verneigte sich, indem er unter seiner abgetragenen Soutane zwei versiegelte Briefe hervorzog, auf denen ich die Handschrift des Kaisers erkannte. Der eine war an mich gerichtet, der andere mit arabischen Lettern »An Unseren Bruder im Glauben an den Allmächtigen«.

Verwundert drehte ich die Schriftstücke in den Händen.

»Mein Auftrag lautet«, beendete Seine Eminenz meine Unschlüssigkeit mit gedämpfter Stimme, »Euch in jeder Weise zur Hand zu gehen – in jeder...« betonte er. »Vor allem soll ich darauf achten, daß Ihr das für Euch bestimmte Schreiben Seiner Majestät verbrennt, sobald Ihr's gelesen und Euch ganz genau eingeprägt habt. Ich weiß weder, wie Ihr heißt, noch was Eures Amtes ist, bin auch nicht befugt, Euch darüber zu befragen oder vertrauliche Mitteilungen von Euch entgegenzunehmen.«

»Zunächst, bitte« unterbrach ich ihn, »sorgt dafür, daß man mich von den lästigen Eisen befreit.«

Er nickte beflissen. Aus den unergründlichen Taschen seiner Soutane kramte er ein Schlüsselchen hervor, mit dem er die Handschellen öffnete. Ich reckte die Arme, atmete tief.

»Auch das hier werdet Ihr brauchen, Herr!«

Wie durch Zauberkraft erschienen Bettelnapf, Rosenkranz und Mönchskutte im Lichtkreis der Kerze, die wir entzündet hatten.

»Schuhe? Nein, nicht einmal Sandalen würden zu der Rolle passen, die Ihr zu spielen habt; selbst ein gefüllter Geldbeutel würde Euch verdächtig machen. Ein Pilger seid ihr, arm wie Hiob. Nun lest, bitt' ich Euch! Die Zeit drängt. Morgen früh müßt Ihr aus dem Hause sein und so weit wie möglich entfernt von hier.«

Friedrichs Brief enthielt in wohlbekannter Knappheit seine Entschuldigung und erklärte die Notwendigkeit der mit mir aufgeführten Posse, auch faßte er nochmals kurz zusammen, was zwischen uns abgesprochen worden war. Spurlos hatte ich aus Palermo verschwinden müssen, um die Päpstlichen irrezuführen, und ebenso spurlos hatte ich Italien zu verlassen. Und das – sah ich ein – erschien nachgerade als ein Ding der Unmöglichkeit. Aber Friedrichs listenreicher Verstand hatte diesen einzigen erfolgversprechenden Ausweg gefunden. Im schlimmsten Fall würde man meine Spur bis Rocca San

Felice verfolgen können und selbst das erschien wenig wahrscheinlich. Nicht viel gehörte dazu, sich vorzustellen, in welcher Aufregung die Agenten der Kurie inzwischen nach meinem Verbleib forschten, wie sie gleich stumpfnasigen Hetzhunden auf Straßen und Hafenkajen herumschnüffelten, wie sie sich die Köpfe darüber zerbrachen, welche Teufelei der Kaiser nun wieder ins Werk gesetzt haben mochte. Auf die Wahrheit, freilich, würden sie so bald nicht verfallen.

Ich nehme also, nachdem ich mir Personen und Orte nochmals gründlich eingeprägt, den Brief des Kaisers und halte ihn in die Kerzenflamme, bis nur ein Häuflein Asche davon übrig ist.

»Gott sei gelobt!« seufzte der Priester erleichtert. »Aber, Herr, wie schaffen wir Euch hier hinaus?«

Ich deute stumm auf das Fenster und nach einigem Besinnen sage ich: »Geht in Frieden, Hochwürden! Alles übrige ist meine Sache.«

Nachdem er sich entfernt, die Pforte hinter sich verschlossen hat, wende ich mich dem Fenster zu. Die Waffen hat man mir abgenommen. Ich finde jedoch in meiner Hosentasche einen metallenen Kratzer, mit dem ich die Hufe meines Hengstes zu reinigen pflege. Noch ist der Mond nicht aufgegangen, da habe ich die Eisenstangen so weit gelockert, daß es mir gelingt, das Gitter mit Hilfe des Schemels hinauszustoßen. Ich höre, wie es über Mauerwerk und Felsen hinunterpoltert, lausche gespannt, ob sich im Hause etwas rührt. Nichts ... Stille und Finsternis; ein leises Rauschen in den Kastanienwipfeln; der Schrei einer Eule.

Ich entledige mich meiner vornehmen Kleider, streife die Kutte über, verwahre den Brief, den ich bei meinem Leben nicht in fremde Hände fallen lassen darf, in dem Kästchen mit Liesels Rosen.

Diese Rosen sind mir mehr als ein Talisman, mehr als nur eine liebe Erinnerung. Ihr Duft, den selbst die vertrockneten Blüten noch bewahren, bringt mir, sobald ich die Augen schließe, mein fernes Heimatland nahe. Dieser Eindruck ist so stark, ich glaube fast, den leichten, raschen Schritt meiner Liebsten hinter mir zu hören. Und das Rauschen in den Kastanien, gleicht es nicht dem Atem des Windes in den Eichenwipfeln des Habichtwaldes? Was bedeutet mir schon das Heilige Land?

Behutsam zwänge ich mich durch den engen Fensterschlitz, lasse mich, mit den bloßen Zehen nach Ritzen oder vorspringenden Steinen tastend, an der Mauer hinabgleiten. Dumpf pocht mein Herz. Jeden

Augenblick kann der Alarmruf des Wächters droben auf dem Turm ertönen, mag sein Pfeil mich treffen. Nichts geschieht. Ich fasse Fuß auf dem Felsenhang, suche und finde bei tiefer Dunkelheit den Abstieg ins Tal; und dann schleiche ich am Osthang des Monte Vulture fort – nicht mehr der in Ungnade gefallene Graf Kahlenberg, sondern ein armer Pilger auf dem Weg zum Heiligen Grab.

Nein, sie konnten nicht ahnen, was mit mir geschehen ist, die Spürhunde des Papstes. Oder am Ende doch? Gemachsam durch die sinkende Dämmerung auf Brindisi zuschreitend, stellte ich mir, nicht ohne ein hämisches Grinsen, vor, welches Entsetzen mein Entweichen dem ordnungsliebenden Herrn Johann bereitet haben mag. Wahrscheinlich erkannte er die Hand Satans darin. Und der Bischof – dessen war ich sicher – würde ihn in dieser Meinung nach Kräften bestärken. Viel gäbe ich dafür, das mokante Schmunzeln auf Friedrich Rogers Lippen zu sehen, sobald ihm die Meldung des Burgvogtes vorgelegt wird und er dessen mitleiderregenden Rechtfertigungsversuch zur Kenntnis nimmt.

War der Schelmenstreich geglückt? Ich spähte über die Schulter. Während ich meinen Erinnerungen und Gedanken nachgehangen hatte, waren die beiden verdächtigen Gesellen ein Stück aufgerückt. Mir lag an einer Begegnung mit ihnen nichts. Abseits, nicht weit vom Weg, sah ich einen Bachlauf, gesäumt mit verdorrten Ginsterbüschen und Weiden. Und da ich seit dem Morgen nichts getrunken hatte, beschloß ich, die Nacht an dem Gewässer zu verbringen. Die Männer gingen vorüber; das Gesträuch verbarg mich ihren Blicken. Der große Hagere sagte – und seine Stimme ließ mich zusammenfahren: »Was du mir da ins Ohr bläst, ist wie Wespengesumm in der Mittagsstunde! Vielleicht ist dir der Wein zu Kopf gestiegen? Du willst mich glauben machen, der elende Bettelmönch, den du zu Tarent gesehen hast, sei ein Graf? Noch dazu ein deutscher Graf? Obendrein ein Graf aus des Kaisers Gefolge? Daß ich nicht lache – ha!«

Der kleine Dicke murmelte eine Erwiderung. Ich verstand aber nichts, weil sie schon ein Stück weiter fort waren. Der Hagere indes erhob nun zürnend die Stimme und rief: »Dich muß die Tarantel gestochen haben! Ich wette, du kannst einen Edelmann nicht von Bileams Esel unterscheiden ...«

Was, zum Henker bedeutete das? War man mir auf den Fersen? Täuschte ich mich in der Stimme? Auch die Gestalt des Hageren war mir bekannt vorgekommen. Dennoch ... Es konnte nicht sein! Gar zu gerne wäre ich aus meinem Versteck hervorgekrochen und den beiden vermeintlichen Vagabunden nachgeeilt, um mich davon zu überzeugen, daß ich einem Hirngespinst aufgesessen sei. Aber nein, ich durfte mich nicht zu erkennen geben; ich durfte nicht sein, der ich gewesen war.

38.

Anders als im Vorjahr bot Brindisi jetzt einen Anblick von Verlassenheit und fortgeschrittenem Verfall. Die weißen Zeltstädte vor den Wällen waren verschwunden, brach die zertrampelten Äcker, übersät mit Abfällen und Gräbern. Vor dem bewölkten Himmel und der eisengrauen See hoben Mauern und Türme sich wie die Reste verwitterter Särge ab, so als habe man sie dort als unnützes Gerümpel liegen lassen und vergessen. Nur wenige Bauern strebten – wie auch ich – dem Stadttor zu, dessen brüchige Eichenflügel schief in den Angeln hingen. Die Wächter schliefen in der Wachtstube – bis auf einen; der hockte vor der Tür auf einer Tonne, den Rücken faul an die Wand gelehnt. Dann und wann hob er einen Krug an die Lippen, drehte die überbuschten Augen gen Himmel und tat einen langen Zug. Als er mich kommen sah, setzte er den Krug ab, wischte sich mit dem Handrücken Mund und Bart und griente mich wohlwollend an.

»Wohin, wohin, Hochwürden?«

Ich senkte bescheiden den Kopf, obwohl ich ihn viel lieber vors Knie getreten hätte.

»Zu den Heiligen Stätten, wenn's Euer Gnaden beliebt.«

Er beäugte meine durchlöcherte, beschmutzte Kutte und brach in lautes Gelächter aus. Mir den Krug reichend, schnaufte er: »Daß Gott erbarm, du schaust so verhungert aus wie ein Säulenheiliger, den ich einst in der syrischen Wüste sah. Hier – sauf'! Das wärmt Herz und Bauch. Zu beißen hab' ich nichts, hol's der Teufel! Ist dir's um ein Krümchen Brot zu tun ... Bruderherz, in diesem Rattenloch findest du nicht ein Korn. Selbst die Mäuse verhungern hier ... Doch – halt! Mir fällt da was ein ... Im Minoritenkonvikt, gleich bei der Kathedrale, da mag noch ein Mehlsüppchen für den fremden Bruder in Christo übrig sein.«

Der Wein, so sauer er war, erfrischte. Ich gab dem gutherzigen Krieger den Krug zurück, bedankte mich, segnete ihn – worauf er dem Anschein nach wenig Wert legte – und ging meines Weges. Straßen und Gassen gähnten in unheimlich anmutender Leere. Auf dem Platz vor der Kathedrale boten ein paar Bauern Fleisch, Gemüse sowie getrocknete Aprikosen, Äpfel und Weinbeeren feil, ohne Käufer zu finden. Eine magere Ziege wurde gemolken. Hühner gackerten in Lattenkisten. Über den flachen Hausdächern der Ostseite sah ich Mastspitzen schwanken, an denen Wimpel und Fahnen müde wehten. Es zog mich zum Hafen. Da aber mein Magen knurrte, bog ich nach rechts in die enge Gasse ein, wo das Minoritenstift sich befinden sollte.

Auch hier kaum ein Mensch – einen jungen Mann ausgenommen, der vor mir her an den wie ausgestorben dahindämmernden Häuserfronten entlangschritt und sich von Zeit zu Zeit argwöhnisch nach mir umschaute – ein Edeling seiner Haltung und Kleidung nach. Ich blieb stehen, nach dem Haus der Minderen Brüder suchend. Unversehens, aus den Schatten hervorbrechend, stürzten da zwei verwahrloste Burschen sich auf den Junker. Sie mochten mich bemerkt, aber als Gegner wohl kaum in Betracht gezogen haben. Der eine zückte ein Messer, der andere schwang einen Stein, mit dem er sein Opfer niederschlug. Dergleichen war nichts Ungewöhnliches. In allen Städten der Christenheit wurden um eines Stück Brotes oder um einiger Münzen willen Raub- und Mordtaten verübt. Daran änderte sich auch nichts, nachdem Kaiser Friedrich überall in seinen Reichen hatte Galgen errichten und auf frischer Tat ertappte Übeltäter ohne Umstände aufknüpfen lassen.

Im Augenblick, da der Messerheld seine Klinge gegen den am Boden Liegenden stieß, war ich zur Stelle. Meine Faust traf ihn im Nacken. Er taumelt, bricht in die Knie. Den zweiten packe ich bei der Gurgel, würge ihn. Sein Gesell rafft sich auf. Und fort ist er wie der Wind, bevor ich mit dem ersten fertig bin. Kaum lockere ich den Griff, da reißt auch der sich mit lautem Schrei von mir los und gibt Fersengeld.

All das hatte sich vor dem Tor des Konviktes zugetragen. Drei oder vier Mönche kamen herbeigeeilt. Sie hoben den Verletzten auf und auch mich geleiteten sie in das Innere ihres Hauses. Nachdem ich mich von Schmutz und Blut an dem Brunnen gereinigt hatte, der die Mitte des kleinen, mit Lorbeer und Efeu begrünten Säulenhofes einnimmt, führte einer der Brüder mich in die Kanzlei des Guardian.

Der Guardian oder Vorsteher des Stiftes, Pater Francesco, ein hochgewachsener Mann in mittleren Jahren, klapperdürr wie eine Hopfenstange, musterte mich eindringlich. Woher ich komme, verlangte er zu wissen, wie ich heiße, was mein Vorhaben sei?

Mit leiser Stimme, mich des Volgare bedienend, um glaubwürdiger zu erscheinen, brachte ich die Geschichte vor, die ich mir für einen solchen Fall zurechtgelegt hatte: Der Sohn eines wenig begüterten, jedoch heiligmäßig frommen Landmannes sei ich. Einer Verfehlung wegen habe mein Beichtiger im Dome zu Cefalu – den Ort hatte ich von Palermo aus oftmals besucht – mir als Buße eine Wallfahrt nach dem Grab unseres Herrn Jesus Christus auferlegt. Ach, nur zu gerne sei ich dieser heiligen Pflicht nachgekommen, beteuerte ich kläglich; allein, es fehle mir am Zehrpfennig und so sei ich auf milde Gaben angewiesen...

Sichtlich zweifelnd, stellte der Pater mir ein paar Fragen – nach der Beschaffenheit des Domes von Cefalu, nach den Verhältnissen in der dortigen Gemeinde und den dort wirkenden Priestern, deren einige ich glücklicherweise bei Namen kannte und von denen ich wußte, daß sie heimliche Gegner des Kaisers waren. Im übrigen hörte er mich schweigend an. Und sein Schweigen währte noch lange, nachdem ich geendet. Dabei war mir durchaus nicht wohl. Hatte ich etwas falsch gemacht? Hatte er Verdacht geschöpft?

Schließlich sagte er mit hintergründigem Lächeln: »Wundersam sind Gottes Wege und derer, die IHM und unserer heiligen Mutter Kirche dienen! Ich vermute, Bruder Pazzo, einen Brief hat man dir nicht mitgegeben?«

Wie Eishauch wehte es mich an, lähmte mir schier die Zunge.

»Brief–? O nein! Wozu auch, ehrwürdiger Vater? Ich bin ja nur ein armer...«

Mich unterbrechend, indem er mir die Hand auf den Arm legte, lachte er nunmehr unverhohlen: »Bauernbursche, ja – Bauernbursche – schon recht! Ein Ackerknecht, der des Lateinischen mächtig ist, wie ich bemerkte, der sich unter meinen Augen wie ein Höfling beträgt, der die Architektur des Domes von Cefalu zu würdigen weiß, der waffenlos zwei Ladroni mit bloßer Faust angreift und sie in die Flucht schlägt... Nehmt mir's nicht übel, lieber Bruder in Christo, Eure Hände sind zu fein für einen Bauerntölpel, die Füße zu zierlich, der Verstand zu ausgebildet. Einem kundigen Blick gegenüber nützt Euch die zerschlissene Kutte nichts. Ihr tut recht, wenn Ihr die Botschaft nur

im Kopf bewahrt. Kein Sarazene oder Kaiserlicher kann sie Euch entreißen.
Indes, man macht sich beim Apostolischen Stuhl wohl kaum eine Vorstellung davon, wie es im Land unseres Herrn Jesus zugeht. Nicht nur mit den Heiden habt Ihr's dort zu tun, o nein, Ihr werdet auch unter den Christen noch auf gefährliche Gegner treffen. Besonders vor den Tempelherren nehmt Euch in acht. Zwar geben sie vor, das Schwert des wahren Glaubens zu sein, jedoch verfolgen sie stets nur ihre eigenen Ziele. Auf der Gegenseite sind es die Herren vom Deutschen Hause, vor denen ich Euch nur dringlich warnen kann.
Aber – wem sage ich das? Sicherlich wißt Ihr mehr darüber als ich. Nur, nehmt meinen Rat; erlaubt mir, Euch eine Empfehlung an den hochwürdigen Kardinalbischof Pelagius mitzugeben. Er befehligt zur Zeit das Kreuzritterheer vor Damiette. Nicht weniger werden Euch ein paar Zeilen an Seine Eminenz Herrn Gerold, den Patriarchen von Jerusalem, nützlich sein. Eure eigentliche Mission berührt das nicht, mein' ich, denn die Herren werden Euch ja kennen. Vielleicht aber öffnen Euch solche Briefe unter Umständen Türen, die sonst verschlossen bleiben.«
Damit hatte er zweifellos recht, obschon nicht so ganz in seinem Sinne. Ich dankte ihm gemessen, den Kopf noch immer geneigt haltend, damit er in meinem Gesicht nicht zu lesen vermöge, wie erleichtert ich war.
Ein reichliches Mahl wurde für mich aufgetragen. Dann wies man mir eine Zelle an, in der ich mich ausruhen konnte. Beides tat mir dringend not. Meine Füße waren aufgeschunden, voller Blasen, mein Magen infolge des langen Fastens nahezu eingeschrumpft. Vor allem brauchte ich Muße, das Erlebte und Vernommene zu überdenken. Vom Bruder Pförtner hörte ich, der junge Mann, ein Junker Achim von Ich-weiß-nicht-Woher, habe, nachdem man ihm seine Kopfwunde verbunden, unwirsch geäußert, auch ohne die Einmischung des Geschorenen würde er mit den Banditen fertig geworden sein; dann sei er ohne Dank noch Gruß davongegangen.
Nach dem Vespermahl nahm Pater Francesco mich beiseite: Ich müsse wohl einige Tage bei ihm ausharren. Zwar gingen mehrere Schiffe nach Akka in See; jedoch nur das letzte von ihnen nehme mittellose Pilger an Bord; die würden bei der Landung nicht gar so streng überwacht wie etwa vermögende Ritter und Kaufleute. Er habe bereits einen Platz für

mich belegen lassen. Klug sei es – meinte er – mich bis zum Auslaufen der OLIVETTA im Konvikt verborgen zu halten. Ein guter Rat, den ich beherzigte, denn noch stak mir der Schreck über die beiden Burschen dort draußen auf der Heide in den Knochen.
Früh, beim Dämmern des dritten Tages, wurde ich geweckt und von einem der Minderen Brüder zum Schiff geleitet. Eine schwerfällige, bauchige Buise war es, mit hoch ragendem Heckkastell, drei Decks und zwei hohen Masten, die dreieckige Lateinersegel an langen Rahen trugen. An die zweihundert Pilger fanden auf ihr Platz. Indem ich mich dem Haufen der Wartenden beigesellte, gedachte ich mit Schaudern der kurzen Seefahrt, die ich auf Friedrich Rogers Schiff überstanden hatte. Obwohl es hier, wenigstens zu Beginn, bedeutend geruhsamer zuging als damals, beschlichen mich böse Ahnungen.
Die Verpflegung wurde auf Kosten der kaiserlichen Administration von der Schiffsführung gestellt. Der Schreiber führte über die auszugebenden Lebensmittel Buch. Hier war es ein kleiner, buckliger Kerl mit einer schrill keifenden Stimme. Vom ersten Augenblick an hatte er etwas gegen mich, sei es, er spürte mit dem Scharfblick des Krüppels, daß ich von besserem Herkommen sei als er; sei es, weil ich ihm nicht so demütig um den Bart ging wie die übrigen Unglücklichen, die im Heidenland das Heil der Seele suchten.
Durch das Luk im oberen Deck stieg ich eine steile Leiter hinab in den finsteren Raum des Zwischendecks, wo dicht bei dicht, gleich Heringen in der Tonne, sogenannte Betten standen. Betten... Schmale Holzpritschen, belegt mit dünnen Strohsäcken, je eines für zwei Mann, die nur, Kopf des einen beim Fuß des anderen, darauf zu liegen vermochten. Der Aasgestank, der aus der Bilge aufstieg, schnürte mir die Kehle zu. Sand und Kies als Ballast füllten den Bilgeraum über dem Kiel des Schiffes. Da nun aber die Luftlöcher in der Bordwand des Pilgerdecks zu klein, der Aufgang zum Oberdeck allzu mühselig sind, besonders bei Seegang, fanden die Faulpelze unter den Reisenden es zu unbequem, Abfälle, Speisereste und Exkremente nach oben zu tragen und über Bord zu werfen; sie halfen sich, indem sie diese Dinge einfach durch das Luk in die Bilge schütteten, wo sie verwesten und Scharen von Ratten zur Nahrung dienten.
Der Gang zwischen den Bettreihen war mit Kisten, Kasten, Körben, Säcken und Bündeln vollgepfropft. Sowohl Pilger als auch Seeleute führten zusätzlichen Proviant mit sich, darunter lebende Hühner und

Ferkel, sowie allerlei Handelsgut, von dem sie sich in Palästina Gewinn erhofften.
Als unser Schiff, die OLIVETTA, endlich ablegte, gelang es mir, mich bis auf das Oberdeck vorzudrängen. Hier standen die Reisenden Schulter an Schulter. Kaum blieb den Marinaji Raum für notwendigste Verrichtungen. Zwischen den Köpfen der vor mir Stehenden spähte ich unter der Kapuze hervor voller Unruhe nach dem Kai hinüber. Und – Herr im Himmel! – da stand er ja inmitten der Menge von Schaulustigen, jener kleine Dicke mit dem Katzengesicht. Mein Herz tat ein paar schnellere Schläge. Ich sandte ein Dankgebet zum Himmel, weil der Abstand des Schiffes zum Land sich rasch vergrößerte. Seine Miene glich in der Tat der eines Katers, dem der Vogel entwischt ist. Ob er meiner gewahr geworden war? Und wo befand sich der lange Hagere?
Ein halbwüchsiger Bengel hockte auf meiner Lagerstatt, als ich wieder nach unten kam. Er hielt seinen begehrlichen Blick auf den mit Eiern gefüllten Korb geheftet, den mir der Bruder Pförtner als Wegzehrung in die Hand gedrückt hatte.
»Hör', Bruderherz, all diese leckeren und nahrhaften Eier wirst du selbst nicht verzehren können, bevor sie faul geworden sind; das siehst du doch ein? Für mich und meine armen kleinen Geschwister, die jetzt schon Hungers sterben, wär' diese Gottesgabe eben das Rechte. Gib sie mir! Du sollst dafür eine Matratze haben, mit reiner Wolle gestopft, denn dein Strohsack, Bruder, der fällt ja bereits in Stücke. Das Stroh ist feucht. Und so wirst du dir in den nächsten vier Wochen, wo du damit vorlieb nehmen mußt, Schwielen und schmerzhaftes Gliederreißen holen.«
All das brachte er höchst gesittet, mit treuherzigem Augenaufschlag, vor. Es leuchtete mir ein. Ich behielt nur sechs Eier für mich. Korb und Matratze wechselten ihre Besitzer. Behaglich streckte ich mich auf dem weichen Lager aus – jedoch nicht für lange ... Ein bulliger Schlagetot von Schiffsknecht rüttelte mich unsanft aus meinem Dahindösen auf. Der riß mir kurzerhand das Wollpfühl unter dem Leibe weg, dabei brüllend mit der Wut eines Stieres, wie ich es wagen könne, dem Herrn Schiffsschreiber sein Bettpolster zu stehlen? Diebe sollten ausgepeischt und ins Meer geworfen werden.
Zwar fanden sich Zeugen des Handels, die mich entlasteten; was sich nicht fand, das war der Junge. Und natürlich hatte auch der Korb mit

den Eiern sich in Nichts aufgelöst. Der Herr Schiffsschreiber, als ich ihm vorgeführt wurde, starrte mich so giftig an wie ein Basilisk. Liebend gern hätte er mich bestraft gesehen. Da mir keine Schuld nachzuweisen war, begnügte er sich damit, mich anzuzischen: »Was kann man von dir und deinesgleichen schon erwarten, du Hurensohn!«

Das ging mir nun sehr wider den Strich. Je ärmer und machtloser einer ist, desto weniger Gerechtigkeit wird ihm, desto unversöhnlicher auch sein Haß gegen die Bevorzugteren. Friedrich Roger hatte einmal gesagt, nur dann kehre Frieden auf Erden ein, wenn jedermann sich dessen bewußt geworden sei, daß ihn nichts – kein Verdienst, kein ererbter Rang, Vermögen so wenig wie Geistesgaben, Glaube oder Hautfarbe von seinen Mitmenschen unterscheide. Aber das war noch vor der Zeit gewesen, da er die Ketzeredikte erließ.

Um Redlichkeit und christliche Nächstenliebe war es an Bord überhaupt schlecht bestellt. Man stahl, was nicht niet- und nagelfest war. Man zankte sich über Stunden hin wegen irgendwelcher Lappalien, vor allem in Glaubensdingen. Gelegentlich setzte es Hiebe, wobei der oder jener seinen Geist aufgab, ohne daß solche Untaten geahndet werden konnten, denn angeblich hatte dann niemand irgend etwas gesehen oder gehört. Der Grund für das Anwachsen des Hasses aller gegen alle sei – so dachte ich – eben derselbe wie in den großen Städten, wo die Menschen ja auch in drangvoller Enge, so wie hier, beieinander leben und im Ringen um das tägliche Brot ihre übelsten Eigenschaften hervorkehren müssen.

Inzwischen rauschte die OLIVETTA vor einer frischen Tramontana südwärts, passierte die von Venezianern besetzte Insel Kephalonia und Kap Akritos, rundete Kap Krios, die Südwestspitze Kretas. Dann und wann vermochte ich einen Blick auf die wilde, großartige, schroff und düster aus der grauen, weiß überschäumten See aufragende Küste der Insel zu werfen. ›Aber nun entsandt' auf die Schiffe Zeus, der Wolkensammler, stürmenden Nordwind her und hüllte in dichtes Gewölke Erde und Meer zugleich, und vom Himmel herab sank Nacht ein ...‹ So las ich es einst in Homers Odyssee; und so erlebten wir es.

Auf der Höhe von Kaloi Liménes – dem ›Guten Hafen‹, der mir aus der Apostelgeschichte vertraut ist, denn hier in der Loutro-Bucht hatte das Kornschiff, in dem Paulus von Myra nach Rom reiste, um Haaresbreite Schiffbruch erlitten – überfiel uns ein so heftiger Sturm, daß viele

Pilger wähnten, ihr letztes Stündlein habe geschlagen. Einige jammerten gleich verlorenen Seelen, andere flehten Gott, die Jungfrau Maria und alle Heiligen um Rettung an; wieder andere fluchten und lästerten oder sie ergaben sich stumm, untätig in ihr Geschick.
Gewaltige Brechseen wälzten sich schäumend über die Reling. Was an Deck an Kisten und Körben lag, wurde von den Wassermassen fortgeschwemmt. Mehrere Männer versanken in der tobenden Flut. Der Schiffer hatte am hinteren Mast das Segel noch eben rechtzeitig einholen lassen, aber das Falltau am Vormast klemmte; ein loses Ende war in den Taljeblock geraten. Bei jedem Stoß des Windes, der mit ungeheurer Gewalt ins Segel fiel, holte das Schiff gefährlich über. Noch sehe ich ihn auf der Poop beim Ruder stehen, unseren Herrn Nero, untersetzt, kraftvoll, das olivenfarbige Gesicht wie aus Stein. Der Sturm zerrt an seiner pechschwarzen Mähne, an dem Bart, der gleich einem Sporn vom Kinn absteht, läßt sein verblichenes blaues Hemd wie Fahnentuch flattern.
Ich hatte mich aus der finsteren Hölle des Pilgerdecks, wo es atemberaubend nach Erbrochenem stank, ins Freie gewagt und an einem Eisenring in der Stirnwand des Heckkastells festgezurrt. »Soll ich umkommen, dann würdig unter Gottes Himmel«, denke ich. Irgendwie begeistert mich, aller Furcht ungeachtet, der tolle Aufruhr der Natur. Signore Nero brüllt Befehle ... Es geht um das Segel, begreife ich. Es muß herunter vom Mast. Aber Nero erhebt umsonst seine Stimme. Niemand, der ihm gehorcht. Einige Marinaji sind tot, andere verletzt. Die noch übrigen, blind und taub vor Angst, weigern sich, in den Mast zu klimmen.
Verzweiflung, Trotz, ein ungestümer Mut überkommen mich jäh. Ich binde mich los, ergreife eines der Spleißeisen, die in der Halterung unter dem Schanzkleid stecken. Eine kurze Stille im Toben des Windes nutzend, renne und gleite ich über das blanke Deck. Da ist das Luvwant! Ich packe es, schwinge mich auf die Pütting. Abermals stößt der Wind zu, preßt mich gegen die Taue, so daß mir der Atem vergeht. Ich taste nach den Webleinen, ziehe mich eine um die andere hinan. Die OLIVETTA neigt sich. Tief unter mir sehe ich das schräggeneigte Deck, wo jetzt Männer mit verzweifelter Hast am Fall hantieren, sehe hinab in die dunkle Höhlung des Wellentales, an dessen Rand das Schiff gleich einer Fliege klebt.
Ach, wie das Herz doch zittert. Ich beiße die Zähne zusammen, kneife

die Augen zu. Als ich sie aufreiße, erblicke ich dicht vor mir die Rah, die sich unter der Gewalt des Sturmes wie eine Gerte biegt, sehe den Block, durch den das Rahfall läuft. Unvermittelt, aus einem helleren Fleck am sonst schwarzen Himmel hervortretend, erscheint mir ein Gesicht – Liesels Gesicht; sie lächelt ermutigend, streckt die Hand nach mir aus. Ich muß das Wanttau fahren lassen, um die Hände frei zu haben. Aber der Wind, der Wind – er drückt mich gegen die Taue. Ich stöhne, treibe das Spleißeisen in den Knoten, der vor dem Block sitzt. Ein Ruck ... Rah und Segel rauschen krachend, knatternd nieder. Das Schiff richtet sich auf, so plötzlich, daß ich den Halt verliere. Mit gellendem Schrei greife ich in die leere Luft.

Da packt mich eine Faust, stößt mich gegen das Want, hält mich, stützt mich, während ich mich Leine um Leine an der Strickleiter hinuntertaste. An Deck greifen andere Hände zu. Die Glieder versagen mir. Zitternd sinke ich auf die Planken, überschüttet von Wassergüssen, im Ohr das an- und abschwellende Sausen des Windes, das Brausen einer entfernten Brandung, ein Durcheinander erregter Stimmen. Ehe die Sinne mich verlassen, sehe ich wie hinter Schleiern noch ein tannenbraunes, zernarbtes Gesicht, ein Falkenauge, dessen Blick ich unter Tausenden erkennen würde, ein vertrautes, spottendes Lächeln auf schmalen Lippen.

»Du–?« keuche ich. »Du–? Woher...« Und dann verschlingt mich lautlose Nacht.

Der lange Hagere befand sich also an Bord! Diesmal hatte seine Vermummung mich nicht zu täuschen vermocht. Er hatte mich vor dem Sturz bewahrt. Ich begriff jedoch, daß ich ihn nicht kennen durfte. So eifrig, obschon verstohlen, ich mich unter Reisenden und Seeleuten nach ihm umschaute, ich fand ihn nicht. Ja, nach einigen Tagen vermeinte ich sogar, vielleicht einer Sinnestäuschung erlegen zu sein.

Signore Nero begegnete mir von Stund an als ergebener Freund. »Herr–«, sagte er, als ich wieder zu mir gekommen war. »Herr, denn das seid Ihr, auch wenn Eure Taschen leer sind; machen ja doch nicht Rang und Besitz den Herren, sondern der Geist, der einem Mann innewohnt... Nun denn, lieber Herr, gebietet über mich, gebietet über das Schiff; Ihr seid es, der uns errettet hat.«

»Gott wollte es!« erwiderte ich.

Der Schiffer spürte, wie sehr Lobhudeleien und Huldigungen mir zuwider sind. Er achtete mich darum um so höher und ersuchte mich, fortan in seiner Kajüte auf dem zweiten Poopdeck zu wohnen und die Mahlzeiten mit ihm einzunehmen. Zurückweisen durfte ich sein Angebot nicht; das hätte ihn sehr gekränkt. Und, um ehrlich zu sein, mir behagte es.

Ich hatte das Pilgerdeck satt. In den vergangenen Wochen war das Essen immer ungenießbarer geworden; es hatte mich nachgerade auf den Hund gebracht. Nicht zuletzt daran lag es, wenn so viele unterwegs starben. Gemüse, Obst und andere Nahrungsmittel verdarben in der dumpf feuchten Luft der Laderäume. Dicke weißliche Maden wimmelten im Brot. Das Mehl in den Tonnen war von dem eingesikkerten Seewasser in einen fauligen Brei verwandelt worden, das Trinkwasser schon nach wenigen Tagen eine Übelkeit erregende Brühe. Was bleibt den Reisenden? Nur der kleine Becher sauren Malvasierweines, den an jeden seiner Passagiere täglich auszuschenken der Schiffer verpflichtet war, und das zum Teil aufgeweichte, zum Teil steinharte, schimmelnde Stückchen Brot.

Die auf den Tod Erkrankten wurden an Deck geschafft oder bei den Segeln und Tauen im Vorkastell untergebracht. Kaum einer unter Dutzenden erholte sich. Und das Klingeln des Sterbeglöckchens mischte sich immer häufiger mit dem Kreischen der Vögel, die unserem Kielwasser folgten und dem Rauschen der Wogen.

Nero sah sich deshalb gezwungen, Cypern anzulaufen, was eigentlich nicht in seiner Absicht gelegen hatte. Der Wind war auf West herumgegangen und fiel nun voll in die Segel. Am Samstag der dritten Woche kam das Troodos-Gebirge in Sicht, ein blau umdunsteter, gezackter Wall, der sich nach und nach in gelbrote Felspartien und das dunkle Grün ausgedehnter Pinienwälder auffächerte. Perlmutterweiß leuchteten die Mauern kleiner Kapellen da und dort über dem klippenreichen Strand.

Gegen Abend liefen wir vor einer steifen Seebrise in die Bucht von Famagusta ein, in der eine beträchtliche Anzahl von Kreuzfahrerschiffen aus Venedig, Brindisi, Neapel, Genua und sogar Marseille vor Anker lag. Seit Richard Löwenherz vor siebenunddreißig Jahren die Insel erobert hatte, regierten hier die Grafen von Marche aus dem Haus Lusignan. Die hohen Wehrmauern, das trutzige Kreuzritterkastell, die schmucken Paläste der Adligen und Handelsherren, die reichen Kirchen und Klöster, die labyrinthähnlichen, schattigen Gassen mit ihren

Läden, in denen es die wundersamsten Dinge aus Orient und Okzident zu bestaunen gab und ein bunt gemischtes Volk durcheinanderquirlte – all das erregte meine höchste Verwunderung.
Dennoch – überaus froh war ich, als die OLIVETTA, nachdem wir frisches Wasser und Proviant eingenommen hatten, wiederum unter Segel ging, denn der Aufenthalt in dieser Stadt hatte mir einen Vorgeschmack dessen vermittelt, was uns im Heiligen Land erwarten mochte.
Geld – so hieß der Götze, dem hier jedermann diente; Vermögen, Stand, Ansehen waren die einzige Münze, die etwas galt. Der mittellose Pilger war nichts als Staub unter den Füßen vermögender Ritter und Kleriker. Putern gleich mit ihren roten Köpfen, in der farbigen Pracht ihrer Ornate, so hatte ich die ranghohen Diener Gottes aus dem Kirchenportal hervorschreiten und durch die Gasse demütig kniender Gläubiger wandeln sehen, als wären sie Puppen, nicht Menschen von Fleisch und Blut. Und ihnen nichts nachgebend, stolzierten vornehme Ritter, das Kreuz auf der Schulter, jedoch erhobenen Hauptes, mit kalten Blicken durch die Menge. Sie gemahnten mich an jene kalikutischen Hähne in Friedrichs Menagerie, die stets auf Streit und Kampf aus sind. Einer von diesen, dem ich im Weg stand, stieß mich – ich glaube fast, ohne mich auch nur wahrzunehmen – rücksichtslos in den Staub. Gar hart kam es mich da an, mich auch weiterhin als der friedliche, machtlose Pilger zu gebärden.
»Ihr müßt wissen, Herr«, sagte Nero, als ich mit ihm darüber sprach, »diese Leute haben sich das Evangelium niemals zu Herzen genommen. Anstelle der Liebe Christi predigen sie Haß. Sie vergießen Blut, wo sie heilen und trösten sollten. Aber Hochmut kommt vor dem Fall! Der gemeine Mann hingegen – und auch das werdet Ihr gar bald erfahren –, der gemeine Mann, ob Christ, ob Heide, erkennt sehr wohl das Gute im Menschen und oftmals übt er Barmherzigkeit. Das Heilige Grab pah! Um die Reichtümer des Landes geht's, um Raub, um Steuern, um schnöden Gewinn ...«
Ein frischer Nordost trieb die OLIVETTA über das mäßig bewegte Meer der Küste Palästinas zu. Jedermann an Deck sowie auch die Marinaji in den Mastkörben hielten Ausschau nach anderen Schiffen. Sarazenische Piraten – das war der Schrecken, der uns allen in den Gliedern stak. Selbst Nero, der unerschütterliche Schwarzbart, schritt rastlos auf dem Poopdeck hin und her. Tauchte irgendwo fern am

Horizont eine Mastspitze auf, ließ er den Kurs unverzüglich ändern. Sogar in den vom flimmernden Glanz der Sterne des Südens erhellten Nächten gönnte er sich weder Ruhe noch Rast. Flüsternd erzählten angstbleiche Wallfahrer sich schaudererregende Geschichten von der Tücke und Grausamkeit der Ungläubigen. Ja, sie mißtrauten sogar einander, war doch bezeugt, daß Seeräuber sich als Pilger auf Kreuzfahrerschiffen eingeschlichen und dann auf hoher See die Besatzung überwältigt hatten. Kranke und Schwache unter den Christen wurden ertränkt, die Kräftigen auf den Sklavenmärkten zu Damaskus und Damiette feilgeboten.

Indes, nichts dergleichen geschah...

Eines Morgens, als ich an Deck stieg, fielen mir dichte Schwärme Vögel auf, die kreischend das Schiff umkreisten. Nero ergriff meinen Arm, schüttelte ihn begeistert. Sein Gesicht glänzte vor Freude. Er deutete auf einen rosigen Fleck, der voraus wie ein Wölkchen im Dunst zu schwimmen schien. »Akka!« rief er. »Das ist Akka, Herr!«

39

Wie vom Himmel gefallen, so stand ich auf dem schmalen Strand zwischen Meer, Mole und Stadtmauer. Der Sand verbrannte meine nackten Füße, die Sonne mein unbedecktes Haupt. Ihre Strahlen prallten von der glitzernden Wasserfläche, vom blendend weißen Strand und von der ebenso blendend weißen Mauer zurück und umhüllten mich mit Glut. Das Meer dampfte. Dunstschleier, in denen die vielen auf Reede liegenden Schiffe nur Schatten waren, lagerten über der glatten Flut. Rings um mich her, zwischen verwitterten, an Land gezogenen Barken, Warenballen, Kisten, Säcken, Tonnen, Netzen und Segeln tobte eine so bunt gemischte Menschenhorde, daß es mir kaum möglich war, Einzelheiten zu unterscheiden.

Meine Mitreisenden wurden in Ruderbooten an Land gesetzt. Da war der Greis, der nach Jerusalem pilgerte, um dort zu sterben. Da war der englische Brudermörder, dem daheim das Halsgericht drohte. Da war der verdrossene Klosterbruder aus Clairvaux, hoffend, am Heiligen Grab die Glaubensgewißheit zu erlangen, die ihm in seinem Konvikt versagt geblieben war. Und – ei, siehe da – auch mein kleiner Eierfreund und Matratzendieb kam unter den Ausgeschifften zum Vorschein. »Bruder«, sprach er zu mir, »hätt' ich nur gewußt, was du für einer bist, nie im Leben hätte ich ... Ach, bitte, verzeihe mir! Wir alle sind Sünder, sagte mein Beichtiger daheim. Aber nun hoffe ich doch, daß mir in der Stadt des Heils Gnade für meine Sünden wird.«

»Um danach frisch drauflos zu sündigen ...«

Wir trennten uns lachend. So kamen der eine und andere, sich von mir zu verabschieden – der eine aus reinherziger Dankbarkeit; der andere, weil er sich einbildete, ich sei von Gott begnadet und werde ihn segnen; wieder andere wähnend, ich könne ihnen in dieser wie in jener Welt ein Fürsprech sein. Nur auf den einen, den einzigen, an dem mir etwas lag, wartete ich vergebens. Ibn Dawud befand sich nicht unter denen, die aus den Booten stiegen.

Vesperglocken läuteten den Abend ein, der schnell herabsank.

Wohin also?

Johannitermönche, Dominikaner, Mindere Brüder, Knappen des Deutschherren Ordens, Templer in weißen Mänteln mit achtspitzigem roten Kreuz, gar nicht gerechnet die unzähligen levantinischen und orientalischen Krämer, Geldwechsler, Zuhälter, unter ihnen zweifellos Späher des Sultans, sie alle stürzten sich über die Ankommenden her wie Geier auf krankes Getier. Ihr Geschrei hätte Tote erwecken können. Sie zupften und zerrten an ihren Opfern herum, um deren Augenmerk auf sich zu lenken. Nicht einmal das Rosarium am Hals war sicher vor Diebesfingern.

Ja, wohin? Mir wurde bänglich zumute. Verwirrt, niedergeschlagen durch den Anblick der abweisend fremd anmutenden Umgebung, schaute ich umher. Ein dienender Bruder des Templer Ordens, kenntlich an seiner grauen Tracht, packte mich bei der Schulter: »He, du! Nach Jerusalem?«

Ich nickte.

Der Templer trat und stieß alle fort, die mich umlagerten, wobei er unfromme Reden führte. Dann raunte er: »Hast du Geld?«

Ich verneinte. Aber er glaubte mir nicht.

»Auch nichts zu verkaufen?«

»Woher wohl? Ein armer Pilger aus ...«

»Ach was! Ein Schlitzohr bist du, ein hartgesottenes ...« Er winkte einen seiner Ordensbrüder herbei.

Der, ein nicht weniger rauher Bursche, musterte mich abschätzend: »Scheint ja recht kräftig zu sein. Und du weißt, Bruder, wir brauchen ein paar starke Arme nötiger als das täglich Brot.«

Sie fragten mich aus nach dem Woher und Wohin. Irgendwie mochten sie mich; irgendwie mißtrauten sie mir.
»Sieht der wie ein Bauerntölpel aus, Jopi?« zweifelte der erste. »Nein, ich sag', er sieht nicht wie ein Bauerntölpel aus! Ich sage, er sieht wie ein verdammtes Stinktier von Edeling aus, das bei uns herumschnüffeln will. Das sag' ich, Jopi!«
»Und ich sag' dir, Rüdiger, wahr' deine Zunge! Du schwatzt viel zu viel, Rüdiger! Du schwatzt das Blaue vom Himmel... Das bringt dich noch mal in Teufels Küche. Wie er dich anstarrt, Rüdiger! Ich wette, trüg' er die Kutte nicht, du lägst im Sand und strecktest alle viere von dir...«
»Oho!« röhrte der. »Ich... Alle viere? Wie ist's, Bruder Pozzo oder wie immer du dich schimpfst, traust du dich, mit mir anzubinden?«
»Ins Wasser werf' ich dich, Lästermaul!« knurrte ich, nicht ohne dabei freundlich zu grinsen.
Die beiden Rauhbeine sahen einander bedenklich an. Erst nickte der eine, dann nickte der andere. Rüdigers breite Brust hob sich unter einem tiefen Atemzug: »Versuchen wir's mal mit ihm!«
Sie führten mich wie einen Gefangenen ab, wobei sie die Herrlichkeiten ihres Templerdaseins priesen. Auf solche Weise gelangte ich in die Stadt, die gewöhnlichen Sterblichen nicht zugänglich war, und in das Templerhaus, einen düsteren Palast mit kühlen Bogenhallen und einem plätschernden Brunnen im Säulenhof. Das Mahl, das man mir im Rempter vorsetzte, mundete mir wie ein Götterschmaus nach all den Hungerwochen. Heißhungrig machte ich mich über kalten Hammelbraten, Datteln, Feigen und saftige Orangen her. Von dem Malvasier, einer um vieles besseren Sorte als der auf dem Schiff, trank ich mehr als mir bei der Hitze guttun mochte.
Nach einer Weile – ich hatte mich soeben auf einer mit arabischen Teppichen belegten Bank ausgestreckt – trat ein Tempelritter zu mir. Er betrachtete mich, nicht ohne Wohlwollen und Neugier, jedoch eiskalten Blickes, als sei ich ein Gaul, den ein Roßtäuscher ihm andrehen will.
»Du möchtest also gegen die Heiden kämpfen?«
Gerne hätte ich ihm versichert, daß ich nichts weniger als das im Sinn trüge. Allein, muß man nicht mit den Wölfen heulen?« Ich sagte deshalb, ihm fest in die Augen blickend: »Herr, mein Herz brennt darauf!«

Wiederum folgten die üblichen Fragen nach Herkunft und Anliegen. Und abermals brachte ich meine Lügen vor. »Im übrigen« – fügte ich bescheiden hinzu – »habe ich eine Empfehlung an Seine Eminenz, den hochwürdigsten Kardinalbischof, Herrn Pelagius bei mir...«
»Ha!« entfuhr es dem Templer. »Ahnte ich's doch! Ihr seid kein gewöhnlicher Bettelmann, Herr! Ihr seid...«
»Belaßt es dabei: – Bruder Pozzo, nichts anderes...« Ich wies ihm den Brief.
Ehrfurchtsvoll nahm er den Umschlag entgegen, untersuchte das Siegel, blickte einige Herzschläge lang sinnend ins Weite und gab mir dann das Schreiben zurück.
»Ja, Ihr habt recht! Als Bruder Pozzo wird Euch kein Sarazene oder Kaiserlicher verdächtigen. Nur – Seine Eminenz weilt zur Stunde in Joppe beim Heer. Dort könnt Ihr ihn nicht aufsuchen, ohne Verdacht zu erregen. Geduldet Euch also.«
Er setzte sich auf die Bank und ersuchte mich, neben ihm Platz zu nehmen. »Bei Eurem Auftrag geht's um den neuen Kreuzzug, nicht wahr? Die Dinge kommen in Fluß – zum ersten Mal wieder seit dem Tode Sultan Al-Adils. Sultan Al-Kamil, sein Sohn, hat es ja nur zu gut verstanden, uns Christen hinzuhalten. Gott strafe ihn! Immer wieder hat diese heidnische Viper vom Frieden geschwatzt. Aber unser Herr Pelagius – den Josua der Christenheit nannte der Heilige Vater ihn –, unser Herr Pelagius ist ihm nicht auf den Leim gekrochen. Nein, Bruder Pozzo, das Schwert Christi kennt keine Nachsicht gegenüber Ketzern und Heiden. Ihr hörtet davon?«
»Ich bin unterrrichtet«, bestätigte ich zurückhaltend.
»So wißt Ihr denn auch, nicht allein gilt es, die Heiden mit Feuer und Schwert für den wahren Glauben zu gewinnen – nein, wir Christen müssen unsere Herrschaft im ganzen Morgenland ausbreiten; für alle Zeit müssen wir sie befestigen; Burgen müssen errichtet werden, Handelskontore, Hafenanlagen. Mit Feuer und Schwert, Bruder Pozzo! Mit Feuer und Schwert.«
»Sagt Bischof Pelagius...«
»Sagt Bischof Pelagius, ja! Wer wüßte es besser als er? Hättet Ihr ihn nur damals erlebt, damals vor Damiette, wo wir in Heidenblut förmlich gewatet sind. Oh, welche Lust! Vom Glaubenseifer entflammt, beseelt vom heißen Verlangen, das Heilige Grab aus den Händen der Gottlosen zu befreien, erstürmten wir unter Führung Christi die

herrlich schöne, schwer befestigte Stadt, erstiegen die riesig hohen, doppelten Mauern, belagerten den Kettenturm.
Den verfluchten Enterber seiner Brudersöhne, den grausamen Usurpator der Reiche Asiens, Sultan Adil, traf Gottes Faust, so daß er am Schlagfluß verschied. Natürlich war daraufhin Al-Kamil bereit, mit uns Frieden zu schließen. Aber unser Herr Pelagius, begabt vom Himmel mit Einsicht und Mut, überzeugte die Führer des Heeres, dies sei nur ein verruchter Versuch des Sultans, uns hinzuhalten. Und gab ihm, was folgte, nicht recht? Bedenkt, welch unermeßliche Reichtümer hat uns der Fall Damiettes eingebracht...«
»Immerhin habt Ihr die Stadt räumen müssen!«
Er zuckte die Achseln, seufzte: »Das lag nicht an uns. Gott fügte es so. Al-Kamil hatte die Nildeiche durchstechen lassen. Rings um unser Christenheer war das Land ein einziger Sumpf. Und dennoch, Herr Pelagius würde den Kampf nicht aufgegeben haben, obwohl so viele Tausende gefallen oder der Seuche erlegen waren. Allein, was vermag ein Tapferer gegen die Schwachheit der Vielen? Kleinmut, Feigheit, Mißgunst, Neid und Eifersucht – dadurch wurde die Eintracht unter unseren Führern zerstört. Ein jeder von ihnen war den übrigen spinnefeind. Sie alle mißgönnten unserem Herrn Pelagius die ihm vom Heiligen Vater verliehene Macht. Ihre Ritter und deren Knappen fielen einander in den Lagergassen an wie tolle Hunde... Keine Einigkeit, Bruder Pozzo! Daß Gott erbarm...«
»Da hätte der Sultan das Heer doch sehr leicht vernichten können?«
»Der Sultan, ja! Das hätt' er gewiß... Aber er wollte nicht. Seine Brüder hatten sich gegen ihn erhoben. Er spielte ein gewagtes Spiel um Thron und Reich; wir Christen waren darin seine beste Karte. Gott verdamme sie, die Heiden!«
So sprach dieser Ritter, Herr Olivier von Köln, während der folgenden Tage noch oftmals mit mir. Er beobachtete mich scharf. Vieles wollte er wissen, vor allem über den Kaiser, den er »einen König der Pestilenz, den Gesandten Satans« nannte. Das brachte mich sehr gegen ihn auf. Jedes meiner Worte mußte ich sorgsam abwägen, damit ich mich nicht verriet.
Die Zeit verstrich. Noch immer warteten wir auf die Rückkehr des Oberbefehlshabers. Die Langeweile vertrieb ich mir, indem ich durch die Stadt schlenderte, mit allen möglichen Leuten redete und auf diese Weise Einsicht in die Verhältnisse des Landes zu erlangen trachtete.

Von Tag zu Tag düsterer erschien mir das Bild, das sich so zusammenfügte. Zunächst einmal nahm ich wahr, den meisten Wallfahrern war die Befreiung des Heiligen Grabes völlig gleichgültig. Sie schacherten und feilschten emsig mit den Moslimin. Und diese wiederum wandten sich nur dort gegen die Christen, wo sie von ihnen gedemütigt oder beraubt wurden. Wie noch in jeder Gemeinschaft, gab es unter Jesu Jüngern sowohl als auch unter den Bekennern Mohammeds Menschen, die ihr elendes Dasein mit Diebstahl, Raub und Mord fristeten, sowie andere, deren Verstand sich so arg verdunkelt hatte, daß sie ihren eigenen Glauben für den einzig wahren hielten. Diese wie jene, ob Christen, ob Moslimin, verfolgten die Juden als Sündenböcke für ihre eigenen bösen Taten.

Ungefähr eine Meile nordwestlich vom alten Acron, dem Ptolemäis der Römerzeit, lag am Nordrand der flachen Akkon-Bucht das neue Akka, die Kreuzritterstadt Saint Jean d'Acre, auf einer Halbinsel, die gegen Osten und Norden durch hohe, starke, mit Türmen bewehrte Mauern geschützt war. Vor der Ostmauer hatten mittellose Pilger, Nomaden und levantinische Krämer sich samt dem unvermeidlichen Troß von Schankwirten, Geldwechslern, Dirnen, Zuhältern, Glücksrittern, Possenreißern, gewerbsmäßigen Dieben und Bettlern niedergelassen.

Von der Südspitze ostwärts erstreckte ein langer Molo mit einer Laterna an seinem Kopf sich weit in die Bucht. Er schirmte Reede und Hafen gegen das offene Meer. Des Nachts schloß eine schwere, von Balken getragene Eisenkette die Einfahrt zwischen Molo und Land; keiner Piratenfelukke konnte es dann gelingen, sich unter dem Schutz der Dunkelheit in diesen Hafen hineinzustehlen. Entlang der Wasserfront lagen, von Norden nach Süden, die Quartiere der Deutschherren mit den Kirchen St. Markus und St. Peter und Andreas, daran anschließend, die Viertel der Venezianer, Genuesen und Pisaner, jeweils mit einem starken Kastell, und zwischen ihnen in der Mitte die Johanniter, an der Südwestspitze der Halbinsel das Gebiet des Templer Ordens. Die einzelnen Quartiere waren durch Mauern und Tore voneinander getrennt.

Alle Häuser, hier Paläste, dort einfache Steinbauten, glichen mit ihren fensterlosen Fronten Festungen, die wie Klippen aus einem brodelnden Meer menschlicher Leiber ragten. Um die Mittagsstunde, wenn die Hitze den höchsten Grad erreichte, leerten Straßen und Plätze sich

wie ein Flußbett bei Ebbe. Am späten Nachmittag jedoch, mit der Kühle, kehrte die Flut zurück und tobte sich bis in die frühen Morgenstunden aus. Dem Ruf der Kirchenglocken zum Gebet folgten nur wenige. Von christlicher Entsagung, Demut und Frömmigkeit war in dem tollen Treiben nur wenig zu spüren; eher glich es einem Hexensabbath wie auf dem Blocksberg bei mir daheim.
Schon als ich am Strand mit den Kriegsknechten Rüdiger und Jopi gesprochen hatte, war mir ein Moslim aufgefallen, dessen stechender Blick mein Auge zu suchen schien. Sein pfiffiges Gesicht verriet Schläue und Verschlagenheit, wie bei so manchen Wüstenbewohnern. Ich würde ihn in der Menge wohl kaum wiedererkannt haben, wäre da nicht sein Schnurrbart gewesen, dessen lange, dünne Enden bis unter das Kinn herabhingen und ihm ein tatarisches Aussehen verliehen. Auf meinen Gängen durch die Basare nahm ich wahr, daß dieser Mann mir folgte.
Nun lag mir daran – was kein Abendländer erfahren durfte –, mit den Moslimin in Verbindung zu treten. Unter anderen hatte ich an den Imam der Moschee gedacht, deren Minarett sich draußen vor dem Tor in der Außenstadt erhob. Doch nun entschloß ich mich, es zunächst einmal mit meinem Verfolger zu versuchen.
Also wanderte ich auf einem Ziegenpfad zwischen Rethelbüschen und mit dürrem Gras bewachsenen Dünen so weit hinein in das Gelobte Land, bis ich von der Stadtmauer herab nicht mehr gesehen werden konnte. Zuletzt lasse ich mich auf dem Bruchstück einer alten Mauer nieder und tue so, als interessiere mich eine der schillernden Eidechsen, die hier zwischen den Steinen herumhuschen. Und richtig, nicht lange, da kommt auch schon mein Tatarenbart gewandelt. Er zeigt sich bei meinem Anblick erschreckt, grüßt ganz manierlich:
»Assalam aleik, ya Sid!«
Ich antworte auf Französisch, erkundige mich, was ihn hierherführt, erzähle ihm, ein armer Pilger sei ich, auf dem Wege zum Heiligen Grab; und vorsichtshalber füge ich hinzu, bei mir sei nichts zu holen.
Ein wissendes Lächeln umspielt gedankenschnell die wulstigen Lippen. Er entgegnet auf Arabisch: »Wie es dir beliebt, ya Sid! Ich hörte nur... Nun ja – beim Bart des Propheten, ich dränge mich dir nicht auf.«
»Was hörtest du?« entschließe ich mich, nun auch die Sprache zu wechseln.

Abermals das flüchtige Lächeln. »Ich hörte, Sid, nicht das Grab Isa ben Marjams sei dein Ziel ...«

»Sondern?«

Er dreht und windet sich wie ein Aal. Seine erdbraunen Finger spielen unschlüssig mit den Korallenperlen des Gebetskranzes, den er am linken Handgelenk trägt. Schließlich sagt er, die Stimme dämpfend, obwohl kein Mensch in der Nähe ist: »Ich hörte, ya Sid, daß mein Herr, der Emir – Allah erhalte ihn – Rosen liebt – rote Rosen!«

Mich durchzuckt es wie ein Blitz. Mehrere Herzschläge lang bleibe ich stumm. Dann raffe ich mich zusammen und setze – indem ich wie suchend umherblicke – das Gespräch mit der Frage fort: »Gibt es hier Rosen?«

»Drei rote Rosen, ya Sid! Und mein Herr wünscht von Angesicht zu Angesicht mit dir zu reden.«

»Wer ist dein Herr?«

»Der, den du suchst!«

»Wo finde ich ihn?«

»Jussuf führt dich, ya Sid!«

»Jussuf – das bist du?«

Er verneigte sich zustimmend, indem er die Rechte aufs Herz legt, äußerst höflich, jedoch ohne Unterwürfigkeit. Ich glaube, ich kann ihm vertrauen.

Wir besprachen dann, auf welche Weise ich mich der Aufsicht der Templer entziehen könne und die Reise sich durchführen lasse, ohne Verdacht zu erregen. Vier Tagesmärsche ... Seiner Handbewegung entnahm ich: nach Osten.

Nachdem wir uns getrennt hatten, überkamen mich abermals Zweifel. Wer hatte diesen Jussuf auf mich gehetzt? Wer kannte meinen Namen, meinen Rang? Wer wußte von meiner Mission? War ich nur der Bauer in einem Spiel, dessen Regeln ich nicht durchschaute? Wie durfte ich dessen gewiß sein, daß dieser Sarazene nicht ein Spitzel der Kurie oder der Gegner Al-Kamils war? Ich erzitterte innerlich, als ich im Templerhaus dem Herrn Olivier begegnete. Und doch mußte ich eine treuherzig gelassene Miene zur Schau tragen.

»Nun, Bruder Pozzo, wie gefällt Euch das Heilige Land?« erkundigte Herr Olivier sich mit verhaltenem Spott. »Zwischen den Dünen werdet Ihr wenig mehr finden als Sandflöhe und Vipern, und – gebt Ihr nicht acht – womöglich ein Messer in der Brust.«

Er wußte also, wo ich gewesen war. Wußte er auch, mit wem ich gesprochen hatte? Er tat, als schaue er gelangweilt über mich hinweg; tatsächlich aber entging ihm nicht das leiseste Zucken in meinem Gesicht. »Ein Messer, Bruder – ja! Das ist hier der Lohn für Verräter oder – für Dummbärte, die dafür gehalten werden...«

»Verräter –? Nun, Ihr glaubt doch wohl nicht... Ich bin nur ein...«

»Armer Pilger, ich weiß!« schnarrte Herr Olivier. »Aber ich warne Euch. Hier hat selbst die Wüste Ohren und – Fallgruben ohne Zahl.«

Bald nach Mitternacht, als es im Hause still geworden war, stahl ich mich an den schläfrig vor sich hin dösenden Wachtposten vorbei ins Freie. Unter anderen Umständen wäre ein heimliches Entweichen aus der Stadt unmöglich gewesen. In Kriegszeiten wurden des Nachts Mauern und Tore besetzt, das Stadttor geschlossen, Haustüren und Mauerpforten von Knechten bewacht. Gegenwärtig aber schwiegen im Königreich Jerusalem die Waffen, weil die christliche Besatzung zu schwach, Sultan Al-Kamil aus guten Gründen nicht geneigt war, die Kreuzritter anzugreifen. Er mußte sich seiner Neffen, die nach dem Thron trachteten, erwehren; und er hielt sie in Schach, indem er ihnen ein Bündnis mit den Kreuzrittern androhte. Überdies hatte vor kurzem erst Graf Thomas von Acerra in Syrien über ein Sarazenenheer gesiegt.

Nein, zu Akka dachte man nicht an Krieg und Gefahr. Ritter und Knappen sowie die Mehrzahl der Knechte ließen sich's wohlsein, lagen auf der faulen Haut, ergötzten sich in den Tavernen oder bei den Töchtern der Freude. Aus nahezu jedem Haus vernahm ich Lachen und Johlen und orientalisches Saitenspiel. Durch die Gassen, aus Torwölbungen, von den flachen Dächern herab flackerte Fackelschein, dem ich auswich, die Kapuze tief im Gesicht. Trunkene taumelten Arm in Arm vor mir her; Frauen winkten lockend aus finsteren Winkeln. Außer Atem gelangte ich an eine Pforte in der Ostmauer, die – so hatte ich gehört – zumeist unverschlossen blieb. Und dann schlich ich mich durch das Labyrinth der nicht befestigten Außenstadt, wo Jussuf im Schatten der Moschee auf mich wartete.

Beinahe hätte ich ihn nicht erkannt in dem einer Kutte ähnlichen, graubraun gestreiften Umhang, wie ihn die Hirten in der Steppe tragen. Bei sich hatte er ein schwarzes Eselchen, beladen mit Wasserschläuchen aus Ziegenleder und Körben, die Datteln, Mehl und gebratenes Fleisch enthielten. Einige Filzdecken fehlten nicht, denn im

Landesinneren sind die Tage heiß, die Nächte hingegen recht kühl. Für mich hatte er einen ebensolchen Mantel mitgebracht, dazu ein sarazenisches Krummschwert, einen sichelförmigen Dolch, eine Leibbinde – grün, in der Farbe des Propheten – sowie noch einen langen Hirtenstab. In dieser Vermummung war ich gewiß nicht mehr als Abendländer zu erkennen.

Während der ersten drei Tage begegnete uns denn auch nichts Außergewöhnliches. Nur die Füße, der Sandalen ungewohnt, schmerzten, und der Durst war eine unablässige Quälerei. Wir wanderten am Flusse Belus, der nur wenig Wasser führte, aufwärts, dann durch das wilde Gebirge von Galiläa. Obwohl die Gegend ehedem fruchtbar gewesen zu sein schien, hatten die grausamen Kämpfe in und um dieses Land nur verödete Täler zwischen mächtigen, schroffen, zum Teil recht malerischen Bergen hinterlassen.

Jussuf verstand die innere Erregung nicht, in der ich mich befand. Hier hatte unser Herr Jesus, der Heiland, seine Füße vielleicht auf eben den Pfad gesetzt, dem wir jetzt folgten. Jeder Stein, jede Pflanze, jeder Baum – meinte ich – sei von seinem Geist angerührt. Zugleich sprach jedoch eine leise Stimme in mir: Sind deine Wälder daheim nicht ebenso heilig wie diese kärglichen Terebinthen- und Olivenhaine? Sind nicht alle Dinge auf Erden beseelt von dem gleichen Schöpfergeist? Warum sich an dieses Land klammern, da ja doch die Erde mit allem, was auf ihr lebt, allen Menschen gegeben ward, damit ein jeder sich auf ihr bewähre?

Und ich sah mit Schaudern die zerstörten Wohnstätten, die zerfallenden Synagogen, Moscheen und Kirchen, die verödeten Äcker, auf denen da und dort ein paar magere Schafe grasten, gedachte voller Unmut der nimmer endenden Kriege und Räubereien, die unter dem Deckmantel entarteter Glaubensformen Palästina heimgesucht hatten und noch immer heimsuchten.

Indem ich so die tief eingekerbten Schluchten mit ihren düster gähnenden Höhlen und Grotten voller Geheimnisse betrachtete, wo seit alters Flüchtlinge aller Art, Propheten, gottbegnadete Seher unter ihnen, sich immer wieder vor blutdürstigen Verfolgern hatten verbergen müssen, fiel mir ein, hier, gerade hier, sei der Ort von Petri Berufung gewesen. Aus solch unheimlicher Umgebung war der Vorläufer eines Innozenz, eines Gregorius hervorgegangen und aus den einfachen Worten des herzensreinen Heilands die schreckliche Macht entstanden, die den Erdkreis mit einer Flut von Blut und Tränen überschwemmt. Hatte unser Herr Jesus das etwa vorausgesehen? Ich entsann mich einer Stelle im Evangelium Marci, die ich damals in meiner Novizenzelle zu Hardehusen gelesen und durchaus nicht verstanden hatte. Da heißt es nämlich: »Jesus wandte sich um und sprach zu Petrus: Gehe hinter mich, Satan! Du bist mir ein Ärgernis, weil du nicht erfaßt, was von Gott, sondern nur, was menschlich ist!« Das war es! Wie Schuppen fiel es mir hier von den Augen. Klar sah ich die beiden hervorragendsten Gestalten meines Jahrhunderts als Protagonisten zweier Systeme – die eine als den vicarius Christi, ja, mit dem Anspruch eines Dio in terra, umhüllt vom Purpurmantel der Macht, auf dem Wege hinab von hoher Geistigkeit zur plattesten Verweltlichung –, die andere hingegen aus dem Nichts der Armut, Unwissenheit und Machtlosigkeit Schritt um Schritt sich emporringend zu bisher kaum je erreichten geistigen Höhen, bedroht, verleumdet, geschmäht als Antichrist, bewundert als stupor mundi – das Staunen der Welt... Und im Augenblick solcher Erkenntnis ahnte mir: Keines der von ihnen vertretenen widerstreitenden Prinzipien würde je den Sieg davontragen, waren sie doch nichts anderes als ein Gleichnis des Kampfes zwischen Licht und Dunkel, Gut und Böse, den ein jeder Mensch in sich selbst auszutragen hat.

Als wir in die Ebene Jesreel hinabstiegen und zur Linken in der Ferne den hohen Berg Tabor liegen sahen, auf dem – wie manche meinen – die Verklärung Christi stattgefunden haben soll, überholte uns, einen weiten Bogen schlagend, ein Reiter auf einem schwarzen Roß. Besorgt schaute Jussuf ihm nach. »Eile, ya Sid! Wir müssen über den Jordan ins Land Gilead. Nur dort sind wir sicher. Holen die Ungläubigen uns vorher ein... Allah erbarme sich!« Er hob die Schultern, beschleunigte seine Schritte.

Auch die Nacht hindurch, die mondlos, jedoch sternenklar, so blau wie der Mantel der Jungfrau Maria über fahlbleichen Hügeln lag, wanderten wir in einem flachen, steinigen, mit Ginstergesträuch überstreuten Tal dem Flusse zu. Im frühen Morgenlicht blinkten uns die von Nebeln überwogten Wasser des Sees Genezareth entgegen, überragt im Norden von den schneebedeckten Höhen des Hermon. Mir klopfte das Herz beim Anblick all jener Orte, die ich aus der Heiligen Schrift so gut kannte und mir doch gänzlich anders vorgestellt hatte. Gar zu gerne würde ich hier verweilt haben, um mir alles ganz genau anzusehen. Jussuf jedoch trieb zur Eile, zitternd vor Ungeduld.

Und wie recht er hatte damit! Auf einem Felde, nicht weit vom Weiler Jabneel, den wir beim Morgengrauen mit Abstand umgangen hatten, hörten wir Hufschlag nahen. Drei Templer mit ebensovielen Knappen umringten uns. Ihre Rosse schäumten vom scharfen Ritt. Die weißen Mäntel wehten im Morgenwind.

»Das sind sie!« rief einer von ihnen auf deutsch, und zu den Knappen: »Ergreift sie! Verletzt sie nicht! Die sollen uns ihr Liedlein singen, bevor wir sie zur Hölle schicken.«

Wir hatten die Schwerter gezogen, Jussuf und ich. Das Herz wurde mir zu Stein, der Atem knapp. Völlig aussichtslos unsere Lage; ein Entrinnen unmöglich. Uns zu verteidigen hatte keinen Sinn... Unwillkürlich tastete ich nach dem Kästchen mit den Rosen und nach dem Brief, der mein Todesurteil sein würde, wenn er den Templern in die Hände fiel. Die Ritter lachten roh. »Hund von einem Verräter,« schrie ihr Anführer mich an, »schämst du dich nicht, dich gegen uns, deine Brüder in Christo, zu wenden?«

»Wer sagt Euch, daß ich ein Verräter bin?« schrie ich dagegen, innerlich fast schon bereit, alles zu enthüllen. Aber nein! Es galt Zeit zu gewinnen, eine Ausrede zu erfinden... Nicht um mein Leben bangte mir – nein, um die Sache des Kaisers.

Die Templer drängten näher. Die Spitzen ihrer Lanzen berührten nahezu meine Brust. Da stieß Jussuf einen schrillen, triumphierenden Schrei aus, deutete mit dem Schwert auf das Buschwerk, das als dichtes Gestrüpp, überragt von Weidenkronen und Zypressen, den Flußlauf säumte. Dort, wo einst Johannes fromme Gottsucher getauft, führte eine Furt hinüber ins Sarazenenland.

Aus dieser Bresche im gelbgrünen Laubwall brachen Reiter hervor – vier, fünf, zehn... Ihre buntfarbigen Mäntel flatterten wie Fahnen, an den Lanzen grüne oder rote Wimpel. Sie brausen heran. Sie schreien, brüllen: »Allahuakbar! Tod den Ungläubigen!«

Die Templer fassen sich schnell. Eine Linie bildend, stellen sie sich zum Kampf. Jussuf streckt einen der Knappen nieder. Im nächsten Augenblick ist da nur ein wüstes Getümmel stampfender Rosse, blitzender Klingen. Schmerzensschreie... Todesröcheln... Aus den Sätteln stürzende Leiber... Alles umwogt von Wolken ockerfarbigen Staubes. Ich halte mich abseits, obwohl das Blut in mir brodelt und

rauscht. Ich schreie: »Gebt Frieden!« Niemand hört mich. Wut wallt in mir auf, Zorn gegen das Geschick, das mich zwingt, in jedem der beiden Gegner meinen Freund, meinen Bruder zu sehen. Und nichts vermag ich, dem Morden Einhalt zu tun.
Vier Sarazenen lagen tot am Boden; alle Templer waren erschlagen, als der Staub sich legte. Jussuf, leicht verwundet, wischte mit seinem Mantel das Blut von der Klinge. Vorwurfsvoll richtete er sein dunkles Auge auf mich: »Du hast nicht gekämpft, ya Sid!«
»Durfte ich's?« entgegnete ich unmutig. »Mein Auftrag ist anderer Art. Überdies... Sind es nicht meine Landsleute, diese Ritter? Ihr hättet euch ihrer bemächtigen können, anstatt sie abzuschlachten.«
Ich trat zu einem der Gefallenen. Die Sarazenen hatten ihm den Helm entrissen und zankten sich nun um Mantel und Panzerhemd. Das junge, frische Gesicht, umrahmt von blondem Lockenhaar, zeigte noch im Tode ein stolz verachtendes Lächeln. Ich konnte nicht an mich halten. Blind vor Tränen, ballte ich die Faust und schüttelte sie in ohnmächtigem Grimm gegen Westen, wo ich Rom vermutete.
Der Anführer der Sarazenen, Ali-ben-Sharif, berührte mich am Arm. Er schien zu erraten, was in mir vorging. »Bist du der Herr von den drei Rosen, so komm'! Wir müssen fort von hier. Trupps von Ungläubigen streifen am Fluß hinauf und hinab. Allah war mit Euch. Wir wußten ja nicht, wo Ihr zu finden wäret, bis... Nun, ja, der Allbarmherzige lenkte uns. Lobet und preist seinen Namen!«
»Ihr wußtet nicht, bis – ? War es der schwarze Reiter?«
Ben Sharif nickte.
»Kennst du ihn?«
Abermals senkte der Sarazene den Kopf.
»Sein Name ist Ibn Dawud, nicht wahr?«
»Ja – da Ihr's nun doch schon wißt! Ich sollte darüber schweigen...«
Ich bestieg eines der ledigen Rosse, deren Reiter gefallen waren. Die Toten, völlig ausgeplündert, blieben den Geiern und Raben zum Fraß. Hastig ritten wir durch die Furt und dann steile, kahle Hänge hinan nach Gadara. Nichts sah ich mit Bewußtsein auf diesem Weg. Meine Gedanken kreisten um Ibn Dawud, um Friedrich Roger. Schwer auszulegen war die Handlungsweise des Kaisers. Hatte er mir den Sarazenen zu meinem Schutz beigegeben – warum dann in solcher Heimlichkeit? Hatte er mir mißtraut? Wenn ja, auf wessen Treue durfte er sich dann noch verlassen? Die Undurchschaubarkeit Fried-

richs hatte mich von jeher ebensosehr angezogen wie abgestoßen. Tausendmal hatte er mich enttäuscht, tausendmal durch seinen Edelmut und seine Weisheit gewonnen.
Ein leichter, frühlingshafter Wind fächelte von den Golanhöhen herüber und wärmte mich nach der kalten Nacht. Frühling... Ich sah die Birken daheim am Burgweg grünen, sah die Schwalben wiederkehren und unter dem Dach ihre Nester bauen; ja, ich hörte geradezu das fröhliche Brüllen des Viehs auf den Auwiesen und von Warburg herüber das Läuten österlicher Kirchenglocken. Um diese Tageszeit würde meine liebe Frau durch die Ställe gehen und mit ihrer Strenge, die niemand im Grunde ernst nimmt, dem Gesinde auf die Finger sehen. Dieterle mochte nun wohl schon fest auf seinen kurzen, dicken Beinen stehen. Und höchstwahrscheinlich hatte Ermin ihm ein Schwert aus Eschenholz geschnitzt. Wie einst mir, so würde der alte Raufbold nun auch meinem Kind ein unermüdlicher Lehrer in allen Dingen des Lebens sein.
Verdrossen starrte ich auf das öde, ausgeblutete Land ringsum. Ob hier je einmal wieder ein Weizenhalm wachsen, eine Weintraube reifen würde? Miteins war mir, als müsse ich mein Roß herumreißen, ihm die Sporen geben und reiten, reiten, reiten – über Wüsten, Meere und Gebirge hin, alle die vielen tausend Meilen heimwärts bis in den Habichtswald. Den Schwalben, die nun auch wohl schon auf dem Fluge nach Norden waren, neidete ich ihre Schwingen.

40.

Die Steppe blüht. Blau, gelb und rostbraun wogen Blütenteppiche bis in den leeren, umdunsteten Horizont. Stellenweise ziehen Schleier sich über Niederungen, in denen jeder Gegenstand seine Form und Größe ändert. Um die Mittagszeit erscheint vor uns ein zauberhaftes Bild: Strahlend weiße, mit Zinnen bekrönte, von glänzenden Kuppeln überragte Mauern, ein schlankes Minarett, anmutig gebogene Palmen am Ufer eines türkisfarbenen Sees, leuchtend grüne Jasmingebüsche und smaragdener Lorbeer. Was ist das? Eine Stadt – hier? Ich sporne mein Pferd. Aber Ali-ben-Sharif lächelt gleichmütig:
»Nur ein Serab, ya Sid!«
Eine Fata Morgana also... Je mehr wir uns dem Trugbild näher, desto schneller schwand es dahin. Und wiederum war da nichts um uns her

als die ungeheure Leere der Wüste, wo der Mensch in seiner Verlassenheit Trost und Halt in der lenkenden Gottesmacht über sich suchen muß, will er nicht verzweifeln und zugrunde gehen.
Aber dann, am zweiten Tag, nachdem wir den Jordan überschritten hatten, zeichneten schwarze Zelte, im Dunst zu Gebirgen vergrößert und gleichsam zwischen Himmel und Erde schwebend, sich vor der grenzenlosen Weite ab. Reiter lösten sich aus dem Schatten des Lagers – Reiter in weißen Burnussen, mit farbigen Kopftüchern oder Turbanen. Ihre Waffen blitzten. Als dichte Wolke jagten sie heran, stoben fächerartig auseinander, schlossen sich um und hinter uns wieder zusammen. Schon von weitem waren das dumpfe Trommeln der Roßhufe, gellendes Geschrei und metallenes Klirren zu vernehmen gewesen. Einer von ihnen hielt, die Lanze eingelegt, gerade auf mich zu, so als wolle er mich im ersten Anlauf durchbohren. Ich fürchtete mich jedoch nicht, denn unter der tobenden Schar hatte ich Ibn Dawud auf seinem schwarzen Gaul erspäht. Dicht vor mir riß der heranstürmende Wüstensohn seinen falben Hengst in die Hacken, so daß dem gefletschten Maul des Tieres ein grunzender Laut entfloh und es sich hoch aufbäumte. Dann lachten wir alle. Die üblichen Grüße und Segenswünsche wurden getauscht.
Ibn Dawud kam herbeigeritten. Seine Augen funkelten vor Freude. »Du bist am Ziel, ya Sid! Wir haben gewonnen. Der Emir erwartet dich. Alhamdulillah!«
»Du wirst mir manches erklären müssen«, dämpfte ich seine Begeisterung. Ich spürte das Pochen meines Herzens hoch im Hals und auf meiner Kopfhaut kribbelte es wie von zehntausend Läusen. Dieser Sultan Al-Kamil, den ich für Kaiser Friedrichs Absichten gewinnen sollte, hatte er nicht unter Christen einen abschreckend schlechten Ruf? Ich stellte ihn mir als einen grimmigen orientalischen Despoten vor, als einen gelbhäutigen, finster dreinblickenden Kerl, der mir mit einer Handbewegung den Kopf vor die Füße legen lassen mochte und dabei genüßlich Feigen kaut.
Mir wurde ein prächtig ausgestattetes Zelt sowie eine Anzahl von Sklaven zugewiesen, die sich bei meinem Eintritt allesamt platt auf das Gesicht warfen, so daß ich im ersten Moment glaubte, sie litten an Fallsucht. Verwundert schaute ich mich um. Meine beschmutzte, zerrissene Kutte, die bestaubten Füße und Hände, der verwilderte Bart – meinte ich – paßten so gar nicht in eine so üppige Umgebung. Indes,

schon nahten Sklaven mit Waschzubern voll duftenden Wassers, Tüchern und Salbölkrügen. Andere legten auf dem mit weichen Teppichen bedeckten Ruhepolster reiche Gewandung aus, nebst einem kunstreich gefertigten damaszener Ringelpanzer, sowie Dolch, Schwert und Schild – letzteres zwar rund nach arabischer Art, geschmückt jedoch mit den kahlenbergischen Farben und drei roten Rosen. Kein Zweifel, die ganze unbezahlbare Pracht war mir zugedacht. Aber – durfte ich ein so kostbares Geschenk annehmen? Wußte ich denn, was der unheilträchtige Heidenkönig dafür von mir einfordern werde?

Und dann stand ich – nunmehr wieder in mein ritterliches Selbst verwandelt – ihm in seinem prächtigen, aber alles in allem eben doch bescheidenen Zelt gegenüber. Und alle meine Vorurteile, meine geheimen Ängste erwiesen sich als gegenstandslos. Ein untersetzter, kräftiger Mann mit bronzebraunem, vollwangigem Gesicht, in eine Art weißer Toga gehüllt, wie auch ich sie trug, trat er mit raschem Schritt auf mich zu. Die Arme über der Brust kreuzend, verneigte er sich. Ich beeilte mich, es ihm nachzutun. Und wie aus einem Munde sagten wir beide: »Assalam aleikum – Friede sei mit dir!« Das klang so seltsam zusammen, daß ein jeder von uns ein Lachen nur mit Mühe unterdrückte.

Das Eis – sofern man im Glutofen der syrischen Wüste von Eis sprechen kann – zwischen uns war gebrochen. Der Sultan musterte mich eindringlich von Kopf bis Fuß. Sein pfiffiger Blick aus Augen von der Farbe reifer Oliven verriet weder Mißtrauen noch Abwehr, sondern nur freundwillige Neugier, als sei ich ein altvertrauter Kumpan und nach langer Irrfahrt heimgekehrt. Dieser Blick war es und das spitzbübische Lächeln, das ihn begleitete, was mein Herz ihm zufliegen ließ. Wie sich später herausstellte, war Al-Kamil ein Spaßmacher nach außen hin, im Innersten seiner Seele jedoch erfüllt von Ernst und Traurigkeit.

Ich überreichte ihm das Schreiben des Kaisers, das die Spuren meiner Abenteuer in Form von Schmutz- und Fettflecken an sich trug. Auch war es während des Sturmes von Seewasser durchnäßt worden. Al-Kamil erbrach das Siegel, überflog die wenigen, verwischten Zeilen, wobei er unter seinem gestutzten, schwarzen Lippenbärtchen schmunzelte.

»Weißt du, o Graf von den drei Rosen, was hier geschrieben steht?«

Ich verneinte die Frage. Nur ein unbedeutender Vasall Seiner Kaiserlichen Majestät sei ich – nichts anderes ...
Abermals blickte er mir prüfend in die Augen: »Dein Herr, Graf Anselm, ist – dünkt mich – ein weiser Mann. Erst sandte er mir das scharfe Schwert des Verstandes in Gestalt des Erzbischofs von Palermo, den ich zurückweisen konnte und – mußte. Ja – mußte! Denn so, wie auch dein Gebieter, darf ich nicht offen gegen die Meinung der urteilslosen Menge handeln. Dann sandte er mir in dir sein Herz, seine Seele ... Er schreibt, der Herr von Kahlenberg werde mit des Kaisers Zunge reden, mit des Kaisers Ohren hören. Und was zwischen dir und mir gesprochen wird, soll so sein, als stünde Herr Friedrich selbst vor mir.«
Al-Kamils Stimme bebte – vor innerer Bewegtheit, meinte ich; Begeisterung sprühte aus seinen Augen. An mich herantretend, umschlang er meine Schultern und rief: »Allah ist groß! Er gab mir einen Freund in dieser Löwengrube des Hasses, die wir Welt nennen. Verleihe der Allgütige uns denn auch die Kraft, die Klugheit, den Mut, die Ungeheuer Haß und Dummheit zu überwinden, unseren Völkern zum Heil!«
Auch ich war bewegt, muß ich gestehen, obschon kühleren Blutes. Diesen Wüstensohn hatte die erhabene Idee Friedrich Rogers entflammt. Indes, für wie lange? Würde er sich gegen den blinden Fanatismus der Imams, die Ränke seiner eifersüchtigen Blutsverwandten, die Kampflust und Raubgier unbändiger Stammeshäuptlinge durchzusetzen vermögen? Und gelang ihm dies wider Erwarten, würde sich dann nicht gegen Friedrich die erbitterte Wut enttäuschter Kurialen, der Zorn des Heiligen Vaters in Rom sowie der fürstlichen Raubgesellen und geprellten Piraten entladen? Immerhin, die utopische Vorstellung von einer Welt des Friedens, von Menschen, die voller Sicherheit, frei von Angst und Bedrückung, ihrem Gott auf ihre eigene Weise dienen dürften, erschien mir so unglaublich schön, daß allein schon der Gedanke, solches könne jemals Wirklichkeit werden, meinen Geist beschwingte.
Gleich darauf stand mir dann freilich die häßliche Fratze der gegenwärtigen Wirklichkeit vor Augen – mit eisenklirrenden Kriegsleuten auf allen Straßen, mit Heeren Hungernder, Enterbter, hoffnungslos Verelendender, mit arroganten, grausamen Landherren, rechtlosen, gedemütigten Sklaven, mit den leeren Versprechungen der Geistlichen von

einem glückseligeren Leben im Himmelreich; kurz das Bild einer Welt voller Unrecht, Lug und Trug und Mord, einer Welt schaler Freuden und bitterer Pein. Einst hatte unser Heiland das ändern, hatte durch die Macht der Liebe die Menschen verwandeln wollen; sie hatten ihn ans Kreuz geschlagen. Zweifelnd gedachte ich Friedrichs; zweifelnd betrachtete ich den mächtigen Beherrscher des Morgenlandes, von dem man sich arge Taten zu berichten wußte.

»Hier werden wir nicht offen miteinander reden dürfen«, sagte Al-Kamil, argwöhnisch über die Schulter spähend, »obwohl ich nur die Treuesten der Treuen um mich versammelt habe. Du wirst sie noch kennenlernen. Hab' nur Geduld! Die Wüste bietet uns Raum genug und Sicherheit. Unsere Worte vernimmt dort draußen nur der Allmächtige.«

Ja, ich lernte sie kennen, die Herren seines Gefolges – würdige Herren, Sekretäre, Schatzmeister, Rittmeister, Botschafter, Imams, Mullahs, Sheiks, alle mit unaussprechlichen Namen, von denen ich nur wenige im Gedächtnis behielt. Gleich nach dem dritten Gebet versammelten wir uns in einem geräumigen Zelt zum festlichen Mahl. Der Sultan nahm mich bei der Hand, führte mich nach dem Ehrenplatz zu seiner Rechten und stellte mich den Würdenträgern als »Unseren liebwerten Bruder aus dem Abendland« vor. Dies erregte einiges Staunen, wenn nicht insgeheim Unmut, mochten sie mich doch für einen jener hochgeborenen Renegaten halten, wie sie jetzt in zunehmender Zahl aus dem Kreuzheer zum Islam übertraten. Was ich zur Stunde noch nicht wußte: Mein Vater, Graf Rainold, war ihnen allen wohlbekannt.

»Die Seele des Menschen erkennst du in seinem Gesicht«, erklärte Al-Kamil. »Ich lese deine Gedanken, sobald ich dein Antlitz betrachte. Jener Mann dort, sieht er nicht füchsisch aus?« Er deutete auf einen kleinen, dürren Wesir, der, Demut heuchelnd, zu uns herüberblinzelte. »Nun denn, Chuan, er ist ein Fuchs, wendig, ränkevoll, aber – so hoff' ich – mir treu ergeben.« Und leiser: »Solange es für ihn von Vorteil ist! Jener andere, ihm gegenüber – ein Widder, nicht wahr? Ganz unverkennbar! Hartstirnig, gottergeben und ein wenig beschränkt. Er führt meine Befehle aus, ohne zu fragen.«

Nach und nach nahmen die Gesichter der auf den Teppichen Hokkenden in meinen Augen tatsächlich entsprechende Züge an. Ich sah mich von Füchsen, Wölfen, Schafen, Löwen, Eseln umgeben und am

Ende wußte ich besser über sie Bescheid als wenn man mir ihre Lebensläufe geschildert hätte. »Ha!« rief ich eifrig. »Ob du's nun glaubst oder nicht, Herr, die Sache ist mir nicht neu!« Und so erzählte ich ihm von meinem Freund und Lehrer, dem Astrologen Michael Scotus, und von dessen Buch über Physiognomik, was den Sultan höchlichst verwunderte. Er seufzte: »Glücklich der Herrscher, der solche Erleuchteten um sich versammeln darf; glücklich das Volk, das mit Weisheit und Güte geleitet wird!«

Oftmals ritt ich während der folgenden Tage mit dem Emir aus, fand jedoch stets die Gelegenheit wenig günstig, meines Vaters Geschick zur Sprache zu bringen. Allzu vieles war im Hinblick auf Kaiser Friedrichs Absichten zu besprechen. Ich fürchtete, durch ungeduldiges und ihm unerwünschtes Fragen das gute Einvernehmen zwischen Al-Kamil und mir zu gefährden. Zum Schluß aber kam er selbst darauf.

»Höre, ya Chuan! Du wirst mich für sehr hartherzig halten, weil ich den Grafen Rainold, deinen Vater, noch mit keinem Wort erwähnt habe, obwohl ich weiß, wie sehr dir daran gelegen ist? Aber sind die Geschicke der Völker nicht wichtiger als das eines einzelnen? Schon meinem Vater Al-Kalid, dem Emir El-Mu'minin, hat dein Herr, Kaiser Friedrich, zu wiederholten Malen beträchtliche Summen für Graf Rainolds Freilassung angeboten – und dann auch mir...«

Ich schwieg; die Kehle war mir wie zugeschnürt.

»Ich wünschte kein Lösegeld. Herr Rainold ist ein edler, redlicher Ritter, ein wahrer Löwe an Tapferkeit. Ich wollte ihm die Freiheit schenken...«

Wortlos sah ich ihn an.

»Er wollte nicht!«

»Er wollte nicht? Wie versteh' ich das?«

Al-Kamil hob die Schultern, seufzte: »Du wirst ihn verändert finden. Man hält ihn hier für einen Heiligen – nein, nicht im Sinne Eures Glaubens, noch des meinigen... Eure Priester würden ihn verbrennen, fiele er ihnen in die Hände. Unsere Mullahs hätten ihn schon längst steinigen lassen, glaubten die Duruz, deren Gast er ist, nicht fest daran, daß Allahs Geist aus ihm spricht.«

Wie eine kühle Hand strich es mir über den Nacken. Mich schwindelte. Ich zügelte das Roß. Jäh trat mir das Bild des Klausners vor Augen, jenes Herrn Roger aus Lusignan, der Vaters Freund und mein

Lehrer gewesen war. Das Gift der Ketzerei – wenn es denn ein Gift ist und nicht ein Elixier der Wahrheit – hatte nun also auch ihn durchdrungen. In Seelenangst fragte ich: »Darf ich ihn sehen?«
»Gewiß! Mag sein, dir gelingt es, ihn umzustimmen. Er lebt in Um el Jemal am Fuß des Dschebel Druse, gar nicht so weit von hier.«
Die Duruz, die dort wohnen – erzählte er mir –, seien notorische Ketzer, so etwa, wie die Katharer in der Christenheit. Ihre geheime Lehre laufe – soweit er unterrichtet sei – darauf hinaus, daß sie einen Kalifen von Ägypten, Al Hakim – er habe vor zweihundert Jahren gelebt und sei auf rätselhafte Weise entrückt worden – für die Verkörperung Allahs halten. Was ihn, Al-Kamil betreffe... Die Lehre, alle Dinge und Geschöpfe auf Erden seien aus dem allumfassenden Schöpfergeist entstanden und dieser personifiziere sich in auserwählten Meistern, leuchte ihm ein. »Denn –« so sagte er – »wie anders läßt sich erklären, daß unversehens Weise geboren werden, die wie ein Licht aufstrahlen in dieser nächtigen Welt und den Menschen über Jahrhunderte hin Wege und Ziele weisen? An Kaiser Friedrich denke ich, deinen Gebieter! Isa ben Marjam war so einer, und Abu'l-Kasim Muhammad ibn'Abd Allah, gepriesen sei er, sowie noch manch andere, von denen wir nichts wissen. Das Volk der Darasi hat sich zu keiner Zeit weltlicher Macht unterworfen, noch hat es sich zur Sunna bekehren lassen. Und ich, lieber Freund, beabsichtige nicht, das eine oder andere mit ihnen zu versuchen, ist's mir doch völlig gleich, was einer denkt, so er nicht laut denkt und im übrigen fleißig und friedfertig den Gesetzen gehorcht. Überdies sind die Duruz sehr tapfer und grausam, wenn man sie reizt. Im Guten kommt man viel besser mit ihnen aus als mit Gewalt.«
Mit gemischten Empfindungen sah ich daher die dunklen Lavahöhen des Dschebel ed Druz vor uns aufragen. Ibn Dawud und Jussuf ritten neben mir und in unserer Spur die sechs Lanzenreiter, die mir der Sultan als Bedeckung mitgegeben hatte. Die Sandwüste wurde zur Steppe, die Steppe zu einem begrünten Hügelland mit einzeln liegenden Lehmburgen und Weizenfeldern zwischen Obst- und Olivenbäumen. Um el Jemal, kenntlich am vierkantigen, stumpfen Minarett der Moschee, um eine Quelle gelagert, erwies sich als armseliges Dorf. Seine Einwohner indes erschienen mir beseelt vom echten, rechten Drusengeist. Sie scharten sich, bewaffnet mit Messern, Sicheln, Speeren und Keulen, um uns, versicherten uns ihrer freundschaftlichsten

Gesinnung, während ihre Augen wölfisch vor Raubgier und Kampflust glitzerten.

Anfangs gaben sie vor, von meinem Vater niemals gehört zu haben. Ich nahm aber wahr, daß einer aus dem Haufen sich um die nächste Mauerecke stahl, sichtlich bemüht, von uns nicht bemerkt zu werden. Nach einer Weile kam ein Mullah würdevoll herbeigeschritten. Jussuf erklärte ihm unser Anliegen und daß ich der Sohn des Grafen Rainold sei. Die Mienen der Duruz verfinsterten sich noch mehr. Zuletzt aber ging der Priester uns voran nach einem von hoher Lehmmauer umgebenen Haus, vor dem ein paar bestaubte Palmen spärlichen Schatten spendeten. Zwei Männer, blanke Krummschwerter in den Händen, bewachten den Eingang.

Zögernd trat ich ein. Die Kühle in der schattigen Halle berührte mich nach der glühenden Hitze draußen wie ein Schlag. Ich taumelte, mußte die Augen schließen. Als ich mich gefaßt hatte und um mich blickte, sah ich mich einem Greis gegenüber. Er saß auf einer steinernen Bank, hochgewachsen und hager, so aufrecht und starr wie ein ägyptisches Götterbild. Die ausgemergelten Züge umwallte ein langer, schlohweißer Bart. Den Blick hielt er fest auf mich gerichtet. An der Wand über seinem Haupt hing ein schartiges Ritterschwert und ein zerbeulter Schild mit dem verblaßten Wappen derer von Kahlenberg. Er schwieg.

»Vater, lieber Vater!« wollte ich rufen, mich ihm in die Arme werfen. Aber die Stimme versagte mir wie auch meine Glieder vor so viel abweisender Strenge. Mein Blick irrte von ihm ab. An der Wand hinauf kroch mit trägen Bewegungen ein grünlich schillernder Mauergecko. Große, blauschwarze Fliegen summten aufdringlich in der Stille. Endlich sprach Graf Rainold, mein Vater – und am volltönenden Klang der Stimme erkannte ich ihn:

»Du kommst spät, Anselm! Ich hatte dich früher erwartet.«

»Oh, Vater, du weißt ja nicht, was alles geschehen ist!«

Er lud mich mit einer gemessenen Handbewegung zum Sitzen ein. »Ich weiß immerhin, daß du dich nicht schämst, dem Feind und Verderber der Welfen, unserer angestammten Herren, zu dienen. Treue ist, scheint's, ein seltenes Pflänzlein in dieser verruchten Zeit.«

Sklaven brachten einen Krug Brunnenwasser sowie Ziegenkäse und Brot.

»Kaiser Otto ist tot«, erwiderte ich bedrückt. »Und lebte er noch, ich würde dennoch zu Friedrich stehen.«

Graf Rainold fuhr auf, ließ sich aber sogleich wieder auf die Bank zurückfallen. Röte stieg ihm in die blassen, ausgemergelten Wangen. Beherrscht, dem Anschein nach gleichmütig, sagte er: »Der Normannensproß hat die Macht, nicht wahr? Es zahlt sich aus, den Mächtigen zu dienen. Das ist die Art der Knechte, Anselm! Der freie Mann tut, was er für rechtens hält, mag daraus entstehen, was will.«
»Nun ja, Vater, ich tat, was ich für rechtens hielt!«
Und ich berichtete ihm, was ich erlebt hatte seit jenem Morgen, da ich ihn im Schmuck der Waffen den Burgweg hinabreiten sah.
Wortlos hörte er mir zu. Nachdem ich geendet hatte und wie ein Beklagter sein Urteil erwartete, stand er auf und schritt lange Zeit sinnend im Gemach auf und ab. Jasminblüten dufteten zu den offenen Fenstern herein. Von irgendwoher klang das Knarren und Quietschen einer Sseniya. In mir begannen sich Trotz und Zorn zu regen. Was dachte der alte Mann, wo die Zeiten selbstherrlicher Ritter geblieben sind? Sah er nicht, wie Herr Otto von Braunschweig an ihm gehandelt hatte? Begriff er noch immer nicht, daß sein Kampf im Heiligen Land nicht den wahren Christen gedient, sondern eigensüchtigen, verlogenen Heuchlern? Was hatte er bewirkt, welchen Lohn empfangen? Wäre, so ich seinem Beispiel gefolgt, die Herrschaft Kahlenberg nicht längst eine Pfründe des Erzbistums Paderborn? Die Kluft zwischen uns war noch tiefer als ich anfangs gedacht.
»Ya krim Allah!« rief er plötzlich empört. »Nicht nur, daß du dich mit meinen Feinden verbündet hast, du hast dich nicht entblödet, eine Bettlerdirn zum Weib zu nehmen, ein Findelkind von obskurer Herkunft, ein Bankert...«
Ich erhob wütend die Hand: »Die Contessina de' Ricci, Vater!«
»Das wußtest du doch nicht, als du dich mit ihr einließest?«
»Ich kannte ihr Herz, Vater! Das genügte mir.«
»Um ein paar schnöder Silberlinge willen hast du dich an jenes Luder von Krämerstochter verkauft...«
Mir kamen die Tränen. Ich sah Clarissa, zerbrochen, sterbend, in den zerwühlten Kissen liegen. Auch sie hatte mich geliebt – auf ihre Art, und ich sie. Wenn es unschicklich gewesen war, der Standesehre zuwider, ohne daß ich mir damals dessen bewußt geworden, wenn es jenen allweisen, allmächtigen väterlichen Gott im Himmel gibt, warum ließ er dann zu, daß ein Mensch sich so heillos verstrickt?
Friedrich Roger sagte einmal: »Jedes Geschehen unterliegt dem Welt-

gesetz; es vollzieht sich nach unveränderlichen Regeln und es führt zu Zielen, die wir nicht fassen. So, wie es geschieht, so ist es gut!« Danach gäbe es keine Schuld? Unsere Irrtümer und Schwächen wären uns angeboren? Mein Grimm verflog. Mit milderen Blicken betrachtete ich nun den Greis, der mein Vater war. Er, nicht weniger als ich, war den in ihn gelegten Mängeln und Irrtümern erlegen. Wie würden dereinst meine Kinder über mich denken?

»Und nun, Anselm?«

»Ich bin gekommen, dich heimzuholen!«

Heftig schüttelte er den Kopf. Sein Blick schweifte zu dem verwitterten Schild, der schartigen Klinge.

»Wozu? Um mit Krämern zu tjosten, mit Lotterweibern der Minne zu pflegen, mich mit Dieben, Schwindlern und Knechten gemein zu machen, anmaßenden Emporkömmlingen den Hintern zu lecken? Erwarte das nicht von mir! Aus deinen Reden, Anselm, ersteht vor meinen Augen eine Welt, in der das Heiligste erniedrigt, das Edelste beschmutzt, das Gemeinste, Niederträchtigste zur Richtschnur erhoben wird. Selbst unsere Sprache ist verändert worden. Lüge wird Wahrheit genannt, Untreue Klugheit, Trug ein notwendiges Übel – und was noch immer. Nicht der freie, aufrechte Mann gebietet – nein, die tückische Schranze in der Kanzlei. Deinen Worten entnehme ich: Allüberall herrschen nur mehr Unrecht und Gewalt, von Schönrednern und feilen Philosophen als der natürliche Lauf der Dinge dem geplagten Volk vorgegaukelt.«

So redeten wir und haderten miteinander diesen und auch noch den folgenden Tag, bis ich der vielen nutzlosen Worte müde war. Immerhin bewunderte ich, allem Unmut zum Trotz , die Unerschütterlichkeit, mit der mein stolzer Vater an den Idealen vergangener Zeiten festhielt, nicht bereit, dem Geist der Gegenwart auch nur das Geringste zuzugestehen. Vergebens sprach ich ihm von den hohen Gaben des Kaisers, von der neuen Universität zu Neapel, wo die freigeistigsten und wissendsten Gelehrten so vieler Völker sich auf der Suche nach Wahrheit und Klarheit zusammengefunden hatten, um den Grund für eine bessere, gerechtere Weltordnung zu legen. Von den herrlichen Burgen und den prächtigen öffentlichen Bauwerken, die Friedrich Roger selbst entwarf und errichten ließ, erzählte ich ihm, von den Liedern und Schriften des Kaisers, und wie nun der belebende Hauch freieren Menschentums alles zu durchdringen, die Gespenster des

Aberglaubens davonzuwehen beginne. Bisweilen horchte er auf, sank dann aber bald wieder in die Dumpfheit überkommener Vorurteile zurück. Alles vergebens!

Ganz zuletzt, als ich nur mehr meinen eigenen Empfindungen Ausdruck verlieh, indem ich ihm die Frühlingspracht im Kahlenberger Land schilderte – unsere alte Burg, von Efeu umkränzt, die fröhlichen Jagden im Habichtswald, meine langen Ritte von Hof zu Hof, von Weiler zu Weiler, und wie im verstörten Volk neue Hoffnung, neue Tatkraft durch mich als den Vollstrecker der neuen kaiserlichen Gesetze zu keimen begann – als er all das in lebensvollen Bildern vor sich erstehen sah, die vertrauten Gesichter der Hofleute und Bauern, die Fahne auf dem Bergfried, und vor allem Dieterle, sein Enkelkind –, als er das Krächzen der Raben in der Linde, das Gurren der Tauben auf dem Dachfirst, den herausfordernden Hahnenschrei am Morgen, das Röhren der Hirsche in den Auwiesen und von Warburg herüber das Glockengeläut zu vernehmen meinte, da leuchteten seine Augen auf und gleich danach füllten sie sich mit Tränen.

»Ach«, seufzte er, »wärest du doch nicht gekommen, schlafende Hunde zu wecken! Vorbei... Alles vorbei... Ich bin längst gestorben, nur wußte ich's nicht. Eines möchte ich noch erleben, Anselm – wie ein stolzes Kreuzritterheer mit blutigen Schwertern und fliegenden Fahnen unter Posaunenschall einzieht in Jerusalem und wie dann Christi Kreuz sich als Sinnbild des Friedens über dem Heidenlande erhebt...«

Als ich das hörte, war mir, als müsse ich in den Boden sinken. Ja, erleben würde er es, aber doch so ganz anders als er sich's erträumte. Solches Wissen bedrückte mein Herz wie ein erzener Ring.

Wir nahmen Abschied voneinander, ein jeder enttäuscht, bekümmert, beschämt. Ich sah ihn unter dem Tor stehen zwischen seinen Darasifreunden, erhobenen Hauptes, ein Relikt aus vergangenen Tagen. Würden wir uns je wiedersehen? Hier zum ersten Mal wurde mir klar bewußt, wie allein der Mensch unter Menschen ist, und daß er beizeiten lernen sollte, mit seiner Einsamkeit zu leben.

41

Als wir, Ibn Dawud und ich, am Morgen des dritten Sonntages nach Ostern, steifbeinig nach langer, langweiliger Fahrt, den Strand von Tarent betraten und Gott danken wollten, weil Er uns in allen Fährlichkeiten beschützt und meine Mission gesegnet hatte, fanden wir das Portal der Kathedrale San Cataldo geschlossen. Auf dem Kastell wehten die staufischen Fahnen. In der Via del Duomo wie auch in den anderen Straßen und Gassen, die zum Golf oder zum Mare Piccolo, der Lagune, führen, randalierte eine aufgebrachte Volksmenge. Auf der Freitreppe der Kirche San Domenico stand ein Dominikanermönch und predigte donnernd gegen das wütende Heulen und Johlen zu seinen Füßen an. Wir kamen eben recht, um zu sehen, wie er von Kriegsknechten ergriffen und durch den sich herzudrängenden Mob abgeführt wurde. Die Schänken waren geöffnet, aber so dicht gefüllt mit laut schwatzenden Leuten, die sich schon heiser geschrien hatten, daß wir es vorzogen, uns zunächst einmal im Schatten der Kiefern am Strande niederzulassen und uns bei den dort Kühlung Suchenden umzuhören, was der Grund für die Aufregung sei.

Ein Fischer von Borgo, der uns Frutti di Mare aus der Lagune verkaufen wollte und auch einen Weinschlauch bei sich trug, hockte sich zu uns, die wir sehr einfach wie reisende Krämer gekleidet gingen.

»Ihr müßt von weit her gekommen sein, wenn ihr nicht wißt, was diese tarenter Esel in schnaubende Stiere verwandelt hat...«

Ich sagte: »Ja, Freund, sehr weit; aus dem Morgenland! Vor drei Wochen sind wir von El Ladiquia im Königreich Antiochia unter Segel gegangen.«

Der Borgonese rückte ein Stück von uns ab. »Hoffentlich habt ihr nicht die schwarze Pest von dort mitgebracht. Wir haben fürwahr Scherereien genug. So hat Papst Gregor – Gott strafe ihn – am zweiten Ostertag in der Kirche Sankt Petri zu Rom unseren Herren, den Kaiser, abermals gebannt. Seine Vasallen hat er des Treueides entbunden, Kirchen, Klöster und was noch alles mit dem Interdikt belegt. Mein Ältester wollte heut' heiraten, was ihm nun verwehrt ist, obwohl seine Ragazza noch diese Woche niederkommt. Sollte ich jetzt vor lauter Ärger in die Grube fahren, so ohne Beichte und letzte Ölung. Eine Affenschande!«

Ibn Dawud grinste und nahm einen unbescheidenen Schluck aus dem

Weinschlauch, was ihm als Moslim ja eigentlich verboten ist. »Wahrlich, du siehst mir nicht danach aus, als ob es mit dir aufs Letzte ginge. Aber sag' mir, warum? Was hat der Kaiser verbrochen?«
»Das ist's ja eben... Nichts hat er verbrochen – nichts! Ganz im Gegenteil! Erst wurde er vom Heiligen Vater gebannt, weil er von der Kurie gehindert worden war, gegen die Heiden zu ziehen, und jetzt – man glaubt es kaum –, weil er sich anschickt, sein Gelübde zu erfüllen. Das ist doch Blödsinn – oder was?« Er sah mich fragend an.
»Nicht so ganz, guter Freund! Der Papst weiß gar wohl, was er tut. Ihm geht es darum, den Kaiser zu entmachten, wenn nicht gar vom Thron zu stoßen. Sieht der Kirchenstaat sich doch nunmehr von den Gebieten des Staufers so eng umschlossen, daß er sich bedroht fühlen muß. Überdies bildet die Kurie sich ein, auf die Krone von Sizilien ein Anrecht zu haben. Ihr muß daran liegen, die weltliche Reichsgewalt einzuschränken oder gar sich dienstbar zu machen. Nicht gerade christlich, nicht wahr? Sagt doch unser Herr Jesus: ›Mein Reich ist nicht von dieser Welt!‹ Und: ›Gebt dem Kaiser, was des Kaisers ist!‹«
Der Borgonese schob seinen breitrandigen Strohhut in den Nacken und kratzte sich hinter dem Ohr. »Manche Leute behaupten, Papst Gregor sei der Antichrist, die Schwarzröcke hingegen, Kaiser Friedrich sei es... Was meint Ihr dazu? Glaubt auch Ihr, daß die Welt bald zugrunde geht?«
»Nein, warum sollte sie? Ist sie doch weder schlechter noch besser als sie von jeher war. All das ist dummes Geschwätz!«
Natürlich kannte ich die alberne Prophezeiung des Abtes Joachim von Fiore, der vor hundert Jahren das Ende der Menschheit für Anno Domini 1260 vorausgesagt hatte. Dergleichen mystische Wahnideen hatten ja zu allen Zeiten die Köpfe Unwissender erhitzt und ihnen schlaflose Nächte bereitet, wie ich den Werken antiker Autoren hatte entnehmen können.
Abermals kratzte der Fischer sich. »Na, ich weiß nicht recht. Die Welt ist ein Sündenpfuhl. Alles geht drunter und drüber. Als Seine Heiligkeit in der Kirche Sankt Petri über Tod und Verdammnis gepredigt und den Kaiser ein ›Gefäß der Pestilenz‹ genannt, da sollen die Römer so außer Rand und Band geraten sein, daß sie ihn aus der Stadt gejagt und bis nach Rieti, ja, sogar bis hin nach Perugia verfolgt haben. Die es miterlebten, sagen, das Volk habe ihn wüst geschmäht; mit Kot und Steinen habe es ihn beworfen. Ist das nicht unerhört?

Und doch, ich wette, ließe er sich jetzt hier blicken, ihm widerführe ein gleiches.«
»Wo ist denn der Kaiser jetzt?«
»Im Schloß zu Andria. Man munkelt, sein Weib, Jolante die Schöne, liege dort auf den Tod. Ihr wißt wohl auch nicht, daß sie ihm ein Kindlein geboren hat? Einen Knaben–«, fügte er hinzu. »Erzbischof Berard hat ihn auf den Namen Konrad getauft – dem Papst zum Trotz, der ja alle heiligen Handlungen verboten hat...«
Ibn Dawud und ich, wir sahen einander voller Bestürzung an. Ein jeder von uns dachte dasselbe: »Nach Andria – so schnell wie möglich!« Mir fuhr ein Dolch durch die Seele, indem ich mir das holde Antlitz der Gebieterin vergegenwärtigte und Friedrichs Verzweiflung.
Unter den Leuten, die auf dem Strandweg an uns vorüberzogen, befand sich auch eine Gruppe von Klerikern. Ich achtete ihrer nicht. Erst, als einer von ihnen stehenblieb, uns scharf ins Auge faßte, dann kehrtmachte und in Richtung auf das Kastell Sant' Angelo davoneilte, beschlich mich ein ungutes Gefühl. Irgend etwas an der rundlichen, untersetzten Gestalt des Geistlichen kam mir bekannt vor. Allein, was der Fischer uns erzählte, lenkte mich ab. Dies hätte um ein Haar den Erfolg meiner Reise und somit auch Friedrichs Pläne zunichte gemacht.
Der Borgonese stand auf und trollte sich. Im Begriff, nun ebenfalls den Weg unter die Füße zu nehmen, wurden wir von einem Hauptmann der Hafenwache angesprochen, den drei Kriegsknechte begleiteten.
»Ihr seid hier fremd?« erkundigte er sich barsch.
Ich erklärte ihm, ein schlichter Krämer sei ich, auf der Heimreise aus dem Heiligen Land nach Neapel. Mein wahres Ziel zu nennen, hütete ich mich. Ibn Dawud gab ich für meinen Gehilfen aus. Nun wollte er wissen, weshalb wir in Tarent an Land gegangen seien.
»Weil das Schiff nach Marseille bestimmt ist«, sagte ich, nach der Reede deutend. »Es läuft keinen anderen apulischen oder sizilianischen Hafen an.«
Er zog die Brauen zusammen, musterte uns längere Zeit recht eingehend. Ob wir uns ausweisen könnten, Briefe bei uns trügen, Empfehlungsschreiben oder dergleichen, aus denen Name und Profession sich ersehen ließen? Als ich verneinte – wobei mich Emir Al-Kamils

Brief an den Kaiser in seinem Versteck unter der Achselhöhle wie Feuer brannte –, schnaubte der Beamte argwöhnisch. »Ich muß Euch ersuchen, mir in die Burg zu folgen!«
»Warum?« Meine Frage klang eine Spur zu heftig.
»Man hat mich wissen lassen, daß Ihr ein entsprungener Staatsgefangener seid. Das muß untersucht werden. Seid Ihr's nicht, stell' ich Euch einen Geleitbrief nach Neapel aus. Das ist meine Pflicht. Kein Untertan Seiner Majestät darf fortan ohne Legitimation im Königreich reisen. Ihr werdet den Nachweis erbringen müssen, daß Ihr seid, der zu sein Ihr vorgebt.«
Achselzuckend gehorchten wir. Anderes blieb uns nicht übrig, denn die Kriegsknechte hielten die Spitzen ihrer Spieße auf uns gerichtet. Die Burg, das Castello Sant' Angelo, ein wuchtiges Gemäuer aus grauem Sandstein, lag am Südostrand der Insel, die Durchfahrt zum Mare Piccolo beherrschend. Der einzige Schmuck des düster gähnenden Portals bestand aus zwei steinernen Löwen, die eher Möpsen glichen. In dem dunklen, kahlen Amtsraum stand – ich fuhr vor Schreck zusammen – mein ebenso hinerhältiger wie hartnäckiger Verfolger Monsignore Guillano. Den mußte der Teufel hierhergeführt haben.
»Gott zum Gruß«, redete er mich an. »Das hättet Ihr nicht gedacht, Don Anselmo, daß wir einander hier begegnen würden?«
Ich nahm ein leises Zittern der Ungewißheit in seiner Stimme wahr und beschloß, alles abzuleugnen. Zumal die von Samum und Wüstensonne nahezu schwarz gebrannte Haut sowie auch der wirre Bart mein Aussehen bis zur Unkenntlichkeit verändert hatten.
»Don Anselmo? Bei allen Heiligen, ich versteh' Euch nicht.«
»Ja, ja, Graf Kahlenberg, gebt zu, daß Ihr's seid!«
»Graf–?« Der Hauptmann trat näher. »Davon habt Ihr nichts gesagt, Ehrwürden! Wenn es sich um einen hochgeborenen Herren handeln sollte, dann ...«
Ibn Dawud kam mir zu Hilfe. Er ging mehrere Male um den Prälaten herum, schnüffelnd wie ein Jagdhund auf heißer Spur, wobei er den Geistlichen mit solcher Vorsicht betrachtete, als sei dieser ein giftiges Reptil.
»Herr«, wandte er sich schließlich an den Hauptmann, »seid Ihr sicher, daß dieser Mann Euch seinen wahren Namen und Stand genannt hat? Hat er sich ausgewiesen? Wir Kaufleute kommen ja mit

mancherlei Galgenstricken zusammen, deren Gesichter man so leicht nicht vergißt. Wer sich da irrt, dem gereicht es zum Schaden.«
Unschlüssig ließ der Beamte die Spitzen seines Bartes durch die Finger gleiten. Ein großes Geisteslicht schien er nicht gerade zu sein. Wahrscheinlich lebte er in beständiger Furcht vor seinen Oberen. Andererseits hatte seine Tätigkeit in diesem von zahlreichen Fremden besuchten Hafen ihm eine nicht unbeträchtliche Erfahrung eingebracht, so daß ihm nichts als unmöglich erschien. Den geistlichen Herren hatte er nach Nam' und Art nicht zu fragen gewagt. Und nun sah ich, wie der von Ibn Dawud in ihm gegen Don Guillano erweckte Argwohn Blüten trieb. Die Geschäfte Monsignores waren gewiß der Art, daß sie das Licht der Öffentlichkeit nicht vertrugen.
Ich räusperte mich: »Herr, ich bitt' Euch, versichert Euch jenes Mannes! Auch ich mein', ihm unter wenig erfreulichen Begleitumständen schon einmal begegnet zu sein. Da, freilich, trug er einen anderen Namen und keine Soutane. Schickt ihn hinaus; Ihr sollt die Wahrheit erfahren.«
So geschah es. Sprachlos vor Grimm mußte der Prälat sich abführen lassen, denn er durfte – so stellte sich später heraus – seine Identität nicht preisgeben. Kaum hatte die Tür sich hinter ihm geschlossen, da zog ich den Brief des Emirs hervor und verriet so viel von dem Inhalt, wie ich glaubte verantworten zu können.
Der Hauptmann riß Mund und Augen auf. Die Anschrift vermochte er, da sie arabisch geschrieben war, nicht zu entziffern. Ein sarazenischer Unterführer der kaiserlichen Leibgarde, der hierher abkommandiert war, wurde herbeigeholt. Als dieser das Siegel sah, die Anschrift las, sank er in die Knie und küßte ehrerbietig den Saum meines schlichten Rockes.
Ihm und dem Hauptmann gebot ich im Namen Seiner Majestät unverbrüchliches Schweigen. Dem Letzteren riet ich, diesen vorgeblichen Geistlichen nicht so bald aus den Fingern zu lassen. Ein Geleitbrief auf den von mir angenommenen Namen wurde ausgefertigt. Obendrein stellte der verstörte Beamte zwei Gäule, so daß wir uns aus dem Staub machen konnten, bevor noch die Sonne den Zenit überschritten hatte.
Ibn Dawud lachte in sich hinein: »Der Esel wittert wahrhaftig schon Kerker und Halsgericht...« Er meinte den Hauptmann. »Beim Bart des Propheten! Glaubst du, daß er das Maul halten wird?«

»Aber ganz bestimmt! Leute wie der zittern vor jeder Obrigkeit. Verordnungen und Gesetze sind ihr heiligstes Brevier. Nichts schreckt sie mehr als der Gedanke, sie könnten das Mißfallen ihrer Vorgesetzten erregen. Darin gleichen sie Hunden; die wedeln ja auch mit dem Schweif, wenn man sie schilt.«

Grinsend klopfte mein Gesell mit der flachen Hand auf das Schwert: »Allah akbar! Lieber ein hungriger Wolf als ein fetter Köter!«

Wir trabten auf der Straße, die nur ein breiter, staubiger Viehpfad war, gegen Bari hin. Die Nacht brachten wir, nicht weit von San Michele, im Gehöft eines Bauern zu. Dann schlugen wir uns, Bari umgehend, dessen Türme ich im Dunst unter den Strahlen der Morgensonne erglühen sah, zwischen Kalkfelsen und Pinienhainen querfeldein und erreichten, als die Schatten des Abends über das Land herabsanken, den kleinen, schön gelegenen Ort Andria.

Als wir durch die Porta Sant' Andrea einritten, in deren Tympanon Friedrich Roger den Spruch hatte meißeln lassen: ANDRIA FIDELIS NOSTRIS AFFIXA MEDULLIS – Treues Andria, Unserem Herzen so nahe!, stolperten unsere mit Staub bedeckten Gäule vor Müdigkeit. Das Städtchen summte und brummte wie ein Bienenstock; aber das Summen und Brummen klang gedämpft. Ein Hauch von Trauer lag über der Volksmenge, die sich in den Gassen drängte. Die Mienen der Krieger, Beamten und Geistlichen drückten ängstlich gespannte Erwartung aus. Am Burgtor wurden wir angehalten. Eine Audienz beim Kaiser? Der Wachthabende musterte uns abschätzig. Nein, Seine Majestät sei nicht zu sprechen; stündlich müsse mit dem Ableben der Kaiserin gerechnet werden.

Da stand ich nun wie auf heißen Kohlen. Es sei von höchster Wichtigkeit, drängte ich.

Der Beamte lachte freudlos: »Das sagen sie alle. Und dann ist's am Ende doch nur ein Bittgesuch, eine Bettelei.« Immerhin, wir könnten ja warten. Man nahm uns die Pferde ab. Im Hof standen oder hockten Kuriere würfelnd und trinkend unter den Arkaden, gesattelte Rosse neben sich an die Säulen gebunden. Hofleute, Bedienstete, Knechte, Pagen eilten ab und zu. Endlich winkte der Wachthabende mir. Er überantwortete mich dem Haushofmeister, der sich nervös nach Namen und Anliegen erkundigte. Ich kannte den Mann nicht; er jedoch kannte mich.

»Kahlenberg?« Auffahrend rief er es. Gleichzeitig griff er nach der Schelle, um die Wache herbeizurufen.

»Unterlaßt das!« gebot ich ihm scharfen Tones.
»Ihr seid doch ... Ihr seid doch der, den Seine Majestät in Gewahrsam hat nehmen lassen? Und dann seid Ihr aus Rocca San Felice entwichen und ...«
»Entwichen? Der Teufel selbst hat mich dort rausgeholt. Los, sputet Euch! Meldet dem Kaiser, Graf Kahlenberg wünsche ihn dringend zu sprechen – dringend!«
Rückwärts schreitend, mich dabei ängstlich erstaunt im Auge behaltend, als sei ich ein dem Orkus entstiegenes Gespenst, begab er sich hinaus. Gleich darauf bezogen zwei Kriegsknechte Posten vor der Tür.
Ich überließ mich verworrenen, ziemlich bitteren Gedanken. Wie einfach und erfreulich war es gewesen, mit dem Kaiser zu verkehren – damals in Aachen, als Friedrich und ich noch jung gewesen waren. Nicht gar so deutlich entsann ich mich der Rechtlosigkeit und Unsicherheit jener gewalttätigen Zeit, als vielmehr des berauschenden Freiheitsgefühles, das mich erfüllt und beflügelt hatte. Jeder Art von Gefahr war man ausgesetzt gewesen, zu jeder kühnen Tat bereit, sich zu allem fähig fühlend, voller phantastischer Hoffnungen. Liebe und Haß, Reichtum und Elend, sprühendes Leben und jäher Tod, all das wucherte in erregender Buntheit nebeneinander. Königreiche harrten hinter dem Horizont dessen, der keck nach ihnen zu greifen wagte. O Jugend! In der Erinnerung lag ein bezaubernder Glanz über dem Vergangenen. Jetzt – so dünkte mich – fielen des Kaisers Gesetze lähmend wie Mehltau über die blühende Fülle des Lebens.
Rasche Schritte auf dem Gang draußen ... Herr Roffrid von Benevent, mein alter Freund, fuhr, die Posten beiseite schiebend, gleich einem wildgewordenen Eber zur Tür herein, ergriff mich ohne Umstände beim Arm: »Kommt, kommt, Graf! Der Kaiser brennt darauf, Euch zu sehen.«
Während er uns vorauseilte und die Treppe hinansprang, jeweils zwei Stufen auf einmal nehmend, keuchte er über die Schulter: »Ihr werdet ihn verändert finden ... Der Zank mit dem Papst ... Die Widerspenstigkeit der Lombarden ... Prinz Heinrichs Lieblosigkeit ... Und nun, wo das Hinscheiden der Herrin droht ... Zuviel für eines Mannes Schultern! Zuviel, Graf, viel zuviel!«
Und überall Höflinge, Bedienstete, Offiziere, Wachen. Vorhänge wurden zurückgeschlagen; eine Tür wird aufgestoßen ... Ich stehe vor dem Kaiser, beuge das Knie – nicht zu tief, weil die Beine noch steif

sind vom scharfen Ritt. Das Knacken der Gelenke tönt aufdringlich in die Lautlosigkeit des dämmrigen Gemaches. Eine Hand berührt meine Schulter. Ich hebe den Kopf. Mein Blick trifft sich mit dem des Kaisers, meines Gebieters, meines Freundes.
Ja, das ist er noch – Friedrich Roger, König des Deutschen Reiches und beider Sizilien, der Herr des Abendlandes! Aber das Haar, stumpfer nun, mit ein paar grauen Strähnen, ist gelichtet; die Wangen sind schlaffer, von fahlem Gelb; der Mund ist verkniffen – eine bittere Linie, der Leib fülliger, was seine Gestalt kleiner erscheinen läßt. Schmerz durchrieselt mich. Die Stimme hingegen, leise zwar, jedoch klingend wie eh und je:
»Gott zum Gruß, Anselm! Ich habe deiner in Sorgen gedacht – in Sorgen, ja! Nicht so sehr, weil ich dich unter so schmählichen Umständen fortgeschickt habe, deinen Mut, deine Treue mißbraucht, so wichtig es sich auch erweisen mag für den Lauf der Welt... Nein, vor allem in Sorge darüber, ob du begreifst, welche Notwendigkeit mich zu meinem Handeln zwang und ob du mir verzeihen kannst...«
»Ich lernte verstehen, Herr! Und wer bin ich, daß ich dem größten Herrscher der Welt etwas zu vergeben hätte? Ich schätze mich glücklich, Euch dienen zu dürfen bei Eurem schweren und guten Werk.«
Jetzt lächelte er. Die Verkniffenheit des Mundes löste sich. »Bei allen Heiligen, Anselm, schwer genug ist's, den Menschen ein guter Herr zu sein! Man ist und man bleibt auf ewig der Knecht seiner Knechte. Ich wollt', ich dürft' mit dir tauschen, Anselm! Ja, selbst mit dem geringsten der Bettler an der Chiaja von Napoli hätte ich tauschen mögen... Aber – Gott will es nicht!«
Er versank in Schweigen. Ich knöpfte mein Wams auf, zog das Ledertäschchen mit dem Brief hervor, dessen Siegel ich in Tarent hatte erbrechen müssen. Friedrich bemerkte es. Seine Augenbrauen hoben sich; sein Blick tastete argwöhnisch fragend über mein Gesicht. Wortlos legte er das Schreiben vor sich auf den Tisch – ein Akt der Selbstverleugnung, denn mußte er nicht vor Erwartung beben?
»Sprich!« gebot er. »Berichte zunächst, was dir widerfahren ist.«
Meine, nicht ohne einen Anflug von Bitterkeit vorgetragene Erwähnung der Gedanken, die mich bei meiner Verhaftung und dann auch später oftmals bekümmert hatten, als ich entdeckte, daß mir Ibn Dawud heimlich wie ein Schatten gefolgt, nötigten ihm ein spöttisches Lächeln ab. »Oh, Anselm, mein kleiner Bruder im Geist, dein reines

Herz kennt solche Schliche nicht!« Und er enthüllte mir die ränkevollen Machenschaften der Kurie, die nichts unversucht gelassen hatte, seine Annäherung an den Sultan zu hintertreiben. Meine begeisterte Schilderung des Emir Al-Kamil erfüllte ihn offensichtlich mit Befriedigung. Er rieb sich die Hände und eine Weile starrte er mit verhaltenem, triumphierendem Lächeln vor sich hin auf den Brief. Er las ihn wieder und wieder. Dann nahm er das kunstvoll beschriebene Pergament auf und hielt es in die Flamme der Kerze, die ein Mohrenknabe ihm gebracht, bis es zu Asche geworden war.

»Emir Al-Kamil ist nun Herr in Saladins Reichen«, sagte er aufatmend. »Damit ist das Spiel für uns gewonnen! Welch' eine Fügung der Vorsehung, daß der Sieg unseres Grafen Thomas von Acerra über Al-Kamils Nebenbuhler entscheidend dazu beigetragen hat, die Sarazenen zu einigen – ja, sie meinen Wünschen geneigt zu machen. Was geschehen wird und wie, das wissen zur Stunde nur du und ich. Für Gregor wird es ein böses Erwachen geben. Noch bildet Seine Heiligkeit sich ja ein, mich in der Zange zu haben. Aber sein Bannstrahl fruchtet nichts; so wenig wie ein Sommerlüftchen die Eiche berührt. Wie mag es ihn kränken und um den Schlaf bringen, da er nun fürchten muß, ich könnte mit einem Feldzug im Heiligen Land womöglich Ruhm gewinnen und ihm den Vorwand für sein heuchlerisches Gegeifer nehmen. Wahrscheinlich fleht er zu Gott, mich möge in ferner Wüste der Todespfeil eines Heiden treffen oder die Pest dahinraffen, während er seine Truppen nach Sizilien einmarschieren läßt. Und kehre ich dennoch heim – erfolglos, wie er hofft –, werde ich dann nicht in jedem Fall der Unterlegene sein?«

Friedrichs Gedanken richteten sich wieder auf die Gegenwart. Er sah, mir fielen vor Müdigkeit fast die Augen zu.

»Anselm, du Armer! Tief steh' ich in deiner Schuld und nichts hab' ich bisher getan, mich dieser Schuld zu entledigen. Warum bittest du nicht? Jedermann, Hinz oder Kunz, wer mir je einmal eine Fliege von der Stirn gescheucht, den Steigbügel gehalten oder eine Verleumdung zugetragen, hält dreist die Hand auf, glaubt sich zu höchsten Staatsämtern berufen ... Und du, Anselm?« Er sah mich zweifelnd an. »Sag' endlich, was du dir als Lohn erwünschst!«

Ich errötete gekränkt, obwohl ich wußte, nichts liege dem Kaiser ferner als mich zu beleidigen. »Herr«, sagte ich stockend. »Eure Zuneigung ist mir Lohn genug. Zu danken habt Ihr mir nicht. Wenn ich Euch diene, so als ein freier Mann, aus freiem Willen als Euer ergebener Freund. Und – bezahlt man Freunde?«

Meine ebenso bescheiden wie fest gesprochenen Worte schienen Friedrich Roger zu verstimmen. Er runzelte die Stirn. Deshalb setzte ich hastig hinzu: »Wollt Ihr mir eine Gunst gewähren, so gestattet, daß ich die Hohe Frau, Eure liebwerte Gemahlin, noch einmal sehe. Hörte ich doch, sie wird von uns heimgehen zu Gott und das Leid um sie zerdrückt mir das Herz. Von Euch, von uns allen wird ein Licht genommen, das die Düsternis unseres Erdenlebens tröstlich erhellte.«

So heftig sprang der Kaiser auf, daß der Stuhl umstürzte. Er kam hinter dem Tisch hervor, umschlang meine Schultern, schwer atmend, flüsterte: »Gewährt, Anselm! Gewährt! Wir gehen zu ihr – jetzt gleich... Aber – merk' dir, Anselm, mein Freund, hänge niemals dein Herz an Mensch oder Tier, weder an lebende, noch an tote Dinge, wenn du Schmerzen vermeiden willst. Der kühle Verstand, Anselm, das Sich-selbst-genug-Sein, das allein verbürgt einen glücklichen Erdenwandel.«

Ich sah ihn an, zu sehr erschreckt, um sogleich eine Antwort zu finden. Aber ich fühlte die Rosen auf meiner Brust wie Feuer brennen. Wir schritten durch lichtlose Bogengänge, die leerer und stiller wurden, je mehr wir uns dem Turmgemach der Kaiserin näherten. Hier dämpften dicke Teppiche jeden Laut. Trotzdem gingen wir auf Zehenspitzen. Als wir eintraten, erhob Herr Berard, der greise Erzbischof von Palermo, sich vom Betstuhl, machte das Zeichen des Kreuzes über dem stillen, weißen Gesicht der Sterbenden und zog sich leise zurück. Ich kniete neben dem Bett nieder, blind vor Tränen, weiß auch nicht mehr, was ich aus der Trauer meines Herzens stammelte, fühlte nur eine sanfte Berührung auf meinem Haupt und vernahm wie einen Hauch, daß Jolante mich bat, ihrem Gemahl allezeit ein getreuer Freund zu sein. Der stand daneben, stumm und starr, wie zu Stein geworden. »Sich selbst genug!« dachte ich bitter. Aber was weiß man schon vom Innersten eines anderen Menschen?

Jedenfalls, seine Worte, seine zur Schau getragene Kälte hatten mich im Tiefsten erschüttert. Jolantes Züge flossen wie in einer Art Traumbild mit denen meiner Liebsten ineinander. Drohende Schatten senkten sich gleich den Vorboten nahenden Unheils auf mein Gemüt. Und so sagte ich denn: »Noch eine Gunst, Herr, erbitte ich... Laßt mich ziehen!«

Unvermittelt blieb Friedrich, nun wieder ganz die kaiserliche Majestät, in der von vielen Kerzen erleuchteten Halle stehen, maß mich mit eisigen Blicken. »Mitnichten, Graf Kahlenberg! Wir bedürfen Eurer. Ihr begleitet Uns nach... Nun, wohin Gottes Hand Uns führt!« Er wandte sich brüsk auf den Hacken. Herr Roffrid und andere Höflinge, die hier in ernsten Gesprächen herumstanden, richteten bestürzte Blicke auf mich.

42.

Furcht und Schrecken lähmten mich nahezu, als am Morgen des achten September, dem fünfzehnten Sonntag nach Trinitatis, die Küste des Heiligen Landes immer deutlicher hervortrat. Die vertrauten Konturen von Saint Jean d'Acre mit der schneeweiß schimmernden Kuppel der Moschee, dem schlanken Minarett sowie den Türmen der Kirchen Sankt Peter und Andreas und Sankt Markus, die über die hohen Stadtmauern emporragten, hätten mich mit freudiger Genugtuung erfüllen sollen, denn mir war es zuzuschreiben, daß wir sie jetzt vor Augen sahen. Indes – die Zinnen und Mauern waren mit Geharnischten dicht besetzt, deren Panzer, Helme und Lanzenspitzen unter den Strahlen der Morgensonne funkelten und blitzten.
Dieser Anblick allein mußte schon befremden; wieviel mehr denn die Tausende und Abertausende von Zelten, die den schmalen, leicht ansteigenden Küstenplan bis hin zu den westlichen Höhen bedeckten, das Meer grüner und roter Fahnen über den flachdachigen, gekalkten Lehmhäusern der Sarazenenstadt, vor allem aber die buntscheckige Volksmenge, die Kopf an Kopf bis an den Rand des Wassers in den Gassen und auf den Dünen wogte.
Hermann von Salza, der neben mir auf der Poop der Kaisergaleere stand und mit angespanntem Gesicht zum Lande hinüberstarrte, griff unwillkürlich nach dem Schwert – eine Reflexbewegung, derer ich mich nur mit Mühe enthielt. Die fünfzehn anderen Schiffe unseres Geschwaders schlossen vor dem frischen Nordwest in Kiellinie auf. Ihre Flaggen und Banner flatterten lustig im Wind. Ich konnte mir jedoch denken, mit welch' bänglichen Gefühlen die Männer – im Kampf erprobt und tapfer, wie sie ohne Zweifel allesamt waren – die ungeheure Anzahl der Moslimin betrachteten. Freund oder Feind? Das war hier die Frage. Wie, wenn der Kaiser sich geirrt hatte? Wenn

es sich um eine Falle handelte, in die wir mit vollen Segeln hineinsteuerten?
Ich dachte an die erregenden Tage in Andria und dann später in Brindisi. Sogleich nach den Beisetzungsfeierlichkeiten für die Kaiserin waren Boten nach allen Himmelsrichtungen ausgesandt worden. Von Palermo, Messina, Napoli und Genua wurden die seetüchtigsten, bereits voll ausgerüsteten Schiffe, sechzehn an der Zahl, nach Brindisi beordert. An die fünfhundert der angesehensten Ritter samt ihren Knappen versammelten sich dort im Laufe des Sommers. Erstaunt, bestürzt, da besorgt, dort spottend, verfolgte man in aller Welt die kriegerischen Vorbereitungen des Staufers. Alles lief, genau nach Zeitplan, wie am Schnürchen ab. Vorräte, Waffen, Pferde trafen zeitgerecht ein und wurden verladen. Wieder einmal erregte Friedrich Roger das Staunen der Welt. Aber – war er in Wahnsinn verfallen? fragten die Unwissenden sich. Gedachte er wirklich, mit seinen paar Mann den Heiden das Heilige Land zu entreißen?
Papst Gregor schäumte. Zwar glaubte er keinswegs, Gott habe den Geist des Kaisers verwirrt. Nein, ganz im Gegenteil! Er sah sich von Friedrich an der Nase herumgeführt. Schon einmal war ja der Kaiser nach Palästina aufgebrochen, dies jedoch nur, um einige Tage später unter einem läppischen Vorwand zurückzukehren. Damit hatte er damals die ausgetüftelten Pläne der Kurie durchkreuzt. Sollte dies sich jetzt wiederholen? Wutentbrannt verbot nun der Heilige Vater in zahlreichen Briefen und Erlassen allen Klerikern wie auch Laien die Teilnahme an dem Kreuzzug bei Strafe der Exkommunikation, sei er doch von vornherein zum Scheitern verurteilt und nur geeignet, das Ansehen der Christenheit, soweit noch vorhanden, im Morgenland vollends zu untergraben. Auch bestätigte er nochmals Bann und Interdikt.
Nicht wenige der als Begleiter des Kaisers ausersehenen Fürsten, Grafen und Ritter zeigten sich bedenklich. Einige von ihnen traten, Krankheit vorschützend, von diesem Ehrendienst zurück. Die Standhaften hingegen empfahlen sich achselzuckend der Gnade Gottes. Untereinander sprachen sie: »Friedrich Roger, unser geliebter Herr, weiß allemal, was er tut. Vertrauen wir ihm und helfen wir ihm sein Werk zu vollbringen, auch wenn wir nicht vorhersehen können, zu welchem Ende!«
Am elften August war die Flotte von Brindisi in See gegangen. Mir

hatte man einen Platz auf der Galeere des Kaisers zugewiesen, und meine üblen Vorahnungen waren zu Rauch geworden. Nicht nur mangelte es keineswegs an Raum, sondern auch die Betten waren bequem, das Essen vorzüglich, reines Trinkwasser und edler Wein in ausreichender Menge vorhanden. Keine einzige Ratte fand sich an Bord, so daß die Pest uns verschonte. Kein Sturm brachte uns in Gefahr. Keine Flaute hielt den Lauf der Schiffe auf.

In Famagusta wurde der Kaiser von den Cyprioten mit Jubel, von Tempelrittern und Johannitern mit Zurückhaltung empfangen. Die Ordensleute warnten ihn ernstlich: »Versucht nicht Gott, Majestät! Viele Hunde sind des Hasen Tod; unsere Feinde in terra promissionis zählen nach Tausenden.«

»Gott ist mit den Mutigen«, entgegnete Friedrich gleichmütig. »Auf Wiedersehen in Jerusalem!«

Man erachtete dies als frevlerischen Leichtsinn, wenn nicht gar als Torheit. Und die Tore der Kirche Sankt Nikolas blieben ihm und uns gemäß dem päpstlichen Gebot verschlossen. Im ersten Augenblick fürchtete ich, da ich Friedrichs Antlitz erbleichen und sich versteinern sah, sein schrecklicher Jähzorn werde ihn zu irgendeiner grausamen Tat fortreißen, was ich ihm hätte nachfühlen können, denn auch in mir stieg die schwarze Galle hoch. Er bezwang sich jedoch. Er lächelte zwar nicht, sagte aber mit milder Gelassenheit: »Um so schlimmer für euch, ihr frommen Diener des Herrn; werdet ihr doch dereinst Rechenschaft geben müssen vor Gottes Thron!« In Wahrheit focht es ihn wenig an, ob er des Abendmahles, der Messe und der Beichte teilhaftig werde oder nicht, da er ja ohnedies die Omnipotenz des Papstes wie auch die Gottgefälligkeit der Rituale insgeheim in Frage stellte.

Freilich, auf den oder jenen der glaubenstreuen Christen in Friedrichs Gefolge waren die Warnungen der Ordensritter sowie auch Gregors Bannstrahl und Interdikt nicht ganz ohne Wirkung geblieben. Und so blickten denn an diesem Septembermorgen nicht wenige voll banger Sorge nach der im Sonnenglanz leuchtenden Küste hinüber, der wir uns mit rauschender Fahrt näherten.

Als die Segel herabsanken, die Ankertaue durch die Klüsen rumpelten und das Schiff unter dem Druck des Windes herumschwoite, erhob sich am Strande sowohl als auch auf den Mauern von Akka ein ungeheurer Lärm – Jubelgeschrei aus zahllosen Kehlen, Trommelwirbel, Paukenschläge, Posaunenstöße... Zwei Boote – eines aus dem

Hafen der Kreuzritter kommend, das andere vom Strande der Sarazenenstadt her – hielten auf die Kaisergaleere zu. Ihre Riemen, im Sonnenschein blinkend, bogen sich unter der Gewalt, mit der die Ruderer sich ins Zeug legten. Über dem einen flatterte die weiße Fahne mit dem roten Zackenkreuz der Ordensritter, über dem anderen das grüne Banner des Propheten. Beide langten gleichzeitig bei uns an.
Dem Boot, das an der linken Bordwand festmachte, entstiegen der Großmeister des Templerordens, begleitet von dem Erzbischof von Caesarea, dem anderen auf der rechten Seite mein guter Freund, der Emir Fahr-ed-Din. Ich atmete auf, da ich ihn mir ermutigend zublinzeln sah. Inzwischen hatten auch Kaiser Friedrich und Peter von Vinea das Poopdeck betreten und sich zu Hermann von Salza gesellt. Ich hielt mich bescheiden abseits von ihnen, weil ich nichts so sehr verabscheue wie die betuliche Zudringlichkeit so mancher Höflinge. Der Templer maß den Emir mit hartem Blick. Friedrich Roger schaute sich nach mir um. Ein mokantes Zucken um die Lippen, fragte er leise: »Links oder rechts, Anselm?«
Die gleiche Frage hatte ich selbst mir eben gestellt. Ihre Beantwortung mochte über Sein oder Nichtsein entscheiden. Ich sah nach der Kreuzritterstadt hinüber, die, ungeachtet des hellen Sonnenscheins, mit ihren hohen, düsteren Wehrmauern und eisenblinkenden Gewappneten einen abstoßend drohenden Anblick bot. Die Sarazenenstadt hingegen, in Wirklichkeit gewiß nicht weniger gefahrenträchtig, erweckte mit ihrer bunten, frohbewegten Volksmenge den Eindruck von friedfertiger Gastlichkeit. Der kühle Verstand warnte mich: von der einen wie von der anderen mochten dem Kaiser tödliche Gefahren drohen. Indes, ich folgte der Eingebung meines Herzens und sagte: »Rechts, Herr! Rechts!«
Der Kaiser nickte unmerklich. Sein Lächeln verriet Selbstgewißheit und Befriedigung. Mit heiterer Miene wandte er sich den Besuchern zu, als sie das Poopdeck erstiegen. Fahr-ed-Din warf sich vor ihm nieder, indem er mit der Rechten Stirn und Decksplanken berührte, während der Ritter nur lässig das Knie beugte, der Erzbischof hochmütig den Kopf neigte. Friedrichs Gesicht glich in seiner Unbewegtheit einer wächsernen Maske.
»Erhebt Euch!« redete er, des Templers wie des Bischofs zunächst nicht achtend, den Emir auf Arabisch an. »Wollt Ihr, liebwerter Herr, Uns durch Eure Höflichkeit beschämen? Wir betrachten Uns nur als

Gast im mächtigen Reiche Saladins, als ehrlicher Freund und Bruder seiner Herrlichkeit, Eures Gebieters Sultan Al-Kamil – Allah behüte ihn! Und so sagen Wir ihm Dank dafür, daß er es Uns in seiner Güte, seiner Einsicht möglich macht, ihm als Freund dem Freund die Hand zu reichen, auf daß unsere Völker künftig in Frieden und Eintracht miteinander leben und, ein jedes auf seine Weise, den Geboten des Allgerechten folgen.«

Fahr-ed-Din erhob sich würdevoll. Freudig bewegt rief er, mit weit ausholender Armbewegung zum Lande hin: »Bismillah – Im Namen Allahs, seid gegrüßt, o Beherrscher der Christenheit! Mein Gebieter, der Sultan, die Sonne des Orients, erwartet Eure Hoheit als seinen Bruder im Geiste dort drüben in seinem bescheidenen Zelt. Er sehnt sich danach, das Licht der Liebe und Güte in Euren Augen leuchten zu sehen, die Worte Eures scharfen Verstandes zu vernehmen . . .«

Der Templer unterbrach ihn, indem er mit dem Fuß aufstampfte. »Gast . . .« knirschte er. »Freund . . . Bruder . . . Majestät, es wäre wünschenswert, wenn Ihr zuvor uns anhören wolltet. Ich warne Euch! Manch gutem Christen ist es übel angeschlagen, wenn er den gleißnerischen Reden der Heiden getraut. In der Stadt drüben, hinter den festen Mauern, seid Ihr sicher. Alles ist dort für Euch bereit.«

›Nicht zuletzt Mordstahl oder Gift‹, dachte ich.

Wie Hohn zuckte es um Friedrichs Lippen. Miteins verwandelte sein müdes, erschlafftes Gesicht sich in das kühne Antlitz seiner Jugendtage, so wie ich es in Erinnerung trug. Er entgegnete: »Der Falke liebt – Ihr solltet es wissen – Freiheit und Gefahr unter Gottes weitem Himmel! Ich bin gekommen, Jerusalem und das Heilige Grab den Christen mit Gottes Beistand zurückzugewinnen – was Ihr bisher nicht vermocht habt, Ihr tapferen Herren!«

Auf seinen Befehl hin wurden Geschenke für den Sultan in das Boot verladen. Begleitet von den Herren Peter und Hermann stieg der Kaiser in Fahr-ed-Dins Barke hinab, während ein zweites Fahrzeug sechs seiner maurischen Leibwächter aufnahm. Als das Boot ablegen wollte, winkte er mir: »Wo bleibt Ihr, Graf? Ihr dürft nicht fehlen. Wem dank' ich die Freundschaft des Sultans, wenn nicht Euch?«

In der tiefen Stille, die für eines Vogelrufs Dauer über Schiff und Hafen lag, waren die Worte deutlich zu vernehmen. Indem ich mich über die Reling schwang, bemerkte ich flüchtig den Ausdruck von Staunen und Zorn in den Mienen des Templers wie des Klerikers. Da wußte ich, fortan werde mein Leben bedroht durch heimliche Feinde sein.

Eine schwache Brandung beschäumte, schimmernd wie das Perlenband am Saum eines türkisblauen Kleides, den Strand. Knirschend lief der Kiel des Bootes auf Sand. Bevor die nächste Woge es anhob, sprangen bronzebraune Jünglinge ins Wasser; sie schoben, zogen und rollten die Barke auf Rundhölzern den Strand hinan. Andere breiteten vor des Kaisers Füßen einen langen, roten Teppich aus.

Unbeschreiblicher Jubel... Gleich dem Tosen der Meeresbrandung umbrauste er uns, unterbrochen von schrillen Schreien. Eine Gasse aus dicht sich drängenden Leibern bildend, schwenkten freudig, bis zum Wahnsinn erregte Menschen flammend bunte Tücher, blitzende Waffen, Palmenzweige. Einige warfen sich vor dem Kaiser auf den Weg, damit er über sie hinwegschreite; sie mußten von Leibwächtern beiseite getragen werden. In vielen Augen glitzerten Tränen.

Ich wankte wie im Rausch dahin, das Ohr taub von dem Lärm, das Auge geblendet durch Farben und Formen und von der Fülle des Lichtes. »Allah! Allah! Allah!« Wenn es unter der Menge Feinde gab, die dem Kaiser nach dem Leben trachteten – und mit Sicherheit gab es sie –, so wären sie doch in Stücke gerissen worden, bevor ein Anschlag hätte gelingen können. Wir bestiegen schneeweiße, prächtig geschmückte Kamele, die im Schatten der Moschee unter Palmen knieten, während der Muezzin von der Höhe des Minarettes Allahs Segen auf den Beherrscher des Abendlandes herabrief.

All das war mir wie ein Traum – dies und all jene Tage und Nächte voller Zweifel, voller Bangnis, der Wirbel drängender Pflichten, die geheimen Anfechtungen, das unablässige Bedrohtsein, die beständige Wachsamkeit, die das Hofleben erforderte, die Sorge um Friedrichs Leben, der verhohlene Haß, der ihn und alle, die ihm in Treue dienten, wie ein Gifthauch umgab. Kurz vor der Ausreise hatte ein Minoritenbruder den Kaiser vor versammeltem Volk einen Ketzer genannt. Als man den Mönch ergriff und vor den Herrscher brachte, auf daß er die ihm zukommende Strafe erleide, winkte Friedrich Roger verächtlich ab: »Laßt ihn laufen! Der Mensch will durch mich zum Märtyrer werden; aber sein sehnliches Begehren soll durch mich nicht gestillt werden.«

Über dem Sand der Dünen, die wir durchritten, flimmerte heiße Luft. Auf der Ebene, zwischen dem Dünenkranz und den Höhen im

Westen, genossen wir unter Akazien, Platanen und Zypressen kühlenden Schatten. Süße Düfte wehten uns aus Orangengärten und Palmenhainen an. In einem dieser Haine standen Sultan Al-Kamils Zelte. Seine Leibwächter, weiß gekleidet, mit weinroten Turbanen und Leibbinden, hielten in der Rechten blanke Krummschwerter, in der Linken Palmenzweige. So grimmig sie dreinblickten, sie warfen sich – ritt der Kaiser an ihnen vorüber – in den Staub und drückten die Stirn auf den Boden. Pfeifer, Trompeter und Trommler begleiteten unseren Einzug; sie vollführten mit ihren Instrumenten einen so ohrenzerreißenden Lärm, daß die Geier aus den Wipfeln aufflogen und die Steine klirrten.
Nach allem war ich auf ein stundenlanges, ermüdendes Zeremoniell gefaßt. Ich wußte, Friedrich verabscheute nichts heftiger als das, obwohl er bei Gelegenheit mit Pomp und Prunk aufzutreten pflegte, um das Volk zu beeindrucken. Hier jedoch, wo der Kopf ihm schwirren mochte von ernsten Gedanken, wäre solch ein Firlefanz ihm höchst zuwider gewesen. Auch darin glich sein Wesen dem des Sultans. Und so sah ich ihm seine Erleichterung an, als Emir Al-Kamil, in ein schlichtes weißes Gewand gehüllt, aus dem Eingang des Zeltes hervor- und dem Kaiser, unbefangen lächelnd, entgegentrat, indem er sich, die Arme über der Brust kreuzend, artig verneigte, was Friedrich Roger auf gleiche Art erwiderte.
Auch Herr Hermann versuchte sich in dieser ihm fremden Begrüßungsform. Der blonde Bär aus Thüringens Wäldern sah dabei in seiner starren, klappernden Eisenrüstung und dem verschwitzten Gesicht so tolpatschig aus, daß selbst über Al-Kamils beherrschtes Gesicht sich ein spitzbübisches Schmunzeln stahl. Herr Peter von Vinea beließ es denn auch bei dem unter Christen üblichen: »Pax vobiscum, domine!«
»Es-salam aleikum!« sagte der Sultan;
»Wa aleikum es-salam!« der Kaiser.
Das Gastmahl war köstlich. Ich besorgte nur, der Kaiser sowie auch die beiden Herren könnten sich an den ungewohnten Leckerbissen, dergleichen sie am Hof zu Palermo niemals genossen hatten, gar gründlich den Magen verderben. Ich, durch Erfahrung gewitzigt, aß mäßig und hielt mich an den gekühlten Sorbet – ein schmackhaftes Getränk aus Fruchtsäften und Zuckerwasser, das den Durst löscht, ohne in den Kopf zu steigen.

Vom Anlaß für den Besuch Seiner Majestät wurde bei dieser ersten Begegnung nicht gesprochen. Der Sultan erwies mir die Gnade, mich zu umarmen, indem er sich väterlich nach meiner Gesundheit erkundigte und wie es mir gelungen sei, in El Ladiquia den Häschern der Templer zu entrinnen und den Boden Italiens ungefährdet zu erreichen. Meinem Vater, dem Grafen Rainold, ergehe es gut – beruhigte er mich –, nur glaube der alte Kämpe nicht oder wolle es nicht wahrhaben, daß es gelingen könne, wider Tod und Teufel und Papst einen dauerhaften Frieden zwischen den Bekennern Mohammeds und den Christen auszuhandeln.

Al-Kamil wußte auch von meiner Gemahlin im fernen Sachsenland. Das Leben – meinte er – sei eine Wüste und das Weib das Kamel, das uns Männer hindurchträgt. Er betrachtete mich sinnend und sagte, es sei nicht gut, daß der Mensch allein sei; ob ich mich denn gar nicht nach meinem Weibe sehne? Ich preßte die Hand auf das Kästlein mit den Rosen auf meiner Brust und senkte die Stirn, um zu verbergen, daß mir die Augen feucht wurden. Aber das entging ihm wohl nicht. »Ja, ja«, tröstete er, einen Vers Omar-i-Khajjams zitierend, »mit Wein und holder Maid vertreibe dir die Zeit, und sorg', daß fern dir bleib' der Feinde Neid!«

Na, ja, er hatte gut reden. An holden Maiden fehlte es ihm in seinem Harem ja nicht. Gleich nach dem Essen schwirrten Tänzerinnen ins Zelt. Sie wirbelten zu den Flötenklängen einer Gaieait und dem dumpfen Tom-tom-tom mehrerer Darbukas den Staub vor uns auf – kindhafte Geschöpfe, lieblich von Angesicht, mit funkelnden dunklen Augen, flatterndem blauschwarzem Haar und so anmutig wie Gazellen.

Das Herz klopfte mir hoch im Hals. Die aufreizenden Laute, lockendes Girren... Allzu lange hatte ich des Umganges mit Frauen entbehrt. Hinter jeder der reizenden Larven schien ein Geheimnis des Kühnen zu harren, der es zu entschleiern wagte. Ach, wie sehr verlangte mich nach menschlicher Nähe, nach einem warmen Leib, nach einem Wesen, das mir ganz gehört, dem ich alles bedeute. Mit begehrlichen Blicken verschlang ich diese glutäugigen Bajaderen, während ich doch zugleich meiner Liebsten daheim gedachte und ihre Rosen über meinem Herzen mahnend zu zittern schienen.

Nebenher kam mir in den Sinn, was wohl Männer wie Friedrich, wie Peter oder wie Hermann bei solcher Darbietung empfinden mochten?

Der Kaiser hockte nach arabischer Sitte auf seinem Kissen, lächelnd die Mädchen betrachtend, als seien es spielende Füllen. Peter von Vinea, in sich versunken, schien nichts um sich her wahrzunehmen. Hermann von Salza, nüchtern und fromm, runzelte unmutig die Stirn. Eine der Tänzerinnen versuchte ihn aufzuheitern, was Kaiser und Sultan höchlichst ergötzte. In immer engeren Kreisen wirbelte sie um ihn herum und nun, da die Musik mit schrillem Flötenton und einem letzten donnernden Paukenschlag endete, sank sie wie ein vom Baum gewehtes Blatt dem spröden Ritter in die Arme. Der aber, zornrot, ergriff sie bei Schulter und Hüfte und schleuderte sie von sich. »Geh' weg, du Weib!« grunzte er beschämt und erbost. Gekränkt schaute er uns an, die wir allesamt herzhaft lachten.
Die jüngste der Sklavinnen, deren Schönheit und Grazie ich unverhohlen bewunderte, erwies sich nun auch als die dreisteste. Ihre brombeerfarbenen Mandelaugen sandten mir unter langen schwarzen Wimpern nicht zu mißdeutende Blicke zu. Der breite kirschrote Mund verhieß leidenschaftliche Küsse. Beim zweiten Tanz ließen die Mädchen ihre schleierartigen Gewänder fallen und diese gleich Fahnen um Kopf und Schultern schwingen. Bisweilen hielten sie inne. Unbeweglich standen Füße und Beine, während sie die Hüften rollen ließen und ihre Bauchmuskeln nach den Klängen der Musik rhythmisch zuckend bewegten. Die lasziven Bewegungen und Gesten hatten, so schamlos sie mich anmuteten, etwas Berückendes. Ich errötete, ärgerte mich über Friedrichs spöttische Miene, wollte die Augen schließen und vermochte es nicht. Der letzte Tanz endete damit, daß Jasumini, meine Favoritin, gleich einer Flamme auflodernd und in sich zusammensinkend, mir ihr Schleiergewand um Kopf und Brust schlang und dann meinen zugreifenden Händen kichernd entglitt.
Al-Kamil nickte mir zu: »Gefällt sie dir?« Aber erst, als ich des Abends in das mir zugewiesene Zelt trat, begriff ich, was damit gemeint gewesen war.
Drei Tage währte unser Besuch beim Sultan, dann ritten wir nach Akka zurück, wo die fünfhundert Ritter Friedrichs im Dünengelände vor der Nordmauer ihr Lager aufgeschlagen hatten. Mein bescheidenes Zelt stand innerhalb des umfriedeten Platzes dicht neben dem großen prächtigen Pavillon, in dem Kaiser Friedrich hofhielt. Dies wurde mir von gewissen Höflingen verdacht. Einige waren vom Wert ihrer Dienste so sehr überzeugt, daß es über ihren Verstand ging, weshalb

seine Majestät mir, der ich weder ein Amt bekleidete, noch als Vasall von Bedeutung war, in so reichem Maße Gunst erwies. Herr Peter, der Gestrenge, nicht anders als Hermann von Salza, blickte scheel auf Jasumini, die mir vom Sultan geschenkt worden war und nun Zelt und Lager mit mir teilte. Ich hielt das liebliche Geschöpf wie ein Eheweib, was andere Lagerdirnen verdroß. All das brachte mancherlei Unzuträglichkeiten und Sorgen mit sich.

Noch war keine Woche vergangen und mein Herz brannte lichterloh vor Liebe und Leidenschaft. So jung Jasumini war, ihre Kenntnis in Liebesdingen übertraf alles, was ich bis dahin erfahren oder vernommen hatte. Bald zeigte sich aber auch, daß sie zu Zeiten recht launisch, ja sogar reizbar bis zur Grausamkeit sein konnte.

»Assalamo, mein Herr«, schmollte sie am Morgen nach einer ermüdenden Nacht, indem sie ihre Lippen zu einem entzückenden Kußmündchen schürzte, »du behauptest immer, du liebtest mich. Aber ich glaube dir nicht. Du bist ein ebenso roher Barbar wie alle die anderen Ungläubigen hier. Würdest du sonst dein kleines schwaches Weibchen ohne Sklaven und Diener lassen? Hab' ich dir nicht erzählt, daß ich die Tochter eines Fürsten bin, der von diesen sarazenischen Räubern gefangen und erschlagen wurde, als er mit mir an den Euphrat reiste, um mich einem Prinzen zu vermählen?

Schon wahr, unsere Mahlzeiten bekommen wir aus des Kaisers Küche. Dagegen will ich gar nichts einwenden, denn sie sind reichlich, schmackhaft und fett. Aber glaubst du, es diene dir zur Ehre, wenn ich alltäglich selbst das Zelt ausfegen muß und Wasser holen aus den Brunnen der Stadt, wobei mich die Kriegsknechte belästigen? Sie lachen mich aus, wenn ich sage, daß ich die Gemahlin eines Grafen bin, und ich höre Dinge aus ihren stinkenden Mäulern, die ich nicht wiedergeben will. Dein Freund, Herr Roffrid von Benevent, der uns manchmal besucht und deinen guten Wein trinkt, als ob es Wasser wäre, der hat seiner Gattin, die ja auch nur eine Unfreie ist und gar nicht mal so schön und von edler Abkunft wie ich, zwei starke Sklaven auf dem Markt gekauft. Auch soll sie ein Pferd für sich selbst erhalten, ein prächtiges stolzes Roß zum Ausreiten, sowie zwei Esel für die Sklaven ...«

»Liebes Kind«, beeilte ich mich, ihren Redefluß zu unterbrechen, »Herr Roffrid ist bestallter Sekretär Seiner Majestät, zudem von Haus aus begütert und ...«

Jasumini verschloß mir mit ihrer schmalen, nervigen Kinderhand, die ich so liebte, zärtlich den Mund: »Ich weiß ja, Assalamo, mein lieber Herr, daß du arm bist, ein wenig schwachen Geistes und bei Hofe ohne jede Bedeutung. Die Sklavin des Großhofrichters hat mir hinterbracht, ihr Gebieter begreife gar nicht, was der Kaiser an dir findet. Deinesgleichen gäbe es wie Sand am Meer – hat er gesagt – und du wärest so dumm, daß es dir nimmermehr glücken werde, dem Kaiser eine Pfründe aus der Nase zu ziehen. Ja, das hat sie mir hinterbracht. Und ich fürchte, Assalamo, liebster Herr, du bist wirklich zu träge und einfältig, als daß du's aus eigener Kraft zu Würden und Reichtum bringen könntest. Aber wenn du mich mit schönen Gewändern ausstattest, mir Schmuck, Sklaven und ein paar edle Pferde schenkst, will ich für dein Fortkommen Sorge tragen...«
Da saß sie nun neben mir auf der Lagerstatt, dieses kleine Biest, eine Sklavin, das reine Nichts, und sprach, als sei sie in der Tat eine Prinzessin von großem Einfluß und edlem Geblüt. Wahrscheinlich war ihr Vater nichts anderes gewesen als der Scheik eines unbedeutenden Nomadenstammes. Ich traute meinen Ohren kaum. Sprachlos vor Zorn starrte ich sie an, denn irgendwie hatte sie eine wunde Stelle in mir getroffen. Seit Jahren lag ja meine Selbstachtung mit den zersetzenden Versuchungen der Welt im Streit. Sie sah jedoch so lieblich, so unschuldig aus – mein Groll schwand dahin wie Schnee in der Frühlingssonne.
»Ich will sehen, was sich tun läßt«, sagte ich trocken.
Mürrisch und bedrückt begab ich mich an meine Arbeit, die zur Zeit darin bestand, daß ich Geheimberichte auswertete und gegebenenfalls ins Arabische übersetzte. Obschon ich nicht glauben mochte, der Großhofrichter habe sich wirklich dermaßen abfällig über mich geäußert, bohrten Jasuminis Worte doch wie ein Stachel in meinem Gemüt. Ich bewunderte Herrn Peters schriftkundige Gaben sehr. Dann und wann schrieb ich die von ihm verfaßten Reden oder Briefe des Kaisers ins reine. Dabei war es bisweilen zu Unstimmigkeiten zwischen uns gekommen, wenn ich mir erlaubt hatte, Vulgarismen auszumerzen oder einige gar zu bombastische Ausdrücke durch nüchternere zu ersetzen.
»Wer seid Ihr denn«, hatte er mich danach einmal angeherrscht, »daß Ihr es wagt, mich, den Meister, belehren zu wollen? Habt Ihr eine Universität besucht, einen wissenschaftlichen Grad erworben? Seid

Ihr als Meister der Logik und Stilistik anerkannt? Nein, das seid Ihr nicht! Wer also gibt Euch das Recht, darüber zu befinden, ob das, was ich schreibe, gut ist oder nicht?«
Becheiden entgegnete ich: »Mein heißer Wunsch, das Ansehen unseres Herrn und Gebieters zu wahren!« Im stillen fügte ich hinzu: ›Du großmäuliger, anmaßender Patron hast ja doch nur deinen eigenen Ruhm und Vorteil im Auge!‹
So beäugten wir einander mißgünstig wie Hund und Katz über dem Futternapf.

43·

Gleich einem Donnerschlag schreckte das Abendland die Kunde auf, Kaiser Friedrich werde im Frühling des kommenden Jahres als König in Jerusalem einziehen. Eine ganz und gar unglaubliche Nachricht! Seit vor zweiundvierzig Jahren das Königreich an die Sarazenen verlorengegangen war, hatten Ströme von Christenblut die dürre Erde des Morgenlandes gedüngt. Eine Bastion nach der anderen hatten die Kreuzritter aufgeben müssen, bis ihnen nur mehr der schmale Küstenstreifen zwischen Sidon und Joppe geblieben war.
Zu den Verhandlungen seiner Majestät mit Sultan Al-Kamil, Emir Nasr-ed-Din und anderen Aiyubidenfürsten wurde ich hinzugezogen. Tausende von Meilen ritt ich während der Wintermonate, begleitet von Jussuf und mehreren Rittern, kreuz und quer durch das Land, um die Grenzen des vormaligen Königreiches Jerusalem genauer festzustellen. Inzwischen konspirierten und intrigierten jene Dunkelmänner, die zu allen Zeiten und in allen Parteien aus den schicksalsbedingten Gegensätzen der Völker Gewinn zu ziehen wissen, auch am Hofe Kaiser Friedrichs. Mitte November wurde der Hof aus praktischen Gründen nach Jaffa, dem Joppe der Bibel, verlegt, einen öden Ort an der hier kahlen, kaum besiedelten Küste, überragt von den hohen, grün, blau und gelb schimmernden Gebirgszügen Judäas im Westen der Ebene Sephela.
Hier wurden Wehrmauern errichtet, die Hafenanlagen ausgebaut, Vorräte angehäuft. Es herrschte ein fortwährendes Kommen und Gehen von Boten, Gesandten, Händlern, Bauern, Kriegern und Geistlichen. Schiffe aus aller Welt liefen den Hafen an oder gingen in See. Sultan Al-Kamil hatte sein Heerlager ganz in der Nähe, nur einen

Tagesritt südlicher, am Flusse Sorek aufgeschlagen, sein Neffe Emir Nasr-ed-Din, dem Oheim noch immer feind, bei Sichem in den Bergen Samarias.

Nachdem Gregors Bannfluch und Interdikt nun auch im Morgenland bekannt geworden waren, zeigten die Tempelherren offene Feindseligkeit – einer der Gründe mit für Friedrich, das von ihnen besetzte Akka zu verlassen. Ich erzitterte innerlich bei dem Gedanken, was sich ereignen könnte, wenn Al-Kamil und Nasr-ed-Din ihren Streit beilegten und ihre Kräfte vereinigten. Mit ihrer Heeresmacht würde es ihnen ein leichtes sein, die schwachen Truppen der Kreuzritter zu überwältigen und sie ins Meer zu werfen, zumal nicht wenige der im Lande seßhaft gewordenen Adligen, die Deutschen, Genueser und Pisaner ausgenommen, sich, dem päpstlichen Gebot folgend, vom Kaiser abgewandt hatten und glaubten, sich mit den Moslimin verständigen zu können. Wahrscheinlich stellte Friedrich Roger ähnliche Überlegungen an. Jedoch, er verlor kein Wort darüber, um – wie er einmal beiläufig bemerkte – das Unheil nicht herbeizureden.

Ohne auf die gegenwärtige Lage Bezug zu nehmen, erläuterte er mir bei einem Ausritt den Zusammenhang zwischen Gerücht und Ereignis: »Siehe, Anselm, der Mensch als geistiges Wesen ist einmal den Einflüssen durch die Himmelsmacht, Gott – den Weltgeist, wenn du so willst – ausgesetzt – wie, das wissen wir nicht; zum anderen streben seine Gedanken, seine Wünsche hinauf zu Gott und oftmals bewirken sie, im Guten wie im Bösen, daß in Erfüllung geht, was er sich ersehnt. Wenn nun so viele Menschen sich ein bestimmtes Unheil ausmalen, sich davor fürchten und ihre Ängste von Mund zu Mund weitertratschen, dann rufen sie damit eben das auf sich herab, was sie vermeiden wollen. Du wirst auch bemerkt haben, Anselm, daß im Kampfe derjenige gefeit erscheint, der keinen Gedanken an Gefahr und Tod verschwendet. Also laßt uns fröhlich sein, lieber Freund, und guten Mutes, dann hilft uns der Himmel.«

Friedrich selbst achtete keiner Gefahr. Gelassen nahm er es hin, wenn von den verschiedensten Seiten immer wieder Anschläge gegen ihn verübt und bisweilen nur durch Zufall – oder darf man es Fügung nennen? – vereitelt wurden. Er vertraute niemandem, tat jedoch so, als gäbe es für ihn keinen tückischen Feind. Wider alle Vernunft – so meinten die Kleinmütigen – setze er sich unvorhersehbaren Gefahren aus, indem er dem Sultan Vertrauen schenke, obwohl doch die Erfahrung mit den Heiden ihn eines Besseren hätte belehren sollen; sein Leichtsinn werde ihn noch teuer zu stehen kommen. So tuschelten sie untereinander. Indes – ein Wunder geschah …

Eines Morgens hielt Jussuf auf schaumbedecktem Hengst vor meinem Zelt. Nachdem er sich vergewissert hatte, daß kein Lauscher in der Nähe sei, überreichte er mir einen Brief Al-Kamils an den Kaiser. »Eile, ya Sid! Von diesem Schreiben an Seine Majestät darf niemand erfahren.«

Ich fragte nicht viel, sondern schlüpfte – ungesehen, wie ich hoffte – durch einen Nebeneingang in Friedrichs Pavillon, wo ich ihn auf seinem Lager ruhend fand. Nachdem er das Siegel erbrochen, die wenigen Zeilen überflogen hatte, sprang er, blaß bis in die Lippen, auf und knirschte: »Verfluchtes Gezücht! Gott dem Herrn sei Dank, weil er dem Sultan klaren Verstand und ein edles Herz verliehen … Solltest du mich nicht morgen an den Jordan begleiten, da ich dort die Stätte besuchen möchte, an der unser Herr Jesus getauft worden ist? Nun, daraus wird vorläufig nichts! Der Sultan schreibt mir, die Herren vom Tempel hätten ihn über mein Vorhaben unterrichtet und ihn wissen lassen, es sei ein leichtes, mich dort zu ergreifen und zu töten.«

»Verrat! Hochverrat!« stammelte ich verstört.

Friedrich lachte verächtlich: »Was erwartest du sonst von ihnen, Anselm – Narren, die sie allemal sind? Ein Dorn im Auge bin ich ihnen, wie es der überlegene Geist dem Schwachkopf noch immer gewesen ist. Sie bedenken nicht, daß mit meinem Tod auch ihre Herrschaft in diesem Lande endet. Der Sultan selbst würde durch solch eine Untat in höchste Gefahr geraten; ohne Unseren Beistand wäre er seinem Gegner hilflos ausgeliefert. Er nennt die Namen der Verschwörer nicht, jedoch rät er mir, mich vor falschen Freunden in acht zu nehmen … Es müssen also Leute aus meiner nächsten Umgebung sein.«

Mir lag da ein Name auf der Zunge. Allein, nur ein Verdacht war es, keine Gewißheit. Also hielt ich für diesmal den Mund, hinfort jedoch Augen und Ohren offen.

»Ihr wart beim Kaiser?« fragte Herr Peter mich streng, als ich das Zelt betrat, das uns zur Kanzlei diente. »Wißt Ihr nicht, wie sehr Seine Majestät der Ruhe bedarf? Niemand – nehmt das zur Kenntnis –, niemand darf ihn behelligen, ohne bei mir um Erlaubnis nachgesucht zu haben.«

Ich grinste in mich hinein, entgegnete aber kühl: »Das gilt nicht für mich, Herr Peter! Nur wundert mich, woher Ihr erfahren habt, daß ich mich mit unserem Gebieter besprach?«
Da es mir oblag, Angelegenheiten von minderer Bedeutung dem Kaiser fernzuhalten, blieb nicht aus, daß manche der um Audienz Nachsuchenden sich nicht nur mit ihren Bittschriften, Beschwerden oder Vorschlägen an mich wandten, sondern ihre Anliegen auch noch mit kleinen oder größeren Geschenken, je nach Rang und Vermögen, zu unterstützen pflegten. Das entsprach durchaus den Gepflogenheiten im Morgenland. Steinreich hätte ich dabei werden können. Aber ich wußte ja, Friedrich war auf jeden Heller angewiesen. Und so händigte ich sämtliche Gaben – Jasumini schalt mich zwar einen Toren – dem Großhofrichter aus – ohne Quittung, versteht sich, um den Hochmütigen nicht durch übertriebene Vorsicht zu kränken.
Dann – eines Tages, als kaum einer der hohen Herren aus Friedrichs Gefolge sich noch im Hoflager befand, suchte Herr Olivier von Köln, der Templer, mich in meinem Zelt auf. Sprachlos vor Erstaunen und voller Argwohn starrte ich ihn an. Nach unserer damaligen Begegnung in Saint Jean d'Acre hatte er mich gemieden oder, trafen wir ja einmal zusammen, geflissentlich übersehen.
»Ihr seid ein guter Christ, nicht wahr?« begann er schmeichlerisch. »Euer Beichtiger sagte es mir. Bringt Euch das nicht manchmal in Verlegenheit?«
»Ich wüßte nicht...«
»Erkennt Ihr denn nicht Seine Heiligkeit als den Stellvertreter Christi auf Erden an?« Und er setzte, da ich die Stirn runzelte, rasch hinzu: »Ich frage nur, weil ich – Ihr wißt es wohl? – an einer Chronik über diesen Kreuzzug schreibe.«
Das brachte mich nun in der Tat in nicht geringe Verlegenheit. Erklärte ich mich für den Papst als die höchste göttliche Autorität auf Erden, so kam dies einer Abkehr von meinem Gebieter gleich, einer schändlichen Treulosigkeit. Bestritt ich die Omnipotenz Gregors, dann würde mir dies als frevlerische Häresie angekreidet werden. Herr Olivier mißdeutete mein Zaudern.
»Versteht mich nicht falsch, Graf! Ich begreife – Ihr fühlt Euch durch Eid und durch handfeste Interessen gebunden. Was den Eid anbelangt – wußtet Ihr nicht, daß der Heilige Vater kraft seines göttlichen Auftrages ein jegliches Gelöbnis lösen kann? Euer Lehen hingegen ist

ein Reichslehen – noch! Es kann Euch vom Kaiser mit einem Federstrich aberkannt werden. Aber... Zum einen ist da ja noch König Heinrich, Friedrichs Sohn und Erbe, ein treuer Diener der Kirche. Er weiß wahre Frömmigkeit königlich zu belohnen, und derjenige handelt klug, der sich an die aufgehende Sonne hält. Zum anderen dürfte Euch nicht unbekannt sein, daß die Heilige Kirche, unsere gute Mutter, jeden Reuigen schützend in ihre Arme nimmt, wie der gute Hirte das verlaufene Schaf.«
Er verstummte für eine Weile, um seine Worte in mir nachwirken zu lassen. Mir zitterten die Knie. Verlockung... Drohung... Ich fühlte mich wie beschmutzt. Auf der Stelle hätte ich dies Gewürm erschlagen mögen, obwohl mir für gewöhnlich gewaltsame Lösungen wenig gefallen.
»So... Ein Schaf–? Ist das Eure Meinung von mir, Herr Olivier? Warum sprecht Ihr mir von all diesen Dingen? Was tragt Ihr im Sinn?«
»Ich – im Sinn?« Er richtete sich zu voller Höhe auf, ganz der Ehrenmann im weißen Templermantel. »Graf, unterstellt mir nichts dergleichen! Nur so Gedanken hab' ich Euch vorgetragen – Gedanken, wie sie viele gute Christen zur Stunde bewegen –, Gedanken, die auch mich nicht ruhen lassen, weil... nun ja, weil ich Euch schätze, bewundere. Nein, nein, senkt nicht bescheiden die Stirn! Ich bewundere Euch in der Tat. Ich bewundere den emsigen Fleiß, mit dem Ihr einer verlorenen Sache dient – wider Verstand und innere Einsicht, möchte ich sagen. Ja, verloren ist sie – kein Zweifel! Wer gegen den Papst kämpft, der kämpft gegen Gott!«
Dies dünkte mich frevelhafte Blasphemie, ein atheistischer Hochmut, der mich schaudern machte. Immerhin, hier galt es herauszufinden, was der Teufel hinter dem Busch hielt. Deshalb gab ich mir den Anschein sorgenvoller Nachdenklichkeit.
»Und was wäre, wenn ich Eure – Gedanken in Erwägung zöge?«
Etwas Klügeres fiel mir im Augenblick nicht ein.
»Herr Olivier ließ den Atem durch die Zähne zischen, was an den Drohlaut einer Otter gemahnte. »Angenommen, Graf, ein Mann von Witz und Einfluß träte auf die Seite des Rechtes...
»Des Papstes, meint Ihr!«
»Was dasselbe ist! Er träte auf die Seite des Rechtes und nutzte seine Gaben, eine Verbindung, ein geheimes Einverständnis zwischen den Streitern Gottes...«
»Den Templern – versteh' ich Euch recht?«

»All jenen, denen es um die wirkliche Befreiung des Heiligen Grabes geht...«
»Und um die Güter des Heiligen Landes.«
»Unterbrecht mich nicht! Zwischen jenen also und dem Thronprätendenten Emir Nasr-ed-Din herzustellen. Was würde die Folge sein? Doch wohl ein blutiger Bruderkrieg unter den Sarazenen? Nun wohl, wir Christen würden mit Geld und mit Heeresmacht den jeweils schwächeren Teil unterstützen und wir könnten ihn, sobald er seinen Gegner vernichtet hat, niederwerfen, ohne selbst allzu große Opfer bringen zu müssen. Ein für allemal wäre damit dies Land der Herrschaft von Christi Kreuz unterworfen...« Er sah mich mit seinem Fuchsblick erwartungsvoll an.
»Wahrlich, das nenn' ich christlich gedacht!« rief ich atemlos, bemüht, den Sarkasmus in meiner Stimme zu dämpfen. »Wie aber steht es dann um die Juden? Deren Land, deren Stadt ist es doch, was Ihr euch anzueignen gedenkt? Wenn Christi Herrschaft Frieden bedeutet, wie Ihr behauptet, wäre ein solcher Friede dann nicht mit Strömen von Blut, mit Not und Elend und daraus erwachsendem Haß erkauft? Da muß ich gestehen, des Kaisers friedlicher Vergleich – ich weiß, Ihr nennt das einen faulen Kompromiß –, des Kaisers kluger Lösungsversuch leuchtet mir besser ein. Und noch etwas: Gesetzt den Fall, Euer Plan gelänge, was erwartet den, der es ermöglicht hat?«
»Nicht mein Plan, Graf! Nein, keineswegs, ich bin doch nur ein interessierter Beobachter, ein Historienschreiber. Auch bin ich ganz sicher nicht befugt, Euch bindende Versprechungen zu machen. Bedenkt jedoch, lehrt uns die Erfahrung nicht, daß unsere Mutter Kirche treue Dienste überreichlich zu belohnen pflegt?«
›Mit falscher Münze zumeist‹, dachte ich erbittert. Um ihn loszuwerden, brummte ich scheinheilig: »Eure Meinung, Herr Olivier, verdient, sorgsam überlegt zu werden.«
Der Templer sah mich an, Zweifel im Blick: »Überlegt nicht zu lange, Graf! Seid Täter des Wortes, nicht Hörer allein – so steht's in der Heiligen Schrift. Vor allem mißbraucht mein Vertrauen nicht. Damals habt Ihr mich hinters Licht geführt. Das ist Euch unvergessen. Solltet Ihr's wiederum wagen...« Seine Finger schlossen sich um den Schwertgriff – einziger Ausdruck des in ihm gärenden Grolles.
Zwischen Furcht und Empörung wandelte mich nun doch auch ein Lachen an. Was, zum Henker, dachte dieser durchtriebene Ränke-

schmied sich? Ob er sich einbildete, mir Angst eingejagt zu haben oder mich mit seinen leeren Versprechungen in Versuchung führen zu können? Ich blickte ihm nach, wie er hinausschritt, erhobenen Hauptes gleich einem triumphierenden Hahn. Mein noch abwesender Blick fiel auf einen seidenen Beutel, der dort, wo der Templer gestanden hatte, auf dem Teppich lag, prall gefüllt mit venezianischen Goldduka-ten.

Behutsam, so als sei es eine Pandorabüchse, trug ich die Börse in Herrn Peters Zelt. Dem Großhofrichter gingen förmlich die Augen über. »Von wem habt Ihr das?«

Ich zuckte die Achseln, wandte mich ab. »Darüber laßt mich schweigen. Es mag genug sein, zu wissen, daß es die Feinde unseres Gebieters sind, die ihm die Zeche zahlen.«

Mit Emir Nasr-ed-Din traf ich heimlich im Haus meines Vaters in Um el Jemal zusammen. Er kam als einfacher Beduine verkleidet, aber die Blutsverwandtschaft mit dem Sultan ließ sich nicht verkennen. Höher gewachsen als Al-Kamil, zeigte sich auf seinen Zügen der gleiche spitzbübisch heitere Ausdruck, in den Augen derselbe listige, wissende, dennoch irgendwie Vertrauen erweckende Blick. Kühlenden Sorbet schlürfend, hockten wir uns gegenüber, einander abtastend und zu ergründen trachtend. Mein Vater saß, reglos und stumm wie aus Stein gehauen, auf seiner Bank – ein unbestechlicher Zeuge. Meine Umtriebe mißbilligte er; sie mochten ihm unheimlich, ja, vielleicht gar unwürdig erscheinen, wie ich an seiner finsteren Miene sah.

Nachdem ich dem Emir den schändlichen Plan enthüllt, nagte er eine Weile sinnend an seinem Bart. Dann sagte er aufatmend: »Hab' Dank, ya Chuan, auch wenn ich's gegenwärtig nicht durchschauen kann, was du mit deiner scheinbaren Aufrichtigkeit bezweckst, die dich sehr leicht ins Verderben stürzen könnte. Sag' mir, was mein Oheim dir dafür zahlt, und du sollst von mir das Doppelte erhalten...«

Hier räusperte mein Vater sich so energisch, daß es wie das zornige Wiehern eines Hengstes klang. »Herr, wagt Ihr das einem deutschen Ritter zu bieten?«

»Wenn es nicht genug sein sollte...« warf der Sarazenenfürst hastig ein.

»Genug–?« Mein Vater schlug mit der Faust auf den Marmortisch. »Genug – ha! Ein Kahlenberg dient nicht um Lohn, merkt Euch das!«

Ich unterbrach ihn, nicht weniger hastig: »Licht Allahs, du verstehst

mich nicht recht! Dein Oheim, der Sultan, ist mir ein lieber Freund, gewiß! Näher steht mir Seine Majestät, der Kaiser. Und auch dein Freund, o Emir, möchte ich sein. Wär' ich euer aller Richter, könnt' ich in eure Herzen sehen und ihr in meines, ich wüßte Rat...«
»Und der wäre?« rief Nasr-ed-Din, nach Art seines Volkes rasch entflammt.
»Das würde ich euch raten: Begrabt den Bruderzwist, laßt die Schwerter ruhen, handelt einen gerechten Frieden aus! Allah-ill Allah, es gibt nur den einen Gott, den Schöpfer der Welten, wie es Bibel und Kitab übereinstimmend lehren. Wir alle sind seine Kinder. Ein Garten Eden wäre die Erde, wollte ein jeder sich mit dem begnügen, was Allah ihm bei seiner Geburt zugemessen. Die Feinde der Menschheit hingegen, getrieben von Ehrgeiz, Habsucht und Machtgier, schüren zu ihrem Nutzen die Glut der Gegensätze, wie sie nun einmal zwischen einzelnen Menschen und mehr noch zwischen Völkern und Glaubensgemeinschaften bestehen, anstatt sie auszugleichen. Heuchlerisch bedienen sie sich menschlicher Schwächen, um dort zu ernten, wo sie selbst nicht gesät. Ihre Schergen wie ihre Opfer vergehen in Blut und Tränen; sie hingegen überdauern...
Erkennst du nun, o Emir, welch' arges Spiel mit dir getrieben wird? Gaukelt man dir nicht eine Macht, den Glanz eines Herrschertums vor, das dir ja doch nur solange geliehen ist, wie es den Ränkeschmieden nützt? Eins nur schützt dich vor Verrat und Untergang, nämlich ein treuer Vasall deines Oheims zu sein. Vereint seid ihr stark. Vereint mit dem Kaiser, meinem Herrn, seid ihr stärker und vermögt es, den Angriffen zu trotzen, die euch aus den Steppen Asiens drohen.
Bedenke, o Emir, wer war es denn, der die Blüte der abendländischen Ritterschaft in den Vernichtungskampf gegen die Bekenner des Propheten trieb, vorgebend, die heiligen Stätten dieses Landes, die ja auch euch heilig sind, vor euch bewahren zu müssen? Habt ihr den wahren Zweck der Kreuzzüge nicht erkannt? Gilt nicht auch euch unser Herr Jesus Christus als großer Prophet, die Bibel als heiliges Buch? Hat nicht dein Ahnherr, o Emir, der weise Salah-ed-Din, dies alles gewußt und danach getrachtet, mit den Waffen der Liebe und Vernunft den Mächten der Finsternis Einhalt zu gebieten?«
Eine lange, gedankenschwere Stille folgte meinen Worten. Die Fliegen summten wie eh und je. Und wie schon bei meinem ersten

Besuch, zog auch jetzt der Mauergecko, der an der Wand herumturnte, meine Blicke auf sich.
Unvermittelt entspannte sich die düstere Miene des Sarazenenfürsten. Er blinzelte mir pfiffig zu: »Du hast wahr gesprochen, ya Chuan! Deine Worte sollten vor der Kaaba in Mekka verkündet werden. Mash'allah! Wie würden die Mullahs ergrimmen, predigen doch auch sie den Heiligen Krieg wider euch, so unentwegt wie eure Christenpriester gegen uns. Da mag es schwerhalten, die Völker davon zu überzeugen, daß Friede dem Allbarmherzigen wohlgefälliger ist als Krieg. Die Frage lautet nur eben: Wer muß sich wehren und gegen wen? Der große Abu Ali-ibn-Sina, von dem du gehört haben wirst, sagte er nicht, Gott, Welt und Menschheit seien eines? Nun, wenn dem so ist, dann hat der Allweise uns den Verstand gegeben, das Rechte zu tun. Vorherbestimmt, wie die Mullahs behaupten, ist dann nichts.
Aber – was ist das Rechte? Ich schlage vor, ya Chuan – teile das deinem Gebieter mit –, ich, Nasr-ed-Din, schlage vor, wir berufen eine Versammlung ein. Alle Fürsten, Christen wie Moslimin, die im Rat Sitz und Stimme haben, sollen an einem geweihten Ort in Frieden zusammenkommen, auf das wir uns miteinander verständigen.
Friede sei mit dir, ya Chuan, und Allahs Segen!«
Ich schied von ihm in dem beglückenden Bewußtsein, abermals einen Freund gewonnen zu haben. Mein Vater entließ mich mit einer Miene kühlen Zweifels: »Viel zu viel wird mir von Frieden geschwatzt, Anselm, und von Gott! Worte, Worte... Ob ihnen je Taten folgen? Zwar gebe ich zu, ohne Sinn, ohne Zweck haben wir unser Gut und Blut in diesem Lande vertan. Indes, wird es nicht immer Eroberer und Unterdrückte geben, Herren und Knechte, Freie und Unfreie, solange Mond und Sonne scheinen? Kismet, wie die Moslimin sagen; Prädestination nennen's die Apostel Paulus und Johannes! Nichts läßt sich daran ändern, mein Sohn! Auch wenn du jetzt deinen Mund spöttisch kräuselst, weil du glaubst, Verstand und Menschenliebe könnten über die brutale Dummheit siegen.«
Er deutete auf das alte, schartige Schwert an der Wand: »Das Anselm, und nur das verbürgt dir Freiheit und Gerechtigkeit!«
Die von Emir Nasr-ed-Din angeregte Versammlung kam zustande. Sie fand unter freiem Himmel bei Ramathaim statt, dem Arimathia der Bibel, wo einst der Seher Samuel geboren wurde, der Ratsherr Joseph beheimatet war. Und niemals zuvor noch danach haben Christen und

Moslimin, Abendländer und Morgenländer einander besser verstanden. Weisheit und kühle Vernunft, der Wille zur Gerechtigkeit, wahre Frömmigkeit jenseits verknöcherter Dogmen, schufen eine Atmosphäre des Wohlwollens und Vertrauens. Jeder Teilnehmer, nicht nur Kaiser und Sultan, war offenkundig bemüht, sich zu mäßigen, seine Leidenschaften im Zaum zu halten, alte Vorurteile zu vergessen. In solchem Geiste gegenseitiger Duldung, der mir der Zeitstimmung fremd zu sein und den Anbruch einer noch fernen, glücklicheren Zukunft anzukündigen schien, einigte man sich auf einen ganz und gar erstaunlichen Vertrag.

Unter anderem sollten die Städte Jerusalem, Bethlehem, Nazareth, Ramathaim sowie alles Land zwischen Akka, Tyrus, Sidon und Jerusalem den Christen überlassen und damit das Königreich Jerusalem in seinen einstigen Grenzen wiederhergestellt werden. Nur vier Burgen in diesem Gebiet sollten den Sarazenen verbleiben. Dem Kaiser wurde das Recht, seine Städte neu zu befestigen, zugestanden, wohingegen der Sultan versprach, keine Burgen neu zu errichten.

Weiterhin wurde vereinbart: Kein Mensch im Königreich dürfe an der freien Ausübung seiner Glaubenspflichten gehindert werden. Alle Kirchen wie auch Synagogen und Moscheen sollten als geheiligte Stätten unter dem Schutz der Krone stehen, wer sich an ihnen verging, ohne Ansehen der Person strengster Bestrafung gewärtig sein.

Als nun Templer, Johanniter und Dominikaner, die Glaubensstreiter des Papstes, solches vernahmen, wuchs ihre Entrüstung über alles Maß. Sie erhoben ein lautes Wutgeschrei. Wie, der Ketzerkönig erkannte nicht nur den verruchten Irrglauben Mohammeds, sondern auch den der Juden, der Mörder Christi, als gleichberechtigt neben der einzig wahren Lehre des Heilandes an? Und nicht genug damit, die Heiden durften fortan sogar den Tempel betreten, weil er ihnen, nicht anders als den Christen, als Heiligtum galt; dies freilich nur ohne Waffen. Auch war ihnen untersagt, sich innerhalb der Stadtmauern Jerusalems niederzulassen.

Insgeheim hatten die Fanatiker unter den Christen gehofft, nach der Inthronisierung Friedrichs – wenn eine solche sich schon nicht verhindern ließ – nach Herzenslust Moscheen und Synagogen niederbrennen, die Wohnstätten der Heiden plündern und alle Irrgläubi-

gen erschlagen oder doch wenigstens aus dem Lande jagen zu können. Welche Enttäuschung – dieser Vertrag! Welch' schnöder Verrat an der Christenheit!
Auf der anderen Seite, unter den Islamiten, gleich ob Anhänger der Sunna oder der Schia, fanden sich Zeloten von selbiger Art. In jeglichem Kundtun freieren Denkens erblickten sie eine satanische Häresie. Unverdrossen predigten gewisse Imame und Mullahs die Dschehada, den Heiligen Krieg gegen die Ungläubigen. Auch sie erhoben, als das Übereinkommen von Ramathaim bekannt wurde, ein Wutgeheul, das durch alle Länder des Aiyubidenreiches gellte. Sultan Al-Kamil nahm das mit Gelassenheit auf. Er empfing eine Abordnung einflußreicher Imame, die ihn beschworen, seine Heerscharen zu sammeln und die Kreuzritter zu vernichten. »Sprich zu denen, die ungläubig sind«, zitierten sie, vor Zorn bebend, aus dem Koran, »bald werdet ihr besiegt sein und in der Hölle versammelt werden – was für eine schlechte Ruhestätte!«
Der Sultan indes entgegnete ihnen lächelnd mit einer anderen Koransure: »Er, der Allweise, hat euch das Buch mit der Wahrheit herabgesandt als Bestätigung dessen, was schon zuvor offenbart worden ist. Und er hat die Thora und das Evangelium vordem herabgesandt als Richtweiser für die Menschen, auf daß sie unterscheiden lernen, was gut und was böse ist!« Damit entließ er sie.
Alle Gefangenen beider Seiten wurden alsbald ohne Lösegeld freigelassen, die Dauer der Waffenruhe für die nächsten zehn Jahre beschworen. Ein Aufatmen ging durch das geplagte Land. Juden und Christen und Moslimin sanken sich freudetrunken in die Arme. Brüderlich vereint, wurden Feste gefeiert, Gottesdienste abgehalten, auch von den Christen, trotz Interdikt. Nicht wenige Kleriker, denen das Wort Jesu aus der Bergpredigt im Herzen brannte: »Selig sind die Friedfertigen, denn sie werden Gottes Kinder heißen!«, begann insgeheim an der Unfehlbarkeit des Papstes zu zweifeln und wähnten das Weltreich des Friedens und geistiger Freiheit nahe.
Aber – sie täuschten sich.

44.

Noch lagen Schatten auf der opalfarbenen Fläche des Sees Genezareth, den die Juden seiner Form wegen Kinnereth, nämlich ›Harfe‹ nennen. Wir, Friedrich Roger und ich, schritten an diesem frühen Märzmorgen des Jahres 1229 auf der alten Uferstraße dahin, die da und dort noch das römische Pflaster erkennen läßt. Auf dem gegenüberliegenden Ostufer erglühten die Golanhöhen bereits kupfergold und in rosigen Tönungen unter dem schüchternen Licht der Morgenröte, während die schroffen, zerrissenen Felswände sich violett oder staubgrau in der glatten Flut spiegelten. Kühl und frisch war die Luft. Vögel zwitscherten in den Wipfeln der Bäume, die von den diesseitigen Hängen herab bis an das Wasser reichten – in den höheren Lagen Eichen und Terebinthen, tiefer unten wilde Oliven sowie Pistazien, Platanen, dann und wann ein Johannisbrotbaum zwischen Myrten und Ginsterbüschen, Kapernsträucher oder auch Bergwiesen, sattgrün, gesprenkelt mit weißen und gelben Blüten. Auf dem See zeigten sich, wie hingetupft, die ersten Fischerboote, mit weißen Dreiecksegeln gleich Möwenschwingen. Noch weißer, nahezu blendend grell, leuchteten die gekalkten würfelförmigen Häuser der kleinen Ortschaften, die den See umsäumten. Hoch über dem märchenhaft friedlichen Bild erhoben sich gen Norden hin die noch mit Schnee bedeckten, glitzernden Höhen des Hermon und zur Linken, steil aufragend, Hittins Horn, der Berg der Seligpreisung, an dessen Hängen unser Herr Jesus die Bergpredigt gehalten haben soll.

Der Kaiser schwieg, indem wir so einherschlenderten. Die Pferde wurden uns von Knappen nachgeführt. Ich, ebenfalls in das Anschauen der biblischen Landschaft versunken, ahnte in etwa, weshalb der Kaiser allein sein wollte. Jeder Schrittbreit Bodens sprach hier von vergangenen Zeiten, von dramatischen Ereignissen, das Gemüt bewegenden Schicksalen. Kaum wagte man, fester aufzutreten. Ein Gefühl nahm von mir Besitz, als sei ich nicht länger ich selbst, sondern ein Teil des Ganzen, das Himmel und Erde und alle Geschöpfe in sich schließt.

Unvermittelt verhielt Friedrich Roger den Schritt und kehrte sich mir zu. Sein Blick ruhte abwägend auf meinem Gesicht.

»Beschütze mich, Anselm!« sagte er leise.

Ich zuckte zusammen. Bestürzt sah ich ihn an: »Beschützen, Euch, Herr? Vor wem? Ihr habt die verläßlichste Leibwache der Welt.«

»Vor mir selbst, Anselm!«
Ich konnte nur annehmen, die starke Beanspruchung während der letzten Monate habe seinen Geist entkräftet. Morgen in einer Woche sollte der feierliche Einzug in die Heilige Stadt erfolgen und die Krönung im Felsendom. So viel Haß war meinem Gebieter entgegengebracht, soviele Verleumdungen und Lügen waren über ihn verbreitet worden; auch hatte Seine Heiligkeit Papst Gregor es nicht für nötig befunden, nunmehr, da sein Wunsch doch eigentlich als erfüllt gelten durfte, Interdikt und Bannfluch aufzuheben. Wahrlich, es brauchte die Seelenstärke eines Titanen, all das unerschüttert durchzustehen. War es das? Schwindelte den Kaiser auf dem Gipfel seiner Macht?
Nein! Dem Menschen in ihm, dem verletzlichen Geist, grauste vor der Last der Verantwortung, die ihm zugefallen war. Ihn erschreckten offenbar die bitteren Notwendigkeiten, zu denen er sich gezwungen sah, wollte er diese Macht sinnvoll ausüben. Schon hatte er sich weit aus dem Bannkreis herkömmlichen Kirchenchristentums entfernt, hatte Höhen der Erkenntnis erreicht, die mir und wohl den meisten Menschen unserer Zeit unverständlich, unerklimmbar bleiben mußten. Fürchtete er, abzustürzen? Fürchtete er die Dämonen der Tiefe, wie sie in jedem Menschenherz lauern?
Wir gingen weiter am Seeufer hin gegen Tell Hum, das Dörfchen Kapernaum der Bibel, wo der Heiland sich oftmals aufgehalten und den einfachen Fischern seine Lehre verkündet hatte. Als die ersten Häuser, blendend weiß hinter einem Schirm von Grün, zum Vorschein kamen, blieb Friedrich Roger abermals stehen. Mehr zu sich selbst, denn zu mir, murmelte er:
»Macht, Anselm – Macht ist ein gefährlich Ding. Was würdest du tun, wären dir Macht und Reichtum eines Herrschers verliehen?«
»Herr«, rief ich erschreckt, »Gott behüte! Das wird niemals geschehen.«
»Aber – wenn?«
»Ich würde sehr unglücklich sein. Ich würde richten und strafen müssen ...«
»Du könntest auch Gutes wirken. Was tätest du?«
»Ich würde die Härten des Lebens zu mildern trachten, für gerechte Gesetze sorgen, dem Übermut der Reichen und Mächtigen steuern, Handel und Handwerk ermutigen, wie es Heinrich der Löwe getan, die Wissenschaften fördern, Straßen anlegen, Ödland bebauen lassen,

Vorräte sammeln, um Hungersnöten oder Kriegen zu begegnen. Meine Sorge wäre, daß ein jeder Sicherheit, Frieden und sein Auskommen habe ...«

Friedrichs Mund lächelte; seine Augen blieben ernst: »Das würde dir übel vergolten werden. Bedenke: der Neid, der Haß, die Habsucht, die Eitelkeit! Anders als der elendste Hund beißt der Mensch noch die Hand, die ihm Futter gibt. Deine edelste Absicht wird verdächtigt, deine Güte mißbraucht. Du hast die Strenge vergessen, Anselm, die mit der Güte Hand in Hand gehen muß. Und doch ... Ein schlichter Sinn, ein reines Herz, was könnte Gott wohlgefälliger sein?«

Er nahm einen schön geschliffenen Stein aus dem Geröll, besah ihn nachdenklich und warf ihn flach über das Wasser hin, so daß er, mehrere Male aufprallend, in einem Gesprüh glitzernder Tropfen versank.

Wir setzten uns auf den Stumpf einer Säule und harrten stumm der Begleiter und Rosse.

Tell Hum, obwohl jetzt nur mehr ein unbedeutender Ort, glich an diesem Tag einem volkreichen Basar. Von Damaskus her, aus den Tälern des Hermon und Libanon sowie vom nördlichen Golan trafen die Pilger hier zusammen, um auf den alten Wanderwegen durch Galiläa, Samaria und Judäa nach der Heiligen Stadt zu ziehen, wo Kaiser Friedrich am siebzehnten Tage des März sein Haupt mit der Krone des Königreiches Jerusalem eher beladen als schmücken sollte. Scharen von Wallfahrern, zu Fuß, zu Pferd, mit Karren, auf Eselsrükken oder Kamelen, waren dorthin unterwegs, Moslimin sowohl als auch Christen. In ihren farbenfrohen Trachten, weißen Heikhs oder braunen und schwarzen Ganduras boten diese Menschen ein Bild, das sich wohl kaum von jenen aus der Zeit Christi unterschied.

Wie sie da an den Ufern des Jordan saßen und sich die Füße kühlten. Wie sie in der Gasse der Fleischer um ein Lendenstück feilschten. Wie sie sich vor der Dorfschänke drängten für einen Trunk Sorbet oder einen Becher Shay. Wie sie sich in den verschiedensten Sprachen schnatternd unterhielten, lachten, spotteten, schalten, beteten oder sich balgten. Wie sie hier würfelten, dort am Geschirr ihrer Tiere flickten. Einige lagen schnarchend im Schatten duftender Hibiskusbüsche, Hut oder Kefya über dem Gesicht, umsummt von Fliegen, deren Menge bisweilen den Schläfer wie ein blauschillernder Teppich bedeckte.

Angesichts solcher Eintracht des Volkes und der Allgegenwart Heiliger Stätten erschienen mir Rom und der Papst und die zerstrittenen Reiche des Abendlandes so fern, so unwirklich, so ohne jede Bedeutung als befänden sie sich auf dem Mond. Was Bannfluch? Was Interdikt? Wer kümmerte sich hier darum? Herr Peter von Vinea hatte für den Kaiser ein Manifest verfaßt, gerichtet an die gesamte Christenheit. Mit ihrer Pathetik mochte diese Jubelrede zwar dem Geschmack der Massen entgegenkommen; ich jedoch meinte, ein wenig schlichter wäre mehr gewesen. Wichtig und für den Apostolischen Stuhl höchst bedrohlich war darin der Satz: »Denn Gott, der allmächtige Herr, hat aus der besonderen Huld Seiner Milde unter den Erdenfürsten Uns wunderbar erhöht, damit es so, während Wir Uns dem Siegesjubel über die große Würde hingeben, die nach dem Rechte des Königtums Uns gebührt, mehr und mehr offenkundig aller Welt aufgehe, die Hand des Herrn habe dies alles getan ...« Das Schreiben war lang und nichts stand darin, was Papst Gregor hätte milder zu stimmen vermögen. Auch mochte der überhebliche Stolz hinter den Worten demutsvoller Gottergebenheit manch einem adelsstolzen Fürsten wenig behagen.

Ich wagte es, Friedrich Roger kurz vor seinem Einzug in Jerusalem darauf anzusprechen. Zum hohnvollen Entzücken Herrn Peters schob er mich jedoch beiseite, umlagert, wie er war, von den Großen seiner Reiche in ihren glänzenden Roben und Rüstungen. Mit ihren lauten Stimmen, ihrem derben Selbstbewußtsein, ihrer absurden Verachtung all dessen, was feiner, zarter, leiser und – so vermeinten sie in ihrem Übermut – deshalb auch schwächer sei als sie, bildeten sie gleichsam einen erzenen Wall um die Person des Herrschers, vorgebend, ihn beschirmen zu wollen, obwohl er eher ihr Gefangener zu sein schien.

Nicht wenige unter ihnen bildeten sich ein, Papst Gregor sei nun angesichts der vollendeten Tatsachen gezwungen, den Bannfluch aufzuheben, sich mit Friedrich auszusöhnen, womit auch ihnen Absolution für ihre eher eigensüchtige Treue zum Kaiserhaus gewährt werden würde. Als dies nicht geschah, als ganz im Gegenteil der Patriarch Gerold von Jerusalem die Stadt auch seinerseits mit dem Interdikt belegte und den Gläubigen das Betreten der Heiligen Stätten verbot, sah ich manch langes Gesicht. Der eine schrie aufgebracht, um Gottesdienst abzuhalten, brauche man die Kutten nicht. Andere, unter ihnen auch ich, rieten zur Mäßigung. Ein Zwiespalt unter Christen würde ja nicht nur dem Ansehen des Apostolischen Stuhles Abbruch tun, sondern vielmehr der christlichen Sache insgesamt und damit auch der kaiserlichen Majestät.

Friedrich schritt, allem Anschein nach unberührt, durch das irre Getümmel widerstreitender Meinungen und Leidenschaften wie ein Gigant durch ein Zwergenheer.

In grauer Morgenfrühe des Samstages formierte sich im Tale Hinnom, unterhalb vom Berge des bösen Rates, und auf dem Blutacker ein glänzender Zug. Fürsten und Grafen und Ordensmeister, Aiyubidenscheikhs, Emire, Imame, Mullahs, Ritter und Knappen, zu Pferde, zu Fuß, ringsum der quirlende Troß von Reisigen, Waffenschmieden, Marketendern, Gauklern, Fakiren, darüber wehende Banner in Blau und Gold, schwarze Stauferadler, rote und grüne Fahnen der Moslimin, goldene Kreuze, über Helmen, Kefyas und Turbanen schwankend.

Und wen erblickte ich inmitten der eisenklirrenden Schar der Kreuzritter? Vor Erstaunen blieb mir der Mund offen stehen... Meinen Vater, Graf Rainold, sah ich in seiner zerbeulten, altmodischen Rüstung, hoch zu Roß auf einem so prächtigen grauen Hengst, daß Iblis sich dagegen wie ein Ackergaul ausnahm. Seine silbrigen Locken unter dem altertümlichen Helm fielen tief über Brünne und Schultern hinab, der weiße Bart bis auf den Sattelknauf. Als Helmzier wehten riesige schwarze Rabenflügel im Morgenwind. Der Gestalt des Greises, so unzeitgemäß sie unter den eleganten, prunkenden Rittern und Höflingen anmutete, haftete ein achtunggebietender Hauch von Würde und vergangenen großen Taten an.

Ich sah, wie der Kaiser seinen schneeigen Zelter zu ihm hinlenkte, ihm die Hand reichte, einige Worte zu dem Umstehenden sprach, die ich nicht verstand, wonach sie in laute Beifallsrufe ausbrachen. Mein Vater hob salutierend den in vielen Schlachten zerhackten Schild mit den verblaßten Farben, die auch die meinen sind. Und der Jubel erreichte seinen Höhepunkt, als nun auch Sultan Al-Kamil und Emir Nasr-ed-Din heranritten und den Grafen grüßten, indem sie beide Arme erhoben. Mir traten Tränen in die Augen; ich vermochte Einzelheiten nicht mehr wahrzunehmen – Tränen der Dankbarkeit gegen das Geschick, das dem Alten so späte Genugtuung und eine letzte große Freude vergönnte.

Im Augenblick, da die Sonne über dem Ölberg aufging, als die goldene

Kuppel der Qubbet-es-Shakhra, des Felsendomes, zu leuchten begann, so daß ihr Widerschein gleich einer gleißenden Flamme zum lichtblauen Himmel emporschoß, erhob sich ein Brausen unzähliger Stimmen von den Hängen und Höhen ringsher. Pilger jeglichen Herkommens, der verschiedensten Hautfarben und Zungen und unterschiedlichen Glaubens – Männer, Frauen, Greise, Kinder –, sie alle hatten die Nacht dort im Freien zugebracht, um den neuen König von Jerusalem, den Kaiser des Abendlandes, den Friedensfürsten, begleitet von den Enkeln Salah-ed-Dins, Sultan Al-Kamil und Emir Nasr-ed-Din, in die Heilige Stadt einziehen zu sehen. Wenn es heimliche Flüche, bittere Verwünschungen unter den Zuschauern gab, so wurden sie übertönt von den begeisterten Glück- und Segenswünschen.
Die Mauern, soweit sie noch standen oder im Wiederaufbau befindlich waren, wimmelten von freudig erregten Menschen. Trommeln erdröhnten. Trompeten schmetterten. Und als nun in der Südmauer das Taltor sich öffnete, als Friedrichs Maurengarde in ihren flatternden weißen Heikhs und roten Turbanen – so leuchend rot wie die Anemonen oder Sousanblüten, die von Mauern und Dächern auf die Einziehenden herabregneten –, als diese Lanzenreiter unter der dunklen Torwölbung verschwanden, ergriff auch mich eine mir doch sonst völlig fremde Euphorie, eine Trunkenheit der Sinne und Gefühle.
Es war erreicht! Das bislang Unausdenkbare geschah ... eine Zukunft schien sich vor uns aufzutun, wie kein Mensch sie sich vorzustellen gewagt hatte. Aber nun sah ich auch in den engen, krummen Gassen der Kasbah, im Schatten der Torwege und Winkel die Templer stehen, die Johanniter, die Minoriten, stumm und starr; nur ihre Augen glitzerten haßerfüllt. Ferner sah ich, daß die Portale der Kirchen und Kapellen geschlossen waren. Kein Glockenton erklang. Und außer dem gemeinen Volk, all den Moslimin, Juden, Christen und Drusen, die sich vor dem Kaiser betend auf die Knie warfen – trat ihm kein Priester von höherem Rang entgegen, ihn segnend willkommen zu heißen.
Durch das Gewirr verschlungener, schattiger Gassen und zwischen den Buden aller möglicher Händler hin gelangten wir zuletzt über eine Talbrücke vor die Außenmauer des Heiligtums, zu deren Tor fünfzehn Stufen hinanführten. Der gewaltige Bau des Herodes, über den Trümmern des salomonischen Tempels errichtet, erhebt sich stufenförmig bis zum krönenden Felsendom. Nur der Kaiser, Sultan Al-Kamil und

Emir Nasr-ed-Din mit ihren nächsten Gefolgsleuten, zu denen auch ich zählte, betreten den Vorhof der Männer durch die offenstehenden gewaltigen Bronzetüren des Nikanor-Tores. Hier geschah es wohl, inmitten des Trubels von Geldwechslern, Rabbinern, Legionären und Huren, daß einer der Pharisäer unseren Herrn Jesus fragte: »Ist es recht, dem Kaiser Steuern zu zahlen, oder nicht?« Und der Herr antwortete: »Warum stellt ihr mir eine Falle? Gebt mir einen Groschen, das ich ihn euch zeigen kann.« Dies geschah und er hob ihn hoch, so daß alle die Münze sahen: »Wessen Bild ist das und wessen die Aufschrift?«
»Des Kaisers!«
»So gebt dem Kaiser, was des Kaisers, und Gott, was Gottes ist!«
Daran mußte ich denken und auch, wie frevlerisch Jesu Nachfolger gegen seine Lehre verstoßen haben. Und wie sehr hat dies der Menschheit seither zum Schaden gereicht. Ich sehe es an den bösen Blicken, mit denen die Geistlichen – sie, die doch heute Gott hätten danken sollen – Kaiser und Sultan messen. Ich sehe es an den geballten Fäusten der Templer und Minoriten. Ich sehe, wie Mönche in der schaulustigen Menge vom einen zum anderen gehen, wie sie raunen und wispern und mäkeln, die Köpfe schütteln, die Nasen rümpfen, und wie ein Schwall von Widerborstigkeit und Gegnerschaft sich um sie ausbreitet.
Als einer der Letzten steige ich die drei Stufen zum Vorhof der Priester hinan, der dem nicht Rechtgläubigen ehedem verboten gewesen war. Noch warnen Inschriften an den Außenmauern auf Griechisch und Latein: »Wisse, wenn du weitergehst, wirst du des Todes sein!« Ein Schauer überläuft mich beim Betreten des heiligen Bezirkes. Selbst die eisengepanzerten Ritter treten behutsamer auf. Die Herren Peter und Hermann haben ihre Helme abgenommen, so auch ich, bevor wir durch das mit Gold beschlagene, von einem prächtigen Vorhang verhüllte Zederntor in das Heilige Haus eintreten. War es dieser Vorhang, der zerriß, in dem Augenblick, da Jesus starb?
In der schattigen, nach Weihrauch duftenden Halle, wo in alter Zeit der Tisch mit den Schaubroten und dem siebenarmigen Leuchter stand, fällt der marmorne, ganz mit Gold umkleidete Altar mit dem schlichten Kreuz, den weißen, auf schweren Silberleuchtern brennenden Kerzen, dem goldenen Ciborium und dem Tabernakel mit dem ewigen Licht ins Auge, vor allem aber die glitzernde Krone des Reiches Jerusalem auf einem purpurnen Seidenkissen zu Füßen des Kreuzes.

Noch stehen Koransprüche – goldene Lettern auf grünem Untergrund – rings an den Wänden, da ja der Felsendom, die Qubbet-es-Shakhra, bisher als islamische Moschee gedient. Ich frage mich, was mögen wohl unsere moslimischen Freunde jetzt beim Anblick des Kreuzes empfinden? Nichts ist in ihren unbewegten Mienen zu lesen.
Wir bleiben zu beiden Seiten der Tür stehen, indem wir die Knie beugen und uns bekreuzigen. Obwohl mehrere Bischöfe und Prälaten sich im Gefolge Friedrichs befinden, trifft keiner von ihnen Anstalten, die heilige Handlung der Inthronisierung vorzunehmen. So still ist es, man hört das Zirpen einer Grille im Mauerwerk. Der Kaiser verharrt einige Augenblicke. Gedankenvoll schweift sein Blick über die blassen, demütig geneigten Gesichter der Kirchenfürsten, deren keiner sich traut, dem Interdikt zuwiderzuhandeln. Dann tritt er gemessenen Schrittes vor den Altar, kniet nieder, betet. So tue auch ich; so tun die übrigen. Keiner, der nicht den Atem anhält, als Friedrich sich nun erhebt und in seiner einsamen Erhabenheit dort vor dem verwaisten Altar nach der Krone greift und sie sich selbst aufs Haupt setzt, wobei er mit klarer Stimme die vorgeschriebenen Worte des Kroneides spricht und sich danach uns, seinen Begleitern und Zeugen, heiteren Angesichtes wieder zuwendet.
Das war wohl die seltsamste Krönung, von der man je gehört hat, dennoch für mich feierlicher, erhebender als jene prunkvolle damals im Petersdom zu Rom, offenbarte sich doch in ihr ein wahres, unabhängiges Herrschertum. Und so – meine ich – wurde sie auch wohl von den meisten Augenzeugen empfunden.
Wir folgten Seiner Majestät in den anschließenden Debir, das Allerheiligste. Dieser Raum, den die Juden Kodesch Hakodaschim nennen, durfte vor Zeiten nur einmal im Jahr vom Hohenpriester betreten werden. Hier befindet sich der ›Nabel der Welt‹, ein roher, unförmiger, gelbbrauner Felsblock nämlich, der inmitten des prunkhaft ausgestatteten, mit Gold- und Silberarbeiten, Glasmalereien und Mosaiken geschmückten Raumes ruht, gleich dem Boten einer anderen Welt. Auf diesem Stein hatte Abraham auf Jahwes Geheiß seinen einzigen Sohn opfern wollen, um seinen Gehorsam gegen Gott zu bekunden.
Erschüttert betrachtete ich die uralte Reliquie, deren Anblick über Jahrtausende hin jene dramatische Begebenheit lebendig werden läßt und zu tiefen Gedanken Anlaß gibt. Salomons Blicke hatten darauf geruht. Herodes hatte den neuen Tempel anstelle des zerstörten wie

einen kostbaren Heiligenschrein drumherum bauen lassen, Juden, Römer, Sarazenen und Kreuzritter ihn in erschauernder Ehrfurcht betrachtet. Mich fröstelte, so als wehe ein Hauch aus der Unendlichkeit mich an. Auch Friedrich – sah ich – schlug seinen Purpurmantel dichter um sich.

Als wir dann wieder hinaus in den Sonnenschein und vor das Nikanor-Tor traten, wurde der Kaiser vom versammelten Volk mit nicht enden wollendem Jubel begrüßt. Eine Weile stand er, starrte blicklos über das bewegte Meer der Köpfe hin. Dann winkte er. Hermann von Salza trat vor. In die atemlose Stille fielen wie Hammerschläge die rauhen deutschen Worte, die Herr Hermann im Namen Friedrichs verlas:

»Ihr alle wißt, daß ich zu Aachen aus freiem Willen das Kreuz genommen. Ihr wisset auch, ich wurde durch zahllose Widrigkeien an der alsbaldigen Erfüllung meines Gelübdes gehindert. Ich verüble es dem Papst nicht, daß er mich so streng dazu anhielt und zuletzt den Bann über mich verhängte, konnte er doch nur auf diese Weise den böswilligen Krittlern und Tadlern die Mäuler stopfen. Auch vergebe ich ihm, daß er Böses über mich nach Palästina schrieb, hatte man doch verleumderisch ausgestreut, nicht zur Befreiung des Heiligen Landes sammle ich ein Heer, sondern um den Kirchenstaat anzugreifen. Hätte der Papst meine wahre Absicht gekannt, würde er nicht gegen mich, sondern für mich geschrieben haben. Und wüßte er, wieviele hier zum Nachteil der Christenheit wirken, so würde er deren Klagen und Beschwerden nicht achten.

Seid gewiß, ich werde alles tun, was Gott, der Kirche und dem Kaisertum zur Ehre gereicht und meine aufrichtige Friedensliebe erkennen läßt. Auch will ich eigene Mißgriffe sowie alles, was meine Untergebenen der Kirche vielleicht angetan haben, wiedergutzumachen trachten, damit die Umtriebe der offenbaren Feinde Christi, wie auch der falschen Freunde Christi, die aus der Zwietracht Nutzen ziehen, durch Frieden und Eintracht zuschanden werden. Nicht die Machtvollkommenheit, die mir auf Erden zuteil geworden, sondern die Demut vor Gott dem Herrn, dem allein ich meine Erhöhung verdanke, leiten mich, und ebenso auch um Gottes Willen die Demut vor dem, der von ihm bestellt worden ist als sein Statthalter auf Erden ...«

Übertragungen dieser Rede ins Lateinische, Französische und Italienische folgten und lösten unbeschreibliche Freude unter der Menge aus.

Mir war klar, daß es dem Kaiser darum ging, nun auch mit dem Papst Frieden zu schließen. Indes, am Himmel Italiens zogen mittlerweile dunkle Wolken herauf.

»Wißt Ihr schon«, raunte Herr Peter mir hämisch zu, »daß unser Freund Herr Rainald von Spoleto unter die Eroberer gegangen ist? Kaum ist der Zaubermeister aus dem Haus, da versuchen die Lehrlinge sich auch schon an seinen Künsten!«

»Herr Rainald«, erboste ich mich, »ist ein ehrenwerter Mann, was nicht ein jeder von sich sagen darf. Als Statthalter Seiner Majestät bleibt ihm ja wohl nichts anderes übrig als mit Gewalt gegen die Übergriffe der Kurie vorzugehen.«

Ja, ich nahm dem Großhofrichter gegenüber kein Blatt vor den Mund. Herr Rainald konnte einen stichhaltigen Vorwand für sich anführen, indem nämlich Papst Gregor die Bitten des Erzbichofs von Bari und des Grafen Heinrich von Malta, den Bann gegen Friedrich aufzuheben, mit der Bemerkung abgelehnt hatte, hierzu bestehe kein Anlaß, da ja Herr Rainald von Spoleto des Kaisers einziger Bevollmächtigter in Mittelitalien sei. Der eigentliche Grund für das gewaltsame Vorgehen Herrn Rainalds und seines Bruders Bertold, des kaiserlichen Beauftragten für die Toskana, freilich waren der vom Papst angezettelte Aufstand der Herren von Polito sowie die Aufwiegelung der lombardischen Häretiker gegen den Kaiser.

Herr Peter wußte das so gut wie ich. Aber es lag nun einmal in seiner Natur, jedermann eigensüchtige Motive zu unterstellen. Als wir vernahmen, die Herren Rainald und Bertold seien mit Heeresmacht in das Gebiet des Kirchenstaates eingefallen, grinste er anzüglich und meinte, die Herren dächten wohl, bei dieser Gelegenheit ihr Erbe zurückzugewinnen – jenes Herzogtum Spoleto, das der Kaiser, um Einigung mit Gregor bemüht, der Kirche überlassen hatte.

Ich entgegnete hitzig: »Wer das Kreuz hat, der segnet sich! Im übrigen halte ich nichts davon, daß Lehen ausschließlich nach politischen Gesichtspunken vergeben werden. Herr Rainald ist – meine ich – im Recht, wenn er sein angestammtes Erbe zurückverlangt.«

»Das laßt Seine Majestät nur ja nicht hören!« Verhaltene Drohung schwang in Herrn Peters Stimme mit, was mich nicht wenig beunruhigte, wußte ich doch, wie wenig er mir gewogen war, und kannte seinen Einfluß auf den Kaiser.

Manches andere kam hinzu, was mir den Aufenthalt bei Hof verleidete

– das Schnüffeln und Wispern der berufsmäßigen Ränkeschmiede; der verhohlene Trotz adelsstolzer Raubgesellen, die sich durch Friedrichs Friedenskampagne um die erhoffte Beute betrogen sahen, und ihre Furcht, bei einer Überprüfung der Rechtstitel das mehr oder minder redlich Erworbene wieder hergeben zu müssen... Kurz, die ganze Atmosphäre von Mißtrauen, Haß und Neid um den Kaiser und nicht zuletzt Friedrichs hochmütiges Gebaren, seine durch den Erfolg gesteigerte kalte Überheblichkeit ließen mich wünschen, dieser angekränkelten höfischen Welt den Rücken zu kehren.

Jasumini, nach wie vor mit sämtlichen Kebsweibern, Dirnen und Sklavinnen des Feldlagers auf vertrautem Fuß, trug mir Bemerkungen von Leuten zu, die ich für mir freundlich gesonnen gehalten hatte: Ich sei es, der den Kaiser in seinen abwegigen Reformplänen und seinem Widerstand gegen die Kirche bestärke. Auch deutete sie an, man gedenke mich auf die eine oder andere Weise zu beseitigen.

Obwohl die Liebesnächte mit diesem unverbesserlichen Kind der Wüste mir zauberhaft erschienen, ließen ihr Ehrgeiz und ihre schamlose Habsucht meine Neigung zu ihr von Tag zu Tag mehr erkalten. Oftmals, in stillen Stunden, betrachtete ich die vertrockneten Rosen, die mich an meine liebe Frau daheim und an Dieterle erinnerten und mir die Kahlenburg und den Habichtswald und alle, die mir dort lieb und teuer sind, lebhaft vor Augen stellten. Mich verlangte im Trubel der höfischen Welt nach dem einfachen Leben, nach der Erfüllung überschaubarer alltäglicher Pflichten. Von dem Glanz des Fürstendienstes, der mich einstens verlockt hatte, war wenig mehr als ein trüber Schimmer geblieben. Nach dem Gespräch mit dem Großhofrichter wollte ich darüber mit meinem Vater reden, nur – ich fand ihn im Getümmel der Höflinge nicht.

An dem auf die Krönung folgenden Tag wurde Friedrichs Selbstherrlichkeit unversehens herabgedämpft. Trompetengeschmetter, Glokkenläuten, frommer Chorgesang und eine Prozession verkündeten die Ankunft des Erzbischofs von Caesarea. Der fanatische Greis zog hinauf zum Felsendom. Und von der Stelle aus, wo der Kaiser seine Proklamation hatte verlesen lassen, schleuderte er im Auftrag des Patriarchen Gerold den Bannfluch gegen die Stadt. Die Kirchen, wie denn überhaupt alle Heiligen Stätten, belegte er nochmals mit dem Interdikt. Keinerlei Gottesdienst durfte abgehalten, keine Taufe vorgenommen, keine letzte Ölung und Absolution erteilt werden. Die

zusammengelaufene Volksmenge nahm diese Eröffnung in tiefem, erschrecktem Schweigen hin.
Nicht so der Kaiser! Friedrich mochte gehofft haben, nun, da er den Kreuzzug ohne einen Schwertstreich zum guten Ende geführt, werde Papst Gregor die ausgestreckte Friedenshand ergreifen. Statt dessen dieser unerhörte Affront, die blutigen Kämpfe in der Toskana, die aufrührerischen Predigten der Bettelmönche, welche an allen Ecken nicht etwa Gottes Wort verkündeten, sondern das Volk gegen den Kaiser aufzuwiegeln trachteten, indem sie – beschützt vor dem Volkszorn durch die Schwerter der Tempelritter – ihn auf unglaubliche Weise verleumdeten; und nicht zuletzt das hinterhältige Verhandeln der Kurie mit den Lombarden.
War es nicht Friedrich Roger gewesen, der mir damals in Aachen, als er mir Schwert und Rittergut verliehen, die Grundgesetze der Ritterschaft – Ehre, Treue, Tapferkeit, Nächstenliebe und Mäßigung – eingeprägt hatte? Ich war zugegen, als die Kunde von den Vorgängen in der Heiligen Stadt ihn im Hoflager erreichte. Zunächst fuhr er wie rasend auf. Es schien als wolle er Herrn Hermann, der sie ihm überbrachte, züchtigen. Aber dann – war es Zufall? – suchte sein Blick den meinen. Einige Herzschläge lang schauten wir einander an. Mir war, als müßten meine heißen Gebete in ihn überfließen. Ich sah, die Zornesröte auf seiner Stirn verblich, seine Glieder entspannten sich. Er winkte mich zu sich.
»Geht, Herr Anselm, fragt Seine Eminenz mit gebotener Höflichkeit, weshalb er Uns und dieser guten Stadt eine so unbillige Strafe auferlegt? Sollten Wir Herrn Gerold auf irgendeine Weise gekränkt haben, so ist's gewiß ohne Unser Wissen und Wollen geschehen. Wir sind bereit, Seiner Eminenz jede angemessene Genugtuung zu leisten. Sagt ihm das und bittet ihn, das bisher Erreichte nicht leichtfertig aufs Spiel zu setzen ...« Was konnte würdiger sein als Haltung und Ton Friedrichs in diesem Augenblick, da er so schwer beleidigt worden war?
Eilends ritt ich durch die vor Erregung brodelnde Stadt und zum Berge Zion hinauf, wo der Erzbischof Quartier bezogen hatte. Mein Herz war von Sorge erfüllt; die Worte, die ich zu sprechen gedachte, brannten mir auf der Zunge. Von der Not der Menschen wollte ich reden, von all dem Elend, dessen Zeuge ich gewesen war, von der Liebe Christi, von den Segnungen des Friedens – allein, daraus wurde nichts! Man ließ mich gar nicht erst vor. Bewaffnete Mönche, mindere

Ordensbrüder, wiesen mir unter Hohn- und Schmährufen die Tür, als ich mich als Bote des Kaisers zu erkennen gab. Ja, sie waren drauf und dran, mir Gewalt anzutun.

Auf dem freien Platz vor seinem Zelt hatten fast alle Würdenträger des Reiches Jerusalem, weltliche und geistliche, sich um Friedrich Roger versammelt. Stumm, voller Gespanntheit, richteten sie ihre Blicke auf mich, als ich bedrückt den Mißerfolg meiner Bemühungen gestand. Indem er die Hände rang, als wasche er sie in Unschuld wie einst Pontius Pilatus, rief der Kaiser heftig bewegt: »Da seht Ihr's, Ihr Herren, die Ihr mir guten Glaubens zum Maßhalten und zur Nachsicht ratet, wie wenig ein Freund des Friedens ausrichten kann, hält er nicht neben dem Palmenzweig der Liebe auch in der anderen Hand das Schwert der Gerechtigkeit. Wo Vernunft und Güte verlacht werden, muß Gewalt an die Stelle gütlichen Unterhandelns treten. Die heiligen Orte, so lange unter der Sarazenen Joch und nun endlich durch Gottes wundersame Hilfe befreit, sind durch das verwerfliche Untersagen des Gottesdienstes aufs neue der alten Unterdrückung und dem alten Elend preisgegeben ...«

Ritter und Knappen schlugen beifällig an ihre Schilde, so daß es unter dem durchsonnten, seidigen Himmel klang wie Donnergrollen und Glockengeläut. Schon am folgenden Tag wurden neue, überaus strenge Gesetze und Verordnungen des Kaisers bekannt gemacht. Binnen kürzester Frist sollten die unabhängigen Feldscharen der verschiedenen Orden aufgelöst oder in das kaiserliche Heer eingegliedert werden. Unverzüglich wurden Kirchen, Klöster, Burgen und befestigte Städte von den Soldaten des Kaisers besetzt. Ohne Erlaubnis des Statthalters durfte fortan kein Tempelherr die Heilige Stadt betreten. Widersetzliche Priester wurden verjagt, verprügelt oder eingekerkert, einige Bettelmönche, die dennoch fortfuhren, den Kaiser öffentlich zu schmähen, mit grausamer Härte bestraft.

Diese Maßnahmen waren vom Großhofrichter vorgeschlagen worden und wurden auf sein Betreiben schonungslos durchgeführt.

»Assalamo, mein lieber Herr«, nörgelte Jasumini auf ihre schmeichlerische Art, die mir mehr und mehr gegen den Strich ging, »wieder einmal hast du in deiner Großmut versäumt, die Trauben zu pflücken, sobald sie reif geworden sind.«

»Was für Trauben?« sagte ich barsch. »Einen Weinberg besitze ich nicht, soviel ich weiß. Laß mich in Ruh'!«

Sie lachte ihr silbriges Lachen: »Assalamo, mein hoher Gebieter, der du dich zu stolz dünkst, aus des Kaisers Zorn Nutzen zu ziehen. Meine Freundin Aischa sagt, ihr Herr Peter habe gesagt, du seiest so blind wie ein Huhn im Suppentopf; du wüßtest deinen Vorteil nicht wahrzunehmen. Ich will nicht sagen, wie ich darüber denke, um dich nicht zu kränken, aber die dümmsten Kameltreiber ergattern sich jetzt Grafschaften, Bistümer, Hofämter oder andere Pfründen. Herzog könntest du sein und Truhen voller Gold und Geschmeide dein eigen nennen, wärest du dem Herrn Peter, diesem eitlen Pfauhahn, nur ein wenig um den Bart gegangen... Aber nein, du nicht, du nicht! An mich hast du gar nicht gedacht...«

»In der Tat, nein! An dich nicht...« Zorn schüttelte mich so sehr, daß mir die Zunge versagte, meinte ich doch aus Jasuminis Geschwätz die versucherische Stimme des Großhofrichters herauszuhören. Gewiß, ich hätte ihm von großem Nutzen sein können bei seinen eigensüchtigen Absichten und dunklen Geschäften, und vielleicht wären einige Bröckchen dann auch für mich dabei abgefallen, aber eher hätte ich mich in Stücke hacken lassen. Allein schon die Vorstellung, mir könne solches zugemutet werden, empfand ich als tödliche Beleidigung. Da schuftete man nun, ohne an Lohn auch nur zu denken, nahm Mühen, Sorgen und Gefahren auf sich, um dem Kaiser bei seinem hohen Werk ein wenig zur Hand zu gehen. Und kaum war ein Erfolg errungen, ein Schritt auf dem dornigen Wege getan, schon sammelten sich Schmeißfliegen und Schakale, ihren Teil an der Beute einzuheimsen.

»Noch ist's ja nicht zu spät, Assalamo! Wenn ich ein gutes Wort für dich einlegte... Warum schaust du mich denn so finster an?«

Meine Stimme klang, mir selbst ungewohnt, hart und kalt: »Finster–? Ach, nein! Ich überlege nur eben, an wen ich dich verkaufen kann. Weder brauche ich Truhen voller Gold, noch ein Herzogtum, noch die Fürsprache solcher Schleicher, wie der Herr Peter von Vinea. Die Freundschaft und das Vertrauen seiner Majestät genügen mir. Was dich betrifft – ich wollte dir die Freiheit geben... Aber nun seh' ich, dir und auch anderen wäre damit ein schlechter Dienst getan.«

Nicht eben klug war es, ihr meine Gedanken und Gefühle zu enthüllen. Wahrscheinlich würde sie das von mir Gesagte schnurstracks der Kebse Herrn Peters hinterbringen. Und wenn schon–? Ich hatte es satt, mich im Gestrüpp höfischer Ränke wie ein Verirrter abzumühen. Ihr liebliches Gesicht verzerrte sich zu medusenhafter Häßlichkeit.

Eine Welt eitler Hoffnungen brach – so schien es – in ihr zusammen. Hatte man sie nicht gelehrt, ein Mann in seiner Dummheit sei mit Hilfe körperlicher Reize und listiger Schmeicheleien gar leicht um den Finger zu wickeln? Und nun erwiesen sich solche Lehren an mir als unwirksam. »Ah so ...« Sie zischte wahrhaftig wie eine Schlange. »Du bist meiner überdrüssig, du ungläubiger Hund von einem Barbaren? Du glaubst dich meiner so ohne weiteres entledigen zu können? Beim Bart des Propheten, das bereust du noch!«

Ich bezwang den Wunsch, sie zu schlagen. Sklavin oder nicht, sie war ein Weib und die Gebote der Ritterschaft schützten sie, obwohl es ihr nur gut getan hätte. Nachdem die Zornesglut sich in mir ein wenig abgekühlt hatte, befahl ich Jasumini, mir zum Großkadi des Sultans zu folgen, wo ich dann nach dem islamischen Gesetz der Scharia vor Zeugen die Freilassungsformel aussprach und sie danach meines Zeltes verwies. Sie nahm dies keineswegs ohne lauten Widerspruch und wilde Drohungen hin, doch ermahnte der Richter sie, sich zu fügen und mir dankbar zu sein.

Wie erleichtert ich war, wie befreit von Sorgen und Scham!

Im übrigen, mein Entschluß stand fest. Bei erster Gelegenheit würde ich Friedrich Roger bitten, mich meiner Vasallenpflichten zu entbinden und mir gestatten zu wollen, daß ich mit meinem Vater heimkehre. Nur – eine solche Gelegenheit ergab sich nicht so bald. Auch der Kaiser war des Heiligen Landes müde, des Undankes der Geistlichen, der verräterischen Umtriebe. Die Geschehnisse in seinen sizilianischen Reichen sowie die immer offenkundigere Aufsässigkeit der Lombarden erforderten seine Anwesenheit in Italien. Die Rückreise sollte von Saint Jean d'Acre aus angetreten werden, wo bereits ein Geschwader kaiserlicher Galeeren in der Akka-Bucht vor Anker lag.

Allein, als wir dort eintrafen, da erwies die Stadt sich als ein wahres Hornissennest. Herr Gerold hatte seine geistlichen Partisanen, vorwiegend Minoriten und Johanniter, dort um sich geschart. Und kaum hatte Friedrich Roger seinen Fuß in das Kastell gesetzt, in dem er die wenigen Tage bis zur Ausreise verbringen wollte, da verhängte der Patriarch zum anderen Mal den Bann über ihn. Die Auftritte von Jerusalem wiederholten sich. Am Palmsonntag wimmelte die Kreuzfahrerstadt wie ein Ameisenhaufen von renitenten Mönchen. An allen Ecken und von den Kanzeln der drei Kirchen verwünschten sie den Staufer als einen verruchten Ketzer und Piraten, nannten ihn den

›König der Pestilenz‹. Erstaunlich, mit welch' fiebriger Einbildungskraft solche Fanatiker immer neue Beschimpfungen ersinnen!
Seine Hoheit, Sultan Al-Kamil, als ich mich von ihm verabschiedete, wiegte bedenklich den Kopf: »Ich fürchte, ya Chuan, hat Kaiser Friedrich – Allah beschütze ihn – erst einmal den Rücken gekehrt, so fallen eure Priester und unsere Mullahs wie Schakale übereinander her. Euer Gebieter – Segen über ihn – ist einer der wahrhaft vom Allbarmherzigen mit Vernunft Begnadeten. Ich schätze mich glücklich, ihn meinen Freund nennen zu dürfen. Hörtest du's? Vor kurzem erst, eines Abends, als der Muezzin – wie ich ihm geboten – beim Ashr jenen Vers ausließ, in dem der Prophet die Gottessohnschaft Christi bestreitet, da rief Seine Majestät den Vorbeter zu sich und tadelte ihn: ›Wisset, daß Ihr Unrecht tut, wenn Ihr um meinetwillen Eure Gebräuche und die Auslegung Eurer Gesetze und des Korans verändert. Weiltet Ihr in meinen Ländern, würdet Ihr sehen, daß sie dort von den Moslimin auf das strengste beachtet werden!‹ Deshalb, ya Chuan, wollen wir deinen Gebieter allezeit als den größten Herrscher des Abendlandes, als unseren getreuen Freund lieben, achten und ehren, und ihn in unseren Gebeten dem Schutz des Allbarmherzigen empfehlen.«
So dachten die meisten unter den Bekennern Mohammeds. So dachte auch die Menge wahrhaft frommer Christen, die mit jedem ankommenden Schiff nach Palästina hineinströmten und nun in voller Sicherheit die heiligen Orte besuchen durften.
Jene fanatischen oder raublüsternen Streiter des Herrn, denen Papst Gregor in seiner Anmaßung den erwünschten Vorwand lieferte, befanden sich in der Minderzahl. Dies glichen sie jedoch durch frenetisches Geschrei und bombastische Reden aus, wodurch nicht nur im Heiligen Lande selbst, sondern auch vielerorten im Abendland der Eindruck entstand, Friedrich Roger habe die Christenheit den Heiden ausgeliefert.
Briefe zwischen gewissen Klerikern gingen hin und her, in denen von der schrecklichen Grausamkeit des Ketzerkaisers berichtet wurde. Ließ er einen unverbesserlichen Aufrührer am Leibe oder gar am Leben strafen – wie es seines Amtes als Hüter des Friedens war –, gleich wurde in allen Landen zwischen Byzanz und London, vor allem aber in Rom, Zeter und Mordio geschrien, die Würde eines Christenmenschen sei auf das gräßlichste verletzt. Und wer fragte schon danach, ob der also Bestrafte sich denn auch als ein solcher betragen

habe? Aber zu Rom sahen die Dinge sich wohl ganz anders an als in der nüchternen Wirklichkeit des Heiligen Landes.

Am ersten Mai ritten wir, der Kaiser und sein Gefolge, zum Strand, um uns einzuschiffen. Wie noch stets bei dergleichen Anlässen, flatterten Fahnen, dröhnten die Trommeln; von den Türmen der Stadtmauer wurden als Abschiedsgruß Trompeten geblasen. Und die Menschen, die sich in Scharen und am Wege wie auf den Dächern zusammendrängten, riefen, indem sie bunte Tücher oder Palmenzweige schwenkten, uns Glück- und Segenswünsche nach. Zum ersten Mal seit Monaten sah ich Friedrichs Miene heiter und gelöst. Auch ich fühlte mich wie von einer mir bisher kaum bewußt gewordenen Last befreit.

Indes, wir sollten nicht scheiden, ohne daß ein Tropfen Wermut in den Becher der Freude fiel. Denn als wir nun durch das Tor in das Quartier der Schlächter kamen, die hier nicht gerade im besten Geruch stehen, rottete ein heulender Mob sich, angefeuert von Minderbrüdern, um uns zusammen und bewarf den Kaiser mit den Gedärmen und Innereien des Viehs, wobei diese Fanatiker in irrer, durch nichts begründeter Wut Drohungen und abscheuliche Schimpfworte brüllten.

Ich spornte Iblis in den dichtesten Haufen hinein. Meine Schwertklinge klatschte flach auf Köpfe und Rücken, denn mir widerstrebte es, an diesem Freudentag Blut zu vergießen. Andere Ritter freilich zeigten da weniger Bedenken. Mehrere Tote und Verletzte blieben hinter uns im Staub.

Mochten Moslimin wie Christen auch bis zum Strande hinab dem Kaiser zujubeln, mochten sie auf jede nur mögliche Art ihre Dankbarkeit, ihre Liebe, ihre Achtung bekunden, mochte Emir Nasr-ed-Din mit verächtlichem Blick über die Schulter trösten: »Der Schakal heult, die Karawane zieht weiter!«, eine Wolke blieb dennoch auf Friedrichs Stirn. Fürchtete er insgeheim – was Sultan Al-Kamil mir gegenüber schon sorgenvoll geäußert hatte –, daß sein großartiges Friedenswerk nicht von Dauer sein werde? Daß es nicht mehr und nicht weniger sei als ein Fanal der Hoffnung für kommende Zeiten?

Wie Blei lagen mir solche Gedanken auf der Brust. Und erst, als ich auf der Poop der Kaisergaleere stand, die Riemen der Ruderer sich ins Wasser senkten, die Segel sich über mir blähten und im Sonnenglast das Heilige Land samt seinen Sandflöhen, Skorpionen, unheiligen Heiligen, Jasuminis und verräterischen Freunden meinen Blicken entschwand, wagte ich freier zu atmen und von den stillen, schattigen Wäldern daheim zu träumen.

45

Von der Loggia meiner Villa am Hang des Vomero umfaßt der Blick alle Schönheiten der Welt – zwischen den von der Abendsonne vergoldeten, braunen Stämmen breitwipfliger Pinien hindurch die in messinggelben, rötlichen, silbrigen pflaumenblauen und samragdenen Farbtönungen leuchtende Küste, gleich einem köstlichen Geschmeide am tiefblauen Busen des Meeres, bis hin zur Punta Campanella und, von ihr durch einen Sund getrennt, der Isola Capri – nach der rechten Seite hin den mit Pinien geschmückten Posilipo, den Golf von Pozzuoli und hinter dem steilen, bereits umschatteten Cabo Miseno die Inseln Procida und Ischia – mir zu Füßen aber die weißen Häusermassen der Stadt mit ihren Türmen, Masten und Mauern, überragt vom Doppelgipfel des Feuerberges Vesuv, von dem man erzählt, zu Zeiten breche er aus und schon viele Orte habe er mit seinen glühenden Lavaströmen und erstickenden Aschenregen vernichtet.
Ich lasse das Buch sinken, Vergils »Georgica«, das mich zu ernsten Gedanken anregt – Gedanken über den Sinn des menschlichen Lebens, über das Verhältnis zwischen Wollen und Können, zwischen tierischen Leidenschaften und göttlicher Vernunft; dabei handelt es scheinbar ja doch nur vom Ackerbau, von der Bienenzucht und über das Anpflanzen von Obstbäumen und Weinreben. Mein Nachbar, ein Bruder vom Karthäuser Orden, der ein wenig höher am Hang als Klausner haust, hatte das Dichtwerk abgeschrieben, mit reizenden Malereien versehen und mir die Abschrift geschenkt. Uns verband die gleiche Liebe zu Gottes Schöpfung und einem einfachen, besinnlichen Erdenwandel. Freilich, er konnte seiner Neigung folgen, ich nicht!
Der Kaiser hatte mir das Anwesen – im Volksmund Casa d'Anselmo – geschenkt – nein, vielmehr verliehen, wie ja überhaupt alles, was ich besaß, nur Lehnsgut war. Und wenn meine Gedanken diese Richtung nahmen, dann wallte ein zielloser, logisch kaum zu begründender Groll in mir auf. Irgendwie – sinnierte ich – sei im Laufe der Zeiten der freigeborene Mann zum Knecht seiner selbsterwählten oder angemaßter Herren geworden. Und diese Herren wiederum hatten Speichellekker und Schranzen, weil ihnen nutzbringend ergeben, über die Freien

gesetzt, um sie niederzuhalten, gefügig zu machen. Nichts gegen Friedrich Roger! Er tat und verhielt sich ja nur, wie es die Zeitumstände erforderten, gemäß dem Auftrag, den er von Gott erhalten zu haben glaubte. Ohne seine Weisheit, Kraft und Strenge würden die Reiche des Abendlandes in höllische Anarchie verfallen. Dennoch...

Meine Schulterwunde schmerzt. Ein Hauptmann von Papst Gregors Schlüsselsoldaten hatte sie mir höchst unritterlich mit dem Morgenstern beigebracht, einer schweren eichenen Keule, an der mittels mehrerer Kettenglieder eine bestachelte Eisenkugel befestigt ist. Solche Waffen, reine Mordinstrumente des Pöbels, kamen jetzt mehr und mehr in Gebrauch, und zwar in dem Maße, wie die freiwillige Gefolgschaft der Ritter ausgehaltenen Söldnerheeren wich.

Geschehen war es gegen Ende September, als wir die päpstlichen Schlüsselsoldaten König Johanns bei Capua über den Volturno zurücktrieben. Mein lieber Freund und Schwiegervater Don Filippo de' Ricci war eben im Begriff gewesen, dem Fahnenträger einer Templerschar die schwarz-weiße Standarte zu entreißen, als er von deren Knappen mit Übermacht angefallen wurde. Anders als das faule, feige Pack der Söldner, erwiesen die Tempelritter sich als gefährliche Gegner. Ich focht mit dem Templer, und gerade, als ich ihn aus dem Sattel warf, traf mich der hinterlistige Hieb. Nun, die Fahne war mein, Don Filippo gerettet, der Gegner hinter die Grenzen des Kirchenstaates verwiesen.

Und mir hatte der Kaiser diese elegante Villa zugeteilt. Befriedigt hing mein Blick an den Trophäen, mit denen die Wände geschmückt waren. Ich lehne mich in das Gestühl zurück, genieße das Schwinden des Lichtes über Golf und Stadt, das einschläfernde Summen ungezählter Insekten, die Düfte, die aus den Terrassengärten aufsteigen. Nie im Leben war ich bisher so müßig gewesen und dies jetzt auch nur meines gebrochenen Schlüsselbeines wegen.

Bereits in Palästina war uns kund geworden, daß der Papst zwei Heere aufgestellt hatte. Das eine unter König Johann und Kardinal Colonna war nach Toskana eingefallen, das andere, geführt von Kaplan Pandolfo von Anagni, über Ceprano und Aquino ins Napolitanische. Daß so viele Kämpfer sich unter dem Schlüssel Petri zusammengefunden hatten, sei – so erklärte es Don Filippo – dem listig ausgestreuten Gerücht zuzuschreiben, der Kaiser sei tot. Manch einer hatte sich nun ein Teil von der vermeintlichen Erbschaft sichern wollen, doch wohl

kaum einer vorausgesehen, dies könne mit Unannehmlichkeiten oder gar Gefahren verbunden sein.
Indes, Friedrichs Großrichter Heinrich von Morra hatte die Erbschleicher eines Besseren belehrt. Er hatte die Päpstlichen aus Rocca d'Acre und Fondi vertrieben. Nur leider, wie es das Unglück will, er und mit ihm der junge Graf von Acerra waren dabei dem Gegner in die Hand gefallen. Sie mußten gegen San Germano und Monte Cassino ausgelöst werden. Die schon früher zum Papst übergelaufenen Grafen von Celano und Aquila stießen mit ihren Truppen bis zum Volturno vor. König Johann siegte über Graf Rainalds Heer und besetzte alles Land bis an die Ufer des Lirigno; es gelang ihm jedoch nicht, das kaisertreue, durch seine Lage im schwer zugänglichen Bergland von Matese geschützte Bojano zu nehmen. So waren denn Capua und auch Benevent schwer bedroht, als der Kaiser in Brindisi an Land ging und damit alle Meldungen über seinen Tod Lügen strafte.
Ein Wirbel von Ereignissen und Tätigkeiten hatte mich während der folgenden Monate nicht zu Atem kommen lassen. Innerhalb kürzester Zeit stampften wir ein schlagkräftiges Heer buchstäblich aus dem Boden. Die erschreckten Männer des Volkes liefen uns in Scharen zu. Von Panik ergriffen, wechselten viele der abtrünnigen Adligen und Beamten abermals die Fahne. Und während Friedrich den Herrn Hermann von Salza sowie die Erzbischöfe von Bari und Reggio mit dem Ersuchen um Frieden zum Papst schickte, eilten wir in einem wahren Sturmlauf nach Capua. Die Päpstlichen gaben die Belagerung von Cajazzo auf und zogen sich über den Volturno zurück. Und das war dann auch für mich das Ende des Blitzkrieges gewesen.
Fliegen summten. In den Oleanderbüschen leuchteten die grünen Funken der Glühkäferchen auf. Das Schluchzen der Nachtigallen war verstummt. Gleich einem stählernen Schild schimmerten die Wasser des Golfes zwischen schon nachtschwarzen Ufern. Ich dachte gerade, mich verlange nun recht eigentlich nach der Gesellschaft fröhlicher Kumpane, da kam einer meiner faulpelzigen, verwöhnten Diener mit der Öllampe und meldete, ein Herr von Rang begehre Einlaß, sofern es dem Herrn Grafen genehm sei.
»Ein Herr von Rang–?«
Rico trat von einem Fuß auf den anderen. »Nun ja, ich weiß nicht, Euer Gnaden! Eben ein Herr... Ohne Begleitung, aber – ein Roß, ein Roß...« Er schnalzte bewundernd mit der Zunge.

»Schlingel, du hättest ihn fragen sollen. Du bist doch sonst nicht aufs Maul gefallen?« Eine Feststellung, die sich gewiß nicht bestreiten ließ, denn keiner meiner Diener befleißigte sich der stummen Unterwürfigkeit, die man von ihnen hätte erwarten sollen. Allesamt taten sie, als hätten wir miteinander Pferde gestohlen, was mir oft ein Lächeln, meinen Gästen ein Stirnrunzeln abnötigte.

»Gott zum Gruß!« ließ eine männlich rauhe Stimme sich aus dem dunkleren Teil der Loggia vernehmen. »Da Eure Knechte so sehr beschäftigt sind, daß ich sie in ihrem dolce farniente nicht stören mag, erlaubte ich mir ungeladen einzutreten.«

»Beschäftigt ... Die verbummelten Strolche?« Ich sprang auf, wobei ich vor Schmerz das Gesicht verzog. »Vergebt! Ich werde sie auspeitschen lassen ... Welche Freude, Herr Hermann, Euch bei mir zu sehen!«

»Das werdet Ihr nicht, wie ich Euch kenne!« Das Lächeln auf Hermann von Salzas groben, redlichen Zügen überlagerte gleich einer Maske den Ausdruck von sorgenvollem Ernst. Seit langem hatte ich mich mit dem energischen, überaus klugen Ordensmeister näher befreunden wollen. Zwar war ich oftmals bei seinen Besprechungen mit Friedrich Roger zugegen und einmal sogar ein flüchtiger Gast auf seiner Ordensburg Montfort bei Akka gewesen, hatte jedoch stets das Gefühl gehabt, er übersehe mich geflissentlich.

Ihn jedenfalls vermochte man nicht zu übersehen. Die Macht seiner Persönlichkeit sprach sich nicht so sehr in der Haltung seines eher schmächtigen Körpers aus, als vielmehr in seinem Gesicht, im strengen, ernsten, bisweilen durchdringenden Blick seiner hellen Augen sowie auch im festen Klang der Stimme. Das schon ergrauende Haar hatte metallischen Glanz. Sah man ihn von weitem, so meinte man, sein Bart sei ein Teil des Helmes. Während der zwei Jahrzehnte, in denen er als Hochmeister dem Deutschen Orden vorstand, hatte er Unglaubliches vollbracht. Überall begegnete man jetzt den Brüdern vom Deutschen Hause. Weniger Aufsehen erregend als die Templer, gewannen sie von Tag zu Tag mehr an Besitz, Ansehen und Einfluß. Ihre Frömmigkeit ohne lautes Reden verbarg sich bescheiden hinter praktischen Werken der Nächstenliebe, dies freilich ohne daß sie sich gescheut hätten, ihre menschenfreundlichen Absichten notfalls auch mit der Schärfe des Schwertes durchzusetzen.

Für die übrigen Orden im Heiligen Land, deren Brüder nach und nach schamloser Sittenlosigkeit verfielen, waren die Deutschherren ein Dorn im Fleisch, eine beständige Mahnung, nahmen sie ja doch ihr Gelübde – Gehorsam, Armut und Keuschheit – tödlich ernst, wobei sie vor allem auf die Templer mit verächtlichem Mitleid herabschauten. Sie behaupteten, die Templer seien verkappte Häretiker; deren Sinnbild, ein gorgonisches Menschenhaupt aus Metall, das bei der Aufnahme in den Orden vom Neophyten geküßt werden mußte, stelle nicht Gott dar, sondern Baphomet. Wo Deutschherren in ihren weißen Mänteln und schwarzen Kreuzen auftauchten, gewannen sie die Menschen nicht nur durch Schwertgewalt und Glaubenseifer, sondern mehr noch durch die Lauterkeit ihres Wandels. Selbst die Heiden, deren Länder sie eroberten, besetzten und kultivierten – das Siebenbürgener Burzenland, Masowien, das Pruzzenland, das Kulmerland –, vertrauten ihnen nach kurzer Zeit und ließen sich zum Christentum bekehren. Inbegriff all ihrer Tugenden war unbezweifelbar Herr Hermann von Salza.

Und wie er sich nun neben mir, vom sanften Licht der Öllampe beschienen, am Marmortisch niederließ und bedachtsam nach dem Silberbecher griff, den ich mit würzigem Falernerwein gefüllt hatte, empfand ich außer Bewunderung auch noch so etwas wie Bänglichkeit. Ein solcher Mann besuchte mich doch nicht nur, um mit mir zu plaudern?

Anfangs erzählte er von seinen erlebnisreichen Reisen in Palästina und Syrien, sprach über hochmögende Persönlichkeiten, denen er dort begegnet war, und entwarf schließlich ein entmutigendes Bild von der Zukunft der Christen im Heiligen Land. »Ist die Frucht faul, kann kein gesunder Baum daraus wachsen, Herr Anselm! Die Zukunft des Deutschen Reiches liegt im Osten. Dort gibt es weiträumige Landschaften, spärlich bewohnt von gottlosen Heiden, die ihrer Unwissenheit und Trägheit wegen ständig bedroht sind vom Hungertod. Eine hohe Aufgabe für uns Christen ... Lockt Euch das nicht?«

Anstatt den Kopf zu schütteln, was ich in erster Aufwallung beinahe getan hätte, sagte ich behutsam tastend: »Dort, wie schon in Palästina, würde der herzensreine Christ Gut und Blut wagen, Eigensüchtler und Krämerseelen hingegen die Früchte seines Wirkens ernten. Was soll's? Ist es nicht klüger, sich auf das zu beschränken, was Gott einem in seiner Weisheit bei Geburt zugemessen hat?«

Nachdenklich zog der Ordensmeister mit dem Finger die Adern im

Marmor nach. »Glaubt mir, auch ich habe das bedacht. Aber muß nicht all das, was unsere Vorfahren hier im Abendland an Werken des Geistes erschaffen haben, achtsam erhalten, es muß auch gegen barbarische Eindringlinge verteidigt werden. Was wäre wohl aus dem schönen Lande am Burzenbach geworden, hätten wir Ritter es nicht gegen die aus öden Steppen hereinbrechenden heidnischen Kumanen geschützt? Ich gebe Euch recht darin, wenn Ihr meint, der Erfolg berge auch immer schon den Verfall in sich – die Möglichkeit des Verfallens, Herr Anselm! Denn mit dem Erfolg kommt der Reichtum, mit dem Reichtum die Freiheit, mit der Freiheit die Trägheit und Zuchtlosigkeit...«

»Und wie gedenkt Ihr dem zu begegnen?«

Herr Hermann warf mir unter seinen buschigen Brauen hervor einen durchdringenden Blick zu. »Freiheit für jedermann läßt sich nur durch die Strenge des Gesetzes erreichen und bewahren, eigensüchtig und gewissenlos, wie es so viele Menschen sind. Hat nicht auch unser Heiland die Gaukler und Geldwechsler mit der Peitsche aus dem Tempel vertreiben müssen? Ihr wißt , wie es uns Deutschherren in Ungarn ergangen ist... Dort haben wir die Bauern vor ihren eigenen Landesfürsten schützen müssen, haben ihnen ermöglicht, in Frieden ihre Äcker zu bestellen und zu Wohlstand zu gelangen. Wir haben eigene Münzen geschlagen – Münzen, die nicht verfälscht werden konnten und ihren Wert behalten haben bis auf den heutigen Tag. Ohne unsere Absicht wurde das Ordensgebiet so zu einem eigenständigen blühenden Staat im verfallenden Königreich Ungarn. Was war die Folge? Auch das wißt Ihr – Neid, Mißgunst, Argwohn der Untüchtigen! Man zwang uns zuletzt, unser Werk aufzugeben, uns aus dem Lande zurückzuziehen, nachdem die Kumanengefahr kraft unserer Schwerter ein für allemal gebannt schien.«

Ich sah es so deutlich vor mir, als sei es meine eigene Erinnerung – die stämmigen Flamen, Heinrichs des Löwen steifnackige Sachsen, von Ungarns Königen ins Land gerufen, um aus der kargen Steppe fruchtreiche Äcker erstehen zu lassen. Ich sah sie, wie sie unter Schutz und Anleitung der Ritter Kirchen und trutzige Burgen errichteten. Ich sah die Horden kleiner, gelbhäutiger Krieger auf struppigen Pferden über die Karpatenpässe hereinbrechen, sah sie das Land überfluten, gegen den Wall von Burgen und wehrhaften Bauern anrennen, wieder und immer wieder, bis sie zuletzt in einer

Woge von Blut versanken. Und das Kampfgeschrei aus Tausenden von Kehlen zitterte in mir nach.
»Die vergeblichen Opfer«, fuhr der Hochmeister rauheren Tones fort, »die Leiden, die Mühen, das sinnlose Sterben so vieler wertvoller Menschen, das darf sich nicht wiederholen – nie! Als uns dann Herzog Konrad von Masowien um Beistand gegen die Pruzzen bat und unserem Orden zum Dank das Kulmerland überließ, ermächtigte Kaiser Friedrich uns – drei Jahre ist's her – durch die Goldbulle von Rimini, alles Land, das wir uns gewinnen und zum Christentum bekehren, als eigenständiges Herrschaftsgebiet des Ordens zu betrachten.
Seither haben wir's, gottlob, in der Hand, das Leben der unserer Fürsorge Anvertrauten nach Christi Lehre einzurichten, ohne daß korrupte Priester oder habgierige Fürsten uns dreinreden können. Und seht nur, was daraus schon geworden ist! Vielleicht vermögt Ihr Euch vorzustellen, was daraus noch werden kann? Ich frage nochmals, Herr Anselm – lockt Euch das nicht? Bedenkt, welch' weites Feld gottgefälliger Tätigkeit sich Euch dort eröffnet...«
Mir stand das altersgraue Gemäuer der Kahlenburg vor Augen, der ruppige Adlerhorst im Kranz stiller, tiefer Wälder. Ich gedachte der wortkargen, in sich verschlossenen Menschen, deren Vertrauen einst meine Vorväter zu ihren Anführern und Beschützern erhoben hatte. Ich gedachte auch der unablässigen Gefährdung, der ein schlichter, aufrechter Mann infolge der Habsucht und Machtgier gewissenloser Raubgesellen ausgesetzt ist. Und wie doch die unverständigen Abenteuer meines Vaters um Haaresbreite seinen Landeskindern zum Verderben gereicht hätten.
Ich tastete nach dem Vergil, der neben mir auf einer Konsole lag – ganz unbewußt, so als suchte ich Rechtfertigung und Kraft aus den Worten des Dichters zu ziehen. »Wär' ich, Herr Hermann, ein zweiter Sohn und erst im sechzehnten Lebensjahr, mit fliegenden Fahnen würd' ich zum Orden stoßen, glaubt es mir! Aber so, wie die Dinge beschaffen sind... Mehr zur Nachdenklichkeit, zum Bewahren bin ich meinem Wesen nach geneigt als zum Eroberer. Das Schwert gilt mir nur als Mittel zur Verteidigung.«
»Und doch wißt Ihr's gar trefflich zu führen!«
Der Hochmeister lächelte – ein wenig grimmig, fand ich: »Was mich wundert, Ihr dient unserem Herrn Friedrich, ohne Nutzen daraus zu ziehen...«

»Das Eigene muß jenseits der Grenzen verteidigt werden, sagtet Ihr das nicht?«
»Na, gut, wie Ihr wollt! Nur so ein Gedanke von mir... Mag sein, daß Ihr das Rechte tut. Und vielleicht ist unsere Heimat das Feld, auf dem Ihr Euch bewähren müßt. Da raunt man doch, die Kurie stifte Unruhe unter den deutschen Fürsten, um den Kaiser aus Italien fortzulocken?«
»Man raunt, man wispert, man tuschelt... Das kenn' ich, seit ich Herrn Friedrich diene. Nichts Neues unter der Sonne, Herr Hermann! Ihr wißt's so gut wie ich. Habt Ihr selbst nicht mit Kardinal Thomas über den Frieden verhandelt und am Besuch des Kaisers in Anagni teilgenommen? Man hörte wenig darüber bisher. Alle Welt ist voller Hoffnung auf eine Einigung. Aber – trau' den Füchsen! Was ich vernahm, bestärkt mich nur in der Absicht, dieser Art Leben den Rücken zu kehren, sobald ich genesen bin.«
Hermann von Salza hob die Brauen. In seinem Blick lag etwas Unwägbares, so als dränge es ihn, auszusprechen, das für sich zu behalten Klugheit gebot. Schließlich sagte er, nachdem er sich nach Lauschern umgesehen: »In der Tat, ich möcht' Euch für einen reinen Toren halten, hättet Ihr das Gegenteil nicht so oft bewiesen. Solange Papst Gregor lebt, wird er in Friedrich den ›Schüler Mohammeds‹ hassen, auch wenn er ihn nun wieder den ›geliebten Sohn der Kirche‹ nennt. Hört, was ich in Anagni sah und vernahm...
Unbeschreiblich der Jubel, die Freudentränen an jenem Tag im August, da Kaiser Friedrich durch den Gesandten Seiner Heiligkeit losgesprochen wurde. Vorstellen könnt Ihr's Euch nicht, Herr Anselm – die unübersehbare Menge Volkes im Dom, ihre tiefinnere Bewegtheit, die inbrünstigen Gebete...Ach ja, ich hätt' weinen mögen über solch Übermaß frommen Glaubens.
Wissen jedoch, wirkliches Wissen um die Wahrheit, Herr Anselm, ist Bitternis; schwer läßt sich's tragen. Wußte ich denn nicht, wie Gregor sich unter Zähneknirschen zum Nachgeben hatte verstehen müssen? Und kannte ich nicht die Karten, die er jetzt skrupellos gegen Friedrich ausspielt? Ja, Frieden schließen, das mußte er wohl, stand doch Friedrichs Heer an den Grenzen des Kirchenstaates, auf dem Sprung, einzufallen. Was hätte er dem entgegenzusetzen gehabt? Nichts! Aber da sind ja noch die Lombarden, nicht wahr? Ketzer hin, Ketzer her, selbst mit dem Gottseibeiuns würd' Seine Heiligkeit sich verbündet haben. Und sind da nicht auch die deutschen Fürsten, eigensüchtig,

habgierig, untereinander zerstritten? Gregor meint, mit ihnen habe er leichtes Spiel. Gelänge ihm, sie gegen König Heinrich aufzuhetzen oder König Heinrich gegen den Vater, dann müßte Friedrich dort nach dem Rechten sehen – mit Heeresmacht... Aber das kann er nicht; die Lombarden verwehren ihm den Weg über die Alpenpässe... Seht Ihr, wo der Hund begraben liegt?«

»Ich sah es so kommen! Sobald wie möglich reit' ich heim.«

»Ihr wollt Friedrich Roger im Stich lassen – jetzt?

Ich hatte auf Euch gerechnet...«

»Gerechnet?«

»Ich hoffte, Ihr würdet mäßigend bei der Abfassung der neuen Gesetze wirken. Es heißt, Friedrich werde gegen die Ketzer zu Felde ziehen, gegen diese ›Schlangensöhne des Unglaubens, die Gott den Herrn und die Kirche beleidigen, deren verführerische Irrlehre die Welt vergiftet‹ – so hat es Herr Peter von Vinea formuliert. Von Rad und Galgen ist da die Rede, von Enterbung und Entehrung bis ins dritte und vierte Glied – gedacht, dem Papst Honig ums Maul zu schmieren, zugleich als Vorwand für einen Feldzug gegen die Lombarden. Aber – werden die es hinnehmen? Gewiß nicht! Das bedeutet Aufruhr, Krieg, die Sperrung der Pässe. Den Verlust Deutschlands für das Reich kann es zur Folge haben.«

»Vielleicht beabsichtigt der Großhofrichter eben das?«

»Auf jeden Fall spielt er damit dem Papst in die Hand. Auch die neuen, für Sizilien und Apulien vorgesehenen Gesetze sind mit einer Schärfe abgefaßt, die wenig zu Friedrichs Ansichten paßt. Zwar halte auch ich Strenge für unerläßlich; sie muß jedoch dem Menschen und seinen Bedürfnissen angemessen sein.«

Der Großhofrichter – dachte ich erbittert –, dieser Heuchler und Schleicher, was hat er anderes im Sinn als uns Menschen in ein unzerreißbares Netz von Gesetzen zu verstricken, uns bis in unser Denken und Fühlen hinein zu knebeln, sich gefügig zu machen, nur um desto leichter Nutzen aus uns zu ziehen? Waren nicht schon die sizilischen Reiche mit einem dichten Geflecht von Ministerialen und untergeordneten, abhängigen Beamten überzogen, gegen die es kein Aufmucken gab? Sollte denn alles, vom Handwerk bis ins Ehebett, durch Gebote oder Verbote geregelt werden? Und all diese Dekrete, Erlasse, Verordnungen, Kapitulare eingehüllt und verbrämt von einem Wust leerer Reden, gleich jenen, die zu Anagni sowohl vom Kaiser als

auch vom Papst gehalten worden waren: Herzlieber Bruder in Christo... Leuchte des Kirchenstaates... Heiligster Vater... Frieden der Herzen... Jawohl, und dazu die Judasküsse, obschon doch ein jeder den anderen am liebsten erdolcht haben würde.
Nein, hinter solchen Worten und Taten erkannte ich Friedrich nicht mehr! Wo war der Jüngling mit dem leuchtenden Blick, mit dem freiheitsdurstigen Geist, mit dem nach Gerechtigkeit und Schönheit verlangenden Herzen? War alles nur Traum gewesen? Stand er im Begriff, sich in einen finsteren Tyrannen zu verwandeln? Oder war er das schon seit eh und je gewesen, und ich hatte mich vom holden Schein nur täuschen lassen? »Schütze mich vor mir selbst!« so hatte er damals am See Genezareth geheischt. Und hatte nicht auch Jolante, die edle Gebieterin, sich in gleicher Sorge verzehrt? Allein, was half's, die Dämonen der Finsternis erwachen und in der Seele dessen gedeihen sie, dem Macht gegeben ist und der sich gezwungen sieht, sie auszuüben.
Der Ordensmeister hatte mich nicht aus den Augen gelassen. Wahrscheinlich erriet er, was in mir vorging. Jetzt sagte er bedächtig: »Eine Erfahrung möchte ich an Euch weitergeben: – nur, wer mitspielt, beherrscht das Spiel! Wer sich selbst auf dem Schachbrett des Lebens zum Bauern macht, wird geschoben, hierhin und dorthin, und am Ende wirft man ihn fort. Glaubt Ihr, ich hätte zustande gebracht, was für den Orden erreicht worden ist, wär' ich nicht mit Papst und Kaiser, mit Hinz und Kunz unter eine Decke gekrochen, hätt' ich ihnen nicht nach dem Maul geredet und getan, als bete ich an, was sie verehren? Dies, freilich, ohne auch nur ein Stücklein von mir selbst dreinzugeben, denn so hat Gott mich gemacht wie ich bin, und mir meine Aufgabe zugewiesen. Wißt Ihr, daß der Großhofrichter Euer Feind ist – ein tödlicher Feind? Tretet zurück, gebt ihm freie Hand, und er wird Euch verfolgen mit dem bitteren Haß der Knechtsseele gegen den freien Mann. Vernichtet ihn, eh' er Euch vernichten kann!«
Ich fühlte, wie mir das Blut aus den Schläfen wich. Eiseskälte ließ mich zusammenschauern. Ja, recht hatte er, der kluge Ordensmeister! Manch eine belanglos erscheinende Begebenheit kam mir in den Sinn – Diskurse, Meinungsverschiedenheiten, kurze Bemerkungen, ein verschlagenes Lächeln, ein scheeler Blick... Derzeit hatte ich solch flüchtigen Wahrnehmungen keinerlei Bedeutung beigemessen. Was vermochte denn Herr Peter mir schon anzuhaben? Friedrich Roger –

meinte ich – wisse gar wohl alles und jedes zu durchschauen, die Spreu vom Weizen zu unterscheiden. Wie aber, wenn ich mich irrte? Wenn Friedrich nicht der war, für den ich ihn hielt?
Verwirrt, wie ich war, konnte ich so bald nichts darauf erwidern. Und in der Stille, die eingetreten war, erhob sich nun plötzlich dort draußen vor dem Portiko ein Lärm, der die schon schlafenden Vögel aus den Wipfeln scheuchte. Dröhnendes Gelächter. Laute, grobe Stimmen. Das erregte Geplapper meiner Diener. Pferde stampften und wieherten. Hunde kläfften. Gleich darauf betrat mein Vater die Terrasse, in voller Rüstung.
Er schwankte ein wenig; sein Gesicht war gerötet, der Bart gesträubt. Weindunst verbreitete sich. Und als er den Helm abnahm, entfiel dieser ihm und rollte scheppernd über die Fliesen.
Herr Hermann warf mir einen Blick zu, der mich erröten ließ. Eine seltsame Veränderung war in letzter Zeit mit meinem Vater vorgegangen. In der syrischen Steppe hatte er wie ein Asket gelebt, hatte sich mit Gedanken beschäftigt, die auf Gott und das Jenseits gerichtet waren. Nun aber, an Friedrichs Hof, in der schwülen Luft lockerer Sitten, unter Edeldirnen und trinkfreudigen Kumpanen, deutschen Rittern und Adligen zumeist, anfangs bewundert ob seiner Kriegstaten, dann heimlich belächelt, ein Sonderling, vielleicht einsam im Innersten, jedenfalls fehl am Ort, war er dem Weingenuß verfallen.
Ritt er auf seinem grauen Hengst Baldr durch die Gassen, klappernd und klirrend in einer Rüstung, wie kein Mensch sie mehr trug, mit wehendem weißen Haar und den schwarzen Rabenfittichen auf dem Helm, dann blieben die spottlustigen Neapolitaner stehen, starrten ihn an, offenen Mundes, teils erschreckt durch verblaßte Erinnerungen an den Furor Teutonicus vergangener Zeiten, teils belustigt durch solch ungewohnten Anblick. Und Horden johlender, kreischender Bambini folgten ihm. Indem er die Denkweise der Leute völlig verkannte, sonnte er sich in ihrer augenscheinlichen Bewunderung; war er gut aufgelegt, grüßte er leutselig nach allen Seiten oder, war ihm am Morgen ein schwarzer Kater über den Weg gelaufen, so ritt er schweigend, mit verschlossener Miene oder herabgelassenem Visier einher.
Nun also ließ er sich auf die Bank neben Herrn Hermann fallen, griff, ohne recht hinzusehen, nach Becher und Krug. »Seine Majestät läßt grüßen«, sagte er mit schwerer Zunge.
»Du warst beim Kaiser?« Der Schreck fuhr mir tüchtig in die Glieder.

»Das gefällt dir wohl nicht? Sohn, er liebt und achtet mich hoch. Obschon er wissen müßte, wofür ich ihn halte. Es ging um dich... Da hab' ich freilich kein Blatt vor den Mund genommen. Du seiest ein guter Kerl, hab' ich gesagt, aber dumm wie Bohnenstroh. Er müsse was für dich tun, hab' ich gesagt. Ein Herzogstitel oder desgleichen... Es gehe nicht an, daß ein Kahlenberger, sei er auch von noch so geringem Nutzen, wie ein Lakai vom kaiserlichen Hof ausgehalten wird. Unabhängigkeit, mein Gebieter – Unabhängigkeit ist die Lebensluft für den Edelmann, sagte ich.«

»Das... Das hast du ihm gesagt?« Mir stockte der Atem. Herr Hermann verbarg ein Grinsen hinter der Hand.

»Das, Sohn, und mancherlei mehr! Ich hab' ihm gesagt, wir Deutsche seien, verflucht noch mal, keine Knechte; bei uns werde man seine neuen Gesetze nicht schlucken und...«

»Wie hat er das aufgenommen?« erkundigte der Ordensmeister sich.

»Aufgenommen? Tja–!« Vater strich sich gedankenverloren durch den Bart. »Erst hat er gelacht, nicht frei heraus, vielmehr auf seine verschlagene Art. Dann hat er gemeint, die Zeiten Kaiser Ottos seien dahin; eine jede Zeit trage ihr eigenes Gesicht. Frag' mich nicht, was das bedeuten soll. Na, und dann hat er gefragt, ob du mich zu ihm geschickt hättest. Ich sagte – der? Nicht um die Welt! Auf den Gedanken käme mein tumber Sohn Anselm nicht. Aber dann sagte der Kerl, dieser Großhofrichter, der sich beim Kaiser herumdrückt, leise zu ihm – doch ich hörte es wohl –, »laßt Euch nicht täuschen, Majestät! Der Kahlenberger hat es faustdick hinter den Ohren; gar manches führt er im Schilde, was uns verborgen bleibt...«

Herrn Hermanns Faust klatschte auf den Tisch, so daß die Becher klirrten. »Da habt Ihr's, Graf! Wie ich sagte: Seid auf der Hut; seid Hammer, schmiedet das Eisen, solange es heiß. Zum Amboß seid Ihr nicht geboren!«

»Nun denn«, entgegnete ich. Meine Stimme klang flach. »Das alles bedeutet mir nichts. Ich will mich früher auf den Heimweg machen als ich's vorgesehen.«

»Was – heim?« Vater, jählings ernüchtert, richtete sich auf mit einem Ruck. »Ich höre – heim? Ja, bist du denn ganz und gar von Gott verlassen? Ich knie vor diesem... diesem normannischen Piraten – ich, Kaiser Ottos Vasall, demütige mich – um deinetwillen. Und du, Anselm, du läßt die Ernte ungeschnitten als wäre es nichts, verzichtest auf alle Ansprüche, die du geltend machen kannst... Was mehr ist – hast du dem Staufer nicht Treue gelobt, wie ich dem Welfen? Ein Mann, ein Wort, Anselm! Nicht einen Augenblick wär's mir in den Sinn gekommen, meinen Herrn zu verlassen. Daß du dich dem Staufer an den Hals geworfen, hat mich im tiefsten Herzen betrübt. Aber da du's nun einmal getan hast, ein Schuft wärest du, stündest du nicht zu deinem Eid!«

Leichenblaß, schier ohne Atem, starrte Vater mich an.

Herr Hermann beschwichtigte: »Graf Rainold, die Zeiten wandeln sich, mit ihnen das, was man so denkt und tut. Was gestern als rechtens galt, morgen wird es als Irrtum oder Verblendung in Verruf gebracht. Klug handelt, wer dies erkennt und sich danach zu richten weiß.«

Ich erhob mich, sagte so kalt, daß es mich selber schmerzte: »Wer sein eigen sein kann, soll keinem anderen folgen!«

Indes, ein bitterer Geschmack blieb mir auf der Zunge.

46.

Wohl dem, der den Tag nicht erlebt, an dem ein widriges Geschick das ganze Füllhorn des Unheils über ihn ausschüttet. Dieser Tag, ein düsterer Tag im Oktober des auf die Konstitutionen von Melfi folgenden Jahres, bei blauschwarzem Gewölk und heftigen Winden herandämmmernd, begann für mich mit Verdruß. Nach einer in üblen Träumen verbrachten Nacht fühlte ich mich elend und fieberte. Ich klingelte nach dem Diener, der mir allmorgendlich Waschwasser zu bringen hatte. Niemand ließ sich blicken. Lotterwirtschaft war in meinem Hause eingerissen. Verärgert erhob ich mich, um selbst nach dem Rechten zu sehen. Da schob Rico sich in das Gemach, einen höchst ungewohnten Ausdruck von Verstörtheit auf dem pfiffigen Bubengesicht.

»Hol' euch der Teufel, ihr Faulpelze! Wo ist der Briccone, der mir das Wasser bringen soll?« fuhr ich ihn an.

Er knickte förmlich zusammen: »Herr, die Leute sind fort!«

»Fort? Was bedeutet das nun wieder?«

»Fort – ja! Alle... Und vor dem Tor stehen Gewappnete...«

Ich trat auf den Söller über dem Portal. In der Tat, da hielten drei Mauretanier der kaiserlichen Leibwache. Ihr Anführer betrat das Haus, verneigte sich knapp und überreichte mir ohne jedes Wort ein

mit dem kaiserlichen Adlersiegel verschlossenes Schreiben. Es enthielt mit nur einem einzigen Satz den Befehl, mich unverzüglich bei Hofe einzufinden. Zunächst dachte ich daran, Erkrankung vorzuschützen, aber der Ton des Befehls war so ungewohnt schroff, daß ich es für klüger erachtete, mich sogleich auf den Weg zu machen.
Rico, offenbar mehr wissend als ich, führte bereits Iblis aus dem Stall und begann ihn zu satteln. Ich kleidete mich hastig an, wobei ich versuchte, mich so gelassen zu zeigen, wie es mir der Wechsel von Schüttelfrost und fliegender Hitze erlaubte. Was mochte geschehen sein? Weshalb hatte meine Dienerschaft sich heimlich entfernt? Wozu die Lanzenreiter? Vermutlich alles nur Irrtum, ein Versehen untergeordneter Hofbeamten! Was hätte schon gegen mich vorliegen können? Mein Gewissen war blütenrein. Oder hatte Vater etwa Friedrich Rogers Unwillen erregt?
Iblis trat sachte auf; dennoch sandte jeder Hufschlag Wellen heißen Schmerzes durch meinen Kopf. Kaum vermochte ich mich im Sattel zu halten. Verdrossen betrachtete ich die Stadt, deren Gassen im grauen Morgenlicht menschenleer und schmutzig, fauchenden Windstößen zum Tummelplatz dienten. Selbst die Hemden und Tücher, die in den Höfen oder gar quer über die Gasse von Haus zu Haus an Leinen flatterten, waren dunkel vor Nässe und ohne ihre sonstige Farbenfreudigkeit.
Das Kastell Capuano, in dem der Kaiser vorläufig residierte, bot keinen tröstlicheren Anblick – von Feuchtigkeit rußschwarze Türme vor dem von eilendem Gewölk überflogenen Himmel; fröstelnde Wächter unter dem Fallgitter der Torbogenwölbung. Sie grüßten – recht nachlässig. Oder kam es mir nur so vor? Als ich vom Pferd stieg, schien der Burgplatz mit den faul herumlungernden Knechten, Soldaten, tratschenden Weibern und den triefenden Mauern sich um mich zu drehen. Kein Ritter oder Höfling begrüßte mich. Wer mir begegnete, blickte an mir vorbei. Und das war nun keine Einbildung mehr. Kühle kroch mir am Rückgrat herauf. Leeres Gefühl im Magen... Furcht? Entrüstung? Ein Gutes hatten solche Empfindungen – meine Niedergeschlagenheit wich; ich geriet in Zorn. Nun würde es mir auch leichter fallen, vom Staufer meine Entlassung zu fordern.
Graf Rainald von Spoleto gab vor, mich nicht zu bemerken; als ich jedoch an ihm vorbeischritt, raunte er zwischen den Zähnen: »Gebt acht, der Großhofrichter!«

Ja, da stand er neben dem Kaiser – eine bullige Gestalt im grauem Mantel und Kettenhemd wie ein Fels; neben dem Throngestühl stand er, auf dem Friedrich Roger saß. O nein, nicht Friedrich Roger, mein Freund, mein Seelenbruder, meine Gottheit, sondern Seine Majestät, der Beherrscher des Abendlandes, überaus fern und fremd in seiner von Juwelen funkelnden Purpurrobe und mit der schweren Krone, die sein Gesicht zusammendrückte. Die Höflinge, Fürsten, Beamten, im Halbkreis zu seinen Füßen stehend, machten mir Platz – vielmehr, sie wichen vor mir zurück, so als trüge ich die Pest am Leib. Nur Don Filippo de' Ricci schenkte mir ein ermutigendes Lächeln, freilich nicht ohne hilflos die Schultern zu heben.
Der Kaiser hingegen übersah mich, als sei ich Luft; das hatte er bisher in all den Wechselfällen langer Jahre noch niemals getan. Er schlichtete Streitigkeiten, gab diesem und jenem Anweisungen oder Aufträge, diktierte Verordnungen. Im ungewissen Licht des von Kerzen nur spärlich erhellten Saales haftete allen Personen und Vorgängen etwas Mythisches, traumhaft Unwirkliches an. Ich fühlte mich an Pluto in der Unterwelt erinnert, von dem ich bei Homer und Apollodoros gelesen hatte, nur fehlte hier Persephone, die liebliche, stets versöhnende Kaiserin Jolante nämlich, der es noch immer gelungen war, das durch Leidenschaften oder Irrtümer Verwirrte wieder zurechtzurücken.
Zuletzt, nachdem Friedrich Roger alle Geschäfte des Tages erledigt hatte, neigte Herr Peter von Vinea sich zu ihm hinunter, überreichte ihm ein gerolltes Pergament und suchte dann mich mit einem so hämisch triumphierenden Blick, daß ich am liebsten mit blanker Klinge auf ihn losgegangen wäre. Tödliche Stille legte sich über die Versammelten.
Friedrich klopfte sich, wie unschlüssig, mit der Schriftrolle auf die flache Hand. Dann sprach er leise, mit belegter Stimme: »Graf Anselm von Kahlenberg, Uns ist zu Ohren gelangt, was sich schwerlich mit dem Bilde verträgt, das Wir Uns von Euch gemacht haben. Längst haben Wir Uns dessen entwöhnt, bei all jenen, vornehmlich aber bei Euch, die Wir in unserer väterlichen Fürsorge und Gnade mit Wohltaten überhäuft haben, auf Dankbarkeit zu hoffen. Treue hingegen, Aufrichtigkeit und Ergebenheit sollten gerade für Euch, Graf, ein Gebot der Klugheit sein.«
Zu dieser präliminaren Tirade schwieg ich. Was hätte ich dazu auch

äußern sollen? Weder an Treue, noch an Aufrichtigkeit, noch an Ergebenheit hatte ich es Friedrich gegenüber je fehlen lassen.

Nach längerem Sinnen und Handklopfen fuhr der Kaiser, nunmehr in barscherem Tone, fort: »Uns liegt hier eine Liste der Geschenke und Bestechungsgaben vor, die Ihr in Ausübung Eurer sekretärialen Obliegenheiten von Sarazenen entgegengenommen habt. Die Endsumme des Wertes beläuft sich auf ...« Er entrollte das Pergament. »Auf rund achtzehn Millionen Goldaugustalen. Nicht, daß wir in unserer Gnade Euch, Graf Anselm, nicht jeglichen Betrag, den Ihr etwa benötigt, gerne überlassen hätten ... Was uns, als der Justitia Vater und Sohn, Herr und Knecht, jedoch zutiefst betroffen macht und im Herzen kränkt, ist die Heimlichkeit Eures Vorgehens, ist auch der Umstand, daß Ihr, gleich so vielen anderen, nicht begriffen habt, daß und warum wir in unseren Reichen der Korruption zum Wohle aller ein Ende zu bereiten gedenken. In Eurem Falle muß ich mir selbst die Schuld beimessen. Wider besseres Wissen habe ich Euch vertraut. Bei Fürsten ist und bleibt Vertrauensseligkeit die unverzeihlichste Sünde.«

Ein Stein fiel mir vom Herzen; ich atmete auf. War es das, nur das? Die Liste, die er in den Händen hielt, die hatte ich ja selbst geschrieben.

»Majestät, mein Herr, mein Gebieter!« rief ich. »Ihr seid einem Irrtum erlegen, vielleicht von falschen Freunden oder arglistigen Dienern falsch unterrichtet worden. Seht, ob die Handschrift auf jenem Pergament nicht meine eigene ist? Ich übergab die Liste Herrn Peter von Vinea, nachdem ich Münzen und Kostbarkeiten an die Fiskalen der kaiserlichen Staatskasse abgeführt hatte; und nicht das geringste behielt ich für mich.«

Es war so still im Saal, man hörte den Wind um die Ecken pfeifen. Der Kaiser hob den Blick zum Gesicht des Großhofrichters, das sich mit Schweiß bedeckt hatte. Der zog die buschigen Brauen über den verkniffenen Augen drohend zusammen; die Mundwinkel unter dem Schnurrbart senkten sich in scheinbar bestürztem Staunen. Friedrichs Miene drückte Zweifel aus. Aber der Großhofrichter faßte sich alsbald.

»Mitnichten ... Eure Majestät sei dessen eidlich versichert – mitnichten trifft zu, was Graf Kahlenberg mit dreister Stirn zu behaupten wagt. Diese Liste erhielt ich nicht aus seiner Hand. Er legte sie an zum eigenen Gebrauch ...«

»Wie anders kam sie dann in Euren Besitz?« erkundigte Friedrich sich, augenscheinlich schwankend zwischen Zweifel und Zorn.

Schamhaft wandte Herr Peter die Augen ab. »Vergebt, wenn ich tat, was mit Ritterehre sich nicht verträgt; es geschah, Euch vor Schaden zu bewahren. Schon lange hegte ich Argwohn gegen Graf Kahlenberg. Ich bestach sein Kebsweib Jasumini, die Sarazenin. Sie grollte ihm, weil er ihr Rosse und Sklaven sowie Landbesitz in Judäa versprochen, sein Wort aber nicht gehalten hat...«

Eine Bewegung ging bei dieser Eröffnung durch die Versammelten. Ausrufe der Entrüstung, mochten sie nun mir oder dem Großhofrichter gelten. Die Zunge versagte mir. Alles war Lüge, eine infame Verdrehung der Tatsachen. Jasumini hatte mich um dergleichen angebettelt – ja; versprochen hatte ich ihr nichts.

»Ich übergab das Erhaltene bis auf den letzten Skudo«, verwahrte ich mich schwach.

Herr Peter stampfte mit dem Fuß auf: »Fragt ihn, Majestät – fragt ihn doch, ob er eine Ricevuta vorweisen kann, eine Quittung, oder Zeugen beibringen?«

»Ha!« rief ich wutentbrannt. »Ihr und alle anderen wißt, wie es in Palästina zugegangen – drunter und drüber, nicht wahr? Und wer sich da ein Scherflein beseite geschafft, mag man an seinem gegenwärtigen Besitz ersehen. Da geht manch einer in Samt und Seide, der in Lumpen das Heilige Land betrat. Ich, mein Gebieter, stehe vor Euch mit leeren Händen, obgleich Ihr von Wohltaten sprecht, die Ihr über mich ausgeschüttet. Anders herum wird ein Schuh draus, Majestät! Ich habe Euch redlich gedient, ohne an Lohn zu denken. Aber ich sehe nun, Ihr seid von Lügnern, Heuchlern, Gaunern und Speichelleckern umgeben, denen Ihr mehr glaubt als der Wahrheit, die vor aller Augen liegt. Hütet Euch vor arglistigen Ratgebern, die Euch Euch selbst entfremden, Euer gerechtes Urteil trüben. Gleich einem unmündigen Kind glaubt Ihr den gespaltenen Zungen, verleugnet – wie die Ketzergesetze dartun – Eure bessere Einsicht um vergänglicher Vorteile willen; Ihr belügt und betrügt Euch nur selbst...«

Gerechte Empörung hatte mir die Worte in den Mund gelegt; sie wären besser ungesprochen geblieben.

Wie von der Tarantel gestochen, fuhr Friedrich Roger aus dem Throngestühl auf. Seine Augen flammten. Die Lippen, häßlich verzerrt nun, bebten ihm, als er mit Donnerstimme rief: »Genug, jetzt – genug! Wir begehren nicht zu wissen, was aus dem Gold und Geschmeide geworden ist. Jedoch, wer es wagt, unsere kaiserliche Majestät zu verun-

glimpfen, gegen unsere wohlüberlegten, gerechten Gesetze aufzustehen, unsere in Treue bewährten Ratgeber der Lüge und des Betruges zu zeihen, der soll des Todes sein!«
Er warf mir die Pergamentrolle ins Gesicht.
»Fort mit Euch, Anselm von Kahlenberg, fort aus Unserem Angesicht, fort aus Unseren Reichen! In unverdienter Gnade schenken wir Euch Freiheit und Leben. Über Euer Lehen werden wir später befinden.«
»Herr!« rief Don Filippo. »Majestät, Ihr seid ungerecht!«
Allein, der Kaiser hörte schon nicht mehr. Mit raschen, vom Zorn beflügelten Schritten eilte er, die im Wege Stehenden beiseite stoßend, hinaus. Graf Rainald unterbrach das betretene Schweigen. Er trat zu mir, legte die Hand auf meine Schulter: »Faßt Euch, Don Anselmo! Keine Suppe wird so heiß gegessen wie sie gekocht. Viele hier wissen, Euch wurde bitteres Unrecht zugefügt. Aber glaubt mir, Ihr habt Freunde, sieht's auch jetzt nicht so aus...« Er deutete auf den leeren Raum, der um mich entstanden war. Und mit einem Blick auf den Großhofrichter und dessen erstarrte Miene: »Die Wahrheit kommt schon noch an den Tag. Nur erlaubt es die neue Ordnung, die Seine Majestät einzuführen geruht, eben nicht wie ehedem, mit Mannhaftigkeit und freiem Wort für etwas einzutreten, das der Kaiser verworfen hat. Kommt jetzt! Mir ward aufgegeben, Euch auf den Weg zu bringen.«
Beschämt, zerknirscht, bitteren Schmerz um die verlorene Freundschaft im Herzen, folgte ich ihm ins Freie. Insgeheim hatte ich Herrn Rainald ja stets ein wenig mißachtet, seiner beflissenen Untertänigkeit wegen, hatte ihn für meinen Umgang als zu leicht befunden und links liegen lassen. Nun, in der Not, erwies er sich als Freund – als der einzige Freund, sah ich von Don Filippo ab und von all jenen, die sich aus Vorsicht still verhielten und ihre Stunde abwarteten. Welch' glücklicher Zufall, daß Vater nicht Zeuge meiner schmachvollen Erniedrigung geworden war. Hätte er den Auftritt miterlebt, es wäre gewiß sein und mein Verderben gewesen.
Auch ohnedies regte er sich in beängstigender Weise auf, als ihm das Vorgefallene berichtet wurde. Mit den Zähnen knirschend, verstieg er sich so weit, daß er schwur, den Kaiser zum Zweikampf herausfordern zu wollen. In alten Zeiten mochte dergleichen Brauch gewesen sein, hier und jetzt war ein solches Vorhaben absurd.

»Dieser Hundsfott«, knirschte er, »dieser Hurenbock, dieser aus den Gossen Palermos heraufgestiegene Pirat ... Hab' ich's dir nicht gesagt, Anselm? Du hast den Staufer gegen Kaiser Otto eingetauscht, wie Hans im Glück die Gans gegen seinen Ochsen. Nun löffle denn das Süpplein aus, das du dir eingebrockt. Wenn es den Herrschenden an die Goldtruhe geht, dann ade Freundschaft und Edelsinn! Was aber das Lehen betrifft, da mag er sich vergeblich das Maul lecken. Darüber zu verfügen, hat er nicht einen Schein von Recht. Wer hat denn unsere Altvorderen belehnt? Das Volk, und nur das Volk! Die Fürsten haben sich selber zu Herren gemacht, und nur, weil wir's geduldet, weil wir sie, wie einst den Carolus, ins Land gelassen – Landfremde; Tausende von Meilen von uns entfernt, wollen sie über uns regieren. Heinrich der Löwe war einer der unseren; Otto der Welf war einer der unseren ... Sorg' du nur dafür, daß hinfort kein Welscher oder Normanne seinen Fuß in unsere Wälder setzt.«
So sprach er und schien sich nach und nach ein wenig zu beruhigen, doch nahm ich während der folgenden Tage wahr, wie tief der Groll gleich einer verzehrenden Krankheit an ihm fraß.
Don Filippo stellte mir eines seiner Schiffe für die Fahrt nach Genua zur Verfügung. »Die Stunde ist da, Anselm, mein lieber Sohn, wo ich dir deine Redlichkeit, den treuen Beistand in so vielen Widrigkeiten, ein wenig vergelten kann.«
»Wozu ein Schiff, da ich zu Pferde ja schneller und bequemer reise?« wandte ich ein, denn noch war mir die Seefahrerei in unguter Erinnerung.
Don Filippo ergriff mich bei der Schulter, rüttelte mich: »Anselmo, liebster Eidam, wach' auf! Dein Leben ist keinen Skudo wert, solange du nicht die Alpen hinter dich gebracht.«
»Du willst doch nicht sagen, der Kaiser –?«
»Der Kaiser – nein! Der ganz gewiß nicht. Er ist zu klug; auch mag er dir ein Fünkchen Zuneigung im Innersten seines Herzens bewahren. Nein – nicht er! Indes, vergiß die eifrigen Diener nicht, die allzu eifrigen, die dummköpfigen, niedrigen Knechtsnaturen. Wenn die sich einbilden, sie könnten Seiner Majestät damit einen Dienst erweisen, sie erschlügen dich auf der Stelle ...«
»Und Friedrich Roger – was täte er dann?«
»Ergreifen würde der Kaiser sie und an den Galgen hängen lassen. Er würde sein Haupt verhüllen, würde um dich trauern, insgeheim froh,

daß Gott auch die Bösen erschaffen hat, damit das Gute um so heller strahle. Im übrigen, auch die Kurie ist dir ja nicht eben wohlgesonnen. Vielleicht fiele Seiner Heiligkeit bei, sich deiner zu bemächtigen, als eines Faustpfandes gegen Friedrich.«

Ich ließ meine wenigen Habseligkeiten auf die Buise bringen, die zum Auslaufen bereit auf der Reede von Pozzuoli lag. Nur wenige Freunde hatten sich am Strande eingefunden – Don Filippo, Graf Rainald, Graf Roffrid, Umberto, mein lieber Prinz von Savoyen, der zufällig von Palermo herübergekommen war.

Zwei Überraschungen hatte der Kaiser mir noch zugedacht – die erste: Auf schäumendem Roß jagte Ibn Dawud heran, auf der Linken einen großen wunderschönen Falken, meinen Bu Hauam.

»Ya Sid!« rief er, vom Pferd springend und niederkniend, obwohl er längst in den Grafenstand und zum Marschall aller kaiserlichen Tiergärten erhoben worden war. »Lieber Herr, möge der Allbarmherzige die Sonne seiner Gerechtigkeit über dir leuchten lassen. Seine Majestät, der Kaiser, rief mich eigens von Palermo herbei, damit ich dir den Falken bringe. Mein Herz blutet über dein Unglück und Zorn verdunkelt mir mein Gemüt. Glaub' mir, ya Sid, ich wär' dir gefolgt, obwohl mich gar wenig nach deinen feuchten Wäldern gelüstet, weiß ich doch, ich dank' dir mein Leben und manches andere mehr. Allein, mein Volk ruft mich und ich verlasse den Kaiser. Du wirst mich verstehen?«

Nur zu gut verstand ich ihn und schloß ihn in die Arme. Sein grimmiges, von Narben zerrissenes Gesicht war verzerrt wie in unerträglichem Schmerz.

Schon schickte ich mich an, das Boot zu besteigen, das mich hinüber zum Schiff bringen sollte, da nahte auf dem von Pinien beschatteten Uferpfad ein glänzender Zug. Voran drei maurische Leibwächter in ihren weißen Heikhs und roten Turbanen, dann ein brauner, prinzlich gekleideter Knabe auf einem falben Berberhengst. Ihm folgte eine vergoldete, von zwei schneeigen Maultieren getragene Sänfte. Drei andere Mauren bildeten den Schluß. Wir alle standen und starrten wortlos staunend die Prozession wie eine Erscheinung an.

»Was bedeutet denn das?« wandte ich mich an Herrn Rainald.

Der zuckte die Achseln: »Weiß ich's?«

Aber Ibn Dawud wußte es. Seine Stirn erblaßte, glaubte er doch, dies sei vom Kaiser als ein letzter Tort gemeint.

»Signor Tonio, ya Sid! Dein ... Ich meine – Donna Clarissas Sohn ...« Aus der Sänfte wälzte sich, dicker und grantiger denn je, die Dame Desdemona. Weder von ihr noch von Tonio hatte ich seit Jahren das mindeste gehört. Jetzt erklärte sie mir, Seine Majestät, der Imperator des Abendlandes, habe ihr aufgetragen, mir den Junker Anton von Kahlenberg zuzuführen. Ihre Augen funkelten in verhaltener Bosheit. Viel fehlte nicht und ich hätte ihr ins Gesicht geschlagen. Wußte Friedrich Roger nicht so gut wie ich, daß Tonio nicht mein Kind war, auch wenn es meinen Namen trug?

Vater, der während der ganzen Abschiedszene in seiner skurrilen Rüstung abseits gestanden und seinen Groll in sich hineingefressen hatte, stumm und reglos wie eine granitene Skulptur, umkrampfte den Schwertgriff und trat klirrend näher: »Genug der Kränkungen! Ersäuft den Bankert, und dann an Bord ... Ich mag von dem Geschmeiß nichts mehr sehen.«

Nicht nur ich befürchtete in diesem Augenblick das Schlimmste; bei dem alten Recken mußte man auf jähe Gewalttat gefaßt sein. Hatte der Kaiser dies etwa bedacht und versuchte nun, mich und Graf Rainold, indem er uns provozierte, ins Unrecht zu setzen?

Tonio, freilich, zeigte sich der Lage gewachsen. Mit raschem Blick erfaßte er, wie ungut man ihm hier gesonnen sei. Sein Verstand, in dem Intrigendickicht des Hoflebens geschärft, sagte ihm, wie gefährdet sein Leben, wie unsicher seine Zukunft war. Auch hatte man ihm gewiß hinterbracht, daß ich sein Vater nicht sei. Es dauerte mich, dies arme, elternlose, in eine erbarmungslose Welt gestoßene Kind, dessen Angesicht mich an Clarissa schmerzlich erinnerte.

Der Knabe glitt aus dem Sattel, kniete bei mir nieder, umfaßte meine Knie und schaute aus seinen dunklen Kirschenaugen flehend zu mir auf, ohne ein Wort zu sprechen. Wie ein Blitz kam mir die Erkenntnis, daß Friedrich Roger hinter der Maske grausamen Spottes am Ende doch eine weise, menschenfreundliche Entscheidung getroffen habe, zumal Donna Desdemona mich wissen ließ, jener Carduk, Tonios Erzeuger, sei schon vor Jahresfrist ergriffen und hingerichtet worden. Ich bat Vater, der vor Ingrimm bebte und mit den Zähnen knirschte, doch Ruhe bewahren zu wollen, hob den Knaben liebreich auf und befahl, seinen Gaul an Bord zu schaffen.

»Du wirst mir als Valet, später als Knappe dienen, Tonio! Treue um Treue, verstanden?«

Er verstand. Sein hübsches, holdbraun getöntes Gesicht näßte sich von Tränen.
Als die Anker gelichtet, die Segel gesetzt waren und die Gestalten am Ufer immer kleiner wurden, bis sie zuletzt mit dem Wall von Grün und Grau zu Füßen der felsigen Cigliano-Höhen verschmolzen, seufzte Vater, der neben mir auf dem Poopdeck stand. Nicht, daß es ihn hart angekommen wäre, sich von dem fragwürdigen Paradies Italien zu trennen; sein Schmerz gründete tiefer. Ihn aufzuheitern, sagte ich: »Wie werden die daheim sich über deine Rückkehr freuen!«
Er schwieg eine Weile, dann brummte er: »Was soll ich dort? Wär' dieses Schiff auch bis unters Deck mit Syriens Schätzen beladen, mein Leben würde so unnütz sein wie es ist. Mein Kaiser ist geschlagen und seit langem begraben, mit ihm der Traum meiner Jugend dahin. Es war nur ein Traum – ich weiß! Du brauchst es mir nicht erst unter die Nase zu reiben. Dir ist's ja nicht anders ergangen, wie?«
Nein, nicht um ein Haar besser war es mir ergangen! Was war Friedrich Roger denn anderes gewesen als ein Geschöpf meiner Phantasie? Ich hatte ihm Eigenschaften beigelegt und daran geglaubt, die er nicht besaß, noch besitzen konnte. Nach und nach war dieser Blütentraum verblaßt vor der harten Wirklichkeit. Und jetzt hatte er jählings ein Ende genommen. Ich ballte die Fäuste, preßte die Lippen zusammen. Es galt, diese Wirklichkeit ins Auge zu fassen und ihr entsprechend zu handeln. Ich fühlte etwas in mir erwachen, eine innere Kraft, wie sie Vater niemals besessen hatte.
Und so, als habe er meine Gedanken erraten, sagte er unter bitterem Lächeln: »Sohn, ich muß an die Worte denken, die du an jenem Abend zu Herrn Hermann von Salza gesprochen hast: Wer sein eigen sein kann, soll niemand anderem folgen! Ich habe mein Land verlassen um einer Chimäre willen. Ich habe meinem Kaiser vertraut, der mich vergaß. Ich, der ich so vieles erduldet und geopfert habe, zuletzt mich selbst, ich mußte erleben, wie diejenigen mich verlachen, die ihren Nutzen daraus gezogen haben, das ganze Pack von Dieben und Halsabschneidern, die niemals das Weiße im Auge des Feindes sahen. Für einen Toren haben sie mich verkauft und ihren Scherz mit mir getrieben – sie, die ich ohne Mühe zu Paaren treiben könnte. Ach, ich wünschte bei Gott, ich wär' im ehrlichen Kampf gefallen, als rechter Ritter, da ich noch fest im Glauben war. Auch wenn ich spreche, und atme, und denke, so bin ich doch schon seit langem tot. Die Welt

meines Glaubens, meiner Hoffnungen, meiner Träume ward zu Staub, falls sie je wirklich bestanden haben sollte und nicht nur in meiner Einbildung...«

47

Meine übelsten Ahnungen, soweit es die Seefahrt anging, erfüllten sich. Sie wurden sogar übertroffen. Heftige Stürme aus Nordwest hielten uns wochenlang auf. Wir durften uns glücklich schätzen, weil die Buise, deren Schwerfälligkeit ich für eine Gefahr erachtet hatte, sich andererseits als überaus seetüchtig erwies. Durchnäßt von den alle Augenblicke über das Deck rollenden Brechseen, klamm vor Kälte, mit knurrenden Mägen, da der langen Dauer der Fahrt wegen auf halbe Rationen gesetzt, spähten wir angespannt nach Land oder feindlichen Schiffen aus. In der Tat hatten vor der Insel Elba zwei päpstliche Galeeren Jagd auf unser Schiff gemacht, des schlechten Wetters und hohen Seeganges wegen aber umkehren müssen.

Der Vorfall bewies, daß den Kurialen daran gelegen sein mochte, meiner habhaft zu werden. Ich begriff nun, ohne kaiserlichen Schutz war ich nicht nur auf dem Meer vogelfrei, sondern würde dies in noch höherem Maße auch auf dem Festland sein, bis wir den Boden der Heimat erreichten. Vater schüttelte verwundert den Kopf: »Sind wir nicht Christen? Sind wir nicht Streiter des Herrn, die das Kreuz auf der Schulter tragen? Wird nicht ein jeder mit Ächtung und Tod bestraft, der sich am Leben oder Eigentum eines Kreuzfahrers vergreift?«

»Das wohl, gewiß, aber wer hält sich daran?« entgegnete ich und dachte an das unselige Geschick des Königs Richard Löwenherz. Der war ja ein Menschenalter zuvor auf der Heimkehr vom Heiligen Land auf Befehl des Herzogs Leopold von Österreich gefangen, eingekerkert und zuletzt an Kaiser Heinrich ausgeliefert worden. Anders jedoch als Herr Richard, der einer persönlichen Feindschaft zum Opfer gefallen war, sah ich mich von verschiedenen politischen Parteien bedroht, ohne den Schutz mächtiger Freunde, weil ich keiner von ihnen zuneigte. Mit einiger Unruhe, die Vater in seiner Unschuld nicht teilte, sah ich deshalb der Landung in Genua entgegen.

So trübe unser aller Stimmung, auch die der überanstrengten Seeleute, war, mein Page Tonio brachte einen jeden zum Lachen, mochte der Himmel noch so finster, das aufgewühlte Meer noch so bedrohlich sein. Flink und geschmeidig erfüllte er, jedermann zu Diensten, seine Obliegenheiten, klagte nie, zeigte keinerlei Bedrücktheit oder Ermüdung, hingegen gelegentlich ein Maß an Pfiffigkeit und Kühnheit, das mich erstaunte. Iblis und auch Baldr, Vaters Roß, wurden von ihm mit Hingabe betreut. Der Klang seiner melodischen Stimme genügte, die geängstigten Tiere zu beruhigen.

»Herr«, wandte er sich eines Tages schüchtern an mich, »Gott in seiner Gnade hat mich in Eure Hut gegeben, als ich schon ganz verzweifelt war und fürchten mußte, meuchlings umgebracht zu werden. Ich will's Euch recht machen, so gut ich kann...« Und es war Clarissens Lächeln auf seinen Lippen, das mir zu Herzen ging.

Anfang November kam Liguriens Küste in Sicht. Und eines Morgens liefen wir in den Hafen von Genua ein. Gleich den Stufen einer Riesentreppe türmten die unter blauschwarzem Gewölk fahlweiß hervorstechenden Mauern sich dichtgedrängt mit Häusern und Palästen, ragenden Türmen und spangrünen Kuppeln, umgeben von düster drohenden Bastionen, vor dem steil emporragenden Gebirge auf. Zahlreiche Masten schwankten, vom Winde wie ein Kornfeld bewegt, vor den Kajen, wo eine unüberschaubare Menschenmenge unserer Ankunft harrte. Glockengeläut klang durch das Sausen des Sturmes von San Giovanni bis herüber zu uns. Flaggen und Wimpel wie bunte Fetzen im Grau... Möwenschwärme... Trompetenstöße, schrill und im Winde verwehend...

Und als unsere Buise endlich im Porto Vecchio festgemacht hatte, kam mit dem Podesta, dem Stadtoberhaupt, und einem Schwarm von Ratsherren auch – ich traute meinen Augen kaum – mein lieber Freund Don Ferdinando, Umbertos Vater, an Bord. Er umarmte mich herzlich, stellte mich den Stadtvätern vor, deren einige freilich ihre bedenklichen Mienen nicht verbargen. Vater und ich wurden für den Abend zu einem festlichen Bankett geladen.

Dem Conte di Savoya also hatte ich die freundliche Aufnahme zu danken. Fast wie ein Wunder erschien es mir.

»Kein Wunder!« lachte er, als wir uns in seinem Palazzo bei einem Krug Burgunderwein gegenübersaßen. »Umberto sandte mir einen Boten. Ihr werdet staunen, wer's ist. Was die Genuesen betrifft, die halten es mit mir, mit dem Staufer, mit aller Welt, solange sie sich Vorteil davon erwarten. Im übrigen – ich bin gar wohl unterrichtet über die Vorgänge bei Hofe. Grämt Euch nicht, Don Anselmo! Ich denk', über kurz oder lang wird der Kaiser seinen Mißgriff erkennen...«

Ich zuckte die Achseln: »Was schert mich das noch? Ich tauge nicht zum Höfling – so wenig wie Ihr. Und solche Kränkung, wie mir angetan, wäscht kein Rosenwasser ab. Nur hätt' ich gar zu gern dem Herrn Peter noch den Pelz gewaschen. Füchse wie der schlüpfen überall durch, wo wir Toren Haare lassen.«

Don Ferdinando erhob sich, ging mit langen Schritten auf und ab, wobei er sich den Bart strich, der bereits ergraute. »Ihr habt recht, Don Anselmo! Auch ich dacht' schon daran, Umberto heimzurufen. Nur eben jetzt nicht. Es könnte mir als Hinwendung zu den lombardischen Rebellen ausgelegt werden. Von drei Seiten ist mein kleines Land bedroht – im Westen von den Arlesiern, im Osten von den Lombarden; von Süden her trachtet der Kaiser Einfluß auf uns zu gewinnen. Sich auszudehnen, ist ein Gesetz der Macht. Ihr dürftet in ähnlich gefährdeter Lage sein.«

»In einer Lage, verworrener noch als die Eurige hier. Was man so hört aus deutschen Gauen, so wenig Sinn es ergibt, läßt mich das Schlimmste befürchten. Der Kaiser in eigener Person – so verriet er mir – will, sobald er kann, dort Ordnung schaffen.«

»Ha, ha«, freudlos lachte der Conte, »Wollen und Können wachsen nicht auf demselben Baum. Zunächst müßte er die Lombarden niederwerfen, die ihm den Übergang über die Pässe verwehren, heimlich bestärkt durch den Papst, ob sie gleich Ketzer sind. Niemandem gestatten sie schon jetzt, die Pässe zu benutzen – ohne Ausnahme, keinem, weder Pilgrim noch Ritter. So steht's! Ihr, Don Anselmo, könntet eher nach Damaskus oder Persien reisen als nur drei Tagesritte weit durch das Lombardenland, ja, nicht einmal durch Schwaben, Franken oder Thüringen, denn ist nicht König Heinrich mit ihnen im Bund?«

Unbemerkt von uns war mein Vater eingetreten. Jetzt rief er mit starker Stimme: »Was sagt Ihr da, Conte? Sind wir nicht deutsche Ritter, christliche Ritter? Tragen wir nicht das Kreuz? Den will ich sehen, der es wagt, uns aufzuhalten.«

Don Ferdinando ergriff den alten Recken bei der Hand, führte ihn an den Tisch. Dort hieß er ihn niedersitzen und sich zu stärken mit kühlem Trunk. Unter Kopfschütteln entgegnete er dann: »Graf Rainold, der Fluß, in den Ihr des Morgens steigt, ist nicht mehr der, in dem Ihr am Abend gebadet habt – das sagte ein alter Grieche namens Heraklit. Eure Heimat werdet Ihr sehr verändert finden. Ich glaub' nicht, daß es Euch behagt. Ritter – na ja! Was gilt ein Ritter heut'? Die Ministerialen, gehorsame Handlanger der Fürsten, halten das Heft in der Hand; sie erschlagen Euch mit Gesetzen und Paragraphen. Und christlich – pah! Heuchlerische Diener Christi, vom Bettelmönch bis zum Erzbischof, nur darauf sind sie erpicht, sich auf Kosten des gemeinen Mannes die Taschen zu füllen. Wer's eben kann, sucht hinter Stadtmauern Schutz. Stadtluft macht frei, heißt's. In Wahrheit sind sie vom Regen in die Traufe geraten; die Fron haben sie gegen Zunftzwang und Steuerdruck eingetauscht. Ach nein, Herr Rainold, bei Euch in den deutschen Landen nicht anders wie im französischen Königreich, in England, in Italien lebt heutzutage ein jeder in Angst und Schrecken. Tausende werden als Rebellen oder Abtrünnige verfolgt, eingekerkert, verbrannt, aufs Rad geflochten, an den Galgen gehängt. Ist das ein Leben?«

Vater starrte den Conte an, als sei der ein Geist, dem Orkus entstiegen. »Wir... Wir haben Gesetze, die sittlichen Regeln der Ritterschaft, kaiserliche Schutzbriefe und Dekrete.«

»Und keiner achtet ihrer! Schwer seufzt das Volk unter dem Zehnten, nachdem König Heinrich mit den deutschen Fürsten und Erzbischöfen gemeinsame Sache gemacht.«

Eine Stille entstand, auf uns lastend wie ein Alb. Ja, gar manches werd' ich Friedrich Roger nachsehen müssen – dachte ich –, seine Verschlagenheit, seine Härte, seine Grausamkeit; nur eine allem übergeordnete Reichsgewalt vermag es, dem einzelnen ohne Ansehen seines Herkommens und Ranges Gerechtigkeit werden zu lassen. So weit, so gut! Aber – hatte er denn nicht selbst die schrecklichen Ketzergesetze erlassen um des friedlichen Einvernehmens mit der Kirche willen? Oder hatte man sie ihm gegen andere Zugeständnisse abgerungen; hatte dieser freie Geist sich verblenden und erpressen lassen? Ich begriff es nicht. Wie schon oftmals zuvor, erschreckte mich das Janusgesicht des Kaisers, der sich – vielleicht infolge der fortdauernden Konfrontation mit dem Bösen – vom Friedensbringer zum furchteinflößenden Tyrannen wandelte.

Nach einer Weile fuhr Don Ferdinando in nüchternerem Tone fort: »Ich habe mir überlegt, Don Anselmo, wie Ihr über die Berge gelangt. Mit den Lombarden steh' ich nicht auf so gutem Fuß, als daß ich Euch freies Geleit verschaffen könnte. Auch die Arlesier beobachten mein Tun und Lassen mit scheelen Blicken. Gleichwohl mögen sie Euch Durchzug gewähren, so man ihnen einreden kann, der Staufer sei Euch nicht grün. Entsprechende Gerüchte habe ich dort bereits ausstreuen lassen. Turin ging mir verloren – wie Ihr wohl wißt. Somit bleibt Euch ja wirklich nur noch der Weg durch das Aosta-Tal und über den Sankt Bernhard nach Arelat.«

Umbertos Boten – der Conte ließ sie aus der Gesindestube herbeirufen – waren in der Tat eine Überraschung für mich – zwei von der Sonne des Südens nahezu schwarz gebrannte, rauhbeinige Gesellen. Man sah ihnen die Strapazen des eiligen Rittes an. Im ersten Augenblick erkannte ich sie nicht. Verlegen standen sie da, drehten ihre Lederkappen in den Händen. Ihre Blicke hingen erwartungsvoll an meinem Gesicht.

»Heilige Jungfrau – ist's möglich?« rief ich. »Ihr seid's wirklich? Du – Jos? Und du – Onnen? Was ist aus Lude geworden?«

»Der verreckte im Heidenland an der schwarzen Pest... Ach, Herr, lieber Herr Anselm, man sagte uns, Ihr reitet heim. Da dachten wir – dachten... Nun ja, der gute Prinz hat uns auf den Weg geschickt.«

»Euch gefällt's nicht länger in Kaisers Diensten?«

»Nein, Herr! Euch, und nur Euch hatten wir ja dienen wollen. Was schert uns der Kaiser? Uns verlangt nach Mutterlaut und nach dem Brausen des Seewindes in den Pappeln am Weserdeich. Und wenn Ihr uns brauchen könntet – Lohn fordern wir nicht...« Onnens Stimme drückte mehr aus als seine Worte.

»Nun denn«, mir stak weiß Gott eine Gräte im Hals, »ihr seid mir willkommen. Ich hätte mich mehr um euch kümmern sollen.« Noch sah ich's vor mir, wie sie damals am Rain des Hellweges gehockt hatten und nach einem Halt gesucht in dieser verworrenen Welt.

Einige Tage später brachen wir auf. Acht piemontesische Lanzenreiter hatte der Conte uns als Bedeckung beigegeben. Don Ferdinando umarmte mich, wünschte mir – nicht ohne eine seltsame Grimasse – Hals- und Beinbruch und Gottes Segen. »Gebt acht! Ihr seid spät im Jahr; schon liegt auf den Bergen Schnee. Es mag jedoch sein, daß schlechtes Wetter Euch zustatten kommt.«

Schon saß ich im Sattel, da fiel ihm ein: »Die Schilde, Don Anselmo! Die Schilde... Verhüllt die Wappen auf euren Schilden!«

Vater fuhr heftig auf: »Was denkt Ihr, Conte? Meinen ehrlichen

Namen soll ich verleugnen, ich ... Ein Kreuzritter, Graf im Sachsenland? Mein Schwert öffnet mir jeden Weg.«
»Nicht, wenn man in Euch einen stauferschen Ketzer zu erkennen meint, Herr Rainold! Viele Hunde sind des Hasen Tod. Und seid Ihr auch nicht gerade ein Hase, lieber Freund, so muß doch selbst der Löwe die Meute der Jäger fürchten ...«
Don Ferdinando hob grüßend die Hand. Und das war das letzte, was ich von ihm sah.
Wir umgingen das Turiner Gebiet bei Nacht – an der Ostseite, weil gegen Westen hin lombardische Scharen bis zur Grenze des Königreiches Arelat streiften. Gleich am ersten Tag unseres Rittes fiel mir ein prächtiger Dolch auf, den Tonio im Gürtel trug.
»Woher hast du denn den?« fragte ich erstaunt.
»Geschenkt, Herr! Don Ferdinando gab ihn mir.«
»Wie das? Warum –?«
Er überhörte indes meine Frage und gab, tief errötend, seinem Roß die Sporen.
Onnen – er ritt mir zur Seite – grinste. »Die Sache war so«, sagte er, »– nicht, daß ich das Bübchen anschwärzen will, doch mein' ich, Ihr solltet drum wissen ... Junker Anton wollt' das Eisen heimlich mitgehen heißen. Don Ferdinando ertappte ihn dabei, sah ihm streng ins Auge, sagte: ›Je länger die Finger, desto näher der Galgen!‹ Und dann reichte er ihm die Waffe hin.«
Für Augenblicke war ich sprachlos vor Entrüstung. Carduks Blut! Es schmerzte, es verstörte mich. So ein prächtiger Junge, unser Sonnenschein! Und nun dies ... Konnte aus faulem Holz je gute Frucht entstehen? Ich suchte nach einer Entschuldigung, stellte mir vor, wie der Knabe vater- und mutterlos in der giftigen Luft des Palermoer Hofes hatte heranwachsen müssen, nicht anders als Friedrich Roger seinerzeit. Rücksichtslosigkeit, Eigensucht, Mangel an Gewissen, das gehörte dort ganz selbstverständlich zum Überleben. Ach ja, ich glaubte nun auch Friedrich Roger besser zu verstehen.
Im Morgengrauen langten wir am Rande der Po-Sümpfe, unweit vom Weiler Gassino, an. Nebel lagerten auf Fluß und Moor. Einer der Piemontesen kannte Furt und Fähre. Die wallenden Schleier über dem Wasser ließen uns keinen Speerwurf weit sehen, aber hoch im Himmel, über Wolken schwebend, glitzerten und funkelten die Berggipfel und mit Schnee bedeckten Kämme des Gran Paradiso und Monte Rosa in

erhabener Pracht. Man hätte glauben mögen, in einer fremden, zeitfernen, verzauberten Welt zu sein.

Der Fährmann, mürrisch, jedoch – so fand sich – den Piemontesen wohlgesonnen, warnte mich: Lombarden – Gott strafte sie –, ja, ja, drüben am Ufer und bis nach Strambino und Ivrea hinauf; die hätten es auf waldensische Ketzer abgesehen, »als wären sie selbst nicht arge Ketzer, diese Lombarden!« Ich bekreuzigte mich, Entsetzen heuchelnd, und er sagte mit Augenzwinkern: »Der Herr sei mit Euch!«

Und wirklich verlegte uns bald darauf ein Trupp Leichtbewaffneter den Weg. Nur darauf schien Vater gewartet zu haben. Er legte die Lanze ein, jagte eisenklirrend auf seinem großen Grauen mit solcher Wut gegen sie an, daß der Haufen nach allen Seiten auseinanderstob. Wir folgten lachend. Erst, als die Sicht klarer wurde, hielten wir an. Doch wo war Tonio? Was mochte ihm zugestoßen sein? Drauf und dran, umzukehren, ließ uns ein Ruf und ein helles Gelächter aus der Richtung, die wir hatten einschlagen wollen, die Pferde verhalten. Der Knabe war es.

»Herr«, beschwichtigte er mich, der ich ihn in zorniger Erregung nach dem Grund seines Verschwindens fragte, »ereifert Euch nicht! Die lombardischen Hornochsen wären Euch sicherlich gefolgt. Aber da hab' ich sie eben in den Sumpf gelockt, wie ich's beim Schafestehlen auf den Mazarahöhen einstmals gelernt.«

»Schafestehlen?«

»Nur so zum Spaß, Herr, uns Pagen die Langeweile zu vertreiben. Erwischte man uns, ließ Seine Majestät uns peitschen; nicht des Stehlens wegen, o nein, sondern weil wir uns hatten fangen lassen. Die alten Spartaner – sagte der Kaiser – hielten es ebenso.«

Wir alle lachten, sogar Vater verzog die Lippen, murrte jedoch: »Was kannst du anderes von diesen ... diesen Piraten erwarten, Anselm!«

Die Wegelagerer waren also besorgt und aufgehoben. Dennoch schien Eile geboten. Und so trabten wir ohne Aufenhalt an Ivrea vorüber und das Aosta-Tal hinauf. Mit jedem Hufschlag meines Hengstes schien ein Bleigewicht mehr von mir abzufallen. Die erfrischende, prickelnde Kälte, die von den Bergen herabwehte, füllte meine Lungen. Ich fühlte, wie meine Haltung aufrechter, meine Bewegungen schneller, meine Stimme lauter, meine Augen klarsichtiger wurden. Mir war, als fände ich zu meinem eigentlichen Selbst zurück. Ja, ich begriff kaum noch, wie die laue Luft des Südens mich dergestalt hatte niederdrücken und mich mir selbst entfremden können. Mochte ich immerhin bei Hofe ein Verfemter sein, in Ungnade entlassen, möglicherweise sogar verfolgt... Hatte ich nicht meinen Mut, mein Schwert, treue Freunde, ein Ziel, dem ich zustrebte? Seit langem entsann ich mich einmal wieder der Rosen, die ich über dem Herzen trug.

Dann und wann wurden wir von den Knechten der Ritter angehalten, deren Burgen wie Adlerhorste auf den schroffen Felsen des Tales thronten. Unsere piemontesischen Begleiter verhinderten, daß man uns Wegzoll abverlangte. Für die Nacht wurden wir vom Kastellan der Burg Fort Bard, die sich bei Donnas kühn auf steilem Felsgrat über dem malerischen Tal erhebt, gastfrei aufgenommen und reichlich bewirtet.

Und wiederum Burgen, befestigte Klöster, an die Hänge geschmiegte Weiler, Pfirsichplantagen, Weingärten, wie von Riesenhand zertrümmerte und umhergestreute Felsblöcke, zerbröckelnde Brückenbogen noch aus der Römerzeit. Am späten Nachmittag – der Himmel, bisher lichtblau, hatte sich bezogen und schweres, dunkles Gewölk quoll gleich lautlosen Brandungswogen durch die Einschnitte zwischen den Bergen herab – ritten wir durch das östliche Doppeltor in Aosta ein, eben, als vom Campanile der Basilika die Vesperglocke zu läuten begann.

Einzelne Schneeflocken wirbelten durch leere Gassen. Das düstere, matte Licht ließ die grauen Steinhäuser, Stadtmauern und Türme zwischen unfreundlichen nackten Berghängen beklemmender erscheinen, als sie es an sonnenhellen Tagen sein mochten. Wir fanden in dem Palazzo, den Don Ferdinando hier an der Piazza besaß, kärgliche Unterkunft. Der Kastellan, ein zittriger Alter, war auf Gäste nicht vorbereitet. Obwohl er uns gewiß lieber gehen als kommen sah, meinte er, für die Pferde sei der Paßweg über den Sankt Bernhard kaum noch gangbar; zu spät im Jahre sei es, schon falle Schnee auf den Höhen; auch würden im Reiche Arelat deutsche Ritter nicht gern gesehen.

Hier entließ ich unsere piemontesische Bedeckung. Den Burschen war anzumerken, wie froh sie darüber waren. Im übrigen milderte ein Faß jenes herben Weines, der im Aosta-Tal wächst, den Abschiedsschmerz.

Bevor noch die Hähne krähten, brachen wir auf –, Vater, ich, Tonio

sowie Jos und Onnen. Nässender Schnee schlug uns in die Gesichter, als verdrossene Torwächter das Fallgitter hochwanden.
Nur zögernd dämmerte der Tag heran. Nachdem wir den alten römischen Wachtturm von Gignod passiert hatten, wandten wir uns in Sicht des Hangdörfchens Valpelline westwärts in einem steil ansteigenden, schluchtartig sich verengenden Tal nach St. Remy. Wie Schwalbennester, eines über dem anderen, klebten die Hütten jenes Ortes über dem Abgrund. Weder Mensch noch Tier, von Schwärmen schwarzer Krähen abgesehen. Kein Laut... Nur ein fernes, leises Rauschen aus der Tiefe unterbrach die unheimliche Stille. Der Serpentinenpfad, hier verschlammt, dort mit Geröll übersät, machte uns und den Pferden zu schaffen, und war doch schon seit Urzeiten begangen worden. Er führte durch eine lochartige Mulde zu den piemontesischen Grenzsäulen, dann zwischen Schneefeldern und dem Plan de Jupiter, wo einst ein Tempel des römischen Göttervaters gestanden hat, durch einen engen Einschnitt hinan zum See auf der Paßhöhe.
Der Sturm packte uns mit voller Wucht, als wir die Höhe erklommen hatten. Nebel floß fauchend in Fetzen an uns vorüber. Für Augenblicke sah ich den kleinen See, dessen gefrorene Fläche metallisch glänzte, sah die beiden niedrigen Häuser des Hospice St. Bernard an seinem Ufer, um die sich schon Schneewehen aufgehäuft hatten. Mehrere Maronniers, dienende Brüder des Augustinerordens, kamen uns entgegen, nahmen uns die Pferde ab, geleiteten uns in das Refektorium, wo ein herzhaftes warmes Mahl für uns aufgetragen wurde.
Der Ospitaliere, ein hagerer Mönch, dem die Härte seines Daseins ins Gesicht gezeichnet stand, erkundigte sich nach dem Woher und Wohin. Er zeigte sich über Zustände und Vorgänge in der Welt gut unterrichtet. »Was Wunder auch«, sein Lächeln verriet Ergebung, »da ja so viele Lebensströme des Abendlandes an unserer Tür vorüberfließen?« Als er vernahm, wer wir waren, woher wir kamen, hoben sich seine eisgrauen Brauen. »Ach ja, Ihr Herren, auch davon hab' ich gehört... Was Gott verhängt und uns ein Unheil dünkt, mag oft genug zum Guten gedeihen. Ihr Weltkinder wähnt, die Dinge lenken zu können, was doch allein Gottes ist. Wie der heilige Augustinus lehrt, kann der Mensch nur in einer Gemeinschaft gedeihen, die sich nach den Geboten unseres Herrn im Himmel richtet. Der Mensch, sich selbst überlassen, ist dem Guten abgeneigt. Er bedarf der festen Hand, die ihn leitet. Das habt Ihr im Heiligen Lande gewiß erfahren?«

So sprach er. Vater, sich einer Entgegnung mit Mühe enthaltend, nagte an seinem Bart. Ferner berichtete der Chorherr, sein Kloster sei das älteste aller Paßhospize. Schon der große Kaiser Karl habe ein solches auf dem Sankt Bernhard eingerichtet; dann aber sei es im Jahre der Gründung des Heiligen Römischen Reiches Deutscher Nation der heilige Bernhard von Menthon gewesen, Sproß einer alten savoyischen Adelsfamilie, der es in der gegenwärtigen Form gestiftet habe. Mit bescheidenem Stolz wies der Hospite darauf hin, daß seine Brüder seither Tausende von verirrten Wanderern, oft unter Lebensgefahr, gerettet und damit Christi Gebot wortwörtlich erfüllt hätten.

Obwohl ich die augustinischen Ansichten durchaus nicht in allem teilte, schien doch etwas Grundsätzliches mich mit diesem Mann zu verbinden, dem Gewinn und Ruhm und Macht als Versuchungen des Teufels galten, indem er den Sinn seines Erdenlebens darin suchte, Barmherzigkeit an seinen Mitmenschen zu üben. So fühlte ich mich denn leiblich wie auch seelisch hier in dieser ärmlichen Scheune dem Himmel näher als nur je in den prunkvollen Kathedralen von Rom, Palermo, Napoli, ja selbst als im Felsendom zu Jerusalem.

Als ich am Morgen darauf vor die Tür trat, um nach dem Wetter zu sehen, erblickte ich vor dem Hintergrund blaugrauer Wolkenmassen und stiebenden Schnees einen Mann zwischen den Viehhütten; der kam offenbar aus dem Grande Combe, dem Totental auf der arelatischen Seite, herauf. Er ging mit schleppenden Schritten, glitschend im Schneematsch, so als raffe er noch eben seine letzten Kräfte zusammen. Seinen Gaul, der nicht weniger ermattet war als er, zerrte er hinter sich her. Maronnieres mit ihren schönen, gelbweiß gescheckten Hunden, so gewaltig wie Löwen, eilten ihm zu Hilfe, stützten ihn, als er eben in die Knie brechen wollte, und trugen ihn unter das schirmende Dach.

Etwas an diesem Wanderer ließ mir den Atem stocken – die Gestalt, die Haltung, die Art, wie er sich bewegte, was alles mir vertraut vorkam.

»Ermin!« wollte ich rufen. Doch nein! Ermin mußte ja jetzt viel, viel älter sein. Dennoch... Ich trat zu ihm, den die Mönche auf ein bequemes Lager gebettet hatten.

»Ermin –?« sagte ich zweifelnd.

Der Erschöpfte bewegte die Lippen: »Erik, Herr! Ermins Sohn...«

Jetzt erkannte ich ihn in dem hageren, bleichen, von Anstrengungen und Entbehrungen wie ausgelaugten Gesicht. Erik war ja noch ein Dreikäsehoch gewesen, als ich von der Kahlenburg ausgeritten. Nun

brannte ich darauf, zu erfahren, wie es daheim stand und was ihn hergeführt. Er war jedoch zu sehr geschwächt, um viel zu reden. Statt dessen übergab er mir einen zerknitterten, beschmutzten Brief in einer Lederhülle. Die Gefährten und Mönche scharten sich um mich.
»Anselm, Liebster, wo magst du sein?« Ich ließ das Papier – es stammte aus Fabriano und mochte teuer gewesen sein – vor Erstaunen sinken. Liesels große, kindliche Schriftzüge ...« Wir hören, du bist am Hofe des Kaisers ein großer Mann.« Da hat man euch falsch berichtet, dachte ich bitter. »Wir hören von Gold und Purpur und minniglichen Frauen. Sag', sind sie schön? Gedenkst du unser bisweilen, herzlieber Gemahl? Dieter, dein Sohn, fragt jeden Tag nach dir. Was uns Sorge macht, Anselm, ist dein Lehen. Der Kaiser ist fern, so wie auch du es bist. Nun zankt Graf Heinrich Raspe sich um dein Lehensgut mit Graf Otto dem Welfen – wie Hechte um einen Plötz ...«
Ha, Heinrich Raspe, der Thüringer! Gottes Trost, dieser Bandit, Landgraf Ludwigs von Thüringen räuberischer Bruder! Nach dessen Tod hatte er die sanfte, kluge Gräfin Eliesabeth von der Wartburg verjagt. Nun machte er lange Zähne nach der Herrschaft Kahlenberg. Und Otto von Braunschweig – das Kind, wie man ihn abschätzig nannte –, der Enkel Heinrichs des Löwen? Ursprünglich waren es ja die Welfen gewesen, die mein Geschlecht in unserem Lehen bestätigt und somit eine Tatsache anerkannt hatten, an der sich nicht rütteln ließ. Überdies war die Grafschaft seither zum erblichen Reichslehen erklärt worden und weder dieser noch jener konnte Anspruch darauf erheben.
»Arg ist's um Kirche und Glauben bestellt«, las ich klopfenden Herzens weiter. »Unseren Herrgott kümmert, scheint's, nicht der Menschen Not. Schuldige und Schuldlose erleiden als Ketzer den Feuertod. Kaum wagt einer noch ein Sterbenswort aus Angst, verleumdet zu werden. Vor allen anderen wütet Ehrwürden Konrad von Marburg in unserem armen Land. Viele Höfe stehen jetzt leer; Disteln wachsen auf den Äckern. Pater Ignatius, Abt jetzt zu Hardehusen, er sagt, auch du, liebster Gemahl, und ich und alle, die bei uns sind, röchen nach Ketzerei ...«
Vater stieß einen so greulichen Fluch aus, wie ich noch keinen je von ihm gehört; die Mönche erbleichten, bekreuzigten sich.
»Tod und Verdammnis! Satan hat die Welt beim Wickel. Fort und heim, Anselm! Arbeit für unsere Schwerter.«

»So einfach ist das nicht«, sagte ich. Das Gefühl jedoch, das in mir mit jedem Schritt hier herauf gewachsen war – dies Gefühl von Freiheit, der Drang zum selbstverantwortlichen Handeln, nicht im Dienste eines Tyrannen, nicht verblendet durch kirchliche Dogmen – nein, nach eigenem Gewissen vor Gott im Zeichen der Menschenliebe und Vernunft –, das Gefühl solch herrenmäßiger Freiheit überflutete mich wie eine Woge von Glück. »Aber recht hast du, Vater! Wir reiten noch heut'!«
Der Rest des Briefes war ein viel gesungenes Minnelied Herrn Walthers von der Vogelweide. Es sagte mehr darüber aus, was meine Eheliebste empfand, als sie es mit ihren eigenen Worten hätte wiedergeben können:
»Weh, wohin sind entschwunden all meine Jahr!
Ist mir mein Leben geträumet oder ist es wahr?
Die Welt ist außen schöne, weiß, grün und rot,
und innen schwarze Farbe, finster wie der Tod.«
Darunter drei Rosen gemalt mit ungelenker Hand. Mir wurde die Kehle eng.

48

»Ihr werdet also dem Orden nicht beitreten, Herr Anselm? Das ist Euer letztes Wort?« Der Komtur, obwohl er geschäftsmäßig nüchtern sprach, wußte Bedauern in den Klang seiner Stimme zu legen. »Ich verstehe und achte Eure Gründe. Der Hochmeister schrieb mir aus Ravenna, Ihr wie auch Herr Rainold wäret die Rechten für den hohen Dienst, dem unsere Brüder sich verpflichtet haben. Leider erreichte der Brief mich zu spät. Der Bote hatte die Sperrposten der Lombarden auf Schleichpfaden umgehen müssen ...«
Ich wandte den Blick von dem wetterharten Gesicht des Ordensritters meinem Vater zu. Der saß, in sich versunken, unter dem Kruzifix, das als einziger Schmuck die gekalkte Wand zierte, auf der altersbraunen Eichenbank. Durch bleigefaßte Butzenscheiben sickerte trübes Winterlicht in die Kemenate. Nur gedämpft vernahm man das Lärmen spielender Kinder von draußen auf der Pfaffengasse, das Rumpeln eines Fuhrwerkes. Von der Stiftskirche nebenan erklang Vespergeläute.
Der Komtur hatte uns auf dem Kornmarkt von Wetzlar ansprechen

und in das Deutschordenshaus an der Pfaffengasse zu Gast laden lassen. Er sei eigens von Nürnberg herbeigeeilt, nachdem er das Schreiben Hermann von Salzas erhalten und Erkundigungen über unseren Reiseweg eingeholt habe, erklärte er. Zu Wetzlar sei ich vor Anschlägen der Raubritter oder vor den Gegnern des Staufers einigermaßen geschützt.
Daran hatte es in der Tat nicht gefehlt; nur allzuoft hatten wir uns unversehener Angriffe erwehren müssen. Und wären wir übrigen auch wohl unerkannt und unbehelligt durchgekommen, die Gestalt Vaters war jedoch unverkennbar; sie zog aller Augen auf sich. Das silberweiße Haar, der bis auf den Sattel wallende Bart, die altmodische, von so manchem Hieb oder Stoß zerbeulte Rüstung, das hagere, asketische Antlitz unter dem ungefügen Helm mit den zerzausten Rabenflügeln, nicht zuletzt der riesige graue Hengst Baldr und der einst weiß gewesene, nun aber aschfarbene Mantel mit dem Kreuz auf der Schulter – all das ließ die Leute am Wegesrand Augen und Mäuler aufsperren. Gerüchte fliegen mit Windeseile durchs Land. Und so war Graf Rainold als der ewige Kreuzfahrer schon längst zu einer sagenhaften Gestalt geworden.
Auf ihn richtete der Komtur jetzt sein Augenmerk: »Ihr werdet das Gelübde ablegen, Graf – nicht wahr?«
Vater schwieg, wie er – von gelegentlichen Ausbrüchen jähen Zornes abgesehen – seit unserer Ausreise von Neapel beharrlich geschwiegen hatte. Nur zu ahnen vermochte ich, was in ihm gärte und brodelte. Gleichsam wie im Auf und Ab der Meereswogen hatte sein Geschick sich vollzogen. Die glaubensfromme Begeisterung, mit der er sich in den Kampf um das Heilige Grab gestürzt, war in der Gefangenschaft tiefer Niedergeschlagenheit gewichen, weil er sich von Gott und der Welt und von seinem Kaiser vergessen geglaubt. Ottos Sturz und Tod hatten ihn schier verzweifeln lassen; meine Hinwendung zum Staufer hatte ihn tief beschämt. Dann war er durch Friedrich Rogers Großmut und den erfolgreichen Friedensfeldzug fast für die Sache des Kaisers gewonnen worden, nur um von Friedrich durch die Kränkung, die man mir und damit auch ihm zufügte, desto grausamer zurückgestoßen zu werden. Nein, zu keiner Zeit war Graf Rainold das wahre Wesen der Welt, die Unwägbarkeit des Menschenherzens in letzter Klarheit aufgegangen. Wie sehr war er willens gewesen, sich einer erhabenen Idee in unverbrüchlicher Treue zu weihen, und dann hatte

er erfahren müssen, daß diese Idee nur hohler Schein, Papst und Kaiser nur irrende Menschen seien. Und nun, da er sich selbst hingegeben, was besaß er denn noch in sich, worauf er sich hätte stützen können? Trauervoll entsann ich mich jenes ach so fernen Tages, da ich – ein Däumling noch – ihn verwegen lachend, hochgemut in seiner blanken Rüstung, an der Lanze das flatternde Fähnlein, von der Burg hinab in unbekannte Weiten ziehen sah. Doch jenen Mann erkannte ich in der grauen, grimmigen Gestalt, die mir hier auf der Bank unter dem Kruzifix gegenübersaß, nicht mehr.

»Nun –?« drängte der Komtur.

»Erst will ich im Kahlenbergischen nach dem Rechten sehen; dann hört Ihr von mir.«

»Wir Deutschherren«, fuhr der Ordensritter fort, »haben erkannt, daß im Judäerland für uns fürder keine Früchte reifen können! Auch in Italien nicht... So alt, so verkrautet ist der Boden dort, er läßt die neue Saat unseres reinen Glaubens nicht gedeihen. Kein Papst, kein Kaiser, kein König, ja, nicht einmal unser Herr Jesus selbst, kehrte er wieder, vermag das zu ändern. Im Osten hingegen ist die Erde jung, sind die Herzen der Heiden offen. In jungfräuliche Äcker werden wir unseren Samen senken, doch ehe die Saat aufgeht – ich verhehl's Euch nicht –, werden Mühe und Kampf und Not und Tod das Los unserer Besten sein...«

Vaters Augen leuchteten auf. Ich dachte, dies sei die Wahrheit; nur auf reinem Grund werde die reine Lehre Christi sich verwirklichen lassen, und nur von Menschen, die reinen Herzens sind.

»Man hört«, sagte ich, dem Gespräch eine andere Richtung gebend, »die Lombarden haben Friedrichs Reichstag zu Ravenna nicht nur nicht besucht, sie haben auch König Heinrich und den deutschen Fürsten den Übergang über die Pässe verwehrt, so daß sie haben umkehren müssen?«

Der Komtur schüttelte den massigen Kopf: »Schmach und Schande, Herr! Dabei hat Seine Majestät ja doch Frieden mit ihnen schließen wollen. Natürlich steckt Papst Gregor dahinter; wenig ist ihm gelegen an Frieden und Ordnung im Reich. Gott straf' die lombardischen Geldsäcke! In irrer Verblendung höhnen sie, um Ordnung zu halten, brauchten sie den Kaiser nicht, noch für ihr Seelenheil den Papst. Aber – und das sage ich, der ich von Bauern stamme und im Herzen ein Bauer bin – an ihrem erschacherten Reichtum werden sie zugrunde gehen, nicht anders als der Kelheimer, Herzog Ludwig von Bayern, König Heinrichs Vormund. Gewiß habt Ihr vernommen, daß er auf der Kelheimer Brücke erdolcht worden ist?«

»Man raunt, auf König Heinrichs Befehl sei's geschehen; der sei der Gängelung müde geworden.«

»Man raunt, man raunt... Herr Anselm, wann raunt das Volk nicht? Heißt's doch unter anderem auch, der Kaiser habe den Dolch geschärft, oder der Papst, oder die Herren der deutschen Partei, die es für unerträglich halten, daß unser Land vom fernen Sizilien her regiert werde... Wer immer – die Menge schwatzt halt das Blaue vom Himmel. Noch fand man den Mörder nicht. Ich glaube, man findet ihn nie. Ich denke, man sucht am falschen Ort, denn ein Mann wie Ludwig, der mit dem Schweiß der Ärmsten seine Truhen füllt, in Saus und Braus dahinlebt, während Tausende hungern, der sich ein jedes Weib wider Ehre und Recht zu Willen macht, ein solcher Mann hat viele geheime Feinde.«

Haß regiert die Welt – Haß nur zu sehr begründet! Gar zu weit hatten die Fürsten sich dem Volk entfremdet, ob sie gleich weltlich oder geistlichen Standes waren. Als wir von Arelat her durch Schwaben und Franken ritten, da hatten wir die Leichen von Landstreichern, Bauern, Bürgern und selbst Edlen an zahllosen Galgen im Winde schwingen gesehen, hatte erleben müssen, wie Frauen und Männer, ja, sogar Kinder und Greise, Reiche und Arme auf lodernden Scheiterhaufen als Ketzer verbrannt wurden. Verarmte, von Ministerialen und Landesfürsten ausgeplünderte Ritter hatten uns aufgelauert und zu berauben versucht. Und selbst auf den Nebenwegen, die wir einschlugen, um der fortwährenden Bedrohung auf den großen Heerstraßen zu entgehen, wimmelte es von Scharen Heimatloser, Entrechteter, die scheu vor uns flohen.

Für gewöhnlich umgingen wir die Städte. Da und dort kehrten wir in der Burg eines Herren ein, der meinem Vater oder mir befreundet war, zumeist aber in einem abgelegenen Freiherrn- oder Bauernhof. Regenschauer prasselten über uns hin. Die Nässe durchdrang Mäntel und Kleider. Vor allem Vater in seinem ungefügen Harnisch litt. Als wir nördlich von Marburg durch die Bergwildnis des Keller Waldes zogen und nun endlich Schnee zu fallen begann, viel zu spät für die Jahreszeit, gelangten wir an eine Ortschaft, so klein und abseits aller Straßen, als liege sie auf dem Mond. Um so mehr staunte ich, denn schon von weitem sahen wir zahlreiche Kriegsknechte, Mönche, geistliche Würdenträger sowie eine dichtgedrängte Volksmenge auf dem Anger. Ich wollte vorüberreiten, nichts Gutes ahnend; Vater jedoch bestand darauf, sich die Sache anzusehen. Ein Ritter mit seinem Knappen gesellte sich zu uns. Sein Wappen kannte ich nicht, doch gefiel mir sein junges, offenes Gesicht, obschon es vor Wut verzerrt war.

»Sie verbrennen drei Ketzer hier – arme Leute, Vater, Mutter und Kind!« gab er Auskunft auf meine Frage. »Bei Gott und allen Heiligen, hätt' ich doch nur ein paar tüchtige Gesellen zur Hand, ich jagte das frömmelnde Pack in alle Winde!«

»Ihr würdet der Acht verfallen«, mahnte ich.

Vater packte die Lanze fester. Sein Blick bekam jenen starren Ausdruck, der so viele Sarazenen in Schrecken versetzt hatte. Schwarzer Qualm wölkte hinter den Köpfen der sich drängenden Menge auf, vermischt mit Weihrauchdüften. Dicht am Boden hin zog er zu uns herüber. Auch erklang frommer Gesang. Glöckchen klingelten.

Wir reiten näher. Man macht uns Platz. Und nun sehe ich zwei Scheiterhaufen, die fast schon herabgebrannt sind. An den verkohlten Pfählen in ihrer Mitte hängen schwarze Klumpen, die einmal Menschen gewesen. Mephitischer Gestank geht von ihnen aus. Mehrere Mönche und Kleriker, an ihrer weißen Ordenstracht als Prämonstratenser zu erkennen, geleiten einen Knaben, den zwei Klosterknechte führen oder vielmehr schleppen, zu dem dritten Holzstoß. Dort wird das Kind an den Pfahl gebunden. Man entzündet das Reisig unter seinen Füßen, während die Gaffer niederknien und die Mönche das »Te Deum laudamus« anstimmen. Einer von ihnen, hoch aufgerichtet unter dem schwankenden Stangenkreuz, predigt mit laut gellender Stimme. Schon werden seine Worte vom Knattern der Flammen übertönt. Abt Konrad von Marburg sei es, knirscht der Ritter neben mir.

Was ich fühlte, was ich dachte? Fragt nicht danach! Zunächst brachte ich keinen Laut hervor. Meine Kinnbacken schmerzen, so fest beiße ich die Zähne aufeinander, verharre wie gelähmt, sehe nichts anderes als den Qualm, von dem verhüllt, das schuldlose Kind den Feuertod erleidet. Es mochte kaum älter sein als mein Dieter jetzt. Eiseskälte kriecht mir am Rücken herauf. Ich komme erst wieder zu mir, als der mörderische Ketzerjäger an den vorderen Reihen der knienden Zuschauer entlangschreitet, sie segnet und mit geweihtem Wasser bespritzt. Da er zu uns gelangt, die wir, wenig ehrerbietig, noch immer zu Pferde sitzen und nun vor ihm zurückweichen, hält er inne, mißt uns mit giftigen Blicken, sagt: »Gott zum Gruß, Ihr Herren! Seid Ihr fremd hier, daß Ihr der Kirche, ihren Dienern, der heiligen Handlung und den Gesetzen Seiner Majestät des Kaisers nicht die gebührende Achtung erweist?«

Boshafte Heuchelei, nichts weiter! Denn das Kahlenberger Wappen mit den drei Rosen ist ihm selbstverständlich bekannt. Vater, grünlich bleich im Gesicht, wirft Onnen die Lanze zu, reißt das Schwert aus der Scheide. »Schurke! Mordbube!« So schneidend klingt seine Stimme, daß der Abt zurückweicht. Erschreckt fasse ich Vater beim Arm: »Sachte, sachte ... Die sind in der Überzahl. Du rettest das Kind nicht mehr.«

Wild blickt der alte Recke um sich, schüttelt meine Hand ab, stößt die Klinge ins Gehenk zurück, reißt die Lanze an sich. »Warte, du Hund! Wir sprechen uns später!« Damit gibt er dem Baldr die Sporen. Der Hengst bäumt sich, rennt ein paar Mönche und Klosterknechte zu Boden, jagt in gestrecktem Lauf davon. Wir übrigen folgen langsamer. Der junge Ritter verabschiedete sich: »Herr Graf, wenn Ihr diesem reißenden Wolf ans Leder wollt, rechnet auf mich!«

In gedrückter Stimmung ritten wir gegen Fritzlar zu, überschritten auf der dortigen gebrechlichen Holzbrücke die Eder, verweilten uns aber nicht in dem Städtchen, wo Minoriten und Dominikaner sich breitmachten und die Bürger uns mit argwöhnischen oder ängstlichen Augen anglotzten. Was war nur aus den Menschen geworden, deren Vorväter einst so tapfer an Widukinds Seite für Freiheit gestritten hatten?

Je mehr wir uns dem Habichtswald näherten, in desto tieferes Schweigen hüllte sich ein jeder. Die Landschaft, die Luft, die Leute, die uns begegneten, all das gemahnte mich an daheim. Ich sah, wie im Traum dahinzockelnd, den grauen Turm der Kahlenburg vor mir, die bemooste Wehrmauer, in deren Fugen braune und schwarze Eidechsen sommers aus und ein schlüpften, das von Efeu umrankte Tor, den weiten Außenhof mit Ställen und Scheunen und dem Brunnenhaus in der Mitte, aus dem ich damals entsprungen war, Ermins Reich! Wie es dem Alten wohl ging? Ich hatte droben auf dem Paß ja nur wenig mit Erik, seinem Ältesten, sprechen können. Der Palas stand mir deutlich vor Augen, der kleine gemütliche Saal mit seinem Kamin und den

Wappenschilden, der das Heim meiner Kindheit gewesen; so eng und schlicht das Haus war, nicht für den Palazzo Reale in Palermo hätte ich es eingetauscht.

Unter freudigem Erschauern stellte ich mir vor, wie Liesel mir auf den ausgetretenen Blausteinstufen entgegeneilen, wie ich sie in die Arme schließen, wie Junker Dietrich, nun gewiß schon ein kleiner Ritter, sich höfisch verneigen würde vor dem fremden Mann, der sein Vater ist, und ihn mit Scheu und Stolz willkommen heißen. Und was würde Jörg, mein lieber, getreuer Majordomus, sagen? Ich wußte es... »Mensch, Herr und Herzbruder!« würde er ausrufen und mich auf die Schulter klopfen. »Führwahr, lange genug hast du dich bei den Heiden herumgetrieben. Hier ist alles im Lot! Dafür hab' ich gesorgt. Aber – meine Grafschaft, die du mir versprochen hast – wie, zum Teufel, steht es damit?«

Ach was, Träume sind Schäume! Sie alle würden ja ersterben vor Ehrfurcht, sobald sie des Grafen Rainold ansichtig wurden; und mich würden sie darüber vergessen.

Wir gelangten an den Fließbach, der, beim Steinberg entspringend, sich durch die Urwildnisse des Habichtswaldes schlängelt und an der Kahlenburg vorüber zuletzt bei Warburg in die Diemel mündet. Hier glaubte ich jeden Fußbreit Bodens zu kennen. Auf einer beschneiten Blöße hielt Tonio, der uns vorausgeritten war. »Herr«, rief er mir entgegen, »hier muß es Äcker gegeben haben! Seht nur, die Gräben und Furchen unter dem Schnee. Und ist dies nicht eine Art Weg? Kein Haus... Keine Menschen... Aber – Madonna mia – Wildbret in Hülle und Fülle!« Er deutete auf die Schneedecke, in der sich, kreuz und quer durcheinander laufend, die Fährten von Hasen, Rehen, Hirschen sowie auch von Füchsen und Wölfen abzeichneten.

Ich schaute mich betroffen um. Mir wurde flau im Magen. Hatte dort rechts von uns, in jener Waldbucht, nicht einer der Bauernhöfe gelegen, die auf mein Betreiben hin entstanden waren? Auch der Wald ringsum war damals gerodet worden. Ich sprengte hinüber. Unter dem Schnee lag verkohltes Gebälk. Ein Schwarm von Krähen flatterte jählings auf. Vom untersten Ast der Linde, die das Bauernhaus beschattet hatte, baumelten mürbe Stricke, noch mit Schlingen an ihren Enden. Von dem Weg, den ich durch die Forsten hatte schlagen lassen, fand sich keine Spur; alles zugewachsen mit wucherndem Dorngestrüpp. Die Dinge verschwammen mir vor den Augen. Lähmende

Angst erfaßte mich. Ich preßte die Faust aufs Herz. »Liesel« hämmerte es in meinem Kopf, »Dieterle... Gott im Himmel gib, daß ihnen nichts widerfahren ist! Gib, daß ich Haus und Herd unversehrt finde und alle, die ich liebe, am Leben!«

Vater war nicht abgestiegen. Einem Erzbild gleich verharrte er reglos auf seinem Roß, starrte die Trümmer an, die Stricke, die blattlosen, knorrigen Bäume am Waldesrand, in deren Geäst aufgescheuchte Krähen krächzten. Sein Eisenhandschuh krampfte sich um den Lanzenschaft.

»Kein Durchkommen hier!« Meine Stimme klang hohl in der Stille. »Wir müßten über Breuna und Volkmarsen und dann durch die Twiste Auen; das kostet uns einen vollen Tag, obendrein bei Gefahr, von Raubgesindel behelligt zu werden; oder wir folgen dem Fließbach durch die Wälder... Was meint ihr?« Und wußte doch schon, ich würde das letztere tun.

So geschah es denn auch. Wir brachen durch dorniges Gestrüpp, Stunde um Stunde, stampften, die Rosse am Zügel führend, durch schlüpfrige Moräste, wo Sumpfgeister als flackernde Irrlichter vor uns her tanzten und Nebelhexen ihre Schleier um modernde Baumstämme wanden. Die Nacht brachten wir, vor Kälte und Erschöpfung zitternd, in einem düsteren Grunde zu. Ich hockte auf dem Sattel meines Hengstes, an den Stamm einer Weide gelehnt. Tonio kauerte neben mir, kleinlaut wie nie zuvor. Vater schritt klirrend und knarrend in seiner Rüstung wie ein Wachtposten auf und ab, um sich warm zu halten.

Schneeflocken sanken aus der Schwärze über uns. Ich dachte an die funkelnden Sterne des Südens, lauschte den Lauten der Wildnis, die mir seit Kindheit vertraut waren. Ich wußte sie gar wohl zu deuten. Wolfsgeheul in der Ferne verkündete, das Pack hatte die flüchtige Beute gestellt. Dann und wann keckerte ein Fuchs. Die Rosse schnaubten ängstlich und stampften. Obgleich mir Nässe am Nacken herunterrieselte und Angst um die Meinen mir die Brust beengte, fühlte ich doch, wie Ruhe mich überkam, so als sprächen die Bäume, älter, viel älter als ich und voller Weisheit, mir tröstend zu.

Sobald das Licht des herandämmernden Tages es zuließ, machten wir uns wieder auf den Weg. Das Bachbett verengte sich nach und nach. Die Pferde, die wir hinter uns herzerrten, vermochten sich kaum noch durch das Gezweig der Weiden und Erlen zu zwängen. Als ich aus der

Schlucht am Fuße des Hügels, auf dem die Hünensteine seit grauer Vorzeit schlummern, auf die freieren Sumpfwiesen der Fließbach Auen hinaustrat, ging die Sonne über den fernen Harzhöhen auf – ein fahler, messinggelber Fleck hinter milchigem Gewölk. Die Brücke, die ich hier hatte schlagen lassen, um meine neuen Einödhöfe mit dem Burgweiler zu verbinden, lag zerbrochen im Schlamm.
Hinter dem nächsten, mit mächtigen Eichen bewachsenen Hang zur Linken stockte mein Schritt. Alle Kraft verließ mich. Stumm stand ich, gleichsam erstarrt. Über das kahle, schwarze Geäst der Wipfel ragten brandgeschwärzt die Reste des Bergfrieds, umschwärmt von Raben und Krähen, darunter die Mauern des Palas mit leeren Fensterhöhlen. Mir schwindelte; ich mußte die Augen schließen. Die Gefährten um mich regten sich nicht; kaum zu atmen wagten sie.
Plötzlich schwang Tonio sich in den Sattel, jagte das Tal entlang. Nun erblickte auch ich eine von Busch zu Busch huschende Gestalt. Der Mann versuchte dem Knaben zu entrinnen. Ich hörte, wie Tonio ihn anrief – auf Italienisch in seiner Erregung, sah, wie der Kerl sich duckte, zur Seite wich, wie Tonio den Speer hob und auf ihn hinabsausen ließ.
Bei ihnen angelangt, sprang ich vom Pferd, beugte mich über den Hingestreckten. Ein fremdes Gesicht – das Gesicht eines Bauern, lederbraun, zerfurcht, ausgemergelt.
»Tot?«
»Nein, o nein! Seht, Herr, er bewegt sich ...«
Jos und Onnen rieben dem Mann die Schläfen mit Schnee, bis er wieder zu sich kam. Voller Entsetzen schielte er uns an. Doch nun entdeckte er das Wappen auf meinem Schild, richtete sich auf, so daß er auf den Knien lag, und stammelte: »Heilige Jungfrau Maria, Gnadenreiche! Seid Ihr's, Herr Graf? Herr im Himmel, nun wird alles gut.«
Wir stützten ihn auf dem steilen Pfad zur Burg hinauf, fragten angsterfüllt, was denn geschehen sei? Wie es droben stünde.
Er taumelte vor uns her, keuchte: »Nein, gnädiger Herr, keine Feinde hier! Die sind abgezogen.«
Mehr war im Augenblick nicht aus ihm herauszubringen. Die Kahlenburg lag in Trümmern; zersplittert das Tor, aus den Angeln gestoßen; die Dächer verbrannt und eingestürzt. Unter dem bleichen Leichentuch des Schnees erkannte ich die Kadaver erschlagenen Viehs und auch menschliche Leiber. Vögel hatten da und dort Fleischstücke aus

den Körpern gehackt. Wolfsspuren. Ein Übelkeit erregender Gestank nach Brand und Verwesung hing in der Luft. Aber der Efeu neben dem Palasportal grünte. Auch stand die Linde, obschon mit versengtem Geäst, noch stolz und aufrecht im inneren Hof. Wie oft hatte ich als Kind den Herbstwind in ihren Zweigen rauschen gehört. Im Saal, in den durch die verkohlten Sparren des zerstörten Daches blasses Morgenlicht fiel, hingen wie eh und je die Wappenschilde meines Geschlechtes an den Wänden. Tisch und Bänke waren zu Asche geworden; die schöne alte Eichentreppe hatte jedoch dem Feuer widerstanden; nun führte sie hinauf in den leeren Himmel.

Mein Vater betrachtete das Bild der Zerstörung mit einer Kälte, die mich unheimlich berührte. Gern hätte ich ein Wort zu ihm gesagt, indes, die Kehle war mir wie zugeschnürt. Das meiste von dem, was unser Leben ausgemacht hatte, all jene nichtigen alltäglichen Dinge, deren Wert man erst ermißt, wenn sie verloren sind, war unwiederbringlich versunken im Abgrund der Zeit. Benommen stand ich inmitten der Trümmer. Und noch lange hätte ich so gestanden, wäre mein Blick nicht auf ein Kinderschwert gefallen, an dessen zerbrochener, rostender Klinge noch Blut und ein paar blonde Haare klebten.

»Dieter!« schrie ich in jäher Angst. »Liesel!«

Ein hastiger Schritt, und ich stand bei dem Mann, der auf der untersten Treppenstufe hockte und seinen anschwellenden Schädel befühlte. Ich packte ihn bei der Schulter, rüttelte ihn: »Wo sind sie? Wo ist mein Weib, mein Kind? Wo Ermin? Herr Jörg? Was ist aus ihnen geworden? Sprich! Oder, bei Gott, ich erschlage dich.«

Der Schreck, den meine Wildheit ihm einflößte, machte ihn stottern: »In Sicherheit, Herr! Ganz gewiß, in Sicherheit... Irgendwo in den Wäldern... Wo – weiß ich nicht, aber...«

Ich atmete auf: »Und wer hat das hier getan?«

Stockend, mit mancher Abschweifung, bald jammernd, bald fluchend, brachte er die ganze elende Geschichte zutage. Danach war es der Abt von Hardehusen, Ehrwürden Ignatius, gewesen, der zunächst die Bürger von Warburg, dann die Kahlenberger heimlicher Ketzerei bezichtigt hatte. Die Warburger hatten ihm ihre Stadttore verschlossen, den Zehnten verweigert. Daraufhin hatte er den Erzbischof von Paderborn um Beistand ersucht. Der wiederum, in andere Fehden verstrickt, hatte sich an den Landgrafen von Thüringen, Herrn Raspe, gewandt, der alsogleich erklärte, nicht dem Erzbistum unterstehe die

Grafschaft Kahlenberg, sondern ihm. Es hatte Gesandtschaften an den König gegeben, lange Besprechungen, Zank und Streit. Die Frau Gräfin habe Verwahrung eingelegt, habe mit einem Appell an den Kaiser gedroht.

Da sei nun eines Tages Ehrwürden Konrad von Marburg mit viel Kriegsvolk vor die Burg gerückt, behauptend, mit der Entlarvung von Ketzern beauftragt zu sein. Zwar habe Herr Jörg sogleich Vasallen, Lehnsleute, Hofsassen, Hörige und Knechte zusammengetrommelt; auch die Warburger habe er um Hilfe angegangen. Die aber hätten sich aus ihren Mauern nicht herausgetraut. So sei denn die Sache übel abgelaufen. Ein schreckliches Schlachten sei es gewesen. Wahre Heldentaten hätten Herr Jörg und Herr Ermin verrichtet. Auch er selbst, Hannes der Sicker, habe gar tapfer dreingeschlagen, das wisse der Himmel. Die Frau Gräfin in eigener Person habe von der Mauer herab Speer und Lanze geführt wie ein gestandener Krieger; auch habe sie die Männer angefeuert mit Kampfrufen und Gebet. Aber zuletzt sei das Tor, nachdem es viele Male berannt, gebrochen worden, Herr Ermin verwundet, viele erschlagen. Er, Hannes, und auch die anderen Leute vom Hof hätten sich, ihre Sache verlorengebend, davongemacht und versteckt, um auf Zuzug zu warten. So sei die Burg genommen worden.

»Und die Frau Gräfin? Der Junker?« herrschte ich den Verstörten an.

»Ja, Herr, der Junker... Ihr glaubt es nicht! So klein er ist, einen der Klosterknechte hat er niedergestreckt. Dann habe der Teufel ihn und die Mutter auf Fledermausflügeln fortgetragen, behauptete Ehrwürden Konrad später, habe er sie doch mit eigenen Augen im Feuerschein aus einem Fenster des Palas davonflattern sehen... Wenn Ihr mich fragt, gnädiger Herr – der Engel des Herrn war's, der sie errettet hat. Ihr hättet ihn sehen sollen, den Herrn Konrad, wie er gegeifert vor Wut und seine Schergen hinterdreingehetzt; doch in die Wälder getrauten die sich nicht. So hat er sich denn an unsere Bauern und Häusler gehalten... Wenn Herren streiten, trifft's den gemeinen Mann! Allesamt seien wir Abtrünnige, der Hölle verfallen, hat er gewettert. Und ein Gebot sei von Kaiser Friedrich ausgegangen, samt und sonders müßten die Ketzer ausgerottet werden. Ja, Herr, das war ein gar lustiges Sengen und Brennen, ein Hängen, Rädern und Ersäufen. Glaubt's oder nicht, selbst Schweine und Hunde wurden der Ketzerei überführt, und man hat sie zur Ehre Gottes verbrannt...«

Auf seine Lanze gestützt, hatte Vater ohne Einspruch noch Frage zugehört. Ein Blick in sein Gesicht ließ mich erschauern. Ich versuchte ihn zu beschwichtigen: »Wenn sie leben, ist alles gut! Die Burg bauen wir wieder auf, schöner und fester als sie je war. Ich werde an den Kaiser schreiben.«

Graf Rainold räusperte sich. Er stieß den Lanzenschaft so hart auf die Fliesen, daß es wie Donner durch das leere Gemäuer dröhnte.

»Du irrst, Sohn! Nichts ist gut. Wo Glaube und Aberglaube Vorwände für Gewalttat sind, stirbt die Gerechtigkeit! Und – ach, der Kaiser... Wie kann denn der vom fernen Italien her die deutsche Not ermessen? Woher nimmt er, nimmt der Papst das Recht zu entscheiden, was wahrer Glaube, was Irrtum ist? Wo Treue nichts gilt, das Gesetz zum Unrecht wird, die Freiheit geknebelt, was, in Teufels Namen, bleibt uns da!? Das Schwert – nur das Schwert! Du und dein Kaiser, Anselm, ihr habt euch getäuscht, so wie auch ich...« Wieder ein Stoß mit dem Lanzenschaft. »Leb' wohl, Sohn! Gott befohlen!« Er wandte sich zur Tür.

»Wohin?« rief ich angsterfüllt.

Ein spöttisches, gefahrverheißendes Glitzern trat in seine Augen: »Nach Marburg –! Wohin sonst?«

49.

Ich sah ihn den Burgweg nach Warburg hinunterreiten, nach und nach eintauchend in durchsonnte Nebel, mit denen seine schattenhafte Gestalt zuletzt verschmolz. Es hätte keinen Sinn gehabt, ihn aufhalten zu wollen, noch ihm einen Begleiter aufzudrängen. Ich wußte, er werde Herrn Konrad töten, und ebenso war mir klar, daß daraus nur neues Unheil erwachsen mußte. Was ist leichter – zerstören oder bewahren? fragte ich mich und empfand die Last, die mir auferlegt war, als kaum noch zu tragen.

Die Kirchenglocken von Sankt Petri und Sankt Marien läuteten drunten im Diemel Tal. Das erinnerte mich daran, daß heute Sonntag sei und der vierte Advent. Mich verlangte zu beten – nicht nach der Liturgie, o nein, mit meinen eigenen Worten und Gedanken und zu jener unbekannten Gottesmacht, die um so vieles erhabener sein mochte als ihr vom beschränkten Menschengeist erschaffenes Bild. War ich ein Ketzer? Herrn Rogers, des aquitanischen Katharers, entsann ich mich, der als Klausner am Rabenstein seinen Frieden mit Gott und der Welt gefunden hatte.

Rabenstein –! Das brachte mich in die Gegenwart zurück. Ich ging zu dem Bauern in die Halle. Onnen hatte ein Fäßchen Burgunder im Keller aufgespürt, das den Schnüffelnasen der Plünderer entgangen war. Ich tat einen langen Zug.
»Hör' Hannes, hat nicht Graf Rainold dich einst vom Frondienst losgesprochen? Du bist ein freier Mann, nicht wahr? Aber deines Ackers beraubt, wie auch ich, wie so viele deinesgleichen in unserem Land. Jetzt brauche ich dich! Dich und die anderen rufe ich, auf das wir gemeinsam des Ungemaches Herr werden, wo der einzelne machtlos ist. Reite, Freund, suche, forsche nach den Vertriebenen, den Enterbten, den Versprengten, wo immer sie sich verbergen mögen. Was wir tun können, weiß ich noch nicht; was wir tun müssen ist völlig klar. Zu Epiphanias, dem Christkönigstag, entbiete ich jeden wehrhaften Mann der Herrschaft Kahlenberg hierher, versehen mit Waffen und Nahrung sowie, wenn vorhanden, mit Roß und Gespann. Wer gehorcht, dem sind Kopfsteuer und Pachtzins auf drei Jahre erlassen. Reite also, verlier' keine Zeit!«
Der Bauer kratzte sich hinter dem Ohr: »Herr, es werden nicht viele sein! Einige sind im Kampf gefallen, andere hingerichtet, wieder andere in alle Winde gejagt, die meisten des Kämpfens müde. Aber ich will tun, wie Ihr mich geheißen.« Er nahm Onnens Gaul und ich gab ihm Geld von dem wenigen, das ich noch besaß.
Der Wildpfad, der einst zu unserer alten Fluchtburg am Rabenstein geführt hatte, bestand nicht mehr. Der Wald hatte ihn sich zurückerobert. Verfilzte Brombeergestrüppe und Rosenhecken, zwischen den Stämmen uralter Eichen und Buchen aufschießendes Unterholz, Farnfelder und in den Niederungen Erlenbrüche machten es schier unmöglich, auch nur wenige Schritte weit in diese Wildnis einzudringen.
»Zündet ein Rauchfeuer an«, riet Hannes der Sicker im Fortreiten. »Dreimal drei Qualmwolken, das ruft Herrn Jörg herbei.«
Wir schichteten Stroh und trockenes Reisig zuhauf, darüber feuchtes Holz, und Tonio, der sich auf dergleichen verstand, gelang es zuletzt, den Holzstoß anzuzünden. Als die fettig schwarze Qualmwolke sich zum Himmel erhob, nahmen wir eine alte Ochsenhaut, die sich in den Trümmern des Stalles gefunden, deckten mit ihr die Flammen für Augenblicke zu und ließen den Rauch dann wieder steigen. Dies wiederholten wir in kurzen Abständen zu jeweils drei Malen und

blickten bangend den dunklen Wolkenballen nach, wie sie über das Meer der Wipfel davontrieben.
Wir warteten... Nichts geschah. Der Tag ging darüber hin. Je näher dem Abend, desto mehr schwand unsere Zuversicht. Da es an Nahrung fehlte und Windstöße kalt durch die geborstenen Mauern fegten, überlegte ich, ob es nicht klüger sei, die Nacht trotz der uns dort vielleicht drohenden Gefahr drunten in der Stadt zu verbringen.
Als es dunkelte, trat ich aus dem Burgtor zwischen die Trümmer des Weilers, die der Schnee mitleidig verhüllte. Da, plötzlich, wie aus dem Boden gewachsen, standen drei schattenhafte Gestalten unter den Ulmen – zwei große und eine kleine. Sie sprachen kein Wort; sie hielten Armbrüste auf mich gerichtet.
Eine Gänsehaut überlief mich von Kopf bis Fuß. Wer sie waren, das wußte ich, ohne zweimal hinzusehen.
»Liesel...« brachte ich, nahezu flüsternd, über die Lippen. »Dieterle... Jörg!«
Einen Herzschlag lang hing die Stille zwischen uns. Dann senkten die Waffen sich. Liesel trat auf mich zu, zaudernd, noch zweifelnd, blieb vor mir stehen, sah mich aus großen Augen an. Sie war älter geworden. Sorgen und Entbehrungen standen in ihrem Gesicht, das mir im Sternenlicht auf sonderbare Art noch schöner erschien als je zuvor. Staunen, fragende Erwartung, Liebe las ich in ihrem Blick sowie einen Anflug der Keckheit des kleinen Gänseliesels, das vorzeiten meine Gespielin gewesen war. Die Jahre fielen von uns ab, so als hätten wir sie niemals erlebt und durchlitten. Hier standen wir am Rande der Wildnis wie einst, nicht Graf noch Gräfin, zwei Menschen nur, in Lumpen, zerzaust, ohne Macht, ohne Glanz, aber voll tiefer, stiller Freude in dem Wissen, daß wir unauflöslich einander gehörten. Sie neigte sich mir zu. Unsere Lippen fanden sich. Beglückt spürte ich das Pulsen ihres Blutes.
Wer weiß, wie lange wir noch in solcher Selbstvergessenheit verharrt hätten, da aber krähte eine helle Knabenstimme: »Du, Mann, wenn du meine Frau Mutter beißt, ich schieße dich durch und durch!«
Wir fuhren wie ertappte Sünder auseinander. Jörgs rüdes Lachen klang äußerst unpassend durch die Abendstille. Sich mit lauten »Ha-ha's« oftmals unterbrechend, grölte er: »He, Anselm, Herzbruder, Graf... Bist du endlich gekommen? Zeit wird's auch – höchste

Zeit? Schau, was aus dem Lande geworden ist! Und – wie steht's mit der Grafschaft, die du mir versprochen hast?«
Liesel nahm unserem Buben die kleine Armbrust fort, die er noch immer im Anschlag gehalten hatte, schob ihn mir zu, sagte halb lachend, halb zürnend: »Du wirst deinen Vater nicht erschießen wollen? Los, Dieter, begrüße ihn, wie's sich gebührt!«
Und Dieter, ein wenig verwirrt, stolperte auf mich zu, bereit zu schleunigster Flucht. Dem Himmel sei Dank! Er war, wie ich ihn mir erträumt hatte, soweit sich's beim ungewissen Schummerlicht ausmachen ließ – schlank und gerade gewachsen, goldbraune seidige Locken, ein festes Kinn, ein roter unschuldiger Mund, dessen Lippen sich nun entschlossen zusammenpreßten; über der geraden, ein wenig kurzen Nase blaugraue Augen, offen, fragend, jedoch mit dem furchtlosen Blick meiner Liebsten. Das Herz schlug mir hoch im Hals. Ich versuchte mir vorzustellen, wie er als Jüngling ausschauen würde – geschmeidig, kraftvoll, mutig und ungemein liebenswert, eine Zierde der Ritterschaft. Ich riß ihn in die Arme, drückte ihn, küßte ihn, obwohl er strampelte wie ein Hammel, der geschoren werden soll.
»Jetzt beißt er mich auch«, keuchte er aufgebracht. »Laßt mich los, Mann! Ihr stinkt... Nach Schweiß und Lumpen stinkt Ihr wie Maiers Schweineknecht. Mein Vater – Ihr? Pah – mein Vater... O je, mein Vater ist ja ein großer Herr! In Samt und Seide kommt der, mit tausend Reitern und großen Schätzen aus dem Heidenland... Mit Hornruf und Posaunenschall kommt er! Ihr aber...« Vor Zorn und Verachtung versagte ihm die Stimme.
Ich gab ihn frei. Das Lachen, freilich, war mir vergangen.
»Richtig, Dieter, mein Sohn, ein Bettler ist dein Vater! Indes, ich werd's nicht für immer sein. Mein Schwert ist mir ja geblieben, mein Mut, meine Mannesehre. Freilich, du wirst mir beistehen müssen, das Verlorene neu zu erringen. Willst du das?«
Das genau war es, was zum Herzen des Achtjährigen sprach. Er kam wieder näher, betrachtete mich kritisch von allen Seiten, besonders mein Schwert, die ehrwürdige Waffe unserer Ahnen, schmucklos zwar, jedoch scharf wie eine Damaszenerklinge. Die Musterung fiel zu Dieters Zufriedenheit aus.
»Ah, so wie der König Richard Löwenherz? Waret Ihr denn auch gefangen?«
Gott weiß, mit welchen Rittergeschichten und Aventuren man das

Kind in der Spinnstube unterhalten hatte. Ist nicht ein jeder gefangen, der anderen dient, die Gedanken anderer denkt? ging es mir durch den Sinn.
»Ja, Sohn – gefangen, obschon ohne Kerker und Ketten!«
»Oh!« sagte Dieter und griff nach meiner Hand.

50.

Am Abend des Heiligen Christfestes saßen wir in der Klausnerhütte unter dem Rabenstein. Kerzen aus Bienenwachs erhellten den Raum. Liesels Spinnrad schnurrte. Jörg hockte auf der Bank am Herd, den Blick abschätzend auf Tonio richtend, der dem hingerissen lauschenden Dieter haarsträubende Räubergeschichten aus den sizilischen Bergen zum Besten gab. Auf dem Lager, der Ofenbank gegenüber, ruhte Ermin. Er fieberte. Die Wunde in seiner Schulter schmerzte ihn. Mit dem eisgrauen Haupthaar und dem lang über die Bärenfelldecke herabwallenden Bart gewann sein mir altvertrautes, zerfurchtes Gesicht eine neue Würde.
Ich erkundigte mich bei ihm, wie es denn eigentlich zum Kampf um die Kahlenburg gekommen sei, und er sagte, die ganze elende Ketzerjagd diene gewissen Herrschaften nur dazu, Aufsässige auszumerzen, das Volk in beständiger Furcht – nicht etwa vor Gott, sondern vor dessen selbsternannten Dienern zu halten. »Graf Rainold, mein lieber Herr, und nun auch du, Anselm, ihr seid ihnen dabei nur Steine im Weg. Was du von Akko berichtest, von Neapel, und wie man dir mitgespielt, all das paßt genau ins Bild. Und weißt du denn auch, wie das Volk hier lebt. In jenem Sommer der schwarzen Pest, da Landgraf Ludwig vor Brindisi starb, versiegten bei uns Brunnen und Bäche. Auf den Feldern verdorrte das Korn. Rinder und anderes Getier verreckten. Hunger... Durst... Seuchen... Den letzten Groschen erpreßten die großen Herren, brauchten sie doch das Geld für ihre Prassereien und Turniere, und um in das Heilige Land zu ziehen. Du selbst hast es erfahren müssen.
Ja, Anselm, ich habe sie sterben sehen, die Menschen – Greise, Frauen, die junge Brut, abgezehrt, mit geschwollenen Bäuchen... Am Wegesrand hab' ich sie sterben sehen, auf ödem Acker, in ihren zerfallenden Hütten, zu schwach, um nach Beeren oder Eicheln zu suchen, ohne Mut... Und das Herz drehte sich mir im Leibe um. Wer es noch eben

vermochte, floh in die Stadt oder zu uns in die Herrschaft Kahlenberg, denn wir hatten Vorräte angelegt, und die Kopfsteuer forderten wir nicht – so hatte es der gnädige Herr vor seinem Ausritt bestimmt. Den Schwarzröcken verboten wir, auf unserem Gebiet den Zehnten zu erheben.«

Der alte Krieger seufzte: »Und das war der Grund, Anselm, uns Kahlenberger allesamt als Ketzer zu verschreien, weil wir nicht gemeinsame Sache mit ihnen gemacht. Barmherzigkeit, Gerechtigkeit, Nächstenliebe – ja, das sind schlimme Verbrechen in ihren Augen!

Dieser Raspe – ah, welch' ein Höllenhund! Da nun die gute Gräfin Eliesabeth, Herrn Ludwigs Gemahlin, den Armen und Siechen zu Hilfe kam, so gut sie's vermochte, untersagte er's ihr mit harten Worten – ein schlechtes Beispiel gebe sie dem Pöbel. Und er drohte ihr, die doch Herrin auf der Wartburg und über Thüringen war, mit Kerker und Tod. Raspe allein wär' ihrer gewiß nicht Herr geworden, aber da war ja noch ihr Beichtiger, dieser blutige Mönch, Konrad von Marburg. Der hieb in die gleiche Kerbe; er sagte, sie verdürbe das Volk durch ihre übel angebrachte Güte.

Eines Tages nun, als sie – nur begleitet von ihren ergebenen Mägden Guda und Ilsentrud – mit einem Korb voller Brot und Wein von der Burg hinabging, vertrat ihr, die in Herzensangst und ohne männlichen Schutz war, Graf Raspe den Weg. Er verlangte zu wissen, was sie im Korbe trug. ›Rosen –‹, sagte sie und flehte voller Verzweiflung die Heilige Jungfrau um Rettung an. ›Das glaube der Teufel!‹ schrie Raspe erbost und riß den Deckel vom Korb. Doch siehe, was lag da im Korb anstelle des Brotes? Rosen, blutrote Rosen... So erzählt man sich's jedenfalls.

Genützt hat es ihr nicht viel. Der Raspe vertrieb sie von der Burg, in der sie sich ohne Blutvergießen nicht hätte halten können. Und so mußte sie, eines Königs Tochter und Reichsgräfin, heimatlos von Hof zu Hof irren, bis ihr dieser Konrad – Gott strafe ihn – in heuchlerischer Barmherzigkeit zu Marburg ein Refugium bot, wo sie Werke der Mildtätigkeit tat und im vorletzten Winter verstorben ist. Seither finden die Geschorenen ihres Rühmens kein Ende. Doch wehe all jenen, die trachten, ihr nachzueifern! Das hab' ich dem Liesel... der Frau Gräfin, mein' ich – nicht nur einmal gesagt, nein – hundert–, nein, tausendmal. Aber – hört sie auf mich, der ich ja nur ein alter, dummer Schlagetot bin und recht wenig von uns Menschen halte?«

Liesel lächelte still in sich hinein.
Mich durchschauerte es. Wie im Aufflammen eines Blitzes erhellte sich mir der Weg, den ich würde gehen müssen – ein Weg, der mir ehrlicher, härter, zukunftsträchtiger zu sein schien als selbst jener, den Hermann von Salza mit seinem Orden betreten hatte. Ich entsann mich, indem ich mich seiner erinnerte, der Worte, die ich damals in meiner napolitanischen Villa gesprochen hatte: ›Alterius non sit, qui suus esse potest – Wer sein eigen sein kann, soll keinem anderen folgen!‹
Und so tadelte ich denn meinen greisen väterlichen Freund, dem ich so viel für die Freiheit meines Geistes und Herzens dankte: »Du bist in der Tat recht alt geworden, Ermin! Wo ist dein Mut, dein Gerechtigkeitssinn? Dächten wir alle nur immer an uns, an unseren Vorteil bei den Mächtigen, vergäßen wir, daß es Dinge gibt, die weit hinausreichen über unseren kurzen Erdenwandel, die Menschheit müßte zu einer Horde wilder Bestien verkommen... Still, Ermin, fahre nicht auf! Ich bin sicher, du meinst es nicht so, wie du vorgibst. Sorge und Liebe für mich und die Meinen sprechen aus dir. Und, weiß Gott, nimmermehr hätt' ich die Kahlenburg verlassen dürfen, um fremden Fürsten zu dienen. Wie kann einer Ordnung schaffen wollen im fernen Land, wenn es im eigenen drunter und drüber geht?«
»Nun ja, gewiß«, die Augen des Alten umflorten sich, »du hast dir nichts vorzuwerfen, Anselm! Ohne dich und den Kaiser wäre die Herrschaft Kahlenberg wohl niemals als erbliches Lehen bestätigt worden.«
Liesel schaute von ihrer Arbeit auf. »Aber der Kaiser ist hier ohne Macht! König Heinrich hält's mit den Fürsten und mit dem Papst. Mein Gott, was hab' ich alles versucht, den Braunschweiger gegen Landgraf Raspe und den Erzbischof von Paderborn auszuspielen, denn auch ihm, wie den übrigen, wässert das Maul nach unserem Erbe. Das hätte noch lange so fortgehen können, wären da nicht des Kaisers Ketzergesetze gewesen, ein Freibrief für alle Räuber und Diebsgesellen! Pater Ignatius – Abt jetzt zu Hardehusen, wie du gehört haben wirst – hat dann den Stein gegen uns ins Rollen gebracht; er wärmte die alten Geschichten um Herrn Roger wieder auf und erinnerte daran, wie Graf Rainold den Katharer bei sich aufgenommen und hier verborgen gehalten hat. Als eine Sippschaft von Ketzern hat der Marburger Konrad uns geschmäht.«

»Gleich damals hättest du den falschen Hund noch mit aufknüpfen sollen oder ihn wie Gewürm erschlagen«, grollte Ermin. »Möge es doch Graf Rainold nun bei Konrad glücken, das hoff' ich zu Gott! Verflucht, daß ich mit meiner Wunde auf der faulen Haut liegen muß!«
»Ein unfrommer Wunsch, Ermin!« Der Gedanke an Vater und was er zu Marburg anstellen werde, lag mir wie ein Wackerstein auf der Seele. Bedachte er die Folgen? Nein, gewiß nicht! Brachte er den fanatischen Ketzerjäger um, so rief er damit nicht nur den Kaiser gegen sich und uns alle auf den Plan, sondern auch die Geistlichkeit. Acht und Bann drohten. Überdies mochte ein allgemeiner Aufstand die Folge sein. Mit Bitternis entsann ich mich der erhebenden Worte Friedrichs über Geistes- und Gewissensfreiheit und wahre Frömmigkeit, die er damals am See Genezareth gesprochen hatte. Nun aber hatte er sich um der Eintracht mit Papst und Kirche willen eines anderen besonnen, hatte sich mit seinem Vorgehen gegen die vom angeblich einzig wahren Glauben Abtrünnigen selber Lügen gestraft.
»Ein unfrommer Wunsch – ja!« wiederholte ich. »Falsche Gesetze führen zu falschem Tun! Ich will an den Kaiser schreiben ...«
»Und setzt deine Hoffnung auf seine Gerechtigkeit?« Leiser Spott schwang in Liesels Frage mit.
»Auf seine Einsicht, Liebste! Und wenn nicht anders, auf meine und unseres Volkes Kraft. Nur brauche ich eben Zeit. Das Land muß gesunden. Ich muß die Truhen füllen, Freunde gewinnen. Arbeit also, und – Mut! Kein anderer kann mein Werk vollbringen, nur ich selbst, aus meinem eigenen Wesen heraus. Darüber bin ich mir klar.«
»Und die Kahlenburg, die bauen wir wieder auf, nicht wahr?« Dieters helle Knabenstimme klang wie das Schmettern eines Trompetenstoßes in der stillen Klause.
»Ja, Sohn, schöner und fester als sie gewesen ist!«
Wir – hatte er gesagt.
»Und keiner soll dann unsere Bauern vom Acker jagen, ihre Häuser verbrennen, sie an Galgen hängen, nicht?«
»Keiner! Dafür stehen wir, du und ich ... Nur merke: Freiheit, Ordnung und Recht müssen jeden Tag aufs neue verteidigt werden! Solches ist dem Ritter aufgegeben.«
»Schau' mal, das hat mir Tonio zum Christfest geschenkt.«
Triumphierend hob er den kostbaren Dolch ins Licht, der einst Don Ferdinando gehört hatte. Tonio sah mich mit glänzenden Augen an.

Dankbarkeit erfüllte mich, Dankbarkeit gegen das Geschick. Denn so war es doch wohl gemeint, daß die Gabe als Gelöbnis der Freundschaft und Treue gelten sollte. Ach ja, Heiliger Abend war heut.

»Kommt«, sagte ich und trat vor die Tür, »mag sein, wir sehen den Stern von Bethlehem!«

Der Himmel wölbte sich wolkenlos über beschneiten Wipfeln, ein dunkelblaues Zelt, an dem ungezählte Gestirne funkelten. Die Schneedecke glitzerte in ihrem Widerschein. Nichts hatte sich hier verändert. Nur die Rosen- und Brombeerhecken rings um die Lichtung waren dichter geworden; über Meilen hin hatten sie sich ausgebreitet. Ein paar Stallungen für Milchkühe, Schweine, Schafe und Hühner waren hinzugekommen. Der Quell aus der Felswand murmelte wie eh und je. Und die Eiche vor der Klausnerhütte trieb unter der Schneelast schon junge Knospen. Chaleel und Iblis wieherten freudig; sie hatten meine Stimme vernommen.

Liesels Hand stahl sich in meine: »Ich hab' heute nichts für dich, Liebster! Wir sind arm.«

Ich schüttelte den Kopf und holte das Kästlein mit den Rosen hervor, die mir Liebe, Treue und Hoffnung bedeuteten. Silbern schimmerte der Stern des Edelweiß.

»Schau'«, sagte ich leise, »du hast mir so viel geschenkt, mehr als ich's verdien'. Und diese Blume von den eisigen Höhen, ist sie nicht Sinnbild dessen, was den Menschen über sich selbst erhebt, ein Zeichen des Mutes, der ihn alles ertragen, jegliches Ungemach überdauern läßt? Wir haben uns, wir haben unser Kind, unsere Freunde und – unseren Mut. Die Zukunft ist unser. Ich fühle mich reich.«

Und so war es. Neben uns stand der treue Jörg. Seine arbeitsharten Hände ruhten auf den Schultern der Knaben. Sie schauten ergriffen zum flimmernden Himmel auf und lauschten den Worten der Weihnachtsgeschichte, die ich ihnen aus dem Gedächtnis hersagte, wobei ich zwischenhin doch schon voller Sorgen an das Morgen dachte.

Ja, wir waren reich! Reicher als der Papst in seiner Begehrlichkeit; reicher als der habsüchtige, ränkevolle Peter von Vinea, über dessen Haupt ja bereits das Damoklesschwert der Entlarvung hing; reicher als der von abstrusem Haß zerfressene Mönch Konrad; reicher vor allem als der enttäuschte, von unerfüllbaren Wünschen umgetriebene Beherrscher des Abendlandes in all seinem Glanz, Friedrich Roger, mein armer Freund.

Historische Daten

1177 Otto IV. von Braunschweig (1198–1218), Sohn Heinrichs des Löwen geboren.

1194 Friedrich II. Roger von Staufen (1212–1250), Sohn Kaiser Heinrichs VI. in Jesi geboren, am 26. Dezember.

1195 bis 1273 Burg Trifels Lieblingspfalz der Staufer; Aufbewahrungsort der Reichskleinodien.

1197 28. Dezember, Tod Kaiser Heinrichs VI.

1198 Der Deutsche Orden vor Akko gegründet.
Friedrich II. Roger zum König von Sizilien gekrönt.
9. Juni, Otto IV. zum Deutschen König gewählt.

1200 Anselm von Kahlenberg geboren.

1202 Vierter Kreuzzug unter Markgraf Bonifaz von Montfort nach Konstantinopel.

1204 Otto I., Herzog von Braunschweig und Lüneburg, Neffe Heinrichs des Löwen, geboren.

1205 Andreas II. König von Ungarn.

1206 Graf Roger aus Lusignan, Katharer, findet als Klausner Asyl bei der Kahlenburg.

1208 Friedrich II. Roger wird mündig.
Philipp von Schwaben (1198–1208), Deutscher König, am 21. Juni von Pfalzgraf Otto von Wittelsbach ermordet.

1209 Graf Rainold von Kahlenberg, Vater Anselms, verläßt seine Burg, um zum Kreuzheer zu stoßen.
Albigenserkrieg wird von Papst Innozenz angeordnet; Ketzerverfolgung in Südfrankreich.
Friedrich II. Roger vermählt sich mit Konstanze von Aragonien.
Am 4. Oktober König Otto IV. zum Deutschen Kaiser gekrönt.

1211 Friedrich II. Roger zum Deutschen König gewählt.
Heinrich VII. (1220–1235), Sohn Kaiser Friedrichs II. in Sizilien geboren.

1212 Kinderkreuzzug
Friedrich II. Roger flieht aus Palermo und zieht, begleitet vom Grafen

von Kyburg, über die Alpen nach Deutschland, um seine Rechte wahrzunehmen.

Heinrich VII. zum König von Sizilien gekrönt.

Kaiser Otto IV. ehelicht Beatrix, Tochter König Philipps von Frankreich (1198–1212 gestorben).

1213 Goldene Bulle von Eger bestätigt Lehnshoheit des Papstes über Sizilien.

Albigenser, geführt von Raimund von Toulouse durch Ritterheer unter Simon von Montfort geschlagen.

1214 Kaiser Otto IV. ehelicht Marie von Brabant (geb. 1191).

Friedrich II. Roger bestätigt im Vertrag von Metz dem König Waldemar von Dänemark den Besitz der deutschen Gebiete zwischen Elbe und Eider.

27. Juli, Schlacht von Bouvines, südlich von Lille, beendet den Thronanspruch Kaiser Ottos IV.

1215 Laterankonzil in Rom; Papst Innozenz II., Lothar Graf von Segni, erhebt Kreuzzugsteuer von der Geistlichkeit, fördert Ketzerverfolgung und Inquisition.

Friedrich II. Roger wird in Aachen zum Deutschen König gekrönt.

Anselm von Kahlenberg, verehelicht mit Clarissa Leonardo, wird in Aachen zum Ritter geschlagen.

1216 Papst Innozenz stirbt; längere Vakanz des Stuhles Petri.

Bürgerkriege zwischen der Stauferpartei der Ghibellinen und der Welfenpartei der Guelfen in den italienischen Städten.

1217 Isabella von England geboren.

Walther von der Vogelweide veröffentlicht prokaiserliche Streitschriften gegen den Papst.

Anselm von Kahlenberg in geheimer Mission zu Kaiser Otto IV. nach Braunschweig.

Belagerung der Kahlenburg.

1218 19. Mai, Kaiser Otto IV. stirbt, nachdem er die Reichsinsignien an Friedrich II. überbringen ließ.

König Andreas II. von Ungarn und Leopold VI. von Österreich erreichen Akko mit Kreuzritterheer; Versuch der Rückeroberung ohne Erfolg.

1219 Damiette in Ägypten wird von Kreuzfahrerheer unter Pelagius erobert.

Anselm von Kahlenberg geleitet Julia, Contessa de' Ricci, nach Italien.

1220 Wolfram von Eschenbach stirbt.

– 1234 Heinrich VII., Kaiser Friedrichs II. Sohn, König von Sizilien – 1235 Deutscher König.

August, Kaiser Friedrich II. verläßt das Hoflager auf dem Lechfelde, um nach Italien zu ziehen.

22. November, Friedrich II. wird in Rom zum Kaiser gekrönt.

Franz von Assisi kehrt nach Capua zurück, nachdem er versucht hat, den Sultan Al-Kamil zu bekehren.

1221 – 1225, Friedrich II. unterwirft Sizilien und entmachtet die dortigen Feudalherren.

Friedrich II. läßt den Bau des Castel dell'Ovo in Neapel vollenden, der 1154 von dem Normannenkönig Wilhelm I. begonnen wurde.

1222 Konstanze von Aragonien, Gemahlin Kaiser Friedrichs II., stirbt.

1223 Hermann von Salza erwirkt beim Grafen von Schwerin die Freilassung des Dänenkönigs Waldemar II.

1224 Der Deutsche Orden, vereint mit dem Schwertritter Orden erobert Estland und Livland.

Friedrich II. gründet die Universität Neapel.

1225 Der Deutsche Orden wird von König Andreas II. aus Ungarn vertrieben.

König Heinrich VII. vermählt sich mit Margarete von Österreich.

Erzbischof Engelbert I. von Köln, Reichsverweser und Vormund Königs Heinrichs VII. geb. 1185, wird am 7. November von seinem Vetter Friedrich von Isenburg ermordet.

5. November, Kaiser Friedrich II. vermählt sich mit Jolante von Jerusalem.

1226 Konrad von Masowien ruft den Deutschen Orden gegen die Pruzzen ins Land und tritt das Kulmer Land an ihn ab, was durch Kaiser Friedrich II. bestätigt wird.

Franz von Assisi gründet den Bettelorden der Franziskaner.

1227 Papst Honorius III., Cencio Savelli, stirbt; sein Nachfolger Gregor IX. verhängt den Kirchenbann über Kaiser Friedrich II., weil dieser den Kreuzzug nicht durchführt. Kreuzzug wird durch Seuche verhindert.

Landgraf Ludwig von Thüringen stirbt auf dem Kreuzzug vor Brindisi.

22. Juli, Zusammenbruch der Dänischen Macht durch den Sieg des Grafen Adolf IV. von Holstein bei Bornhöved.

Kaiser Friedrich II. zerstört die Lehnsstaaten in Sizilien, zentralisiert die Verwaltung durch Ministerialen und schafft eine sarazenische Polizei- und Militärmacht.

Die Inquisition in Deutschland wird Abt Konrad von Marburg unterstellt.

1228 24. April, Konrad IV., Sohn Kaiser Friedrichs II. und Jolantes von Jerusalem in Andria geboren; Jolante stirbt nach seiner Geburt.

Kaiser Friedrich führt den Kreuzzug ohne einen Schwertstreich durch, wird von Sultan Al-Kamil herzlich empfangen.

1229 Friedrich II. gewinnt durch Vertrag mit Sultan Al-Kamil Jerusalem und das Kreuzritterreich in Palästina zurück und krönt sich in der Heiligen Stadt selbst zum König von Jerusalem. (März)

Giraud von Lousanne wird Patriarch von Jerusalem.
Bau der Ordensburg Montfort/Starkenberg, drei Reitstunden von Akko auf dem Kalaat Kara vollendet.

1230 Aufstand der Stedinger.
Elisabeth von Thüringen, von Heinrich Raspe vertrieben, findet Refugium in Marburg.
Friedensschluß zwischen Friedrich II. und Papst Gregor IX. zu San Germano (Cassino). Friedrich vom Bann gelöst.
Walther von der Vogelweide stirbt auf seinem Lehen bei Würzburg.
Stedinger werden von Papst Gregor IX. als Ketzer verurteilt und gebannt.
Anselm von Kahlenberg wird in Neapel heimtückisch durch Großhofrichter Peter von Vinea der Untreue und Unterschlagung bezichtigt und von Kaiser Friedrich II. des Hofes verwiesen.
Mit seinem Vater heimgekehrt, findet er die Kahlenburg zerstört, sich und die Seinen als Ketzer diffamiert.